JN431991

법조윤리의 이론과 실제

서강학술총서
006

법조윤리의 이론과 실제

이상수 지음

서강대학교출판부

서강학술총서 006

법조윤리의 이론과 실제

초판발행 | 2009년 6월 5일
지 은 이 | 이상수
발 행 인 | 손병두
편 집 인 | 우찬제
발 행 처 | 서강대학교 출판부
등록번호 | 1978년 9월 28일 제10-50호

주 소 | 서울특별시 마포구 신수동 1번지
전 화 | (02) 705-8212
팩 스 | (02) 705-8612

ⓒ 이상수, 2009 Printed in Korea
ISBN 978-89-7273-148-1 94360
ISBN 978-89-7273-139-9(세트)

값 35,000원

* 잘못된 책은 구입하신 곳에서 바꿔드립니다.
* 이 책의 판권은 지은이와 서강대학교 출판부에 있습니다.
양측 서면 동의 없는 무단 전재 및 복제를 금합니다.

* '서강학술총서'는 SK SUPEX 기금의 후원으로 제작됩니다.

서문

출판사에서 저자 서문을 써달라는 연락이 왔다. 이제 정말 책이 만들어지는가 보다. 그간 이 책의 집필 과정에서 겪은 마음고생 몸고생을 생각하면 가슴이 저리고 온갖 만감이 교차한다. 누가 뭐래도 이 책은 나의 뼈를 깎아서 만든 책이다. 누가 이 말을 들으면 이 책이 무슨 대단한 책인가 보다 하고 오해할지도 모르겠다. 그러나 실은 완전히 그 반대이다. 이 책은 그저 평범한 소품에 불과하다. 그렇기 때문에 만약 내가 아무런 핑계도 대지 않고 이 책을 세상에 내놓는다면 나는 너무나 뻔뻔한 사람이 되고 말 것이다.

법조윤리에 대한 책을 썼으면 좋겠다고 생각한 것은 2007년 7월 이른바 '로스쿨법'('법학전문대학원 설치 · 운영에 관한 법')이 통과된 몇 달 후였다. 로스쿨법은 법조윤리를 로스쿨의 필수과목으로 지정했지만, 당시 우리나라에서 법조윤리가 무엇인지에 대해서 대답할 수 있는 사람은 거의 없었다. 몇몇 논문이 없지 않았지만 그 수가 적었고 흩어져 있었다. 사법연수원에서 사용하던 『법조윤리론』의 내용은 로스쿨법이 말하는 법조윤리와 같은 것이 아니었다. 말하자면 당시 우리나라에서 법조윤리는 황무지였고 블루오션이었다. 누군가는 투신해야 할 중요한 분야였지만 준비된 사람은 아무도 없었다. 나도 그 준비되지 않은 사람들 중의 한 사람이었다.

그런데 마침 그 해 12월 서강대학교에서 '서강학술총서' 사업의 공모가 있어서 나는 『법조윤리의 이론과 실제』라는 제목의 저술을 하겠노라고 지원했는데 요행스럽게도 선정되었다. 지원의 조건은 1년 내에(2008년

12월 31일까지) 완성된 원고를 제출해야 하고 그 원고가 외부 심사를 통과해야 한다는 것이었다.

내가 무모한 도전을 했다는 것을 인식하는 데는 오랜 시간이 걸리지 않았다. 연구를 시작해서 한두 달을 보내자 이 일은 내가 1년 만에 해낼 수 없는 일이라는 것이 명백해졌다. 반드시 읽어야 논문과 책들의 목록을 보는 것만으로도 나는 압도되지 않을 수 없었다. 하지만 지금에 와서 물러날 수도 없었다. 나는 강의 준비하는 시간을 제외한 모든 시간을 연구에 몰입했다. 주말도 반납하고 인간관계도 단절하고 오로지 몰입했다. 그러나 시간이 갈수록 오리무중이었고 혼란만 더할 뿐 도무지 갈피가 잡히지 않는 고통의 시간이 여러 달 동안 계속되었다. 뒷골에서 뿜어 나오는 뜨거운 열기로 인해서 더 이상 책상머리를 지킬 수 없는 일이 잦아졌다. 이러다가 미치는 것은 아닐까? 주저앉기에는 자존심이 허락지 않았고, 앞으로 나가기는 역부족이었다. 하지만 무조건 앞으로 나갔다. 죽기 아니면 까무러치기란 말은 이런 경우에 해당되는 것이리라. 완전한 고립 속에서 건강과 가족만이 나의 고집을 지탱하는 힘이었다. 그동안 한번이라도 감기에 들었거나 가족이 주는 위안이 없었더라면 나는 포기했을 것이다.

연구 기간이 중반을 넘어 후반으로 가면서도 나는 연구 성과가 책으로 나올 것이라고 확신할 수 없었다. 하지만 이즈음 어쩌면 책이 될 수도 있겠다는 생각도 조금씩 들기 시작했다. 이 어려운 시기에 주변 동료들의 지지와 격려는 큰 힘이 되었다. 내가 조금이라도 제정신으로 돌아왔을 때는 책의 마무리 작업 단계에 임박해서였다. 주변 분들에게 원고를 보여주고 약간의 개선 기회도 가졌다. 그렇게 해서 나는 마감에 늦지 않게 최종 원고를 넘겼다. 하지만 아직도 최종 원고가 심사위원들의 눈에 어떻게 비칠지에 대해서 확신하지 못했다. 원고가 심사 통과했다는 소식을 들었을 때 나는 너무나 기뻤다. 비록 심사 의견은 '그다지 훌륭하지는 않지만 단행본으로서의 꼴은 갖추었다'는 정도였지만.

이 책은 그렇게 써졌다. 이 책은 내가 그 내용에 대해서 잘 알았기 때문에 쓴 것이 아니고 누군가 써야 했기 때문에, 그리고 내가 써야 했기 때문에 쓴 것이다. 짧은 시간에 써진 것이라 돌이켜 원고를 읽어보면 부끄러운 구석이 적지 않다. 다 안다. 그래도 위안 삼을 것이 있다면 법조윤리라는 황무지를 한 번 확 갈아엎은 것이 아닐까 한다. 그간 우리나라에서 발표된 주요한 관련 글들과 외국(미국 · 일본 등)의 주요한 법조윤리규정, 논문, 저술들의 성과를 개관하여 단행본으로 정리 · 체계화함으로써, 법조윤리 논의의 전모를 어느 정도 드러낸 것이 성과라면 성과라고 할 것이다. 어쩌면 법조윤리와 관련하여 지금 우리가 할 수 있는 수준이 이 정도가 아닐까 생각한다. 사실 지금 단계에서 이보다 나은 글을 쓸 수도 없다고 누군가 말했을 때 나는 그가 반드시 거짓말을 했다고 생각지 않는다. 말하자면 이 책의 한계는 나의 한계이기도 하지만 우리의 한계이기도 하다. 마찬가지로 이 책의 성과는 나의 성과이기도 하지만 우리의 성과이기도 하다. 나는 이 책이 훌륭하다고 주장하지 않는다. 다만 우리나라에서 법조윤리가 자라는 데에서 약간의 거름이 될 수는 있다고 믿을 뿐이다.

이 책의 출간은 많은 분의 노력과 덕분으로 가능하게 되었다. 무엇보다 먼저 서강학술총서 사업을 주도한 손병두 총장님 이하 관련자들께 감사드린다. 내가 글을 쓰는 동안 음으로 양으로 배려를 아끼지 않은 서강대 법학전문대학원 엄동섭 원장님께 감사드린다. 1년간의 연구 과정에서 관심과 격려를 아끼지 않은 서강대 김재훈 교수님, 이상복 교수님, 한남대 이경희 교수님, 건국대 이계수 교수님께 감사드린다. 초고를 읽어보고 소중한 지적을 해주신 서울대 한인섭 교수님, 건국대 한상희 교수님, 성균관대 김재원 교수님, 김희수 변호사님(전 전북대 교수), 그리고 배재대 김종서 교수님께 감사드린다. 연구 기간 동안 아빠 얼굴을 제대로 보지도 못했으면서도 밝은 표정을 잃지 않은 두 아들에게 감사한다. 내가 가장 힘들고 짜증을 내었을 때조차도 조금의 동요도 없이 일관되게 나를 신뢰해주고 건강을 도모해준 아내 김현실에게 특별한 감사를 보낸다. 이 책은 이들 모두의 것이다. 그리고 마지막으로 이 책을 접하는 독자들께는 다음에 더 나은 책을 내겠다는 약속으로써 감사의 인사를 대신한다. 이 모든 분들께 거듭 감사하며, 이 책이 우리나라 법조윤리의 진일보에 조금이나마 기여하기를 기대한다.

2009년 4월

이상수

약어표

대한변협: 대한변호사협회

일변련: 日本弁護士連合會

ABA: 미국변호사협회(American Bar Association)

CCBE: 유럽공동체의 변호사 및 법률가회의(The Council of Bars and Law Society of the European Community; Commission Consultative des Barreaux de la Communauté Européenne)

윤리장전: 한국 '변호사윤리장전'(2000). 윤리장전은 '윤리강령'과 '윤리규칙'의 두 부분으로 나누어져 있는데, 윤리규칙 부분이 이 문서의 본문이라고 할 수 있다. 이 책에서 "윤리장전 제1조"라고 표시된 경우, 이는 윤리장전 중 '윤리규칙' 제1조를 의미한다.

직무규정: 일본 '弁護士職務基本規定'(2004)

윤리강령: 미국 'ABA 변호사윤리강령'(ABA Canons of Professional Ethics, 1908)

책임준칙: 미국 'ABA 직무책임준칙'(ABA Model Code of Professional Responsibility, 1969). 책임준칙은 9개의 '강령'(Cannon)으로 구성되어 있고, 강령별로 '윤리적 고려사항'(Ethical Consideration, 이하 'EC'로 약칭함)과 '징계규칙'(Disciplinary Rules, 이하 'DR'로 약칭함)이 첨부되어 있다.

표준규칙: 미국 'ABA 직무행위표준규칙'(ABA Model Rules of Professional Conduct, 1983). 표준규칙은 조문 형식으로 되어 있고, 각 조문별로 '주석'(Comment)이 첨부되어 있다.

행위규범: 유럽 'CCBE 유럽공동체 변호사행위규범'(CCBE Code of Conduct for Lawyers in the European Community, 1988)

* 윤리규범은 법조인의 윤리적 행위준칙을 지칭하는 일반 용어로 사용한다.
* 윤리규정은 성문화(codification)된 윤리규범을 의미한다.

제1부

이론적 검토

제1장
법조윤리의 개념

1. 법조윤리 대두의 배경

우리나라에 근대 사법제도[1]가 도입된 지 100년이 넘지만 그동안 사법기능이 정상적으로 작동했는지는 의문이다. 19세기 말에 처음 도입된 근대 사법제도는 곧 이은 일본 제국주의의 지배를 받으면서 크게 왜곡됐다. 일제강점기 동안 근대 사법제도의 전제인 삼권분립 원칙은 작동되지 않았으며, 법원은 조선총독에게 예속된 식민지 지배기구에 불과했다.[2] 정치권력에 의한 사법권 장악은 해방 이후에도 크게 변하지 않았다.[3] 권위

1 행정과 사법이 분리되지 못한 봉건적 사법제도에서 근대 사법제도로의 이행 기점은 대개 갑오개혁(1894)으로 본다. 당시 군국기무처를 중심으로 행정권과 사법권을 형식상 분리하려는 논의가 시작되었으며, 그 다음 해인 1995년 3월 25일 갑오개혁법률 제1호로 '재판소구성법'이 제정 · 공포되어 비로소 신재판소제도가 창설되었다(박병호, 『한국법제사고』, 법문사, 1987, pp. 310~311).

2 정긍식, 『한국근대법사고』, 박영사, 2002, p. 277.

3 해방 이후 정치권력에 의한 사법침탈에 대해서는 이헌환, 「정치과정에 있어서의 사법권에 관한 연구」, 서울대학교 법학박사학위논문, 1996. 2 참고.

주의와 군사정권 시기에 법원은 사법권 독립을 누리지 못했고 정치적 목적에 이용됐다. 그러한 점을 극적으로 보여주는 수많은 정치재판들이 있다. 대표적인 것이 진보당 사건,[4] 인민혁명당 사건,[5] 김대중 내란음모 사건,[6] 강기훈 유서대필 사건[7] 등이다. 이 재판들은 권력자의 정치적 필요에 따라 자의적으로 이루어졌다는 것이 「진실 · 화해를 위한 과거사정리위원회」의 조사나 법원의 재심에 의해서 공식적으로 확인되고 있다. 그 외 수많은 '집회 및 시위에 관한 법' 및 국가보안법 위반 사건들이 정치적 필요에 의해 조작되었고 사법부가 그에 부역했다. "권위주의 체제하에서 사회개혁을 열망하는 대부분의 진보세력은 붉게 덧칠 됐다. [……] 권위주의시대에 형사법정은 법복을 입은 테러기구에 지나지 않았다"[8]는 지적

4 이 사건은 1956년 제3대 대통령선거에서 200만여 표를 득표한 조봉암이 그해 11월 진보당을 창당하여 정치활동을 하던 중, 1958년 5월 민의원 총선을 앞둔 상황에서 조봉암을 기소하여 국가변란 목적 진보당 창당 및 간첩 혐의로 사형을 선고하여 처형한 사건이다. 최근 「진실 · 화해를 위한 과거사정리위원회」는 조봉암의 무고함을 밝히고 국가에 의한 명예회복 및 국가유공자 지정을 권고했다(진실 · 화해를 위한 과거사정리위원회, 2007. 9. 27 보도자료).

5 인민혁명당 사건이란 1974년 우홍선 씨 등 인민혁명당 관련자 8명이 긴급조치 위반 혐의로 군법회의에서 사형선고를 받고 다음해 대법원에서 사형이 확정되자마자 18시간 만에 처형된 사건이다. 최근 법원은 재판부는 특히 "[당시 재판부는] 무죄를 선고했어야 할 사건"이라며 △체포 · 구속 과정에서의 위법성 △변호인과의 자유로운 접견권 침해 △수사기관의 고문과 자백 강요 △잘못된 증거에 따른 유죄 선고와 사형 집행 △명예 훼손 및 구명 운동의 방해 등 국가의 불법 행위가 있었다고 인정했다(「경향신문」, 2007. 8. 21). 이에 관한 자세한 내용은 천주교인권위원회 엮음, 『사법살인』, 학민사, 2001 참고.

6 김대중 내란음모사건은 1980년 신군부 세력이 5 · 18 광주민주화운동을 "김대중 일당이 정권을 잡기 위해 민중을 선동해 일으킨 봉기"로 조작, 김대중과 문익환 목사 등 20여 명을 연행해 군사재판에 회부한 사건으로, 이때 김대중은 사형을 선고받았다. 후에 2003년 10월 서울고등법원에 재심을 청구했고 법원은 2004년 2월 김대중에게 무죄를 선고했다.

7 2007년 '진실 · 화해를 위한 과거사정리위원회'는 1991년 발생한 '강기훈 씨 유서대필 사건'에 대해 대법원 판결을 뒤집는 조사결과를 내놓았다. 강기훈이 분신자살한 전국민족민주운동연합 사회부장 김기설의 유서를 대필해줬다는 당시 검찰 수사와 법원 판단은 모두 거짓 증거물에 기초해 내린 조작의 산물이므로 법원에서 이 사건을 재심해야 한다는 것이다(「경향신문」, 2007. 11. 13).

도 과장으로만 치부할 수는 없다.

사정이 이러했기 때문에 국민들이 사법부를 강하게 불신하는 것은 당연한 귀결이다. 1974년의 법의식조사를 보면, 법이 '빈부의 귀천에 따라' 불공평하게 시행되고 있는 것으로 보는 국민이 82%에 달할 뿐만 아니라, '법보다 권력이나 돈의 위력이 더 큰 것 같다'고 느끼는 국민이 65%이며, 법조인들의 77%와 대학생의 81%도 그렇게 느끼고 있다고 한다.[9] 1994년에 실시한 국민법의식조사 결과도 마찬가지의 사실을 확인시켜준다. 즉, "권력이나 재력이 재판의 결과에 영향을 미친다고 생각하십니까?"라는 질문에 36.4%가 "절대적으로 영향을 미친다"고 답했으며, 56.98%가 "어느 정도 영향을 미친다"고 답했다.[10] 결국 국민의 93.4%가 재판의 공정성에 대해서 의심하고 있다는 것이다. 사법에 대한 국민의 심각한 불신은 한국인의 법의식 조사에서 공통적으로 감지되는 것으로서 학문적으로도 논란이 없는 사실이다. 우리나라에서 사법 불신의 원인을 한두 가지로 단정할 수는 없겠으나, 적어도 지난 100년간의 사법운영의 파행이 그러한 의식을 낳는 데 결정적 영향을 끼쳤다는 것을 부인하기는 어려울 것이다. 군국주의적 식민지정권 · 권위주의정권 · 군사정권으로 이어지는 일련의 정치권력이 사법권 독립을 허용하지 않았기 때문에 사법은 본연의 기능을 정상적으로 수행할 수 없었고, 그러한 비정상적인 상황이 사법에 대한 국민의 불신의 진원지라는 것이다.

그런데 1987년 이후 사회의 전반적 민주화가 진행된 이후 그리고 군사

---

8 이재승, 「사법부의 과거청산」, 민주적 사법개혁을 위한 국민연대, 『민주적 사법개혁의 길』, 필맥, 2006, p. 68.

9 임희섭, 「한국인의 법의식에 관한 사회학적 연구」, 『서울대학교 법학』 제15권 제1호, 1974. 6, p. 48.

10 한국법제연구원, 『94국민법의식조사』, 1994, p. 53.

정권이 완전히 종식되고 문민정부가 수립된 이후에도 사법에 대한 국민의 불신이 개선된 것으로 보이지 않는다. 최근 통계를 보자. 지난 2007년 '한국일보'는 법의 날을 맞아서, 법률서비스를 한 번이라도 이용해본 경험이 있는 대한민국 성인 남녀 5,000명을 대상으로 대한민국 사회의 사법 불신은 어느 정도인지 질문했다. 질문의 내용은 "귀하의 대한민국 법조계에 대한 신뢰도는 어떠합니까?"라는 것이었다. 그 결과는 아래 [표 1]과 같다.[11]

[표 1] "귀하의 대한민국 법조계에 대한 신뢰도는 어떠합니까?"에 대한 질의응답

질문	응답자 비율(%)
법원(판사)을 가장 신뢰한다	16.8
검찰(검사)을 가장 신뢰한다	3.6
변호사협회(변호사)를 가장 신뢰한다	3.1
모두 대체로 신뢰한다	20.5
모두 신뢰하지 않는다	56.0

[표 1]에서 보듯이 법원 · 검찰 · 변호사를 모두 신뢰하지 않는다는 응답이 무려 56.0%에 이른다. 특히 검찰(검사)과 변호사에 대한 불신은 법원(판사)에 대한 불신보다 훨씬 더 심한 것으로 보인다. 같은 여론조사에서 "사법부(법원)를 어느 정도 신뢰하나?"라는 질문에는 "신뢰하지 않는 편이다"(49.7%)와 "전혀 신뢰하지 않는다"(12.7)의 합이 62.4%에 달했다.

만약 "1987년 이후 이른바 6 · 29 선언 이후에는 정치권력이 법관에 대하여 직접적으로 압력을 가하는 일은 사라진 것"[12]이 사실이라면 그 이후

---

11 박종진(「한국일보」 기자), 「로스쿨, 사법불신 해결의 가능성」, 올바른 로스쿨법 비상대책위원회, 『국민을 위한 올바른 로스쿨법의 과제와 원칙 토론회 자료집』, 2007. 5. 30, p. 33.

12 윤진수, 「법관의 윤리」, 서울대학교 법과대학 편, 『법률가의 윤리와 책임』(제2판), 박영사, 2003, p. 140.

에도 사법부에 대한 불신이 해소되지 않은 것은 무엇 때문인가? 이를 어느 정도 설명해주는 것이 법조비리 사건들이다. 최근 10년 간 우리나라에는 사법을 둘러싼 각종 비리가 끊이지 않았다. 1997년 10월 의정부지원 판사 15명과 이○○ 등 14명의 변호사가 연루된 의정부 법조비리 사건, 1999년 법원 · 검찰의 전직 · 현직 간부 등 100여 명이 관련된 대전 법조비리 사건, 2004년 8월 사건브로커와 경매브로커 중심의 대규모 법조비리 단속 사건과 춘천 판사 성 접대 파문 사건, 2005년 11월 사건무마 명목으로 기업으로부터 수억 원을 받고 전직 · 현직 판사 · 검사 10여 명과 돈을 수수한 법조브로커 윤○○ 사건, 2006년 사건담당 판사 · 검사와 경찰 간부에게 사건을 청탁하고 향응을 제공한 김○○ 사건 등 굵직굵직한 사건만도 적지 않다.[13] 이러한 일련의 사건은 사법 불신의 근본 원인이 단순히 권위주의적 정치권력에 있지 않다는 것을 보여준다. 오히려 사법부 내부에 심각한 문제가 있다는 것이고, 특히 사법부를 구성하는 법조인 자체에 문제가 있다는 것이다.

또 다른 여론조사가 이 점을 잘 보여준다. 즉, 지난 2006년 국제투명성기구(Transparency International)는 각국의 부패지수를 발표했는데, 이에 의하면 우리나라 법조계의 부패에 대한 국민의 인식은 놀랄 만하다. 우리나라 국민 1,504명을 대상으로 "우리나라의 사법체계 부패에 대해서 어떻게 생각하십니까?"란 질문에 대한 대답은 다음의 [표 2]와 같다.[14]

---

13 최근에 벌어진 각종 법조비리 사건에 대한 학술적 접근으로는 형사정책연구원, 『법조비리에 관한 연구』, 성문출판사, 1999; 이웅혁, 「사회적 자본의 부정적 측면에서 본 한국의 법조비리」, 『형사정책』 제18권 제2호, 2006; 한인섭, 「법조비리: 문제와 대안」, 『서울대학교 법학』 제39권 제1호, 1998; 한인섭, 「법조비리와 법률가 윤리」, 『법과사회』 제29호, 2005 등 참고.

14 강성구, 「법원 · 검찰 법조비리 근절대책 발표 1년, 그 성과와 한계」, 투명사회협약실천협의회, 한국투명성기구 공동주최, 『법조비리근절대책 평가토론회 자료집』, 2007. 8. 16, p. 6.

[표 2] 사법체계 부패에 대한 국민인식

구분	전혀 부패 하지 않음	조금 부패함	부패함	매우 부패함	완전 부패함	모름/무응답
비율(%)	2	11	36	36	13	2

말하자면 국민의 거의 대부분에 해당하는 85%가 사법부가 부패했다고 대답했으며, 특히 '매우 부패'했거나 '완전 부패'했다고 대답한 사람이 국민의 절반인 49%에 이른다. 이 정도면 사법의 붕괴라고 할 만하다.

이러한 현상은 사법부의 정상적인 작동을 위해서 무엇이 필요한지에 대해 다시 생각해볼 것을 요구한다. 이제 단순히 정치권력으로부터 간섭배제라는 의미의 사법권 독립을 보장하는 것만으로는 부족하다는 것을 여실히 보여준다. 그리고 무엇보다 법조인 개인의 행태를 문제 삼아야 한다는 주장이 설득력을 얻게 된다. 말하자면 '사람'이 문제라는 것이다. 예컨대, 법조인의 의식구조 · 정신상태 · 윤리의식 · 권위의식 · 특권의식 · 엘리트의식 · 도덕불감증 · 소명의식의 결핍 등이 문제라는 것이다. 이러한 입장에서 중요한 것은 교육을 통한 법조인의 의식개혁과 법조인의 일탈행위에 대한 엄격한 처벌이다. "근래 우리나라에서는 법률가가 나라를 망친다는 개탄의 목소리가 여기저기서 터져 나온다. 이는 바로 법률가의 비도덕성, 아니 몰(沒) 내지 반도덕성(反道德性)에 분개해서 터져 나오는 소리이다. [……] 이제 법제도의 윤리적 의미를 각성하고 도덕적 인격발전이 법지식의 습득과 법직책 수행에서 분리될 수 없게 할 법윤리와 법조윤리의 확립에 눈을 돌려야 한다"(고딕체 강조는 필자에 의함)[15]는 주장이 이

15 심헌섭, 「법조윤리의 좌표: 거시적 관점에서 본 전문윤리로서의 법조윤리」, 서울대학교 법과대학 편, 『법률가의 윤리와 책임』(제2판), 박영사, 2003, pp. 34~35.

러한 입장을 대변하고 있다.

소위 '법조윤리'(legal ethics)는 이런 맥락에서 제기된 것이다. 다시 말해, 법조윤리는 권위주의정권이 붕괴되고 사회가 전반적으로 민주화되면서 법치주의에 대한 사회적 기대가 높아가고 있는 반면 이에 부응하지 못하는 사법부와 사법작용을 바로 세우기 위한 노력의 일환으로서 특히 법조인 개개인의 윤리적 각성을 촉구하고 비윤리적 행동을 규제하려는 시도이다.

2. 법적 접근과 윤리적 접근

법조윤리가 사회적 이슈로 제기되는 것은 흔히 법조인들의 비행이 폭로될 때와 일치한다. 미국에서도 법조윤리가 로스쿨의 필수과목으로서 정규과정에 편입된 것은 워터게이트 사건[16] 이후이다. 위에서 보았듯이, 우리나라의 경우도 마찬가지이다. 그런데 대형 법조비리 사건들이 터질 때마다 법조인에 대한 사회적 성토가 일어나는 것은 쉽게 이해할 수 있는데, 이러한 사건을 법조인의 '범죄'행위가 아니라 '비리'로 이해함으로써, 이를 형'법'의 문제로 접근하지 않고 법조'윤리'의 문제로 접근하는 것은 여러 생각거리를 준다. 법과 도덕/윤리[17]의 상이점을 고려하면서,

16 워터게이트 사건은 1972년 6월 대통령 R. 닉슨의 재선을 도모하는 비밀공작반이 워싱턴의 워터게이트빌딩에 있는 민주당 전국위원회 본부에 침입하여 도청장치를 설치하려다가 발각 · 체포된 미국의 정치적 사건이다. 이때 많은 변호사들이 도청, 불법침입, 증거인멸 등 중죄를 저지르면서 이 사건에 연루되었기 때문에, 변호사들의 윤리문제가 사회적인 이슈로 제기되었고, ABA는 로스쿨에 대해서 법조윤리 교육을 필수과목으로 지정할 것으로 요구했다.

17 윤리와 도덕은 이 책에서는 구분하지 않는다. 구분론이 없지 않고 뉘앙스의 차이가 전혀 없다고 할 수는 없겠지만, 이 책에서 윤리나 도덕은 다 함께 법이나 규정과 대비되는 의미로 사용되며 그 의미의 차이가 없다. 법과 윤리의 개념적 구분에 대해서는 최종고, 『법과윤리』, 박

이러한 사건을 윤리문제로 이해하고 접근하는 의미가 무엇인지를 살펴보자.

법과 도덕은 서로 완전히 '분리'되었다고 할 수는 없지만, '강제가능성'이란 차원에서 서로 '구별'되는 것으로 이해한다.[18] 법은 외면적 행동의 규제에 치중하며, 법의 준수는 국가권력에 의해서 강제된다. 이에 비해 도덕/윤리는 내면의 동기를 중시하며, 도덕적/윤리적 원리의 준수는 권장되지만 억지로 강제되지는 않는다. 이러한 차이를 염두에 둔다면 법조비리에 대한 법적 접근과 윤리적 접근의 차이를 인식할 수 있다.

법조범죄든 법조비리든 이러한 문제에 대해서 '윤리'로 접근한다는 것은 법조인을 선한 존재로 인정한다는 것이다. 그것은 법조인을 의심하고 견제하려는 입장이라기보다는, 법조인의 선함에 공감하고 그 전제 위에서 법조인의 선함을 고양하려는 접근법이다. 이에 비해 법적 접근은 반드시 그 수범자를 선한 존재로 전제하지 않는다. 법적 접근은 수범자에게 법적 제재의 위협을 가함으로써 규범의 준수를 강제하는 접근법이다. 특히 형벌과 관련한 법규는 그러한 성격이 현저하다. 예컨대 윤리도 살인을 금하고 법도 살인을 금하지만, 윤리적 접근은 내면적 동기와 자발성을 자극함으로써 살인을 막고자 하고, 법은 처벌의 위협으로써 같은 목적에 이르고자 한다. 이처럼 두 접근법은 목적에 이르는 방법에서 차이가 난다. 법조비리에 대해 윤리적으로 접근한다는 것은 법조인의 윤리의식을 제고함으로써 내적 동기에 입각하여 자발적으로 법조비리를 자제하게 하려는 것이다.

영사, 1992, p. 2; Rhode, Deborah L. & David Luban, *Legal Ethics*, Foundation Press, 2004, pp. 3~4 등을 참고할 수 있다. 그러나 이들도 법조윤리와 관련하여 윤리와 도덕을 구분할 중대한 실익은 없다는 것을 인정한다.

18 심헌섭, 『법철학』, 법문사, 1996, p. 117.

그런데 윤리적 접근은 법조인의 불법행위나 비리를 막아보자는 시도 이상이라는 점에 유의할 필요가 있다. 최대권 교수가 "오늘날 법조윤리의 중요성이 유독 강조되고 있는 이유는 지금 우리 사회가 처하고 있는 법조윤리 부재현상의 심각성 때문만이 아니다"라고 했을 때 이 점을 지적한 것이다.[19] 즉, 법조윤리는 불법이나 비리와는 그다지 관련이 없는 영역을 포함한다. 법조윤리는 불법과 합법 사이에서 고민하는 법조인에게 합법적 처신을 촉구하는 수준의 논의가 아니고(물론 그것을 포함한다), 보다 높은 차원에서 법조인의 올바른 행동이 무엇인가에 대한 고민과 모색을 담고 있다. 법조윤리는 "초월적 정의, 공정 그리고 높은 윤리적 기준인 인간존엄성의 이념(인권)과 같은 '근본적'인 법가치관"에 관한 문제이고,[20] "법치주의"를 완성하는 문제이다.[21] 말하자면 법조윤리는 법조인의 불법을 저지하려는데 그치는 것이 아니고, 법조인으로서의 원대한 사명을 자각하고 그것을 내면화함으로써 법이 지향하는 이상과 목표를 실현하게 하려는 것이다. 그것은 강요될 수 없는 것이라는 의미에서 재량의 영역에 속한 것이고, 개인적 양심의 문제가 아니라는 의미에서 공적인 것이다.[22] 이러한 의미의 법조윤리에 대해서는 법적인 접근이 애당초 불가능하다.

그런데 현실의 법조윤리론을 보면 반드시 법조인 개인의 내면세계를 문제삼는 것은 아니다. 그 대표적인 예가 미국에서의 법조윤리이다. 미국에서 가장 널리 사용되는 법률용어사전은 '법조윤리'(legal ethics)에 대해

---

19 최대권, 「새 시대의 법조윤리」, 서울대학교 법과대학 편, 『법률가의 윤리와 책임』(제2판), 박영사, 2003, p. 104.

20 심헌섭, 「법조윤리의 좌표: 거시적 관점에서 본 전문윤리로서의 법조윤리」(제1부 각주 15), p. 39.

21 최대권, 「새 시대의 법조윤리」(제1부 각주 19), p. 104.

22 Luban, David, *Lawyers and Justice: An Ethical Study*, Princeton University Press, 1998, p. xix.

서 간단명료하게 정의하고 있다. 이에 의하면, 법조윤리는 "법 전문직의 최소한의 행동기준"(minimum standards of appropriate conduct)으로서 여기에는 법전문직의 구성원이 다른 구성원, 의뢰인 그리고 법정에 대해서 가지는 의무를 포함한다고 한다. 또는 이러한 행동에 대한 "연구나 준수" 또는 그러한 의무를 규율하는 "성문화된 규제"(written regulation)를 의미하는 것으로 정의하고 있다.[23] 미국에서 가장 유력한 법률용어사전이 법조윤리의 개념에 대해서 이렇게 정의한다는 것은, 미국에서의 언어관행이 법조윤리를 그러한 의미로 사용하고 있다는 것을 보여주는 증거이다. 여기에서 보듯이 미국에서 법조윤리는 최소한의 행동기준을 모색하는 문제이며, 그것을 성문화하는 문제이고, 나아가 그것을 준수하게 하거나 그것을 연구하는 작업을 의미한다. 이러한 접근은 법조인의 내면세계에 존재하는 선의식을 믿고 윤리적 각성을 도모하는 방법과는 상이하다. 후자를 법조윤리에 대한 내면적 접근이라고 한다면 전자는 외면적 접근이라고 할 만한다. 내면적 접근이 법조인의 원대한 도덕적 포부에 관심이 있다고 한다면, 외면적 접근은 법조인의 비윤리적 행동에 대한 현실적 규제에 관심이 있다. 내면적 접근은 (예비)법조인에 대한 교육과 윤리적 토론을 강조하는 반면, 외면적 접근은 객관적 행동기준의 이해와 습득을 강조하고 또 그러한 행동기준의 위반에 대한 제재를 강조한다. 외면적 접근의 입장에서 내면적 접근을 보면 실효성 없는 공허한 말잔치로 보일 수 있을 것이다. 반면에 내면적 접근의 입장에서 외면적 접근을 보면, 그것은 윤리의 본질을 벗어난 것으로 보인다.

이렇게 본다면 외면적 접근은 법적 접근과 그리 다르지 않다. 왜냐하면 외면적 접근은 법적 접근과 마찬가지로, 내심의 양심과 통찰에 근거한 행

23 Black's Law Dictionary(8th ed. 2004), 'legal ethics' 항목.

동을 요구하는 것이 아니라, 수범자의 외부에서 주어지는 명령과 제재를 근간으로 하기 때문이다. 외면적 접근의 법조윤리는 형벌 대신 징계를 주요한 제재수단으로 하는 것으로서, 준-형법적 접근이라고 할 만하다. 실제 미국에서 법조윤리와 법 사이의 차이는 공공연히 부인되기도 한다. '민사소송규칙'이 법인 것과 마찬가지로 법조윤리도 법이라는 것이다.[24] 이러한 것은 법조윤리에 대한 명칭에서도 반영되고 있다. 즉, 미국에서 법조윤리(legal ethics)라는 말 대신에 '직무책임'(professional responsibility)라는 표현이 쓰이거나 '변호사에 관한 법'(law governing lawyers), '변호사에 대한 규제'(regulation on lawyers) 등의 표현이 쓰이는 것은 법조 '윤리'가 통상적인 의미의 '윤리'로서의 성격을 거의 탈색했다는 것을 반영한다. 미국에서 법조윤리는 법조인에 관한 법에 다름 아닌 것으로 보인다.[25] 여기에서는 윤리적 접근은 없고 법적 접근만 존재하는 셈이고 법적 접근과 윤리적 접근의 차이는 없다. 결국 외면적 접근에서 법조윤리는 법조인을 규율대상으로 하는 법규가 된다.

이처럼 법조 '윤리'라는 말이 사용되면서도 실질에서는 '법'과 같은 의미로 사용되는 현실로 인해서 법조윤리에 대한 개념적 혼란이 생기고 있는 것이 사실이다. 법조윤리가 윤리인지 법인지에 대한 합의조차도 없어

---

24 Rotunda, Ronald D., *Legal Ethics in a Nutshell*(2nd ed.), Thomson West, 2006, p. vii.

25 미국에서 법조윤리가 윤리규정의 문제에 치우쳐 있는 것은 사실이라고 생각되지만, 모두 그러한 것은 아니다. 법조윤리를 가르치는 많은 교수들은 여전히 학생들에게 '가치'를 교육시키는 문제에 대해서 관심을 가지고 지속적으로 시도하고 있다. 대표적으로 Hartwell, Steven, "Promoting Moral Development Through Experiential Teaching", *Clinical Law Review*, Vol. 1, Spring 1995; Pearce, Russell G., "Teaching Ethics Seriously: *Legal Ethics* as the Most Important Subject in Law School", *Loyola University Chicago Law Journal*, Vol. 29, Summer 1992; Eisgurber, "Can Law Schools Teach Values?", *University of San Francisco Law Review*, Vol. 36, Spring 2002; Lehman, Lisa G., "Teaching Moral Perception and Moral Judgment in *Legal Ethics* Courses: A Dialogue about Goals", *William and Mary Law Review*, Vol. 39, January 1998 등이 있다.

보인다. 그러나 이것은 단순한 개념적 혼란은 아니다. 오히려 법조윤리의 '윤리'적 성격을 강조하는 입장과 그렇지 않은 입장 사이에 존재하는 현실적인 긴장관계의 반영이라고 보는 것이 타당할 것이다. 다시 말해 법조윤리의 윤리적 성격을 강조하고 복원하려는 일련의 흐름이 있는 반면, 법조윤리의 윤리적 성격을 끊임없이 탈색하고 이를 엄격한 징계규정으로 전환하려는 흐름이 병존하고 있는 것이다. 일단 법조윤리는 이 두 측면을 모두 가지는 것으로 잠정적으로 생각하고 논의를 좀 더 전개해본다.

3. 법조윤리 규범의 성문화

법조윤리에 대해서 외면적 접근을 하는 경우에는 법조윤리 규범을 성문화(codification)하는 것은 필수적이다(성문화된 법조윤리 규범을 이하에서는 '법조윤리 규정'이라고 함). 마치 형벌이 부과되기 위해서는 객관적인 법률의 근거가 있어야 하듯이 징계를 가하기 위해서도 객관적인 규정이 있어야 하기 때문이다. 이러한 접근에서 법조윤리 규정은, 마치 형법이 그러하듯이, 가급적 구체적이고 명료한 것이 바람직하다고 본다.

내면적 접근에서도 법조윤리 규범의 성문화에 반대하는 것은 아니다. 다만 법조윤리 규정의 내용이나 그것을 바라보는 관점에서 차이가 생긴다. 내면적 접근에서는 법조윤리 규정이 단순히 최소한의 행동기준을 제시하는 데 머물 것이 아니라 법조인으로서의 지향과 가치도 포함해야 하며 그러한 가치가 단순히 장식적 의미를 갖는 것이 아니고 현실적 의미를 갖게 되기를 희망한다. 그리하여 법조윤리 규정이 표방하는 가치가 법조인들 사이에서 내면화되기를 희망한다. 나아가 법조윤리 규정을 기정사실로 간주하기보다는 비판과 비평의 대상으로 바라보려고 한다. 이런 점들을 고려하면서 법조윤리 규범의 성문화가 갖는 의미에 대해서 좀 더 살펴본다.

1) 법조윤리 내용의 인식 가능성

법조윤리를 성문화하기 위한 전제는 무엇이 윤리적 행동인지를 알 수 있다는 것, 아니면 적어도 무엇이 윤리적 행동인지에 대한 일정한 공감이나 합의가 가능하다는 것이다. 그런데 현실에서 윤리를 다루는 것은 매우 어렵다. 윤리가 개념적으로 선한 어떤 것이라는 점은 우리가 알고 있지만, 현실 사회에서 구체적으로 무엇이 '선'(善)인지를 말하는 것은 매우 힘들다. 인간행동의 도덕성에 관한 학문 분야로서 윤리학이 이 문제를 오랫동안 탐구했지만 여전히 해법은 없다. 한 윤리학자의 다음과 같은 언명은 윤리문제가 얼마나 어려운지를 보여준다.

> 윤리학의 진정한 목표는 잘 정초된 도덕적 결정은 각자가 스스로 내려야 하는 것이며, 어느 누구도—어떤 권위자나 어떤 권한이 있는 사람들(부모, 교사, 성직자 등)도—대신해줄 수 없는 것임을 분명히 밝히는 것이다.[26]

위의 주장처럼 만약 윤리가 각 개인이 내릴 수밖에 없는 어떤 것이라면 어떻게 윤리규범을 성문화할 수 있단 말인가? 윤리는 본질적으로 상대적인 것이 아닐까? 다양한 가치관의 존재를 인정한다면 법조윤리를 성문화하는 것은 불가능해 보인다. 우리나라에서 일찍이 법조윤리의 중요성을 자각하고 교육해온 가재환이 "초점의 대상이 되는 중요한 [법조윤리] 문

---

26 피퍼, 안네마리(Pieper, Annemarie), 진교훈 · 류지한 옮김, 『현대윤리학 입문』, 철학과현실사, 1999, p. 20.

제의 대부분에 관하여 규칙화가 아직 시기상조라 하여 단념되거나 구체적인 적용을 각자의 자각과 양심에 맡기지 않을 수 없다고 결론 내려버리게"[27] 된다고 고백했을 때 성문화의 어려움을 잘 보여준다. 법조윤리 규정은 이러한 어려움 내지 한계 위에서 만들어지는 것이다.

그러나 법조윤리 규범의 인식 곤란성이 그 성문화의 불가능성이나 무용성을 입증하는 것은 아니다. 위 윤리학자의 주장이 윤리 자체의 철두철미한 불가능성이나 불필요성을 말하는 것도 아니다. 윤리의 상대성을 인정하더라도 여전히 윤리는 필요하고 윤리 메커니즘은 작동한다는 입장을 가질 수 있다. 그리고 윤리상대주의는 절대적으로 확립된 진리도 아니다. 윤리상대주의에도 불구하고, 우리는 많은 경우 명백히 비윤리적인 행동을 구분해내며, 좀 더 윤리적인 행동과 그렇지 않은 행동을 구분해낸다. 그리고 우리는 무엇보다 윤리회의주의나 윤리상대주의에도 불구하고 현실 속에서 끊임없이 윤리적인 선택에 직면한다. 이때 우리는 비록 실수할 가능성이 있다고 생각하면서도 우리에게 가장 올바른 것으로 보이는 행동을 선택할 수밖에 없다.[28] 이처럼 우리는 윤리문제의 어려움에도 불구하고 일상적으로 윤리적 선택을 하게 되는데, 그러한 선택은 주사위 던지기 식의 무의미한 선택은 아니고 숙고된 선택이며 합리적 선택이다. 이처럼 인간의 윤리적 선택은 절대선의 선택은 아니지만 유의미한 선택이다. 그것이 우리가 할 수 있는 최선이기도 하다.

이러한 관점은 법조윤리의 성문화에서도 마찬가지로 적용된다. 즉, 우리는 법조인으로서 무엇이 윤리적인지에 대해서 완전히 확신하지는 못할지라도 좀 더 나은 선택으로 보이는 규범을 법조윤리 규정으로 만듦으로

27 사법연수원, 『법조윤리론』, 2007, p. 4.

28 Rhode & Luban, *Legal Ethics*(제1부 각주 17), p. 7.

써 법조인의 윤리적 처신을 조장할 수 있다. 법조윤리 규범을 성문화한다는 것은 규정이 갖는 한계를 인정하면서도 윤리규범의 성문화가 갖는 장점을 취하려는 것이다. 우리나라의 경우 대표적인 법조윤리 규정으로는 '판사윤리강령', '검사윤리강령' 그리고 '변호사윤리장전'이 있다.

2) 성문화된 법조윤리의 내용

법조윤리가 추구하는 가치나 방법에 대한 합의가 어려운 만큼 다양한 종류의 법조윤리 규정이 존재할 수 있다. 우리는 국가에 따라서 법조윤리 규정의 내용이나 형식이 다소 다를 수 있다는 것을 충분히 예상할 수 있다. 그리고 같은 국가라고 하더라도 시대에 따라서 변할 것이라는 것도 충분히 예상할 수 있다. 그렇지만 법조윤리 규정에는 대체로 공통적인 형식이 있으며, 다음과 같다.

(가) 법조윤리 규정에는 법조인의 행동을 지도하는 '원리'(principle)를 담고 있다

원리적인 내용은 추상적이고 선언적인 형식으로 표명된다. 이러한 원리적인 내용은 법조윤리 규정의 서문 등 앞부분에서 주로 발견된다. 예컨대, 대한변협의 '변호사윤리장전'은 가장 앞에 '윤리강령'이라는 별도의 지면을 할애하여 변호사윤리를 지도하는 원리를 선언하고 있다. 그 내용은 다음과 같다.

1. 변호사는 기본적 인권의 옹호와 사회정의의 실현을 사명으로 한다.
2. 변호사는 성실 · 공정하게 직무를 수행하며 명예와 품위를 보전한다.
3. 변호사는 법의 생활화 운동에 헌신함으로써 국가와 사회에 봉사한다.
4. 변호사는 용기와 예지와 창의를 바탕으로 법률문화 향상에 공헌한다.

5. 변호사는 민주적 기본질서의 확립에 힘쓰며 부정과 불의를 배격한다.

6. 변호사는 우애와 신의를 존중하며, 상호부조 · 협동정신을 발휘한다.

7. 변호사는 국제 법조 간의 친선을 도모함으로써 세계 평화에 기여한다.

그리고 변호사윤리장전의 '윤리규칙' 제1조는 "변호사는 정의와 자유를 사랑하며, 진리를 추구하고, 민주적 기본질서의 확립에 정진해야 한다"라고 규정한다. 이러한 규정은 너무나 추상적이어서 이것이 과연 변호사만을 위한 윤리규범인지 혼란스러울 정도이다. 예컨대, 위 규정에서 "변호사"라는 말 대신에 판사나 검사를 넣어도 큰 무리가 없고, 법학 교수를 넣어도 된다. 심지어 경찰 · 학생 · 공무원 등 다른 직무에 종사하는 사람에게도 마찬가지로 적용된다. 법조윤리 규정에는 이러한 내용이 다수 포함되어 있다. 이들 규정은 너무 추상적이어서 법조인에게 실질적인 지침이 될 수 없는 것처럼 보이기도 한다.

그러나 원칙적이고 선언적인 규정이 무의미한 것은 아니다. 특히 법조윤리가 하나의 '윤리' 규범인 한에서는 이처럼 원칙적이고 선언적인 표현을 가질 수밖에 없는 측면도 있다. 그것은 원대한 포부를 밝히고 법조윤리의 가치 지향을 제시한다. 그것은 법조인이 윤리적 문제를 해결하는 데 필요한 상상력의 근거가 되기도 한다. 이러한 내용은 추상적이고 원칙적인 내용이어서 그러한 내용의 타당성이 그다지 의심받지 않는다. 법조인이 이러한 원칙적 규정을 위반하는 경우에도 아무런 제재가 없거나 여론 차원의 비난 정도로 가벼운 사회적 제재만이 가능한 경우가 많다. 그렇기 때문에 이러한 규정은 종종 쉽게 무시되기도 하지만, 내면적 접근은 오히려 이러한 선언적인 내용을 중시하고 그것을 구체적인 차원에서 이해하고 체화하는 데 많은 관심을 갖는다.

(나) 법조윤리 규정은 법조인의 구체적인 행동지침을 담고 있다

법조윤리 규정은 단지 법조인의 가치를 선포하는 데 그치지 않고, 구체적인 행동지침을 제공함으로써, 법조인들이 일상적으로 부딪히는 윤리적 딜레마를 해결하는 데 실질적으로 조력하고자 한다. 예를 들어보자. 일반적으로 변호사는 "동일사건에 관하여 당사자 쌍방을 대리할 수 없다"는 것을 인식하고 있다. 이를 쌍방대리의 금지원칙이라고 한다. 그런데 만약 동일사건이 아닐 때는 어떻게 해야 하는가? 예컨대, 갑이 을을 상대로 주택명도소송을 하고 있는 중인데, 갑을 대리하는 변호사가 갑(또는 제3자인 병)을 상대로 제기한 대여금반환소송에서 을을 대리할 수 있는가? 만약 명도소송사건이 종결된 후라고 한다면 사정은 달라지는가? 만약 갑과 병이 모자회사 관계에 있는 경우라면 어떻게 달라지는가? 병이 갑회사의 주식을 가지고 있는 경우는 어떤가? 변호사가 을회사의 주식을 가지고 있는 경우는 변호사는 갑을 대리할 수 있는가? 이러한 문제를 해결하기 위해서는 단순히 법조인의 선의식(善意識)을 제고하는 것만으로는 부족하고, 명료한 객관적 기준을 마련하는 것이 필요하다. 특히 다양한 가치관을 가진 법률가들이 각자의 윤리적 소신에 따라 법적 조언을 한다면 적지 않은 혼란과 충돌이 야기될 수 있기 때문에 전문적인 변호사들에게 통일적인 행동지침을 제시할 필요가 있다.[29] 외면적 접근은 이러한 문제를 해결할 수 있는 구체적인 행동지침을 제공하는 것이야말로 법조윤리론의 핵심이라고 보고, 상세한 윤리규정의 제정과 집행에 관심을 집중한다.

객관적 윤리규정은 윤리위반을 적발하고 이를 징계와 연결하는 데에도 긴요하다. 법조윤리 규정이 법조인이 처신해야 할 윤리적 행동의 최소한을 천명한 것이라고 한다면, 그것은 동시에 그 선을 넘은 행동에 대해서

---

29 김재원, 『미국의 법학교육과 변호사윤리』, 정법, 2007, pp. 111~112.

제재를 가하는 것을 의미한다. 제재에는 여론에 의한 제재나 법률적 제재가 있을 수 있지만, 윤리위반에 대한 가장 중요한 제재형태는 징계(discipline)이다. 그런 점에서 법조윤리 규정은 징계재결을 위한 규정이기도 하다. 징계는 일반적으로 법조인의 자치조직에 의한 자율적 제재를 의미한다. 경우에 따라서 징계절차에 비법조인이나 피해자의 참여를 보장하기도 하는데, 이는 징계의 객관성과 실효성을 제고하기 위한 것이다. 아무튼 법조윤리 규정은 법실무에서 일상적으로 부딪히는 윤리적 딜레마의 해결에 도움을 줌과 동시에 위반행위에 대한 징계의 근거가 된다.

(다) 법조윤리 규정의 변화 경향

이처럼 법조윤리 규정에는 추상적·원리적인 규정과 구체적인 행동지침이 모두 담겨 있는데, 큰 흐름으로 보자면 후자의 측면이 강화되는 경향이다. 특히 미국의 경우 그런 경향이 두드러지게 보인다. 최초의 미국변호사협회(이하 ABA라고 함) 윤리규정은 1908년의 '변호사윤리강령'(ABA Canons of Professional Ethics)이었고, 그 다음은 1979년의 '직무책임준칙'(ABA Model Code of Professional Responsibility)이었고, 그 다음은 1983년의 '직무행위표준규칙'(ABA Model Rules of Professional Conduct)이었다. 여기에서 보듯이 주요한 관심이 '윤리→ 책임→ 행위'로 옮겨가면서 점차 외면적인 것이 더 강조되고 있음을 보이고 있다. 아울러 그 규정 자체도 '강령→ 준칙→ 규칙'으로 변하면서 원칙적인 내용에서 점차 징계가 가능한 구체적 내용으로 변화해가고 있음을 알 수 있다. 이러한 경향은 비단 미국에서의 흐름에 국한되는 것은 아니고, 우리나라를 포함한 다른 많은 나라도 이러한 흐름을 타고 있는 것으로 보인다. 크게 보면 내면적 접근에서 외면적 접근으로 이행하고 있는 것이다.

그러나 이러한 흐름이 반드시 바람직한지에 대해서는 논란의 여지가 있음을 주의해야 한다. 최근 바르톤(Benjamin Barton)은 1969년의 책임준칙이 1908년의 '강령'의 의미를 퇴색시켰고, 1983년의 '표준규칙'이 윤리규범을 일련의 유사-형벌 규정들로 바꾸어버림으로써 폭넓은 철학적 기준들을 삭제한 점에 대해서 개탄하고, 1908년의 강령으로의 복귀를 주장했다.[30] 이런 주장이 생기는 것은 아래에서 보듯이 법조윤리의 성문화에는 일정한 함정이 있기 때문이다.

3) 법조윤리 규정의 함정

법조윤리의 성문화는 표준화된 행동과 실효성 있는 집행을 가능하게 하는 장점이 있는 반면, 그에 따른 역기능도 있다. 법조윤리 규정의 존재 자체가 법조인의 윤리의식을 저하시킬 뿐만 아니라 실체적인 윤리기준조차도 저하시킬 계기가 될 수도 있는 것이다. 그것은 두 가지 방식으로 일어난다.[31]

첫째는 의도적으로 법조윤리 규정이 남용되는 경우이다. 종종 윤리규정은 법조직역의 집단적 이익을 옹호하기 위한 수단으로서 제정되기도 한다. 예컨대 '법률'적 제재를 피하기 위한 도구로 사용되거나 집단의 폐쇄성을 보장하거나 직업집단의 높은 도덕성을 단순히 허세로서 보여주기 위한 도구로 사용되기도 한다. 이런 규범은 구체적인 행동기준을 담지 않고 단지 화려한 말잔치에 그치는 원리적 규정만 담고 있기 쉽다. 경우에 따라서는 구체적인 행동기준을 담고 있으면서도 그것을 집행하거나 제재

---

30 Barton, Benjamin, "The ABA, The Rules and Professionalism: The Mechanics of Self-Defeat and a Call for a Return to the Ethical, Moral and Practical Approach of Canons", *North Carolina Law Review*, Vol. 83, 2005, p. 472 이하.

31 아래의 두 가지 역기능에 대해서는 Chadwick, Ruth F., *Encyclopedia of Applied Ethics*, Academic Press, 1998의 code of ethics의 항목을 참고했다.

할 수단을 갖지 못하는 불완전한 규정에 그치도록 할 수도 있다. 이러한 식의 법조윤리 규정은 법조에 대한 일반인의 기대를 오도하는 것이기 때문에, 차라리 제정되지 않는 것이 나을 것이다.

사실 규제 대상이 되어야 할 주체가 스스로를 규제하는 규정을 만든다는 것은 모순처럼 보인다. 하지만 윤리적 성격의 규정은 자율성을 그 본질로 하기 때문에 그렇게 하는 것이 당연하고 그렇게 했을 때 비로소 높은 수준의 윤리규정을 제정할 수 있다. 그러나 자율규제의 미명 하에 외부에서 법규로 정립할 수 있는 수준보다 더 낮은 기준의 윤리규정을 만든다면 이는 자율규제의 취지를 남용한 것이라고 하지 않을 수 없다.

둘째 범주는 좀 더 복잡하다. 이는 법조윤리의 성문화 자체가 갖는 위험성이다. 그것은 법조인이 법조윤리 규정에 대해서 선의를 가지고 있는 경우에도 발생하고, 경우에 따라서는 아주 성실히 법조윤리 규정을 준수하는 것에 의해서도 발생한다. 예컨대, 법조윤리가 너무나 세세하게 성문화되는 경우 그러한 규정을 준수해야 하는 사람이 철저하고 정확하게 그것을 준수하려고 하는 순간 자신의 도덕적 판단은 불필요한 것이 되어버린다. 이처럼 법조윤리 규정의 준수는 수범자의 도덕의식보다는 어떤 행동의 규정합치성에 대해서만 관심을 가지게 함으로써 윤리나 도덕에 대한 관심 자체를 위축시키는 효과를 낳을 수 있다. 심한 경우 윤리의식에 대해서는 완전히 포기하고 규정의 위반만 없으면 그것으로 충분하다는 식의 안이한 사고가 생기게 된다.

법조윤리 규정에 대한 의존이 가지는 위험성에 대해서는 다른 여러 학자도 지적했다. 로드(Deborah Rhode)는 윤리규정이 점차 법률주의 형태로 진화하면서 신규 진입자를 전문직의 가장 높은 기준으로 사회화시키지 못했다는 점을 지적한다. 윤리규정에는 윤리적 열망이 적기 때문에 결국 탈도덕화된 기준에 관한 교육에 그치게 된다. 이때 법조윤리 담당교수가 탈도덕화되고 학생도 마찬가지로 탈도덕화된다.[32] 결국 윤리규정이 강조될수록 학생의 윤리적 고양은 도외시되는 것이다. 일본의 학자들도 이런 우려를 표명했다. 즉, 변호사윤리의 법화(法化)는 그것이 징계기준으로 작동하는 한에서 필요하다고 하면서도 "변호사윤리의 이러한 법화가 진행됨으로써, 징계사유로 되는 최소한의 변호사윤리 규정만 지키면 된다는 풍조가 생기고, 윤리의 법으로의 위축이라는 소극적 합법주의가 강화된다. 변호사가 직무수행에서 자율적으로 준수하고 상호비판에 의하여 직무의 질과 윤리의 유지 향상을 도모하기 위한 행동지침이라는 직업윤리의 본래의 기능이 공동화되지 않도록 연구하는 것이 긴요하다"고 한다.[33]

요컨대, 법조윤리 규정에 대한 의존은 법조윤리를 규정준수의 문제로 환원함으로써 법조윤리의 문제를 왜곡하고 협소하게 만들 위험성이 있을 뿐만 아니라 심지어 법조윤리 수준을 떨어뜨리는 역기능을 할 수 있다는 것이다. 특히 윤리규정이 법조인에 대한 형사처벌을 막는 수단으로 이용되거나[34] 법조인의 집단적 이익을 향유하기 위한 수단이 되는 경우 그러한 역기능은 더욱 명백하다.[35]

32 Rhode, Deborah L., "Teaching Professional Responsibility and Legal Ethics", *Saint Louis University Law Journal*, Vol. 51, Summer 2007, p. 1050.

33 小島武司・田中成明・伊藤眞・加藤新太郎 編,『法曹倫理』第2版, 有斐閣, 2006, p. 21.

34 징계절차가 법조인의 손에서 이루어지는 한, 징계의 수위는 일반인의 입장에서 볼 때 늘 불만스러운 것이다.

35 예컨대, 변호사가 일정한 보수 이하로 사건을 수임하지 못하도록 한 규정은 변호사의 집단적 이익을 위한 윤리규정이라는 비판을 받았다. 제2부 각주 137 참고.

4. 가치로서의 법조윤리

앞에서 보았듯이, 미국에서의 법조윤리의 개념은 "법전문직 내의 최소한의 행동기준"이라는 것이 통상적이다. 일본의 경우를 보면, 법조윤리란 "법조가 법 시스템, 사법제도, 사회일반, 의뢰인 등의 이용자, 법조 상호간의 관계, 소속 조직에 대하여 그 직무의 수행에서 준수하여야 할 가치, 원리, 규칙 등의 행동기준"[36]이라고 정의한 학자가 있고, "전문직으로서의 법조가 그 직무를 수행할 때 준수를 요구받는 특별한 윤리적 책임으로서 그것을 위반한 경우에는 일정한 제제가 예정되어 있는 것"[37]이라고 정의한 학자도 있다. 이러한 정의의 공통점은 법조윤리를 법조가 준수해야 할 '행동기준'으로 본다는 점이다. 심지어 타카나카 마사히코(高中正彦)는 징계를 전제로 한 행동기준을 법조윤리로 보아 매우 협소하게 법조윤리를 정의하고 있다.

그러나 법조윤리는 윤리적 가치의 내면화 문제를 도외시해서는 안 된다고 생각된다. 법조윤리에서는 행동기준 이전에 존재하는 윤리성/도덕성의 문제야말로 중요한 것이다. 그런 점에서 법조윤리를 "법조인으로서 마땅히 지녀야 할 가치"라고 넓게 정의하는 것이 더 타당하다고 생각된다. 이때 '행동기준'이나 '규칙'은 그러한 가치의 구체화로서 위치지울 수 있을 것이다. 법조윤리를 이렇게 정의해야 하는 이유는, 자칫 법조윤리 교육(학습)이 앙상한 법조윤리 규정의 전수(습득)에 그치고 정작 중요한 가치의 문제를 다루지 않는 우를 범하지 않기 위함이다. 앞에서 보았듯이 법조윤리 규정은 절대적인 것이 아니고 변화되는 것이며, 규정에 담을 수

---

36 小島武司, 『法曹倫理』(제1부 각주 33), p. 1.

37 高中正彦, 『法曹倫理講義』, 民事法硏究會, 2005, p. 2.

없는 많은 윤리적 내용을 사상한 것이고, 남용 가능성도 크기 때문에 법조윤리 규정을 교육하는 경우에도 내면적 접근을 소홀히 해서는 안 된다. 요컨대 법조윤리 교육은 예비 법조인에게 법조인으로서의 가치관을 갖도록 하는 교육이 될 것이며, 그것은 행동기준에 대한 교육을 포함하는 것이 된다.

제2장
전문직 윤리로서의 법조윤리

1. 전문직과 법조윤리

1) 전문직이론

사회학은 사회 속의 여러 직업 중에 전문직이라고 할 만한 특별한 범주가 존재한다는 것을 인식했고, 이를 학술 개념으로 정제했다.[38] 본 장에서는 이에 관한 이론을 통틀어서 전문직이론(theory of profession)이라고 칭하고 이로부터 법조윤리를 설명하려는 시도의 의미와 한계에 대해서 살펴본다.

전문직이론은 주로 의사 · 변호사 · 성직자를 염두에 둔 이론이다. 다른 일반적인 직업에서는 볼 수 없는, 이들 세 직업의 공통적 특성이 전문직이론을 구성하는 것이다.

우선 전문직이 취급하는 분야는 인간의 삶에서 각별히 중요한 가치들이다. 예컨대 전문직은 육체적 건강이나 신체적 자유의 문제 또는 영혼을

38 이와 관련한 대표적 학자로는 베버(Max Weber)와 뒤르켕(Emile Durkheim) 등을 든다.

구원하는 문제들을 취급하는데, 이는 모두 인간의 실존에서 각별히 중요한 가치들이다. 이러한 가치는 너무나 소중한 것들이어서 영리의 수단으로 삼기에는 적절하지 않다고 할 수 있다. 전문직이 다루는 사안의 이러한 특성이 전문직의 특성을 결정하는 중요한 요소이다.

이러한 분야를 취급하기 위해서는 장기간의 공식적인 교육과 훈련과정을 거쳐 전문적인 지식을 갖추어야 한다(전문성). 그리고 전문적 지식이 검증되지 않은 사람은 이러한 업무를 하게 허용해서는 안 된다(배타성). 어떤 사람의 전문적 지식을 검증하는 것은 오직 그 분야의 전문가들만이 할 수 있기 때문에, 그 직역의 전문가들이 그 검증을 위한 조직을 만들고 검증작업을 수행한다(자율성). 이들 전문가들은 인간의 본질적 필요를 충족시켜 주는 공공적 성격의 일을 하기 때문에, 보수와 다과와 상관없이(공공성/비영리성) 흠 없는 서비스를 제공해야 하며 결코 자신의 직무를 자신의 이익을 위해서 이용해서는 안 된다(윤리성). 전문가들이 적정하게 서비스를 제공했는지 여부는 의뢰인이나 일반인이 판단할 수 없기 때문에, 전문가들의 자율적 조직에 의한 직무의 검증이 이루어지고 필요한 경우에는 징계하거나 퇴출하는 제도를 운영한다(자율성).

요컨대, 전문직은 전문성 · 배타성 · 공공성/비영리성 · 윤리성 · 자율성을 본질적인 특성으로 갖는다. 이들 특성은 서로 연관되어 있다. 즉, 전문직은 전문성과 윤리성을 갖춘 사람으로서 전문가 조직에 의해서 검증된 자만이 수행할 수 있는 공적인 일이라는 것이다. 그리고 직무의 성격이 그러한 모든 특성을 동시에 요구한다는 것이다. 전문직을 이와 같이 이해하고 또 전문직이라면 마땅히 그래야 한다는 것이 전문직이론이다.

2) 전문직으로서의 법조

전문직 윤리에 대한 이와 같은 논리구조는 법조윤리에 그대로 적용된다. 특히 미국의 법조윤리이론은 이러한 전문직이론에서 출발한다.[39] 즉, 법조직역이 하나의 전문직으로서 윤리적 요소를 필연적으로 내장하고 있다는 생각이 법조윤리의 이론적 출발점이 된다. ABA가 1986년에 발표한 보고서는 이 점을 잘 보여준다.[40] 이 보고서는 하버드대학 로스쿨의 학장이었던 파운드(Roscoe Pound)의 이론을 인용하는 것으로서 전문직에 대한 설명을 시작한다. 전문직에 대한 파운드의 정의는 다음과 같다.

> 「법적무직」이라는 용어는 공적 봉사의 정신에 입각하여 학습된 기술을 소명으로서 추구하는 집단을 말한다. 그것이 우연히도 생계의 수단이 된다고 하더라도 여전히 공적 봉사이다. 공적 봉사의 정신에 입각한 학습된 기술(learned art in the spirit of public service)을 추구하는 것이 그 일차적 목적이다.

이어 같은 보고서는 이 위원회의 위원인 뉴욕대학 프리드슨(Eliot Friedson) 교수가 특별히 이 위원회를 위해서 정의한 전문직 개념을 소개하고 있다. 그에 의하면, 전문직은

> 배타적 면허권과 같은 특권을 갖는 구성원의 직업인데, 그 특권은 다음과 같은 가정에 의해서 정당화된다.
>
> ① 그들의 업무를 위해서는 상당한 지적 훈련과 복잡한 판단력의 이용이 요구된다.

39 유럽의 경우는 법조윤리의 기반이 반드시 전문직이론에서 시작하지는 않는다는 점에 유의해야 한다. 구혜란, 「전문직 자율성의 사회경제적 토대」, 『한국사회학』 제37집 2호, 2003, p. 240은 "전문직에 대한 비교사회학적 연구의 부재와 이들 사회의 특수성에 대한 몰이해는 영미권 전문직의 특성과 행위양식을 다른 사회의 전문직을 설명하는 데 적용할 수 있는 모델로 인식해 온 것이다"라고 쓰고 있다. 다만 이 책에서는 그러한 지적에도 불구하고 현실적인 제약으로 인해 미국의 전문직이론에 많이 의존하고 있다는 점을 밝힌다.

40 ABA Commission on Professionalism, *In the Spirit of Service: A Blueprint of the Rethinking of Lawyer Professionalism*, 1986, p. 10 이하.

② 의뢰인은 서비스의 질을 적절히 판단할 수 없기 때문에 그들은 조력을 주는 사람을 신뢰해야 한다.

③ 의뢰인이 실무가를 신뢰하는 것은 실무가가 자기 이익보다 의뢰인의 이익과 공익을 우선한다고 전제하기 때문이다.

④ 그 직업은 자율규제한다. 다시 말해 자율적 조직을 통해서 대중과 법원에게 그 구성원이 유능하며 의뢰인의 신뢰를 어기지 않고 자기 자신의 이해관계를 넘어선다는 것을 확신시킨다.

위에서 보듯이 ABA가 인용한 전문직 개념은 대체로 전문직에 대한 일반적인 논의를 반영하고 있다. 전문직이론에 입각한 변호사 상은 아주 고매한 변호사 상이다. 즉, 특별한 훈련을 통해서 보통 사람이 도달할 수 없는 높은 학식과 능력을 닦고 또한 그것을 검증받은 사람이 직업적 안정과 사회적 명망을 누리면서 의뢰인과 공익을 위해서 봉사하는 변호사 상이다. 변호사는 결코 자신의 이익을 의뢰인의 이익과 공익에 우선하지 않는다는 의미에서 윤리적으로 처신할 것이 전제된다.

그런데 여기에서 의뢰인의 이익과 공익이 충돌하는 경우는 어떻게 되는가? 전통적인 전문직이론에 의하면 공익을 우선시한다. 앞의 파운드의 말에서 드러나듯이, 변호사는 의뢰인의 이익을 옹호하는 사람이기보다는 공익의 대변자이다. 공익의 대변자로서 변호사의 직분을 강조하고 이를 실천함으로써 미국 변호사에게 하나의 모델을 제시했다고 이야기되는 브랜데이스(Louis D. Brandeis)는 다음과 같이 말했다.

영어사용 국가 인민의 가장 큰 성취는 법을 통해서 자유를 획득한 것이다. 따라서 법으로 훈련받은 사람들은 자유를 위한 투쟁에서 그리고 그것이 낳은 정부에서 중요한 역할을 담당해야 한다는 것은 당연하다. 초기에 미국에서 변호사들은 국가의 거의 모든 분야에서 활동했다. 거의 모든 위대한 변호사는 정치가였으며, 거의 모든 정치가는 변호사였다.[41]

즉, 그에 의하면 가장 바람직한 변호사상은 공익에 봉사하는 정치가(lawyer-statesman)이다. 공익의 추구야말로 변호사의 본질적 징표인 것이다. 전문직에서 법조윤리의 문제는 법조인이 여하히 공익적 목적에 봉사하는가의 문제이다. 의뢰인의 이익에 봉사하는 것은 그것이 공익적 목적과 합치하기 때문이며, 그 한도 내에서 인정되는 것이다.

3) 판사 · 검사직과 전문직

통상 전문직으로서의 법조는 변호사를 지칭한다. 그런데 판사직이나 검사직의 경우에도 전문직이론으로 설명하는 것이 적절한지에 대해서 논란이 있을 수 있다. 무엇보다 판사 · 검사는 공무원이기 때문에 직접 의뢰인을 맞이하거나 의뢰인의 이익을 도모하는 일이 없기 때문이다.

그러나 판사 · 검사직의 경우에도 전문직으로서의 여러 속성을 지니는 것이 사실이다. 우선 판사 · 검사도 변호사와 마찬가지로 법에 대한 고도의 전문적 학식과 기능을 전제로 하는 직업이다. 즉, 판사 · 검사직에서도 핵심은 법적인 문제에 대해서 외부의 영향을 받음이 없이 독립적으로 판단을 내린다고 하는 전문성에 있다. 판사 · 검사도 전문성과 윤리성을 충족시킬 수 있도록 마련된 별도의 전문적 교육을 통하여 양성되며, 변호사에 상응하는 기본 자격 또는 그 이상의 자격을 갖추어야 한다. 판사 · 검사가 취급하는 업무도, 변호사와 마찬가지로, 개인의 삶에 치명적으로 중

41 Brandeis, Louis D., "The Opportunities in the Law", Rhode & Luban, *Legal Ethics*(제1부 각주 17), p. 1905.

요한 영향을 미치는 사안들로서 전문적인 판단을 요하는 것들이다. 그런 점에서 판사·검사에게도 의뢰인—국민 개개인—을 보호하는 높은 직업윤리가 요청되며 심지어 변호사보다 더 높은 차원의 직업윤리가 요청된다. 특히 전문직의 공공적 책무에 관해서 말하자면, 판사·검사의 경우는 변호사보다 더 높은 공공적 책무를 지닌다고 할 수 있다. 판사·검사는 의뢰인의 이익을 직접 옹호하기보다는 공공적 역할을 통해서 간접적으로 의뢰인의 이익을 보호해준다. 판사·검사의 경우에도 전문직업적 속성이 있기 때문에 이들을 징계할 때는 변호사처럼 각 직역의 내부적 통제가 중시된다.

뿐만 아니라 판사·검사와 변호사는 활동영역에서도 유사성을 갖는다. 즉, 판사·검사와 변호사는 모두 재판이라는 사법과정에 참여하는 자이다. 그렇기 때문에 이들은 모두 사법과정을 통해서 분쟁이 평화적으로 해결되도록 할 공통의 책무를 지닌다. 이들 3자는 모두 법체계와 법과정에 충실해야 하며 정의가 실현되도록 해야 하며 사법제도의 개선 활동에서 주도적인 역할을 하도록 기대된다.

이러한 여러 점들을 고려할 때, 판사·검사와 변호사는 직무상 공통의 영역을 가질 뿐만 아니라 직무의 성격에서도 전문직으로서의 유사성을 가진다고 할 수 있을 것이다. 이러한 유사성이야말로 판사·검사·변호사를 동일집단으로서의 '법조'로 이해하는 근거가 되며, 변호사와 판사·검사 윤리를 함께 논의하는 근거가 된다. 이 책에서는 변호사의 윤리를 중심적으로 서술하고 판사·검사 윤리는 책의 뒷부분에서 보조적으로 서술했다. 이는 판사·검사 윤리가 덜 중요해서라기보다는 법조인의 대다수가 변호사이고 법조윤리에 대한 기존의 연구가 변호사를 중심으로 진행됐다는 사정을 고려한 것이다.

2. 전문직이론에 대한 비판

전문직이론에 입각하여 현대사회의 법조윤리를 설명하는 것에 대해 이론적 및 현실적 측면에서 많은 비판이 있다. 비판의 내용은 전문직이론은 전문직의 사적 이익을 위한 이데올로기에 불과하다는 것이며 결코 공익이나 의뢰인의 이익을 위한 것은 아니라는 것이다. 즉 전문성 · 공공성 · 윤리성에 입각한 법률서비스의 제공을 위해서 전문직업 조직을 형성하고, 이 조직에 의해 검증된 사람만 그 직역에 종사하게 해야 한다는 것은 변호사의 집단적 이해관계가 조작해낸 허구라는 것이다. 전문직이론에 대한 비판은 다양하지만 주로 공공성을 빌미로 한 배타성과 자율성에 집중하고 있다.

우선 과연 변호사 직업이 공공성/비영리성을 본질적인 요소로 하는 직업인지에 대한 비판이 있다. 파슨스(Talcott Parsons)는 영리사업과 전문직의 차이는 주로 각각의 직업에 종사하는 사람의 동기에서의 차이라고 해석되는 경향이 있다고 지적하면서 현실은 그렇지 않다고 한다.[42] 즉, 비즈니스 경제의 영역은 획득사회(acquisitive society)로서 거기에서는 모든 사람이 다른 사람의 이익에 대해서 거의 고려하지 않는 경제적 인간으로 간주되는 반면, 전문직업인은 자신의 삶을 다른 사람에게 봉사(service)하는 데 바친다는 견해에 대해 반박한다. 파슨스는 비즈니스 영역이든 전문직 영역이든 모두 객관적 성취와 인정을 추구하는 동기가 있을 뿐이라고 한다. 그는 전문직에서 추구하는 이른바 '공익'은 존재하지 않으며, 만약 존재한다면 그것은 일반 비즈니스에 속한 사람들이 추구하는 공익과 다

42 Parsons, Talcott, "The Professional and Social Structure", Rhode & Luban, *Legal Ethics*(제1부 각주 17), pp. 45~46.

를 것이 없다고 한다. 이는 전문직의 징표인 공익개념이란 애당초 존재하지 않는다는 주장이다.

일본의 나스 코우헤이(那須弘平)는 소위 전문직에서 말하는 공공봉사성의 의미에 대해서 재규정해야 한다고 한다.[43] 그는 변호사의 업무는 보수를 목적으로 하지 않으며, 심지어 유상의 업무도 공공적 업무라고 보아야 한다는 데에 대해서 비판한다. 그는 오히려 개개 변호사 업무는 의뢰인의 개인적 이익을 옹호하는 것을 목적으로 하고 있는 것이고, 다만 그것들의 집적이 기본적 인권의 옹호, 사회정의의 실현에 연결된다고 설명하는 쪽이 설득력이 있다고 한다. 즉 개개 변호사는 등가원리를 기본으로 하는 시장원리에 따라서 행동할 뿐이고, 다만 그것의 총합이 결과적으로 공익적 성격을 갖는다고 보는 것이 현실에 적합하다는 것이다.

전문직이론의 배타성과 자율성에 대해서는 그것이 특권적이고 반시장적이라는 점에서 비판받고 있다. 아벨(Richard Abel)은 전문직이 시장을 창출하고 통제하기 위해 노력해왔다는 점을 지적한다.[44] 그는 변호사 단체가 교육의 기준을 강화하고 전문직 내부의 경쟁을 제약하고 외부로부터의 경쟁을 저지하거나 규제의 자율성을 유지하려고 노력하는 것은 모두 그러한 전략의 일환일 뿐이라고 한다. 프리드만(Milton Friedman), 오스트라이(Sylvia Ostry) 그리고 트레빌콕(Michael J. Trebilcock) 등 자유주의자도

43 那須弘平, 「プロフェッツョン論の弁護士像」, 『あたらしい世紀への弁護士像』, 日本弁護士連合會編集委員會 編, 有斐閣, 1997, p. 249.

44 Abel, Richard "The United States: The Contradiction of Professionalism", Rhode & Luban, *Legal Ethics*(제1부 각주 17), p. 47; Abel, Richard, "Why does the ABA Promulgate Ethical Rules", Carle, Susan D.(ed.), *Lawyers' Ethics and the Pursuit of Social Justice*, New York University Press, 2005, pp. 21~23에서도 유사한 논지를 펼치고 있다. 아벨의 이론에 대해서는 지나치게 환원주의적이라는 비판이 있다. 즉, 비경제적 동기나 전문직 이념을 너무 과소평가하고, 모든 행동을 이기적인 경제적 동기로 환원해버린다는 것이다.

전문직이론의 반시장성을 비판한다. 이들은 전문직이론이 진입장벽을 만들고, 경쟁을 억압하고, 혁신을 저해하는 것으로서, 폐쇄적 · 담합적 · 반시장적이라고 보고, 시장에서의 경쟁을 통한 혁신이라는 맥락에서 대안을 제시한다.

일본에서도 이와 같은 논의가 있다. 미와자와(宮川光治)는 전문직 모델이 한편에서 영리성을 부정하고 경쟁원리를 배제함으로써 소비자(의뢰인)의 수요를 지향한 업무혁신을 지체시켰으며, 다른 한편에서 어떤 변호활동이 필요한가를 판단할 수 있는 것은 전문가인 변호사뿐이라는 의식을 낳아서 의뢰인이 어떤 서비스를 필요로 하는가에 대해서는 관심을 두지 않았다고 비판한다.[45] 나스(那須弘平)는 변호사는 시장에 뿌리 내린 직업으로서 시장원리를 기본으로 하는 사회에서야말로 제대로 활약이 가능하다고 전제하고, 최근 10년간 전문직이론이 현상 변혁 저지와 시장 부정의 기치로 사용되어왔다고 비판한다.[46] 그리고 그는 사회가 전반적으로 시장원리를 수용하면서 변화하고 있는 현실에서 유독 변호사만 시장원리의 수용을 거부하는 것은 변호사 자신들에게도 결코 바람직한 결과를 낳지 못할 것이라고 지적한다.[47]

한편, 현실사회에서 법률전문직의 특권적 지위가 이미 붕괴했기 때문에 전문직이론은 현실 적합성이 없다는 주장이 있다. 예컨대, 포스너(Richard Posner)는 아직 법조에의 진입장벽이 완전히 사라진 것은 아니지만, 최근 수십 년 사이에 법률전문직의 성격이 현격하게 변화했으며 그 결과 법률서비스를 제공하는 일이 하나의 경쟁적 사업(competitive enterprise)으로 변화했다고 진단했다.[48] 원인이 무엇이든 간에 최근 수십

45 宮川光治, 「あすの辯護士」, 小島武司, 『法曹倫理』(제1부 각주 33), pp. 8~9.

46 那須弘平, 「プロフェッツョン論の弁護士像」(제1부 각주 43), p. 243.

47 那須弘平, 「プロフェッツョン論の弁護士像」(제1부 각주 43), p. 252.

년 사이에 로스쿨이 번창했으며 변호사의 수는 급증했다.[49] 변호사 조직에 의한 가격 결정이 폐지되고 광고에 대한 규제도 대폭 완화되는 등 변호사업에 대한 반독점의 예외가 사라졌다. 기업 내 변호사의 고용이 증가하여 로펌과 경쟁하고 기업의 협상력이 강화되고 있다. 로펌은 거대화되고 전문직 내의 분화와 전문화가 심화되고 있다. 이러한 변화에 따라 변호사들은 높은 노동 강도, 신분 불안 등의 고통을 겪고 있다. 상황이 이렇기 때문에 전문직이론에서 말하는 전문직업인, 즉 공익에 봉사하는 전문직업인, 긍지와 자부심에 가득한 전문직업인, 생활의 안정과 사회적 존경을 누리는 전문직업인, 비경쟁적 조건에서 공익을 고민하는 전문직업인은 현실에서 발견하기 어렵다는 것이고, 또 전통적인 전문직이론에 부합하는 윤리기준의 준수를 요구할 수도 없다는 것이다. 높은 노동 강도와 신분 불안으로 스트레스와 우울증을 겪고 약물 복용을 불사하는 고달픈 정신노동자에게 자발적으로 공익에 봉사할 고상한 의무를 부과하는 것은 냉혹한 현실을 직시하지 못한 것이라고 할 수 있다.

결국 전문직이론을 비판하는 이러한 입장들은 전문직도 다른 여타의 직업과 별반 다름없이 사적 이익을 추구할 뿐이라는 점을 강조한다. 전문직의 자율성은 전문직이 시장과 국가의 간섭을 통제하고자 하는 목적을 가지고 자원을 동원하고 조직화한 결과라고 본다. 이러한 입장에서는 물질적 · 사회적인 이익을 극대화하고자 하는 전문직의 사적인 이해가 전문

---

48 Richard Posner, *Overcoming Law*, 1995, Rhode & Luban, *Legal Ethics*(제1부 각주 17), pp. 42~45에서 재인용.

49 미국 변호사 수는 20세기 후반에 급격하게 늘었다. 1967년에서 1992년 사이에 변호사 수는 25만 명에서 85만 명으로 늘었다. Richard Sander, "Hidden Transformation of the Legal Industry"(http://www.abanet.org/yld/tyl/june08/sander.html, 2008. 12. 1 검색). 이후에도 계속 증가하여 2005년 현재 변호사 자격보유자는 1,104,766명이다(Source: ABA Market Research Department, 5/2005).

직의 자율성을 제도화한 가장 중요한 동인이며, 기능주의적 접근에서 전문직에 내재한다고 생각되어지는 전문직의 중립성 · 객관성도 이러한 정당화의 과정에서 필요하기 때문에 사용되어지는 하나의 이데올로기적 전략에 불과하다고 본다.[50]

전문직이론은 이처럼 많은 비판을 받고 있으며, 이제 대안을 모색하지 않으면 안 되는 단계에 이른 것으로 보인다. 대안은 앞서 여러 논자들의 전문직 비판에서 볼 수 있듯이, 주로 변호사의 직업에도 시장 메커니즘을 작동시켜야 하는 것으로 모아진다. 피어스(Pearse)는 종래 전문직이론에 입각한 이론틀을 "전문직 패러다임"(Professional Paradigm)이라고 명명하고, 이에 입각해서는 현실의 변화를 더 이상 설명할 수 없다고 단언한다.[51] 현실사회에서 변호사들의 법률실무가 압도적으로 하나의 사업으로 간주되는 현실 앞에서 그러한 이론적인 틀은 더 이상 유지될 수 없기 때문에 다른 패러다임으로 전환, 즉 "사업 패러다임"(Business Paradigm)으로의 전환이 필요하다고 한다. 이제 치열해지는 경쟁압력 속에서 변호사직역은 이제 완전히 상업화(commercialization)할 수밖에 없는가? 전문직의 상업화란 전문직업을 통상의 서비스업과 같은 것으로 보자는 것이다. 즉 전문직도 시장원리에 따라서 운영되고 관련 서비스가 제공되어야 한다는 것이다. 이에 대해서 생각해보자.

---

50 구혜란, 「전문직 자율성의 사회경제적 토대」(제1부 각주 39), p. 237.

51 Pearce, Russel G., "The Professionalism Paradigm Shift: Why Discarding Professional Ideology Will Improve the Conduct and Reputation of the Bar", *New York University Law Review*, Vol. 70, Dec 1995, pp. 1230~1233.

3. 변호사 직업에 대한 시장모델

변호사의 독점과 특권이 이론적으로 비판받을 뿐만 아니라 시장의 힘에 의해 변호사의 지위가 현저히 약화되고 그에 따라 변호사에게 공익적 역할을 부과하는 것이 매우 곤란하다고 한다면, 우리는 법조윤리와 관련하여 더 이상 전문직이론에 의존하기 어려울 것이다. 여기서 전문직이론이 옹호해온 독점과 특권이 사라지고 동시에 변호사에게 공익적 의무도 부과하지 않는 하나의 이론모델로서 "시장모델"(market model)을 생각해 볼 수 있다.[52] 여기서 법률서비스는 공공적 역무라기보다는 하나의 상품이 되고 변호사는 시장에서 그러한 상품을 제공하는 하나의 상인이 된다.

1) 시장모델에서 변호사의 상

경제학적으로 시장이라 함은 상품으로서의 재화와 서비스의 거래가 이루어지는 추상적인 공간을 의미한다. 그것은 흔히 시장 메커니즘이라고 칭해지는 독특한 기능이 작동하는 공간이다. 시장에서는 생산자와 소비자가 수요-공급의 법칙에 따라 서로 교류한다. 생산자 간에는 경쟁이 이루어지며, 경쟁이 완전할수록 소비자 주권이 실현되고 자원의 효율적 배분이 이루어지며, 생산성이 향상되고, 상품가격은 인하되고, 사회적 효용은 극대화된다. 따라서 이 모델에서는 경쟁의 촉진이야말로 핵심적 가치를 가진다.

이러한 도식을 변호사의 업무에 연결시키면 우리는 변호사 직업에 관

---

52 일본에서는 "법서비스 모델"이라고 명명하여 이와 유사한 논의를 하고 있다. 宮川光治는 일본에서 1980년대에 신자유주의의 영향으로 시장의 강조와 규제완화를 주장하는 흐름이 강하게 대두되었으나, 이에 동의하기 힘들다는 취지의 견해를 밝히고 있다(宮川光治, 「あすの辯護士」[제1부 각주 45], pp. 8~9).

한 시장모델을 얻을 수 있다. 시장모델에서 변호사는 '상품으로서의 법률서비스'(legal services as commercial goods)를 공급하는 '상인'(business man)이다. 변호사는 법률서비스를 매개로 한 영리행위의 주체가 된다. 시장모델에서는, 누구나 상인이 될 수 있듯이, 누구나 희망한다면 변호사가 될 수 있다고 가정한다. 즉, 변호사가 되기 위한 진입장벽은 없는 것이다.

변호사가 시장에 공급하는 것은 '상품으로서의 법률서비스'이다. 법률서비스는 금전을 대가로 제공되는 것이다. 법률서비스에는 질적 차이가 있어서 좋은 서비스에는 높은 가격이 매겨지며, 그렇지 않은 서비스는 상대적으로 적은 비용으로 구입할 수 있다. 서비스의 비용(수임료)은 변호사가 정하는 것이 아니고 시장 메커니즘에 의해서 결정된다. 변호사는 경쟁에서 살아남기 위해서 저렴한 가격에 좋은 품질의 서비스를 제공하려고 노력하지 않으면 안 된다.

시장모델에서 변호사와 의뢰인의 관계는 쌍무적 계약관계이다. 변호사의 우월적 지위는 인정되지 않는다. 변호사와 의뢰인은 계약을 통해서 상호이익을 추구하는 대등한 관계로 상정된다. 의뢰인은 계약의 내용이 되는 법률서비스를 제공받음으로써 만족을 얻고 변호사는 그에 상응하는 보수를 받음으로써 만족을 얻는다.

시장모델의 가장 큰 장점이라면 소비자 주권(consumer sovereignty)이 실현된다는 점이다. 법률서비스 시장에서 소비자는 의뢰인이며 공급자는 변호사이다. 소비자 주권은 의뢰인에 대한 변호사의 의존을 의미한다. 변호사는 독자적으로 의뢰인을 선택하거나 의제를 설정할 수 없다. 경쟁적인 시장조건에서 의뢰인에 의해서 선택받지 못한 변호사는 시장에서 퇴출되는 고통을 겪게 된다. 따라서 시장모델에서는 전문직의 독립성은 주장될 여지가 없다. 오직 자신의 전문지식을 이용하여 의뢰인의 수요를 최대한 충족시키는 법률서비스를 제공해야 한다. 그렇지 않으면 시장에서 퇴출될 것이다. 바로 이것이 시장의 법칙이다. 이러한 시장의 법칙에 따라서 법률서비스 시장을 구성하자는 이론이 시장모델이다.

2) 시장모델에서의 변호사윤리

시장모델에서 변호사는 시장의 규칙을 준수해야 한다. 그것이 변호사윤리의 전부이다. 시장모델에서 변호사의 윤리규범은 공익을 염두에 두지 않는다. 굳이 공익개념을 쓴다면 의뢰인의 이익을 옹호하는 것이 곧 공익이라고 간주한다. 설사 외견상 그것이 공익에 반하는 것처럼 보이더라도 그렇다. 예컨대, 가격이 과도하게 높은 것처럼 보이더라도 이는 문제되지 않는다. 비싼 가격을 지불하려는 사람이 있다는 것은 그만한 사회적 가치가 있는 것으로 간주된다. 변호사는 의뢰인 이외의 공익이나 제3자의 이익에 대해서 고려할 필요가 없다. 변호사는 시장에서 의뢰인의 요구를 잘 발견해내고 그에 봉사하는 것으로서 자신의 사회적 소임을 다한 것이다. 나머지는 시장이 알아서 할 일이다. 이들에게 사회적 정의는 개별 변호사의 책임영역이 아니고 보이지 않는 손에 맡겨져 있다. 요컨대 시장모델에서 변호사윤리는 시장의 규칙을 준수하는 것에 한정된다. 따라서 시장모델에서는 변호사가 독점을 형성하거나 불공정거래를 하는 등의 방식으로 경쟁을 제약하거나 왜곡하는 것은 가장 심각한 윤리위반이 될 것이다.

4. 시장과 공공성의 조화

전체적으로 보자면, 전통적 전문직이론은 현실과 이론의 양 측면에서 공격을 받고 있다. 변호사윤리의 제고를 위해서 전문직 특권을 유지해야 한다는 주장은 설득력을 잃고 있으며, 다른 방식의 새로운 법조윤리가 요구되고 있다. 예를 들어, 예전에는 법률서비스의 제공에서 미리 정해진 가격표를 따르는 것이 법조윤리의 내용에 포함되었지만, 지금은 가격표를 따르지 않는 것이 법조윤리에 포함되고 있다. 이러한 식으로 기존의 전문직이론에 입각한 법조윤리론은 수정이 불가피한 것으로 보인다.

그렇지만 전문직이론의 대안으로 시장모델을 전면적으로 수용하는 것이 올바른 해법이라고 하기도 어렵다. 앞서 제시한 시장모델은 하나의 이념형(ideal type)일 뿐 실제로 완선한 시장은 가능하지 않다. 시장의 활성화에도 불구하고 의뢰인과 변호사 간의 힘의 불균형은 해소될 수 없기 때문에, 변호사 측에서의 강한 윤리적 책임을 갖는 것은 불가피하다. 또 의뢰인과 변호사가 공동으로 사익을 추구하고 이것이 공익과 충돌하는 경우는 시장을 통한 통제가 무의미해질 수 있기 때문에 여전히 공익적 입장에서의 변호사의 윤리적 책무를 강조하는 것은 필요하다. 더구나 변호사의 부족현상이 계속되고 있는 우리나라의 현실에서 시장모델을 전면적으로 수용한다는 것은 변호사들의 공익적 의무를 면제해주는 이상의 의미는 없을 것이다. 또 현실에서 시장모델이 강화되고 있다고는 하지만, 현실적으로 변호사 직업은 계속해서 전문직으로서의 우월적 지위를 유지하게 될 것이다.[53] 이런 점들 때문에 우리는 시장모델을 전면적으로 수용하는 것은 곤란하다고 생각된다.

---

53 Kritzer는 이 점을 지적하고 있다. 그는 전통적인 전문직은 더 이상 존립할 수 없다고 본다. 그 이유로는 전문직이 배타적으로 특정 서비스를 독점하는 것이 불가능하게 되는 점, 전문화의 진전에 따라 지식을 적용하는 것이 점차 분절화되는 점, 정보원천에 접근하는 기술의 발전 등을 든다. 그 결과 비전문가들의 시장 진입이 생기고 정치적 · 경제적 힘이 축소되며, 정보에 대한 통제권도 축소된다고 한다. 그렇지만 여전히 전문직은 변형된 형태로 유지된다는 것이다(Kritzer, Herbert M., "The Professions are Dead, Long Live the Professions: Legal Practice in a Postprofessional World,", *Law and Society Review*, Vol. 33, 1999, p. 720).

이와 관련하여 우리나라 판례는 다음과 같은 입장을 보이고 있다.

> 변호사의 영리추구 활동을 엄격히 제한하고 그 직무에 관하여 고도의 공공성과 윤리성을 강조하는 변호사법의 여러 규정에 비추어보면, 위임인 · 위촉인과의 개별적 신뢰관계에 기초하여 개개 사건의 특성에 따라 전문적인 법률지식을 활용하여 소송에 관한 행위 및 행정처분의 청구에 관한 대리행위와 일반 법률사무를 수행하는 변호사의 활동은, 간이 · 신속하고 외관을 중시하는 정형적인 영업활동을 벌이고, 자유로운 광고 · 선전활동을 통하여 영업의 활성화를 도모하며, 영업소의 설치 및 지배인 등 상업사용인의 선임, 익명조합, 대리상 등을 통하여 인적 · 물적 영업기반을 자유로이 확충하여 효율적인 방법으로 최대한의 영리를 추구하는 것이 허용되는 상인의 영업활동과는 본질적으로 차이가 있다 할 것이고, 변호사의 직무 관련 활동과 그로 인하여 형성된 법률관계에 대하여 상인의 영업활동 및 그로 인한 형성된 법률관계와 동일하게 상법을 적용하지 않으면 아니 될 특별한 사회경제적 필요 내지 요청이 있다고 볼 수도 없다.[54]

판례에서 보듯이 우리나라에서 변호사는 "고도의 공익성과 윤리성"이 강조되는 직업으로서 상인이 아니라고 밝히고 있다. 대한변협도 변호사는 영리직이 아니라고 강변하고 있다.

> 변호사는 ① 의뢰인으로부터 수임받은 업무를 처리할 뿐만 아니라, ② 국가 · 지방자치단체 기타 공공기관의 위촉 등에 의한 업무를 취급하고 있고(변호사법 제3조), 실제로 ③ 연간 일정시간 이상의 공익활동에 의무적으로 참여하여야 하며, ④ 변호사의 직무를 수행함에 있어서는 일반인에게 부여되는 것보다 훨씬

54 대법원 2007. 7. 26. 2006마334 결정.

높은 수준의 중립성, 윤리성, 청렴성, 공공성을 요구하고 있으므로 변호사의 업무를 영리를 목적으로 하는 업무로 볼 수 없습니다.[55]

판례나 대한변협의 이러한 선포에도 불구하고 변호사의 실무에서는 상인적 성격이 강화되고 있는 것도 부인하기 힘들다. 결국 상인적 성격이 강화되는 현실과 그에 맞서 공공성을 강조하는 윤리적 요청 사이의 긴장이 현재의 상황이라고 할 수 있다.

미국에서도 변호사윤리와 관련하여, 이 지점에서 고민이 계속되고 있다. 즉, 미국 ABA는 1980년대 중반에 당시의 쟁점은 "우리[미국인]의 전문직이 이익을 위해 원칙을 포기하고, 상업주의를 위해서 전문직주의를 폐기했는지 여부"이라고 밝힌다.[56] 1980년대 중반에 전문직이론에 회의가 대두된 것에 대해 길러(Stephen Giller)는 당시 강력하게 작동한 상업주의 내지 시장주의적 풍조에 대한 대응이 필요했기 때문이라고 분석했다.[57] 그 배경으로 두 가지가 지적된다. 첫째는 1977년 이후 광고의 자유화이다. 광고에 대한 규제가 위헌판결을 받은 이래 변호사들은 공격적인 마케팅을 했고 이는 변호사들이 돈을 벌기 위해서 자신을 파는 직업으로 보이게 했다는 것이다. 이러한 상황에서 전문직 정신을 환기할 필요가 있었다고 한다. 둘째는 변호사의 급격한 증가이다. 이러한 변화에 따라 ABA는 신참들에게도 전문직 정신을 심어주는 것이 필요했다는 것이다. 아무튼 시장모델의 부상에도 불구하고 전문직의 정신은 쉽기 포기되기 어렵다. 미국 ABA도 결국은 공적 봉사의 정신을 강화하는 것밖에 해법이

---

55 대한변협, 「변호사법 관련 질의 · 회신」, 『인권과정의』 제359호, 2006. 7.

56 ABA Commission, *In the Spirit of Service*(제1부 각주 40), p. 17.

57 Gillers, Stephen, *Regulation of Lawyers: Problems of Law and Ethics*(7th ed.), 2005, p. 10.

없다고 한다. 즉,

> 법전문직은 법률가를 더욱더 공적 봉사의 정신에 입각한 전문가로 만드는 이러저러한 개혁조치를 해야 한다. 만약 그러한 행동이 없다면 훨씬 더 포괄적이고 아마도 덜 고민된 제안들이 전문직을 규제하려는 정부와 유사정부들로부터 제기될 것이다. 도전은 남아 있다. 통제권이 우리에게 있는 동안에는 그 기회를 잡을지 여부는 우리 손에 달려 있다.[58]

위와 같은 언급을 하고도 많은 시간이 흘렀다. 하지만 아직 문제의 선명한 해결기미는 없다. 한편에서는 넘치는 시장주의에 대한 회의와 혐오가 있고, 다른 한편에서는 전문직이론이 갖는 특권주의와 허위의식에 대한 비판이 있다. 오늘날 법조윤리는 결국 그 사이 어딘가에서 중용을 발견하고 실천하는 것으로 귀결될 것이다. 전문직으로부터는 공공적 마인드를 배우고 시장주의로부터는 의뢰인에 대한 봉사(헌신) 마인드를 배울 수는 없을까? 지금은 시장의 긍정성과 전문직의 고결함을 절묘하게 결합시키는 지혜가 요구되는 시점이다. 여하튼 변호사가 공공성을 실천하지 않는다면 전문직의 명예는 유지될 수 없을 것이다.

---

58 ABA Commission, *In the Spirit of Service*(제1부 각주 40), p. 96.

제3장
역할도덕의 개념과 한계

1. 보편윤리와 특수윤리

법조인들 사이에서 윤리적이라고 인정되는 행동 중에는 일반적 도덕철학자의 입장에서 보면 기괴한 것이 적지 않다. 심지어 일반 상식인의 입장에서도 납득하지 못하는 것이 적지 않다. 예컨대 변호사 입장에서 증인이 진실을 말하고 있다는 사실을 알고 있으면서, 변호사는 교묘한 반대심문을 통해서 그의 말에 신빙성이 없다고 주장하기도 한다. 또 자신의 의뢰인에게 과실이 있다는 것을 알면서 이를 은폐한 채 화해를 이끌어내기도 한다. 대개의 변호사는 그러한 일을 수시로 행하며 이에 대해 일반인들은 변호사들이 돈을 위해서는 수단과 방법을 가리지 않으며 정의를 왜곡한다고 생각한다. 그러나 변호사들은 변호사가 그렇게 처신하는 것은 당연하고 정당하다고 생각하는 경향이 있다. 왜 이런 큰 괴리가 생기는 것인가 그리고 어떤 입장이 타당한가? 이 장에서는 이 문제를 다루어본다.

법조윤리를 바라보는 두 가지 관점이 있다. 하나는 윤리의 보편성을 부인하고, 법조윤리의 특수성을 강조하는 입장이다. 이 입장에서 법조윤리는 보편윤리로 환원되지 않는다고 본다. 그리고 법조윤리는 보편윤리에 의해서 정당화될 필요도 없다고 본다. 이들은 심지어 보편윤리의 존재 자체에 대해서도 회의적이다. 윤리는 언제나 구체적 · 맥락적이며 어떤 역할과 입장에 처해 있느냐에 따라서 달라질 수밖에 없다는 것이다. 이들은 윤리를 정초할 때 합리적 추론이나 연역에 의존하지 않고 직관 · 감정 · 배려 · 관계 등을 중시한다. 법조윤리에서 윤리의 특수성을 말하는 사람은 대체로 변호사는 오직 의뢰인의 이익만 고려하면 된다는 입장에 서 있다. 1820년 브로엄(Lord Henry Brougham)은 다음과 같은 말을 한 바 있는데, 이것이 전형적으로 이러한 입장을 보여준다.

> 변호사는 자신의 의무를 수행함에 있어서 이 세상에서 오직 한 사람만 안다. 그 사람은 바로 의뢰인이다. 모든 수단과 방법을 동원하여, 다른 사람에 대한 그리고 무엇보다 자신에 대한 모든 위험과 비용에도 불구하고 의뢰인을 구하는 것이 그의 제1차적이고 유일한 의무이다. 그리고 그는 그 의무를 수행하는 과정에서 그가 다른 사람에게 초래할 수 있는 경고, 고통, 파괴를 절대 고려해서는 안 된다.[59]

변호사윤리의 특수성을 말하는 사람에게는 변호사윤리는 이토록 단순명료한 것이다. 한마디로 의뢰인의 이익을 옹호하는 데 전념하라는 것이다. 의뢰인의 이익만 옹호하는 것이 다른 사람에게 어떤 해악을 초래하게 될지라도 그렇게 해야 한다는 것이며, 보편윤리의 관점에서 비윤리적인 듯이 보여도 마찬가지라는 것이다.

---

59 Rhode & Luban, *Legal Ethics*(제1부 각주 17), p. 137에서 재인용.

이에 비해 윤리의 보편성을 강조하는 입장에서는 법조윤리가 보편윤리에 근거하며 그로부터 파생된 응용윤리라고 본다. 도덕이 보편적 속성을 갖는다는 입장은 예로부터 인정되어왔지만, 18세기 칸트(Immanuel Kant)의 이론에서 강력한 에너지를 얻고 있다. 칸트의 유명한 명제, 즉, "너의 준칙이 보편적 법칙이 되기를 너로 하여금 동시에 의욕할 수 있도록 하는 바로 그러한 준칙에 따라 행동하라"라든지 "너 자신의 인격에서나 모든 타인의 인격에 있어서 인간성을 단순히 수단으로만 사용하지 말고 동시에 목적으로 사용하라"는 명제는 보편성의 추구와 인간성의 존중과 평등한 대우야말로 도덕론의 핵심임을 천명한 것이다. 법조윤리도 이러한 보편도덕의 원칙에 합당한 것이 되지 않으면 안 된다.

이러한 관점에서 보자면 변호사들을 지배하고 있는 소위 특수윤리는 기괴하기 짝이 없다. 그것은 제3자와 사회일반에 해를 끼치는 행동을 변호사가 의뢰인을 위해서 행동하도록 허용하거나 요구하는 것으로서 비윤리적인 것을 오히려 조장하는 것이라고 할 만하다. 심지어 "변호사란 사람은 머리에 가발을 하고 목에 띠를 두르기만 하면, 만약 그것을 하지 않았더라면 제국을 위해서 한다고 하더라도 나쁜 일이고 부끄러운 일이라고 생각했을 일을 단 몇 푼의 돈을 받고 기꺼이 한다"(Maucaulay)는 것은 도저히 납득하기 어려운 것이다. 이러한 입장 차이와 그 의미에 대해서 살펴본다.

2. 변호사윤리와 역할도덕

변호사에게는 보편윤리가 적용되지 않고 변호사에게만 타당한 특수한 윤리가 존재한다는 입장이 있을 수 있다. 아래에서는 이러한 입장에서 변호사에게만 적용되는 특수윤리를 “역할도덕”(role morality)이라고 하고, 역할도덕의 정당성을 주장하는 입장을 ‘역할도덕 옹호론’ 또는 짧게 ‘역할도덕론’이라고 부르기로 한다. 역할도덕론에 대한 비평을 하기 전에 먼저 와서스트롬(Richard Wasserstrom)과 사이몬(William Simon)이 정리한 역할도덕론의 실체를 살펴본다.

1) 역할특성적 행동과 역할도덕

와서스트롬은 한 논문에서[60] 변호사의 도덕적 판단기준에는 일반인과는 다른 무엇이 있다는 점을 포착하고 그 차이가 무엇이고 왜 그런 차이가 나타나는지 그리고 그러한 차이는 정당화되는지에 대해서 검토했다.

우선 그는 사람이 어떤 역할(role)을 맡게 되면 그로 인해 도덕적 관점이 크게 변화하는 경향이 있다는 것을 지적한다. 예컨대 부모가 되면 부모로서의 역할에 상응하는 행동을 하게 된다. 부모가 되면 다른 아이들의 이해관계보다는 자기 자식의 이해관계를 우선시하는 경향이 있고 이러한 행동은 정당한 것으로 인정된다. 즉, 통상적인 경우라면 아이들을 공평하게 대우하는 것이 도덕적이지만, 부모라면 자신의 아이를 편애하는 것이 그다지 문제되지 않는다는 것이다. 부모라는 역할 때문에 편애하는 행동은 도덕적으로 정당화된다는 것이다. 마찬가지로 일반적으로 핵무기를 만드는 것이 도덕적으로 허용되지 않는다고 하더라도, 과학자는 자신의 지식이 어떤 목적으로 사용되는지에 대해 도덕적 고려를 하지 않는 것이

60 Wasserstrom, Richard A., “Lawyers as Professionals: Some Moral Issues”, *Human Rights*, Vol. 5, Autumn 1975. 동일한 원문이 Luban, David, *The Ethics of Lawyers*, Dartmouth Publishing, 1994, p. 3 이하에도 실려 있음. 사법연수원, 『법조윤리론』(제1부 각주 27), p. 441 이하에 번역본 있음. 위 본문에서 괄호로 표시된 인용번호는 이 번역본의 쪽수임.

허용된다고 본다. 와서스트롬은 그와 유사한 것이 변호사윤리에서도 작동하는 것으로 보았다.

와서스트롬은 이처럼 어떤 역할에 따라 나타나는 특이한 행태를 "역할특성적 행동"(role-differentiated behavior)이라는 개념으로 포착했다(444). 그는 변호사들에게서 흔히 발견되는 역할특성적 행동을 다음과 같이 묘사한다.

> 일단 변호사가 어떤 의뢰인을 대변하게 되면 그 변호사는 대부분의 경우 그 의뢰인이 추구하는 목적의 도덕적 가치나 그것을 활용하고자 하는 그 의뢰인의 성격과는 관계없이, 그 의뢰인의 목적을 실현하는 데 자신의 모든 전문적인 능력을 다 동원해야 할 의무를 가지게 된다. 그렇게 추구하는 것이 불법적인 것이 아니라면, 변호사는 본질적으로 **가치중립적인 기술자로서**, 그가 가진 법률에 대한 특정기술과 지식을 의뢰인이라는 관계를 맺은 그 사람을 위해서 사용하게 되는 것이다. (447) [고딕체 강조는 필자에 의함]

즉, 변호사는 의뢰인이 추구하는 목적이나 의뢰인의 도덕적/윤리적 성격을 문제 삼지 않는다는 것이다. 이는 마치 과학자가 과학적 지식이 어떻게 사용될지를 문제 삼지 않는 것과 같다. 변호사는 오로지 의뢰인의 목적달성을 위해서 필요한 법기술을 제공할 뿐, 그 목적 자체가 정당한 것인지는 고려하지 않는다. 변호사의 행동의 한계를 설정하는 것이 있다면 그것이 불법인지 여부뿐이다. 변호사가 하는 일은 의뢰인에게는 없고 변호사에게만 있는 전문적 지식과 기능을 제공해주는 일이다. 와서스트롬은 변호사의 이러한 속성을 "변호사의 무(無)도덕성"(amorality of lawyers)이라고 표현한다(452). 여기서 무도덕성이란 부도덕하거나 비도덕적이어서(immoral) 나쁘다는 의미가 아니고, 도덕 자체를 문제 삼지 않는다는 의미이다.

이처럼 변호사들은 무도덕적으로 행동하는 경향이 있는데 그러한 행동이 지속되는 이유 중의 하나는 그렇게 사는 것이 편하기 때문이다(450). 무도덕적으로 행동하는 것이 편한 이유는 이때 변호사는 거북한 도덕적 긴장을 느낄 필요 없이 다만 의뢰인의 요구에 충실하기만 하면 되기 때문이다. 문제는 여기서 한 걸음 더 나갈 때 발생한다. 무도덕에 안주하고 그것이 습관이 되고 일상이 되면서 그것은 당위로 발전한다. 즉 모든 업무에서 도덕적 성격을 문제 삼지 말아야 한다고 생각하게 된다는 것이다. 이렇게 되면 점차 법의 허점을 이용한 탈세도 하게 되고, 더 나아가 대중에게 거짓말하는 것, 위선적 행동, 도청 등에 대해서도 도덕적으로 무감각해지거나 도덕적 판단을 포기해버리게 된다. 워터게이트 사건에서 변호사들이 많이 개입된 것도 변호사들의 도덕적 판단이 그만큼 둔감해진 결과라고 할 수 있다. 무도덕적 행동의 귀결은 바로 이런 것이다. 이에 대해 와서스트롬은 만약 변호사가 무도덕적인 행동에 너무 익숙해진 결과 도덕적 판단이 요구되는 상황에서도 도덕적 판단을 그르치게 된다면 이는 너무 값비싼 대가가 아니냐고 한다(458). 즉 무조건 무도덕적으로 행동하는 것은 정당화될 수 없음에도 자칫 그렇게 될 수 있다는 것이다.

와서스트롬은 이상의 글에서 변호사의 무도덕적 행동이 반드시 악덕이라고 주장하는 것은 아니다. 그는 변호사가 이처럼 무도덕적으로 행동하는 것이 필요한 경우가 있다고 인정한다. 특히 형사피고인을 변호하는 경우, 아무리 그가 유죄이거나 극악무도한 경우라도 만약 변호사가 그 사람의 인격이나 죄질을 문제 삼아 열성적으로 그를 변호하지 않는다면 이는 잘못이라고 한다. 형사변호사는 언제나 피고인의 도덕성을 문제 삼지 않고 열성적으로 그의 이익을 옹호해야 한다고 보았다(454). 그러나 그 이외의 경우에 대해서 그는 유보적이거나 다소 부정적 입장을 보이고 있다.

요컨대 와서스트롬은 변호사라는 직업적 특성이 특정한 행동패턴과 도덕패턴을 형성한다는 점을 지적하고 이를 변호사의 "역할특성적 행동" 또는 "무도덕성"이라는 개념으로 정립함으로써 이후 논쟁을 촉발했다.

2) 중립적 당파성과 역할도덕

일단 변호사로서 사건을 수임하게 되면 변호사의 역할에 걸맞은 도덕이 존재한다는 의미의 역할도덕에 대해서, 그 내용을 와서스트롬의 표현과 다른 용어로써 좀 더 정교하게 정리한 사람이 사이먼이다. 그는 변호사들이 일반적으로 가지고 있는 역할도덕을 중립성의 원리와 당파성의 원리라는 두 가지 원리로 요약 · 정리했다.[61]

제1행동 원리는 중립성의 원리(principle of neutrality)이다. 중립성의 원리는 변호사가 의뢰인이 추구하는 목표에 대해서 가치판단을 하지 말아야 한다는 원리이다. 즉 의뢰인의 목표에 대해서 도덕적 중립성을 유지해야 하는 것이다. 이 원칙은 변호사가 의뢰인의 목표로부터 도덕적 거리를 둘 것을 요구한다. 변호사는 의뢰인의 사건을 거절할 특권이 있지만, 사건을 맡는다고 해서 그 사건의 목적에 대해서 공감하거나 책임진다는 취지는 전혀 아니다. 변호사는 어디까지나 의뢰인이 추구하는 목표에서 한 걸음 벗어나서 중립적인 입장을 취해야 한다. 심지어 그가 의뢰인의 목표에 공감한다고 하더라도 그는 여전히 중립적 입장을 견지하고 일정한 거리를 두어야 한다. 예컨대 사법절차에서 그는 의뢰인이 추구하는 내용의 정당성에 대한 개인적 신념을 표명해서는 안 되는 것이다.

제2행동 원리는 당파성(principle of partisan)이다. 이 원리는 변호사가

61 Simon, "The Ideology of Advocacy", Luban, *The Ethics of Lawyers*(제1부 각주 60), p. 185.

철두철미하게 의뢰인 이익의 대변자가 되어야 한다는 의미이다. 이 말이 의미하는 바는 변호사가 공익이나 제3자의 이익의 대변자가 아니라는 것이다. 변호사는 의뢰인의 목표를 추구하기 위해서 공격적으로 일해야 한다. 변호사는 다른 맥락에서라면 부당하게 보일 수 있는 수단일지라도 의뢰인을 위해서라면 기꺼이 그러한 수단을 채택해야 한다. 이러한 수단에는 속임수, 궁지로 몰기, 지연 등을 포함한다.

사이몬이 파악한 역할도덕은 "중립적 당파성"(neutral partisanship)이란 말로 요약된다. 그가 역할도덕의 핵심을 이렇게 정리한 것은 역할도덕론의 입장에 서기 위한 것은 아니고, 반대로 역할도덕론을 비판하기 위한 것이다. 중립적 당파성을 내용으로 하는 역할도덕론에 대한 비판을 보기에 앞서 이에 대한 옹호론부터 살펴보자.

3. 역할도덕 옹호론

앞에서 보았듯이 역할도덕을 옹호한다는 것은 변호사윤리의 특수성을 주장하는 것이다. 그것은 변호사라면 의뢰인의 이익을 옹호하는 데 최선을 다해야 한다는 것이다. 이 말이 함의하는 바는 변호사는 법이 허용하는 모든 수단을 다 동원하여 의뢰인의 이익을 옹호해야 하며, 그 결과로 인하여 제3자에게 어떤 해악이나 영향이 있는지는 고려하지 말아야 한다는 것이다. 그리고 변호사는 의뢰인이 변호사의 조력을 받아서 추구하고자 하는 목적의 도덕적 정당성에 대해서는 문제 삼지 말아야 한다는 것이다. 이러한 행동은 어떤 논거에 의해서 정당화되는가? 여기에는 세 가지 방식이 주로 이용된다. 첫째는 의뢰인의 입장에서 정당화하는 방법이고, 둘째는 변호사의 입장에서 정당화하는 방법이고, 셋째는 당사자주의 소송구조에서 그 근거를 찾는 방법이다.

1) 의뢰인의 자율성 제고를 위한 역할도덕론

페퍼(Stephen Pepper)는 자신의 논문에서[62] 와서스트롬이 문제를 정확히 제기했음에도 불구하고 결론이 모호하다고 지적하고, 자신은 변호사의 무도덕적 역할이 정당하다는 것을 옹호하고자 한다고 밝힌다. 그가 옹호하고자 하는 견해는 전통적인 관점으로서 "만약 변호사가 취하는 그 행동이 법적으로 하자가 없는 것이라면, 비록 일반인들이 그와 같은 행동을 하는 것은 결코 용납될 수 없고, 또 그 의뢰인의 목표나 수단이 도덕적으로 용납될 수 없는 경우라고 하더라도, 변호사의 행동은 도덕적으로 정당화될 수 있다"(476)는 관점이라고 요약한다. 즉 일반인이라면 비난받을 행동일지라도 변호사는 그러한 행동을 할 수 있고 또 해야 하는 이유를 밝히겠다는 것이다.

변호사의 무도덕성을 정당화하기 위한 전제로서, 페퍼는 현대사회에서는 담배를 생산하고 판매하는 것을 법이 허용하는 데에서 보듯이 "다양성과 자율성(autonomy)이 '옳은' 행동, '선한' 행동보다 더 선호된다"(479)고 한다. 그러면서 논의의 전제로서 세 가지를 지적한다. 첫째는 법률이란 자율성을 증대시켜주기 위해 만들어진 공공재라는 것, 둘째, 개인적인 자율성을 증대하는 일은 도덕적으로 선하다는 것, 셋째, 오늘날처럼 고도로 법제화된 사회에서는 자율성이란 법률에 접근할 수 있는 정도에 따라 결

62 Pepper, Stephen, "The lawyer's Amoral Ethical Role: A Defense, A Problem and Some Possibilities", *American Bar Foundation Research Journal*, 1986; 동일한 원문이 Luban(1994), *The Ethics of Lawyers*(제1부 각주 60), p. 57 이하에도 실려 있음. 사법연수원, 『법조윤리론』(제1부 각주 27), p. 475 이하에 번역본 있음. 위 본문에서 괄호로 표시된 인용번호는 이 번역본의 쪽수임.

정되는 수가 많다는 것이다(479). 그런데 만약 변호사의 조력이 없다면 대부분의 사람들은 법률이 허용하는 자율성을 충분히 누릴 수 없게 될 것이다. 여기에서 변호사는 의미 있는 자율성을 확보하기 위한 수단이 된다(480). 사람들은 변호사의 조력을 받음으로써 법률에 접근할 수 있게 되고, 그럼으로써 비로소 "일등시민"(first-class citizenship)이 될 수 있다. 말하자면 일등시민은 사회가 허용하는 자율성을 충분히 누리는 사람이며, 그러한 일등시민이 되기 위해서는 변호사의 조력이 필수적이라는 것이다.

이때 변호사는 의뢰인이 추구하는 목적에 대해서 도덕적 평가를 하지 말아야 한다는 것이 그의 주장의 핵심이다. 만약 변호사가 어떤 도덕적인 이유로 의뢰인의 대리를 거부한다면 그 의뢰인은 일등시민이 될 수 없게 된다. 따라서 의뢰인이 변호사를 통해서 추구하려는 목표나 수단이 불법적이지 않는 한 변호사는 그 목표나 수단에 대해서 도덕적 판단을 함이 없이 의뢰인이 추구하는 목표에 열성적으로 조력해야 한다는 것이다. 만약 변호사가 스스로 비도덕적이라고 믿는 일이라는 이유로 법률적 조력을 거부한다면, 이는 의뢰인의 입장에서 법적으로 허용된 자신의 자율적 결단과 실천이 봉쇄되는 결과가 될 것이다. 이는 곧 각 개개인의 자율성과 다양성이 변호사의 신념에 의해 좌절되는 것을 의미하고 법이 원하는 결과가 아닌 것이다.

페퍼는 만약 어떤 행동이 정말로 그렇게 '악한' 것이라면 그것은 명확하게 불법화해야 한다고 주장한다. 그렇지만 만약 그 행동이 그렇게까지 나쁜 행동이 아니라면 그에 대해 변호사의 도덕적 판단으로부터 간섭받을 이유가 없는 것이라고 한다(480). 불법화되지 않은 모든 행동은 허용되는 것이며, 그처럼 허용된 행동을 하기 위해서 변호사의 조력을 구하는 의뢰인이 있는 경우 변호사는 그러한 요구의 도덕성을 문제 삼지 말고 최선의 노력으로써 그에 조력해야 한다는 것이다. 이러한 식의 결론이 도출되는 것은 앞에서 보았듯이, 개인의 자율성의 확대는 옳거나 선한 행동보다 더 선호된다고 보기 때문이다.

그리고 페퍼는 평등성의 관점에서 보더라도 변호사의 무도덕적 역할은 정당화된다고 주장한다(481). 만약 각 변호사가 각기 다른 도덕적 관점을 적용하여 의뢰받은 사건을 검열하게 된다면 법률에 접근하는 기회의 평등을 훼손하는 결과가 될 것이다. 법에 대해서 잘 아는 사람은 조건 없이 법에 접근하게 되는 반면, 법을 잘 모르는 사람은 변호사의 도덕적 판단이나 기부권행사 여부에 따라 법률을 제한적으로밖에 활용하지 못하게 되기 때문이다. 이는 변호사가 부당하게 의뢰인의 평등권을 침해하는 것이라고 할 수 있다. 결국 변호사는 의뢰인으로 하여금 법률에 접근할 수 있도록 해주는 것만으로 좋은 사람이 된다고 한다(502). 그렇게 함으로써 변호사는 개인의 자율성과 평등이라는 도덕적 가치에 봉사하고 있는 셈이 된다(502).

따라서 변호사는 결코 자신의 도덕적 판단에 따라 의뢰인으로 하여금 법률에 접근하는 것을 사전에 차단해서는 안 되며, 무도덕적 입장에서 의뢰인이 추구하는 목적의 도덕성과 상관없이 열성적으로 의뢰인에게 조력해야 한다. 물론 페퍼는 절대적으로 무도덕적인 역할에 머물러야 한다고 주장한 것은 아니다. 그는 변호사의 자율 영역과 관련하여 도덕적 판단을 해야 할 경우도 전혀 없지는 않다고 한다. 예컨대, 의뢰인의 목적이 변호사의 윤리감각과 심하게 괴리될 때는 의뢰인과의 도덕적인 대화를 시도한다든지 양심적인 거절을 하는 방안을 들고 있다(501). 이처럼 그는 무도덕적 입장이 유보되어야 할 영역의 존재 가능성을 인정하고는 있지만 극히 예외적인 경우로 한정하고 있기 때문에 이러한 예외적 상황이 페퍼의 전 논지를 약화시키거나 흐리는 것으로 생각되지는 않는다.

2) 변호사의 권리로서의 역할도덕론

페퍼가 의뢰인의 이익이라는 관점에서 변호사의 무도덕적 역할도덕을 정당화했다고 한다면, 프리드(Charles Fried)는 변호사의 입장에서 변호사가 왜 공익적인 관심을 가지지 않아도 되는지를 설명한다.[63] 다시 말해 변호사가 의뢰인의 이익에만 관심을 가지는 것이 왜 허용되는지를 설명한다.

우선 프리드는 변호사란 전통적으로 의뢰인의 이익을 위하여 전념하는 전문직업인이라고 보고, 변호사라면 의뢰인의 이익을 촉진시키는 것을 자신의 가장 큰 목적으로 채택하는 것이 법적으로나 도덕적으로 정당하다고 주장한다. 즉, 전문직업인은 공동체의 이익이 아무리 중대하다고 하더라도 의뢰인의 이익을 그보다 우위에 두는 것이 정당하다는 것이다(372).

프리드는 자신의 입장을 정당화하기 위해 인간의 본질에 관한 논의에서 시작한다. 그에 의하면, 인간은 본질적으로 개체성을 지니며 자아의식을 갖는 도덕적 존재이다. 그것은 결코 침해될 수 없는 인간의 권리이다. 개체로서의 인간은 다른 사람이 아닌 자기 자신에게 특별한 배려를 할 권리를 가진다. 나아가 자기 자신과 개인적인 인간관계를 맺은 사람에게도 마찬가지로 특별한 배려를 제공할 권리를 가진다고 본다. 예컨대, 자기 자식을 위하여 많은 교육비를 지출하는 사람에게 그 돈을 식량 부족으로 기아상태에 있는 극빈자를 위하여 사용하지 않는다고 비난할 수는 없다는 것이다. 각 개인은 자신과 밀접한 관계에 있는 특정인의 이익을 공동

---

63 Fried, Charles, "The Lawyer as Friend: The Moral Foundations of the Lawyer–Client Relation", *Yale Law Journal*, Vol. 85, 1976. 동일한 원문이 Luban, *The Ethics of Lawyers*(제1부 각주 60), p. 97 이하에도 실려 있음. 사법연수원, 『법조윤리론』(제1부 각주 27), p. 368 이하에 번역본 있음. 위 본문에서 괄호로 표시된 인용번호는 이 번역본의 쪽수임.

체의 이익 위에 두는 것이 허용되며, 이는 “본능”(372)이며 권리이다.

프리드는 이러한 논리구조를 변호사의 역할에 적용하여 설명한다. 그에 의하면 변호사는 법률제도와 관련된 “친구”(friend)이다(376). 변호사는 도덕적 자율성을 지닌 한 인간으로서 자신과 각별히 친밀한 사람, 즉 자신의 친구를 위하여 특별한 배려를 할 권리가 있다고 한다. 변호사는 의뢰인의 친구로서 그의 자치를 도와주는 것은 도덕에 어긋남이 없다는 것이며 그 일은 항상 도덕적으로 가치 있는 일이라고 한다.

이러한 논의를 통해 프리드는 변호사가 의뢰인 이외의 사람이나 공동체에 대해서 배려하지 않는 것을 정당화한다. 프리드에 의하면 변호사의 역할은 사회의 공적 이익이나 선에 의해 결정된다기보다 도덕적 주체로서 스스로의 판단과 결단에 의해서 정해진다. 그리고 변호사를 비롯한 모든 인간은 그와 개인적인 관계에 있는 사람의 이익을 공동체의 이익에 우선시하는 것이 당연하다고 한다. 더구나 변호사는 의뢰인이 “사람으로서의 완전성을 유지”(378)할 수 있도록 조력한다는 의미에서 그 정당성은 더욱 커진다고 한다. 그러니 변호사에게 의뢰인을 도와주는 이외의 추가적인 사회적인 책무를 부과해서는 안 된다는 것이다. 결국 그가 볼 때 변호사는 사회적 의무를 부담하지 않을 권리를 가진다고 할 수 있다.

물론 그는 변호사의 공공적 역할과 관련하여 사회적으로 의미 있는 일이 있을 수 있다고 본다. 예컨대 변호사가 가난한 형사피고인을 위해서 무료로 변론해주거나 가난 때문에 변호사의 조력을 받지 못하는 사람에게 법적 구조를 제공하는 것이 필요하다고 본다. 그러나 이들을 돕는 일은 기본적으로는 사회의 책임이지 개인 변호사의 책무일 수는 없다고 주장한다(384). 그가 볼 때 조세 수입으로 변호사 선임비용을 지출하기를 꺼려하면서 개개 변호사가 극빈자를 위해서 무료변론이나 소송대리를 하도록 요구하는 것은 도덕적으로 잘못된 것이며 그러한 사회는 인색하고 위선적이라고 한다(385).

프리드는 의뢰인의 이익을 옹호하는 방법과 관련하여서도 의미 있는 지적을 하고 있다. 먼저 그는 변호사는 사건 의뢰인의 자치활동을 확고히 해주는 사람이고 이 일이 공공이익과 반드시 조화를 이루는 것은 아니라고 하면서도, 변호사의 활동이 법을 위반할 수도 있다는 점에 대해서는 단호하게 반대한다. 법의 테두리 안에서만 변호활동이 허용되는 것이며, 법이 도덕률을 침해하는 경우에도 변호사의 활동은 법의 테두리 안에 머물러야 한다고 주장한다. 만약 변호사가 법률에 대항하여 과감히 도전한다면 이는 "법적 친구"로서의 영역을 벗어나 "정치적 친구"가 되어버린 것이라고 한다(386). 나아가 의뢰인(친구)을 위하여 타인에게 거짓말을 하거나 품위를 떨어뜨리는 행동을 하거나 고통을 가하는 행동도 허용될 수 없다고 본다(387). 이렇게 본다면 프리드의 입장은 불법적이거나 비윤리적인 모든 수단과 방법을 허용하는 의미의 역할도덕론은 아닌 것으로 보이며, 다만 의뢰인 이외의 사람이나 공공에 대한 변호사의 의무를 주장하는 데 대한 반대론이라고 할 수 있다.

아무튼 프리드는 변호사가 의뢰인을 위하여 활동하는 데 있어서 사회 전체에 대해 무관심한 태도를 갖고 의뢰인을 위하여 배타적으로 전념하는 것이 정당하다고 보는 것이다. 마지막으로 그는 변호사들이 친구로서의 역할을 다하면 그것으로 의로운 일을 한 것이고, 반드시 항상 "가장 선한 일"을 행하여야만 한다는 사고방식은 그릇된 것임을 지적한다(390).

3) 당사자주의 소송구조와 역할도덕론

미국을 위시한 대부분의 국가에서는 당사자주의 소송구조(adversary system)를 취하고 있다. 당사자주의 소송구조는 각 당사자가 공정한 제3자인 판사 또는 배심원 앞에서 자신의 주장을 펼치는 식으로 소송을 진행하는 것으로서 직권주의에 대비되는 개념이다. 당사자주의가 가장 적절한 소송형태인지에 대해서는 논란이 있을 수 있지만, 이를 긍정하는 입장에서는 다음과 같은 장점을 든다.[64] 첫째는 당사자주의 하에서 법과 사실에 대한 가장 정확한 결정이 내려지기 쉽다는 것이고, 둘째는 효율성과는 다른 차원에서 피고인에게 자신의 주장을 충분히 펼칠 수 있게 하는 것은 인간의 존엄과 법의 지배를 위해서 필수적이라는 것이다. 당사자주의에서는 변호사의 존재가 필수적이고 변호사가 각 의뢰인의 대리인으로서 법정에서 자신의 의뢰인의 이익을 열심직으로 옹호할 때 가장 완전하게 기능하는 것으로 간주된다.

프리드먼(Freedman)에 의하면 재판제도가 당사자주의 소송구조를 채택하는 한 변호사의 무도덕적 태도 또는 중립적 당파성은 필연적이라고 주장한다.[65] 그에 의하면 시민의 자유의 보호를 위해서 당사자주의 소송구조가 중요하고, 이것이 작동하기 위해서는 변호사가 동원되어야 하고, 이때 변호사는 모든 것을 알아야 하기 때문에 변호사의 폭로의무는 배제되어야 한다. 특히 형사사건에서 변호사는 피고인을 국가권력으로부터 보호하기 위해서 의뢰인의 이익을 열성적으로 옹호해야 한다. 나아가 그는 그러한 논지를 극한까지 밀어붙여서, 형사피고인을 대리하는 변호사는 피고인의 위증도 존중해야 하며 상대방 증인의 증언에 대해서는 비록 그것이 진실인 경우에조차 그 신뢰성을 훼손시키는 반대심문을 해야 한다고 주장한다.[66] 여기에는 국가권력에 대한 불신, 개인의 인간성에 대한

64 Becker, Charlotte B., *Encyclopedia of Ethics*, Garland, 1992의 'legal ethics' 항목을 참고함.

65 Freedman, Monroe, *Lawyers' Ethics in an Adversary System*, Bobbs-Merrill, 1975 참고.

66 Luban, *The Ethics of Lawyers*(제1부 각주 60), p. xxi. 이처럼 노골적인 주장은 많은 사람들을 당혹하게 했지만, William Simon 이외 다른 사람의 집요한 비판을 받지 않았다. 특히 위증의 옹호, 진실을 말하는 사람에 대한 모독과 공격적 반대신문을 제외하면, 나머지 그의 주

존중이라는 관점이 배후에 놓여 있다. 앞서의 와서스트롬도 형사재판에서만큼은 변호사의 무도덕적 역할의 필요성을 인정한 바 있다. 그러나 역할도덕론자들은 형사재판에서뿐만 아니라 민사재판이나 재판 외의 실무에서도 무도덕적 역할이 정당화된다고 본다.

4. 도덕적극주의

이상과 같은 역할도덕 옹호론에 대해서는 여러 관점에서 비판이 제기됐다. 비판론자들은 변호사 스스로 의뢰인의 목적과 수단에 대해서 도덕적 판단을 내려야 한다는 점을 강조한다. 이들에 의하면, 변호사는 의뢰인의 수단이나 목적을 평가할 때 단순한 합법성 이상의 관점을 견지해야 한다. 도덕적으로 의문시되는 것을 요구받았을 때 변호사는 문제를 제기해야 하고, 그것을 변경시키기 위해서 의뢰인을 설득해야 하며, 경우에 따라서는 의뢰인이 배신이라고 생각할 수도 있는 행동을 취해야 한다. 심지어 변호사는 의뢰인과의 관계단절을 늘 염두에 두어야 한다. 이들의 입장을 "도덕적극주의"(moral activism)[67]라고 할 수 있을 것이다.

1) 자율적인 것과 도덕적인 것의 충돌

루반(David Luban)은 페퍼의 견해에 대해서 집중적으로 비판했다.[68] 그

장은 대체로 수용됐다고 볼 수 있다. 다만 형사법정 이외의 공간에서도 형사법정에서와 같은 정도로 의뢰인을 일방적이고 열정적으로 옹호하는 것이 정당한지에 대해서는 수많은 의문이 제기됐다.

67 도덕적극주의란 표현은 Luban, *Lawyers and Justice*(제1부 각주 22), p. xxii에 나오는 표현이다. 그는 역할도덕론이 무도덕성(amorality)을 주장하는 데 대해서, 도덕성(morality)을 주장한 것이다.

는 우선 개인의 자율성은 옳은 행동이나 선한 행동보다 우선시된다는 전제에 대해서 동의하지 않는다고 하면서 논의를 시작한다(505). 그는 자율적으로 행한 행동 중에서 도덕적으로 옳지 않은 것은 허용되어서는 안 된다는 입장이다. 비유적으로, 만약 어떤 차가 무장 강도의 도주용 차라는 것을 사전에 알고 있는 경우에 의뢰인의 자율성을 증진시킨다는 명분으로 그 차를 수리해주는 것을 도덕적으로 옹호할 수 있겠는가라고 반문한다(506). 자율성은 바람직하지만 자율성을 나쁜 방향으로 사용하는 것은 용납될 수 없다는 것이다.

또 페퍼는 만약 변호사가 자신의 도덕적 판단에 기초하여 법률적 조력을 제공하지 않는다면 이는 의뢰인의 자율성에 대한 침해라고 주장한 데 대해서, 루반은 그것은 자율성에 대한 부당한 침해가 아니라고 한다. 오히려 사회가 정상적으로 유지되기 위해서는 그러한 비공식적인 필터가 반드시 필요하다고 한다. 사회는 비공식적인 사회적 압력이나 비공식적인 필터의 촘촘한 그물망이 아니라면 존립할 수도 없다고 한다(510). 다시 말해 사회는 법률에서 허용되는 것을 모두 허용하는 것이 아니고, 법률에서 허용되지만 비도덕적인 행동들이 다양한 사회적 압력에 의해서 걸러짐으로써 비로소 유지된다는 것이다. 따라서 변호사는 지속적으로 도덕적 문제의식을 가지고 의뢰인의 목적과 수단에 대해서 일정한 감시자 역할을 하는 것이 당연하다는 것이다. 따라서 변호사는 의뢰인의 부도덕적한 요구에 대해서는 협조를 거부하지 않으면 안 되는 것이다.

루반은 페퍼의 경제적 불평등 논리에 대해서도 비판한다. 페퍼에 의하면 만약 변호사가 의뢰인의 요구를 거부한다면 그 의뢰인은 부당하게 불

68 Luban, David, "Lysistratian Prerogative: a Response to Stephen Pepper", *Law & Social Inquiry*, Vol. 11, No. 4, 1986. 사법연수원, 『법조윤리론』(제1부 각주 27), p. 504 이하에 번역본 있음. 위 본문에서 괄호로 표시된 인용번호는 이 번역본의 쪽수임.

평등하게 대우받는 것이라고 주장했다. 이에 대해 루반은 만약 법률서비스가 변호사를 고용할 수 있는 사람에게만 제공되고, 따라서 그러한 사람들만 일등시민이 될 수 있다면 그것이야말로 오히려 불평등을 심화 · 조장하는 것이라고 주장한다. 루반이 볼 때 변호사의 무도덕적 태도는 일등시민의 자격을 사회구성원 중 일부에게만 특권으로서 제공하는 것이며, 이러한 특권이라면 차라리 아무에게도 제공하지 않는 것이 공정하다고 한다. 특권은 그 특권을 누리지 못하는 사람들에게 직접적인 타격이 될 것이고 사회적인 불평등의 악순환을 낳을 것이기 때문이다(514).

2) 친구로서의 변호사론에 대한 비판

의뢰인-변호사 관계를 일종의 우정에 유사한 관계로 보아, 변호사는 의뢰인에게만 최선을 다하면 되고 사회 일반에 대해서는 책임이 없다는 프리드의 견해에 대해서도 논박이 있다.[69] 첫째, 의뢰인-변호사 관계는 친구관계와는 유사하지 않다는 점을 지적할 수 있다. 많은 경우 변호사의 의뢰인은 자연인이 아니고 조직체이기 때문에 친구나 우정을 논할 여지가 없다. 그리고 대부분의 의뢰인-변호사의 관계는 본질적으로 상업적이며, 상호적이라기보다 일방적이다. 즉 변호사는 돈을 요구하며, 의뢰인은 변호사에게 충성하거나 공감하지 않는다. 둘째, 변호사와 의뢰인 간의 인적인 관계가, 그러한 관계를 해칠 수도 있는 다른 가치들보다 왜 더 근본적인 것인지 납득하기 힘들다. 예컨대 의뢰인의 목적을 추구하기 위해서 다른 (사회적) 가치를 훼손해야 할 때, 왜 전자가 반드시 우선해야 하는지 설명하지 않는다는 것이다. 또 정직이 중요하다고 해서 도둑들 사이의 정

---

69 Simon, William H., *The Practice of Justice: Theory of Lawyers' Ethics*, Harvard University Press, 1998, pp. 19~21; 그 외 Dauer, Edward A. & Arther Allen Leff, "Correspondence: 'The Lawyer as Friend'", *Yale Law Journal*, Vol. 86, 1977이 있다.

직이 중요하다는 결론이 나오지는 않는다고 한다. 셋째, 의뢰인-변호사 관계를 인간적 관계로 특징짓는 것은 실제 실무와 일치하지 않는다고 한다. 즉, 권리를 인식시키고 실현시키는 것은 인간관계에서의 친밀함과는 다른 차원의 것이다. 넷째, 인간관계적 접근은 전문직의 자아개념의 중요한 요소를 무시한 것이다. 즉, 전통적 전문직이론에는 "법정의 공직자"란 요소가 있는데 이것이 무시된다고 한다.[70]

아무튼 친구로서의 변호사론은 의뢰인과 변호사 사이에 존재한다고 가정된 사적인 인간관계에서 전문직의 역할도덕의 근거를 찾는 것이다. 이렇게 한다는 것은 변호사와 의뢰인 간에 존재하는 공적이고 비인격적인 관계를 사적이고 개인적인 충성의 관계로 포섭시켜버리는 것이다. 이러한 사적인 관계를 과도하게 중시하게 되면, 공익이나 비인격적인 가치는 인간적 배신으로 이해하게 되어 객관적 가치가 희생된다. 이러한 사고방식은 결국 법의 지배나 정의, 민주주의 등 객관적 가치를 해치는 것이 될 것이다. 그런 점에서 사이몬은 프리드가 의미하는 바의 이론이 돈을 줄 때에만 친구가 되어준다는 의미에서 우정이라기보다는 "매춘"을 정의한 것이라고 혹평한다.[71]

3) 당사자주의 소송구조를 통한 정당화에 대한 반론

당사자주의를 취하는 형사사건에서 피고인을 보호하기 위해서는 법정에서 피고인에 대한 열성적인 옹호가 필요하다는 것을 인정한다고 하더라도, 비형사사건이나 소송 이외의 사건에서는 어떻게 되는지 설명하기 어렵다. 당사자주의를 통한 역할도덕론은 당사자주의야말로 진실을 드러

---

70 Simon, *The Practice of Justice*(제1부 각주 69), p. 19.

71 Simon, "The Ideology of Advocacy"(제1부 각주 61), p. 257.

내는 가장 적합한 제도라는 것을 전제로 논의를 시작하는데, 상호 적대적으로 공격을 하는 소송구조가 이해관계가 없는 제3자에 의한 조사에 비해서 더 많은 진실을 드러내는지는 증명된 것이 아니다. 실제 당사자주의가 정당성을 갖는 것은 양당사자 간의 사회적 · 경제적 대등성이 확보되었을 때이다. 그렇지 않다면, 당사자주의 소송구조는 언제나 부자에게 유리할 것이다.[72] 더구나 당사자주의 소송구조에서 이용되는 여러 기술들—회피, 괴롭히기, 지연전술—등은 진리를 은폐하는 기능을 하고, 이런 것들은 늘 재원이 풍부한 측에서 이용한다.

많은 학자들은 적어도 형사사건에서는 변호사가 피고인에 대한 도덕적 평가 없이 그의 이익에 도움이 되는 모든 행동을 하는 것이 허용되어야 한다고 인정하지만, 사이몬은 이 점에 대해서도 비판적이다. 사이몬은 형사피고인을 대리하는 경우에도, 반드시 중립적 당파주의가 정당화되는 것은 아니고 선택적으로만 정당화된다고 주장한다.[73]

5. 법조윤리 규정과 역할도덕

법조윤리 규정은 이 문제에 대해서 어떤 입장을 취하고 있는가? 가장 논란이 많은 미국의 경우를 살펴본다. 미국의 책임준칙 강령7은 "변호사는 법의 한계 내에서 의뢰인을 열정적으로(zealously) 대리해야 한다"고 규정한다. 여기에서 "열정적으로"라는 용어의 의미는 사실상 역할도덕론의

---

72 Rhode, Deborah L., "Ethical Perspectives on Legal Practice", *Stanford Law Review*, Vol. 37, January 1985, p. 597.

73 Simon, *The Practice of Justice*(제1부 각주 69), p. 170 이하; Simon, William H., "Ethical Discretion in Lawyering", *Harvard Law Review*, Vol. 101, April 1998 참고.

입장을 반영하는 것으로 이해된다. 이 강령의 주석은 "변호사는 법과 징계규칙(DR)이 허용하는 합리적으로 이용 가능한 수단을 통해서 의뢰인의 합법적인 목적추구를 의도적으로 거부해서는 안 된다"고 한다(DR7-101(A)(1)). 이는 목적과 수단이 합법적인 한, 의뢰인의 목적과 그것의 추구에 이용되는 수단에 대한 변호사 자신의 도덕적 판단에 기하여 열성적인 대리를 주저하거나 방해받아서는 안 된다는 것을 보여준다. 여기서 보듯이 책임준칙은 역할도덕론으로 경도되어 있다고 할 수 있다.

의뢰인의 이익을 위해서 열정적으로 대리해야 한다는 이러한 표현은 많은 사람들에게 변호사 직업에 대해 회의와 혐오를 낳을 수 있다는 우려가 제기되면서, 1983년에 마련된 표준규칙의 본문에서는 이러한 표현이 삭제됐다. 책임준칙의 강령7에 가장 근접한 것은 표준규칙1.3에서 표현된 바, 의뢰인의 이익 추구에서 합리적 근면성을 가지고 행동해야 한다는 규정이다. 이 표현이 역할도덕론을 부정하는 표현인지 아니면 지지하는 표현인지는 모호하다. 그런데 이 조항의 주석에서 변호사는 의뢰인이 요구하는 모든 것을 해야 하는 것은 아니라고 명시적으로 나타내고 있어서, 반드시 역할도덕론의 입장에서 실무할 것을 요구하는 것은 아님을 알 수 있다. 표준규칙1.16(b)(4)에서는 변호사가 혐오스럽다고 생각하는 행동이나 변호사가 근본적으로 동의하지 않는 행동을 의뢰인이 요구하면 의뢰인의 대리를 철회할 수 있다고 한다. 표준규칙2.1에서는 변호사가 고객을 대리할 때 도덕적 요소를 거론할 수 있다고 한다. 이러한 조항들을 고려한다면, 미국의 표준규칙은 변호사가 실무를 수행함에 있어서 자신의 도덕적 재량을 활용할 여지를 열어주고 있다고 할 수 있다.

그러나 다른 한편, 표준규칙1.2(b)는 변호사의 대리는 의뢰인의 윤리적 관점이나 행위를 지지하는 것으로 해석되지 않는다고 규정하여, 변호사의 도덕관념과 법률실무가 분리되는 것으로 선언한다. 그리고 표준규칙

1.3의 주석에서 변호사는 의뢰인의 이익에 충실과 헌신으로서 의뢰인을 위한 변호에서 열성적으로 행동해야 한다(must)는 표현을 담고 있다. 여기서 must란 표현은 2002년 표준규칙의 개정과정에서 종전의 should란 표현을 대체한 것이다.[74] 앞의 책임준칙에서 보듯이 열성적으로 옹호한다는 표현은 역할도덕론에 가까운 표현이라는 점을 고려한다면, 미국의 현행 표준규칙도 여전히 역할도덕론의 입장을 강하게 긍정하고 있는 것으로 볼 수도 있다.

전체적으로 보자면, 미국 표준규칙은 역할도덕론이나 도덕적극주의의 한쪽으로 경도되어 있다고 볼 수는 없다고 생각된다. 변호사가 어느 입장을 갖든 모두 허용하는 입장이라고 볼 수 있다. 결국 이 문제는 변호사 개인의 윤리관 내지 도덕관에 맡겨져 있는 것이다.[75]

6. 보편윤리의 구현으로서의 법조윤리

이상에서 역할도덕론의 내용과 근거 그리고 그에 대한 반론들을 비교적 상세히 살펴보았다. 이 문제는 변호사의 역할을 무엇으로 보는가에 대한 깊은 입장 차이를 담고 있다. 역할도덕론자이든 도덕적극주의자이든, 양자는 모두 법의 한계 안에서 의뢰인에게 법적 조력을 해야 한다는 데에 대해서는 이론이 없다. 그러나 두 입장의 실천적 함의가 갖는 차이는 결코

74 미국 표준규칙에서 should는 권장사항을 의미하고, must나 shall은 의무사항을 나타낸다.

75 여기에서도 우리는 외면적 접근의 한계를 볼 수 있다. 표준규칙은 정작 중요한 윤리적 판단사항에 대해서는 아무런 해법을 제공하지 못하기 때문이다. 하지만 미국의 표준규칙이 보여주는 이러한 모호한 입장은 불가피한 측면이 있으며, 그럼에도 불구하고 무도덕적 실무행태에 대한 면죄부를 주는 것으로 이해하는 것은 곤란하다고 생각된다.

작지 않다. 여기에서 두 입장 중 어느 입장이 타당한지에 대해서 논하기 전에 각 입장의 의미를 다시 한 번 정리한 후 일정한 결론을 도출해본다.

역할도덕론의 입장을 취한다는 것은 변호사가 스스로를 가치중립적 법기술자로 정의하는 것이다. 이들에게 중요한 것은 의뢰인이다. 이들은 자신들이 가진 법기술을 “열정적으로”(zealously) 의뢰인에게 제공하는 이상의 어떤 의무도 지지 않는 것으로 한다. 이것만이 이들에게 요구되는 ‘윤리’이다. 이들은 의뢰인을 대리할 때 다른 사람이나 공익에 대해서 고려히면 안 된다. 선의의 제3자나 공익에 어떤 손상이 가더라도 의뢰인에게 이익이 된다면 기꺼이 그것을 해야 한다. 자신의 이익과 의뢰인의 이익이 대립될 때에도 의뢰인의 이익을 옹호하는 것이 윤리이다. 그런 점에서 역할도덕론은 가장 선의로 해석할 때 의뢰인 중심의 법조윤리론이다. 그들에게 “의뢰인 이익의 옹호=선”이다. 명문으로 규정되지 않은 모든 것들은 법외적인 것이며 법실무에서 고려대상이 아니다. 그런 점에서 이들은 규칙 실증주의자(rule-positivist)들이다. 이러한 역할도덕론의 입장은 법조윤리에 관한 외면적 접근법과 연결된다. 그리고 시장모델에 대한 도덕적 정당화론이라고 할 수 있다.

반면 도덕적극주의 입장을 취한다는 것은 변호사가 법기술자와 다른 의미에서의 법률가임을 자처하는 것이다. 그는 자신을 의뢰인의 대변자라기보다 법과 정의의 대변자로 생각한다. 그가 의뢰인을 대리하는 것은 의뢰인을 대리하는 것에 공익적 측면이 있기 때문이다. 따라서 만약 의뢰인을 대리하는 일이 오히려 부정의를 의미하는 경우가 있다면 그것을 거부하지 않으면 안 된다. 이 입장에서 변호사는 정의의 파수꾼이라고 할 만하다. 그는 법이나 규정을 단순히 실증주의적으로 바라보지 않는다. 법규정은 더 높은 가치를 위한 수단적 측면을 지는 것으로 본다. 그렇기 때문에 법규정은 그러한 가치의 관점에서 해석되어야 하고, 설사 모호한 부분이나 흠결이 있더라도 이를 남용해서는 안 되며 더 높은 가치에 비추어 보충되어야 한다. 이러한 입장은 법조윤리에 대한 내면적 접근, (변형된) 전문직이론[76]과 연결성을 갖는다.

이렇게 볼 때 양 이론의 실천적 함의는 변호사에게 의뢰인의 이익을 넘어선 공공적 가치를 추구할 윤리적 의무를 부과할 것인가에 관한 견해 차이이다. 역할도덕론은 이를 부인하고 도덕적극주의는 이를 긍정한다. 그렇다면 우리는 어떤 변호사가 되어야 하는가? 아마도 우리 사회는 이 지점에서 일정한 선택을 해야 할 듯하다. 이상에서 논의해온 것을 바탕으로 볼 때 우리 사회가 역할도덕론, 외면적 접근, 시장주의적 접근을 선택하기는 힘들 것으로 보인다. 여기에서는 앞에서 제시된 것 외에 왜 변호사가 의뢰인의 이익 추구에 머물지 말아야 하는지에 대해서 몇 가지 근거를 추가하고자 한다.

법조인이 추구해야 할 윤리 내용에 대해서 논란이 있을 수 있지만, 적어도 변호사는 정의(justice)를 추구하는 존재라는 것을 정면으로 부인할 수는 없다. 변호사제도는 결코 불의를 조장하고 그것에 가담하도록 하기 위해 설계된 제도는 아니다. 물론 구체적인 상황에서 정의라는 것이 언제나 애매하기도 하고 개인마다 다를 수도 있다. 그러나 적어도 변호사라면 스스로 불의의 편이라고 공공연히 자임할 수는 없다. 이것은 자명한 것이고, 정의와 불의 사이에서 선택이 요구될 때 변호사의 입장에서 정의의 편에 서는 것 이외의 방법은 없다. 그것만이 유일하게 윤리적인 선택이기 때문이다. 동일한 변호사가 정의의 편에 선다고 하면서도 동시에 불의에 봉사할 수는 없다. 의뢰인이 추구하는 목표가 불의라고 판단됨에도 불구

76 '변형된' 전문직이론이란 전문직의 특권성이 배제되면서도 공공성에 대한 인식이 유지된 형태의 전문직이론을 의미한다. 이 책 제1부 제2장 참고.

하고 만약 변호사가 이를 문제 삼지 않고 의뢰인의 이익을 위해서 최선을 다하고 또 동원 가능한 모든 수단을 활용한다면, 이는 불의를 위해서 법을 동원하는 것이고 자신의 능력으로 불의에 봉사하는 것이 된다. 변호사가 아니면 불의에 봉사하는 것이 용납되지 않지만 변호사라면 불의에 봉사해도 된다는 것은 그야말로 납득하기 어려운 궤변이라고 아니할 수 없다.

변호사들 간의 경쟁의 격화가 변호사의 공공적 의무에서 근본적인 변화를 낳는지는 의문이다. 설사 변호사들 간의 생존경쟁이 격화되어 개개 변호사의 경제적 안락이 쉽지 않다고 해서 변호사의 공공적 의무가 없어지는 것은 아니다. 경쟁 압력에도 불구하고 대다수 변호사는 여전히 경제적 상층이다. 변호사의 양극화를 생각한다면 변호사들 간의 사회적 의무를 부담하는 정도에서의 차이도 생긴다고 보지 않을 수 없고, 그런 점에서 경제적 상층을 구성하는 변호사의 사회적 책무는 그렇지 않은 변호사보다 더 크다고 보아야 할 것이다. 그리고 변호사는 그가 부자인지 여부와 상관없이 전문지식을 습득한 사람이며 그 사회의 지식계급을 형성한다. 외국의 경우도 그렇지만 특히 우리나라의 경우에 우리 사회의 가장 우수한 인재들이 법을 공부하고 법률 관련 업무에 종사한다. 한 사회의 지식층이 그 사회의 공공적 이익에 대해서 고민하지 않는다면 그 사회는 건전한 사회라고 할 수 없다. 변호사는 한 사회의 지식층으로서 마땅히 그러한 고민을 하여야 하며, 자신의 법률지식이 반사회적인 목적에 활용되지 않도록 유의해야 한다.

그리고 변호사는 예비 공직자라는 점도 고려해볼 만하다. 앞으로 점점 더 많은 판사 · 검사들이 경력 변호사로부터 충원될 것이고, 다른 행정부 등 공직에도 많은 변호사들이 진출하게 될 것이다. 사회가 선진화되면서 법치주의에 대한 사회의 요구가 높아질수록 공직을 포함한 사회 곳곳에서 변호사에 대한 사회적 수요가 증가되는 것은 당연하다. 변호사의 공직 진출이 정당화되고 확산되는 것이 바람직하다면, 그에 상응하게 변호사의 윤리의식도 더욱 강조될 수밖에 없다. 우리의 공직사회가 필요로 하는 법조인이 단지 역할도덕에 충실한 법조인이라고 볼 수는 없다. 오히려 그 반대로 끊임없이 공공적 이익에 대해서 관심을 가지고 그것을 자신의 직무 영역에서 실천하려고 하는 법조인이야말로 우리 사회가 요구하는 공직 법조인 상일 것이다. 공익에 반하여 의뢰인의 이익을 옹호하던 변호사라면 공직에서는 국민의 이익을 옹호하지 못할 것이고 기껏해야 권력과 정권의 하수인에 그칠 것이다. 그는 도덕적 판단이 마비된 법기술자에 불과하기 때문이다.

이러한 점들로 볼 때 우리는 윤리에 대한 외면적 접근보다는 내면적 접근, 시장모델보다는 (변형된) 전문직업윤리, 역할도덕론보다는 도덕적극주의적 입장을 더 선호할 수밖에 없다. 변호사는 결코 보편윤리의 준수를 면제받은 특권계급이 아니고 보편윤리를 법의 영역에서 구체화하고 관철하는 전문직업인이라고 보아야 할 것이다.

이어지는 장에서 우리는 법조윤리 '규정'에 대해서 살펴보겠지만, 이에 앞서 그러한 작업의 의미와 한계를 선명히 인식하지 않으면 안 된다. 가장 주의해야 할 것은 윤리적인 문제를 그러한 규정의 문제로 환원해버림으로써 사실상 윤리문제를 회피하게 될 위험성이다. 법조윤리는 법조윤리 '규정' 이상이라는 점이 늘 명심되어야 한다.

제4장
법조윤리 규범의 서술체계

법조인의 윤리의식이 중요하다는 것을 인정하더라도 그것만으로는 구체적인 상황에서 어떻게 처신하는 것이 윤리적인지를 판단하는 것은 쉽지 않다. 단순히 법조윤리 의식의 중요성을 아는 것과 구체적 상황에서 행동지침이 무엇인지를 아는 것 사이에는 상당한 괴리가 있기 때문이다. 이에 따라서 각국에서는 법조윤리의 구체화로서 성문화된 법조윤리 규정을 마련하고, 그러한 법조윤리 규정을 중심으로 법조윤리 규범 내용을 점차 구체화하고 풍성하게 만들어나간다. 오늘날 많은 경우 법조윤리를 서술한다는 것은 구체적인 상황에서 현실적인 지침이 되는 법조윤리 규범에 대해 논의한다는 것을 의미한다. 이 책도 다음 장부터 그러한 의미에서 법조윤리 규범의 구체적 내용을 서술하려고 한다. 이는 법조윤리의 각론이라고 할 만하다.

그렇다면 법조윤리 규범을 서술함에 있어서 어떤 서술체계를 가지는 것이 바람직한가? 이 책에서는 다음과 같은 원칙을 고려하면서 법조윤리 규범의 서술체계를 제출하고자 한다.

첫째, 법조윤리의 전체적인 상(象)을 제시하여야 한다. 이 책은 법조윤리의 전체적인 모습을 보여주려는 취지를 담고 있기 때문에, 개별적이고 세세한 부분을 모두 보여주지는 못하더라도 법조윤리의 전체적인 윤곽을 드러내고자 한다. 그로써 법조윤리가 포괄하는 전체 관심 영역의 범위를 드러내고, 그 위에서 법조윤리를 둘러싼 주요 쟁점, 각 쟁점에 대한 기존의 연구성과를 정리 · 제시하고자 한다.

둘째, 우리나라의 현행 법조윤리 규정의 내용을 풍부화하여야 한다. 각국 법조윤리 규정이 서로 간에 다소 차이가 있다고 할 때, 우리의 법조윤리 서술은 우리나라에서 정립된 변호사윤리 규정에 대한 이해를 제고하는 방향으로 서술하는 것은 당연하다. 그런 점에서 이 책은 우리나라의 법조윤리 규정의 성과를 반영하고 풍부화하는 방향에서 체계를 구성하고자 한다. 우리나라의 경우 변호사윤리에 관한 내용의 상당부분이 '변호사법'에 규정되어 있다. 이와 관련하여 변호사법 제4장(변호사의 권리와 의무)과 제9장(법조윤리협의회 및 수임자료의 제출) 및 제10장(징계 및 업무정지)이 중요하다. 그리고 변호사법과 별도로 변호사윤리 규정이 있다. 그것이 소위 '변호사윤리장전'으로서 1962년 대한변협이 제정했고, 이후 여러 차례 개정을 거듭하면서 오늘날에 이르고 있다. 이 책에서 이용한 것은 2000년 7월 4일자로 전문 개정된 '변호사윤리장전'(이하 '윤리장전'이라고 함)이다. 이 장전은 '윤리강령' 및 '윤리규칙'의 두 부분으로 구성되어 있다. 한편 우리나라는 '판사윤리강령'과 '검사윤리강령'을 각각 제정하여 선포했기 때문에 이들의 내용도 반영하는 것이 당연하다.

셋째, 외국의 법조윤리 규정의 내용을 반영하는 서술체계가 구성되어야 한다. 법조윤리 규범의 성문화는 우리나라에서만 이루어진 것은 아니다. 오히려 외국에서의 성과가 우리나라에 반영되고 있다고 보는 것이 더 정확할 것이다. 선진 외국의 경우 우리나라보다 훨씬 오래전부터 법조윤리에 관심을 가지고 성문화해왔으며 많은 연구성과를 축적해왔다. 따라서 이러한 분야의 성과를 반영하는 체계를 구상하는 것이 바람직할 것이다. 예컨대, 우리나라의 윤리규정에서 제시하는 것과 외국의 윤리규정에서 제시하는 것을 서로 대비하고 종합하면서 보다 완전하고 체계적인 법조윤리 규범의 서술체계를 세우는 것이 필요하다는 것이다. 이러한 식의 접근이 필요한 이유는 한편으로 외국과의 비교를 통해서 우리의 윤리규범의 내용을 한층 풍성하게 하려는 것이기도 하지만, 다른 한편으로 국제화 · 세계화 시대를 맞이하여 윤리규범 자체도 보편화해야 한다는 사회적 요구에 부응하려는 것이기도 하다. 우리나라 윤리장전 제3조는 "변호사는 섭외사건이나 국제적 사무를 처리함에 있어서는 관계 외국의 변호사윤리도 이를 존중하여야 한다"고 규정한다. 따라서 현단계에서 법조윤리를 논할 때 우리나라의 것만 논하는 것은 중대한 결함이라고 할 수도 있다.

이 책에서 주로 참조한 외국의 법조윤리 규범은 일본, 미국 그리고 유럽의 법조윤리 규정이다. 일본에서 전국 단위의 변호사윤리 규정이 처음 만들어진 것은 1955년에 이르러서였다. 이는 1949년의 변호사법이 "변호사도덕 기타 회원의 기강유지에 관한 규정이 일본변호사연합회(이하 '일변련'이라고 함)의 회칙 중에 규정되어야 한다"고 명시함에 따라서 1951년부터 작업하여 '변호사윤리'로 만든 것이었다. 1970년대에 들어 변호사윤리의 개정 논의가 시작되었고, 1979년 '변호사윤리에 관한 위원회'의 설치가 결정되어 개정작업을 했고, 그 성과로서 1990년 일변련 임시총회를 통해서 '변호사윤리'가 개정됐다. 다만 이 규정의 성격이 외적 강제의 기준 또는 징계사유의 규정화는 아니고 개개 변호사가 직무를 수행할 때 근거해야 하는 윤리적 행동지침에 그치는 것이라고 하여, 변호사윤리에 위반했다고 해서 곧장 징계사유로 되지 않는다는 것을 확인했다.[77]

77 高中正彦, 『法曹倫理講義』(제1부 각주 37), p. 16.

이러한 입장천명에도 불구하고 실제는 변호사윤리의 위반이 종종 징계의 근거가 되기도 했다. 이어 일본은 변호사 수의 증가, 보수규정의 철폐, 변호사법인 제도의 도입, 변호사직역의 확대 등의 변화를 반영하기 위해서 2001년부터 개정작업을 시작했다. 2004년(평성16년)에 변호사윤리가 전면 개정되어 '변호사직무기본규정'(이하 '직무규정'이라고 함)이 마련됐다. 이 직무규정은 제정 때부터 규범으로서의 성격을 선명히 하기 위해서 일변련의 회칙을 개정하여 직무규정을 위한 근거규정을 두고, 직무규정의 위반은 곧 회칙위반에 상당하는 것으로 했다.[78] 다만 직무규정 중에서 일부조항은 '직무의 행동지침 또는 노력 목표'를 정하는 것임을 선명히 했다(직무규정 제82조 참고). 따라서 그 이외 규정의 위반은 징계사유가 되는 것으로 본 것이다. 일본에서는 판사의 윤리나 검사의 윤리에 대해서는 이론적 논의는 있으나 성문화된 윤리규정은 아직 존재하지 않는다.

미국의 법조윤리 규정의 전개과정에 대해서는 약간의 설명이 필요할 듯하다.[79] 미국에서 법률가윤리에 관한 논의는 19세기 중반에 시작됐다. 1854년 샤르스우드(George Sharswood) 판사가 『직무윤리』(*Professional Ethics*)를 출간했고, 이를 반영하여 알라바마주 변호사회가 제일 먼저 변호사윤리 규정을 만들어 1887년에 이를 채택했다. 이후 ABA는 1908년 8월 27일 '변호사윤리강령'(ABA Canons of Professional Ethics)을 채택했다. 변호사윤리강령은 변호사의 의무에 관한 원칙적 규정 9개로 구성되어 있었다. 이 강령이 조금씩 개정되면서 오다가 1964년 '윤리기준의 평가를 위한 특별위원회'(Special Committee on Evaluation of Ethical Standards, 이른바 Wright Committee)가 구성되어 강령의 전면 개정의 필요성을 검토했다.

---

78 高中正彦, 『法曹倫理講義』(제1부 각주 37), p. 18.

79 미국 법조윤리 규정의 전개과정에 대해서는 김재원, 『미국의 법학교육과 변호사윤리』(제1부 각주 29), p. 124 이하를 주로 참고하였지만, 용어를 다듬었고 다른 자료로 보충했다.

위원회는 기존 규정의 전면 개정의 필요성을 제기했고, 그 결과 종전보다 훨씬 상세한 내용을 담은 새로운 윤리규정이 만들어지기에 이르렀다. 그것이 '직무책임준칙'(ABA Model Code of Professional Responsibility, 이하에서는 '책임준칙'이라고 함)이다. 이 책임준칙은 1969년 8월 12일 ABA 대의원 대회에서 확정되었고, 그 후 연방 및 대다수의 주(State)에서 채택됐다.

책임준칙은 9개의 강령(canons)으로 구성되어 있고, 각각의 강령에는 그것을 해설하거나 보완하는 두 부분의 세부 내용을 가지고 있다. 하나는 '윤리적 고려사항'(ethical consideration, EC로 약칭함)이고, 다른 하나는 '징계규칙'(disciplinary rules, 이하 DR로 약칭함)이다. 말 그대로 EC는 각 강령의 의미를 풍부하게 해설하는 내용을 가지고 있는 것으로서 일종의 희망사항을 담고 있다. 반면 DR은 그 강령과 관련한 구체적인 행동규칙이면서 그것을 위반한 경우 징계가 가해지는 사항을 담고 있다. 보통 강령 하나에 6~10개 정도의 EC조항들과 3~5개 정도의 DR조항들이 있다.

미국에서 책임준칙은 시행되자마자 문제점이 지적되기 시작했다. 그리고 무엇보다 1972년의 워터게이트 사건이 터지면서 책임준칙의 실효성에 대한 의문이 강하게 제기됐다. 이에 따라 더욱 강화되고 세밀한 윤리규정을 만드는 작업이 수행되었고 이 일은 '직무기준의 평가위원회'(ABA Commission on Evaluation of Professional Standards, 이른바 Kutak Commission)가 담당했다. 이 위원회는 수년간의 작업 후 새로운 형태의 윤리규정안을 제출했으며, ABA 대의원 대회는 1983년 8월 2일 이를 채택했다. 이것이 현재까지 이용되고 있는 '직무행위표준규칙'(ABA Model Rules of Professional Conduct, 이하 '표준규칙'이라고 함)이다. 표준규칙의 체계는 책임준칙의 그것과 판이하게 달랐다. 표준규칙은 규정 전체를 징계규정으로 구성했으며, 징계규정이 아닌 경우는 문언을 통해서 그 취지가 드러나게 했다. 예컨대 규정의 문언에서 shall로 표현된 것은 징계규정임을 나타내는 반면, should나 may로 표현된 부분은 그렇지 않다는 것을 의미한다. 이 표준규칙의 전체적인 구조와 내용은 부록에 있는 바와 같다.

이 표준규칙은 ABA라는 임의단체에 의해 제정된 것이기 때문에 그 자체로서 법규적 효력을 갖는 것은 아니지만, 대부분의 주 대법원에 의해서 징계규범으로 채택되었기 때문에 미국 내에서 실효적인 변호사윤리 규정으로서 작동하고 있다.[80] 다만 미국의 주들은 그것을 채택할 때 주의 사정에 따라서 약간의 가감을 했고, 표준규칙 자체도 ABA 차원에서 수시로 개정되어 왔다. 중요하게는 1997년에 결성된 윤리2000위원회(Ethics 2000 Committee)의 제안에 따라 2002년 2월 5일에 개정됐다. 이 책에서는 2008년 현재 ABA 홈페이지에 공시된 것을 이용했다.[81]

한편 ABA는 판사윤리에 관한 규정도 제정했다. 최초의 것은 1924년 ABA가 제정한 '법관윤리강령'(Canons of Judicial Ethics)이다. 이것이 1972년에 개정되어 '법관행위규범'(Code of Judicial Conduct)이 됐다. 흥미로운 것은 미국의 법관윤리 규정들도 법관들의 스캔들과 연관하여 제정되고 개정됐다는 점이다. 제정에 영향을 끼친 사건은 랜디스 판사 사건이고 개

---

80 2005년 현재 미국의 45개 주와 District of Columbia가 표준규칙을 채택했다. 캘리포니아 주는 1988년에 1977년 판을 폐기하고 새로운 '직무행동규칙'을 채택했지만 ABA의 표준규칙과는 다른 많은 고유한 내용들을 담고 있다. 뉴욕 주는 종래의 책임준칙의 틀을 유지하고 있지만, 표준규칙의 내용과 상응하는 내용을 상당히 담고 있다(Gillers, *Regulation of Lawyers*[제1부 각주 57], pp. 4~5). 미국의 경우, 변호사에 대한 징계권은 법원에 속하기 때문에, 표준규칙이 적용되기 위해서는 법원이 ABA의 표준규칙을 실효성 있는 규범으로 채택하는 절차가 반드시 필요하다. ABA의 표준규칙은 말 그대로 '표준'(model)규칙이다. 즉, 실효적으로 운영하는 기관이 채택할 만한 하나의 '모델'일 뿐 그 자체로는 아무런 구속력이 없다. 물론 ABA의 표준규칙은 대부분의 주에서 채택될 만큼 높은 도덕적 권위를 가지고 있다. 실제 징계가 진행되는 것은 각 주의 변호사가 징계결의를 하고, 법원은 그러한 결정의 최종적 승인 또는 취소의 권한을 행사하는 것이 관행이라고 한다(김재원, 「변호사비용과 법조윤리: 미국의 수임료 규제를 중심으로」, 『법과사회』 제11호, 1995, p. 131).

81 http://www.abanet.org/cpr/mrpc/mrpc_toc.html (2008. 1. 15)

정에 영향을 미친 사건은 포터스 판사 사건이다.[82] 검사에 관한 윤리규정은 표준규칙에 실려 있는데(표준규칙3.8) 이는 검사가 정부를 위해서 일하는 '변호사'라는 관념이 강하기 때문이다.

유럽에는 각각의 국가별로 법조윤리 규정이 있지만 이와 별도로 유럽 전체에 적용되는 법조윤리 규정이 있다.[83] 이것이 1988년에 제정된 '유럽공동체의 변호사행위규범'(The Code of Conduct for Lawyers in the European Community, 이하 '행위규범'이라고 함)으로서, 1960년에 만들어진 '유럽공동체의 변호사 및 법률가 회의'(The Council of the Bars and Law Society of the European Community, 약칭하여 CCBE라고 함[84])의 산물로, 자국 국경을 넘어 활동하는 변호사들이 모순되는 윤리규칙에 직면했을 때 생기는 어려움을 완화하려고 제정한 것이다. 유럽이 통합의 길로 가면서 국경을 넘어서 활동을 하는 변호사들이 증가했고 이들이 따라야 할 최소한의 윤리규범이 무엇인지를 밝혀야 했기 때문에 이러한 행위규범이 제출되는 것은 필연적이었다. 유럽 행위규범을 만들기 위한 노력이 시작된 것은 1982년 아테네에서 열린 CCBE회의에서였지만, 그 이전 1977년에 이미 CCBE는 변호사윤리 규범에 관한 선언을 발표한 바 있었다. 그 명칭은 '유럽공동체의 변호사와 법률가협회의 전문직 행동원칙에 관한 페루기아 선언'(The Declaration of Perugia on the Principles of Professional Conduct

---

82 정인진, 「미국의 법관윤리전범에 관한 연구」, 『외국사법연수논집(9)』 재판자료 58집, 1992, p. 23.

83 유럽 행위규범의 제정과정에 대해서 Terry, Laurel S., "An Instruction to the European Community's *Legal Ethics* Code Part I: An Analysis of the CCBE Code of Conduct", *Georgetown Journal of Legal Ethics*, Vol. 7 No. 1, Summer 1993을 주로 참고했다.

84 CCBE라는 약칭은 이 위원회의 전신인 Commission Consultative des Barreaux de la Communauté Europé에서 기인한다. 이 명칭은 1987년에 변경되었으나, 약칭은 그대로 쓰고 있다.

of the Bars and Law Societies of the European Community)이고, 여기에는 8개의 원칙을 담고 있는데 그 대부분이 유럽 행위규범에 반영됐다. 페루기아 선언이 일반적 · 추상적인 원칙들을 담고 있음에 비해서 유럽 행위규범은 좀 더 구체화된 규정을 담고 있다.

행위규범은 앞서의 페루기아 선언보다는 분량도 많고 구체적이지만, CCBE는 행위규범을 아주 상세하게 만드는 데 대해서는 신중한 입장이었다. 즉, 이들은 행위규범을 성문화하는 것이 법조윤리의 증진을 위한 긍정적 추진동력이 되기보다는 그것을 좌절시키는 효과를 낳을 수 있다고 생각했기 때문에 과도하게 자세한 조항은 피하는 입장에서 행위규범을 만들었다. 이러한 것은 미국의 표준규칙에 비해서 볼 때 상대적으로 그렇다는 의미이다. 행위규범이 자체로서 구속력을 갖는 것은 아니지만, 실제로 유럽공동체의 회원국가에 의해 채택됨으로써 구속력 있는 규정이 됐다. CCBE의 회원국가가 아닌 경우에도 각국은 옵서버 자격으로 CCBE에 대표를 보내기도 하고 행위규범을 채택했다. 이런 식으로 행위규범이 각국에서 채택됨으로써 그 위반은 징계의 문제를 낳는 실효적인 규정이 됐다(행위규범1.2.1). 이상에서 언급한 각국의 윤리규범의 대체적인 체계를 살펴보면 다음과 같다.

1) 한국의 윤리장전

제1장 일반적 윤리

제2장 직무에 관한 윤리

제3장 의뢰인에 대한 윤리

제4장 법원 등에 대한 윤리

제5장 보수에 관한 윤리

2) 일본의 직무규정

제1장 기본윤리

제2장 일반규율

제3장 의뢰인과의 관계에서의 규율

제1절 통칙

제2절 직무를 할 수 없는 사건의 규율

제3절 사건수임시의 규율

제4절 사건의 처리에 대한 규율

제5절 사건의 종료시의 규율

제4장 형사변호에서의 규율

제5장 조직내 변호사의 규율

제6장 사건의 상대방과의 관계에서의 규율

제7장 공동사무소에서의 규율

제8장 변호사법인에서의 규율

제9장 다른 변호사와의 관계에서의 규율

제10장 재판의 관계에서의 규율

제11장 변호사회의 관계에서의 규율

제12장 관공서와의 관계에서의 규율

제13장 해석적용지침

3) 미국의 표준규칙

제1조 의뢰인과 변호사의 관계: 의뢰인과 변호사 관계의 형성, 유지, 소멸 등에 관한 내용, 의뢰인의 비밀정보의 유지에 관한 내용, 이익충돌에 관한 내용 등

에 대해서 18개의 하부조항으로 규정하고 있다.

제2조 자문변호사: 변호사가 단순히 의뢰인의 이익을 옹호하는 것이 아니라 다소 객관적인 입장에서 자문하는 경우에 대하여 3개의 하부조항으로 규정하고 있다.

제3조 소송대리인: 소송과정에서의 변호사윤리를 9개의 하부조항으로 규정하고 있다.

제4조 의뢰인 이외의 사람과의 거래: 상대방이나 제3자와의 관계에서 요구되는 변호사윤리를 4개의 하부조항으로 규정하고 있다.

제5조 로펌과 법률조합: 합동법률사무소 등에서 일하는 변호사윤리에 대해서 7개의 하부조항으로 규정하고 있다.

제6조 공익변호활동: 변호사의 공공적 역할에 대해서 5개의 하부조항으로 규정하고 있다.

제7조 법률서비스에 대한 정보: 광고 및 의뢰인 유인과 관련한 내용을 6개의 하부조항으로 규정하고 있다.

제8조 전문직의 순수성 유지: 변호사의 징계나 비행에 대한 내용을 5개의 하부조항으로 규정하고 있다.

4) 유럽의 행위규범

1. 전문
2. 일반원칙들
3. 의뢰인과의 관계
4. 법원과의 관계
5. 변호사들간의 관계

위에서 세부적인 조항들에 대한 목록이 생략되어 있기 때문에 자세한 내용은 알 수 없지만, 대체적으로 법조윤리 규범이 포괄하는 문제의 범위와 대체적인 범주는 파악할 수 있다. 분량으로 보면 우리나라 윤리장전과 유럽 행위규범이 가장 적은 편에 속하고, 일본 직무규정은 우리나라 윤리장전에 비해 2배 정도이고, 미국 표준규칙은 우리나라 윤리장전의 3배 정도 된다. 이상 각국의 변호사윤리 규정이 취급하고 있는 범주를 염두에 두고, 그리고 앞에서 제기한 원칙에 따르면서 이 책의 서술체계를 구상해 본다. 그 외에 체계를 구상하는 데에서 주가적으로 고려한 점들은 다음과 같다.

첫째, 법조윤리의 수범주체와 관련하여 논란이 있을 수 있다. 물론 법조윤리의 수범주체는 일응 법조인이라고 할 수 있다. 변호사나 판사 · 검사가 법조인이라는 데 대해서는 논란이 없어 보인다. 다만 사적인 영역에서 주로 활동하는 변호사와 공적 영역에서 공직자로서 활동하는 판사 · 검사 사이에 과연 의미 있는 공통적인 윤리규범이 있을 수 있는지에 대해서 의문이 있을 수 있다. 그러나 이 책에는 이들을 모두 법조에 포함하는 것으로 했다. 이들은 모두 동일한 교육과정을 거치며 동일한 자격증 시험을 거치고 모두 사법과정에서 일정한 공적 역할을 담당하는 역할을 하며 직업 상호간에 인적인 교류가 이루어진다는 점 등을 고려할 때, 이들을 모두 통합하여 '법조'라고 부르는 것은 근거 없다고 할 수 없다. 다만 이 책에서는 변호사윤리를 중심적으로 서술하고, 판사 · 검사의 윤리에 대해서는 간략히 서술하는 방식을 취했다.[85]

다른 한편 법무사나 변리사 등 유사법조나 법원의 일반직원들의 직업윤리와 관련하여 이러한 내용도 법조윤리 서술에 포함되어야 하는지에

85 관련 내용은 이 책 제1부 제2장 1. 3) 참고.

대해서 논란이 있을 수 있다. 이들도 직업적으로 법률사무를 담당하고 있으며, 이들의 직업윤리도 법의 운영에 상당한 영향을 미친다고 볼 수 있기 때문이다. 하지만 이 책에서는 이들의 직업윤리에 대해서는 별도로 취급하지 않았다. 이들의 영향력이 그리 크지 않다는 것도 한 이유이겠으나, 오히려 아직 그 분야에 대한 연구가 미진하고 이 책에서 다루기에는 범위가 너무 넓어진다는 현실적인 제약 때문이다. 따라서 향후 이들의 윤리에 대해서도 연구가 이루어져야 하고 그것이 법조윤리 서술에 포괄될 수도 있을 것이다.[86]

법조단체의 윤리를 논할 실익이 없는지에 대해서도 생각해볼 여지가 있다. 예컨대 대한변협이 변호사단체로서 일정한 윤리적 책무가 있다고 볼 수 있지 않을까? 변호사단체는 물질적 실체를 가진 것도 아니고 윤리적 책무를 위반한다고 해서 단체 자체를 징계할 수는 없을 것이다. 하지만 앞에서도 보았듯이, 법조윤리는 징계 이전에 존재하는 행위규범이다. 대한변협의 윤리적 처신은 우리나라 사법의 운영에 매우 중요한 영향을 미치며, 특히 법조윤리 규정을 제정하거나 징계규정을 운영하는 것을 통해서 개개 변호사의 윤리적 제고에 지대한 영향을 미친다. 예컨대 대한변협은 징계절차를 공정하고 철저하게 운영할 윤리적 책임을 진다고 볼 수 있고, 그 점에서 그러한 책무를 구체화하는 기준들을 도출하는 것도 가능할 것이다. 마찬가지로 법원이나 검찰청 등도 하나의 독립한 단위로서 일정한 윤리적 의무를 갖는다고 이론을 구성하는 것이 가능하다. 또 합동법

86 미국의 경우는 변호사의 자격이 없으면서 법률사무소 등에서 변호사를 돕는 일을 하는 사람(paralegal)의 윤리에 관한 연구가 많이 있다. 예컨대, Morrison, Laura, *Legal Ethics for Paralegals and the Law Office*, Delmar Cengage Learning, November 1994; Schneeman, Angela, *Paralegal Ethics*, Delmar Cengage Learning, April 2000; Cannon, Therese A., *Ethics and Professional Responsibility for Paralegals*(5th ed.), Aspen Publishers, June 2008 등이 있다. 우리나라도 앞으로 이에 대한 연구가 필요할 것이다.

률사무소, 이른바 '로펌'은 어떤가? 변호사들의 집합인 로펌은 현실사회에서 막강한 힘을 가지고 국민의 법률생활에 영향을 미치고 있다. 그렇기 때문에 로펌에 속한 개별 변호사와는 다른 차원에서 로펌 자체의 윤리를 말할 여지가 있다고 하겠다. 마치 기업윤리를 말하듯이, 로펌에 대해서도 로펌윤리를 말할 충분한 이유가 있는 것이다. 이렇게 볼 때, 국민의 법생활과 직접 관련을 맺는 여러 단체들에게도 윤리적 책임이 있다고 할 수 있다. 이 책에서는 이러한 문제를 충분히 다루지 못했지만(로펌의 윤리에 대해서만 시론적으로 나누어 보았다. 제2부 제2장 6. 참고) 추후에 법조윤리의 한 지류로서 연구과제로 삼을 만하다는 점을 밝힌다.

둘째, 법조윤리 규범은 실체적 규정과 절차적 규정으로 나눌 수 있다. 실체적 규정이야말로 법조윤리 규범의 내용이라고 할 수 있겠지만, 그것을 실효적으로 작동시키기 위해서는 일정한 집행규정이 필요한 것이 사실이며, 그 점에서 절차적 규정이 마련되어 있지 않으면 안 된다. 절차적 규정은 거의 징계규정을 의미한다. 이 책에서는 절차적 규정에 대한 논의를 법조윤리 규범의 서술에 포함시켰다. 절차적 규정은 징계주체와 징계절차에 관한 내용을 포함한다.

그 외에도 법조윤리 규범의 체계를 구성함에 있어서 여러 가지 범주를 고려할 수 있다. 변호사윤리는 개인 변호사로서의 윤리와 조직구성원 변호사(예컨대 정부변호사나 사내변호사)로서의 윤리로 나눌 수 있다. 조직구성원인 변호사의 의무도 기본적으로 변호사 개인의 윤리이긴 하지만, 독립적으로 활동을 하는 변호사에게는 존재하지 않는 추가적인 윤리적 책임을 지기 때문에 그 부분을 별도로 서술하는 것이 필요하기 때문이다.

개인변호사로서의 변호사의 윤리는 의뢰인에 대해서 갖는 윤리적 의무와 의뢰인 이외의 자에 대한 윤리로 크게 두 축으로 볼 수 있다. 의뢰인에 대한 윤리를 구분하고 배열하는 것이 가장 까다롭고 복잡하다. 이 책에서는 기존의 각국의 윤리규범과 각종의 주석서를 참고하여 이를 의뢰인-변호사 관계의 형성과 유지 및 종결, 비밀유지의무, 이익충돌회피의무, 변호사의 보수와 의뢰인의 재산관리, 변호사의 광고와 유인 등으로 분류했다. 의뢰인 이외의 자에 대한 의무에는 법정에서의 윤리, 공익활동의무, 상대방 및 제3자에 대한 윤리, 변호사 상호간에 대한 윤리로 나누었다. 조직구성원으로서의 윤리는 로펌변호사의 윤리와 사내변호사의 윤리로 나누어서 검토했다.

이상의 논의들을 종합하여 법조윤리 규범의 체계 도표를 그려보면 다음과 같다.

[표 3] 법조윤리의 서술체계

<table>
<tr><td rowspan="19">법조</td><td rowspan="15">변호사</td><td rowspan="14">실체적 규정</td><td rowspan="3">총론</td><td rowspan="3"></td><td rowspan="3"></td><td>인권과 정의</td></tr>
<tr><td>법에 대한 충실의무</td></tr>
<tr><td>의뢰인에 대한 성실의무</td></tr>
<tr><td rowspan="11">각론</td><td rowspan="9">개인 변호사</td><td rowspan="5">의뢰인에 대한 윤리</td><td>의뢰인 변호사 관계의 형성 · 유지 · 종결</td></tr>
<tr><td>비밀유지의무</td></tr>
<tr><td>이익충돌회피</td></tr>
<tr><td>보수 및 의뢰인 재산관리</td></tr>
<tr><td>광고와 유인</td></tr>
<tr><td rowspan="4">의뢰인 이외의 자에 대한 윤리</td><td>상대방 및 제3자에 대한 윤리</td></tr>
<tr><td>법정에서의 윤리</td></tr>
<tr><td>공익활동의무</td></tr>
<tr><td>변호사 상호간의 의무</td></tr>
<tr><td rowspan="2">조직구성원 변호사</td><td>로펌변호사</td><td></td></tr>
<tr><td>사내변호사</td><td></td></tr>
<tr><td colspan="2">절차적 규정</td><td colspan="4">징계관련
-징계위원회
-법조윤리협의회</td></tr>
<tr><td rowspan="4">공직 법조인</td><td colspan="2" rowspan="2">판사의 윤리</td><td colspan="4">실체적 규정: 판사윤리강령</td></tr>
<tr><td colspan="4">절차적 규정: 판사징계법</td></tr>
<tr><td colspan="2" rowspan="2">검사의 윤리</td><td colspan="4">실체적 규정: 검사윤리강령</td></tr>
<tr><td colspan="4">절차적 규정: 검사징계법</td></tr>
</table>

다음 장부터는 이러한 체계에 따라서 변호사에게 요구되는 구체적 윤리규범에 대해서 살펴본다.

제2부

변호사의 윤리

제1장
총론

1. 변호사의 역할과 가치

변호사가 추구해야 할 윤리적 가치에는 어떤 것이 있는가? 윤리장전에서는 정의 · 자유 · 진리 · 민주적 기본질서(제1조 제1항), 인권 · 양심 · 용기 · 명예 · 신의(제1조 2항), 지식(제2조 2항), 인격 · 품위(제2조 3항), 검소(제2조 제6항) 등이 거론되고 있다. 일본 직무규정은 변호사는 기본적 인권의 옹호와 사회정의의 실현을 사명으로 한다고 밝히고 있지만(서문, 제1조), 그 외에도 자율 · 독립(제2조), 사법권독립(제4조), 진실 · 신의 · 공정(제5조), 명예 · 신용 · 염결 · 품위(제6조), 교양 · 연찬(제6조), 공익(제8조) 등을 거론한다. 미국의 표준규칙은 전문에 변호사가 추구해야 할 이러저러한 가치를 밝히고 있다. 예컨대 유능(competence), 신속, 근면, 사법과정의 옹호, 법의 지배, 정의, 공공의 이익, 공공서비스, 사회의 유지 등의 가치가 표방되고 있다. 유럽의 행위규범은 법치주의 · 권리 · 자유 · 정의 등의 용어를 이용하여 변호사가 추구하는 가치를 드러내고 있다. 실로 다양한 가치가 거론되고 있어서 혼란스러울 정도이다. 이 중에서 변호사의 직무에 보다 밀접하고 본질적인 것을 도출한다면 무엇일까?

각국의 변호사윤리 규정들은 서문이나 규정의 앞부분에 변호사가 추구해야 할 가장 중요한 가치를 선언하고 있다. 이를 중심으로 변호사가 추구할 보편적이고 원칙적인 가치를 살펴본다. 우리나라의 경우, 윤리장전보다는 변호사법에서 변호사가 추구할 가치를 압축적으로 선포하고 있다. 즉,

> 제1조 (변호사의 사명) ① 변호사는 기본적 인권을 옹호하고 사회정의를 실현함을 사명으로 한다. ② 변호사는 그 사명에 따라 성실히 직무를 수행하고 사회질서의 유지와 법률제도의 개선에 노력하여야 한다.
>
> 제2조 (변호사의 지위) 변호사는 공공성을 지닌 법률전문직으로서 독립하여 자유롭게 그 직무를 행한다.

우리나라 변호사법 제1조는 "기본적 인권의 옹호와 사회정의의 실현"을 변호사의 직무에서 가장 중요한 가치로 선언하고 있다. 일본의 직무규정 제1조에서도 마찬가지로 규정하고 있다. 즉, "변호사는 그 사명이 기본적 인권의 옹호와 사회정의의 실현에 있는 것을 자각하고 그 사명의 달성에 노력한다"고 규정한다.

미국 표준규칙의 서문에서 변호사는 세 종류의 지위를 갖는다고 한다. 즉 변호사는 의뢰인의 대리인(a representative of clients)이며, 법제도의 공직자(an officer of legal system)이고, 정의의 구현에 대해 특별한 책임을 지고 있는 공적 시민(public citizen)이다. 우선 의뢰인의 대리인으로서 변호사는 법률자문인 · 소송대리인 · 협상수행자 그리고 법률문제에 대한 평가자로서의 역할 등을 하는 것이다. 법제도의 공직자로서 변호사는 제3자적이고 중립자적인 역할을 수행한다. 그리고 공적 시민으로서 변호사

는 법의 개선, 법체계에 대한 접근성 제고, 사법행정의 원활화, 법전문직이 제공하는 서비스의 품질제고를 도모해야 한다.

유럽 행위규범도 가장 먼저 변호사의 역할을 선포한다. 이에 의하면, "법치주의의 존중에 기반한 사회에서 변호사는 특별한 역할을 담당하게 된다. 이들의 임무는 법률이 허용하는 범위에서 그들이 의뢰받은 바를 충실하게 이행한다는 것만으로 시작되거나 끝나는 것이 아니다. 변호사는 자신이 권리와 자유를 주장하고 보호해주어야 하는 사람의 이익뿐만 아니라 정의의 이익에 봉사해야 하며, 소송에서 의뢰인을 변론하는 것뿐 아니라 그의 조언자가 되는 것이 그의 의무이다"(행위규범1.1).

우리나라의 변호사법, 윤리장전, 외국의 변호사윤리 규정들에 유의하면서 변호사가 추구할 역할과 가치를 정리해보면 다음과 같다. 이러한 가치들은 변호사가 직무의 종류에 상관없이 변호사로서 활동하는 동안 늘 염두에 두고 실천해야 할 기본적이고도 궁극적인 가치들이라고 할 수 있다.

첫째는 변호사가 궁극적으로 추구하는 가치에 관한 것이다. 그것은 변호사법이 밝힌 바대로 "기본적 인권의 옹호와 정의의 구현"(변호사법 제1조 제1항; 일본 직무규정 제1조)이라고 할 수 있다. 변호사가 정의를 추구해야 한다는 점은 각국 윤리규정이 공히 천명하고 있다. 변호사는 "정의에 대해 특별한 책임을 지고 있는 공적 시민"(표준규칙 서문)이며, 의뢰인의 이익뿐만 아니라, "정의의 이익에 봉사"(행위규범1.1)해야 하는 존재이다. 법의 이념에서 정의가 차지하는 위치를 생각해본다면, 법의 운영자인 변호사의 윤리적 책무가 정의를 향한다는 것은 당연하다고 하지 않을 수 없다. 우리는 이러한 내용을 담아 이를 '기본적 인권의 옹호와 사회정의의 실현의무'라고 표현할 수 있을 것이다.

둘째는 법제도에 대한 충실의무이다. 변호사는 스스로 공공성을 가진

"법률전문직"(변호사법 제2조), "법제도의 공직자"(표준규칙 서문)임을 자각하고 의뢰인으로부터 "독립"(변호사법 제2조)적인 지위를 유지하여야 하며, 의뢰인의 이익을 옹호할 때는 "법의 허용하는 범위"(행위규범 1.1) 내에 머물러야 하며, 나아가 법이 추구하는 가치에 합당한 방식으로 의뢰인의 이익을 추구해야 한다.

셋째는 변호사의 본질적인 역할은 의뢰인의 대리인으로서의 역할이다. 우리나라 변호사법은 변호사의 직무에 대해서 규정하고 있는데 그에 의하면 "변호사는 당사자 기타 관계인의 위임 또는 국가 · 지방지치단체 기타 공공기관(이하 '공공기관'이라고 함)의 위촉 등에 의하여 소송에 관한 행위 및 행정처분의 청구에 관한 대리행위와 일반 법률사무를 행함을 그 직무로 한다." 즉, 대리행위를 변호사 직무의 근간으로 규정하고 있는 것이다. 그러면서 그 "직무의 성실한 수행"(변호사법 제1조 제2항)을 요구하고 있다. 미국 표준규칙도 "의뢰인의 대리인"(표준규칙 서문)으로서의 지위를 가장 먼저 거론하고 상세히 설명하고 있으며, 유럽 행위규범도 "의뢰받은 바를 충실히 이행"(행위규범1.1)해야 한다고 한다. 우리는 여기에서 "의뢰인에 대한 변호사의 성실의무"를 변호사가 추구해야 할 본질적 가치의 하나로 들 수 있다고 본다.

이 세 가지는 순차적으로 그 가치를 지닌다고 보인다. 즉, 변호사는 의뢰인의 이익을 옹호하는 것을 일차적인 사무로 하지만, 법을 위반하면서까지 의뢰인의 이익을 옹호할 수 없고, 법을 준수하는 외관을 갖더라도 인권과 정의에 반하는 식으로 해석하거나 운영해서는 안 된다. 이 장에서는 이 세 가지를 변호사가 추구해야 할 가장 중요한 가치로 보고 좀 더 상세히 살펴보고자 한다.

2. 기본적 인권의 옹호와 사회정의의 실현

변호사법 제1조에서 말하는 "기본적 인권"이 정확히 무엇인지에 대해서 정의하는 것은 쉽지 않다. 인권개념 자체가 역사적 개념이며 그 내용도 시대와 상황에 따라서 변화를 거듭해왔기 때문이다.[1] 인권의 개념을 여기에서 깊이 볼 수는 없지만 인권은 인간이 인간답게 살기 위해서 반드시 필요하다고 간주되는 어떤 것이다. 그것의 내용은 세계인권선언을 비롯한 각종 국제인권규약을 통해서 선언되는 형식으로 제시되고 있으며, 각국 국가들도 헌법과 법률을 통해서 인권의 내용을 선언하고 있다. 우리나라의 헌법 제10조는 "모든 국민은 인간으로서의 존엄과 가치를 가지며, 행복을 추구할 권리를 가진다. 국가는 **개인이 가지는 불가침의 기본적 인권**을 확인하고 이를 보장할 의무를 진다"(고딕체 강조는 필자에 의함)고 선언하여 인권의 존재성과 인권보호를 위한 국가의 포괄적 의무를 선언하고 있다. 변호사법 제1조의 "기본적 인권"과 헌법상의 "개인이 가지는 기본적 인권"은 동일하거나 유사한 의미라고 할 수 있다. 아무튼 변호사는 인권의 모호함을 이유로 인권옹호의무를 소홀히 해서는 안 될 것이며, 법의 사도로서 법의 존재 이유라고 간주되는 인권의 옹호를 자신의 사명으로 삼아야 할 것이다. 이러한 맥락에서 변호사는 적어도 헌법과 법률을 통해 제도적으로 보장된 인권을 옹호하는 데 노력해야 할 것이며, 나아가 그에 한정되지 않고 우리사회에서 인권의 영역을 확장하고 옹호하는 책무를 진다고 할 수 있다.

정의의 개념에 대해서도 여러 논란이 있지만[2] 대체로 다음과 같은 범주

1 인권에 관한 일반적인 이론과 역사서로는 조효재, 『인권의 문법』, 후마니타스, 2004; 마이클 프리먼, 김철효 옮김, 『인권 이론과 실천』, 아르케, 2005; 미셸린 이샤이, 조효재 옮김, 『세계인권사상사』, 도서출판 길, 2004 등이 있다.

로 나눌 수 있다고 본다. 우선 합법성으로서의 정의가 있다. 불법은 원칙적으로 정의롭지 못한 것으로 본다. 따라서 정의를 구현함에 있어서 변호사는 최소한 준법을 기본 출발점으로 삼아야 한다. 둘째는 형식적 정의로서, 이는 각자에게 그의 것을 주는 것, 같은 것은 같게 다른 것은 다르게 취급한다는 의미에서의 정의이다. 이런 의미에서 정의는 자의의 배제라는 의미를 지닌다. 따라서 변호사는 언제나 합리적인 근거를 모색하고, 공정한 법집행을 도모해야 한다. 셋째는 실질적인 의미에서의 정의로서, 사회의 가치관을 반영하여 구현되는 정의이다. 따라서 변호사는 사회의 변화와 요구를 민감하게 관찰하여 각 시대적 정의가 무엇인지를 포착하려고 노력해야 한다. 변호사는 이상의 세 차원의 정의의 실현을 도모해야 할 것이다. 좀 더 자세히 살펴보자.

1) 의뢰인의 대리를 통한 인권과 정의의 증진

변호사가 인권과 정의를 추구한다는 의미는 일차적으로 의뢰인의 인권과 정의의 추구이다. 의뢰인의 이익을 옹호하는 변호사의 직무 자체가 그 성격상 인권과 정의를 추구하는 성격을 가진다. 이때 의뢰인의 이익은 정당한 이익, 즉 권리로 간주된다. 미국 표준규칙은 정의와 관련하여 이 점을 명확히 표명하고 있다. 즉, 미국 표준규칙은 서문에서 "상대방이 변호사에 의해 잘 대리되고 있을 때 변호사는 의뢰인을 위해 열성적인 소송대

2 정의론에 관한 원형은 아리스토텔레스에서 찾는다. 그의 정의론은 아리스토텔레스, 최명관 옮김, 『니코마코스 윤리학』, 서광사, 1984, pp. 143~172에 있다. 로마법에서의 정의관념은 최병조, 『로마법연구(I)』, 서울대학교 출판부, 1995, pp. 138~163에 있다. 우리나라에서 정의에 관한 권위 있는 법철학적 해석으로는 심헌섭, 『법철학』, 한국방송통신대학, 1992, pp. 187~216과 박은정, 「법과 정의」, 박은정 외 엮음, 『법과 사회정의』, 이화여자대학교 출판부, 1996, pp. 225~263이 권할 만하다. 이 책에서는 이러한 문헌을 참고하여 정의의 개념에서 대해서 간략히 정리해보았다.

리를 할 수 있고 이때 일이 정의롭게 이루어지고 있다고 간주할 수 있다"고 한다. 이처럼 변호사에게는 의뢰인을 잘 대리하는 것 자체가 정의의 구현인 것이다. 변호사가 이러한 의미의 정의와 인권을 추구한다는 것은 모든 나라에서 공통적이며 변호사직의 고유한 특성이라고 할 수 있을 것이다.

2) 의뢰인의 이익에 반하는 정의의 추구

변호사는 의뢰인의 이익을 일방적으로 옹호하는 속에서 추구되는 정의 이외에, 의뢰인의 이익에 반하는 정의를 추구할 의무를 갖는가? 이와 관련하여 유럽 행위규범은 "변호사는 자신이 권리와 자유를 주장하고 보호해야 할 사람의 이익뿐만 아니라 정의의 이익에 봉사해야 하며, 의뢰인을 소송에서 변론하는 것뿐 아니라 그의 조언자가 되는 것이 그의 의무이다"라고 규정한다(행위규범1.1). 이처럼 유럽 행위규범은 의뢰인의 이익에만 헌신하는 것이 최고 이념이 아님을 명백히 하고 있다. 변호사는 의뢰인의 이익과 대비되는 의미에서의 '정의의 이익'을 추구해야 하며, 단순히 일방적으로 의뢰인의 이익을 옹호하는 데 그쳐서는 안 되고 조언자(advisor)로서의 역할을 해야 한다는 것이다. 여기서 조언자라 함은 단순히 의뢰인의 요구를 따른 것이 아니라, 의뢰인으로부터 독립한 지위에서 적극적으로 의견을 제시한다는 의미를 담고 있다. 요컨대 변호사라면 정의의 관점에서 의뢰인을 일정하게 견제하는 역할을 해야 한다는 것이다.

우리나라나 일본 그리고 미국의 각 법조윤리 규정이 이러한 의무를 변호사에게 부과하고 있는지는 반드시 명료한 것은 아니다. 그러나 윤리규정을 그렇게 해석의 여지가 없다고 볼 수는 없다. 예컨대 우리나라 윤리장전 제2조 제4항에 의하면, "변호사는 직무의 성과에 구애되어 진실규명을 소홀히 하여서는 아니 된다"고 한다. 이 조항은 변호사가 의뢰인의 이익에 반하는 경우에도 진실규명을 성실히 하라는 취지이다. 일본 직무규정 제5조는 "변호사는 진실을 존중하고 신의에 따르며 성실하고 공정하게 직무를 행하는 것으로 한다"고 규정한다. 이 조항도 의뢰인의 이익에 대한 일방적인 옹호에 대한 일정한 견제를 위한 조항으로 볼 수 있을 것이다. 미국의 표준규칙은 앞서도 보았듯이 역할도덕의 입장을 강하게 지지하는 것이 사실이지만(제2부 제3장 참고) 여전히 의뢰인의 이익만 일방적으로 옹호할 것을 주문하는 것은 아니다. 일정한 경우, 의뢰인의 비밀을 누설하는 것을 허용하는 등 의뢰인의 이익에 반하더라도 정의를 추구할 수 있는 여지를 개방하고 있다(미국 표준규칙1.6 등 참고). 이러한 점들을 고려할 때 변호사는, 제한적이나마, 의뢰인의 이익에 반하는 정의를 추구할 의무를 진다고 할 수 있다.

3) '사회' 정의의 추구

우리나라 변호사법과 일본의 직무규정은 단순히 '정의'를 추구한다고 표현하지 않고 '사회'정의를 추구한다고 표현한다. 통상 사회정의는 의뢰인과 상대방 사이에서의 교환적 정의를 추구하는 것 이상의 의미를 갖는다. 사회정의는 개인과 개인 사이에서 발생하는 문제라기보다는 사회 전체에서 특정 집단과 집단 간의 불균등이나 불평등을 지칭할 때 사용되는 표현이기 때문이다. 예컨대 가난한 사람을 위해서 무료로 소송을 대행해 주는 활동은 사회정의의 실현을 위한 활동이라고 할 수 있을 것이다. 변호사에게 그러한 의미의 사회정의를 구현할 책임이 있는지에 대해서는 논란이 있을 수 있다. 이는 단순히 보수를 받고 의뢰인의 이익을 옹호하는 것과는 차원이 다른 활동이다. 우리나라 윤리장전은 변호사의 공공적 의무를 부과하고 있고 이를 의무화하여 이를 위반하는 경우, 징계의 제재를 가할 수 있도록 하고 있다(제2부 제3장 3. 참고). 일본의 직무규정은 '사회정의'라는 용어를 쓰고 있지만(일본 직무규정 전문) 우리나라처럼 그것을 의무로서 규정하고 있지는 않다.

미국 표준규칙은 사회정의에 근접한 이념을 제시하고 있다. 표준규칙 서문에 의하면, 변호사는 사법행정에서의 결함을 염두에 두고, 가난한 자 그리고 때로는 가난하지 않는 자들도 적절히 법적 지원을 받을 수 있도록 하여야 한다고 하고, 모든 변호사는 경제적 · 사회적 장벽으로 인하여 적절한 법적인 조언을 얻거나 확보할 수 없는 사람을 위하여 사법체계에 대한 평등한 접근권을 확보해야 하고, 이를 위해 직무시간과 자원을 쏟고 시민적 영향력을 행사해야 한다. 그리고 표준규칙 본문에서도 "모든 변호사는 지불능력이 없는 사람들에게 법률서비스를 제공할 직무상 책임이 있다"고 선언하고 있다(표준규칙6.1). 그러나 이 규정을 위반했다고 해서 징계를 받지는 않는다. 이러한 선언의 현실성을 떠나, 아무튼 이러한 것은 우리나라 윤리장전에서 말하는 '사회'정의의 이념을 구현하기 위한 윤리적 책무를 선언한 것으로 볼 수 있다.

요컨대, 대체로 각국의 변호사윤리 규정에서 변호사는 단순히 개인 간의 정의를 추구하는 것을 넘어서 사회 전체에서 사회적 약자와 강자 사이의 균형을 추구한다는 의미에서의 '사회'정의를 추구할 윤리적 의무를 부담하는 것으로 하고 있다.

4) 의뢰인 이외 사람의 인권의 옹호

변호사는 의뢰인 인권을 옹호하는 이외 사회에 만연한 일반적인 인권침해에 대해서 구제활동을 해야 할 윤리적 의무를 지는가? 이에 대해서 긍정하는 것은 쉽지 않아 보인다. 하지만 변호사 직이야말로 인권의 옹호를 위한 가장 적합한 직업이라는 점에서 변호사의 인권옹호의무는 선언적 차원에서나마 선포하는 것은 의미를 갖는다고 하겠다. 그리고 우리나라 변호사의 역사에서는 소위 "인권변호사"[3] 전통이 있었다. 이들은 주로 정권에 의해 탄압받는 시민을 위하여 경제적인 이해관계 없이 법정에서 이들을 변호했다. 변호사직의 특수성을 생각한다면, 변호사의 인권옹호 의무를 선언하는 것은 현실적 근거가 없는 것도 아니고 의미가 없는 것도 아니라고 생각된다. 윤리장전 제29조 제3항에서 변호사는 '공공성을 지닌 전문직'으로 정의하고 있고 동조 제3항에서 변호사를 '국민에 대한 봉사자'로 규정한 점들을 고려할 때, 우리나라는 일반적인 대중을 위한 인권옹호의 책무가 변호사에게 부과되어 있다고 볼 여지가 있다. 그리고 대한변협이나 각 지방변호사회 차원에서 이러한 일반인을 위한 인권옹호사업을 하는 것이 당연해 보이는 것은 변호사에게 일반인을 위한 인권옹호 의무가 있기 때문이다.[4]

이와 관련하여 유럽 행위규범은 대중에 대한 변호사의 역할을 규정하면서, "이들[대중들]에게는 [변호사] 직업 자체에 의해서 형성된 규칙의 존중에 의해 묶여진 자유롭고 독립적인 변호사의 존재가 국가권력 및 사회의 여타 이익에 맞서 인권을 옹호하는 중요한 수단이 된다"(행위규범 1.1)고 한다. 의뢰인이 아닌 일반대중이 변호사의 존재로 인해서 인권을 옹호받게 된다는 취지인데, 이를 변호사의 입장에서 보면, 변호사는 간접적으로 의뢰인이 아닌 대중의 인권옹호책무를 수행하는 것이 된다.

이상에서 각국 윤리규정에서 인권과 정의라는 가치가 어떻게 변호사윤리와 연결되는지를 보았다. 위에서 보았듯이 인권과 정의의 추구의무는

---

3 박원순, 『역사가 이들을 무죄로 하리라: 한국인권변론사』, 두레, 2003, pp. 27~30.

4 대한변협은 자신의 업무로서 인권옹호사업을 가장 먼저 들고, 인권침해방지를 위한 조사 · 시정, 인권보고서 작성, 법률구조사업, 무료변론, 무료법률상담, 당직변호사제도 등을 실시하고 있다(http://www.koreanbar.or.kr/info/01_03.asp 검색일: 2008. 8. 30).

단순히 의뢰인만을 위한 것이 아니다. 그것은 의뢰인의 정당한 권리의 옹호를 당연히 포함하지만, 경우에 따라서는 의뢰인의 이익에 반하는 정의의 추구이며, 심지어 사회일반의 정의와 제3자의 인권의 옹호를 포함하는 개념으로 보아야 할 것이다. 우리나라 윤리장전에 나타난 '정의와 인권'은 이와 같은 모든 내용을 담고 있으며, 다른 어떤 나라보다 널리 해석될 소지를 가지고 있다. 변호사라면 마땅히 그와 같은 넓은 의미에서 "기본적 인권과 사회정의의 실현"을 추구해야 할 것이다.

3. 법제도에 대한 충실의무

변호사가 보호하려는 의뢰인의 이익은 정당한 이익, 즉 권리이고,[5] 그 대부분은 법에 의해서 보호되는 권리이다. 그렇기 때문에 변호사의 대리활동은 본질적으로 법을 집행하는 과정이라고 할 수 있다. 변호사제도가 존재하는 이유도 의뢰인의 정당한 권리를 발견하고 법에서 보장된 정당한 방법과 절차에 따라서 그것을 확보하는 것이다. 변호사가 의뢰인의 이익을 옹호하는 것과 법을 집행하는 것은 동전의 양면과 같은 관계이다. 변호사는 이 양 측면에 모두 충실해야 한다. 변호사가 의뢰인의 이익에 충실한 것이 법제도에 대한 충실과 모순되어서는 안 되며, 이 양자가 모순되는 경우 변호사는 법에 대한 충실의무를 우선해야 한다.

최대권이 지적하듯이,[6] 법률가는 법관의 지위에 있든 변호사의 지위에

5 권리에 관한 다양한 논의는 최종고, 『법철학』, 박영사, 2005, p. 550 이하 참고. 어떠한 권리론에 의하든 권리(right)라는 용어 속에는 '바른 것'이 그 기초가 되어야 한다는 점을 지적하고 있다.

6 최대권, 「새시대의 법조윤리」(제1부 각주 19), p. 107.

있든 기본적으로 법을 지지하고 옹호하는 법관이다. 법(적 이상과 목표)의 실현, 법을 통한 정의의 실현을 임무로 한다는 점에서 변호사 · 법률학자 · 판사 · 검사가 동일하다. 따라서 변호사도 법관의 일종으로서 소명의식을 가져야 하는 것이다.

1) 법준수의무

변호사는 적어도 법을 준수해야 한다. 일국의 국민으로서 누구나 법을 준수하는 것은 당연하겠지만, 변호사는 법의 집행자로서 일반인보다 더 엄격한 법준수의무를 진다고 보아야 할 것이다. 윤리장전은 "변호사는 법령과 대한변협 및 소속 지방변호사회의 회칙 · 규칙 · 규정 · 결의사항 등을 준수"해야 한다고 규정한다. 변호사는 우리나라 윤리장전도 준수해야 할 뿐만 아니라 "섭외사건이나 국제적 사무를 처리함에 있어서는 관계 외국의 변호사윤리도 이를 존중하여야 한다"(윤리장전 제3조). 변호사가 법을 위반하여 징계받은 사례로는 변호사 징계사례를 보면 아내폭행(제2002-2호, 2003. 3. 17), 세금체납(제2002-7호, 2004. 4. 26), 사전선거운동(제2002-13호, 2003. 3. 17), 상습도박 및 외국환거래법 위반(제2003-22호, 2004. 4. 26), 음주운전(제2004-51호, 2005. 4. 25), 미성년자와 성매매(제2005-13호, 2005. 10. 31) 등이 있다.[7] 이처럼 변호사가 위법행위를 하는 경우, 형법 등에 따른 처벌을 받는 것 외에 그와 별도로 징계처분을 받게 된다. 징계나 처벌 여부를 떠나 변호사가 법을 어긴다는 것은 심각한 윤리적 의무위반이고 불명예스러운 일이라고 하지 않을 수 없다.[8]

---

7 이상은 모두 『징계사례집』(IV)에서 인용한 것이다.

8 김재원은 적어도 변호사에게는 법을 준수할 의무가 존재한다고 하고, 법을 준수해야 하는 변호사의 직업윤리는 「법제도에 대한 충성」(loyalty to the system of law)을 가장 중요한 덕목으로 요구한다고 한다(김재원, 『미국의 법학교육과 변호사윤리』[제1부 각주 29], p. 112).

2) 의뢰인의 위법행위에 대한 조력 금지 및 방지의무

변호사는 결코 불법의 도구가 되어서는 안 된다. 윤리장전은 "변호사는 의뢰인의 범죄행위 기타 위법행위에 협조해서는 아니 된다. 직무수행 중 의뢰인의 행위가 범죄행위 기타 위법행위에 해당한다고 판단된 때는 즉시 그 협조를 중단해야 한다"고 규정한다(윤리장전 제14조 제1항). 일본 직무규정은 변호사가 사기적 거래 폭력 기타 위법행위를 조장해서는 안 된다고 규정한다(직무규정 제14조). 변호사는 의뢰인의 이익을 성실히 옹호해야 하지만, 어디까지나 '법률의 한계 내에서'(within the bounds of the law) 옹호해야 한다(표준규칙 서문). 그리고 변호사는 자신이 범죄나 사기라고 알고 있는 행위를 하도록 의뢰인에게 자문하거나 그러한 행위에 조력해서는 안 된다(표준규칙1.2(d)).

변호사가 위법행위에 얽히지 않기 위해서 변호사는 의뢰인으로부터 독립성을 유지하는 것이 필요하다. 변호사법이 규정하듯이, 변호사는 공공성을 지닌 법률전문직으로서 독립하여 자유롭게 직무를 수행해야 한다(변호사법 제2조). 독일의 변호사윤리 강령(Grundsätze der Anwaltsstandesrechts)의 전문 첫 번째 문장에서 변호사는 사법의 독립기관이라고 선포하여 변호사의 독립성을 강조하고 있다.[9] 프랑스의 경우에도 변호사가 의뢰인으로부터 독립하는 것이 강조된다.[10] 프랑스에서 변호사는 의뢰인의 대리인이기보다는 의뢰인에 대한 판사에 가깝다고 한다. 변호사는 법정에서 의뢰인의 입이 되어주는 것이 아니고, 의뢰인에 대한 자신의 판단을

---

9 다소 오래된 것이긴 하지만, 독일 변호사윤리강령은 최종고, 『법과윤리』, 경세원, 1992, p. 263 이하에 번역되어 있다.

10 Leubsdorf, John, *Man in His Original Dignity: Legal Ethics in France*, Ashgate, 2001, pp. 12~28. 이에 비해 미국 표준규칙 서문에서 말하는 변호사의 독립성은 변호사가 의뢰인이 아닌 사람으로부터의 독립을 확보함으로써 의뢰인에 대한 충실을 도모한다는 점을 부각한 것이다.

말하는 것으로 본다. 만약 변호사가 의뢰인의 대리인이 되어버린다면 그 것은 변호사 스스로 자유인이기를 중지하는 것이 된다고 본다. 물론 프랑스 내에서도 변호사 업무가 점차 사업(business)으로 되고 있지만 여전히 의뢰인으로부터의 독립은 중요한 이념으로 남아 있으며 많은 변호사들은 의뢰인이 원하는 것과 다른 주장을 해야 할(또는 할 수 있는) 지위에 있다고 믿는다.

변호사가 위법행위에 조력하는 것이 금지된다는 것은 대다수 변호사들이 당연히 알고 있겠지만, 변호사가 지나치게 의뢰인의 이익을 옹호하려고 노력한 결과 의뢰인의 위법행위를 방조하거나 조력하거나 그에 방조하는 경우가 없지 않다. 그러나 변호사는 어떤 경우에도 다른 사람의 위법행위의 도구가 되지 않도록 노력해야 하며, 경우에 따라서는 의뢰인의 위법행위를 방지하기 위해 노력해야 한다.[11]

3) 사법권독립 및 재판의 공정한 진행에 대한 협조

법제도에 대한 충실의무는 사법권독립 및 재판의 공정한 진행에 협조하는 것을 포함한다. 변호사의 가장 중요한 업무는 송무라고 할 수 있는데, 변호사는 송무에 임할 때 사법권독립이 준수되도록 해야 할 것이며 재판에 대해 부당한 간섭을 해서는 안 된다. 윤리장전은 이와 관련하여, 사법권독립의 존중(윤리장전 제26조), 소송촉진(제27조), 법정질서 유지에 협조(제28조) 등의 의무를 규정하고 있다.[12]

---

11 의뢰인이 위법행위를 요구하거나 위법행위를 한 것을 변호사가 알게 된 때 변호사가 어떻게 처신해야 하는지에 대해서는 제2부 제2장 1. 2. 7. 등을 참고하라.

12 이와 관련한 내용은 제2부 제3장 2.에서 다룬다.

4) 법제도의 개선의무

변호사가 법에 충실한다는 것은 단지 실정법을 무비판적으로 따른다는 것을 의미하는 것은 아니다. 변호사가 충실을 다해야 하는 것은 개별 실정법이라기보다 전체로서의 법질서에 대한 충실이라고 보아야 할 것이다. 따라서 전체 법질서나 법의 정신에 비추어 개선이 필요한 법에 대해서는 적극적으로 개선하려는 노력을 해야 할 것이다. 즉, "변호사는 법령과 제도의 민주적 개선에 노력하여야 한다"(윤리장전 제1조 제3호). 변호사는 늘 법령과 밀접한 연관 하에서 직무를 수행할 뿐만 아니라 법과 현실 간의 괴리에 접할 기회가 많기 때문에 법령과 제도의 개선을 도모할 적절한 지위에 있다고 할 수 있다. 다만 변호사는 가급적 합법적이고 정당한 절차에 입각하여 이를 도모해야 할 것이다.

변호사가 판례를 지나치게 절대시하는 것도 바람직하지 않을 것이다. 선판례가 있는 경우에도 그것을 무조건 따르기보다는 시의적절하지 않은 판례에 대해서는 적극적으로 그것의 개선을 요구하는 주장을 하여야 할 것이다. 특히 변호사는 판사나 검사보다 현실에 밀착해 있기 때문에 현실에서 요구되는 새로운 권리를 실정법상의 권리로 고양하기 위해 적극 노력해야 할 의무가 있다고 하겠다.

이처럼 변호사는 전체적으로 법의 정신과 법의 체계를 강화하는 방향에서 자신의 업무를 수행해야 한다. 법의 정립은 변호사의 존립근거이기도 하며 존립이유이기도 하다. 변호사가 법을 존중하지 않고 경시 · 유린 · 남용한다면 이는 심각한 윤리위반이라고 하지 않을 수 없다. 변호사는 사회 내에서 발생하는 분쟁을 가급적 법적이고 평화적인 방식으로 해결되도록 노력함으로써 법치주의가 통용되는 사회를 만드는 데 기여해야 한다.

4. 의뢰인에 대한 성실의무

1) 도입

의뢰인이 변호사를 고용하는 이유는 자신이 해결할 수 없는 전문적이고 복잡한 법률문제에 대해서 조력을 받으려는 것이다. 이처럼 의뢰인의 법률적인 문제를 해결한다는 점이 의뢰인과 변호사를 연결시키는 출발점이면서 의뢰인-변호사 관계의 존재이유이다. 이때 변호사는 전문직업인으로서 "성실히"(변호사법 제1조) 직무를 수행해야 한다. 윤리장전에서도 이러한 내용이 반복되고 있다. 즉, 변호사는 의뢰인에게 항상 친절하고 "성실"(윤리장전 제16조 제1항)해야 한다. 일본 변호사법도 변호사가 "성실히"(일본변호사법 제1조 제2항) 그 직무를 수행해야 한다고 규정한다.

여기에서 말하는 성실의 의미가 무엇인지 모호한 측면이 있지만, 크게 본다면 업무처리에 있어서 '근면 · 정직 · 유능 · 진지하게' 의뢰인의 권익을 최대한 옹호하도록 노력하는 것을 의미한다고 볼 수 있다(윤리장전 제16조 제3항 참고). 변호사직무의 특성상 외부인이나 의뢰인의 입장에서 변호사의 성실성을 쉽게 판단할 수 없지만, 변호사의 성실성이 전제되지 않는다면 변호사제도가 존립할 수 없을 것이다. 변호사법이 성실의무를 제1조에 배치한 것이나 윤리장전이 제3장(의뢰인에 대한 윤리)의 맨 앞에 배치한 것(윤리장전 제16조 참고)도 성실의무가 의뢰인과의 관계에서 가장 원초적이고 중요한 의무이기 때문이다.

미국의 경우도 성실의무에 해당되는 내용이 표준규칙의 맨 앞에 배치되어 있다. 즉, 표준규칙1.1은 변호사의 적격성(competence)에서 대해서 규정하고 있는 것이다. 이에 의하면 "변호사는 의뢰인에게 적격의 대리를 해야 한다. 적격의 대리를 위해서 법률지식, 숙련, 치밀함 그리고 그 대리를 위해서 합리적으로 필요한 준비"를 해야 한다고 한다. 여기서 말하는 적격성은 두 측면으로 나누어진다. 첫째는 변호사의 업무능력이 있어야 한다는 것이고 둘째는 변호사가 업무에 충실해야 한다는 것이다. 전자는 요청된 법률서비스를 제공하는 데 필요한 지식과 기술을 갖추어야 한다는 것이고, 후자는 법률서비스를 제공하는 데 필요한 철저함과 준비를 갖추어야 한다는 것이다.[13] 따라서 무능하거나 다른 업무로 바쁘거나 하는 등의 이유로 성실한 대리를 하지 못한 변호사는 징계될 뿐만 아니라 법무과오소송(malpractice suit)을 당할 수도 있다. 그리고 미국 표준규칙은 이 조항과 별도로 변호사에게 근면성(diligence)을 요구한다(표준규칙1.3). 이 조항에 따라서 변호사는 합리적인 수준에서 근면하고 성실하게 대리행위를 하지 않으면 안 된다. 특히 소송을 부당하게 지연하는 행위도 불성실한 대리에 해당한다.

변호사의 적격성이나 근면성은 의뢰인-변호사 관계가 형성되기 위한 전제이며, 변호사가 의뢰인을 대리하는 과정에서 지속적으로 견지되어야 하는 태도라고 할 수 있으며, 다른 모든 변호사윤리의 전제가 되는 것이다. 미국 표준규칙은 변호사의 성실의무는 의뢰인에 의해서 포기될 수 없는 것이라고 하면서, 다만 예외적으로 다른 독립한 변호사의 조언 하에서만 장차 법무과오로 인해 의뢰인에게 지는 책임을 제한할 수는 있다고 한다(표준규칙1.8(h)(1)).

2) 성실의무의 정도

사실 성실성에는 한도가 없다. 변호사가 성실하게 일을 해야 하지만 무제한적인 헌신을 기대할 수는 없다. 그렇다면 변호사는 어느 정도 성실해야 하는가? 이와 관련해서는 민법상의 위임의 법리(민법 제680조)가 원용

---

13 Morgan, Thomas D., *Legal Ethics*, Thomsom/Bar Bri, 2005, p. 30.

된다. 변호사법도 의뢰인-변호사의 관계가 '위임'임을 밝히고 있다(변호사법 제3조).

위임관계에서 수임자인 변호사는 위탁한 법률사무를 선량한 관리자의 주의의무로써 처리해야 한다(민법 제681조). 선관주의의무는 일반적으로 평균인에게 요구되는 정도의 주의를 말하는 데, 변호사의 경우 그것은 일반적으로 평균적인 변호사에게 요구되는 정도의 주의의무라고 할 수 있다. 이는 변호사가 고도의 법률지식과 경험을 갖는 전문가이기 때문에, 일반적인 평균인에게 요구되는 주의의무보다 더 중한 고도의 주의의무를 이행해야 한다는 것을 의미한다.[14] 변호사는 전문가로서 일반인과 달리 전문적인 지식 기능에 상응하는 고도의 주의의무를 지는 것이다.[15] 변호사에게 요구되는 수준의 주의의무가 무엇인지에 대해서는 구체적인 사안에 따라서 개별적으로 판단해야 할 것이다.

일본의 경우에도 변호사의 가중된 선관주의의무를 지적하고 있다. 즉, "변호사는 원래 수임자로서 위임의 본지에 따르고, 법률전문가로서 선량한 관리자로서의 의무로써 위임사무를 처리해야 하지만, 그에 덧붙여 성실성이 요청되어 직무상 일반인 이상의 고도의 도의에 따라야 한다"라고 하거나, "성실의무는 변호사의 직무의 공공성, 특수성으로 인해 통상의 선관주의의무가 가중되는 것"이라고 한다.[16] 이처럼 변호사의 성실의무는 민법상 주의의무를 당연히 포함하고 그보다 더 많은 것을 요구하는 것이다.

사실 의뢰인-변호사 관계에는 민법상의 위임으로 보기 어려운 측면이

14 남효순, 「변호사와 의뢰인 사이의 법률관계」, 서울대학교 법과대학 엮음, 『법률가의 윤리와 책임』(제1부 각주 12), p. 314.

15 양창수, 「변호사의 과오와 책임」, 서울대학교 법과대학 엮음, 『법률가의 윤리와 책임』(제1부 각주 12), p. 328.

16 日本弁護士連合會 調査室 編著, 『條解 弁護士法』, 弘文堂, 2007. p. 12.

있다. 민법상의 계약은 사적 자치가 관철되는 영역임에 비해서 의뢰인-변호사 사이의 계약은 공공성의 관점에서 다양한 제약이 있기 때문이다. 예컨대, 변호사는 자신이 사건을 성실히 처리할 수 없다고 믿으면 수임계약을 해서는 안 된다. 변호사는 자신의 책임을 경감시키는 계약을 함부로 할 수 없다. 위임계약을 해제할 때에도 변호사는 의뢰인의 이익이 보호되도록 조치해야 한다. 의뢰인의 재산을 관리할 때는 단순히 선량한 관리자의 의무를 다하는 것으로는 부족하고 변호사들에게 일반적으로 요구되는 절차와 방식에 따라서 관리해야 한다. 이처럼 의뢰인과 변호사 간의 계약은 변호사윤리 규정에 합당해야 한다. 이처럼 의뢰인-변호사 관계에서는 민법상의 위임과는 다소 다를 뿐만 아니라 더 엄격한 규칙이 적용된다.

민법상 선관주의의무 위반이 민사소송의 대상이 되듯이, 성실의무의 위반도 당연히 민사소송의 대상이 된다.[17] 성실의무 위반이 현실적으로 소송에서 다루어질 때는 대체로 민법상의 채무불이행을 이유로 한 소송이 될 것이다.

변호사가 성실하게 의뢰인을 대리한다는 것은 단지 징계나 소송을 당하지 않는 것보다는 더 높은 품질의 서비스를 제공하는 것을 의미한다고 보이지만 그것을 강제하기는 쉽지 않다. 다만 윤리적 의무로서 제시할 수 있을 뿐이다. 이러한 어려움을 반영하여, 책임준칙은 변호사들에게 법무과오소송이나 징계의 두려움 때문에 적격의 대리를 수행하는 것이 아니라, "전문직업인으로서의 긍지에 입각하여" 고품질의 업무를 추진할 것을 촉구했다(EC6-5). 우리나라의 변호사들도 마땅히 그와 같이 해야 할

17 일본에서 성실의무의 법적인 성질을 부인하는 입장이 없는 것은 아니다. 이 입장에서는 성실의무의 위반이 곧 민사상 책임을 묻는 근거는 아니라고 한다. 그러나 일변련의 공식입장이나 여러 학자들은 성실의무의 법적 규범성이 있다고 본다(森際康友, 『法曹の倫理』, 名古屋大學出版會, 2005. 6, pp. 52~43).

것이다. 즉, 징계나 소송을 당하지 않을 정도의 성실성에 만족하는 것이 아니라, 전문직업인으로서 고품질의 서비스를 제공한다는 관점에서 성실한 대리를 수행해야 할 것이다.

3) 성실의무 위반의 사례[18]

앞에서 보았듯이 변호사의 성실의무는 가장 원초적인 변호사윤리이면서 다른 많은 윤리규범을 포괄하는 일반규정적 성격이 강하다. 예컨대 쌍방대리를 하는 것은 불성실한 대리행위라고 할 수 있다. 여기에서는 이익충돌 회피의무, 의뢰인의 비밀유지의무, 수임에서의 의무 등 다른 구체적인 윤리규범에 의해서 규율되는 것을 제외하고, 그 외에 성실의무위반에 해당하는 여러 사례를 살펴본다. 사실 성실한 대리와 그렇지 못한 대리 사이에 확고한 선을 긋는 것은 어렵다. 결국 불성실한 대리는 구체적인 사안에 따라서 판단할 수밖에 없다고 하겠다. 그렇지만 우리나라에서 변호사 징계사례를 보면 명백히 불성실한 업무처리로 보이는 사례가 적지 않다.

(가) 성실의무의 명백한 위반사례

변호사에 대한 징계사례를 보면, 변호사의 불성실로 인해서 항소기간이나 이의신청 기간을 도과시켜버림으로써 의뢰인의 의지와 상관없이 부당하게 소송이 종결되어버린 경우가 의외로 많다. 항소기간을 도과한 것으로는 약정금 반환 청구소송을 의뢰받아 패소판결을 받은 후, 판결문을 송달받고도 그 결과와 내용을 제대로 고지하지 않아 항소기간을 도과하게 한 것(2002-1: 2002. 10. 14 결정), 전기요금청구사건에서 의뢰인이 판결

---

18 여기의 징계사례는 별도의 표시가 없는 한 『징계사례집』(IV)에서 인용한 것이다.

에 불복하여 항소할 뜻을 분명히 밝히고 항소장을 제출해줄 것을 명시적으로 요청하고 변호사가 이를 승낙했음에도 불구하고 항소기간을 도과하여 1심 판결이 확정되게 것(2004-54: 2005. 10. 31 결정) 등이 있다. 이의신청 기간을 도과한 경우로는 이혼사건의 항소심에서 강제조정 결과를 통보해주지 아니하고 이의도 제기하지 않아서 사건이 종결되도록 한 것(2002-1: 2002. 10. 14 결정), 지급명령에 대하여 이의신청을 제기하기로 위임을 받고도 이를 이행하지 아니하여 지급명령이 그대로 확정되게 한 것(2002-6: 2004. 4. 26 결정) 등이 있다. 항소기간을 도과한 원인이 사무직원의 날짜 기재에서의 실수로 인한 것인 때에도 변호사의 성실의무는 면제되지 않는다(2002-18: 2003. 3. 17 결정).

변호사가 법정에 출석하지 않는 사례도 있다. 예컨대, 행정처분 취소사건 등에서 수임료를 받고 소송대리를 의뢰받고 변론기일에 출석하지 아니한 것(2002-1: 2002. 10. 14 결정), 공사대금청구소송의 위임을 받고 수임료를 수령하였음에도 2회 이상 불출석함으로써 소취하 간주되게 한 것(2003-8: 2003. 11. 17 결정), 손해배상사건을 수임하고 착수금을 수령하였으나 변론기일에 불출석하여 소취하 간주된 것(2003-21: 2004. 4. 26 결정) 등이 있다.

변호사가 위임된 사무를 전혀 수행하지 않는 경우도 있다. 예컨대, 대여금의 강제집행보전을 위하여 퇴직금채권에 대한 가압류신청을 의뢰받아 착수금을 수령하였음에도 불구하고 아무런 조치를 취하지 않아 그 퇴직금이 다른 채권자들에게 돌아가게 한 것(2002-6: 2004. 4. 26 결정), 불량품 납품회사를 상대로 한 손해배상소송을 수임하고 수임료를 수령한 후, 상대방 소유재산에 대한 가압류 신청을 하기로 하였음에도 불구하고 이를 이행하지 아니한 것(2002-6: 2004. 4. 26 결정), 사기혐의로 재판을 받게 된 사건을 수임하고 진정인이 피해자들과 합의한 후 합의서 · 인감증명서 · 고소취하서 · 탄원서 등을 징계혐의자에게 제공하였으나, 이를 재판부에 제출하지 않아 징역 1년의 실형을 선고받게 한 것(2004-47: 2005. 3. 21 결정) 등이 있다.

심지어 변호사가 연락 두절되어버린 경우도 있다. 예컨대 토지경계 등의 분쟁으로 이웃 주민 등을 상대로 한 손해배상소송을 위임받고 수임료를 수령하고도 소장접수를 하지 않고 수임료도 반환하지 아니하면서 진정인과 연락을 끊은 것(2002-5: 2004. 4. 26 결정), 자동차 사고로 인한 손해배상청구소송 위임을 받고 착수금 및 소송비용을 수령하였음에도 불구하고 소제기조차 하지 않고 연락 두절된 것(2003-8: 2003. 11. 17 결정), 교통사고 보상문제의 민사소송을 수임하고 수임료를 수령하고도 일체의 소송준비를 하지 않고 소제기조차 하지 아니하고 연락 두절되게 한 것(2004-47: 2005. 3. 21 결정) 등이 있다.

이러한 사례에서 보듯이 변호사의 불성실 중에는 기본적인 성실의무조차 다하지 못한 사례가 많다. 그만큼 우리나라 변호사윤리 수준이 낮은 것을 반영한다고 생각된다. 이와 같은 의무의 위반은 변호사가 윤리의 내용에 대한 지식이 없기 때문이라기보다는 윤리의식의 심각한 부재를 반영한다고 볼 수도 있고, 윤리위반자에 대한 적절한 제재가 미흡한 탓이라고 할 수도 있을 것이다. 적어도 변호사라면 이러한 노골적인 성실의무 위반은 범하지 말아야 것이고, 그러한 위반행위가 있을 경우에는 엄격한 징계로서 이를 다스려야 할 것이다. 나아가 이토록 불성실한 변호사에 대해서는 법무과오를 이유로 한 손해배상소송도 충분히 가능할 것이기 때문에 변호사는 주의하지 않으면 안 될 것이다.

(나) 성실의무의 한계지점

많은 경우 변호사의 성실의무 위반은 판단하기가 쉽지 않고, 정교한 판결이나 징계사례가 축적되지 않은 현재로서는 불성실대리의 한계선을 일반화하기 어렵다. 예컨대 소유권이전등기소송을 수임한 경우, 변호사는 가처분의 필요성에 대해서 원고에게 충분히 설명하여 원고로부터 그에 필요한 비용을 납부받는 등 원고의 협조를 받아 절차를 취할 의무가 있는지, 변호사가 법률전문가의 입장에서 승소판결금을 회수하는 데 있어서 실효성이 있는 방안을 위임인에게 설명하고 필요한 정보를 제공하여 위임인이 그 회수를 위하여 필요한 수단을 강구할 것인지를 결정하도록 하기 위한 법률적 조언을 할 의무가 있는지 등이 문제가 된다.[19] 이러한 문제에 대해서 우리나라의 판례는 현재까지 변호사의 성실의무를 부인하는 경향이 있었지만, 변호사의 수가 증가되고 변호사 시장이 개방되면서 점차 확대되는 방향으로 변화될 것으로 기대된다. 따라서 앞으로 변호사 업무를 하려는 사람은 점점 높아지는 윤리기준을 고려하여 처신해야 할 것이다.

---

19 이에 대해 하급심은 인정했으나 대법원은 이를 파기했다. 양창수, 「변호사의 과오와 책임」(제2부 각주 15), pp. 337~339 참고.

제2장
의뢰인–변호사 사이에서의 변호사윤리

1. 의뢰인–변호사 관계의 형성과 유지 및 종결

1) 의뢰인–변호사 관계의 성격

의뢰인–변호사 사이의 법률관계는 일반적으로 의뢰인과 변호사 사이의 사적인 계약관계로서, 양자 간의 신뢰에 기초한 위임관계로 간주된다.[20] 따라서 변호사는 원칙적으로 자신의 사무실에 들어오는 모든 의뢰인과 위임계약을 맺어야 할 의무는 없고, 변호사는 위임계약의 청약을 거절할 수 있다. 그리고 위임계약의 내용은 양 당사자의 합의에 의해서 정해지며 언제나 변경 가능하다.

그러나 의뢰인–변호사 사이에서 맺어지는 위임계약에는 일반적인 사

20 이러한 입장은 반드시 자명한 것은 아니다. 예컨대, 영국의 법정변호사(barrister)는 사무변호사(solicitor)가 의뢰한 사건을 모두 맡아야 한다. 이 책에서는 이러한 점을 염두에 두지 않고, 일반적으로 우리나라에서 인정되는 방식에 따라 이를 사적인 위임계약으로 보고 논지를 전개했다. 남효순, 「변호사와 의뢰인 사이의 법률관계」, 서울대학교 법과대학 엮음, 『법률가의 윤리와 책임』(제1부 각주 12), p. 307 이하 참고.

적인 위임계약과는 달리 여러 가지 제약이 따른다. 그것은 변호사 업무가 가지는 독특한 성격에 기인하는 것이다. 즉, 변호사는 고도의 전문직업인으로서 도움을 절실히 요청하는 의뢰인보다 우월적 지위에 있기 쉽고 또 의뢰인의 입장에서는 변호사에 대한 신뢰를 전제로 위임계약을 하는 것이기 때문에, 변호사측이 수임계약을 함에 있어서 우월적 지위를 남용하지 않고 의뢰인의 신뢰에 상응하는 실질적인 공정성을 담보하도록 하려는 것이다. 또한 변호사직에는 인권과 정의를 실현한다고 하는 공공적 역할이 부과되기 때문에 가급적 법률서비스의 공급이 원활히 될 수 있도록 해야 하며, 공공적인 입장에서 의뢰인-변호사 관계의 형성과 유지, 종결과 관련한 윤리적 의무를 부과하게 된다. 예컨대 수임계약의 체결여부는 자유라고 하지만, 변호사는 부당하게 위임의 청약을 거절하지 말아야 할 윤리적 책무를 진다고 보이며, 동시에 경우에 따라서는 변호사가 수임을 거절해야 한다. 수임계약을 종료하는 것도 자유라고는 하지만, 공익적인 관점에서 수임계약을 의무적으로 종료해야 하는 경우도 있고, 또 수임계약을 종료하지 말아야 하는 경우도 있다. 또 수임계약을 종료하는 경우에도 변호사는 의뢰인을 위한 보호조치를 하지 않으면 안 되며, 수임계약의 종료 후에도 의뢰인에 대해서 일정한 의무를 부과한다. 심지어 수임계약에 이르지 못한 경우에도 변호사는 그—이를 잠재적 의뢰인이라고 한다—에게 일정한 의무를 부담한다. 미국에서는 의뢰인-변호사 사이에 존재하는 이러한 특수한 측면을 고려하여, 이를 단순히 위임관계로 이해하지 않고 신인관계(fiduciary relationship)로 이해한다. 이처럼 의뢰인-변호사 사이의 관계는 단순히 민법상의 위임계약만으로는 이해하기 어렵기 때문에, 의뢰인-변호사의 관계를 규율하는 특수성을 잘 이해하는 것이 중요하다.

이 장에서는 그러한 의미에서 의뢰인-변호사 관계의 형성과 유지 그리고 종료와 관련하여 변호사에게 부과되는 윤리규범들을 살펴본다. 먼저 이러한 문제들과 관련하여 우리나라 윤리장전이 어떤 내용을 가지고 있는지, 외국에서 상응하는 조항들은 어떤 것이 있는지 살펴보자.

윤리장전

제14조(위법행위 협조금지 등) ① 변호사는 의뢰인의 범죄행위 기타 위법행위에 협조하여서는 아니 된다. 직무수행 중 의뢰인의 행위가 범죄행위 기타 위법행위에 해당된다고 판단된 때에는 즉시 그 협조를 중단하여야 한다. ② 변호사는 범죄혐의가 희박한 사건의 고소 또는 고발을 종용하여서는 아니 된다.

제17조(수임금지) ① 변호사는 [……] 목적이나 수단에 있어서 부당한 사건, 단순히 보복이나 상대방을 괴롭히는 방법으로 하는 사건은 이를 수임하여서는 아니 된다.

제19조(수임거절 등) ① 변호사는 의뢰인이나 사건의 내용이 사회일반으로부터 비난을 받는다는 이유만으로 수임을 거절해서는 안 된다. ② 변호사는 빈곤한 자, 무의탁자라는 이유만으로 수임을 거절하여서는 아니 된다.

제31조(서면계약) 변호사는 사건 또는 사무를 수임할 때에는 항상 그 보수에 관한 명백한 약정을 하고 가급적 이를 서면으로 체결해야 한다.

다른 나라의 관련규정

일본: 직무규정 제14조(위법행위의 조장); 제29조(수임 때의 설명 등); 제30조(위임계약서의 작성); 제31조(부당한 사건의 수임); 제32조(부당한 사건의 설명); 제33조(법률부조제도의 설명); 제44조(처리결과의 설명); 제45조(맡은 금전의 반환)

미국: 표준규칙1.1(적격성); 1.2(대리권의 범위); 1.3(근면성); 1.4(소객과의 소통); 1.16(대리의 거절 또는 종결)

유럽: 행동기준3.1(의뢰의 승낙과 철회)

위에서 보듯이 한국의 경우, 의뢰인-변호사 관계의 형성이나 종료에 관련한 규정은 일본이나 미국에 비해 단출하다. 다만 수임이 금지되는 경우에 대해서 다소 상세하게 규정하고 있지만, 그 대부분은 이익충돌에 관한 것이어서 그것을 빼고 나면 남는 조항은 세 개에 불과하다(이익충돌로 인하여 수임이 제한되는 경우에 대해서는 제2부 제2장 3. 참고).

이에 비해 일본의 경우는 위임계약서의 작성의무를 부과한 것과 여러 가지 설명의무를 부과하는 등 수임과 관련한 일반조항들을 다수 가지고 있다. 미국의 경우는 대리와 관련한 일반적인 조항을 다수 가지고 있으며, 대리의 거절 및 종결이라는 제목 하에 의뢰인-변호사 관계의 형성과 철회에 대한 상세한 규정을 마련하고 있다. 유럽의 경우도 의뢰의 승낙과 철회라는 제목 하에 여러 규정을 두고 있다.

내용으로 보자면 대체로 미국의 것이 체계적이면서 많은 내용을 담고 있다. 한국과 일본에는 미국이나 유럽과 달리 위임계약서의 작성과 신고에 관한 규정을 담고 있다. 아래에서는 다른 나라의 윤리규정을 참고하면서 의뢰인-변호사 관계의 형성과 철회를 둘러싼 윤리규범에 대해서 살펴본다.

2) 의뢰인-변호사 관계의 형성

변호사가 특정 의뢰의 법률사무를 대리할지 여부를 결정하는 것은 원칙적으로 자유이다. 그러나 변호사는 그 특수한 지위로 인하여 계약의 체결여부와 그 내용 및 형식에서 일정한 제약을 받는다. 아래에서는 각 쟁점별로 살펴본다.

(가) 수임할 수 없는 경우

변호사는 자신의 결정으로써 특정 사건의 수임여부를 결정할 수 있다.

그러나 일정한 사안에 대해서 변호사는 사건을 수임해서는 안 된다. 이에 해당하는 사안에 대해서는 수임을 거절해야 하며, 이미 의뢰인-변호사 관계가 성립됐다면 그 수임을 철회해야 한다.

(a) 위법 · 부당한 사안의 수임금지

첫째, 윤리장전 제14조에서 "변호사는 의뢰인의 범죄행위와 기타 위법행위에 협조하여서는 아니 된다"라고 규정한 데에서 보이듯이, 변호사는 의뢰인의 위법행위에 협조하는 내용의 수임계약을 할 수는 없다. 변호사의 법충실의무를 고려한다면 당연한 것이다. 이와 관련하여 다른 나라의 윤리규정도 변호사가 수행할 수 없는 일들을 명시하고 있다. 예컨대, 일본의 직무규정에는 "변호사는 사기거래, 폭력 기타 위법 및 부정행위를 조장해서는 안 된다"고 규정한다(직무규정 제14조). 미국에서는 대리가 표준규칙이나 다른 법의 위반을 낳는 경우, 대리할 수 없음을 명시하고, 이미 대리가 개시된 경우에는 그 대리를 철회해야 한다고 규정한다(표준규칙 1.16(a)(a)). 그리고 변호사는 자신이 범죄나 사기라고 알고 있는 행위를 하도록 의뢰인에게 자문을 제공하거나 조력해서는 안 된다(표준규칙1.2(d)). 이처럼 각국은 모두 변호사가 위법행위에 연루되어서는 안 된다는 것을 명시하고 있다. 이들로 미루어보아, 변호사는 그러한 것을 내용으로 하는 수임계약도 할 수 없다고 보아야 할 것이다. 이미 수임하고 있는 중에 그러한 사실이 발견되면, 그에 협조하지 말아야 한다. 그리고 위법행위의 종류에 따라서는 이를 공개해야 하는 경우도 있을 수 있다(제2장 「2. 비밀유지의무」 참고). 그리고 이미 대리관계가 형성된 의뢰인에 의해서 위법행위를 요구받은 경우에는 변호사는 대리관계를 철회하지 않으면 안 될 것이다.

둘째, 의뢰인의 요구가 위법하지는 않지만 부당한 경우에 어떻게 대처해야 하는가? 윤리장전에 의하면 "변호사는 [……] 목적이나 수단에 있어서 부당한 사건, 단순히 보복이나 상대방을 괴롭히는 방법으로 하는 사건은 이를 수임하여서는 아니 된다"(윤리장전 제17조). 일본 직무규정 제31조에 의하면 "변호사는 의뢰의 목적 또는 사건처리의 방법이 확실하게 부당한 사건을 수임해서는 안 된다"고 명기한다. 미국의 경우에도 이와 유사한 규정이 있다. 변호사는 의뢰인이 단지 다른 사람을 괴롭히거나 해를 끼칠 목적으로 소송을 제기하려고 하는 경우에 이를 수락해서는 안 된다(DR 2-109(a)(1)). 각국 윤리규정은 모두 의뢰인의 요구가 부당한 경우 이를 수임해서는 안 된다고 하고 있다. 제3자를 괴롭히거나 지체시키거나 부담을 지우는 외에 다른 실질적인 목적이 없는 수단을 사용하는 것도 허용되지 않기 때문에(표준규칙4.4), 그러한 것을 요구하는 의뢰인에 대해서는 수임을 거절해야 할 것이다.

그렇지만 구체적인 사건에서 위법 또는 부당을 이유로 수임하지 말아야 하는지를 판단하는 것은 쉬운 일이 아니다. 특히 위법하지 않으면서 부당한 경우 이를 수임하는 것이 타당하다는 주장조차 가능하다는 점을 생각한다면(제1부 「제3장 역할도덕론의 입장」 참고), 부당한 사건의 전면적 수임거부를 주장하는 것은 쉽지 않다. 부당성 여부에 대한 판단 자체가 변호사에 따라서 서로 달리 판단할 수 있기 때문에 결국 위의 규정에도 불구하고 부당성 여부에 대한 판단의 상당 부분은 변호사의 재량에 맡겨져 있다고 하지 않을 수 없다. 따라서 변호사는 부당한 사건의 수임에 대해서 징계가 가해질 수 있다고 하더라도, 구체적 사안에서 징계가 가해질 수 있는지 여부는 개별적으로 판단할 수밖에 없을 것이다.

일본에서는 상대방의 궁핍을 이용하여 이자제한법을 넘는 이자를 청구하려고 한 경우, 상대방의 주소가 판명되어 있음에도 불구하고 주소불명으로 가장하여 공시송달을 제기한 경우, 여러 관할재판소가 있는 사건에서 피고를 곤란하게 할 목적으로 의뢰인에게도 이익이 되지 않는 먼 곳의 재판소에서 소송을 제기한 경우 등이 위법·부당한 수임의 사례가 된다고 한다. 그리고 변호사가 의뢰인에게 강제집행 방해 방법을 전수한 것을 이유로 변호사 자격이 박탈된 사례도 있다.[21]

요컨대 위법한 것을 내용으로 하는 수임계약은 허용되지 않는다고 보아야 할 것이고, 수임 후에 그러한 사실이 드러나게 되면 협조를 중지해야 하고, 그래도 위법행위가 계속될 경우 변호사는 대리관계에서 사임하여야 할 것이다. 위법하지는 않지만 부당한 경우는 상당정도 변호사의 재량에 맡겨져 있다고 보이지만, 변호사는 적어도 부당한 사안은 수임하지 않는다는 것을 원칙으로서 수용하고 구체적 사건별로 부당성을 판단하여 부당한 사건을 수임하지 않도록 해야 할 것이다. 이 문제는 결국 변호사 개인의 윤리관에 의존하는 바가 적지 않다고 하겠다.

(b) 패소가 확실한 사건의 수임

변호사는 패소가 확실한 사건을 수임해도 되는가? 일반적으로 변호사는 의뢰인이 기대하는 결과를 얻을 가능성이 없는 사건을 수임하면 안 된다고 보아야 할 것이다. 미국 책임준칙에서는 의뢰인의 주장이 현행법에 의해서 수용되지 않는 것일 때는 수임하지 말아야 한다고 한다(DR2-109(a)(2)). 다만 현행법의 정당성에 대해서 공개적으로 이의를 제기하는 것을 포함하는 경우는 그렇지 않다. 예컨대, 현행법(판례)에 의하면 패소가 확실하지만, 현행법의 위헌성을 문제 삼는다든지 판례의 변경에 대한 주장을 포함하는 경우는 사건의 수임이 허용된다고 볼 것이다.

변호사가 그 사건의 처리에서 낙관적 전망을 암시하여 사건을 수임하는 것은 당연히 금지된다. 우리나라 윤리장전에 의하면 “변호사는 범죄혐

---

21 森際康友, 『法曹の倫理』(제2부 각주 17), p. 75, 76.

의가 희박한 사건의 고소 또는 고발을 종용해서는 아니 된다"(윤리장전 제14조 제2항). 그리고 "변호사는 의뢰인이 기대하는 결과를 얻을 가망이 없는 사건을 그 가망이 있는 것처럼 가장하거나 장담하여서는 아니 된다"고 규정한다(윤리장전 제16조 제4항). 일본 직무규정은 "변호사는 의뢰인이 기대하는 결과가 얻어진다는 가능성이 없음에도 불구하고 그 전망이 있는 것처럼 하여 사건을 수임해서는 안 된다"고 규정한다(직무규정 제29조 3호). 이처럼 부당하게 수임사건을 만드는 것은 모두 비윤리적 행위로서 금지된다.

객관적으로 패소가 명확한 사건의 승소를 장담하여 소송을 하게 하는 행위는 징계의 사유가 된다고 보이지만,[22] 사실 패소가 확실한지 여부는 판단하기 쉽지 않고 더구나 그 사건을 맡지 않은 제3자가 이를 판단하는 것은 더욱 어렵다. 또 소송의 승패는 확신할 수 없는 것이기 때문에 단지 패소했다고 해서 수임이 애당초 부당했다고 단정할 수는 없다. 따라서 패소가 확실한 사건의 수임을 이유로 한 징계는 쉽지 않을 것이다. 하지만 패소가 확실한 사건의 수임은 비윤리적 행위로서 명백히 비난 가능하다. 이 지점에서 하나의 타협안을 제시해 본다면, 패소 가능성이 큰 사건의 경우, 변호사에게 적어도 고지의무를 부과하는 안을 생각할 만하다. 변호사는 사건의 승소를 장담하지도 말아야겠지만, 변호사가 판단할 때 패소 가능성이 큰 경우 이를 의뢰인에게 적어도 명확히 고지할 의무를 부과하는 것이다. 만약 변호사가 패소의 가능성이 매우 크다는 의견을 개진했음에도 불구하고 의뢰인이 소송의 진행을 고집하는 경우에는 수임해도 비윤리적이라고 할 수는 없을 것이다. 만약 그렇지 않고 통상적인 변호사의

---

22 재판불출석으로 소취하된 사건에 대해서 취하간주 자체에 대해서 뚜렷하게 다툴 방법이 없음에도 불구하고 "내가 하면 바로 되니 걱정하지 말라"는 취지로 거짓말을 수임료를 받은 변호사가 징계된 사례가 있다(제2003-13호, 2004. 4. 26. 결정, 『징계사례집』[IV], p. 203).

판단에서 볼 때 패소의 가능성이 큼에도 불구하고 이를 고지하지 않고 소송을 수행한 경우, 징계를 고려할 수 있다고 할 것이다. 윤리장전 제16조 제2항은 변호사의 설명의무를 부과하고 있는데, 이처럼 중대한 사안의 경우에는 이 조항을 인용하여 문제 삼을 수 있을 것이다.

(c) 변호사의 입장에서 충실한 대리가 어려운 경우

변호사는 여러 가지 이유로 의뢰인을 충실하게 대리하기 어려운 상황에 빠질 수 있나. 개인적으로 적격성(competence)이 없어서, 다시 말하자면 너무 바쁘거나 무경험 등으로 인하여 요청된 사건을 감당하기 어려운 경우에는 그 사건을 수임해서는 안 된다(표준규칙1.1). 변호사의 정신적·육체적인 조건이 열악하여 의뢰인을 대리할 변호사의 능력이 실질적으로 손상된 경우도 마찬가지이다(표준규칙1.16(a)(2)). 유럽 행위규범에서도 마찬가지 규정이 있다. 변호사는 자신이 적격이 아님을 알거나 마땅히 알아야 할 사건은 그것을 담당할 능력이 있는 다른 변호사의 도움을 받지 않는 한 수임해서는 안 된다고 하고, 다른 일의 압박으로 인하여 사건의 신속한 수행이 불가능할 경우에도 수임해서는 안 된다고 한다(행위규범 3.1.3). 결국 자신이 감당할 수 없는 사건을 수임하는 것은 비윤리적인 행위로서 금지된다는 것이다.

강한 개인적인 감정으로 인해서 의뢰인을 효과적으로 대리하기 힘든 경우에도 수임을 거절해야 한다(EC2-30). 변호사가 심각하게 혐오스럽다고 생각하는 사건을 수임하는 것은 문제가 될 수 있다. 개인의 가치관에 의존하는 것이 지나치게 주관적인 것이긴 하지만, 개인적 가치관과 무관하게 사건을 수임하게 된다면 이는 일종의 "도덕적 매춘행위"[23]라는 비판

23 中村治郎, 「辯護士倫理あれこれ」, 塚原英治·宮川光治·宮澤節生, 『法曹の倫理と責任』, 現代人文社, 2007, p. 31.

을 면하기 어려울 것이다. 예컨대 평소 소신으로서 남녀평등을 주장한 변호사가 다른 기업을 대리하면서 남녀불평등을 옹호하는 논리를 개발하여 설파하는 것은 변호사의 신뢰를 잃게 하는 것이 될 뿐만 아니라 그 변호사로부터 성실한 대리를 기대할 수 없을 것이다. 대리행위를 심각하게 저해할 정도로 혐오감을 주는 사건인지 여부는 많은 경우 변호사가 스스로 판단하여 결정해야 할 것이다.

(d) 수임거절의 통지

이러저러한 이유로 수임을 거절하기로 한 경우에 변호사는 이를 신속히 의뢰인에게 통지하여야 한다(일본 직무규정 34조). 그렇게 해야 하는 이유는 그 의뢰인으로 하여금 사건을 방치하지 않고 가급적 신속히 다른 변호사를 물색하여 법률적 조력을 받을 수 있는 기회를 보장하려는 것이다. 잠재적 의뢰인이 변호사를 고용할 의사를 표시하고 변호사가 동의하지 않는다는 뜻을 밝히지 않고 잠재적 의뢰인이 변호사가 그 계약에 합의한 것으로 믿은 그때 의뢰인-변호사 관계가 형성된 것으로 본다는 미국판례가 있다.[24] 우리나라의 경우도 마찬가지의 기준을 준수해야 할 것이다.

---

24 Togstad v. Vesely, Otto, Miller & Keefe, 291 N.W.2d 686(Minn., 1980). 이 사건에서 치료 후 마비상태가 된 남편을 둔 한 여인이 의료과오소송을 할 것인가에 대해서 한 변호사와 상담했다. 변호사는 상담 후 승소하지 못할 수도 있지만 다른 변호사와 상의해보겠다고 말했다. 그 여인은 계약이 존재하는 것으로 믿었지만 실제 계약은 없었다. 1년 후 그 여인이 다른 변호사에게 상담했을 때는 이미 의료과오에 대한 시효가 완료되어버렸다는 것을 알게 됐다. 이에 대해 법원은 이 경우, 의뢰인-변호사 관계가 있었다고 볼 충분한 이유가 있다고 보고, 변호사에게 법무과오에 따른 책임을 물었다. 즉, 변호사가 명료하게 거부의사를 밝히지 않았고 잠재적 의뢰인이 계약의 존재를 합리적으로 믿었다면 계약이 성립된 것으로 본다는 것이다.

(나) 수임을 거절하지 말아야 하는 경우

변호사가 사건의 수임을 거절하지 말아야 하는 경우의 대표적인 사례는 법원이나 변호사회가 특정변호사에게 수임을 의뢰하는 경우일 것이다. 이러한 경우에는 변호사는 어쩔 수 없는 사정이 아니라면 이를 거부해서는 안 된다. 윤리장전은 "변호사는 법원 기타 공공기관 또는 대한변협이나 소속지방변호사회로부터 국선변호인, 국선대리인, 당직변호사 등의 지정을 받거나 기타 임무의 위촉을 받은 때에는 신속하고 성실하게 처리하고 다른 일반사건과 차별해서는 안 된다"고 한다(윤리장전 제19조 제3항). 이때 해당사건의 주제에 대한 혐오, 당사자의 인물이나 지위, 형사피고인에 대한 유죄확신, 민사사건에서의 본안의 당부 등에 대한 변호사의 신념은 어쩔 수 없는 사정이 아니다(EC 2-29)(이에 대해서는 변호사의 공익활동의무라고 보아 제2부 제3장 3.에서 논한다). 하지만 "선임된 사건 또는 위촉된 사건이 이미 수임하고 있는 사건과 이해가 상반"된다면 이는 거절해야 할 정당한 사유라고 할 수 있다(윤리장전 제19조 제3항 단서).

그 외 변호사는 자신의 사무실에 찾아온 의뢰인의 수임을 거절하지 말아야 하는 경우가 있을 수 있는가? 미국 책임준칙은 변호사는 일반적으로 수임의 의무를 부담하는 것은 아니지만, 법률서비스의 충분한 이용을 가능하게 한다는 변호사 일반의 목적을 추구하기 위해서는 "경솔하게 인수를 거부해서도 안 된다"고 표현한다(EC 2-26). 이는 원칙적으로 수임여부를 결정하는 것은 변호사의 자유이지만 가급적 수임하라는 취지이다. 우리나라의 경우에도 변호사는 수임하지 말아야 할 합리적인 이유가 없는 한 수임하는 것을 원칙으로 하는 것이 좋을 것이다. 그것이 법률서비스의 확대라는 원칙에 부합하기 때문이다.

이와 관련하여 우리나라 윤리장전은 "변호사는 의뢰인이나 사건의 내용이 사회 일반으로부터 비난을 받는다는 이유만으로 수임을 거절하여서는 아니 된다"고 한다(윤리장전 제19조 제1항). 이는 여론을 의식하여 사건의 수임을 거절하는 것은 적절하지 않다는 취지이다. 오노 마사오(大野正男)는 변호사가 어떻게 사건을 변호하는가를 배제하고 다만 변호의 결과 누가 이익을 얻었는가라는 자연적 인과관계만을 문제로 삼는 것은 변호사의 사회적 유용성 내지 변호사의 직업적 사명을 부정하는 것과 연결된다고 한다.[25] 예컨대 조직폭력배를 변호한 사실만으로는 비난할 수 없고 어떻게 변호했는지가 중요하다는 것이다.

그리고 윤리장전에서 "변호사는 빈곤한 자, 무의탁자라는 이유만으로 수임을 거절해서는 안 된다"고 규정한다(윤리장전 제19조 제2항). 이 조항은 일견 수임료를 지불할 능력이 없는 것이 명백한 경우에도 변호사는 그 사건을 수임해야 하는 것으로 읽혀질 수도 있다. 그러나 변호사에게 일반적으로 이러한 의무를 부과할 수 있을지는 의문이다. 일본 직무규정 제33조는 "변호사는 의뢰인에 대하여 사안에 따라 법률부조제도, 소송구조제도 기타 자력이 없는 자의 권리보호를 위한 제도를 설명하여 재판을 받을 권리가 보장되도록 노력한다"라고 하고 있는데, 이는 무자력의 의뢰인에 대해 변호사가 어떤 행동을 해야 하는지에 대해 나름대로 해법을 제시한 것으로 볼 수 있다. 미국의 경우를 보면, 표준규칙과 책임준칙은 모두 법률서비스를 받을 수 없는 사람을 위해서 봉사할 개인적 의무를 갖는 것으로 하면서도, 그 의무를 충족시키지 못한 경우에도 징계의 사유로 하지는 않는 것으로 해결하고 있다(표준규칙6.1; EC2-25). 결국 현재로서는 변호사에게 무자력자를 위한 강제적 수임의무를 부과하는 것은 무리라고 생각된다. 하지만 어떤 변호사가 무자력자를 위해서 무료로 수임을 하여 일을

25 大野正男, 「楕圓の論理: 辯護士と依頼者の間」, 塚原英治, 『法曹の倫理と責任』(제2부 각주 23), p. 32.

처리해준다면, 이는 당연히 윤리적인 행동이며 칭찬되어야 할 일이다.

의사가 긴급한 환자의 치료를 거부하지 못 하듯이, 변호사가 긴급히 법률적 조력을 필요로 하는 사람에게 반드시 법률적 조력을 해야 하는 경우가 있을 수 있을까? 미국에서는 의뢰인이 긴급히 변호사의 조력을 받아야 하지만 당장 그러한 조력을 제공할 적격의 변호사가 없는 경우에, 도움을 요청받은 변호사는 비록 그 분야에서 적격성이 없더라도 법률적 조력을 제공할 수 있다고 한다. 즉 긴급한 경우, 적격성의 요건(의뢰인에 대한 성실의무)을 다소 완화시켜주는 것이다. 다만 이 경우 합리적으로 필요한 만큼에 한정하여 법률적 조력을 해야 한다. 왜냐하면 긴급한 상황에서 잘못된 조력을 하면 오히려 의뢰인의 이익을 해칠 수 있기 때문이다(표준규칙1.1, 주석 3). 이러한 경우에도 변호사가 반드시 조력해야 하는 것으로 보아야 하는지에 대해서 논란이 있을 수 있다. 그러나 근본적으로 곤경에 처한 사람을 외면해서는 안 된다고 하는 이른바 "착한 사마리아인 법"에서 보듯이 사람이라면 누구나 그러한 윤리적 의무에서 무관할 수 없을 것이고, 특히 긴급한 상황에서 변호사만이 할 수 있는 일이 요청된다고 했을 때 변호사가 이를 거부하는 것은 비윤리적 행동으로서 비난받을 만한 것이다.

(다) 수임계약서의 작성과 설명의무

수임계약서(또는 위임계약서)를 쓰는 것은 중요하다. 수임계약서를 작성하는 일차적인 이유는 의뢰인-변호사 사이에 권리 · 의무관계를 명확히 보여줌으로써 업무를 투명하게 하고 불필요한 분쟁을 막기 위한 것이다. 특히 약자인 의뢰인의 입장을 생각한다면 객관적으로 계약내용을 서면화하는 것은 중요하다. 수임계약서를 작성하게 되면 권리 · 의무관계가 분명해질 뿐만 아니라 간접적으로 공정한 계약이 이루어지게 하는 효과가 발생하기 때문이다.

우리나라 윤리장전 제31조는 "변호사는 사건 또는 사무를 수임할 때에는 항상 그 보수에 관한 명백한 약정을 하고 가급적 이를 서면으로 체결해야 한다"고 한다. 그리고 변호인 선임서의 제출의무를 부과하고 있다(변호사법 제29조; 윤리장전 제20조). 다만 윤리장전은 '가급적'이라는 표현을 하여 수임계약서의 작성을 단지 권장하는 데 그치는 듯이 표현하고 있다. 이에 비해 일본은 "변호사가 사건을 수임할 때에는 변호사의 보수에 관한 사항을 포함한 위임계약서를 작성해야 한다"고 하여 위임계약서의 작성의무를 명문으로 규정한다(직무규정 제30조). 우리나라의 경우 '가급적'이라는 표현을 좁게 해석함으로써 정당한 이유가 없이 수임계약서를 작성하지 않는 일이 없도록 하는 것이 바람직할 것이다.

아울러 일본 직무규정 제29조에서 "변호사는 사건을 수임함에 있어서, 의뢰인으로부터 얻은 정보에 기하여 사건의 전망, 처리방법 및 변호사 보수와 비용에 대하여 적절한 설명을 하여야 한다"고 하고, 제32조에서 "변호사는 동일한 사건에 대하여 복수의 의뢰인에 있어서 그 상호간에 이익의 대립이 생길 우려가 있을 때에는 사건의 수임에 임하여 의뢰인 각각에 대하여 사임의 가능성 기타 불이익을 초래할 우려가 있다는 것을 설명해야 한다"고 하여 의뢰인-변호사 사이의 위임계약이 단순한 형식에 그치지 않고 실질적인 협의의 결과가 되도록 조치하고 있다. 우리나라 윤리장전도 변호사의 설명의무를 규정한다. 즉, "변호사는 사건의 상담 또는 감정을 함에 있어서는 공정한 입장에서 가능한 한 조속히 의뢰인이 결정을 내릴 수 있도록 필요한 설명을 하여야 한다"(윤리장전 제16조 제2항). 이처럼 위임계약서의 작성의무와 설명의무를 결합한다면 양자가 서로 상승적으로 작용하여 더욱 공정한 위임계약이 이루어지게 될 것이다.

수임계약은 문서로써 체결해야 할 뿐만 아니라 그 내용이 실질적으로 적정해야 한다. 종래 대한변협은 표준계약서를 공지하여 변호사로 하여금 이를 이용하게 했지만, 이것이 공정거래위원회에 의해 불공정약관으로 판정됐다. 특히 착수금의 불반환조항, 성공간주조항, 조정청구 강제조항이 문제로 지적됐다. 대한변협은 그 지적이 타당하다고 인정하여 1999년에 표준계약서를 폐기했다. 따라서 이와 같은 것을 내용으로 한 위임계약서를 작성할 수 없다고 보아야 할 것이다.

의뢰인에 대한 설명의무는 반드시 위임계약시에 한정되는 것은 아니고, 변호사가 이후 업무를 해나가는 과정에서 계속해서 유지되어야 한다. 미국 표준규칙은 이 점을 별도의 조항으로 밝히고 있다. 이에 의하면 변호사는 의뢰인의 동의가 필요한 경우에 이를 설명하여야 할 뿐만 아니라, 의뢰인의 목적에 도달하기 위한 수단에 대해서 협의해야 하고, 사안의 진행상황에 대해서 지속적으로 통보해 주어야 하며, 의뢰인이 정보를 요구하면 신속히 대답해야 한다(표준규칙1.4). 의사의 치료행위에서는 설명의무를 다하지 않은 것에 근거하여 손해배상소송을 당하는 경우도 있는데,[26] 변호사의 경우에도 그와 유사한 방식과 강도로 수임계약서의 작성의무와 설명의무를 부과하는 것이 필요하다고 생각된다. 만약 수임계약서를 작성하지 않은 상태에서 또는 수임계약서의 내용이 불명확한 상태에서 계약서의 내용에 대해 분쟁이 발생하게 되면, 그에 대한 모든 입증책임은 당연히 변호사가 부담하지 않으면 안 될 것이다. 일반적으로 변호사의 주도 하에 위임계약서의 문언이 작성될 뿐만 아니라, 의뢰인과 변호

26 대법원 2007. 5. 31. 선고 2005다5867 판결; 대법원 2006. 11. 23. 선고 2005다11688 판결; 대법원 2005. 4. 29 선고 2004다64067 판결 등 다수가 있다. 그 외에서 설명의무가 문제되는 경우는 보험계약의 체결에서 보험모집인의 설명의무(대법원 2005. 4. 29 선고 2004다64067 판결; 대법원 2006. 11. 23 선고 2005다11688 판결)나 투자회사의 투자자에 대한 설명의무(대법원 2006. 5. 11 선고 2003다51057 판결) 등이 있다.

사 사이의 계약의 내용에 대해서도 우월적 지위에 있는 변호사 측에 입증 책임을 부과하는 것이 공정할 것이기 때문이다.

변호사의 설명의무와 관련한 몇몇 판례가 있는데 그 입장은 일관되지 않다. 소유권이전등기소송을 위임받은 경우에 가처분의 필요성에 관하여 원고에게 충분히 설명하여 원고로부터 그에 필요한 비용을 납부받는 등 원고의 협조를 받아 그 절차를 취할 의무가 있느냐라는 문제에 대해서 대법원은 소극적으로 판단 내린 반면,[27] 사고수표와 관련한 소송에서 법률 전문가의 입장에서 승소판결금을 회수하는 데 있어 실효성이 있는 방안을 위임인에게 설명하고 필요한 정보를 제공하여 위임인이 그 회수를 위하여 필요한 수단을 구체적으로 강구할 것인지를 결정하도록 하기 위한 법률적 조언을 하여야 할 보호의무가 있다고 한 판결도 있다.[28] 하지만 대체적인 방향은 변호사의 설명책임을 좀 더 널리 인정하는 방향으로 변화하고 있는 것으로 보인다.[29] 이처럼 재판실무에서 변호사의 설명의무 위반은 민법상 위임에 따른 선관주의의무 위반으로서 다루어지고 있으며 점차 변호사의 설명의무를 인정하는 방향으로 변하고 있다. 따라서 장차 변호사를 하려는 사람은 앞으로 설명의무가 현재보다 더 넓게 인정된다는 것을 전제로 실무를 익혀야 할 것이다.

(라) 의뢰인-변호사 사이의 권한의 배분

변호사는 의뢰인으로부터 사건처리의 위임을 받았다고 해서 전적으로 관련 사건에 대해서 통제권을 갖는 것이 아니다. 오히려 변호사는 통상적인 대리관계에 비해서 본인(의뢰인)에 대한 의존도는 높다고 할 수 있다.

---

27 대판 1997. 12. 12. 선고 95다20775 판결.

28 대판 2002. 11. 22. 선고 2002다9479판결.

29 양창수(2003), 「변호사의 과오와 책임」(제2부 각주 15), p. 339.

미국 책임준칙과 표준규칙은 이 점을 선명히 하고 있다. 의뢰인은 사건의 위임에도 불구하고, 여전히 사건 당자사로서의 지위를 유지하며 몇몇 예외를 제외하고는 모든 최종적인 결정권을 갖기 때문이다(표준규칙1.2(a); EC7-7).

우선 변호사는 대리의 목적에 대해서 의뢰인의 결정에 따라야 할 뿐만 아니라 의뢰인의 이익과 권리에 실질적인 영향을 미치는 모든 사항에 관하여 의뢰인의 결정에 따라야 한다(EC7-7). 예컨대 변호사는 화해제의를 받아들일 것인지에 대해서 의뢰인의 결정에 따라야 한다. 미국에서는 이 점에 대해서 매우 선명한 입장을 가지고 있어서, 의뢰인의 승인을 받지 않은 화해와 타협에 대해 의뢰인은 그 효력을 부인할 수 있는 정도이다.[30] 물론 의뢰인은 화해결정에 대해 추인할 수 있고, 만약 의뢰인이 화해의 이익을 주장하면 추인이 있는 것으로 본다.[31] 의뢰인은 변호사의 의사에 반하여 소송이나 권리를 포기할 수 있다. 형사사건에서의 중요한 결정들 예컨대 유죄답변할지 여부, 배심재판의 포기여부, 증언여부 등에 대해서는 의뢰인의 결정을 따라야 한다. 항소여부를 결정하는 것도 의뢰인의 독점적 결정권에 속한다. 말하자면, 의뢰인 이익에 직접 영향을 미치는 모든 사항들이 의뢰인의 배타적 결정권에 속한다.

이에 비해 변호사가 대리권에 기하여 독자적으로 결정할 수 있는 사항은 주로 의뢰인의 목적추구에 사용되는 수단과 관련되는 것이다. 하지만 이 경우에도 변호사는 수단들에 대해서 의뢰인과 상의하여야 한다(표준규칙1.2(a)). 그리고 의뢰인에게 추가적인 비용부담이 되는 조치가 취해지는 경우에도 변호사는 반드시 의뢰인과 상의해야 한다.

30 Luethke v. Suhr 264 Neb. 505, 650 N. W. 2d 220(Neb., 2002).

31 Daniel v. Scott 455 So. 2d 30(Ala. Civ. App., 1984).

미국 표준규칙은 의뢰인이 그러한 결정을 내리는 것을 실질화하기 위해서 변호사에게 설명의무를 부과하고 있다. 즉, 변호사는 대리와 관련된 사항에 대해서 지속적으로 의뢰인에게 정보를 제공하고 설명해야 한다고 규정하고(표준규칙1.4) 그 자세한 내용을 나열하고 있다. 그에 의하면, 변호사는 의뢰인의 설명 있는 동의가 요구되는 상황에서는 의뢰인에게 즉시 통보해야 하며, 변호사는 의뢰인의 목적에 도달하기 위한 수단에 대해서 의뢰인과 합리적으로 협의해야 하며, 사안의 현황에 대해서 의뢰인이 합리적 수준에서 지속적으로 통보받고 있어야 하고, 정보에 대한 의뢰인의 합리적 요구에 대해서 신속히 응답해야 하고, 변호사가 도움을 줄 수 없는 부분에 대해서도 의뢰인에게 알려야 한다(표준규칙1.4).

의뢰인과 변호사 사이에 의견 차이가 있는 경우, 변호사는 의뢰인을 설득해서 그 차이를 없애야 한다. 만약 그러한 노력이 성과를 내지 못하고 근본적인 의견의 차이가 있다면 변호사는 대리를 철회해야 한다. 반대로 의뢰인도 변호사를 해임함으로써 문제를 해결할 수 있다(표준규칙 1.2, 주석 2).

이러한 것은 정신적 판단력이 결핍된 사람을 대리하는 경우에도 마찬가지이다. 즉 소수자, 정신적 손상, 또는 다른 이유 때문에, 대리와 관련하여 적절히 고려된 결정을 할 의뢰인의 능력이 부족한 경우, 합리적으로 가능한 한 변호사는 의뢰인과 통상적인 의뢰인-변호사 관계를 유지해야 한다(표준규칙1.4(a)). 다만, 의뢰인이 제한된 능력을 가지고 있고, 조치가 취해지지 않으면 상당한 육체적 · 재정적 또는 다른 손상의 위험이 있고, 의뢰인의 이익을 위해서 적절히 처신할 수 없다고 변호사가 합리적으로 믿은 때는, 변호사는, 의뢰인을 보호하기 위해 행동할 능력이 있는 사람이나 기관과의 협의, 그리고 사안에 따라서는 당해 소송에 관한 보호자, 재산관리인 또는 후견인의 지명을 구하는 것을 포함하여, 합리적으로 필요한 보호조치를 취해도 된다고 한다(표준규칙1.4(b)).

요컨대, 미국에서 변호사와 의뢰인이 사건의 위임계약을 했다고 하더라도, 변호사가 독자적으로 판단하는 것은 오히려 예외에 가깝고 대부분의 사안에서 변호사는 의뢰인이 정확한 결정을 내릴 수 있도록 끊임없이 정보를 제공하고 설명해야 한다. 즉 변호사가 후견자적 입장에서 단독으로 결정을 내리는 데 대해서 지극히 신중한 입장이다.

일본 직무규정 제22조 제1항은 "변호사는 수임 취지에 관한 의뢰인의 의사를 존중하여 직무를 행한다"고 규정한다. 제2항에서는 "변호사는 의뢰인이 질병 기타의 사정 때문에 그 의사를 충분히 표명할 수 없는 때에는 적절한 방법을 강구하여 의뢰인의 의사를 확인하려고 노력한다"고 규정한다. 대체로 미국에서와 유사한 취지라고 생각된다. 일본의 경우, 전통적으로 변호사의 독립성을 강조한 것에 비추어본다면, 일본 직무규정의 내용은 의뢰인의 자기 결정권을 강하게 존중하는 의미로 이해된다. 이에 대한 일본의 주석은 다음과 같이 설명한다. 즉, 의뢰인의 자기 결정권이 실질적으로 보장되기 위해서는 변호사가 의뢰인에게 사건의 귀추에 영향이 있다고 생각되는 사실 · 사정을 청취하고 이에 근거하여 사건 처리 방법 등에 대해 전문가로서의 견해를 밝힘으로써 의뢰인이 이들 설명에 근거하여 최종적인 판단을 할 기회를 보장해야 하는 것이다. 따라서 변호사는 의뢰인에게 전문가로서 검토한 사실상 및 법률상의 문제점을 제시하여 승소 전망이나 가장 적절하다고 생각되는 수단 · 방법에 대해 솔직히 의견을 전달할 필요가 있는데, 예를 들어 법률상은 승소 전망이 있어도 회수 전망이 없는 것이 분명할 경우에는 목적 달성 가능성에 대해 충분한 설명을 해두어야 한다. 또한 법적 수단의 선택에 대해서도 비용 대 효과 관점을 포함한 설명이 필요하다. 그리고 의뢰인이 최종적으로 판단한 이상 변호사로서 설령 다른 방법이 좋다고 생각되어도 사람 각각의 가치관이나 사회적 입장, 인간관계 등 복잡한 판단 요소가 있기 때문에 사건 당사자인 의뢰인 본인의 판단을 존중해야 한다.[32] 이처럼 의뢰인의 결정권을 존중하는 것은 의뢰인의 인격의 존중과 자주성 · 자율성을 존중하는 사고방식에서 유래하는 것이고, 보통사람이 전문가에 종속됨이 없이 대등한 당사자로서 존중되어야 한다는 생각을 반영한 것이다. 최근 보통사람과 전문가 간의 이러한 대등화는 점차 확대되고 있다.[33] 이처럼 일본의 경우는 조문 자체에서 미국만큼 명료하게 의뢰인의 결정권을 보장한 것으로 보이지는 않지만, 적어도 의뢰인의 의사를 존중해야 한다는 것 그리고 그것을 위해서 설명의무를 다해야 한다는 것을 지적한 점에서는 미국과 같은 입장에 있다고 보인다.

우리나라의 경우 의뢰인과 변호사 간의 권한배분에 관한 규정이 없지만 우리나라도 의뢰인에게 충실한 법률서비스를 제공하여야 하는 변호사의 본질적인 역할에 충실하기 위해서는 미국이나 일본과 유사한 내용의 윤리적 책무를 갖는다고 이해함이 당연할 것으로 생각된다. 다만 의뢰인의 의사를 존중하는 것이 지나쳐서 의뢰인의 부당한 요구에 대해서까지 모두 수용한다면 이 또한 변호사의 독립성을 상실하는 것이어서 문제가 된다. 의뢰인의 의사를 존중하면서도 변호사의 독립성이 유지되도록 균형을 유지하는 것이 요체일 것이다.

(마) 특정 변호사의 활동을 봉쇄하기 위한 법률상담에 대한 대응

의뢰인이 변호사 사무실의 문을 들어서게 되면서 변호사는 사건의 사실관계에 대해서 청취하는 것으로서 법률상담을 시작하게 된다. 변호사

32 森際康友, 『法曹の倫理』(제2부 각주 17), p. 78.

33 松代隆, 「辯護士と個人の依頼者との關係」, 1987, 塚原英治, 『法曹の倫理と責任』(제2부 각주 23), p. 52.

는 사실관계의 정확한 청취를 통해서 이익충돌여부를 판단할 수 있고, 사건의 전체상을 알게 되면서 수임여부를 판단하게 된다. 일단 상담을 시작하게 되면 그 상담으로 인하여 실제로 대리관계의 형성에까지 이르지 못하더라도 상담을 시작한 사람은 잠재적 의뢰인(prospective client)으로서의 지위를 가지게 되고 변호사는 그에 상응하는 윤리적 의무를 지게 된다. 특히 변호사가 잠재적 의뢰인의 비밀정보를 알게 되는 경우, 변호사는 그에 대해 비밀유지의무를 지게 되며, 동시에 그 사건과 동일하거나 관련이 있는 사건에서 그 잠재적 의뢰인의 이익과 상반되는 제3자를 대리하는 것은 금지된다. 바로 이러한 점 때문에 봉쇄의 문제가 생긴다.

봉쇄란 변호사가 상대방의 변호사가 되는 것을 방지할 의도로 그 변호사와 사건에 대해서 협의하는 것을 말한다.[34] 즉, 유능한 변호사가 상대방을 위해서 대리하지 못하게 할 의도로 자신의 비밀정보를 그 변호사에게 제공하는 것이다. 만약 변호사가 이를 알지 못하고 악의가 있는 당사자로부터 협의를 받게 된다면 향후 그의 상대방으로부터 사건을 수임받지 못하는 결과가 된다. 따라서 변호사—특히 변호사가 과소한 지역의 변호사나 고도의 전문적 영역에서 활동하는 변호사—는 수임 전의 상담단계에서 매우 조심하지 않으면 안 된다. 현재로서 제시할 수 있는 대응방안은 최초 상담 시점에서 사안의 상대방 이름을 확인하고 자신이 상대방으로부터도 상담을 받을 가능성이 있는지의 여부를 검토하고 만약 그 가능성이 있다면 이미 다른 변호사에게도 상담했는지 여부를 확인하는 것이 필요하며, 최초 상담단계에서는 상담내용이 일반론에 그치도록 조심하는 것이다.[35] 다시 말해 최초의 상담에서 의뢰인의 비밀정보에 함부로 접해서는 안 되

34 森際康友, 『法曹の倫理』(제2부 각주 17), p. 73.
35 森際康友, 『法曹の倫理』(제2부 각주 17), p. 74.

며, "협의의 정도 및 방법이 신뢰관계에 기초한다고 인정"(직무규정 제27조 제2호)되는 수준에 이르지 않도록 조심해야 한다는 것이다.

이러한 것은 의뢰인이 굳이 악의적으로 봉쇄를 의도하지 않는 경우에도 조심하지 않으면 안 된다. 특히 많은 변호사를 고용하여 법률서비스를 제공하는 로펌의 경우, 단순히 상담을 한 것으로 인해 그 로펌에 속한 전체 변호사가 그 사건을 담당하지 못하게 되는 결과가 발생할 수 있다(제2부 제2장 3. 5, 이익충돌의 전가문제에 관한 서술을 참고). 따라서 ABA는 변호사들에게 잠재적 의뢰인으로 하여금 최초의 상담에서는 가급적 비밀정보를 공개하지 말도록 요구하라고 조언한다(ABA공식의견90-358).

우리나라의 경우, 관련규정은 없지만 마찬가지의 문제가 생길 것이다. 따라서 수임 전의 상담에서는 잠재적 의뢰인의 비밀정보에 함부로 접해서는 안 되며, 수임여부를 판단하는 데 필요한 정보에 대해서만 접하여야 한다.

3) 의뢰인-변호사 관계의 종결

의뢰인-변호사 관계가 종료되는 것은 위임사무가 완수된 때이다. 그러나 변호사와 의뢰인은 그 전에 각자의 의사에 기하여 의뢰인-변호사 관계를 중지시킬 수 있다. 그러나 여기에는 일정한 제약이 있다. 이에 대해서 우리나라 윤리장전은 특별한 규정을 두고 있지 않지만 미국이나 일본의 경우, 이에 대해서 규정하고 있다. 미국과 일본의 사례를 보면서 의뢰인-변호사 관계가 종결될 때 변호사가 지켜야 할 윤리규범을 살펴본다.

미국의 경우를 보자면, 변호사 측에서 보면 마음대로 대리관계의 철회여부를 결정할 수 있는 것은 아니다. 즉, 대리관계를 철회해야 하는 경우는 반드시 철회해야 하며, 철회를 하고자 하는 경우에도 철회가 허용되는 경우에 해당되어야만 철회할 수 있다. 이에 비하여 의뢰인 측에서 보자면, 원칙적으로 자유롭게 의뢰인-변호사 관계를 종결지을 수 있는 것으로 하고 있다.

(가) 대리관계의 철회의 제한

앞서 대리관계를 형성할 수 없는 경우에 대해서 살펴보았거니와, 그러한 사정이 수임 후에 발생하게 되면, 변호사는 그 대리관계를 철회(withdrawal)해야 한다. 예컨대 대리행위가 윤리규정이나 법의 위반을 낳는 경우, 변호사의 개인적인 문제로 인하여 의뢰인을 대리할 능력이 실질적으로 손상된 경우, 의뢰인의 목적이 다른 사람을 괴롭히는 것이거나 악의적인 기소에 해당하는 경우 등이 발생하면 변호사는 대리관계를 철회해야 한다(표준규칙1.16 참고).

그러한 사정이 없는 경우에 변호사는 의뢰인과의 관계를 일방적으로 단절할 수 없다. 미국의 경우 어쩔 수 없는 상황(compelling circumstances)에서만 변호사에게 대리의 철회가 허용되어야 한다는 입장이다(EC2-23 참고). 표준규칙에 의하면 대리의 철회가 허용되는 경우는 다음과 같다(표준규칙1.16(b)).

(1) 철회가 의뢰인의 이익에 실질적으로 거스르는 효과 없이 이루어질 수 있는 경우;

(2) 변호사가 범죄적 또는 기만적이라고 합리적으로 믿는, 변호사 서비스를 포함한 행동을 의뢰인이 고집하는 경우;

(3) 의뢰인이 변호사의 서비스를 범죄나 사기를 범하는 데 이용해 온 경우;

(4) 변호사가 혐오스럽다고 생각하는 행동이나 변호사가 근본적으로 동의하지 않는 행동을 취할 것을 의뢰인이 고집하는 경우;

(5) 의뢰인이 변호사의 서비스와 관련하여 변호사에 대한 의무를 상당 정도로

충족시키지 않고, 그 의무가 충족되지 않으면 변호사는 철회할 것이라는 합리적인 경고를 받은 경우;

(6) 대리가 변호사에게 부당한 재정적 부담을 낳거나, 의뢰인에 의해서 대리가 합리적으로 어렵게 된 경우; 또는

(7) 철회를 위한 다른 정당한 이유가 존재하는 경우.

그러나 객관적으로 대리의 철회가 허용되는 경우라고 하더라도 법원이 그것을 허락하지 않고, 대리를 계속하라고 명령하게 되면 변호사는 대리를 중지할 정당한 이유가 있다고 하더라도 대리를 계속해야 한다(표준규칙 1.6(c)).

우리나라의 경우에도 이와 유사한 정도의 규정이 필요할 것이다. 변호사는 사건을 수임하지 않을 수 있지만, 일단 수임하게 되면 정당한 사유 없이 일방적으로 사건의 수임을 철회해서는 안 되는 것이다. 우리나라 징계사례 중에는 의뢰인의 승낙이나 합당한 이유 없이 사임계를 낸 점을 문제 삼은 사례가 있다(제2002-8호 변호사 징계[2002. 10. 14 결정], 징계사례집, 제4집, p. 132).

(나) 의뢰인에 의한 변호사의 해임

미국의 경우, 의뢰인은 객관적 사유를 제시함이 없이 의뢰인-변호사 관계를 일방적인 통보로써 종료시킬 수 있다. 의뢰인의 변호사 해임권은 의뢰인의 본질적인 권리이기 때문에 해임하지 않기로 하는 계약은 무효라고 한다.[36] 의뢰인-변호사 관계는 변호사에 대한 신뢰에 입각한 의뢰인의 위임에 의해서 형성되는 것이므로 의뢰인이 변호사를 해임할 때는

36 Richette v. Solomon 410 Pa. 6, 187 A. 2d 910(Pa. 1963).

부당해고의 문제가 발생하지 않는다. 다만 사내변호사나 로펌소속 변호사의 경우 해고는 의뢰인-변호사 관계의 해임이 아니므로 이는 달리 취급되어야 한다. 즉 이 경우 고용관계에 입각한 부당해고의 문제가 될 수 있다.[37] 의뢰인의 일방적인 통보로 위임관계가 종료되더라도 종전 의뢰인에 대한 변호사의 의무는 남는다. 즉, 의뢰인-변호사 관계가 의뢰인의 일방적인 사정으로 종료된 후에도 변호사의 비밀유지의무나 이익충돌회피의무는 유지된다.

의뢰인에 의해서 변호사가 해임된 경우 보수의 문제는 어떻게 해결해야 하는지가 문제 될 수 있다. 의뢰인이 정당한 이유 없이 의뢰인을 해임하는 경우 의뢰인은 계약에 따른 책임을 진다. 만약 고정액의 보수를 정한 경우에는 해임 전까지의 작업량을 고려하여 보수를 지급해야 할 것이다. 만약 변호사와 의뢰인 사이에서 환불불가를 조건으로 계약한 경우도 있을 수 있는 데, 미국 법원은 이러한 계약을 무효로 본 판례가 있다.[38] 성공조건부로 계약한 경우에는 전체 성공조건부 보수를 지급하도록 한 판례[39]와 해임 전에 제공된 서비스의 가치에 따른 합리적 비용을 제공해야 한다는 판례[40]가 있다. 전자는 실질적으로 모든 서비스가 제공된 사실을 중시한 것이고, 후자는 의뢰인의 해임권의 보장을 중시한 것이다. 하지만 어떤 경우이든 실제 소송에서 의뢰인이 일정한 보상을 받은 경우에만 보수를 청구할 수 있다.[41]

---

37 Wieder v. Skala 80 N. Y. 2d 628, 609 N. E. 2d 105(N. Y., 1992): 동료의 비윤리적 행동을 보고한 것 때문에 해고된 경우에 로펌은 책임이 있다.

38 Matter of Cooperman 83 N. Y. 2d 465, 611 N. Y. S. 2d 465(N. Y. 1994).

39 Dombey, Tyler, Richards and Grieser v. Detroit, T. & I. R. Co. 6 Ohio Misc. 185, 351 F. 2d 121(C. A. Ohio 1965).

40 Fracasse v. Brent 6 Cal. 3d 784, 100 Cal. Rptr. 385(Cal. 1972).

41 Plaza Shoe Store, Inc. v. Hermel, Inc. 636 S. W. 2d 53(Mo., 1982).

(다) 대리관계의 종결에 따른 의뢰인 보호의무

미국의 경우 의뢰인의 귀책이든 변호사측의 원인에 의하든 의뢰인-변호사 관계가 종결되는 경우, 변호사는 의뢰인을 보호하는 데 필요한 조치를 취해야 한다. 즉, 대리의 종결시 변호사는 의뢰인의 이익을 보호하기 위해서 의뢰인에게 합리적인 통보를 하는 것, 다른 변호사를 고용할 시간을 주는 것, 의뢰인이 권한을 갖는 서류나 재산을 반환하는 것, 일하지 않은 부분의 선지급 보수나 발생하지 않은 비용의 반환 등을 포함하여 합리적으로 실행 가능한 범위에서 조치를 취해야 한다(표준규칙 1.16(d)). 대리관계가 종결되더라도 변호사의 신뢰의무는 남는다. 즉, 의뢰인에 대한 비밀유지의무나 이익충돌 회피의무는 대리관계 종료 후에도 유지된다.

유럽 행위규범은 변호사는 의뢰인이 받고 있는 불이익을 방지할 만한 다른 법적 조력을 적절한 시간 내에 받을 수 없을 경우에는 사건수임의 철회권을 행사할 수 없다고 규정한다(유럽 행위규범 3.1.4). 일본 직무규정 제44조(처리결과의 설명)에는 변호사는 위임의 종료시에 사건처리 상황 또는 그 결과에 관하여, 필요한 경우에 법적 조언과 함께 의뢰인에게 설명해야 한다고 하고, 변호사는 위임의 종료에 임하여 위임계약에 따라 금전을 청산한 후, 맡은 돈 및 물건을 지체 없이 반환해야 한다고 규정한다(직무규정 제45조).

이러한 내용들은 우리나라의 경우에도 적용될 수 있을 것이다. 변호사는 대리관계가 종결될 때 의뢰인을 보호하기 위한 조치를 취해야 하며, 의뢰인의 재산 등을 모두 반환해야 한다. 대리관계의 종료시 ① 의뢰인, 당사자 또는 증인 신청된 사람들과의 면담 등을 통해서 작성된 메모, ② 소송수행 중 대리인이 조사한 이론 및 판례의 메모, 사건진행 메모(직원들에 대한 지시사항의 메모는 변호사의 소유이므로 제외됨), ③ 의뢰인 또는 당사자가 발급받아 증거물로 사용하도록 제공한 등기부등본 등 재발급이 가능한 민원서류, ④ 상대방으로부터 제출되어 입수된 준비서면과 서증 등 각 사본 및 감정서, 사실조회 회신 복사본 등 대리인이 작성하지 않았으나 소송수행 과정에서 입수된 서류 등은 의뢰인의 소유이므로 반환하여야 한다.[42]

4) 소결

이상에서 보디시피, 의뢰인-변호사 관계의 형성과 종료를 둘러싸고 많은 윤리적 쟁점들이 있으며 이에 대처하기 위하여 미국 · 일본에서는 여러 가지 상세한 규정들을 마련해두고 있다. 반면 우리나라의 경우는 이에 대한 규정이 거의 미비한 상태이다.

위의 논의를 토대로 보자면, 우리나라의 경우도 수임계약과 관련한 변호사의 윤리적 책무, 수임의 이행과정에서 일반적으로 요청되는 윤리적 책무, 그리고 수임의 종결과 관련한 윤리적 책무 등에 대해서 각각 적절한 윤리규정을 마련하는 것이 필요하다고 보아진다. 위임의 존재여부, 위임의 내용, 수임료 등에 대해서 논란이 생기지 않도록 서면의 수임계약서 작성을 의무화하는 것, 변호사의 설명의무 등이 특히 강조될 필요가 있을 것이다. 이러한 규정이 없는 경우에도 변호사라면 마땅히 이상에서 논의된 바와 같은 윤리규범을 고려하여 성실히 실무에 임하여야 할 것이다.

---

42 대한변협, 『변호사관련법규 질의회신집』, 2000, p. 40.

2. 비밀유지의무

1) 비밀유지에 관한 의무와 권리

(가) 제도의 취지

변호사는 업무상 알게 된 의뢰인의 비밀을 공개해서는 안 된다(윤리장전 제23조). 이를 변호사의 비밀유지의무(duty of confidentiality)라고 한다. 변호사의 비밀유지의무는 변호사제도의 본질과 관련된 것으로서 윤리규범 중에서 특히 중요한 것으로 간주된다.

비밀유지의무가 요청되는 가장 근본적인 이유는 변호사와 의뢰인 사이에 확고한 신뢰관례를 구축함으로써, 의뢰인과 변호사 사이의 원활한 정보의 소통을 확보하는 것이다. 의뢰인은 변호사를 통해서 법률적 서비스를 받고자 하지만, 많은 경우 의뢰인은 정작 변호사로부터 받아야 할 법률서비스의 내용이 무엇인지를 알지 못할 수도 있다. 의뢰인 자신이 처한 상황이 법률적으로 어떤 의미를 지니는지, 어떻게 법률적으로 대응해야 하는지를 변호사와의 상담을 통해서 비로소 알게 되는 것이다. 그렇기 때문에 의뢰인-변호사 사이에 원활한 관계가 형성되기 위해서는 우선 의뢰인에 관한 정보가 변호사에게 충분히 전달되어야 하는 것이다. 이렇게 되기 위한 전제는 변호사가 의뢰인의 비밀정보를 결코 공개하지 않는다는 믿음이다.

그리고 변호사에게 전달해야 할 정보에는 의뢰인이 결코 공개하고 싶지 않은 것이 많이 포함될 수 있다. 변호사로부터 적정한 조력을 받기 위해서는 객관적으로 유리한 정보뿐만 아니라, 불리한 사실도 포함하여 정보를 제공한 위에서 비로소 적절한 해결책이 찾아진다. 따라서 의뢰인이 충분한 법률적 서비스를 받기 위해서는 자신에게 불리한 정보를 포함하여 충분히 많은 정보를 변호사에게 제공해야 한다. 이것이 가능하기 위해서는 대리과정에서 드러난 자신에 관한 모든 정보가 자신에게 불리하게 사용되지 않을 것일 뿐만 아니라 결코 외부로 유출되지 않는다는 신뢰가 전제되지 않으면 안 된다. 의뢰인이 변호사를 신뢰하고 안심하고 정보를 제공하며 조사활동을 의뢰할 수 있기 위해서는 변호사는 직무상 알게 된 정보에 대해서 직무의 수행중은 물론 직무가 종결된 후에도 그것을 타인에게 누설하지 않는다는 제도적 보장이 필요하다.[43]

변호사의 입장에서도 상담의 초기단계에서부터 충분한 정보를 입수해야 최선의 해법을 모색힐 수 있다. 이렇게 히기 위헤서는 변호사 측에서도 적극적으로 비밀이 유지된다는 신뢰를 제공할 필요가 있다. 나아가 의뢰인의 비밀을 유지하는 것은 변호사제도 자체의 존립과 관련된다. 비밀이 유지되지 않는다면 의뢰인-변호사 관계 자체가 형성되기 힘들기 때문이다.

의뢰인의 사생활정보를 보호하는 것이 비밀유지의무를 인정하는 취지인지에 대해서는 논란이 있을 수 있다. 의뢰인 비밀의 많은 것은 사실상 대부분 사생활정보라고 할 수 있는 여지가 있기 때문이다. 그러나 변호사의 비밀유지의무는 사생활 정보 자체의 보호를 위한 제도라기보다는 의뢰인과 변호사 사이의 신뢰관계를 유지하려는 데 그 본래적인 취지가 있다고 보아야 할 것이다.

한편 의뢰인의 비밀에 대한 보호가 필요하다고 인정하더라도 그것이 절대적인 가치가 될 수 있는 것인지에 대해서는 많은 의문이 제기되고 있다. 예컨대 의뢰인이 진짜 살인범이라는 사실을 알고 있으면서도 이에 대해서 침묵함으로써 다른 사람이 억울하게 수십 년간 복역하도록 방치하는 것은 인정될 수 있을까?[44] 이처럼 의뢰인의 비밀을 유지하는 것이 제3

---

43 森際康友, 『法曹の倫理』(제2부 각주 17), p. 25.

자의 생명 · 신체 또는 공공적 이익을 심각하게 침해하는 경우에도 의뢰인의 비밀을 유지하는 것이 도덕적으로 정당화될 수 있을까? 이러한 문제는 비밀유지에 대한 한계의 문제이며, 이러한 한계상황에서 변호사의 윤리규범이 무엇이어야 하는지가 비밀유지의무와 관련한 변호사윤리에서 중요한 문제이다.

(나) 변호사의 권리로서의 비밀유지

일본 변호사법 제23조는 그 조문의 제목을 "비밀유지의 권리 및 의무"로 하고, 그 내용에서도 "변호사 또는 변호사이었던 자는 그 직무상 알게 된 비밀을 유지할 권리를 가지고 의무를 부담한다"고 규정한다. 이처럼 변호사의 비밀유지가 의무이면서 권리인 이유에 대해서는 다음과 같이 설명한다.

> 변호사 자신이 비밀을 유지하려고 해도 다른 사람으로부터 예컨대 국가기관으로부터 비밀의 공개를 요구받았을 때 변호사가 그것을 거부할 수 없다면, 결국 비밀을 지키는 것이 불가능할 것이다. 따라서 비밀유지의무는 상담자 · 의뢰인의 관계에서는 의무이지만, 국가기관과 제3자 등의 관계에서는 변호사의 권리(의뢰인의 비밀을 공개하지 않을 권리)로서 구성되지 않으면 안 된다. 변호사가 상담자 · 의뢰인의 비밀을 지키는 것은 의무임과 동시에 변호사가 상담자 · 의뢰인으로부터 신뢰를 얻어 업무를 수행하기 위하여 그리고 변호사로서의 존립을 보장

---

44 이 일은 최근 미국에서 한 변호사가 고백함으로써 알려지게 된 실제 사건이다. 이에 의하면 살인 누명을 쓴 미국 일리노이 주의 앨튼 로간은 자신이 결백하다는 것을 아는 변호사가 두 명이나 있는 데도 26년째 억울한 옥살이를 해왔다. 이 변호사들은 다른 사건으로 자신이 변호하던 의뢰인으로부터 "내가 진짜 살인범"이라는 고백을 받았지만, '의뢰인의 비밀유지' 라는 변호사윤리규정을 이유로 침묵해오다가 의뢰인이 사망한 최근에야 '진실' 을 공개했다(「의뢰인 비밀보호라는 변호사윤리의 한계는」, 「조선일보」, 2008. 3. 11).

하기 위한 업무상의 권리인 것이다.[45]

말하자면 변호사의 비밀유지의 의무와 비밀유지의 권리는 동전의 양면처럼 서로 밀접히 연관된 것이라고 한다. 이렇게 함으로써 의뢰인의 정보를 실질적으로 보장할 수 있다는 것이 그 논거이다. 유럽의 행위규범도 유사한 입장에서 서술하고 있다. 즉,

> 변호사는 의뢰인이 다른 사람들에게는 말하지 않은 것을 들어야 하며 신뢰의 기초 위에서 정보의 수취인이 되어야 한다는 것은 변호사의 본질적인 기능이다. 비밀보장의 확신 없이는 신뢰도 있을 수 없다. 따라서 비밀보장은 우선적이고도 근본적인 변호사의 권리이자 의무이다. 비밀보장에 대한 변호사의 의무는 의뢰인의 이익일 뿐만 아니라 정의의 집행의 이익에 기여한다. 따라서 그것은 국가의 특별한 보호를 받아야 한다. (행위규범2.3.1)

미국에서는 의뢰인 비밀의 취급과 관련하여 변호사의 행동을 규율하는 규범으로서, 변호사-의뢰인 특권(the attorney-client privilege)과 비밀유지 의무(professional duty of confidentiality)를 구분해서 설명한다. 전자는 특정한 정보에 대해서는 변호사가 법원에서의 증언을 거부할 수 있는 것을 내용으로 하는 것이고, 후자는 변호사가 의뢰인을 대리하는 과정에서 알게 된 정보를 공개하지 말 것을 요구하는 규범이다. 전자는 증거법상의 원칙이고 후자는 변호사윤리 규범이다. 보호의 대상이 되는 범위는 전자가 훨씬 협소하다. 즉, 전자에서는 의뢰인과 변호사 사이에 있었던 소통내용(대화나 편지)을 보호하는 것인 반면 후자는 언제 어디서 정보를 취득했든

45 森際康友, 『法曹の倫理』(제2부 각주 17), p. 25.

묻지 않고 의뢰인의 대리와 관련하여 획득된 정보는 모두 보호하는 것이다. 미국에서 법원은 의뢰인-변호사 특권에 기한 정보는 판사가 그 공개를 명령할 수 없지만, 특권에 의해서 보호받지 않은 비밀정보에 대해서는 판사가 그 공개를 명령할 수 있다.[46] 아무튼 미국에서 변호사에게 일정한 비공개의 특권을 주는 것은 변호사윤리 규정상 보호되는 비밀보호의 반사적인 측면이라기보다는 그것과는 다른 취지에서 인정되는 것이다.

우리나라 윤리장전은 비밀유지가 변호사의 권리라고는 선언하지 않고 있다. 그렇지만 변호사는 의뢰인 정보에 대한 비밀유지의무의 준수를 위해서는 국가를 포함한 제3자에 대해서 변호사의 권리로서 주장하는 것이 요청된다. 그러나 이러한 권리는 어디까지나 의뢰인의 이익추구 과정에서 생기는 반사적인 권리이며 의뢰인의 이익을 위한 것이기 때문에 의뢰인의 이익에 반하여 비밀유지를 주장하는 것은 인정될 수 없을 것이다. 또 의뢰인의 이익을 넘어 과도하게 주장하는 것도 인정될 수 없을 것이다.

(다) 유사개념과의 관계

의뢰인의 비밀유지의무와 유사한 내용이 형법 · 형사소송법 · 민사소송법에 담겨 있다.

형법은 "의사, 한의사, 치과의사, 약제사, 약종상, 조산사, 변호사, 변리사, 공인회계사, 공증인, 대서업자나 그 직무상 보조자 또는 차등[이와 같은]의 직에 있던 자가 그 업무처리 중 지득한 타인의 비밀을 누설한 때"에는 이를 업무상 비밀누설죄(형법 제317조)로 다루고 있다. 여기서 보호법익

46 미국의 책임준칙에서는 특권에 의해서 보호되는 것을 confidence라고 하고, 특권에 의해서 보호받지 않는 부분을 secret라고 구분하였으나, 표준규칙에서는 이를 구분하지 않고 confidence로 하고 있다. 따라서 confidence 중에는 특권에 의해서 보호되는 것과 그렇지 않은 것이 혼재한다고 볼 수 있다(Morgan[2005], *Legal Ethics*[제2부 각주 13], pp. 53~54).

은 타인의 비밀이다. 비밀이라 함은 일반적으로 알려져 있지 않은 사실로서, 이를 숨김으로써 본인이 일정한 이익을 가지는 것을 말한다. 본죄의 주된 보호법익은 사생활의 비밀이지만 사회적으로 중요한 의미가 있는 직무의 활성화도 부수적으로 보호법익에 포함된다고 볼 수 있다.[47] 이러한 입장에서 본다면 형법의 업무상 비밀누설죄는 상당한 정도로 변호사직의 활성화를 도모하려는 취지의 형벌이라고 할 수 있고, 의뢰인의 비밀을 누설한 변호사는 변호사법상 징계의 대상이 될 뿐만 아니라 형법에 의한 형벌의 대상이 된다.

소송법에서는 변호사가 의뢰인의 비밀에 관한 내용에 대해서 증언을 거부할 수 있게 하는 제도를 두고 있다. 우선 형사소송법 제149조(업무상 비밀과 증언거부)는 "변호사, 변리사, 공증인, 공인회계사, 세무사, 대서업자, 의사, 한의사, 치과의사, 약사, 약종상, 조산사, 간호사, 종교의 직에 있는 자 또는 이러한 직에 있던 자가 그 업무상 위탁을 받은 관계로 알게 된 사실로서 타인의 비밀에 관한 것은 증언을 거부할 수 있다"고 하고, 다만 본인의 승낙이 있거나 중대한 공익상 필요가 있는 때에는 예외로 한다고 한다. 민사소송법 제315조(증언거부권)에도 유사한 조항이 있다. 즉, "변호사 · 변리사 · 공증인 · 공인회계사 · 세무사 · 의료인 · 약사, 그밖에 법령에 따라 비밀을 지킬 의무가 있는 직책 또는 종교의 직책에 있거나 이러한 직책에 있었던 사람이 직무상 비밀에 속하는 사항에 대하여 심문을 받을 때는 증언을 거부할 수 있다"(민사소송법 제315조 제1항 제1호). 여기에서 "업무상 위탁받은 관계로 알게 된 사실" 또는 "직무상 비밀에 속하는 사항"이라고 정의하고 있어서 보호받는 범위가 넓게 정의되어 있다.

---

47 이에 대해서 본죄의 보호법익은 개인의 비밀이라고 하면 족하다는 견해 등의 논란이 있다(박제윤, 『형법각칙』, 2006. 4, p. 140 참고).

이것이 변호사법의 "직무상 알게 된 비밀"이나 윤리장전의 "업무상 알게 된 의뢰인의 비밀"과 동일한 것이라고 본다면, 변호사는 법정에서 넓게 비밀유지의 특권을 누린다고 할 만하다.

그리고 형사소송법 제112조 (업무상비밀과 압수)는 "변호사, 변리사, 공증인, 공인회계사, 세무사, 대서업자, 의사, 한의사, 치과의사, 약사, 약종상, 조산사, 간호사, 종교의 직에 있는 자 또는 이러한 직에 있던 자가 그 업무상 위탁을 받아 소지 또는 보관하는 물건으로 타인의 비밀에 관한 것은 압수를 거부할 수 있다"고 한다. 본조는 업무상 비밀을 보호하기 위해서 변호사 · 의사 등 일정한 업무에 종사하는 자에게 압수거부권을 인정하고 있다. 업무상비밀의 보호를 위해서 실체적 진실의 발견이라는 소송법적 이익이 제한되는 경우에 해당한다.

이상에서 보듯이 우리나라에서는 변호사들에게 광범하게 비밀유지의무를 부과하고 있으며, 비밀유지의무를 위반하는 경우 형법상 처벌을 받을 수 있는 것으로 하고 있다. 아울러 변호사들에게도 상당한 권한을 부여하고 있다. 즉, 형사 및 민사소송에서 직무상 알게 된 비밀에 대한 증언을 거부할 수 있게 하고, 업무상 위탁을 받아 소지 · 보관한 것 중 비밀에 관한 것은 압수를 거부할 수 있게 하고 있다. 미국의 의뢰인-변호사 특권보다 더 넓게 변호사의 비밀유지특권을 보장하고 있다고 할 만하다. 변호사가 소송과정에서 그러한 특권을 행사하지 않은 경우에 업무상 비밀누설죄를 위반한 것으로 처벌할 수 있는지에 대해서 논란이 있을 수 있는데, 이들이 증언거부권을 행사하지 않고 타인의 비밀에 관하여 증언한다고 하여도 반드시 비밀누설죄를 구성한다고 말할 수는 없다.[48] 변호사가 사법의 정상적 작동을 위하여 실체적 진실을 드러낸 것을 이유로 비난할

48 박제윤, 『형법각칙』(제2부 각주 47), p. 150.

수는 없기 때문이다. 다만 명백히 의뢰인을 해하려는 의도를 가지고 증언거부권의 행사 없이 증언하는 경우에는 의뢰인과 변호사 간의 신뢰관계를 크게 해치는 것이므로 비밀누설죄가 성립한다고 보아야 할 것이다.[49] 이러한 입장은 법정에서 증언거부권을 행사하지 않더라도 그로써 곧 비밀유지의무를 위한 것으로 볼 수 없다는 것이다. 일본의 주석서는 다소 다른 견해를 제시하고 있다. 즉, 민사소송법이나 형사소송법상의 증언거부권을 행사하지 않은 경우에 형법상 비밀누설죄에 해당하는지에 대해서는 논란의 여지가 있고 이 경우 의뢰인의 이익과 사법상의 이익을 비교형량해보아야 한다고 하면서도, 민사소송법이나 형사소송법상의 증언거부권을 행사하지 않은 경우에 변호사법 상의 비밀유지의무위반이 된다고 한다.[50] 이러한 입장은 의뢰인의 비밀을 두텁게 보호한다는 취지이겠지만, 사법적 정의와 형평을 고려하지 않은 채 의뢰인의 비밀을 너무 과도하게 보호하는 것으로 보인다.

2) 비밀유지의무의 내용

변호사의 비밀유지의무와 관련하여 변호사법과 윤리장전에 각각 규정되어 있다. 내용은 다음과 같다.

> 변호사법 제26조(비밀유지의무 등) 변호사 또는 변호사이었던 자는 그 직무상 알게 된 비밀을 누설하여서는 아니 된다. 다만, 법률에 특별한 규정이 있는 경우에는 그러하지 아니하다.
>
> 윤리장전 제23조(비밀준수) 변호사는 업무상 알게 된 의뢰인의 비밀을 공개하

---

49 박제윤, 『형법각칙』(제2부 각주 47), p. 150.
50 일변련, 『조해 변호사법』(제2부 각주 16), p. 158.

여서는 아니 된다. 다만, 공익상의 이유가 있거나 변호사 자신의 권리를 옹호하기 위하여 필요한 경우에는 최소한의 범위에서 이를 공개할 수 있다.

한국의 변호사법과 윤리장전은 일본의 변호사법 및 직무규정과 매우 유사하다. 일본 변호사법과 직무규정의 해당부분은 다음과 같다.

> 변호사법 제23조(비밀유지의 권리 및 의무) 변호사 또는 변호사이었던 자는 그 직무상 알게 된 비밀을 유지할 권리를 가지고 의무를 부담한다. 단 법률에 별단의 정함이 있는 경우에는 그렇지 않다.
>
> 직무규정 제23조(비밀의 유지) 변호사는 정당한 이유 없이 의뢰인에 대해 직무상 알게 된 비밀을 타인에게 누설하거나 이용해서는 안 된다.

위에서 보듯이 한국과 일본의 관련규정은 매우 유사하다. 말하자면 한국과 일본은 비밀유지와 관련하여 매우 유사한 입장에 있다고 할 만하다. 양국에서의 논의를 중심으로 비밀유지의무의 내용을 살펴보면서, 미국에서의 논의를 추가하는 식으로 비밀유지의무를 살펴보도록 한다.

(가) '의뢰인'의 비밀유지

변호사법 제26조는 변호사 또는 변호사이었던 자는 그 '직무상 알게 된 비밀'을 누설하여서는 아니 된다고 규정하고, 윤리장전 제23조는 변호사는 '업무상 알게 된 의뢰인의 비밀'을 공개해서는 아니 된다고 규정한다. 여기에서 변호사가 보호해야 하는 비밀이 누구의 비밀인지가 문제 된다. 변호사법에 의하면 일반적으로 변호사가 직무상 알게 된 정보, 즉 제3자의 비밀정보도 보호된다는 취지로 이해되며, 윤리장전은 특별히 '의뢰인'의 비밀이라고 명시하고 있기 때문이다. 이러한 문제는 일본 변호사법

제23조와 직무규정 제23조와의 관계에서 그대로 반복된다.

의뢰인 비밀의 유지를 도모하는 이유가 어디까지나 의뢰인과의 신뢰관계에 착안한 것이고, 그것을 보호함으로써 변호사제도의 존립을 보장하는 것이라는 점을 생각한다면, 보호되는 비밀은 의뢰인의 것이라고 하여야 할 것이다. 만약 직무상 제3자에 대해서 알게 된 비밀에 대해서도 의뢰인에 상당하는 정도의 비밀유지의무가 있다고 한다면, 이는 의뢰인의 비밀유지의무와 충돌할 것이다. 예컨대 의뢰인을 위해서 조사하는 과정에서 제3자의 비밀정보를 알게 된 경우, 그것을 이용하지 못하게 한다면 이는 의뢰인의 이익에 반할 뿐더러 변호사의 조력을 받는 의미 자체가 무력화될 것이다. 따라서 변호사의 비밀유지의무는 어디까지나 변호사와 의뢰인 사이의 신뢰를 보호하여 상호간 소통을 원활히 하는 것이지, 제3자와의 관계에서 논의될 것은 아니다.

물론 변호사는 여전히 의뢰인 이외의 자에 관한 여러 비밀정보를 함부로 유포할 권한이 있는 것은 아니다. 이것은 의뢰인-변호사 관계의 유지라는 취지라기보다는 제3자의 사생활정보를 보호할 필요성에 근거하는 것이라고 보아야 한다. 그런 점에서 변호사법 제26조는 형법의 업무상 비밀누설죄와 마찬가지로 의뢰인의 비밀정보를 포함하여 제3자의 비밀을 대외적으로 누설하는 것을 방지한다는 취지로 이해해야 할 것이다. 하지만 제3자의 비밀정보를 의뢰인의 이익을 위해서 이용하는 것은 변호사법 제23조에서 금지하는 비밀의 누설행위에 해당되지 않는다고 보아야 할 것이다.

변호사는 잠재적 의뢰인으로부터 얻은 비밀정보도 보호해야 한다(표준규칙1.18(b) 참고). 즉, 실제 사건의 수임이 이루어지기 전의 법률상담 과정에서 변호사에게 전달된 비밀정보가 있는 경우, 이는 실제수임을 한 의뢰인의 비밀정보와 마찬가지로 비밀정보로서 보호된다. 설사 위임의 합의가 이루어지지 않은 경우나 변호사측에서 수임을 거절한 경우에도 마찬가지이다. 이렇게 하는 이유는 변호사가 후에 상담자의 이익에 반하여 법정에서 증언하거나 상담자의 상대방을 대리하면서 자신이 제공한 정보를 이용할 우려가 없어야 상담자는 자유롭게 그 사안에 대해서 정보를 제공하고 상담할 수 있을 것이기 때문이다. 이러한 예비적 상담을 통해서 의뢰인의 비밀정보를 알게 된 변호사는 추후에 그 상대방을 대리할 수 없게 된다(표준규칙1.18(c)). 따라서 변호사는 예비적 상담 시에 의뢰인의 비밀정보에 접근하지 않도록 유의하고 상담을 받는 사람에게도 그 점을 주지시키는 것이 필요하다.

변호사의 비밀유지의무는 대리관계가 끝나도 유지된다. 즉 변호사가 사건의 처리 중에 해임되거나 사건종결로 인해 더 이상 대리관계가 존재하지 않게 된 경우에도 변호사는 종전 의뢰인에 대한 비밀유지의무를 준수해야 한다. 심지어 의뢰인이 죽은 경우에도 일정정도 보호된다고 보아야 한다.[51] 이에 대해 유럽 행위규범은 "비밀유지의무에는 시간적 한계가 없다"고 표현한다(2.3.3). 말하자면 변호사의 비밀유지의무는 시간적으로 무제한이다.

비밀유지의무의 주체는 당연히 변호사이다. 그러나 변호사법 제26조 및 형법 제317조에 의하면 변호사이었던 자도 직무상 알게 된 비밀에 대해서는 누설하지 말아야 할 의무가 있는 것으로 하고 있으므로, 변호사가 아닌 자도 그 한에서 비밀유지의무가 있다. 즉, 이 경우 윤리장전에 따른 징계의 대상은 아니지만, 여전히 의뢰인의 비밀정보의 비밀을 유지해야 하며 이를 위반한 경우에 변호사법 및 형법에 근거하여 처벌될 수 있다. 이때 변호사였던 자에 의한 비밀누설행위가 징계되지 않는 이유는 징계

51 Swidler & Berlin v. U. S. 524 U. S. 399, 118 S. Ct. 2081(U. S. Dist. Col., 1998).

시점에 변호사가 아닌 자는 변호사법상 징계대상이 아니기 때문이다.[52]

(나) '직무(업무)상 알게 된 비밀'의 범위

'직무상 알게 된 비밀'은 일차적으로 의뢰인 업무의 대리과정에서 의뢰인을 통해서 알게 된 것을 의미한다. 그러나 여기에 몇 가지 모호한 부분이 있다.

첫째, 직무와 관련하여 변호사가 얻은 정보이지만 의뢰인을 통해서 얻지 않은 정보는 여기에 포함되는가? "비밀유시의무는 변호사가 직무싱 알게 된 모든 것에 미친다. 변호사가 그것을 누구로부터 어떤 방법으로 알게 되었는지는 상관없다. 의뢰인이나 제3자가 알려준 것뿐만 아니라 변호사가 스스로 알아낸 사실도 포함"된다는 견해가 있는 반면,[53] 직무상 알게 됐다는 의미에 대해서 일반적인 법률사무를 행하는 과정에서 알게 됐다는 것이고 직무행위와 상관없이 알게 된 비밀은 포함하지 않는다는 입장도 있다. 예컨대, 의뢰나 상담관계가 아닌 친구나 사적인 대화에서 우연히 알게 된 비밀은 직무상 알게 된 비밀에 해당되지 않는다고 보는 것이다.[54] 미국 표준규칙은 누구로부터 어떤 조건에서 얻은 것인지를 묻지 않고 '대리와 관련한 정보'(information relating to the representation of a client)에 대해 공개하지 말 것을 요구한다(표준규칙1.6(a) 참고). 우리의 경우도 후자와 같이 정보의 출처를 묻지 않고 의뢰인의 비밀정보를 보호하는 것이 바람직할 것이다. 출처와 상관없이 직무와 관련된 정보이면서 의뢰

---

52 변호사법 제90조 및 대한변협, 『징계사례집』(IV), 2006, p. 161 참고. 이에 의하면 변호사 등록이 취소된 경우에도 징계대상이 아니라고 한다.

53 박상근, 「변호사의 직업윤리와 의무」, 서울대학교 법과대학 엮음, 『법률가의 윤리와 책임』(제1부 각주 12), p. 250.

54 森際康友, 『法曹の倫理』(제2부 각주 17), p. 29.

인에게 비밀로서 가치가 있는 것이라면 이를 모두 보호하는 것이 의뢰인의 이익에 합치하는 것이기 때문이다.

둘째, 변호사가 알게 된 정보가 수임사건과 내적 연관성이 없는 경우도 보호되는가? 마찬가지로 "변호사가 직무와 관련하여 알게 된 사실이라 하더라도 자신의 수임사건과 내적인 관련이 없는 경우는 비밀유지의무가 없다"는 견해도 있지만,[55] 다른 견해에 의하면 상담자 · 의뢰인으로부터 얻은 것이라면 수임한 사항과 관계없는 비밀이나 분쟁문제와 무관하다고 생각되는 비밀도 널리 '직무상 알게 된 비밀'로서 취급해야 한다고 한다. 상담자 · 의뢰인이 변호사에 대해서 비밀을 개시(공개)하는 것은 의뢰사항과 어떤 관계가 있다고 생각하여 말한 경우도 있고, 장래의 상담에 대비하여 예비지식으로써 말하는 것도 있지만, 그러한 모두에 대해 신뢰를 보호하는 것이 비밀유지의무에는 부과되어 있다고 보는 것이다.[56] 생각건대, 직무 관련성의 경계는 모호할 뿐만 아니라 비밀유지가 의뢰인과 변호사 사이의 신뢰를 강화한다는 측면을 고려한다면, 후자의 입장이 더 타당할 것으로 생각된다. 비밀이라는 것은 주관적 의미의 비밀뿐만 아니라 객관적 의미의 비밀을 포함한다. 즉, '의뢰인의 과거범죄행위, 반윤리적 행위, 질병, 신분, 친족관계, 재산관계, 유언장의 존부, 거소, 기타 의뢰인의 불이익한 사실 등 의뢰인이 제3자(이해가 다른 자)에게 알리고 싶지 않은 사항이 비밀유지의 대상이 되며, 그 외 사회통념상 일반적으로 알리고 싶지 않다고 생각되는 내용이 모두 포함된다.[57]

셋째, 일반적으로 공지된 정보의 경우는 비밀유지의무가 발생하지 않

55 박상근, 「변호사의 직업윤리와 의무」, 서울대학교 법과대학 엮음, 『법률가의 윤리와 책임』(제1부 각주 52), p. 250.

56 日本弁護士連合會, 『注釋 弁護士倫理』, 有斐閣, 1995, pp. 87~88.

57 森際康友, 『法曹の倫理』(제2부 각주 17), p. 28.

는다고 보아야 할 것이다. 예컨대 제3자가 공개한 사항, 대중매체를 통해서 보도된 사항, 판결로서 공지된 사항은 더 이상 보호되어야 할 비밀정보가 아니다. 공지로 인하여 그 정보는 더 이상 보호할 가치가 없어졌기 때문이다(표준규칙1.9(c) 참고). 다만 공지는 되었지만 일반적으로 확인되지 않고 의뢰인이 부정하거나 반론을 제기하는 경우도 있을 수 있다. 이러한 경우에 공표 내용을 뒷받침하거나 추인하는 언동은 의뢰자의 이익에 반할 수 있으므로 의뢰인의 동의 없이 그러한 행동을 해서는 안 된다.[58]

넷째, 그 외에 의뢰인의 이름 등 신분은 통상 비밀이 아니지만, 의뢰인이 변호사와 상의했다는 사실도 경우에 따라서는 비밀로서 보호될 필요가 있기 때문에 의뢰인의 신분도 때로는 보호되는 비밀이 될 수 있다. 의뢰인의 소재지(거소)에 대한 정보도 그것의 공개가 의뢰인을 불편하게 하는 경우는 변호사는 그 정보를 비밀로서 보호해야 한다. 의뢰인이 지불한 보수액도 비밀이 될 것이다. 그러나 변호사단체나 국세청 등 공공기관에 정확한 보수액을 신고하는 것은 비밀유지의무의 위반이라고 할 수 없다. 이는 공공적 의미를 가지고 정보를 제공하는 것이며 또 공공기관이 그 정보를 대외적으로 공개하지는 않기 때문이다. 의뢰인이 제3자와의 동석에서 변호사에게 공개한 정보도 의뢰인의 비밀정보로서 보호된다. 만약 변호사가 의뢰인의 범행에 관련된 물적 증거의 소재지를 알고 있는 경우, 소재지에 관한 정보는 비밀정보로서 보호된다. 참고로 미국의 경우, 범행의 물적 증거물(physical evidence)의 소재지에 관한 정보는 보호되지만,[59] 변호사가 물적 증거를 보유하게 되면 그것을 반드시 경찰에 넘겨주어야 한다.[60] 후자의 경우는 단순한 비밀정보의 유지가 아니고 불법에 직접 가

58 일변련, 『주석 변호사윤리』(제2부 각주 56), p. 89.

59 People v. Belge 83 Misc.2d 186, 372 N. Y. S. 2d 798(N. Y. Co. Ct. 1975).

60 State ex rel. Sowers v. Olwell 64 Wash. 2d 828, 394 P. 2d 681(WASH. 1964).

담하는 것으로 보이기 때문이다. 우리나라의 경우, 의뢰인의 비밀이 담긴 물건의 압수를 거부하는 권한이 변호사에게 있지만(형사소송법 제112조 참고), 이때 범행의 물적 증거물의 압수를 거부할 수 있다고 보아서는 안 될 것이다.

(다) 의뢰인 비밀정보의 이용

일본 직무규정 제23조는 변호사는 직무상 알게 된 비밀을 누설하지 말아야 할 뿐만 아니라, 이를 '이용'해서도 안 되는 것으로 하고 있다. 미국의 표준규칙도 의뢰인의 비밀정보의 이용에 대해 규제하고 있다(표준규칙 1.8(b) 참고). 일본의 경우, 비밀을 누설하지 않아도 의뢰인의 비밀을 기초로 일정한 이익을 얻는 것을 도모하는 행위는 금지된다. 금지되는 '이용'에는 비밀정보를 의뢰인에게 불리하게 이용하는 경우뿐만 아니라, 의뢰인의 이익을 해함이 없이 자기 또는 제3자에게 유리하게 이용하는 경우도 포함한다. 예컨대 M&A를 담당하는 고문변호사가 그 때 알게 된 정보를 이용하여 주식을 구입하는 것 등이 이에 해당한다.[61] 일본의 경우, 이처럼 '이용'의 의미를 상당히 넓게 파악하고 있는 것이다.

미국의 경우는 이와는 약간 다르다. 변호사는 의뢰인 정보를 의뢰인의 설명 있는 동의가 없는 한 의뢰인의 이익에 불리하게 사용하지 못한다고 한다(표준규칙1.8(b)). 따라서 비밀정보의 이용이 의뢰인의 이익에 불리하게 사용되는 것이 아니라면, 변호사는 의뢰인의 동의 없이도 의뢰인의 비밀정보를 이용할 수 있다고 해석된다. 그러나 이에 대한 논란이 없지 않다. 예컨대, 미국의 책임전범은 의뢰인의 이익에 반하지 않는 경우에도 변호사의 이익을 위해서 의뢰인의 비밀정보를 이용하는 것을 금지했다

61 森際康友, 『法曹の倫理』(제2부 각주 17), p. 35.

(DR4-101(A)(2)).

우리나라의 경우, 의뢰인 정보의 이용에 관한 규정은 없지만, 적어도 의뢰인의 비밀정보를 의뢰인의 이익에 반하여 이용하는 것은 당연히 금지된다고 보아야 할 것이다. 예컨대 의뢰인의 부동산 개발계획정보를 알게 된 후에 그 지역의 부동산을 시세보다 고가로 구매하는 행위는 금지된다.

문제는 의뢰인의 이익에 반하지 않는 방식으로 의뢰인의 정보를 이용하는 경우인데, 이에 대해서는 미국의 표준규칙보다는 일본의 방식대로 해결하는 것이 타당할 것으로 생각된다. 즉 의뢰인의 비밀정보의 이용은 반드시 의뢰인에게 불리하게 이용하지 않는 경우에도 금지된다고 보는 것이다. 이렇게 이해하는 것이 의뢰인과의 신뢰를 유지한다는 관점에서 타당하다고 생각된다. 만약 변호사가 의뢰인의 이익을 해함이 없이 비밀정보를 이용하려고 한다면 의뢰인의 동의를 얻으면 될 것이다. 그렇지 않고 만약 미국처럼 해석한다면 변호사가 의뢰인의 비밀정보를 이용한 경우 의뢰인의 이익의 침해여부를 두고 논란의 가능성이 있고, 이러한 논란의 여지를 남긴다면 의뢰인-변호사 사이의 신뢰관계를 쌓기가 어려울 것이다.

3) 의뢰인의 동의

변호사에게 비밀유지의무를 부과하는 것은 의뢰인의 이익을 위한 것이기 때문에 의뢰인은 스스로 그 이익을 포기할 수 있고 이때 변호사는 비밀정보를 공개해도 된다. 우리나라 윤리장전에는 이 점에 대한 명시적인 언급이 없지만 이를 인정하는 것이 타당할 것이다. 일본 직무규정의 경우도 의뢰인의 동의에 관해서 규정하고 있지 않아서 동일한 문제가 발생하는데, 의뢰인의 승낙이 있는 경우 애당초 비밀성이 상실되기 때문에 비밀유지의무의 문제가 발생하지 않는 것으로 해석하고 있다.[62]

의뢰인의 동의방식과 관련하여, 미국 표준규칙은 '설명 있는 동의'(informed consent)를 요구하고 있다(1.6(a)). 설명 있는 동의란 변호사가 제안된 행동방침의 실제적 위험과 합리적으로 가능한 대안에 대해 적절한 정보와 설명을 제공한 후에 제안된 행동방침에 대해서 합의하는 것을 의미한다(표준규칙1.0(e)). 한마디로 의뢰인이 동의의 의미에 대해서 충분히 설명을 듣고 숙지한 후에 동의한다는 것이고, 그러한 설명의 책임이 변호사에게 있다는 의미이다. 미국 표준규칙에서 설명 있는 동의라는 개념은 상당히 중요한 개념으로서 여러 곳에서 이용되고 있다. 예컨대, 변호사의 대리권제한(표준규칙1.2(c)), 이익충돌 상황에서 의뢰인을 대리하기 위한 조건(표준규칙1.7(b); 1.8(a); 1.9(a)) 등과 관련하여 설명 있는 동의를 요구한다. 규칙이 설명 있는 동의를 요구하는 경우, 변호사는 의뢰인이 동의하는 데 필요한 정보를 충분히 제공해야 한다. 여기에는 사실에 대한 정보, 그 상황을 야기한 조건, 의뢰인이 제안된 행동의 실제적인 장단점을 이해하도록 하는 설명, 의뢰인의 다른 선택에 대한 논의 등이 포함된다. 경우에 따라서는 다른 변호사와의 상담을 권하는 것이 포함될 수 있다(표준규칙1.0, 주석 6). 우리나라 윤리장전의 경우, 동의에 대한 명문의 규정조차 없는 상황에서 설명 있는 동의를 요구하는 것이 어색할 수도 있으나, 변호사직의 전문성을 고려한다면 경우에 따라서는 충분한 설명이 없는 단순한 동의는 동의로서의 요건을 결한 것으로 이해할 수 있다.

의뢰인의 동의는 명시적인 경우도 있겠지만 묵시적으로 이루어질 수도 있다(표준규칙1.6(a) 참고). 예컨대, 변호사가 재판과정에서 의뢰인의 이익을 위해서 의뢰인의 비밀정보를 공개하는 것은 묵시적 동의에 의한 공개라고 보아야 할 것이다. 의뢰인의 명시적 승낙이 없다고 하더라도 의뢰인

62 森際康友, 『法曹の倫理』(제2부 각주 17), p. 37.

과의 연락이 닿지 않고 긴급을 요하는 경우에는 의뢰인의 추정적 승낙이 있다고 보아 그에 합당하게 행동해야 하는 경우도 있을 것이다.[63]

로펌에 속한 변호사가 로펌 내의 다른 변호사나 사무직원 등과 비밀정보를 공유하는 것에 대해서도 묵시적 동의가 있다고 보아야 한다. 변호사가 부기나 회계 등의 목적을 위해서 로펌 외의 사람에게 제한된 정보를 제공하는 것도 의뢰인이 명시적으로 반대하지 않는 한 허용된다고 보아야 할 것이다. 다만 이러한 경우, 변호사는 다른 변호사나 사무직원 등이 의뢰인의 비밀성보를 공개하지 않도록 합리적인 주의를 해야 한다. 특히 비변호사인 자에 대해서 직접적인 감독권을 갖는 변호사는 그 사람이 비밀정보를 누설하지 않도록 합리적인 노력을 해야 하고, 이들에 의한 비밀정보 누설에 대해서 책임진다(표준규칙5.3(b); DR4-101(d) 참고). 비변호사는 변호사윤리규범의 직접적인 규율대상이 아니기 때문에 그에 대해서 감독권을 갖는 변호사에게 대신 책임을 묻는 것이다. 따라서 사무직원 등에 의해서 비밀정보가 누설된 경우, 변호사는 비밀정보가 누설되지 않도록 합리적인 노력을 했음을 입증하지 않는 한 그러한 누설에 대해서 책임을 진다. 만약 의뢰인이 특별히 담당변호사에게 로펌 내에서의 비밀공개를 명시적으로 금한 때는 그에 따라야 할 것이다. 또 동일한 로펌에 속하지 않은 변호사와 상의하는 것은 비밀정보 보호의무의 위반이 될 수도 있기 때문에 이때에는 의뢰인의 동의를 얻는 것이 필요하다.

4) 의뢰인의 의사에 반하여 비밀정보의 공개가 허용되는 경우

(가) 개요

의뢰인비밀의 유지는 매우 중요하지만 그것이 절대적으로 보호되는 것

63 森際康友, 『法曹の倫理』(제2부 각주 17), p. 37.

은 아니다. 예컨대, 의뢰인이 중대한 범죄행위를 하려고 하는 것을 변호사가 알게 된 경우에도 변호사는 그 사실에 대해서 공개하지 않고 침묵한다면 사실상 그 범죄행위를 방조한 결과가 될 것이다. 이러한 불합리를 방지하기 위하여 일정한 경우에 비밀유지의무를 완화할 필요가 있다.

한국의 변호사법 제26조는 '법률의 특별한 규정이 있는 경우'에 직무상 알게 된 비밀을 누설할 수 있는 것으로 하고, 윤리장전 제23조는 '공익상의 이유'가 있거나 '변호사 자신의 권리를 옹호하기 위하여' 필요한 경우에는 최소한의 범위에서 이를 공개할 수 있다고 규정하고 있다. 일본 변호사법 제23조는 '법률에서 달리 정함이 있는 경우'에 비밀유지의무가 면제될 수 있는 것으로 하고, 직무규정 제23조는 '정당한 이유'가 있는 경우 직무상 알게 된 비밀을 누설 · 이용할 수 있는 것으로 한다. 아무튼 한국과 일본에서의 윤리규정은 유사한 방식으로 일정한 경우에 의뢰인의 의사에 반하여 비밀정보를 공개할 수 있음을 밝히고 있다. 우리나라나 일본의 경우, 변호사법에 의하면 "법률에 특별한 규정"이 있는 경우에만 의뢰인의 비밀을 누설할 수 있는 것으로 하고 있는데, 그 하위규범인 윤리장전이나 직무규정에서 정하고 있는 "공익상의 이유", "변호사의 이익", "정당한 이유" 등을 이유로 비밀정보를 공개할 수 있는 것인지에 대해 의문이 생길 수 있다. 만약 문구에 충실하려고 한다면 "법률에 특별한 규정"이 없는 경우, 비밀의 공개는 절대적으로 불가능할 것이다. 따라서 이에 대해서는 다른 해석을 통해서 윤리장전에 따른 비밀정보의 누설여지를 남기는 것이 필요하다. 가능한 방법 중의 하나는 변호사법 제25조(회칙준수의무)를 매개로 윤리장전의 법규성을 어느 정도 인정하는 방안이 있을 것이다. 그 외 형법상 위법성 조각 사유의 해석을 통하는 방안도 있을 것이다. 하지만 여전히 변호사법의 명시적 규정을 피하기는 어려워 보인다. 이러한 모순은 완전히 해소되기는 어렵기 때문에 이는 입법상의 미비라고 보아야 하지 않을까 한다. 아래에서는 이를 입법상의 미비라고 보고, 윤리장전 상의 근거에 입각한 공개가 허용된다는 전제 하에 논의를 전개하고자 한다. 이렇게 본다면 의뢰인의 의사에 반한 비밀정보의 공개와 관련하여 결국 중요한 것은 '법률의 규정', '공익상의 이유', '변호사 자신의 권리옹호' 등에 대한 의미해석이 된다.

미국 표준규칙은 의뢰인의 의사에 반하여 의뢰인의 비밀정보가 공개될 수 있는 경우를 한국이나 일본보다 훨씬 더 상세하게 서술하고 있다. 표준규칙이 '정당한 이유'라든지 '공익'이라든지 하는 용어를 사용하고 있지 않지만, 결국은 정당한 이유나 공익의 구체적 내용을 설명한 것으로 볼 수 있다. 이러한 점에서 미국 표준규칙은 정당한 이유나 공익의 개념을 설명할 때 유의미한 참고가 된다. 미국 표준규칙1.6(b)의 내용은 다음과 같다.

> (b) 변호사는 다음을 위해서 필요하다고 합리적으로 믿은 범위 내에서 의뢰인의 대리와 관련된 정보를 누설할 수 있다.
>
> (1) 합리적으로 확실한 죽음이나 상당한 신체적 손실을 막기 위하여;
>
> (2) 다른 사람의 금전적 이익이나 재산에 상당한 손실이 초래될 것이 합리적으로 확실한 범죄나 사기이면서 그것의 추진에 변호사의 서비스가 이용되었거나 되고 있는 범죄나 사기를 의뢰인이 범하지 않도록 하기 위하여;
>
> (3) 의뢰인이 변호사의 서비스를 이용하여 추진한 범죄나 사기행위로 인하여 유발이 합리적으로 확실하거나 이미 유발된 다른 사람의 재정상의 이익이나 재산의 상당한 손실을 막거나 완화하거나 바로 잡기 위하여;
>
> (4) 변호사가 이 규칙을 따르는 것에 관하여 법률적 조언을 얻기 위하여;
>
> (5) 의뢰인과 변호사 사이의 분쟁에서 변호사를 위하여 청구하거나 방어하기 위하여, 의뢰인이 관여된 행동에 근거하여 변호사에게 제기된 형사기소나 민사

청구에 대해 방어하기 위하여, 또는 변호사의 의뢰인대리에 관한 소송절차에서 주장에 대답하기 위해서; 또는,

(6) 다른 법이나 법정의 명령에 따르기 위하여.

이를 참고로 하면서 의뢰인의 비밀정보에 대한 공개가 허용되는 경우에 대해서 살펴본다.

(나) 법률의 규정에 의한 비밀정보 공개

변호사법 제26조에서 말하는 "법률에 특별한 규정"이 있는 경우란 형사소송법(제149조) 등의 규정을 말하는 것이다. 즉, "본인의 동의나 중대한 공익상의 필요가 있을 때"에 변호사는 업무상 알게 된 비밀정보에 대한 증언을 거부할 수 없다. 따라서 이 경우 변호사는 의뢰인의 비밀을 공개해야 한다.

(다) 공익상의 이유로 인한 비밀정보의 공개

윤리장전이 공익의 개념에 대해서 정의하고 있지는 않지만, 대체로 의뢰인의 이익에 반하는 것이면서, 제3자의 이익 또는 추상적인 국민의 이익인 것을 의미한다고 본다. 미국의 경우는 별도로 공익이라는 용어를 사용하지는 않고 널리 비밀정보의 공개가 허용되는 경우에 대해서 나열하고 있는데, 이러한 것은 모두 공익 내지 정당한 이유의 구체적인 사례라고 볼 수 있을 것이다. 여기에서는 범죄나 사기와 관련하여 변호사가 비밀정보를 공개하는 문제를 살펴본다.

미국 표준규칙이 제정되기 전의 변호사윤리규정인 책임전범은 의뢰인의 비밀정보에 대한 공개를 널리 허용하는 입장이어서, 범죄의 종류를 불문하고 의뢰인의 범죄를 방지하기 위해서 필요한 경우 비밀정보의 공개

를 허용했다(DR 4-101(c)(3)). 그러나 1983년 표준규칙이 제정되면서 비밀정보의 공개에 대한 제한을 대폭 강화했다. 이에 의하면 죽음이나 심각한 신체적 손상을 일으키는 범죄가 확실하고 임박한 경우에만 비밀정보의 공개를 허용했다. 그러나 이러한 엄격한 비밀유지의무는 많은 비판을 받았고 후에 좀 더 널리 비밀의 공개를 허용하는 방향으로 개정됐다.

우선 죽음이나 신체적 손상을 방지하기 위한 공개가 허용되는 범위를 넓혔다. 그리하여 의뢰인에 의한 범죄가 아닌 경우에도 공개할 수 있게 하고, 죽음이나 신체적인 손상이 임박하지(immanent) 않은 경우에도 허용했으며, 반드시 범죄의 구성요건을 충족하지 않더라도 공개할 수 있도록 했다. 예컨대 지하수 오염의 경우와 같이 그것이 즉시 생명 · 신체에 손상을 끼치는 것이 아니더라도 이를 공개할 수 있다. 그리고 그 오염에 책임이 있는 사람이 의뢰인이 아니고 의뢰인이 그 공개를 원하지 않는 경우에도 변호사는 그 사실을 공개할 수 있다.

둘째로, 제3자의 재정적인 손상과 관련해서도 변호사는 비밀정보를 공개할 수 있도록 했다. 이에 대해서는 많은 논란이 있었고, 2001년 말 미국에서의 거대에너지 기업체인 엔론(Enron)의 파산 이후에 제3자의 재정적인 손상을 방지하기 위한 비밀정보의 공개허용 여론에 따라 개정이 이루어진 것이다. 새로 개정된 표준규칙에 의하면, 변호사는 다른 사람의 금전적 이익이나 재산에 상당한 손실을 유발할 수 있는 범죄나 사기를 방지하기 위하여 비밀정보를 공개할 수 있다(표준규칙1.6(b)(2)). 다만 그러한 범죄나 사기에 변호사의 서비스가 이용된 경우에 한한다. 아무튼 의뢰인에 의해서 저질러질 장래의 범죄나 사기로 인한 재산상의 손실을 방지하기 위한 비밀정보의 공개가 허용되는 것이다. 나아가 표준규칙은 이미 저질러진 과거의 범죄에 대한 공개도 허용하고 있는데, 이는 그 범죄로 하여 제3자에게 발생한 재산상의 손실을 방지하거나 완화하거나 교정하기 위한 것이다(표준규칙1.6(b)(3)). 이 경우에도 변호사의 서비스가 이용된 경우에 한하고, 손상이 상당하여야(substantial) 하고, 재산적 손상이 합리적으로 확실해야 하는 등의 조건이 붙어 있다. 아무튼 미국의 표준규칙은 일정한 제약조건 하에서이기는 하지만, 장래의 범죄나 과거의 범죄에 대해서 공개를 허용하고 있는 것이다.

이와 같은 미국 ABA의 입장을 고려하면서 우리나라의 경우에 적용해 보자. 우리나라 윤리장전은 "공익"을 이유로 한 공개를 허용하고 있는데, 우선 생명 · 신체의 심각한 손상을 방지하기 위한 비밀정보의 공개는 허용된다고 보아야 할 것이다. 제3자의 재산상의 손실을 이유로 한 비밀정보의 공개에 대해서는 좀 더 신중할 필요가 있겠지만, 우리나라 윤리장전이 "공익"을 이유로 한 공개를 허용하고 있는 만큼 재산상의 손실을 방지하기 위한 공개의 가능성을 완전히 봉쇄하는 것은 적절하지 않다고 생각된다. 일본의 경우, 재산범에서 결과의 중대성, 범행의 규모, 악질의 정도, 피해의 양과 질 등을 고려하여 공개를 허용할 예외적인 경우가 전혀 없지는 않다고 하면서도, 늘 신중히 고려해야 한다고 한다.[64]

(라) 변호사 자신의 권리를 옹호하기 위한 경우

변호사는 자신의 권리를 옹호하기 위해서는 의뢰인의 비밀정보를 공개할 수 있다(윤리장전 제23조). 예컨대 변호사가 의뢰인을 상대로 보수청구소송을 하는 경우, 보수청구권의 존재를 입증하기 위해서 의뢰인의 비밀정보를 공개하는 경우가 있을 수 있다. 또 변호사가 대리와 관련하여 민사 · 형사 피의자로서 기소된 경우, 자신을 방어하기 위해서 의뢰인의 비밀정보를 공개할 수 있다.

---

64 일변련, 『주석 변호사윤리』(제2부 각주 56), p. 90.

미국의 경우에도 이와 같은 규정을 두고 있다. 즉, 의뢰인과 변호사 사이의 분쟁에서 변호사를 위하여 청구하거나 방어하기 위하여 또는 의뢰인이 관여된 행동에 근거하여 변호사에게 제기된 형사기소나 민사청구에 대해 방어하기 위해서는 의뢰인의 대리와 관련한 정보를 공개할 수 있다고 한다(표준규칙1.6(b)(5)). 그리고 변호사가 표준규칙을 따르는 것에 관하여 법률적 조언을 얻기 위해서도 의뢰인의 정보를 공개할 수 있다고 한다(표준규칙1.6(b)(4)). 예컨대 어떤 행동이 표준규칙을 위반하는지의 여부를 알기 위해서 의뢰인의 비밀정보가 포함된 내용으로 변호사협회에 공식적으로 질의하는 것이 허용된다는 것이다. 물론 이때 질의나 답변은 비공개로 이루어진다. 우리나라에서도 이러한 규칙들이 마찬가지로 적용될 수 있을 것이다.

(마) 의뢰인의 비밀정보의 공개가 의무로서 부과되는 경우

변호사에게 의뢰인의 비밀정보의 공개를 허용하는 것과 비밀정보의 공개를 의무로서 부과하는 것은 차원이 다르다. 미국 표준규칙은 일정한 경우 비밀유지의무의 면제를 규정하고 있지만, 비밀정보의 공개의무에까지는 나아가지 않고 있다. 다시 말해 표준규칙은 일정한 경우 변호사가 정보를 공개해도 된다(may)라고 규정할 뿐 공개해야 한다(shall)고는 규정하지 않은 것이다. 따라서 의뢰인을 통해 제3자의 임박한 죽음의 사실을 알게 되더라도 변호사에게는 그 정보를 공개할 의무는 없는 것이다. 표준규칙은 그러한 사실을 알게 된 경우에 공개하더라도 징계하지 않는다는 내용을 규정할 뿐이다. 결국 미국 표준규칙에 의하면 의뢰인에 대한 비밀유지의무만 있고, 공익을 위한 정보공개의무는 없는 셈이다. 공익의 목적에 따라 의뢰인의 비밀정보를 공개할지 판단하는 것은 전적으로 변호사의 재량에 맡겨져 있다. 그리고 공익에 따라 공개하려고 하는 경우에도 매우 제한된 조건 하에서만 공개가 허용된다. 극단적으로 말한다면, 미국에서 변호사는 사정을 불문하고 모든 의뢰인 정보를 보호하기만 하면 아무런 제재가 부과되지 않는 것이다.

다만 미국 표준규칙이 아주 제한적으로 의뢰인 비밀정보에 대한 공개를 의무화하는 경우가 있다고 보는 견해도 있다. 이는 표준규칙4.1(b)의 해석과 관련한 것이다. 이 조항에 의하면, "표준규칙1.6에 의해서 공개가 금지된 사안이 아니라면, 의뢰인의 범죄가 사기에 조력하기 않기 위해서 공개가 필요한 때에 제3자에게 실체적 사실을 알면서 공개하지 않으면 안 된다"고 한다. 말하자면 의뢰인의 행동이 불법행위임을 알면서도 변호사가 수임을 철회할 수도 없는 경우, 의뢰인의 범죄나 사기행위에 대한 지원을 피하기 위하여 필요한 한에서 변호사는 제3자에게 실체적 사실을 공개해야 한다는 것이다. 이러한 입장과 유사한 판례도 있다. 즉, 의뢰인의 비밀보호를 다하기 위해서 정보를 공개하지 않는 것이 다른 제3자에게 심각한 손실을 낳는 경우, 제3자는 변호사를 상대로 민사불법행위의 책임을 지울 수 있다는 판례이다.[65] 여기에서도 법조윤리의 문제와 실정법 사이에서의 일정한 괴리를 발견할 수 있다. 결국 법조윤리로서는 면책이 될 수 있지만 법의 차원에서는 책임을 질 수도 있다는 것이다. 법조윤리의 "해도 된다"는 것은 민사불법행위의 맥락에서는 "해야 한다"로 이어질 수 있다는 것이다.[66] 즉 허용된 것을 하지 않음으로써 다른 사람에게 손해를 끼친 경우에 그 변호사는 윤리규정 위반으로 징계되지는 않겠지만, 손해배상의 책임을 지게 될 수 있다는 것이다.

또 미국의 경우, 주에 따라서는 공개를 의무화한 곳도 있다. 예컨대, 플

---

65 Tarasoff v. Regents of University of California 17 Cal. 3d 425, 551 P. 2d 334(Cal. 1976).
66 Rotunda, *Legal Ethics*(제1부 각주 24), pp. 106~107.

로리다 · 버지니아 · 뉴저지 · 위스콘신 주의 경우는 의뢰인이 범죄적인 사기를 저지르려고 하는 경우 변호사는 이를 공개해야 한다고 한다. 그리고 하와이나 오클라호마 주의 경우는 변호사의 서비스가 이용된 범죄나 사기로부터 상당한 손실을 방지하기 위해서 필요하다면 변호사는 비밀정보를 공개해야 한다고 규정한다. 이처럼 일정한 조건 하에서 비밀정보의 공개를 의무화한 주들이 많거나 일반적이라고 할 수는 없겠지만, 여전히 존재하는 것이 사실이고 나름대로 합리적인 이유가 있는 것이다.

국제사회에서도 일정한 위법행위에 대해서 변호사 등 관련자에게 정보의 공개를 의무화하려는 시도가 있다. 예컨대 돈세탁 방지와 테러자금의 규제라는 행정목적을 위하여 변호사에게 이른바 '문지기'(gatekeeper)로서 의뢰인의 의심스러운 행위에 대해 통보의무를 부과하는 제도가 있다. 자금세탁방지대책을 검토하고 입안하기 위해서 1998년에 조직된 국제기구인 FATF(금융활동작업부회)는 2003년 6월 각 가맹국에 대하여 변호사 등의 전문직을 이른바 '문지기'로 설정하고, 범죄자금세탁 또는 테러자금에 대한 '의심스러운 거래'를 금융당국에 통보할 의무를 부과할 수 있도록 권고했다. 이 권고는 조약은 아니지만, 준수하지 않는 경우에는 OECD의 경제력을 배경으로 한 경제적 제재조치가 있을 수 있는 강력한 것이다.[67]

이상에서 보듯이, 의뢰인의 비밀정보의 공개를 의무화하는 것이 일반적인 것은 아니지만, 일반적으로 공개를 허용하는 방향으로의 변화 경향이 있으며, 신체적 손상뿐만 아니라 재산적인 손상에 대해서도 공개를 의무화한 사례가 없지 않다. 재산적인 이익과 관련하여도 비밀정보의 공개의무를 부과해야 한다는 논의가 제기되는 점을 고려한다면, 생명 · 신체

---

67 森際康友, 『法曹の倫理』(제2부 각주 17), p. 47.

에 대한 손실을 막기 위한 공개를 의무화하는 것은 더욱 적극적으로 고려해볼 만하다. 우리나라 윤리장전은 단지 공개를 허용하는 데에 그치고 있지만, 이 경우에도 윤리장전의 취지가 비밀정보의 공개를 가급적 막는다는 데 있다고 이해하기보다는, 공개의 여부를 변호사의 재량에 맡겨두고 있는 것이며, 어느 정도는 공개를 향한 도덕적 의무를 변호사에게 부과하는 것으로 이해하는 것이 타당하다고 생각된다. 이러한 입장에 선다면, 법학도는 스스로 공개의 명분을 확보하고, 공익의 입장에서 공개가 허용되는 경우, 보다 적극적으로 공개를 감행함으로써 변호사직이 단지 사익의 도구가 아니라 공익적 도구가 될 수 있도록 끊임없이 모색해야 할 것이다.

5) 비밀정보공개에 관한 재량권의 행사와 변호사윤리

변호사 업무가 본질적으로 의뢰인의 신뢰를 전제로 하는 것이고, 의뢰인의 비밀정보에 대한 보호가 보장되지 않으면 변호사제도 자체가 존립하기 힘들기 때문에 의뢰인의 비밀정보에 대한 충실한 보호는 아무리 강조해도 지나치지 않다. 그러나 이러한 모든 것의 전제는 의뢰인이 변호사를 통해서 자신의 '정당한' 이익을 도모한다는 것이며, 그러한 의뢰인의 정당한 이익 추구가 사회정의의 증진에 기여한다는 가정이 그 배후에 놓여 있다. 따라서 의뢰인이 '정당한' 이익을 추구하지 않는 것이 명확하고 또 그로 인해서 공익 또는 제3자의 이익이 '심각하게' 손상될 것이 합리적으로 확실하게 예측되는 경우에조차 의뢰인의 비밀을 보호한다는 것은 정당화되기 힘들다.

무엇보다 변호사는 법과 정의에 대한 충실의무를 진다. 그런 점에서 변호사는 의뢰인이 법을 위반하지 않도록 해야 하며 반드시 범죄가 아니더라도 기만적 거래를 방지할 의무를 가진다고 하겠다. 만약 의뢰인이 그러한 행위를 하게 되면 변호사는 조력하지 말아야 하며 그러한 행위가 계속되면 수임을 철회해야 할 뿐만 아니라, 자신에게 공개가 허용된 경우 그 재량권을 적극적으로 활용하여 공적인 입장에서 의뢰인의 범죄나 사기적 행위를 방지해야 할 것이다. 만약 변호사가 의뢰인의 비행을 알고도 묵인하거나 단순히 변호사의 대리관계를 철회하는 데 그친다면 변호사 개인은 재앙에서 피할 수 있겠지만, 이로써 제3자나 사회의 재앙은 막지 못한다. 만약 변호사들이 자신에게 주어진 재량권을 오로지 의뢰인의 이익만을 위해서 이용하고(즉, 무조건적으로 의뢰인의 비밀정보보호를 우선시하고) 공익을 위해서는 이용하지 않는다면(즉, 비행을 공개하지 않는다면) 변호사에 대한 신뢰는 붕괴되며 결국은 변호사에게 주어진 재량의 여지를 축소하고 공개를 의무화하는 윤리규정을 도입하지 않을 수 없게 될 것이다.

3. 이익충돌 회피의무

1) 이익충돌규제의 배경과 양상

(가) 제도의 취지

동일한 변호사가 이익충돌(conflicts of interest)[68]하는 두 당사자를 동시에 대리하는 경우 두 당사자 모두에 성실할 수는 없다. 예컨대 갑이 을을 폭행한 사건에서 을이 갑을 형사고발함과 동시에 민사손해배상을 제기한 사건을 생각해보자. 이때 변호사가 을을 위해서 갑에 대한 폭행의 고소장을 써주고, 동시에 민사소송에서는 갑을 대리한다고 생각해보자. 만약 변

68 conflict of interests라는 용어와 관련하여 이익충돌, 이익상충, 이익상반, 이해상반 등이 사용되고 있다. 윤리장전에는 "이익이 서로 충돌"(윤리장전 제18조 제4항) "이해관계가 상반"(윤리장전 제19조)이라는 표현이 나온다. 본고에서는 이를 "이익충돌"이라고 표현했다.

호사가 을의 이익을 옹호하려고 한다면 민사소송에서 갑을 위해서 최선을 다하지 못할 것이다. 만약 변호사가 갑의 이익을 옹호하려고 한다면 갑에 대한 고소장을 쓰는 데 최선을 다하지 못할 것이다. 이런 문제가 생기는 것은 변호사가 무능하거나 성실하지 못해서가 아니다. 이러한 경우라면 변호사가 어떤 선택을 하든 불합리한 결과가 나온다. 이러한 딜레마는 해결할 수 없는 데 그 이유는 이익이 상충하는 두 당사자의 이익을 동시에 성실하게 옹호하는 것은 불가능하기 때문이다. 결국 유일한 해법은 이익충돌되는 경우에는 사건을 수임하지 말아야 한다는 것이다. 이처럼 이익충돌의 문제는 변호사업무에서 언제나 발생할 수 있는 심각한 문제이기 때문에 어느 나라든 이에 대해서 규제하고 있다.

우리나라의 판례에 의하면, 변호사가 이익이 상반되는 두 당사자를 대리하는 것은 "당사자 일반의 신뢰를 배반하고 변호사의 품위를 실추"시키는 것이므로 이를 금지한다고 한다.[69] 또 "상의를 받았던 당사자를 상대로 거꾸로 같은 사건의 상대방 편에서 수임하여 소송절차로 공격과 방어를 하게 된다면 이는 공평의 관념이나 신의의 원칙에 크게 위배되는 일이기 때문에" 수임제한을 한다고 하기도 한다.[70]

일본의 경우도 유사한 논리로 이익충돌 상황에서의 대리를 금한다. 즉, 판례는 "이러한[이익충돌되는] 사건에서 변호사가 직무를 행하는 것은 이전에 그 변호사를 신뢰하여 협의 또는 의뢰한 상대방의 신뢰를 배신하는 것이 되고 그리고 그러한 행위는 변호사의 품위를 실추시키는 것이기 때문이다"라고 하며, 아울러 이러한 행위는 "변호사 전체에 대한 일반인의 신뢰와 신용을 잃게 하고 나아가 사법이 공정하게 운영되는 것에 대한 일

69 대법원 2003. 11. 28. 선고 2003다41791 판결.

70 대한변협, 『질의회신집』(제2부 각주 42), p. 105.

반인의 신뢰를 해치는 결과를 낳는 요인이 될 우려가 없다고는 할 수 없다"고 한다.[71]

미국의 경우, 책임준칙과 표준규칙은 서로 다른 논거로써 이익충돌의 회피가 요청되는 이유를 설명한다. 우선 책임준칙은 "변호사의 독립적 · 전문적 판단에 부정적 영향"(adverse effect on lawyer's independent professional judgment)을 막는 것이 중요하다는 맥락에서 이익충돌의 회피의무를 취급하고 있다. 책임준칙 강령5는 "변호사는 의뢰인을 대리하여 독립적 전분적 판단을 해야 한다"고 규정하고 있는데, 이러한 강령의 구체화로서 이익충돌 회피의무를 규정하고 있는 것이다. 이에 비해 1983년에 만들어진 표준규칙은 다소 다른 논거를 제시한다. 즉, 이익충돌과 관련하여 표준규칙은 "변호사의 의뢰인 대리에 대한 중대한 제약"(material limitation on lawyer's representation of client)의 여부를 중시한다. 표준규칙은 변호사가 다른 의뢰인, 종전 의뢰인, 제3자에 대한 책임이나 변호사의 개인적 이익에 의해서 한 명 또는 그 이상의 의뢰인이 "대리가 실질적으로 제한받을 상당한 위험"이 있으면(표준규칙1.7(a)(2)) 이때 이익충돌이 있는 것으로 보고 있으며, "한 의뢰인의 대리가 직접 다른 의뢰인의 이익에 거스르는 경우"(표준규칙1.7(a)(1))를 그 가장 적나라한 예로 들고 있다.

이상에서 거론된 바 이익충돌의 상황에서 수임을 제한하는 이유로 의뢰인의 신뢰보호, 변호사의 독립적 전문적 판단에 대한 부정적 영향의 제거, 변호사의 의뢰인 대리에 대한 실질적 제약의 제거, 변호사의 품위유지, 변호사와 사법운영에 대한 신뢰유지 등이 거론되고 있는 바, 이를 종합하여 수임제한의 이유를 요약한다면, 의뢰인에 대한 성실의무를 다하려는 것과 이를 통해서 사법질서에 대한 국민의 신뢰를 유지하려는 것이

---

71 最大判昭 38.10.30.

라고 할 수 있다.

한편 이익충돌이 있다고 해서 무조건 사건을 수임하지 못하게 하면, 또 다른 불합리가 생길 수 있기 때문에 경우에 따라서는 완화된 기준을 적용하게 된다.[72] 첫째는 의뢰인의 변호사 선택권을 보장하려는 것이다. 예컨대 변호사가 많지 않은 지역에서 이익충돌의 법리를 엄격하게 적용하면, 의뢰인은 적절한 변호사를 찾지 못할 것이다. 특히 전문적인 변호사가 많지 않은 전문분야에서, 상대방측이 의도적으로 특정한 전문성을 가진 변호사와 상담함으로써 이익충돌을 조장한 경우에 불합리한 결과가 나올 수 있다. 둘째는 변호사의 자유를 보장하는 것이다. 만약 너무 엄격하게 이익충돌의 법리를 적용한다면 변호사의 전직이나 로펌 간의 통합이 극히 힘들어질 것이고, 변호사가 맡을 수 있는 사건이 너무 제한받게 될 것이다. 셋째는 이익충돌의 법리를 남용하는 것을 막기 위함이다. 즉, 소송절차에서 이익충돌의 법리를 무기로 활용함으로써 부당하게 소송을 지연시키거나 상대방을 곤란에 빠뜨리는 것을 막기 위해서이다.

요컨대 이익충돌은 피해야 하는 것이 명백하지만 여러 정책적 고려 때문에 어느 정도 완화할 수밖에 없다는 것이다. 그 균형점을 어디로 할 것인지를 결정하고 표현하는 데에는 기술적인 내용들이 담길 수밖에 없기 때문에 변호사는 이익충돌의 문제를 해결하기 위해서 단지 개인적인 윤리감각에만 의지해서는 곤란하고 변호사윤리 규정을 잘 숙지하여 이익충돌의 문제를 해결해야 한다.

72 이에 대해서는 Wendel, W. Bradley, *Professional Responsibility*(2nd ed.), Wolters Kluwer, 2007, p. 279 참고함.

(나) 이익충돌의 다양한 양상

이익충돌이라고 하면 흔히 쌍방대리를 떠올리지만, 실제 이익충돌이 발생하는 양상은 매우 다양하고 복잡하다. 이는 크게 3개의 범주로 나눌 수 있다.

첫째는 변호사가 대리하는 둘 또는 그 이상의 의뢰인 사이에서의 이익충돌이다. 여기에는 현재 의뢰인의 상대방을 대리하거나 법률적 조력을 제공하는 경우(이른바 쌍방대리), 민사나 형사 절차에서 여러 명이 원(피)고를 동시에 대리하는 경우, 청산질차에서 여러 채권자를 동시에 대리하는 경우, 협의이혼에서 양 당사자를 대리하는 경우, 자동차 교통사고에서 형사사건에서 가해자를 대리하고 민사소송에서는 피해자를 대리하는 경우, 종전 의뢰인의 상대방을 대리하는 경우 등이 있을 수 있다.

둘째는 변호사와 의뢰인의 이익이 충돌되는 경우가 있다. 여기에는 의뢰인이 패소하는 경우에 변호사가 이득을 보는 경우(예컨대 의뢰인이 상대방에 대해서 큰 이해관계를 가지는 경우), 제조물책임 소송을 하는 원고를 대리하면서 그 상대방인 회사의 주식을 다량으로 보유한 경우, 소송물에 대해서 변호사가 이익을 가지는 경우, 변호사가 수임과 관련한 출판 · 방송권을 갖는 경우(표준규칙1.8(d)),[73] 의뢰인과 변호사가 사업상 거래를 하는 경우(표준규칙1.8(a)), 변호사가 의뢰인으로부터 선물을 받는 경우(표준규칙1.8(c)), 변호사가 상대방의 로펌과 고용과 관련한 협상을 하는 경우 등이 있다.

73 한 흉악한 캘리포니아 형사사건에서, 변호사와 의뢰인은 법률서비스 비용 대신에 의뢰인 삶의 이야기에 대한 배타적인 저작권과 상영권을 갖는 것으로 합의했다. 이에 대해 법원은 저작계약에 대한 변호사의 이해관계로 인하여 변호사가 의뢰인에게 불리한 입장에 섰고 해로운 이익충돌을 낳았다고 판시했다(People v. Corona 80 Cal. App. 3d 684, 145 Cal. Rptr. 894(Cal. App. 1. Dist. 1987).

셋째는 의뢰인과 제3자간에 생기는 이익충돌이다. 예컨대, 의뢰인에게 서비스를 제공한 대가를 제3자부터 받는 경우(표준규칙1.8(f)), 비변호사인 고용주가 의뢰인을 대리하는 변호사의 전문적 판단을 통제하려는 경우, 손해배상소송에서 보험회사와 피보험자의 이익충돌 등이 있다.

이처럼 다양한 형태의 이익충돌의 경우가 있고 또한 매우 복잡하기 때문에, 다수의 사건을 취급하는 변호사로서는 부지불식간에 이러한 이익충돌 상황에 빠질 수 있다. 이 경우 변호사는 심각한 윤리적 비난의 대상이 된다. 뿐만 아니라 사건에서 대리를 처리 도중에 중지해야 하는 수모를 당할 수도 있고, 징계를 당할 수도 있으며, 민사 · 형사상의 제재를 받을 수도 있다. 따라서 변호사는 이익충돌에 대해서 확고한 판단기준을 가지지 않으면 안 된다.

(다) 현행법제에 대한 개관

이익충돌의 가장 극단적인 형태는 쌍방대리이다. 변호사는 '당사자 일방으로부터 상의를 받아 그 수임을 승낙한 사건의 상대방이 위임하는 사건'에 관해서는 직무를 수행할 수 없고 수임을 할 수 없다(변호사법 제31조 제1호)라거나 변호사는 '동일사건에 관하여 당사자 쌍방을 대리'할 수 없다(윤리장전 제17조 제2항)[74]라고 규정한 것이 이것이 바로 쌍방대리를 금지하는 취지이다. 그 외 다양한 형태의 이익충돌 상황이 변호사법 및 윤리규정에 의해서 규제되고 있다. 관련 규정은 다음과 같다.

---

74 윤리장전 제17조 제2항의 단서는 "다만 법률상 금지되지 아니한 경우에는 그러하지 아니하다"라고 규정하고 있어서 논란의 여지를 남기고 있다. 이 조항은 명시적으로 금지되지 않으면 허용된다는 취지로 이해될 수 있는데, 그렇게 해석하면 문맥에 맞지 않기 때문에, "법률이 명시적으로 허용한 경우에만 그러하지 않다"는 취지로 이해해야 할 것이다. 그러나 사실상 이러한 경우는 거의 없을 것이다. 동일한 사건의 쌍방대리를 허용하는 것은 사법제도 자체를 부정하는 것이므로, 허용될 수 없다고 보는 것이 정당할 것이다.

변호사법

제31조[수임제한] 변호사는 다음 각호의 1에 해당하는 사건에 관하여는 그 직무를 행할 수 없다. 다만, 제2호의 사건의 경우 수임하고 있는 사건의 위임인이 동의한 때에는 그러하지 아니한다.

1. 당사자 일방으로부터 상의를 받아 그 수임을 승낙한 사건의 상대방이 위임하는 사건.
2. 수임하고 있는 사건의 상대방이 위임하는 다른 사건.
3. 공무원 · 조정위원 또는 중재인으로서 직무상 취급하거나 취급하게 된 사건.

제32조[계쟁권리의 양수금지] 변호사는 계쟁권리를 양수하여서는 아니 된다.

윤리장전

제11조[소송목적 양수 등 금지] 변호사는 소송의 목적을 양수하거나, 정당한 보수 이외의 이익분배를 약정하거나, 공동의 사업으로 사건을 수임하여서는 아니 된다.

제17조[수임금지] ① 변호사는 자신이 공무원 또는 중재인이나 공정증서작성사무에 관여한 사건, 친척이 담당 공무원으로서 처리하는 사건, 현재 수임하고 있는 사건과 이해가 저촉되는 사건, 목적이나 수단에 있어서 부당한 사건, [……] 이를 수임하여서는 아니 된다.

② 변호사는 동일 사건에 관하여 당사자 쌍방을 대리할 수 없다. 다만, 법률상 금지되지 아니한 경우에는 그러하지 아니하다.

③ 변호사는 동일 사건이 아니라도 의뢰인의 양해 없이는 그 상대방으로부터 사건을 수임할 수 없다.

제18조[수임제한] ① 변호사는 자신과 친족 관계가 있는 다른 변호사가 수임하고 있는 사건에서 대립되는 당사자로부터 사건을 수임할 수 없다. 다만, 의뢰

인이 양해한 경우에는 그러하지 아니하다.

② 변호사는 위임사무가 종료된 후에도 종전 사건과 동일하거나 본질적으로 관련된 사건에서 대립되는 당사자로부터 사건을 수임할 수 없다. 다만, 종전 의뢰인이 양해한 경우에는 그러하지 아니하다.

③ 수인의 변호사가 공동으로 사무소를 개설하고 있는 경우에 그 사무소 구성원들은 당사자 쌍방의 양해 없이는 쌍방 당사자의 사건을 수임할 수 없다. 사건을 수임한 후에 이에 위반된 것이 발견된 때에는 뒤에 수임한 사건을 사임하고 그 취지를 의뢰인에게 알려야 한다.

④ 변호사는 동일 사건에서 이익이 서로 충돌되는 2인 이상의 당사자를 동시에 대리하거나 변론할 수 없다.

일본이나 미국의 경우도 상세한 이익충돌관련 조항들을 가지고 있다. 분량이 너무 많기 때문에 이를 전부 인용하지는 않고, 조문의 제목만 일별하면 다음과 같다. 일본의 직무규정은 제17조(계쟁목적물의 양수), 제27조(직무를 할 수 없는 사건), 제28조(직무를 할 수 없는 사건), 제42조(수임 후 이해대립), 제57조(공동사무소－직무를 행할 수 없는 사건), 제58조(공동사무소－직무를 행할 수 없는 사건－수임 후), 제59조(공동사무소－사건정보의 기록), 제63조(변호사법인－직무를 행할 수 없는 사건), 제64조(변호사법인－다른 사원 등과의 관계에서 직무를 행할 수 없는 사건), 제65조(변호사법인－직무를 행할 수 없는 사건), 제66조(변호사법인－직무를 행할 수 없는 사건), 제67조(변호사법인－직무를 행할 수 없는 사건－수임 후), 제68조(변호사법인－사건정보의 기록) 등의 규정이 모두 이익충돌과 직접 관련되는 것들이다.

미국 표준규칙에서 상세한 조문이 있는데, 1.7(이익충돌: 현재의 의뢰인), 1.8(이익충돌: 현재의 의뢰인: 구체적 규칙들), 1.9(종전 의뢰인에 대한 의무), 1.10(로펌 내에서 이익충돌의 전가), 1.11(전직과 현직 공직자 및 피고용인의 특별한 이익충돌), 1.12(전직판사, 중재인, 조정인 기타 중립적 제3자) 등이 이익충돌과 직접 관련된 조항이다. 이에 비해 유럽의 행위규범은 다소 단출하여 '3.2 이익충돌'로 되어 있다. 각 조항의 자세한 내용은 부록을 참고할 수 있다.

이익충돌의 문제는 매우 복잡하게 조문이 구성되어 있으므로 [표 4]에서 각 조항 간의 관계를 살펴본다.

[표 4] 이익충돌과 관련한 각국 변호사윤리규정

한국 윤리장전	일본 직무규정	미국 표준규칙	유럽 행위규범	비고
계쟁목적물의 양수 (변호사법32조)	직무규정 제17조; 제28조 4호	1.8(a)-(j)		의뢰인-변호사 사이의 이익충돌
공무원 등으로 취급한 사건의 대리(변호사법 제31조 3호; 윤리장전 제17조 1항)	제2조 4호, 5호	1.11; 1.12		의뢰인 사이의 이익충돌
동일사건에서의 이익충돌 (제17조 2항)	제27조1호, 2호; 제28조 2호, 3호	1.7	3.2.1	의뢰인 사이의 이익충돌
동일사건이 아닌 경우 이익충돌(제17호 3항)	제27조 3호; 제28조 2호, 3호	1.7		의뢰인 사이의 이익충돌
친족인 변호사가 수임한 사건(제18조 1항)				의뢰인-변호사 사이의 이익충돌
종전 의뢰인과의 이익충돌(제18조 2항)	제27조 1호, 2호	1.9	3.2.3	의뢰인 사이의 이익충돌
공동의 법률사무소 (제18조 3항)	제57-59조; 제63-88조	1.10; 1.8(k)	3.2.4	
수임후 이해대립 발견 · 발생시(제18조 3항)	제42조		3.2.2	
다수의 당사자를 동시에 대리(제18조 4항)		1.8(g)		의뢰인 사이의 이익충돌
	상대방의 배우자 등의 사건 (제28조 1호)			

[표 4]에서 볼 때, 중복되지 않는 것이 몇몇 있긴 하지만, 한국 · 일본 · 미국의 윤리규범은 많은 부분에서 중복되는 것을 볼 수 있다. 이 표를 보면 이익충돌과 관련하여 서술되어야 할 항목들의 윤곽을 볼 수 있다. 각국 윤리규정의 실제 분량을 보면, 일본의 직무규정은 우리나라 윤리장전보다 더욱 상세하고, 미국의 표준규칙은 그 분량 면에서 우리나라 윤리장전의 4배에 이른다.

2) 동시적 이익충돌

복잡한 이익충돌의 유형이 있지만 가장 중요한 것은 의뢰인 간의 이익충돌이다. 이것은 ① 현재 수임하거나 하려고 하는 두 의뢰인 사이의 이익충돌문제와, ② 종전 의뢰인과 현재 수임하거나 하려고 하는 의뢰인 사이의 이익충돌로 나눌 수 있다. 전자는 동일한 사건에서의 이익충돌과 동일하지 않은 사건에서의 이익충돌로 나눌 수 있다. 이를 정리해보면 [표 5]와 같다.

[표 5] 의뢰인 간의 이익충돌

	구분	동의가능여부	관련조문
동시적 이익충돌	동일사건	동의불가	변호사법 제31조 제1호 윤리장전 제17조 제2항 윤리장전 제18조 제4항
	동일하지 않은 사건	동의가 있으면 수임 가능	변호사법 제31조 제2항 윤리장전 제17조 제3항
종전 의뢰인과의 이익충돌	동일하거나 본질적인 관련	동의가 있으면 수임 가능	윤리장전 제18조 제2항
	그렇지 않은 사건	이익충돌 없으므로 동의 불필요	

(가) 동일사건의 개념

[표 5]에서 보듯이 우리나라 윤리장전은 이익충돌을 규정하면서 여러 곳에서 '동일사건'이라는 개념을 쓰고 있다. 예컨대, 윤리장전 제17조 제2항과 제3항, 제18조 제2항과 제4항 등이 이에 속한다. 제18조 제2항은 동일사건이란 표현 외에 '본질적으로 관련된 사건'이라는 개념을 사용하지만, 본질적으로 관련된 사건이란 동일사건의 의미를 확장한 것으로 볼 수 있다.

사건의 동일성 여부는 분쟁의 실체가 동일한지 여부에 의해서 결정된다. 판례에 의하면 "변호사법 제31조 제1호가 적용되기 위해서는 그 변호사가 관여한 사건이 일방 당사자와 그 상대방 사이에 있어서 동일하여야 하는데, 여기서 사건이 동일한지의 여부는 그 기초가 된 분쟁의 실체가 동일한지의 여부에 의하여 결정되어야 하는 것이므로 상반되는 이익의 범위에 따라서 개별적으로 판단되어야 하는 것이고, 소송물이 동일한지 여부나 민사사건과 형사사건 사이와 같이 그 절차가 같은 성질의 것인지 여부는 관계가 없다."[75] 판례는 "동일한 변호사가 형사사건에서 피고인으로 선임되어 변호활동을 하는 등 직무를 수행하다가 나중에 실질적으로 동일한 쟁점을 포함하고 있는 민사사건에서 위 형사사건의 피해자에 해당하는 상대방 당사자를 위한 소송대리인으로서 소송행위를 하는 등 직무를 수행하는 것 역시 금지되는 것"으로 보는데,[76] 이는 '실질적으로 동일한 쟁점을 포함하면' 민사 · 형사를 묻지 않고 동일 사건으로 취급한 사례이다. 여기서 말하는 바 '실질적으로 동일한 쟁점을 포함'하는 경우나 '사건내용의 기본사실이 같은 것'[77]은 모두 '분쟁의 실체가 동일한 경

75 대법원 2003. 11. 28. 선고 2003다41791 판결.

76 대법원 2003. 5. 30. 선고 2003다15556 판결.

77 대한변협, 『질의회신집』(제2부 각주 42), pp. 104~105.

우'의 한 사례로 볼 수 있을 것이다.

(나) 동일사건에서 동시적인 이익충돌이 있는 경우

의뢰인과 변호사 사이의 관계는 일종의 위임(대리)관계인데, 민법의 대리규정에 의하면 쌍방대리는 원칙적으로 금지된다. 다만 쌍방대리를 금지하는 이유는 본인의 이익을 보호하기 위한 것이므로, 본인이 미리 허락한 경우에는 쌍방대리가 인정된다(민법 제124조). 그러나 변호사의 경우에는 이러한 법리가 적용되지 않는다. 즉, 변호사에 의한 의뢰인의 쌍방대리는 양당사자의 동의가 있더라도 허용되지 않는다. 쌍방대리는 의뢰인에게 성실의무를 다해야 하는 변호사의 본래적 역할과 양립하지 않기 때문이다. 변호사법 제31조의 문언도 이와 같은 취지를 밝히고 있는 것으로 보인다. 즉 이 조항은 변호사가 직무를 수행할 수 없는 경우를 나열하면서, 제2호에 대해서만 수임하고 있는 사건의 위임인이 동의한 때는 그 직무를 수행할 수 있는 것으로 규정하고 제1호에 대해서는 그러한 예외를 인정하고 있지 않기 때문이다. 마찬가지로 윤리장전 제17조에서도 수임금지라는 제목 하에 수임이 금지되는 경우를 열거하고, 의뢰인의 양해를 조건으로 수임할 수 있는 경우는 별도로 명시하고 있기 때문에 그러한 조건을 명시하지 않은 제17조 제2항의 쌍방대리의 경우는 상대방이 동의(양해)를 하더라도 이에 대해 직무를 수행할 수 없는 것으로 보아야 할 것이다.

일본의 경우에도 이익충돌 상황에서 의뢰인의 동의가 있더라도 수임할 수 없는 경우를 적시하고 있다. 즉, 상대방의 협의를 받아 찬조하거나 그 의뢰를 승낙한 사건(직무규정 제27조 1호)과 상대방의 협의를 받은 사건에서 그 협의의 정도 및 방법이 신뢰관계에 기초한다고 인정되는 사건(직무규정 제27조 제2호)에서는 동의여부와 상관없이 그 사건의 수임이 금지된다. 일본의 판례도 이 점을 확인하고 있다. 즉, "(변호사법 제25조) 1호 또는 2호의 사건에 대해서는 상대방의 동의가 있는 경우에도 변호사인 자는 그 품위, 신용을 유지하기 위하여, 그 직무를 하지 말아야 한다는 것이 법 제25조의 취지라고 이해된다"고 한다.[78]

미국 표준규칙은 동시적 이익충돌이 있는 경우, 원칙적으로 해당 의뢰인을 대리하지 못하는 것으로 한다. 여기서 동시적 이익충돌이 있다는 것은 한 의뢰인의 대리가 직접 다른 의뢰인의 이익에 거스르는 경우, 또는 변호사가 다른 의뢰인, 종전 의뢰인, 제3자에 대한 책임이나 변호사의 개인적 이익에 의해서 한 명 또는 그 이상의 의뢰인의 대리가 실질적으로 제한받을 상당한 위험이 있는 경우를 의미한다(표준규칙1.7(a)). 그러나 동시에 표준규칙은 동시적 이익충돌에도 불구하고 ① 변호사가 스스로 양 관련 의뢰인에게 적격의 근면한 대리를 할 수 있다고 합리적으로 믿을 것, ② 대리가 법률에 의해서 금지되지 않을 것, ③ 대리가 동일한 소송 또는 재판정 절차에서 한 의뢰인의 청구의 주장이 그 변호사에 의해 대리되는 다른 의뢰인에 대해 제기되는 것을 포함하지 않을 것 그리고 ④ 각 의뢰인이 설명 있는 동의를 하고 서면으로 확인할 것 등의 조건이 갖추어지면, 동시적 이익충돌이 있는 의뢰인을 대리할 수 있는 것으로 하고 있다(표준규칙 1.7(b)). 따라서 이를 반대해석하면, 변호사가 적격의 대리를 할 수 없다고 판단하는 경우, 법률이 금하는 경우, 그리고 동일소송에서 원고·피고를 대리하는 경우는 의뢰인의 동의가 있더라도 변호사가 그 직무를 수행할 수 없다고 해석된다.

판례와 징계사례를 중심으로 이익충돌하는 사례들에 대해서 살펴보자. "가건물철거법 소송사건의 원고측 소송대리인인 변호사가 위 소송목적

78 最大判昭 38.10.30(小島武司, 『法曹倫理』[제1부 각주 33], p. 80).

물인 대지의 양수인의 위임을 받아 동인의 소송대리인으로서 독립당사자 참가신청을 했다가 독립당사자 참가인의 소송대리인은 사임하였으나 원고의 소송대리인은 그대로 유지한"[79] 행위는 이익충돌의 대리에 해당한다. 고소인과 피고소인 모두로부터 보수를 받았다면 이익충돌의 대리를 한 것으로 볼 수 있다.[80] 강간피해자로부터 손해배상(위자료)청구 사건을 수임하고 같은 해 그 피해자를 강간한 혐의로 구속된 자의 사건을 수임하는 것(97-8(1998. 2. 16)), 민사소송의 상대방이었던 자로부터 형사사건의 변호인이 되는 것(97-11, 1998. 2. 16), 같은 사건에서 피고 소송대리를 사임하고 독립당사자 참가인 측을 수임하는 것,[81] 원고의 복대리인을 사임하고 피고 대리를 하는 것[82] 등은 모두 이익충돌의 대리이므로 허용되지 않는다. 또 A변호사가 현재 갑 · 을 · 병 3인의 위임에 의하여 공사대금청구사건의 피고들의 소송대리인이 되어 소송을 진행 중에 있는 바, A변호사는 위 갑이 을과 병을 상대로 하여 제기한 별도의 부당이익금청구사건의 원고 소송대리인으로 사건을 수임할 수 있는지에 대해서 대한변협은 허용되지 않는다고 답변했다.[83]

(다) 동일하지 않은 사건에서 동시적 이익충돌

두 사건의 실체적 동일성이 없는 경우에 한 사건에서는 원고를 대리하고 다른 사건에서는 그 원고를 상대방으로 하는 다른 사람을 대리할 수 있는가? 예컨대 부동산의 명도소송에서 갑을 대리하고, 교통사고 손해배

---

79 대법원 1967. 1. 25. 선고 66두12 판결.
80 대법원 1968. 8. 1. 선고 68두8 결정, 변호사징계처분에 대한 항고.
81 대한변협, 『질의회신집』(제2부 각주 42), p. 103.
82 대한변협, 『질의회신집』(제2부 각주 42), p. 110.
83 대한변협, 『질의회신집』(제2부 각주 42), pp. 106~107.

상소송에서 갑을 상대방으로 하는 을을 대리할 수 있는가? 외견상 전혀 상관없는 두 사건을 대리하는 것으로 보이지만, 이러한 경우에도 이익충돌이 있는 것으로 보아 이를 금지하는 것이 일반적이다. 대리과정은 단순히 법률적인 문제를 냉정하게 해결해가는 과정이라기보다 상당한 감정의 개입이 수반되는 과정이라고 했을 때 동일한 의뢰인을 한편으로 방어하고 다른 한편으로 공격하는 경우, 성실하고 헌신적인 대리를 기대하기 어렵기 때문이다.

수임하고 있는 사건의 상대방이 사건을 의뢰하는 경우는 그가 변호사를 신뢰하여 그의 능력을 이용하려는 경우도 있겠으나, 진행 중인 사건에 유리한 영향을 미칠 의도로 하는 경우도 있을 것이다. 따라서 설사 전자에 해당하다고 하더라도 윤리규정은 변호사로 하여금 그러한 사건을 맡아 직무를 수행하지 못 하도록 하고 있다. 이 경우 직무를 수행할 수 없게 하는 것은 종전의 사건 의뢰인에 대한 충실의무를 다하고 그의 신뢰를 보호하기 위한 것이다. 만약 이를 허용한다면 자신의 변호사가 상대방으로부터도 수익을 얻음으로써 자신에게 충실하지 못하기 쉽기 때문이다. 다만 현재의 의뢰인의 입장에서 스스로 그 이익을 포기하고 변호사에게 그 사건의 수임에 동의할 수는 있다.

이에 따라 우리나라 변호사법도 "수임하고 있는 사건의 상대방이 위임하는 다른 사건"에 대해서는 변호사가 그 직무를 수행할 수 없는 것을 원칙으로서 규정하고 있으며, 다만 사건 위임인의 동의가 있는 경우에는 수임을 맡는 등 그 직무를 수행할 수 있도록 했다(변호사법 제31조 제2호).

관련 사례를 보면, 갑을 대리하여 소송중인 변호사가 갑을 상대로 하는 다른 사건에서 갑을 상대로 소를 제기하는 을을 대리할 수 있는지에 관한 질문에서, 대한변협은 갑의 동의가 없는 한 을의 소송대리를 할 수 없다고 했다.[84] 또 위임인이 동의하면 상대방이 의뢰하는 다른 사건을 수임할 수 있다고 했다. 예컨대, A에게서 위임을 받은 변호사로서 B와 C를 상대로 하는 대여금 청구소송을 진행하고 있는 바, 위와 동일한 인물인 B에게서 위임을 받아 C를 상대로 가처분 이의사건을 진행할 수 있는지에 대해서는 A와 B의 동의가 있으면 가능하다고 답변했다.[85]

3) 종전 의뢰인에 대한 의무

변호사는 위임사무가 종료된 후에도 종전 사건과 "동일하거나 본질적으로 관련된 사건"에서 대립하는 당사자로부터 사건을 수임할 수 없다(윤리장전 제18조 제2항; 표준규칙1.9; 유럽 행위규범3.2.3). 다만, 종전 의뢰인이 양해한 경우에는 그 사건을 수임할 수 있다(윤리장전 제18조 제2항 단서). 변호사는 한 의뢰인과의 대리관계가 종료되더라도 그 의뢰인에 관한 비밀정보를 누설해서는 안 되며 이용해서도 안 되기 때문에(윤리장전 제23조; 표준규칙1.9(c) 참고), 종전 의뢰인에 대한 정보가 새로운 사건에서 실질적으로 의미 있는 정보인 경우에는 그 사건을 수임할 수 없게 하는 것이다. 예컨대, "본건 건물의 철거소송의 별소에서 피고 A의 소송대리인이었던 자가 본건 동일 목적물인 철거소송에서 위 피고의 상대자인 원고 B의 소송대리인으로서 소송행위를 하였음은 변호사법 제16조 제1호에 위반되는 행위"[86]로서 금지된다. 그러나 종전 사건과 동일하거나 본질적으로 관련된 사건이 아니라면, 종전 의뢰인의 상대방을 대리하는 것은 가능하다. 따라서 이 경우는 종전 의뢰인의 동의를 구할 필요가 없이 곧장 사건을 수임할 수 있다.

일본 판례를 보면, 공동상속인 간의 유산분할 조정사건에서 공동상속

---

84 대한변협, 『질의회신집』(제2부 각주 42), p. 111.

85 대한변협, 『질의회신집』(제2부 각주 42), p. 112.

86 대법원 1970. 6. 30. 선고, 70다809 판결.

인의 일부로부터 위임을 받아 조정에 관여했기 때문에 그 공동상속인의 일부의 토지가 피상속인의 생존 중에 이미 제3자에게 매각되어 있던 것을 알고 있던 변호사가 후에 그 제3자로부터 소송위임을 받아 그 공동상속인들에 대하여 소유권이전등기 절차 청구소송을 한 것은 수임이 금지되는 이익상반에 해당한다고 보았다.[87]

미국 표준규칙도 종전 의뢰인과 관련한 이익충돌을 규정하고 있다. 즉, 종전 의뢰인이 문서로써 설명 있는 동의를 하지 않는 한, 어떤 사안에서 이전에 의뢰인을 대리한 변호사는 이후에 다른 사람의 이익이 종전의 의뢰인의 이익에 중대하게 거스르는 사안이나 상당히 관련 있는(substantially related) 사안에서 그 다른 사람을 대리할 수 없다(표준규칙 1.9(a)). 상당히 관련이 있는 사안인지 여부의 판정에서는 변호사가 이전에 종전 의뢰인을 대리하면서 얻은 비밀정보를 이용할 상당한 위험이 있는지를 보고 판단한다(표준규칙1.9(b)). 예컨대, 의료과오 사고에서 병원을 대리했던 변호사는 적어도 변호사가 병원을 대리하는 동안의 사실관계들이 문제되는 곳에서는 후에 병원을 상대로 한 의료사고에서 환자를 대리할 수 없다.[88] 의뢰인을 위하여 고용계약서를 작성했던 변호사는 그 계약서를 해석하거나 문제 삼는 피고용자를 대리할 수 없다.[89] 만약 종전 의뢰인이 상대방을 위한 핵심적 증인이 되고 종전 의뢰인에 대해 이의를 제기하기 위해서는 변호사가 그의 비밀정보를 이용해야 한다면 그 변호사는 자격이 부인된다.[90]

---

87 東京高判 昭和41.7.12.

88 Crawford W. Long Memorial Hosp. of Emory University v. Yerby 258 Ga. 720, 373 S. E. 2d 749(Ga., 1988).

89 NCK Organization Ltd. v. Bregman 542 F. 2d 128(C. A. N. Y. 1976).

90 U. S. v. Iorizzo 786 F. 2d 52(C. A. 2 [N. Y.], 1986).

4) 친족관계가 있는 다른 변호사가 수임하고 있는 사건

우리나라 윤리장전은 "변호사는 자신과 친족 관계가 있는 다른 변호사가 수임하고 있는 사건에서 대립되는 당사자로부터 사건을 수임할 수 없다"(윤리장전 제18조)고 규정한다. 이는 변호사 본인과 변호사의 친족이 동일한 이해관계를 가진다고 전제한 것인데, 다소 과도한 듯하다. 다만 친족인 변호사가 배우자나 부모-자식, 형제 관계와 같은 정도로 가까운 친족인 경우에는 금지하는 것이 타당할 것이다. 그렇지 않은 경우에는 의뢰인의 동의를 얻으면 사건을 수임할 수 있는 것으로 하는 것이 적절할 것이다.

5) 복수의 당사자를 동시에 대리하거나 변론하는 경우

변호사는 재판에서나 재판 외에서 복수 당사자 간의 분쟁의 조정을 의뢰받을 수 있다. 이때 복수의 당사자 간에 이익충돌이 생기는 경우, 변호사는 어떻게 처신해야 하는가? 이에 대해 윤리장전은 "변호사는 동일사건에서 이익이 서로 충돌되는 2인 이상의 당사자를 동시에 대리하거나 변론할 수 없다"(윤리장전 제18조 제4항)고 규정한다. 즉, 변호사는 복수의 당사자를 대리할 수는 있지만, 그들 간에 이익충돌이 없다는 것을 전제로 해서만 수임할 수 있다는 것이다. 이익충돌이 있으면, 관련 당사자들의 동의 여부에 관계없이 변호사는 그들을 동시에 대리하거나 변론할 수 없다. 재판 외에서 대리하는 경우와 재판상에서 변론하거나 대리하는 경우를 구분하여 살펴본다.[91]

---

91 이하는 森際康友, 『法曹の倫理』(제2부 각주 17), p. 17 이하 참고함.

(가) 재판 외에서 복수의 당사자를 대리하는 경우

예컨대 재산분할에서 복수의 상속인과 함께 변호사에게 피상속인의 유산의 분할조정을 상담해온 경우, 부인을 동반하여 이혼상담을 하는 경우, 변호사가 고문으로 있는 회사 간에 거래하면서 계약서면 작성을 의뢰한 경우 등이 있다. 이러한 경우, 법률적으로 이해의 대립이 있을 것이 명백해 보이는데, 이때 변호사는 이해의 대립이 있을 수 있다는 것을 이유로 조정역을 단념해야 하는가? 조정이 성공한다면 모두에게 유익한 일이겠으나, 조정이 실패한다면 변호사에 대한 신뢰는 무너질 것이다. 따라서 이러한 경우 신중하게 사건수임의 결정을 해야 하며, 수임하기로 하면 변호사는 이해조정자로서 복수당사자 전원의 대리인이라는 것을 명확히 해야 한다. 만약 조정의 도중에 원활한 해결의 전망이 보이지 않으면, 당사자 전원에 대해서 그 뜻을 밝히고 직무를 종료해야 하며, 그 후에는 그 분쟁에 관하여 어떤 당사자도 대리해서는 안 된다(사후적으로 이익의 충돌이 발생하거나 발견된 경우, 변호사는 그 사건과 관련하여 어떤 당사자도 대리할 수 없다는 법리는 212쪽 이하를 참고할 것).

(나) 재판에서 복수의 당사자로부터 사건을 대리하는 경우

일본의 자료를 참고로 하여 어떤 경우가 있을 수 있는지를 살펴보자.[92] 여기에서도 기본적인 원리는 복수의 당사자 사이의 이익충돌이 없는 경우에만 수임을 해야 한다는 것, 만약 대리의 과정에서 이익충돌의 상황이 발생하면 모두에 대한 대리를 중지해야 한다는 것이다.

① 복수 의뢰인을 대리하여 동일물을 목적으로 하는 압류를 신청하는 경우와 동일 채무자에 대해 복수 채권자를 대리하여 금전적 청구를 하는

92 森際康友, 『法曹の倫理』(제2부 각주 17), p. 19 이하.

경우, 이익충돌이 없다고 보이는 한에서 수임을 할 수 있으며, 그 경우에도 수임시점에 이익충돌의 가능성에 대해서 의뢰인 전원에게 충분히 설명하고 수임에 대한 동의를 받아둘 필요가 있다. 그리고 현실로 이익충돌이 현재화하는 때와 동의가 철회된 때에는 사임하는 것을 수임의 조건으로 해야 한다.

② 채권자로부터의 금전청구에 대해서 주채무자와 연대보증인의 양방을 대리하는 경우, 채권자에 대한 패소가 확실시 되고(즉, 채권자의 승소가 확실하고) 연대보증인이 채권자에 대해서 지불했을 때 주채무자에 대한 구상이 확실시되는 경우라면 주채무자나 연대보증인 사이의 내부관계에서 그 부담비율이 문제로 되는 사안에서는 이익충돌이 현재화할 가능성이 높으므로 양방으로부터 수임을 할 수 없다고 보아야 할 것이다. 그러나 차입 사실이 없다거나 이미 변제를 완료했다거나 하는 등의 주장을 하는 경우는 이익충돌의 가능성을 충분히 설명한 후에 수임이 가능하다.

③ 지주로부터의 건물수거 토지명도청구에 대하여 건물소유자 및 차가인의 양방을 대리하는 경우에는 지주의 청구가 명백히 불합리한 경우에는 수임할 수 있다.

④ 유산분할의 경우, 판례는 상속인 간의 이익충돌이 현재화하지 않아도 당해행위의 외형에서 (일본)민법 826조 제1항에서 말하는 이익충돌하는 행위에 해당하는 경우가 있고 이 경우의 유산분할협의는 당사자의 용인이 없는 한 무효라는 입장을 취한다.[93]

⑤ 유언집행자와 파산관재인에 취임하는 경우, 이익충돌의 가능성이 적은 경우 취임할 수는 있으나, 취임 후에는 개개 상속인으로부터 사건을 수임하거나 파산채권자로부터 신고의 대리를 하는 것은 이익충돌에 해당

---

93 最判昭和 48.4.24; 最判昭和 49.7.22.

되어 허용되지 않는다.

6) 공동사무소: 이익충돌의 전가문제 포함

(가) 이익충돌의 전가

이익충돌 회피의무가 로펌에서 적용될 때는 개인 변호사에게 적용되는 것과 매우 상이한 국면이 전개된다. 예컨대, A로펌의 서울사무소에 근무하는 갑 변호사가 자동차 메이커인 K기업을 상대로 한 제조물책임법상의 책임을 묻는 소송에서 K기업을 내리하고 있다고 하자. 이때 A로펌의 울산사무소에 어떤 사람이 찾아와서 K기업을 상대로 한 해고무효소송을 의뢰하여왔다면, 이때 울산사무소는 이 사건을 수임할 수 없다(윤리장전 제17조 제3항 참고). 갑 변호사가 이익충돌의 법리에 의해서 이 일을 맡을 수 없다면, 같은 로펌에 속한 을 변호사도 그 일을 맡을 수 없다. 그것이 이른바 이익충돌의 전가(imputation)문제이다.

변호사법은 제57조, 제58조의16, 제58조의30에서 제31조(수임제한)를 준용하고 있어서 이익충돌 회피의무에 관한 내용이 법무법인, 법무법인(유한), 법무조합에도 적용됨을 밝힌다. 그리고 윤리장전 제18조 제3항에 의하면 "수인의 변호사가 공동으로 사무소를 개설하고 있는 경우에 그 사무소 구성원들은 당사자 쌍방의 양해 없이는 쌍방 당사자의 사건을 수임할 수 없다"고 규정한다. 변호사법의 '법무법인' 등은 윤리장전의 '수인의 변호사가 공동으로 사무소를 개설한 경우'에 해당하는 것들이다(아래에서는 이를 통칭하여 '로펌'[law firm]이라고 한다). 이들 조항에서 보듯이, 로펌에서 이익충돌여부를 점검할 때는 로펌을 하나의 실체로 보아야 한다. 로펌의 한 변호사가 이익충돌로 인하여 대리를 거절해야 하거나 철회해야 한다면, 그가 속한 로펌의 구성원 변호사, 소속 변호사 또는 그와 제휴한 다른 변호사도 대리를 거절하거나 철회해야 한다. 이처럼 한 변호사의 자격부인(disqualification)은 로펌 내의 다른 모든 변호사에게 전가된다. 그리고 특정 사건에서 개인적으로 자격이 부인된 그 변호사가 다른 로펌으로 옮기면 마찬가지로 이익충돌의 상황은 새로운 로펌의 모든 변호사에게 전가된다.

이렇게 하는 이유는 로펌에서는 수많은 변호사가 함께 일하면서 서로 정보를 교류하고 협력한다고 전제하기 때문이다. 사실 로펌에 일을 맡기는 취지는 담당 변호사에 대한 신뢰가 아니고, 집합으로서의 로펌의 역량을 이용하려는 것이다. 그와 같이 실질적으로 정보를 교류하는 것과 별개로 법률적으로 보자면 로펌은 하나의 법인격체이다. 그렇기 때문에 로펌에 소속된 변호사들은 업무를 수행함에 있어서 설사 사건별로 담당 변호사가 있다고 하더라도 각 변호사는 각자의 명의로 하는 것이 아니고 로펌의 명의로 사무를 수행하게 된다. 다시 말해 로펌에 속한 변호사는 대외적으로 단일한 실체의 구성원인 것이다. 따라서 로펌 단위로 이익충돌을 회피해야 하는 것은 당연하다고 하지 않을 수 없다. 결국 로펌 내의 어느 한 변호사가 이익충돌로 인해서 특정 사건을 수임할 수 없다면, 로펌 내의 다른 어떤 변호사도 그 사건을 수임할 수 없게 된다.

이때 로펌의 사무실이 여러 도시에 분산되어 있거나 소속 변호사의 수가 많은 경우에도 모두 하나의 인격체이다. 나아가 로펌이라 함은 법률형식적으로 로펌으로 등록된 경우를 당연히 포함하지만 그에 한정되는 것은 아니다. 여기서 중요한 것은 의뢰인의 비밀이 보호되어야 한다는 점이다. 즉, 의뢰인의 비밀을 공유한 단위는 법형식적으로 로펌인지 여부를 묻지 않고 모두 이익충돌의 전가문제가 생긴다. 따라서 로펌뿐만 아니라, 조합, 기업의 법무부서 등에도 적용된다. '수인의 변호사가 공동으로 사무소를 개설한 경우'(윤리장전 제18조 제3항)라든지 사무실을 공유하고 정보가 유통되는 외관을 갖는 경우에도 이 조항에 의해서 규제될 수 있다는 것을 보인다. 중요한 것은 변호사들 간의 형식적 법률관계가 아니고, 실질적으로 정보의 공유관계에 있는지의 여부이다. 예컨대, 임시로 고용되어 있는 변호사의 경우, 단순히 특정사건을 다루지 않고 로펌 의뢰인의 정보에 일반적으로 접근 가능했다면 그에게도 이익충돌이 전가된다. 사무직원이나 법률비서의 경우에도 의뢰인의 비밀정보에 접근할 수 있고, 이들에게도 이익충돌의 전가문제가 생길 수 있다.

미국은 이익충돌의 전가가 있으면 원칙적으로 대리할 수 없다고 하면서(표준규칙1.10(a)), 특정 변호사의 개인적 이해에 기초하여 수임이 거절된 경우는 완화된 기준을 적용하고 있다(표준규칙1.10(a)후단). 예컨대 로펌 내의 한 변호사가 개인적인 혐오감으로 인하여 어떤 사람에 대한 적격의 대리를 할 수 없는 경우에, 로펌 내의 다른 변호사가 그 사람을 대리하는 것은 가능하다는 것이다.

그리고 표준규칙은 전가된 지식은 다른 변호사에게 다시 전가되지 않는다는 입장이다. 다시 말해 한 변호사의 실제 지식은 로펌의 다른 모든 변호사에게 전가되지만, 만약 그들 중의 한 사람(실제 지식이 아니고, 전가된 지식을 가지고 있는 사람)이 그 로펌을 떠나게 되면 그는 전가된 지식을 가지고 떠나는 것이 아니다. 그래서 그가 새로운 로펌에 소속되더라도 새로운 로펌은 신규 변호사가 종전에 속했던 로펌의 의뢰인의 상대방을 대리할 수 있는 것으로 한다(표준규칙1.9(b))(이와 관련하여 202쪽 차단막에 관한 논의를 참고할 것).

일본 직무규정도 이익충돌의 전가에 관해 규정하고 있다. 공동사무소와 변호사법인을 구분하여 규율하고 있지만 내용은 동일하다. 즉, 공동사무소의 소속변호사(또는 변호사법인의 사원 변호사)는 다른 소속변호사(또는 사원변호사)가 이익충돌 때문에 직무를 행할 수 없는 사건에 대해서는 직무를 수행할 수 없다고 규정한다(직무규정 제57조, 제63조). 일본의 경우, 다소 특이한 것으로는, 공동사무소나 변호사법인의 소속변호사는 공동사무소나 변호사법인에 소속된 변호사가 직무를 수행할 수 없는 사건의 수임을 방지하기 위하여 취급한 사건의 의뢰인, 상대방, 사건명의 기록 등 기타 조치를 취하도록 하고 있다(직무규정 제59조, 제68조)는 것이다.

우리나라에서 로펌에서 이익충돌의 전가와 관련된 판례로 볼 수 있는 것이 있다.

> 이익충돌에 관한 변호사법 제31조의 규정은 같은 법 제57조의 규정에 의하여 법무법인에 관하여도 준용된다고 할 것이므로, 법무법인의 구성원 변호사가 형사사건의 변호인으로 선임된 그 법무법인의 업무담당변호사로 지정되어 그 직무를 수행한 바 있었음에도, 그 이후 제기된 같은 쟁점의 민사사건에서 이번에는 위 형사사건의 피해자측에 해당하는 상대방 당사자를 위한 소송대리인으로서 직무를 수행하는 것도 금지되는 것임은 물론이고, 위 법무법인이 해산된 이후라도 변호사 개인의 지위에서 그와 같은 민사사건을 수임하는 것 역시 마찬가지로 금지되는 것이라고 풀이할 것이며, 비록 민사사건에서 직접적으로 업무를 담당한 변호사가 먼저 진행된 형사사건에서 피고인을 위한 직접적인 변론에 관여를 한 바 없었다고 하더라도 달리 볼 것은 아니라고 할 것이니, 이러한 행위들은 모두 변호사법 제31조 제1호의 수임제한규정을 위반한 것이다.[94]

말하자면 로펌에 소속되었던 변호사라면 그 로펌에서 취급했던 사건을 다룰 수 없으며, 그 변호사가 직접 변론에 관여하지 않았다고 하더라도 마찬가지로 취급되어야 한다는 것이다. 그리고 같은 합동법률사무소에 재직하는 변호사가 대여금 사건을 수임하여 소송을 수행하고 있는 가운데, 다른 변호사가 이 사건의 원고인 합자회사의 소송대리를 수임하여 수

94 대법원 2003. 5. 30. 선고 2003다15556 판결.

임제한의무를 위반함으로써 징계받은 사례가 있다(제98-146호, 1998. 11. 30 결정, 징계사례집[II], p. 201). 법무법인이 수임한 항소사건의 전심 재판관이었던 법관이 퇴직하고 변호사로서 위 법무법인의 구성원이 되면 위 법무법인은 이 사건을 더 이상 수행할 수 없다는 것이 대한변협의 입장이다.[95] 마찬가지로 공증인가 합동법률사무소의 구성원들은 같은 사건의 원고 · 피고를 별도로 수임할 수 없다.[96] 이렇게 볼 때 우리나라도 변호사법과 윤리장전에서 이익충돌의 전가의 법리가 실제로 작동하고 있음을 볼 수 있다.

이익충돌과 관련하여 전가의 법리가 작동된다고 할 때, 로펌에서의 이익충돌의 문제는 심각한 문제를 제기한다. 종전 의뢰인의 보호, 동일성이 없는 사건에서의 이익충돌 상황이 쉽게 생길 수 있을 뿐만 아니라, 심지어 동시적인 이익충돌을 미처 파악하지 못하고 사건을 수임하는 수도 생길 수 있다. 특히 우리나라와 같이 소수의 로펌이 법률시장의 상당부분을 장악하고 있는 현실에서 이익충돌을 회피하면서 사건을 수임하려면 상당한 주의를 하지 않으면 안 된다. 변호사의 수가 늘고 변호사 시장이 개방된다면 이익충돌 문제가 더욱 첨예하게 드러날 것이다. 따라서 앞으로 로펌이 이익충돌의 점검을 제대로 하지 않고 사건을 수임함으로써, 법정에서 문제가 될 뿐만 아니라 법무과오로 인한 손해배상의 책임을 지는 일이 적잖이 생길 것이다.

(나) 차단막의 문제

위에서 보듯이 로펌에서 전가의 법리에 의하면 로펌 내의 한 변호사가

95 대한변협, 『질의회신집』(제2부 각주 42), p. 137.

96 대한변협, 『질의회신집』(제2부 각주 42), p. 118.

이익충돌로 인하여 수임하지 못하는 사건이 있다면 그 로펌 내의 다른 어떤 변호사도 그 사건을 수임하지 못한다. 그런데 변호사의 수가 수백 명에 이르고 사무실도 여러 도시에 걸쳐서 흩어져 있는 경우에, 그중에 한 명의 변호사에게 특정 사건을 수임하지 못할 사유가 있다고 해서, 같은 로펌 내의 다른 모든 변호사에게 그 사건을 수임하지 못하게 하는 것은 부당하다고 볼 여지도 있다. 이러한 문제점은 변호사가 로펌에서 다른 로펌으로 이동하는 경우에 특히 심각하게 나타난다. 예컨대 변호사가 한 로펌(X)에서 다른 로펌(Y)으로 이동하게 되면, 종전 로펌(X)에서 취급한 사건과 상당히 관련된 모든 사건에서 새로운 로펌(Y)이 취급할 수 없게 되는 결과가 된다. 이처럼 전가의 법리를 철저히 관철하게 되면, 변호사가 한 로펌에서 다른 로펌으로 이동하는 경우에 이익충돌의 전가의 법리에 의해서 수임이 제한되는 사건의 범위가 엄청나게 확산된다. 이렇게 되면 새로운 로펌(Y)으로서는 다른 로펌 출신 변호사의 영입에서 매우 신중할 수밖에 없다. 결국 변호사는 다른 로펌으로의 전직이 매우 곤란해질 뿐만 아니라, 의뢰인의 입장에서 필요한 변호사를 선택하는 데 심한 제약을 받게 된다. 특히 변호사가 특정 분야의 전문변호사일 경우라면 큰 로펌으로의 재취업이 거의 봉쇄될 수도 있다. 이러한 문제점을 해결해보려는 노력에서 차단막의 문제가 대두되었다.

차단막은 로펌 내의 어떤 변호사가 이익충돌로 인하여 사건을 수임하지 못할 사유가 있는 경우, 그 변호사를 다른 변호사들로부터 차단하는 조치를 함으로써, 그를 제외한 다른 변호사가 그 사건을 수임할 수 있게 하는 장치이다. 그러나 로펌 내에 차단막을 설치한다고 해서 과연 변호사들간에 의도적이거나 부주의한 의사소통을 막을 수 있을지에 대한 많은 의문이 있기 때문에 미국에서도 매우 신중한 접근을 하고 있다.

미국 표준규칙은 일정한 경우에만 차단막의 이용을 허용하고 있다. 즉 전직 공무원이었던 변호사가 사적 로펌으로 이동한 경우(표준규칙1.11(a)), 판사 · 중재인 · 조정인 기타 중립적 제3자로서 특정 사안에 참여함으로써 사건의 수임이 제한되는데 그가 사적인 로펌으로 이동한 경우(표준규칙.11(b)), 그리고 상담과정에서 의뢰인의 비밀정보를 알게 된 변호사의 경우(표준규칙1.18(a))에는, 로펌 내에 차단막을 설치하게 되면 그 로펌 내의 다른 변호사가 그 사건을 처리할 수 있는 것으로 하고 있다. 차단막의 위험성에 대한 인식이 있음에도 불구하고 이러한 경우에 차단막의 이용을 허용하는 이유는 공직에 유능한 변호사들이 활동할 수 있게 조장하려는 정책적 이유에 입각한 것이다.

그러한 이유 이외에 사적 로펌에서 다른 사적 로펌으로 이동하는 경우에 차단막의 이용을 허용할 것인지에 대해서 많은 논란이 벌어지고 있다. 표준규칙은 아직 이를 인정하지 않고 있지만, 이 경우에 인정하는 주가 적지 않고 전체적으로 보자면 그 수가 증가하고 있다.

우리나라에서도 미국에서와 같은 형식의 차단막의 이용을 허용할 것인지에 대해서는 아직 논의가 거의 없다. 미국의 경우에 비추어 보자면, 차단막을 이용하기 위해서는, 관련 문서와 변호사가 다른 서류 및 변호사로부터 공간적으로 분리되어야 할 뿐만 아니라, 해당 로펌이 여러 도시에 분사무소를 거느린 대형 로펌이어야 하고, 동시적 이익충돌의 경우에는 허용되지 않으며(즉, 종전 의뢰인과의 이익충돌에서만 차단막이 인정된다), 로펌 내에서 정보유통의 가능성이 있기 전에 차단막이 설치되어야 하며, 차단막이 설치되는 경우에는 관련 의뢰인에게 즉시 통보해야 한다. 이러한 조건이 충족되어야 효과적인 차단막이라고 할 수 있다는 것이다. 우리의 경우도 차단막의 이용을 허용하려면 이러한 조건들에 대한 검토를 토대로 제도화한 후에 실시해야 할 것이다. 그렇지 않으면 차단막은 남용되기 쉽고 변호사에 대한 국민의 신뢰를 훼손하는 결과를 낳을 것이다.[97]

7) 전직 공무원 등으로 관여한 사건의 수임제한

변호사법 제31조는 "공무원, 조정위원 또는 중재인으로서 직무상 취급하거나 취급하게 된 사건"을 수임하지 못하도록 하고 윤리장전 제17조에서도 변호사는 "자신이 공무원 또는 중재인이나 공정증서작성 사무에 관여한 사건"은 수임하지 못하도록 하고 있다. 일본도 유사한 규정을 두고 있다. 즉, "공무원으로서 직무상 취급한 사건"과 "조정, 화해알선 기타 재판 외 분쟁해결 절차기관의 절차실시자로서 취급한 사건"에 대해서는 수임을 금지하고 있다(직무규정 제27조 제4호, 제5호). 그리고 한국과 일본은 공히 의뢰인의 동의와 상관없이 그와 같은 업무를 수행하지 못하는 것으로 규정한다.

전직 공무원 등으로 관여한 사건의 수임을 제한하는 취지는 변호사가 장래 수임을 위해서 공직 중에 특정인을 배려할 위험성을 사전에 막자는 것, 재직 중에 알게 된 연고를 과장하여 의뢰인의 신뢰를 얻으려는 것을 막자는 것, 재직 중에 획득한 정보의 남용을 막자는 것 등이고, 특히 판사나 검사 등은 해당사건의 내용을 쌍방으로부터 들어서 알 수 있기 때문에 후에 이를 이용하는 것은 공정하지 못하다는 점 등이 지적된다.[98] 변호사가 공무원으로서 취급한 사건을 다루게 되면 어느 편 당사자에게 실제의 불이익이 생길 우려가 있다는 점이 지적되기도 한다.[99]

미국의 경우도 공직에서 취급한 사건을 변호사로 취급하지 못하도록 규제하고 있다. 이에 의하면, 전직 정부변호사는 정부에 있는 동안에 "개인적으로 실질적으로"(personally and substantially) 참여한 사건에서 사적 의뢰인을 대리하지 못한다(표준규칙1.11(a)). 그러나 미국의 경우는 한국이

---

97 이상수, 「차단막을 이용한 이익충돌회피」, 『법과사회』 제36호, 2009. 6 참고.

98 일변련, 『조해 변호사법』(제2부 각주 16), p. 203.

99 伊藤眞, 「辯護士と當事者」, 小島武司, 『法曹倫理』(제1부 각주 33), p. 80.

나 일본만큼 엄격하게 그것을 금지하는 것은 아니다. 우선 정부가 대리에 대해서 동의할 수 있도록 하여, 정부의 동의가 있으면 공직에서 취급한 사건도 처리할 수 있는 것으로 한다. 그리고 개인적이고 실질적으로 참여한 것에 한정하기 때문에 대리가 금지되는 사안의 폭은 한정된다. 여기서 "개인적이고 실질적으로"이라는 것은 직접 그 사안에 관여하여 일을 했으며 사소한 정도를 넘어서 깊이 개입했다는 것을 의미한다. 따라서 단지 업무의 책임자로서 형식적으로 감독한 경우나 추상적인 규정을 만드는 데 개입한 경우는 제외된다. 게다가 전직 정부변호사가 사적 로펌에 취업한 경우에 자격부인은 일정한 조건하에 전 로펌에 전가되지 않는다. 즉, ① 자격부인된 변호사가 그 사안에서 참여하지 못하도록 적절히 차단되고 있으며, 그로부터 수임료를 배분받지 않을 것, ② 서면의 통지가 즉시 해당 정부당국에 전달되어서 이 규칙의 준수를 확인할 수 있게 한다는 조건이 갖추어지면 전직 변호사의 자격부인이 로펌의 다른 변호사에게 전가되지 않는다(표준규칙1.11(b)). 이렇게 하는 것은 정부 측에서 로펌에 속한 변호사의 고용을 용이하게 하려는 정책적 배려 탓이다.

우리나라에서의 사례로는 법원에서 재판장으로 참여한 사건에 관하여 후에 변호사로서 소송을 대리하여 문제된 바 있고,[100] 사기사건에서 검사로 재직 중에 공무원으로서 직무상 수사한 바 있는 사건을 수임 · 변론한 변호사를 징계한 바가 있다(제97-3호, 1997. 12. 22 결정, 징계사례집[II], p. 17). 대한변협은 판사로 재직 중 송달불능사유로 기일이 변경된 후 그 재판에 관여하지 않았더라도, 퇴직하여 변호사로서 당해 사건의 항소심을 수임할 수 없다고 한다.[101] 마찬가지로 부장판사로서 당해사건을 한 번도

100 대법원 1962. 1. 31. 4294민상517,518 판결.

101 대한변협, 『질의회신집』(제2부 각주 42), p. 149.

심리한 사실 없이 퇴임하고 마침 변호사 개업을 하였는데, 당해사건의 원고가 그 사건을 맡기려고 하는 경우, 부장판사로 재직 중 1회 변론기일만 정하고 퇴임하였더라도 당해사건을 수임할 수 없고,[102] 경매담당 판사로서 경매개시 결정, 입찰명령, 감정평가명령을 내린 후 후임 담당 판사가 절차를 진행한 경우에도 후에 변호사로 개업한 후 그와 관련된 사건을 담당할 수 없다고 한다.[103] 그 외 당직판사로서 영장업무를 수행한 사건, 구속적부심 단계에서 취급한 사건도 취급할 수 없다고 한다.[104] 선거관리위원으로 재직하는 동안에 특정 후보를 고발했다면 후에 그 후보에 대한 형사사건을 취급할 수 없다.[105] 여기에서 보듯이 우리나라의 경우는 전직 공무원으로 취급한 사건에 대해서 미국보다 더 엄격하게 규제하고 있다. 더구나 정부 측의 동의를 받는 절차도 허용하지 않고 금지하고 있는 점도 특이한 점이다.

미국은 단지 전직 공무원이었던 변호사에 대해 규제할 뿐만 아니라, 사적 변호사였다가 공직을 맡게 된 변호사에 대해서도 유사한 규제를 하고 있다. 즉, 현재 공무원으로 근무하는 변호사는 사적 실무나 비정부 고용 기간 동안에 개인적이고 실질적으로 참여한 사안에 참여할 수 없다. 다만, 권한이 있는 정부당국이 서면으로 설명 있는 동의를 하면 변호사는 그 사건을 다룰 수 있다(표준규칙1.11(d)). 그리고 변호사가 개인적이고 실질적으로 참여하고 있는 사안에서 당사자 또는 당사자를 위한 변호사로 개입하고 있는 사람과 사적 고용에 대해서 협상할 수 없다. 이를 허용하게 되면 공적 지위를 남용할 가능성이 커지기 때문이다. 이러한 규칙은

102 대한변협, 『질의회신집』(제2부 각주 42), p. 30.
103 대한변협, 「변호사법 관련 질의 · 회신」, 『인권과정의』 제359호, 2006. 7, p. 188.
104 대한변협, 「변호사법 관련 질의 · 회신」, 『인권과정의』 제359호, 2006. 7, p. 185.
105 대한변협, 「변호사법 관련 질의 · 회신」, 『인권과정의』 제365호, 2007. 1, p. 235.

우리나라의 변호사들에게도 마찬가지로 적용될 수 있을 것이다. 우리나라에서도 이용훈 대법관이 변호사 재직시에 삼성을 변호한 적이 있기 때문에, 만약 이 사건이 대법원으로 오게 되면 당연히 회피해야 한다는 논란이 있었다.[106] 우리나라에 이와 같은 규정은 없지만, 변호사로서 취급했던 사건을 공무원의 지위에서 다루는 것을 금지하는 것은 변호사윤리상 당연하다고 생각된다.

8) 의뢰인과 변호사 간의 이익충돌

(가) 계쟁권리의 양수금지

변호사법 제32조는 "변호사는 계쟁권리를 양수하여서는 아니 된다"라고 규정하고 있으며, 윤리장전 제11조에서도 소송목적물의 양수를 금지하고 있다. 일본 직무규정 제17조는 "변호사는 계쟁의 목적물을 양수해서는 안 된다"라고 한다. 이와 유사한 규정은 미국에도 있다. 즉, "변호사는 소송의 원인이나 의뢰인을 위해 관리하고 있는 소송 대상물에 대해 재산상 이익을 얻으면 안 된다"고 규정하고 있다(표준규칙1.8(i)). 여기에서 계쟁권리, 소송목적물, 계쟁의 목적물, 소송대상물은 모두 동일한 것이라고 보인다. 다만 우리나라나 일본이 소송목적물의 양수를 금지하고 있는데 비하여, 미국은 그 범위를 더욱 넓혀 "재산상 이익"을 얻는 것을 모두 금하고 있다. 계쟁권리라고 했을 때, 현재 소송, 조정 기타 분쟁처리기관에서 계속 중인 사건에 한정되는 것인지 그에 한정하지 않고 널리 분쟁중의 권리 일체를 포함하는 것인지에 대해서 논란이 있는데, 일본의 판례는 전자의 입장에 있다.[107]

---

106 「대법원 국정감사 "퇴직법관 전관예우 등 거론"」, 「법률신문」, 2008. 10. 23.

107 일변련, 『조해 변호사법』(제2부 각주 16), p. 227.

소송목적물의 양수를 금지하는 것은 소송목적물에 대해 변호사가 개인적 이해관계를 가지게 되면, 변호사는 의뢰인의 입장에서 문제를 해결하기보다는 자신의 이해에 따라 소송을 진행하려는 경향이 생기기 때문이다.[108] 예컨대 승소 시 소송물 중 일부를 변호사가 소유하기로 한 경우, 변호사는 분쟁을 화해로 해결하기보다는 끝까지 소송으로 몰고 가려는 경향이 생긴다. 이러한 논리의 연장에서 볼 때, 분쟁이 완전히 종결된 후에 변호사가 소송목적물을 양수하는 것은 문제되지 않는다고 할 수 있다. 소송 대상물에 대해 재산적 이익의 수취를 금지하는 미국 표준규칙도 그 예외로서 보수의 확보를 위한 것이거나 성공수임료와 관련한 경우를 들고 있다(표준규칙1.8(i)). 우리나라의 경우도 마찬가지이다. 즉, 소송종료 후 성공사례금 대신 계쟁부동산의 일부를 이전등기 받는 것은 위법이라고 할 수 없다고 한다.[109]

(나) 의뢰인과 변호사 간의 거래 등

의뢰인과 변호사 간에 보수 이외의 경제적 거래관계를 하게 되면, 의뢰인-변호사 관계에 의해서 거래가 왜곡되기 쉽다. 한국이나 일본에는 이에 관한 규정이 없지만, 미국의 표준규칙은 상세한 규정을 두고 있다(표준규칙1.8). 내용이 다소 복잡하지만 미국의 경우 어느 정도까지 이익충돌에 대해서 논의하는지에 관해 우리에게 시사하는 바 크다고 생각되어 일부 소개해보면 다음과 같다.

108 대한변협, 「변호사법 관련 질의 · 회신」, 『인권과정의』 제359호, 2006. 7, p. 183에서는 계쟁권리의 양수금지의 이유를 ① 변호사가 계쟁권리를 양수함으로 인하여 당사자와 변호사 사이의 신임관계의 균열을 초래하고, ② 당사자와 이해상반되는 결과를 가져올 수 있으며, ③ 나아가 변호사의 일반적 품위를 손상시킬 염려가 있기 때문이라고 설명한다. 이 중 두 번째가 가장 본질적인 이유일 것이다.

109 대한변협, 『질의회신집』(제2부 각주 42), p. 156.

① 변호사는 의뢰인과 사업상 거래를 하거나, 소유권, 점유, 증권, 기타 의뢰인의 이익에 반하는 금전적 이익을 알고서 취득해서는 안 된다(표준규칙1.8(a)). 변호사와 의뢰인 사이의 사업상 거래를 금지하는 것은 변호사가 과도하게 의뢰인에게 영향을 미쳐서 의뢰인의 이익에 반하는 거래를 할 가능성이 있기 때문이다. 뿐만 아니라 사업적이 아닌 금품의 수수에 대해서도 금지하고 있다. 따라서 의뢰인과 거래를 하는 경우 변호사는 그 것이 부당하지 않다는 것을 적극적으로 증명하지 않으면 안 된다. 표준규칙은 변호사가 이익을 얻는 거래와 조건이 의뢰인에게 공성하고 합리적이며, 서면으로 완전히 공개되고 의뢰인이 합리적으로 이해할 수 있는 방식의 서면으로 전달될 것, 그 거래에 대해서 독립한 법자문자의 조언을 얻는 것의 바람직함이 문서로 조언되고, 그러한 조언을 구할 합리적인 기회가 주어질 것, 그리고 의뢰인이 거래의 핵심내용 그리고 그 거래에서 변호사가 의뢰인을 대리하는지 여부를 포함하여 그 거래에서의 변호사가 맡은 역할에 대해 의뢰인의 서명이 있는 문서로써 설명 있는 동의를 할 것 등의 조건이 갖추어진 경우는 가능하다고 한다(표준규칙1.8(a)).

② 변호사는 유언상의 선물을 포함하여 의뢰인으로부터 상당한 선물을 요구하면 안 되며, 선물을 받는 변호사나 다른 수취인이 의뢰인과의 관계자가 아닌 한, 변호사는 의뢰인을 대신하여 변호사나 변호사와 관련된 사람에게 상당한 선물을 주는 문서를 작성해서는 안 된다. 이 조항에서 관계자란 배우자 · 자식 · 손자 · 부모 · 조부모 또는 다른 친척 또는 변호사나 의뢰인이 가까운 가족적 관계를 갖는 개인을 포함한다(표준규칙1.8(c)). 물론 상당하지 않고 사소한 선물을 받는 것은 허용된다. 변호사에게 선물을 주는 내용의 문서는 선물을 받는 변호사에 의해서 작성되어서는 안 된다. 또 스스로 선물을 요구해서도 안 된다.

③ 대리의 종결에 앞서 변호사는 대리와 관련한 정보의 중요 부분에 기

초한 초상이나 설명에 대한 저작권이나 방송권을 변호사에게 주는 합의를 하거나 협상을 해서는 안 된다(표준규칙1.8(d)). 만약 변호사가 대리하고 있는 사건(소송)과 관련한 초상권을 얻거나 방송권을 얻게 된다면, 변호사는 의뢰인의 이익에 반하여 그 사건을 더욱 극적인 것으로 만들려고 하는 유인이 생길 수 있다고 보기 때문이다. 판례는 보수 대신에 의뢰인의 삶에 대한 저술권과 방송권을 받은 사건에 대해서 변호사의 경제적 이해관계가 고객에게 불리한 이익충돌 상황을 만들었다고 보았다.[110]

④ 표준규칙은 변호사가 의뢰인에게 경제적 지원을 하는 경우에 대해서도 규제하고 있다. 이에 의하면 성공조건부 보수계약의 경우, 가난한 의뢰인을 대신하여 법정비용과 소송비용을 부담하는 경우가 아니라면, 변호사는 계류 중이거나 고려 중인 소송과 관련하여 의뢰인에서 경제적 지원을 해서는 안 된다(표준규칙1.8(e)). 변호사가 의뢰인을 위해서 비용을 지출하지 못하게 하는 것은 소송의 남발을 막는다는 취지도 있지만, 그보다는 자신의 비용을 지출한 변호사라면 독립적인 판단을 행사하기 어려울 것이라는 점에 그 근거가 있다. 말하자면 의뢰인의 이익이 아니라 자신의 이익을 위해서 사건을 처리한다는 것이다.

⑤ 변호사는 의뢰인 이외의 자에게 의뢰인의 대리에 따르는 보상을 받지 못한다(표준규칙1.8(f)). 예컨대 갑을 대리하는 데 갑의 아버지로부터 소송비용을 받는다든지, 을을 대리하는 데 을이 소속된 회사로부터 소송비용을 받는 경우가 이에 속한다. 이러한 경우 반드시 윤리위반이라고 할 수는 없지만, 경우에 따라서는 의뢰인의 이익이 아니라 소송비용을 지불하는 사람의 이익을 대변할 수 있고 그런 경우 윤리장전에 위반된다. 따라서 표준규칙은 의뢰인이 설명 있는 동의를 할 것, 전문직업적 판단상

---

110 People v. Corona 80 Cal. App. 3d 684, 145 Cal. Rptr. 894(Cal. App. 1. Dist. 1978).

변호사의 독립성이나 의뢰인-변호사 관계에 대한 간섭이 없을 것 그리고 의뢰인의 대리에 관련한 정보가 보호될 것 등을 조건으로 해서만 의뢰인 이외의 사람으로부터 보수를 받을 수 있도록 한다.

⑥ 변호사는 의뢰인-변호사 관계가 시작되었을 때 그들 사이에 성관계가 있지 않는 한 의뢰인과 성관계를 해서는 안 된다. 미국 표준규칙은 이러한 사적인 관계조차 규제하고 있다. 변호사로서의 지위를 남용하지 않도록 한 배려라고 보인다.

이상의 것들은 미국의 표준규칙에서 이익충돌을 이유로 규제하고 있는 내용들이다. 우리나라의 경우 아직 이러한 것들이 거의 문제가 되고 있지 않지만 차차 문제가 될 수 있을 것이다. 장차 변호사가 되려고 하는 사람이라면, 이와 같은 예민한 문제들을 검토하면서 다른 사람의 이익을 위해서 법률서비스를 제공하는 사람인 변호사가 된다는 것이 무엇을 의미하는지, 어느 정도의 성실성을 요구하는지를 깊이 생각해볼 일이다.

9) 이익충돌이 사후적으로 드러난 경우의 해법

이익충돌을 불사하거나 미처 인식하지 못하고 사건을 수임하는 행위는 윤리위반으로서 심각한 비난의 대상이 되기 때문에 변호사는 사건을 수임하기에 앞서 이익충돌 여부를 신중히 검토하지 않으면 안 된다. 그러나 많은 사건을 다루는 변호사로서는 자칫 이익충돌 상황에도 불구하고 사건을 맡게 될 수도 있다. 특히 규모가 큰 로펌의 경우 사건수임 때마다 이익충돌 점검이 있다고는 하지만 완전하게 이루어지지 않을 가능성이 적지 않다. 만약 이러저러한 이유로 수임 후에 이익이 충돌하는 두 의뢰인을 대리하고 있는 것이 드러나게 되는 경우 어떻게 해결해야 하는가?

특히 문제가 되는 로펌을 중심으로 살펴보자. 우리나라 윤리장전도 공동으로 사무소를 개설한 경우와 관련하여 이 문제를 규정하고 있다. 즉,

윤리장전 제18조 제3항은 "수인의 변호사가 공동으로 사무소를 개설하고 있는 경우에 그 사무소 구성원들은 당사자 쌍방의 양해 없이는 쌍방당사자의 사건을 수임할 없다"고 하면서, 동시에 "사건을 수임한 후에 이에 위반된 것이 발견된 때에는 뒤에 수임한 사건을 사임하고 그 취지를 의뢰인에게 알려야 한다"라고 규정하고 있다. 즉, 뒤에 수임한 사건을 사임함으로써 이익충돌의 상황을 면해야 한다는 것이다. 그러나 이는 불합리한 결과를 낳는다. 왜냐하면 변호사는 이미 뒤에 수임한 사건 의뢰인의 비밀정보를 알게 되었고, 만약 뒤 사건의 수임을 철회하게 되면 그 의뢰인의 비밀정보가 그 상대방의 이익을 위해서 이용된다는 것을 의미할 것이기 때문이다. 이는 종전 의뢰인의 비밀정보를 보호해야 한다는 윤리장전에도 위반되며, 종전 의뢰인의 이익과 상반되는 의뢰인의 대리를 금한다는 이익충돌 회피의무에도 충돌된다.

미국 표준규칙에는 이에 관한 해결책이 없지만 해석과 판례는 확고한 입장을 가지고 있다. 즉, 양당사자가 동의하지 않으면 변호사는 양 당사자의 대리를 모두 철회해야 한다는 것이다.[111] 이러한 법리를 "뜨거운 감자"(hot potato)의 원칙이라고 한다.[112] 수임 후에 발견된 이익충돌의 문제를 회피하기 위해서 단순히 한 의뢰인을 포기하는 것으로는 문제를 해결할 수는 없다는 것이다. 마찬가지 이유로 새로운 의뢰인을 얻을 목적으로 종전 의뢰인과의 대리관계를 종결시키는 것도 금지된다. 왜냐하면 종전 의뢰인은 이미 다른 의뢰인을 포기한 데 따르는 기회비용을 치렀다고 보이기 때문이며 동시에 종전 의뢰인에 관한 비밀정보를 지득하고 있기 때

111 Picker Intern., Inc. v. Varian Associates, Inc. 670 F. Supp. 1363(N. D. Ohio, 1987). 이 사건에서 재판부는 "로펌은 의뢰인을 뜨거운 감자인 양 버려서는 안 된다. 특히 더 돈이 되는 고객을 만족시키기 위해서 그렇게 해서는 안 된다"고 밝혔다.

112 Rotunda, *Legal Ethics*(제1부 각주 24), p. 131.

문이다. 따라서 변호사는 사건을 수임하기 전에 이익충돌 여부를 신중히 검토하지 않으면 안 되며, 수임결정 전에는 수임여부의 판단에 필요한 만큼의 정보만 의뢰인으로부터 얻어야지 그 이상의 정보를 얻게 되면 기존의 사건도 포기해야 하는 결과가 된다.

유럽의 경우도 단호한 입장을 보이고 있다. 즉, 유럽의 행위규범은 의뢰인 사이의 이익에 충돌이 발생하면 변호사는 "양 의뢰인을 위한 활동을 중단해야 한다"고 규정하고 있다(행위규범 제3.2.2).

일본의 경우, 공동사무소나 변호사법인에서 이익충돌이 수임 후에 드러난 경우를 대비한 별도의 조항을 가지고 있다. 이에 의하면 수임 후 이해의 대립이 발생하거나 알게 된 경우, 속히 의뢰인에게 그 사정을 알리고 사임하거나 기타 사안에 따른 적절한 조치를 취해야 한다고 한다(직무규정 제42조, 제67조). 이것이 양당사자로부터의 대리철회를 요구하는 것인지는 명백하지 않다. 타나카 코조(田中紘三)는 이익충돌과 관련하여 다음과 같이 재미있게 표현하고 있다. "변호사에 있어서 의뢰인과의 수임계약은 언제나 선착순이다. 의뢰인이 경제적 곤란상태에 있는 자라고 해도 일단 수임한 이상, 그 후에 부자로부터 수임을 요청받아도 의뢰인을 바꾸는 것은 절대 안 된다. 언제나 선착순인 것이다."[113] 어쨌든 후에 수임한 의뢰인 때문에 먼저 수임한 의뢰인이 불리한 취급을 받아서는 안 되는 것이며, 동시에 먼저 수임한 의뢰인을 위해서 다른 의뢰인의 정보를 부당하게 이용하는 것도 안 되는 것이다. 결국 변호사는 의뢰인의 비밀정보를 알게 된 이상 그 의뢰인의 비밀정보를 이용하여 그 의뢰인의 이익에 반하는 대리활동을 할 수 없는 것이다. 결국 양당사자의 비밀정보를 다 알게 된 경우는 양당사자로부터 대리를 철회하는 길밖에 남지 않는다.

---

113 田中紘三, 「辯護士の役割と倫理」, 小島武司, 『法曹倫理』(제1부 각주 33), p. 78.

이상과 같은 다른 나라의 사례에 비추어보더라도 우리나라 윤리장전 제18조 제3항에서 제시된 해법은 이익충돌에 대한 올바른 해법이 되지 못한다고 하겠다. 올바른 해법은 양당사자 모두로부터 수임을 철회하는 것이다.

10) 이익충돌 회피의무를 위반한 대리행위의 법적 효과

민법상 쌍방대리는 그 법적 효력이 부인된다(민법 제124조). 변호사가 쌍방대리를 한 경우 쌍방대리의 법률적 효력은 어떻게 되는가? 이익충돌 회피의무를 위반한 대리행위의 법적 효과에 대해서는 몇몇 판례가 있는데 입장이 반드시 일치하는 것은 아니다.

우선 추인 여부와 관련하여서 효력을 판단한 판례도 있다. 1심에서 원고를 대리하고 2심에서 피고를 대리한 경우에 이는 변호사법 제16조에 위반되는 행위로서 무권대리행위라고 하면서도, 기록상 위의 피고들이 위의 무권대리인의 소송행위를 추인했다는 흔적을 발견할 수 없기 때문에 소송대리권에 흠결이 있는 위법된 판결이라고 한 판례가 있다.[114] 이 판결은 추인이 있었더라면 유효했다는 취지이다. 실제로 추인을 했으므로 유효라고 본 판례도 있다.[115] 이에 의하면 (구)변호사법 제16조 제1호에 위반되는 행위로서 무권대리행위라고 할 것이라고 하여도 원심에서 원고가 위 무권소송대리행위를 추인하였음이 기록상 뚜렷하므로 그 소송행위는 소송법상 완전한 효력이 발생된다고 했다.

이에 비하여 이익충돌 회피의무를 위반한 대리행위가 있은 경우, 추인 여부와 상관없이 상대방 측에서 적극적으로 이의를 제기하지 않으면 소

---

114 대법원 1962. 4. 26. 선고 4294민상676 판결.

115 대법원 1970. 6. 30. 선고, 70다809 판결.

송행위는 완전히 유효하다고 본 판결이 다수 있다. 예컨대, 구변호사법(1949. 11. 7 법률 제63호) 제16조 제1호에 위반되는 소송행위를 했다고 하여도 당사자가 아무런 이의도 하지 아니한 이상 그 소송행위는 소송법상 완전한 효력이 생긴다고 한다.[116]

변호사법 제31조 위반행위의 효과에 관하여, 변호사법 제31조 제1호의 규정에 위반한 변호사의 소송행위에 대하여는 상대방 당사자가 법원에 대하여 이의를 제기하는 경우, 그 소송행위는 무효이고 그러한 이의신청을 받은 법원으로서는 그러한 변호사의 소송관여를 더 이상 허용하여서는 아니 될 것이지만, 다만 상대방 당사자가 그와 같은 사실을 알았거나 알 수 있었음에도 불구하고 사실심 변론종결시까지 아무런 이의를 제기하지 아니했다면 그 소송행위는 소송법상 완전한 효력이 생긴다고 했다.[117] 변호사가 판사로서 항소심변론에 관여하였던 재심대상사건을 수임하여 소송대리를 한 것이 구변호사법(1949. 11. 7. 법률 제63호) 제16조 제2호에 위반되어 무효한 행위임에도 불구하고 그 소송대리행위를 유효로 본 것은 잘못이라 하더라도 민사소송법 제422조 제1항 단서에 의하여 당사자가 그 사유를 알고 주장하지 아니한 때에 해당하는 경우에는 원판결의 잘못은 재심의 소를 기각하는 판결의 결과에는 영향이 없다고 한 판례가 있다.[118]

전체적으로 보자면, 추인한 경우는 당연히 그 대리행위의 효과가 인정된다고 보는 데 의문의 여지가 없다. 쌍방대리에 대해서 추인하지 않은 경우가 논란이 되는데, 최근의 판례는 일관하여 추인 여부와 상관없이 이의를 제기할 수 있는 측에서 적극적으로 이의를 제기하지 않으면 소송대

116 대법원 1969. 12. 30. 선고 69다1899 판결.
117 대법원 2003. 5. 30. 선고 2003다15556 판결.
118 대법원 1971. 5. 24 선고 71다556 판결.

리행위 자체의 효과는 유효한 것으로 보고 있다.

일본의 경우도 이와 같은 입장이다. 즉, 변호사법상의 이익충돌 규정을 위반한 변호사의 소송행위는 상대방이 이의를 제기하기 않은 채 소송절차를 진행시킨 결과 제2심 구두변론이 종결된 때는 그 무효를 주장할 수 없는 것으로 하고 있다.[119] 그리고 이러한 입장이 통설이라고 한다. 이 이론에 의하면 상대방으로부터 이의가 있는 소송행위에 대해서는 청구가 있으면 소의 각하를 구하는 이유가 되고, 변호사의 소송대리행위를 금지하는 중간판결을 구하는 사유로도 된다.[120]

11) 이익충돌에 대한 제재

이익충돌 회피의무를 위반하고 대리행위를 한 경우에 변호사에게 가해질 수 있는 제재로는 징계, 민사불법행위책임, 자격부인(disqualification) 등이 있고, 미국의 경우 보수의 반환을 요구받을 수도 있다. 우리나라의 경우 이익충돌에도 불구하고 사건을 수임하여 징계받은 사례는 있지만, 다른 유형의 제재가 가해진 경우는 거의 없다. 하지만 미국의 경우는 이익충돌의 문제가 우리나라와는 비교가 되지 않을 정도로 훨씬 더 심각하게 논의되며, 현실에서 많은 사건이 제기되고 있다. 아래를 보자.

만약 변호사가 이익충돌과 관련하여 징계 가능한 규칙을 위반하고 그 위반이 의뢰인의 손실을 가져왔다면, 변호사는 법무과오에 따른 불법행위로써 손해배상의 책임을 질 수 있다. 정보를 충분히 공개하지 않고 복수의 대리를 수행한 변호사에게 정보의 부실한 공개로 인하여 피해를 입은 의뢰인에 대해서 민사손해배상의 책임을 지게 한 미국 판례가 있다.[121]

---

119 最大判昭 38.10.30(小島武司, 『法曹倫理』[제1부 각주 33], p. 111).

120 小島武司, 『法曹倫理』(제1부 각주 33), p. 111.

121 Crest Inv. Trust, Inc. v. Comstock 23 Md. App. 280, 327 A. 2d 891(Md. App. 1974).

미국의 경우, 이익충돌에 연루된 변호사는 보수의 반환을 요구받을 수 있다. 이와 관련한 우리나라의 판례는 다른 입장을 보이고 있다. "구 변호사법(2000. 1. 28. 법률 제6207호로 전문 개정되기 전의 것) 제94조에 의한 필요적 추징은 같은 법 제27조의 규정 등을 위반한 사람이 그 위반행위로 인하여 취득한 부정한 이익을 보유하지 못하게 함에 그 목적이 있고, 변호사가 같은 법 제27조 제2항에 위반하여 법률사건을 수임하더라도 그 수임계약과 이에 따른 소송행위는 유효한데, 피고인이 법률사건을 수임하고 받은 수임료는 법률사건의 알선으로 받은 대가가 아니고 사법상 유효한 위임계약과 그에 따른 대리행위의 대가이므로 같은 법 제27조 제2항 위반행위로 인하여 얻은 부정한 이익으로 볼 수 없고, 따라서 추징의 대상이 아니"라고 했다.[122]

미국에서는 자격부인이 소송에서 발생하는 이익충돌에 대한 일반적 처방이라고 한다. 이는 상대방의 청구에 의하든 직권이든, 법원이 변호사의 자격을 부인하여 소송에서 추가적인 대리를 못하게 하는 것이다. 이러한 것은 심지어 이익충돌로 인해 의뢰인에게 실질적인 손해가 발생하지 않는 경우에도 부과된 사례가 있다.[123] 그리고 미국은 절차적인 이유에서 연방 지방판사는 자격부인 청구의 수용이나 거부에 대해서 실질적인 재량권을 갖는다. 즉 자격부인이 수용되든 거부되든 그에 대해 즉시 이의제기할 수 없도록 한 것이다. 이는 자격부인의 남용을 막기 위한 것이다.

12) 이익충돌 규제의 전망과 대응

이익충돌의 문제는 변호사윤리규정 중에서 가장 어렵고도 많은 문제를

122 대법원 2001. 7. 24. 선고 2000도5069 판결.

123 Hendry v. Pelland 73 F. 3d 397(C. A. D. C., 1996).

일으킬 소지를 가진 사안이다. 그동안 우리나라에서 이익충돌과 관련한 사건이 많았다고 할 수는 없다. 이는 이익충돌하는 사건의 수임 자체가 적었던 데 주요한 원인이 있었다기보다 이익충돌 문제에 대해서 심각하게 생각하지 않은 탓이 아닌가 한다. 향후 변호사 수의 증가로 경쟁이 격화되고 의뢰인의 권리의식도 높아지면서 이익충돌이 점점 더 심각하게 문제시될 것이다. 물론 제도에 의해서 이익충돌 위반이 규제되기 때문에 변호사로서는 관련 제도를 잘 알아야 하겠지만, 그와 별도로 변호사의 입장에서 성실한 대리를 한다는 견지에서 이익충돌의 회피가 변호사의 본질과 직결되는 중대한 문제라는 것을 잘 이해하는 것이 요청된다.

4. 변호사의 보수와 의뢰인의 재산관리

1) 변호사 보수의 성격과 규제

(가) 의뢰인-변호사 관계의 성격과 보수

통상 의뢰인-변호사의 관계는 위임의 관계로 이해한다. 연혁적으로 보자면 로마법에서 위임계약은 무상이 원칙이었고, 그 점에서 도급이나 고용과 달랐다.[124] 위임은 고용이나 도급과 달리 특별한 존경 내지 신뢰관계에 기초하는 것이기 때문에 수임인이 일의 대가로 보수를 받는 것은 불명예라고 생각하여 사례금으로써 위로를 받는 방식을 취한 것이다.[125] 변

124 도급은 당사자의 일방(수급인)이 어떤 일을 완성할 것을 약정하고, 상대방(도급인)이 그 일의 결과에 대하여 보수를 지급할 것을 약정함으로써 성립하는 계약(민법 664조)이다. 도급은 고용이나 위임과 같이 노무공급계약의 일종이나 특히 '일의 완성'을 목적으로 하는 점에 특색이 있어서 고용이나 위임과 구별된다.

125 배성호, 「변호사 보수의 현대적 과제」, 『한국부패학회보』 제11권 제1호, 2006, p. 28.

호사의 경우에 적용해서 말하자면, 변호사가 받는 보수는 노동의 대가가 아니라는 것이다. 이러한 생각은 영국의 경우에서도 보인다. 영국의 법정 변호사(barrister)는 의뢰인과 보수협상을 하지도 못하며 소송의뢰인이 사례를 하지 않는 경우에도 소송에 의해서 이를 청구할 수 없다.[126] 근본적으로 신사는 돈을 위해서 서비스를 제공하는 것이 아니라는 것이다. 프랑스의 전통에서도 변호사는 돈을 받고 일하는 것이 아니라는 관념이 강했고, 마찬가지로 의뢰인으로부터 금전을 공공연히 요구하지 않는 것을 미덕으로 삼았다. 그래서 프랑스 전통에서도 변호사는 보수를 받기 위한 소송이 허용되지 않았으며 심지어 서면으로 보수를 청구하는 것도 허용되지 않았다. 변호사가 보수를 받으면 변호사의 본질인 독립성이 훼손된다고 생각했기 때문이었다.[127]

미국의 초기 역사에서도 변호사는 비용을 받지 못하게 했다. 1945년 버지니아 주에서는 보수를 받은 변호사의 자격을 박탈하는 제도를 두기도 했다. 미국에서 이렇게 한 것은 변호사에 대한 일정한 혐오감을 배경으로 한다는 점에서 다른 나라와는 차이가 있다.[128] 우리나라도 조선시대의 각종 소송 관련 문서를 직업적으로 작성해주거나 소송을 대리해주는 '외지부'(外知部)라는 사람이 있었는데, 성종9년(1478년) 이래 고용대송(雇傭代訟)은 금지되어 1905년까지 지속됐다. 이를 금지한 이유는 당사자가 이들의 도움을 받게 되면, 사실의 왜곡, 증거의 인멸 · 위조, 소송의 고의적 지연 등으로 인하여 재판하는 데 여러 난점이 있고 또 의뢰인이 사기당하는 수도 있기 때문이라고 한다.[129] 이처럼 우리나라도 변호사 직에

126 이상윤, 『영미법』, 박영사, 1997, p. 116.

127 Leubsdorf(2001), *Man in His Original Dignity*(제2부 각주 10), p. 16.

128 Morgan, Thomas D., Ronald D. Rotunda, *Professional Responsibility: Problems and Materials*, Foundation Press, 2006, p. 4.

129 박병호, 『한국법제사고』(제1부 각주 1), pp. 315~316.

대한 불신이 강한 것이 보수에 대한 부정적 인식으로 연결되었다.

다소 생소해 보이는 이러한 관점은 변호사가 제공하는 서비스나 보수 체계가 갖는 특이성에서 볼 때 오늘날 시대에도 생각해볼 여지가 있다. 생각해보면, 변호사는 작업 시간이나 작업 강도가 동일한 일을 한 경우에도 매우 상이한 보수를 받는다. 만약 보수가 변호사가 제공한 노동(일)의 대가라고 한다면 일한 만큼 받는 것이 정의일 것이다. 그런데 변호사의 보수는 노동 이외의 요인, 예컨대, 소송가액의 규모, 난이도, 통상적인 경우의 수임료 등이 크게 영향을 미치고, 지역에 따라서도 보수의 차이가 크다. 이런 점에 착안하여 일본의 한 학자는 변호사의 보수는 역시 일에 대한 대가가 아니고 사례금이 틀림없다고 결론짓는다.[130] 물론 현실적으로 보자면, 변호사가 적정 보수를 요구하기는 하지만 결국은 의뢰인이 사례금이라는 관점에서 적정선을 수용한다는 것이다. 여기에서 보수 자체를 결정하는 것은 오직 의뢰인이라고 한다. 이처럼 변호사의 보수를 일에 대한 대가가 아니라 사례금으로 보게 되면, 변호사는 오직 선의로써 일하는 사람이 되고, 변호사가 사례금의 크기에 상관없이 언제나 최선의 노력으로써 의뢰인을 위해 일해야 하는 근거가 도출된다. 그리고 사례금은 어디까지나 우연적인 것이기 때문에 그것을 둘러싸고 분쟁이 일어난다는 것은 논리적으로 타당성이 없고, 중요한 것은 의뢰인-변호사 사이의 신뢰라는 것이다.

그러나 오늘날 변호사제도를 폐지하는 것은 불가능할 것이며, 변호사의 보수를 단순히 사례금으로 보는 것도 상상하기 어렵다. 변호사의 보수는 변호사에게 부차적이거나 비본질적인 것이 아니고, 변호사의 직이 존

130 高橋保治, 「辯護士倫理の再考」(下), 1996, 小島武司, 『法曹倫理』(제1부 각주 33), pp. 131~132.

재하기 위한 필수적인 전제조건이다. 그리고 변호사가 업무를 수행하는 동기에는 보수가 그 중심에 있다는 것도 부인할 수 없을 것이다.

이와 관련하여 우리나라 윤리장전 제29조는 보수에 관한 원칙으로서 "변호사의 사명은 기본적 인권의 옹호와 사회정의의 실현에 있으므로 그 직무는 영업이 아니며, 대가적 거래의 대상이 되어서는 아니 된다"(윤리장전 제29조 제1항)고 규정한다. 이 조항으로 인해 우리나라의 변호사 업무가 무상의 위임계약이 되는 것은 아닐 것이다. 이 조항이 의미하는 것은 변호사의 사명에 대한 재확인에 있으며, 그러한 목적에 양립할 수 없는 형태의 영업적 행태를 규제한다는 원칙의 천명 정도로 보아야 할 것이다. 같은 조 제2항은 "변호사는 공공성을 지닌 전문직이므로 그 보수는 절대로 과다하여서는 아니 된다"고 하고 제3항은 "변호사는 국민에 대한 봉사자이므로 보수가 부당한 축재의 수단이 되어서는 아니 된다"고 한다. 이러한 조항도 마찬가지로 과도한 영리활동에 대한 규제의지를 밝힌 것으로 보아 무방할 것이다. 이러한 규정은 나름대로 사회적 역할이 없지 않다. 말하자면 변호사를 공공적인 것으로 정의하고 일정하게 영리적 성격을 부인한 것은 시장 메커니즘을 통한 변호사의 보수결정이 작동하지 않는 사회에서는 반드시 필요한 규정이라고 볼 수도 있다. 우리나라와 같이 변호사의 수가 사회적 수요에 비해 매우 부족한 경우, 변호사직을 영리적인 것으로만 규정하고 보수에 대한 규제를 포기한다면 변호사 보수는 과도하게 높아질 것이다. 따라서 이러한 경우 공익을 근거로 대면서 보수에 대한 일정한 규제를 하는 것은 불가피하다고 볼 수 있으며, 이런 맥락에서 볼 때 위의 조항들은 애당초 변호사 업무의 영리성 자체를 부인하려는 것은 아니고, 과도한 보수에 대한 규제의지를 밝힌 것으로 보아야 할 것이다.

우리나라의 판례도 변호사의 의뢰인 대리활동이 당연히 유상이라는 것, 다시 말해 영리성을 지닌다는 것을 인정하고 있다. 판례에 의하면, 변호사에게 계쟁사건의 처리를 위임함에 있어서 그 보수 지급 및 수액에 관하여 명시적인 약정을 아니 하였더라도, 무보수로 한다는 등 특별한 사정이 없는 한 응분의 보수를 지급할 묵시의 약정이 있는 것으로 봄이 상당하고, 이 경우 그 보수액은 사건수임의 경위, 사건의 경과와 난이도, 소송물 가액, 승소로 인하여 당사자가 얻는 구체적 이익과 소속 변호사회 보수규정 및 의뢰인과 변호사 간의 관계, 기타 변론에 나타난 제반 사정을 참작하여 결정함이 상당하다고 한다.[131] 그리고 소송에 의하지 않고 문제가 해결된 경우에도 변호사는 보수금을 청구할 수 있는 것으로 본다. 즉, 민사사건의 소송 대리업무를 위임받은 변호사가 그 소송 제기 전에 상대방에게 채무이행을 최고하고 형사고소를 제기하는 등의 사무를 처리함으로써 사건위임인과 상대방 사이에 재판 외 화해가 성립되어 결과적으로 소송제기의 필요가 없게 된 경우에, 의뢰인과 변호사 사이에 소제기에 의하지 아니한 사무처리에 관하여 명시적인 보수의 약정을 한 바 없다고 하여도 특단의 사정이 없는 한, 사건위임인은 변호사에게 이 사무처리에 들인 노력에 상당한 보수를 지급할 의무가 있다고 한 것이다.[132]

아무튼 변호사의 대리행위는 다른 명시적인 합의가 없는 한 '유상'의 위임계약에 따른 행위이다. 변호사가 받은 보수는 변호사가 제공한 서비스에 대한 대가적 측면을 명백히 가진다고 하겠고, 따라서 변호사는 재판을 통해서 보수를 청구할 권한을 당연히 가지는 것으로 보아야 할 것이

131 대법원 1995. 12. 5. 선고 94다50229 판결; 유사한 판례로 대판 1965. 11. 9, 65다1718; 대판 1976. 5. 25, 75다1637 판결; 대판 1982. 9. 14, 82다125 판결; 대판 1993. 2. 12 92다42941 판결; 대판 1993. 11. 12, 93다36882 판결; 대판 1981. 7. 28, 80다2485 판결 등 참고.

132 대법원 1982. 9. 14. 선고 82다125, 82다카284 판결.

다. 한편 변호사 업무가 영리성을 지닌다고 해서 영리성 자체를 변호사직의 본질로 이해하는 것은 곤란할 것이다. 변호사의 본질은 여전히 인권의 옹호와 사회정의의 실현에 있으며, 영리적 성격은 고러한 역할을 하는 한에서 허용 또는 보장되는 제2차적인 것이다.

(나) 변호사 보수에 대한 규제의 필요성

변호사의 활동이 자유업 형태로 이루어지고 보수도 원칙적으로 의뢰인-변호사 사이의 사석인 계약에 의해서 결정됨에도 불구하고 변호사의 보수문제는 변호사윤리에서 중요한 위치를 차지한다. 그것은 두 가지 점에서 주로 문제가 된다.

첫째는 변호사의 보수가 국민에 대한 법률서비스의 보급과 밀접한 영향을 미친다는 점에서 문제가 된다. 앞에서도 보았듯이 변호사의 사명은 영업을 통한 수익성의 창출이 아니라 기본적 인권의 옹호와 사회정의의 실현에 있으므로, 보수가 이러한 본연의 사명을 질곡하지 않고 최대한 양립 가능하도록 조치할 윤리적 책무를 지니게 된다.

둘째는 보수의 문제는 본질적으로 의뢰인-변호사 사이에 이익충돌의 문제를 야기하게 된다는 점에서 변호사윤리의 문제를 낳는다. 보수문제만 놓고 보자면, 변호사의 이익은 즉시 의뢰인의 부담을 의미한다. 변호사는 자신의 이익에 앞서서 의뢰인의 이익을 추구해야 하지만, 보수문제에 대해서만큼은 전면적으로 의뢰인의 이익을 추구하는 것은 불가능하다. 이러한 의뢰인과 변호사 사이의 이익충돌은 결코 완전히 해결될 수 없는 것이고 다만 조정하고 타협하는 방안만이 가능하다. 이처럼 보수문제는 해결이 어렵기 때문에 현실에서도 보수를 둘러싼 의뢰인-변호사 사이의 분쟁이 적지 않으며 보수와 관련한 윤리문제로 징계에 회부되는 경우도 많다. 보수문제는 의뢰인-변호사 사이의 이해관계가 정면하게 대립하는 영역인 만큼 이와 관련하여 개별 변호사나 변호사단체의 윤리적 행동이 각별히 요구된다고 하지 않을 수 없다.

(다) 변호사 보수 관련 규정의 개관과 쟁점

우리나라 윤리장전은 변호사의 보수에 관하여 많은 규정을 가지고 있다. 전체 38개 조항 중에서 10개가 직접적으로 보수에 대해서 언급하고 있다. 그만큼 보수와 관련한 윤리적인 문제가 많이 제기된다는 의미로도 이해할 수 있다. 먼저 우리나라 관련 규정을 보면 다음과 같다.

윤리장전 제5장 보수에 관한 윤리

제29조[원칙] ① 변호사의 사명은 기본적 인권의 옹호와 사회정의의 실현에 있으므로 그 직무는 영업이 아니며, 대가적 거래의 대상이 되어서는 아니 된다.

② 변호사는 공공성을 지닌 전문직이므로 그 보수는 절대로 과다하여서는 아니 된다.

③ 변호사는 국민에 대한 봉사자이므로 보수가 부당한 축재의 수단이 되어서는 아니 된다.

제30조[적정보수] 변호사의 보수는 사안의 난이, 소요되는 노력의 정도와 시간, 당사자의 이해관계 등 제반 사정을 고려하여 적정하게 결정되어야 한다.

제31조[서면계약] 변호사는 사건 또는 사무를 수임할 때에는 보수에 관한 명백한 약정을 하고 가급적 이를 서면으로 체결하여야 한다.

제32조[추가보수 금지] 변호사는 약정한 보수 이외의 금품을 요구하거나 정당한 사유 없이 추가보수를 요구하여서는 아니 된다.

제33조[조건부 보수 금지] 변호사는 성공보수를 조건부로 미리 받아서는 아니 된다.

제34조[보수전환 금지] 변호사는 서면에 의한 명백한 약정이 있는 경우가 아

니면 공탁금, 보증금 기타의 보관금 등을 보수로 전환하여서는 아니 된다.

제35조[교제용 보수 금지] 변호사는 담당 공무원과의 교제 등의 명목으로 보수를 결정하여서는 아니 되며, 교제비 등 명목의 금품을 받아서는 아니 된다.

제36조[증거조작 금지] 변호사는 조세포탈 기타 어떠한 명목으로도 의뢰인 또는 관계인과 수수한 보수의 액을 숨기기로 밀약하거나 영수증 등 증거를 조작하여서는 아니 된다.

제37조[보수의 부당경쟁 규제] 변호사는 사건의 유치를 위하여 상담료, 고문료, 감정료 기타 보수 등에 관하여 다른 변호사와 부당하게 경쟁하여서는 아니 된다.

제38조[보수분배 금지] 변호사는 변호사 아닌 자와 보수를 분배하여서는 아니 된다.

다른 나라에서도 보수에 관하여는 이러 저러한 규정을 가지고 있다. 일본 직무규정은 제24조(변호사의 보수), 제29조 제1항(변호사의 보수에 대한 적정한 설명의무), 제30조 제1항(보수 관련 사항을 위임계약서에 포함) 등에서 보수 관련 규정을 담고 있다. 미국 표준규칙1.5는 보수에 관하여 나름대로 자세히 규정한다. 유럽 행위규범도 3.3(성공보수계약), 3.4(보수규정), 3.5(보수 등의 지급)에서 보수에 관해서 규정하고 있다.

내용적으로 보자면 우리나라를 포함한 각국은 모두 유상의 법률서비스를 당연히 전제로 하면서, 공통적으로 적정한 보수의 원칙을 천명하고 있으며(한국 윤리장전 제30조; 일본 직무규정 제12조, 미국 표준규칙1.5(a), 유럽 행위규범3.4.1), 일본을 제외하고는 성공조건부보수와 관련한 규정을 가지고 있다(한국 윤리장전 제33조, 미국 표준규칙1.5(c), 유럽 행위규범3.3). 일본의 경우 성공조건부보수에 대한 별도의 규정이 없는 것은 이를 금지하기 때문이 아니고 반대로 당연히 인정하기 때문이다. 결국 성공조건부보수를 인정하는 것이 대세라는 것을 보여준다.

변호사윤리로서 보수에 대해서 논할 때 주로 제기되는 쟁점은 보수규정을 통한 변호사 보수에 대한 통제의 정당성 문제, 가격을 자율적으로 정한다고 했을 때 생기는 문제점과 그에 대한 법조윤리 차원의 해법, 그리고 소위 성공조건부보수를 둘러싼 윤리적 문제 등이다. 우리나라 윤리장전을 중심으로 하면서 변호사 보수에 관한 윤리문제를 검토해보자.

2) 변호사 보수에 대한 규제와 자유화

전통적으로 변호사의 보수는 시장을 통해 형성되지 않는 것을 당연시했다. 오히려 변호사의 서비스에 대한 보상을 가급적 시장의 영향에서 단절시켜 그것이 상품으로서의 가격이 매겨지지 않도록 배려했다. 그렇지만 그것은 전적으로 보수의 수준을 변호사나 의뢰인의 결정에 맡겼다는 의미는 아니고 일정한 규제정책을 펼쳤다는 의미이다. 말하자면 종래에 각국은 모두 일정한 보수기준을 설정하고 그에 입각하여 보수수준을 정했다.

우리나라의 경우 구 변호사법(1999년 이전 법) 제19조에 의하면 변호사의 보수기준은 대한변협이 정하는 것으로 규정했고, 이에 따라 대한변협은 1983년 '변호사 보수기준에 관한 규칙'을 제정했다. 이 규정은 1999년 2월 5일자의 개정 변호사법(법률1815호)에서 보수 관련 규정이 삭제될 때까지 시행됐다. 일본의 경우 1949년 이래 '보수표준기준'을 제정하여 운영했으며 2004년 4월 1일 자유가격제로 이행될 때까지 이용됐다. 일본의 종전 보수표준기준은 보수액의 최저액을 정한 후 그 최저액 미만으로 사건을 취급하는 취지의 표시나 선전을 해서는 안 된다고 규정했다. 보수에 대한 자유화가 이루어진 것은 미국의 영향이 크다고 보이는데, 미국의 경우도 1970년대 중반에 이르기까지는 보수기준이 운영됐다. 보수기준이 폐지된 것은 연방대법원이 그것을 위헌으로 판시했기 때문이었다. 즉, 연방대법원은 전문직(learned profession) 구성원이 반독점법의 예외에 해당한다는 견해에 반대하고 나아가 주간(inter-state) 거래와 관련한 법실무에서 단일보수를 낳는 보수기준표는 셔먼법(미국의 반독점법임) 제1조의 가격고정(price-fixing)에 해당하는 것으로서 불법이라고 판시했던 것이다.[133] 이후 미국에서는 최저가격을 규정한 보수기준표는 사라지게 됐다.

이처럼 보수규정을 정하고 최저기준을 제시한 관행은 은밀히 진행된 것은 아니고 나름대로 논리를 가지고 공개적으로 유지된 것이었다. 미국에서 보수기준이 위헌판결을 받기 직전까지도 ABA는 보수기준의 정당성을 공공연히 주장했다. 즉, 1961년 ABA윤리위원회는 공식의견으로서 "보수인하라는 나쁜 행동이 변호사회의 모든 구성원들에서 명백히 나타난다. 제안되거나 권고된 최저요금 기준표보다 습관적으로 낮게 요금을 매기거나 정당한 이유 없이 그렇게 요금을 부과하는 것은 비윤리적 행동의 증거일 수 있다"고 했다.[134] 보수기준이 필요하다고 한 주장의 논거와 그에 대한 반론은 대체로 다음과 같다.[135]

첫째, 최소보수기준은 변호사의 경제적 기반을 마련해주기 위해 필요하다고 한다. 예컨대 자격증을 취득하기 위해서 오랜 기간 비용과 노력을 들인 만큼 일정한 보상이 필요하다는 입장이다. 그러나 변호사의 고수익을 보장하기 위해서 최소보수기준을 정하는 것은 납득하기 어렵다. 서비스의 가격은 서비스 자체의 가격에 의해서 정해지는 것이 마땅할 것이며, 공급자가 지출한 비용이 가격을 정하는 기준이 될 수는 없을 것이다.

133 Goldfarb v. Virginia State Bar 421 U. S. 773, 95 S. Ct. 2004(U. S. Va. 1975).

134 ABA Formal Opinion 302(1961), Rhode & Luban, *Legal Ethics*(제1부 각주 17), p. 788 재인용.

135 小島武司, 『法曹倫理』(제1부 각주 33), p. 134 이하.

둘째, 최소보수기준은 법률서비스의 질을 향상시킨다고 한다. 즉, 최소보수기준을 보장함으로써 유능한 인재가 법조계로 진출하게 되고, 최소보수기준에 의해서 수입을 보장해주게 되면 충실한 연구, 조사, 준비, 투자가 가능하기 때문에 서비스의 질이 높아진다는 것이다. 그러나 실제로 변호사들이 남는 여유시간을 그렇게 쓴다는 것은 보장이 없으며, 무엇보다 염가의 법률서비스가 필요한 사람의 경우는 변호사의 서비스에 접근하는 것 자체가 배제된다는 것이 문제로 지적된다.

셋째, 보수기준을 제공하면 보수에 관한 정보를 공개적으로 제공하는 효과가 있다고 한다. 예컨대 새로 개업하는 변호사에게 가격기준을 제공하며, 판사에게는 보수의 상당성을 판단할 수 있는 기준을 제공하고, 새로 사건을 맡기려는 사람에게도 보수에 대한 예측 가능성을 높인다는 것이다. 그러나 소비자는 단순히 서비스의 가격만이 아니라, 서비스의 질과 연계된 가격에 대해서 알고자 한다는 점이 간과되고 있다. 획일적인 보수체제는 정작 의뢰인이 알고자 하는 정보를 제대로 제공하지 못하는 문제가 생긴다.

정보제공적 기능에 대해서는 다소 순기능이 있지 않느냐는 지적에 대해서는 다른 학자에 의해서도 신랄하게 비판받았다. 일본의 경우 보수기준 자체에 따르더라도 그 진폭이 너무 넓어서 보수에 대한 예측 가능성을 높여 주지 못하고, 현실에서 실제로 부과되는 보수와도 거리가 있기 때문에 보수기준에 따른 예측은 오히려 혼란을 가중시킨다고 비판한다. 실제 현실에서는 많은 경우 보수기준에서 정한 것보다 더 낮은 선에서 가격이 정해지는 경우도 많기 때문이다. 그렇다면 보수기준이 하는 역할은 무엇인가? 심한 경우 그것은 현실에서 정해지는 보수가 낮다는 인상을 심어주는 역할에 그치는 것이 아닌가라고 비판한다.[136]

넷째, 최소보수기준은 변호사의 윤리수준을 유지하게 한다고 한다. 어느 정도의 수익을 보장함으로써 수임의 권유가 횡행하는 것을 막고 변호사 업무의 상업화를 저지하고 공공성을 높일 수 있다는 것이다. 그러나 비윤리적이고 무능한 변호사는 오히려 자유경쟁 메커니즘이 작동할 때 더 적절히 걸러지고 도태된다고 할 수 있다.

모리기와 야스토모(森際康友)는 변호사단체가 최저보수액을 정하는 것이 부당하다고 하면서, 이는 법조윤리가 업계의 관점에서 왜곡된 사례의 하나로 파악한다.[137] 다시 말해 법조윤리가 변호사의 집단적 이익 추구라는 비윤리적인 목적을 위해서 활용된 사례라는 것이다.

미국에서도 최소보수규정에 대해 이론적 · 실증적 연구를 통해 비판적으로 평가한 논의가 많다. 이론적인 면에서는 보수규정이 자유경쟁의 장점을 배제시킨다는 것, 즉 전체 서비스 양을 축소시키고 인재의 부당한 배분을 낳는다는 것이고, 실증적 차원에서는 지역별 보수의 무원칙한 편차를 증명해 보임으로써, 변호사 보수기준의 합리성 없음을 증명하는 것들이다.[138]

아무튼 현재로서는 최소보수기준을 유지하는 것은 정당화되기 어렵다. 특히 최소보수기준은 경제적 여력이 없는 사람에게는 사법에의 접근을 막는다는 점에서 심각한 한계를 갖는다. 이 점은 사법에의 접근성을 제고해야 한다는 사법이념에 정면으로 반하는 것이다. 결국 보수규정은 변호사들의 이익을 위한 담합이거나 기껏해야 하나의 장식에 불과하다는 비판을 면하기 어렵다고 보인다.

우리나라의 경우 변호사비용에 대한 과도한 규제의 문제점이 제기되기도 했지만, 이 점에 대해서는 깊이 있게 논의하고 의견을 밝힌 것은 많지

136 小島武司, 『法曹倫理』(제1부 각주 33), p. 138.

137 森際康友, 『法曹の倫理』(제2부 각주 17), p. 126.

138 小島武司, 『法曹倫理』(제1부 각주 33), p. 141 참고.

않다. 다만 오종근은 종전 대한 변호사협회의 '변호사 보수산정에 관한 규칙'은 보수약정에 있어서 또 하나의 표준을 정한 것일 뿐 보수의 최저한을 정한 것은 아니었으므로, 이를 폐지한 것은 잘못이라고 주장한다. 이어서 보수산정기준을 없애는 것은 변호사들 사이에서 "부당한 경쟁"을 유발하여 변호사의 직무가 영리사업화할 가능성이 있으며, 변호사의 보수가 고액화할 가능성도 없지 않으며, 특히 일반인이 변호사의 보수를 예측할 수 없기 때문이라고 한다.[139] 여기서 말하는 "부당한 경쟁"이란 가격인하 경쟁을 의미하는 것으로 이해할 수밖에 없어 보이는데, 적어도 가격인하를 수반하는 경쟁을 제도적으로 막는 것은 앞에서도 보았듯이 정당화되기 어려운 것이 아닌가 한다.

이제 변호사들 간에 최저가격을 정하는 방식의 보수규정은 더 이상 설 자리가 없고 현실적으로도 폐지로 방향을 잡은 것으로 보인다. 우리나라도 앞으로 그러한 방향에서 변호사 보수에 관한 규정을 정비해나가는 것이 필요할 것이다.

3) 자유경쟁 체제 하에서의 규제

전세계적인 차원에서 보면 변호사의 보수는 점점 더 시장원리에 따라 결정되고 있다. 변호사 수의 증가에 따라 변호사의 보수에 대한 시장의 압력은 점점 더 커지고 있다. 변호사 업무의 내용과 법률서비스에 대한 가격이 시장에 의해서 결정되는 구조를 인정한다면, 변호사의 보수에 대한 자율적 결정원칙이 수용되어야 할 것이다.

그러나 변호사 보수규정의 폐지에 따른 대안이 곧장 모든 규제의 폐지를 의미하는 것은 아니다. 보수규정이 문제가 되는 것은 주로 최소보수액

139 오종근, 「변호사 보수에 관한 연구」, 『법과사회』 제27권, 2004, p. 120.

을 설정함으로써 문제가 되는 것이고 자유가격제도 나름의 문제점을 갖기 때문이다.

우선 자율적 가격결정 원칙이 인정되기 위해서는 법률서비스업에서 시장경제 원리—즉 경쟁에 의한 가격결정 메커니즘—가 정상적으로 작동한다는 전제가 마련되어 있지 않으면 안 된다. 예컨대 우리나라와 같이 변호사의 수가 만성적 부족에 있는 경우 규제를 없애고 전적으로 시장원리에 따라서 보수가 결정된다면, 의뢰인은 절대적으로 취약한 입장에 처하기 때문에 구조적으로 고비용을 치를 수밖에 없을 것이다. 따라서 이런 경우는 오히려 최고 보수기준을 마련하는 등 적극적인 규제가 요청된다고 볼 수 있을 것이다.

다른 면에서, 수요-공급 간의 양적 균형이 있다고 하더라도 규제의 필요성이 완전히 없어지는 것은 아니다. 정상적인 시장조건에서도 의뢰인-변호사 사이에는 교섭력의 차이가 있을 수밖에 없다는 점을 고려한다면 변호사가 우월적 지위를 이용하여 부당하게 보수를 책정할 가능성이 상존한다고 할 수 있다. 변호사는 의뢰인에게 영향을 미치는 법률적인 정보와 기능을 독점하고 있으며 의뢰인은 궁박한 상황에 있기 쉽다. 그리고 의뢰인과 변호사 간의 대화는 매우 구체적이고 사적인 분위기에서 이루어지기 때문에 이에 대한 통제는 쉽지 않다. 이런 점들을 생각해본다면 변호사 수가 증가한다고 하더라도 보수의 문제가 시장에 의해서 자동적으로 해결되는 것은 아니고 여전히 자세한 규제가 필요하다고 볼 수 있다. 마치 발달한 자본주의 사회일수록 공정경쟁 및 공정거래를 위한 규제가 필요하고 소비자를 보호하기 위한 별도의 규제가 필요해지는 것과 같은 원리라고 하겠다.

따라서 시장원리에 따른 자유가격에 원칙적으로 동의한다고 하더라도 시장의 불완전성이 지배하는 법률서비스 시장에서는 여전히 일정한 규제와 공공적 개입이 필요하다고 볼 수밖에 없다. 변호사의 수가 특별히 많은 미국의 경우에도 주정부의 입법에 의해서 법률서비스의 가격을 결정하는 것은 반독점법의 위반이 아니라고 본다. 이는 시장의 불완전성을 해소하기 위해서는 공공적 관점의 규제가 필요하다고 인정하기 때문이다.

문제는 어떤 방식으로 어느 정도 개입하느냐이다. 법조윤리는 이에 대한 일정한 대답을 제시한다. 여기에는 두 가지 접근이 있다. 즉, 보수 자체를 직접 규제하여 실질적으로 적정한 보수액이 정해지도록 하는 방식과 보수와 관련된 절차를 통제함으로써 간접적으로 적정한 보수액이 정해지도록 하는 방식이다. 아래에서 각각에 대해서 살펴본다.

4) 실질적 적정보수의 원칙

변호사의 보수는 의뢰인과 변호사 간의 합의에 의해서 정해지는 것이지만, 동시에 그 액수가 실질적으로 적정해야 한다는 것이 각국의 변호사 윤리 규정들이 공통적으로 가진 입장이다. 우리나라 윤리장전 제29조에 의하면, 변호사는 공공성을 지닌 전문직이므로 그 보수는 절대로 '과다해서는 안 된다'고 하고, 제30조는 변호사의 보수는 사안의 난이, 소요되는 노력의 정도와 시간, 당사자의 이해관계 등 제반 사정을 고려하여 '적정하게' 결정되어야 한다고 규정한다. 일본 직무규정 제24조는 변호사의 보수는 경제적 이익, 사업의 난이, 시간 및 노력, 기타의 사정에 비추어 '적정하고 타당한' 변호사 보수를 제시해야 한다고 한다.

미국 표준규칙1.5는 변호사는 '불합리한 정도의'(unreasonable) 보수나 불합리한 지출액을 합의하거나 청구하거나 수취해서는 안 된다고 한다. 미국의 경우는 좀 더 상세하게 보수의 산정에 영향을 미치는 요소들을 제시하고 있다. 그에 의하면, 수임료의 합리성(reasonableness)을 결정하는 요소로서 ① 시간, 노동력, 신규성, 난해성, 필요한 기술, ② 특정 수임이 다른 수임을 배제할 가능성, ③ 그 지역에서 유사 법률서비스에서의 통상적으로 부과되는 비용, ④ 사건의 규모와 결과, ⑤ 의뢰인이나 환경에 의해 부과된 시간적 제약, ⑥ 의뢰인과의 전문직업적 관계의 성격과 기간, ⑦ 변호사의 경험, 명성, 능력, ⑧ 수임료가 정액제인지 조건부(contingent)인지 여부 등을 제시한다(표준규칙1.5(a)).

위에서 보듯이 적정 · 타당 · 합리 등은 약간의 표현의 차이가 있지만, 결국 보수는 적정하게 결정되어야 한다는 우리나라 윤리장전 제30조의 취지와 동일한 것으로 보아도 그르지 않을 것이다. 그리고 나름대로 적정성을 판단하는 기준들을 제시하고 있다. 따라서 아무리 자유로운 계약에 의해서 보수가 결정된다고 하더라도 그 액수가 실질적으로 적정해야 하고, 그렇지 않다면 윤리위반으로서 징계의 사유가 된다고 할 수 있다.

징계와 별도로 보수액을 둘러싼 분쟁은 법원에서도 논란이 되었던 바, 이와 관련된 판결이 여럿 있다. 우선 대법원은 약정보수액이 부당하게 과다하여 …… 상당하다고 인정되는 범위를 초과하는 보수액에 대해서는 그 지급을 청구할 수 없다고 했다. 이때 과다한지 여부의 판정은 사건수임의 경위, 사건처리의 경과와 난이도, 소송물가액, 승소로 인하여 당사자가 얻은 구체적 이익과 소속변호사회 보수규정 기타 제반사정을 고려하여 판정한다고 했다.[140] 나아가 법원은 과도한 보수책정에 대해서 직접 개입하기도 했다. 즉, 어떤 사건에서 대법원은 변호사 보수기준에 따른 보수는 679만 원, 약정된 성공조건부 보수는 3,000만 원인 사건에서 상당한 보수의 금액을 1,100만 원으로 하기도 했다.[141] 또 변호사가 소송물가액 22억 원인 민사사건을 처리하면서 보수로 2억 원을 받은 경우, 소속

140 대법원 1991. 12. 13. 선고 91다8722 판결; 1992. 3. 31 선고 91다29804 판결.

141 대법원 1992. 3. 31. 선고 91다29804 판결.

변호사회가 정한 보수기준이나 의뢰인이 소송에서 실제로 아무런 이익을 얻지 못한 점 등에 비추어 그 보수금은 1억 원으로 정함이 상당하고 그 금액을 초과하는 보수금의 약정은 신의 · 성실의 원리에 반하여 무효라고 한 사례도 있다.[142] 이처럼 법원은 변호사의 보수에 관하여 완전히 자유계약에 맡겨두지 않고 그 적정성을 판단할 여지를 남겨두고 있다. 다만 그것이 현저하게 부당한 것으로 보이는 경우에만 개입하고 있다.

그러나 이러한 윤리규정이나 판례들만으로는 보수에 대한 예측 가능성을 제고하는 효과는 기대하기 어렵다. 윤리규정은 너무 추상적이어서 구체적인 사안에서 예상되는 보수액을 산정하기 어렵고, 판결의 경우는 반대로 너무 구체적이고 그 수가 적어서 다른 사안에 적용하는데 필요한 만큼의 정보를 제공하지 못하기 때문이다.

이와 관련하여 일변련의 시도는 큰 시사점을 준다. 일변련은 변호사 보수규정의 폐지에 발맞추어 시민들에게 변호사비용에 관한 일반적인 표준을 제공하기 위해서 전국의 변호사를 상대로 전형적인 사례를 중심으로 보수의 현황을 파악하여 통계처리한 후 이를 공개했다.[143] 질문된 항목은 법률상담, 계약서 작성, 금전소비대차, 매매대금청구, 연대보증채무, 채무부존재, 교통사고 등 거의 40개 항목에 걸쳐 있는데 중요하고 전형적인 사건들을 거의 포함하고 있다. 일변련은 이 설문 결과를 세밀하게 정리하여 인터넷을 통해 공개하는 외에 추가적으로 시민들에 대한 배포용으로 간단히 요약한 책자를 일반인들에게 배포했다. 예를 들어보자. 먼저 일변련은 "하청계약을 체결하고 하청공사를 수행했음에도 불구하고 하청잔

---

142 서울민사지법 1993. 3. 23. 선고 92가합58712 제14부 판결.

143 日本辯護士連合會, 市民のための辯護士報酬の目安(2005年度 アンケ?ト結果版), 2006. 1. 26. http://www.nichibenren.or.jp/ja/attorneys_fee/data/meyasu.pdf(검색일: 2008. 9. 1)

금 500만 엔을 지불하지 않는다. 그래서 소송을 제기했고 그 결과 승소하여 전액을 회수했다"라는 질문을 변호사에게 주고 그 경우 보수가 어떻게 되는지 질문했다. 이에 대한 답변은 다음과 같다.

착수금

1. 25만 엔 전후	211명	20.7%
2. 30만 엔 전후	494명	48.7%
3. 35만 엔 전후	160명	15.7%
4. 40만 엔 전후	83명	8.1%
5. 50만 엔 전후	44명	4.3%
6. 기타	20명	2.8%

보수금

1. 40만 엔 전후	25명	12.3%
2. 50만 엔 전후	523명	51%
3. 60만 엔 전후	178명	17.5%
4. 70만 엔 전후	130명	17.5%
5. 80만 엔 전후	28명	2.7%
6. 90만 엔 전후	1명	0.1%
7. 기타	35명	3.4%

이와 같은 결과를 보면 대체로 하청계약과 관련하여 일본 변호사의 보수수준을 대체로 알 수 있다. 이 결과를 참고하면서 사건의 난이도나 도시 · 지방 간의 차이 등을 고려한다면 상당히 현실에 근접한 변호사 보수를 가늠할 수 있다.

우리나라에서도 대한변협 차원의 이러한 자발적인 노력으로 전국의 보수통계를 해마다 산출하여 일반시민들에게 정보로서 제공한다면 매우 바람직할 것이며, 이는 시장원리에 따른 보수산정을 지지하면서도 그것이 가지는 폐해를 극복하기 위한 좋은 방안이 될 수 있을 것이다. 이러한 노력은 보수가 '실질적으로 적정해야 한다'는 요청을 제고하는 데 크게 기여할 것이다.

5) 보수결정 과정에서 절차적 적정성

보수의 결정이 시장에서 이루어진다고 전제했을 때, 구체적인 위임계약에서 보수의 적정성을 확보하기 위하여 일본과 같은 시도를 한다면 큰 도움이 되겠지만, 그러한 제도가 없는 우리의 경우는 말할 것도 없고 그러한 제도가 있는 경우에도 여전히 구체적 사건에서 특정금액이 적정한 보수인지 여부를 판정하는 것은 쉽지 않다. 이때 중요하게 고려되는 것 중의 하나가 절차적인 측면이다. 즉, 적정한 절차에 입각하여 보수가 결정됐는지의 여부는 그 보수액의 적정성을 판단하는 중요한 기준이 될 수 있다. 예컨대, 일반적인 보수가 200만 원이라는 것을 밝힌 후 자신이 400만 원을 받아야 하는 이유를 설명하고 400만 원으로 보수약정한 경우와 그러한 설명이 없이 동일한 사건에서 400만 원으로 보수약정한 경우는 그 적정성을 평가함에 있어서 차이가 있는 것이다.

이처럼 보수약정의 절차가 공정 · 투명한 경우 적정한 보수액이 정해지기 쉽다는 것이고, 그런 점에서 각국은 보수약정의 절차에 대해서 이러저러한 규정을 두고 있다. 유럽 행위규범3.4.1은 변호사가 청구하는 보수는 그 의뢰인에게 완전히 공개되어야 하며 '공정하고 합리적이어야' 한다고 하여 절차의 중요성을 지적하고는 있지만, 공개원칙 이외에 '공정하고 합리적인' 절차가 무엇인지에 대해서는 말하고 있지 않다. 미국과 일본의 윤리규정을 중심으로 그 내용을 좀 더 구체화해본다.

(가) 서면계약의 원칙

의뢰인-변호사 사이의 분쟁 중 많은 것이 보수와 관련한 것이고, 그 중의 많은 경우 보수계약 자체가 선명하지 않은 것이 분쟁의 화근이 된다. 이에 따라 각국 윤리규정은 보수계약의 서면화를 요구하고 있다. 이렇게 할 경우 변호사의 입장에서 객관적인 사무처리를 위한 압력을 받겠지만, 이는 거래관계를 투명하게 함으로써 변호사 자신을 보호하는 효과도 없지 않다. 그렇지만 서면을 통한 보수계약을 요구하는 것은 변호사의 이익이라기보다는 상대적으로 약자의 입장에 있기 쉬운 의뢰인의 이익을 위한 것이다. 따라서 서면계약의 부재로 인한 모든 불이익은 변호사의 부담으로 하는 것이 당연한 것이다.

이와 관련하여 윤리장전 제31조는 변호사는 사건 또는 사무를 수임할 때에는 보수에 관한 명백한 약정을 하고 가급적 이를 서면으로 체결하여야 한다고 규정한다. 여기서 보듯이 우리나라는 '의무적인' 서면계약을 규정하지 않고 "가급적" 서면으로 하도록 권고하는 수준에 머물러 있다. 즉, 서면으로 계약할지의 여부는 개별 변호사의 재량에 맡겨놓고 있으며, 이를 위반한 경우에도 징계의 대상이 되지 않음을 밝히고 있다는 것이다. 하지만 서면으로 계약을 하는 것이 좀 더 윤리적인 업무처리라고 하는 점은 변함없다. 그런 점에서 '가급적'이라는 표현은 가급적 좁게 해석되어야 할 것이며, 앞에서 본 것처럼 서면계약에 의하지 않음으로써 생기는 불이익은 모두 변호사의 부담으로 하여야 마땅할 것이다.

미국의 경우 표준규칙1.5(b)에서 이와 유사하게 규정하고 있다. 즉, 대리권의 범위와 수임료 및 비용의 금액은 의뢰인에서 가급적 문서로 통보되어야 한다는 것이다. 미국도 우리나라와 마찬가지로 "가급적 서면으로"(preferably in writing) 한다고 규정한다. 이에 대해서는 미국의 변호사들 사이에서도 논란이 있었다. 윤리2000보고서[144]는 표준규칙1.5를 수정하여 규칙적인 경우나 500달러 미만의 경우를 제외한 모든 수임료 합의는 '반드시 서면으로' 할 것을 요구했다. 그러나 ABA는 이를 거부하고 "가급적 서면으로" 하는 방식을 유지했다.[145] 서면에 포함될 내용은 대리권의 범위, 보수의 근거 또는 액수 그리고 의뢰인이 부담해야 하는 비용 등이다.

일본의 경우는 서면계약 의무에 대해서 매우 상세히 규정하고 있다. 종전의 보수기준이 폐지되어 변호사 수임료의 자유화가 이루어진 후, 일변련은 2004년 2월 16일자로 기존과는 전혀 다른 새로운 '변호사 보수에 관한 기준'을 제정했다. 여기에는 원칙으로서 보수가 적정하고 타당해야 한다는 것을 밝힌 이외에는 모두 절차적인 것에 대해서 상세히 규정하고 있다. 이에 의하면 변호사는 변호사의 보수에 관한 기준을 작성하여 사무소에 비치해야 한다(제3조). 그 기준에는 보수의 종류, 금액, 산정방법, 지불시기 등을 기재해야 한다(제4조). 변호사가 법률사무를 수임할 때는 변호사의 보수와 비용에 대해서 설명해야 하고, 수임을 한 때에는 보수에 관한 사항을 포함한 위임계약서를 작성해야 한다. 이 위임계약서에는 수임하는 사무의 표시 및 범위, 변호사 보수의 종류, 금액, 산정방법 및 위임계약이 중도에 종료한 경우의 청산방법 등을 포함해야 한다고 한다(제5조). 이 중 개별 변호사별로 하여금 보수에 관한 기준을 작성하여 이를 사무실에 비치하게 함으로써 이를 준수하게 한 것은 매우 특이하면서도 공정한 보수산정을 조장하는 효과가 있어 보인다. 이처럼 일본은 의뢰인-

---

144 윤리2000보고서는 1983년의 표준규칙의 전면적 재검토를 위해서 1997년 ABA에 의해 조직된 「직무행위규칙평가위원회」(The Commission on Evaluation of the Rules of Professional Conduct)의 보고서를 의미한다.

145 이에 비해 성공보수를 포함하는 위임계약은 반드시 서면으로 할 것을 요구하고 있다(표준규칙1.5(c)).

변호사간의 합의에 의한 보수액 결정을 존중하면서도 의뢰인이 보수에 대해서 납득하고 합의할 수 있도록 상세하고 엄밀한 절차적 장치를 제공하고, 이를 통해서 실질적 적정성을 도모하고 있다. 아울러 직무규정 제29조 제1항에서 설명의무를 부과하고 제30조 제1항에서 보수에 관한 사항을 위임계약서에 포함시키도록 규정한 것도 마찬가지로 절차적 적정성을 보장하기 위한 것이다.

이렇듯 상세한 절차규정이 있는 경우, 의뢰인이 자연스럽게 보수액에 대해 납득하게 되고, 변호사로서도 분쟁의 소지를 사전에 막을 수 있어서 매우 바람직한 것으로 생각된다. 이에 비해서 우리나라 윤리장전은 너무 간략하다는 것을 알 수 있다. 서면계약을 의무화하는 것은 당연할 것이고, 그리고 변호사는 조세포탈 기타 어떠한 목적으로도 의뢰인 또는 관계인과 수수한 보수의 액을 숨기기로 밀약하거나 영수증 또는 증거를 조작하여서는 안 될 것이다(윤리장전 제37조).

우리나라도 보수규정이 폐지된 것을 기화로 보수에 대한 규제를 전면적으로 폐지할 일은 아니다. 오히려 보슈규정의 폐지는 최저보수액의 규정한 부분을 폐지한 것으로 이해하고, 그와 별도로 실질적 보수기준을 마련하기 위한 노력을 해야 할 것이며, 동시에 일본처럼 절차적 공정성을 철저히 요구하는 새로운 보수규정을 만드는 것이 필요하다고 하지 않을 수 없다.

(나) 비환불 수임계약

변호사가 어떤 사건을 수임하게 되면 그로 인하여 이후에 다른 사건을 수임하기 어렵게 된다. 그런데 만약 의뢰인이 사건을 대리하게 한 이후에 어떤 사정으로 인해 사건의 대리를 철회하게 되면 변호사는 예기치 못한 손해를 받을 수 있다. 말하자면 이 경우 변호사는 그 의뢰인으로 인해 일종의 기회비용을 상실하게 되는 것이다. 뿐만 아니라 한 사건을 맡게 되면 이익충돌로 인하여 그와 관련 다른 사건을 맡지 못하게 되기 때문에 시장 자체가 줄어드는 효과도 생긴다. 변호사들은 이러한 점들을 근거로 해서 의뢰인에게 비환불 수임계약의 체결을 요구하는 경우가 있다. 이러한 사정을 생각한다면 비환불 수임계약이 완전히 부당하다고 할 수는 없다.

그러나 경우에 따라서 비환불 수임계약이 변호사에게만 일방적으로 유리하고 의뢰인에게는 부당하게 불리한 결과를 낳을 수도 있다. 변호사에게 실질적으로 서비스를 받지도 못하고 환불도 못 받는 경우가 있을 수 있기 때문이다. 미국의 경우 비환불 수임계약(non-refundable retainer)의 필요성을 인정하면서도 그러한 계약에도 불구하고 변호사에게 환불의무를 부과한 사례들이 있다.[146] 그 이유는 비환불 수임계약은 의뢰인-변호사 사이의 신뢰관계를 해치는 것이고 의뢰인의 신뢰를 배신한 변호사를 해임할 수 있는 의뢰인의 권리를 침해할 수 있기 때문이다.[147] 물론 미국의 모든 법원이 동일한 입장인 것은 아니고 사안에 따라서 차이가 있기 때문에 법원이 구체적인 사정을 보아 개별적으로 부당성 여부를 판단한다. 예컨대 한 달 동안 특정 사건에 집중하기로 하는 대신 자신의 통상수입에 상당한 금액을 비환불 수임계약으로 받기로 하고 그를 이행하기 위해서 새로운 계약을 전혀 하지 않았는데 계약된 그 달이 되기 직전에 해임통보한 경우, 비환불 수임계약의 이행을 요구할 수도 있다.[148]

우리의 경우도 구체적인 사정에 따라서 결정되어야 할 것이라고 보이나, 부당한 비환불 수임계약은 체결할 수 없다고 보아야 할 것이다. 이와 관련하여 우리나라에서 관행적으로 지급되는 착수금의 성격이 문제가 된

146 Matter of Cooperman 83 N. Y. 2d 465, 611 N. Y. S. 2d 465(N. Y. 1994).

147 Rotunda, *Legal Ethics*(제1부 각주 24), p. 40.

148 Rotunda, *Legal Ethics*(제1부 각주 24), p. 41.

다. 즉, 변호사가 받은 착수금은 어떤 경우에도 환불할 수 없는 것인지 의문이 생길 수 있다. 서울변호사회 표준계약서에 의하면 착수금은 일단 받으면 어떤 일이 있어도 반환하지 않는다고 한다. 그러나 약관으로서 착수금을 환불하지 않게 한 것은 허용되지 않는다는 것을 앞에서 보았거니와 개별적 계약으로도 부당한 비환불 수임계약을 맺는 것은 허용되지 않는다고 보아야 마땅할 것이다. 판례도 이 점을 확인하고 있다. 즉, 변호사가 소송사건 위임을 받으면서 지급받은 착수금 또는 착수 수수료는 일반적으로 위임사무의 처리비용 외에 보수금 일부의 선급금조로 지급받는 성질의 금원이라고 하고 있으므로,[149] 착수금 이후에 그에 상응하는 업무가 없는 경우 착수금은 환불을 요구할 수 있는 금액에 포함된다고 보아야 할 것이다. 결국 자신이 정당하게 수취할 권리가 없는 부분에 대해서는 변호사가 보수를 요구하지 말아야 할 것이고, 부당하게 많은 부분을 이미 수취한 경우는 반환하는 것이 윤리적인 업무처리일 것이다.

(다) 교제용 보수의 금지

"변호사는 담당 공무원과의 교제 등의 명목으로 보수를 결정하여서는 아니 되며, 교제비 등 명목의 금품을 받아서는 아니 된다"(윤리장전 제35조). 교제비의 명목으로 의뢰인으로부터 금품을 받는 것은 사실상 선진국에서는 찾아보기 힘든 현상이다. 교제비란 사실상 뇌물에 다름 아니라고 보이기 때문이다. 따라서 변호사는 어떤 이유에서든 교제비 등의 명분으로 의뢰인에게 금품을 받아서는 안 될 것이며, 만약 실제 교제비가 어떤 형태로든 담당 공무원 등에 전달되거나 향응을 위해서 이용된 경우 변호사나 관련 공무원은 마땅히 형법상 뇌물죄의 책임을 묻는 정도의 강력한

149 대법원 1982. 9. 14. 선고 82다125, 82다카284 판결.

규제가 있어야 할 것이다. 아래의 사례들은 각각 형법상의 처벌과 더불어 대한변협으로부터 징계를 받은 사건들이다.

손 모 변호사는 마을 총유재산에 관한 소송을 의뢰받고, 재판부에 돈을 써서 소송을 신속히 진행시켜 반드시 승소할 수 있도록 해주겠다고 거짓말하여 1억 6천만 원을 교부받았으며, 그와 다른 건에서 의뢰인이 사기죄 등으로 고소한 사건에서 검사에게 부탁하여 피고소인이 구속되도록 해주겠다는 명목으로 금품을 교부받아 징계를 받았다(제2000-20호 변호사 징계[2004. 5. 31 결정], 징계사례집[IV], p. 172). 이 건과 관련하여 손 변호사는 이러한 금품수수로 말미암아 형법상 사기죄 등으로 유죄판결을 받은 바 있다. 징계는 정직 1년이었다. 다른 사건으로는, 나이트클럽에 대한 조세포탈 및 윤락행위 등 사건내사에 대해서 부탁을 받은 민 모 변호사는 고교 및 대학선배인 김 모 검사를 직접 만나 선처를 부탁하고, 김 검사의 금품요구에 따라 김 검사에게 제공한다는 명목으로 1억 원을 받음으로써, 법원으로부터 유죄판결을 받았고 아울러 징계를 받았다(제2004-21호 변호사 징계[2004. 10. 11 결정], 징계사례집[IV], p. 178).

(라) 그 외 불공정한 보수관행

"변호사는 약정한 보수 이외의 금품을 요구하거나 정당한 사유 없이 추가보수를 요구하여서는 아니 된다"(윤리장전 제32조). 이는 변호사가 사건을 수임한 후 의뢰인의 궁박한 상황을 이용하여 과도하게 금품을 요구하는 것을 막고자 하는 것이다. 그리고 "변호사는 서면에 의한 명백한 약정이 있는 경우가 아니면 공탁금, 보증금, 기타의 보관금 등을 보수로 전환하여서는 아니 된다"(윤리장전 제34조). 만약에 이러한 전환을 하고자 하면 의뢰인으로부터 동의를 얻는 것만으로는 부족하고 이를 서면 계약으로 해야 한다(윤리장전 제34조). 그렇게 함으로써 의뢰인 자산의 부당한 전용 내지 횡령을 막으려는 것이다.

6) 시간당 보수계약에서의 윤리

미국에서는 변호사의 보수를 청구할 때 그 사건을 처리하는 데 사용된 시간이 가장 중요한 변수로 작동한다. 우리나라도 로펌의 경우 대개 시간당 보수를 청구한다. 이때 사용된 시간은 실제로 사용된 시간을 의미한다. 따라서 변호사는 불필요한 절차를 부과함으로써 시간을 늘려서는 안 된다. 한 번의 행동으로 두 사건을 동시에 처리할 수 있는 경우 변호사는 각각의 의뢰인에게 중복하여 시간당 비용을 청구할 수 없다. 말하자면 예전에 자신이 작성해둔 문서를 새로운 의뢰인을 위해서 이용하는 경우에 그 문서의 작성에 소요된 비용을 새로운 의뢰인에게 중복해서 부과해서는 안 된다. 또 일반적으로 기대되는 것보다 더 적은 시간이 소모된 경우에 실제 사용하지 않은 시간에 대해서 청구할 수 없다. 물론 변호사에 따라서는 동일한 시간에 더 효율적으로 일하는 사람이 있을 수 있는데 이 경우 변호사는 사전에 시간당 더 많은 비용을 청구하는 계약을 체결할 수 있고 이는 허용되지만, 그러한 사전 협의 없이 실제 사용한 시간보다 더 많이 보수를 청구하는 것은 허용되지 않는다. 시간당 보수계약에서는 실제로 사용하지 않은 시간에 대해서 비용을 청구해서는 안 된다는 것이 원칙이다.[150]

요컨대 시간단위로 보수를 정하기로 합의한 경우, 실제로 사용하지 않거나 실제 사용한 시간보다 과도하게 시간당 비용을 청구해서는 안 된다는 것이다. 또 불필요한 조사를 하거나 변호사를 과다하게 배치하는 것도 비윤리적 행위이다.

150 Rotunda, *Legal Ethics*(제1부 각주 24), p. 38.

그러나 시간당 보수제에 관한 이러한 기준이 실제 현실에서 지켜지는지에 대해서 많은 논란이 있고, 그러한 문제점을 극복하기 위한 여러 감시장치에 대한 제안들이 이어졌다. 시간제로 보수를 청구하는 한 시간을 연장하려는 유인이 끊임없이 생길 수밖에 없기 때문이다. 미국 로펌에서 평균적으로 청구하는 시간은 연간 1,800시간 내지 2,000시간 정도이고, 대형 로펌은 더 많이 청구한다고 한다. 그런데 실제 사무실의 활동을 분석해 보면 1/3 정도는 의뢰인에게 부과할 수 없는 시간, 예컨대 행정적인 일, 내부회의, 개인적 사무, 법적 흐름의 추적 등으로 소요된다고 한다. 결국 의뢰인에게 과도하게 시간이 부풀려서 청구된다는 것이다.[151] 변호사들이 실제로 소비하는 시간을 계측하는 것은 매우 어렵다. 징계당국도 그에 대해서 개입하기를 꺼려하고, 변호사들은 동료들의 시간이 정확히 의뢰인을 위해서 이용되는지에 대해서 의심품기를 주저한다. 변호사와 의뢰인 간에 분쟁이 있는 경우 제3의 중재기관을 이용할 수는 있지만 의뢰인의 입장에서는 만족하기가 쉽지 않다. 이러한 사정으로 인해 변호사에 의한 시간연장은 "완전범죄"(perfect crime)에 해당한다는 비아냥거림도 생긴다. 이렇게 본다면 시간당 보수계약에서 보수의 적정성은 상당 정도 변호사 각자의 윤리적인 처신에 의존할 수밖에 없다. 이토록 애매한 분야야말로 변호사들이 윤리적으로 행동함으로써 의뢰인의 신뢰에 답하지 않으면 안 된다고 하겠다.

7) 성공조건부 보수계약

(가) 성공조건부 보수계약에 대한 논란

성공조건부 보수계약(이하 '성공보수계약'이라고 함)이란 보수를 사건의

151 Rhode & Luban, *Legal Ethics*(제1부 각주 17), p. 799.

처리결과에 따라서 정하기로 하는 계약이다. 예컨대 손해배상소송에서 승소하면 승소한 가액의 30%를 변호사의 보수로 지급하겠다고 약속하는 경우가 이에 속한다. 미국의 경우 전형적인 것은 증거의 수집, 제소, 소송 유지의 비용을 변호사가 전적으로 부담하고, 승소하면 1/4이나 1/3(심지어 1/2까지 인정하는 주도 있다고 한다)을 변호사측이 갖기로 하는 식으로 진행된다. 특히 상해 사건, 채권회수 사건 등 승소가 확실하지만, 원고 측에서 소송비용을 부담할 수 없는 경우에 이용된다. 그렇지만 최근에는 소송비용을 부담할 수 있는 기업이 의뢰인이 되는 경우에도 소송비용의 절감 차원에서 이용된다고 한다.

이러한 성공보수계약을 정상적인 보수계약의 한 형태로 인정할 것인지에 대해서 논란이 있다. 이를 인정하는 입장에서는 이것이 사건의 위임단계에서 변호사 비용을 지급할 수 없는 의뢰인에게 변호사의 조력을 받을 수 있는 기회를 제공한다는 점을 지적한다. 그것은 소송을 촉진하여 가난한 사람의 권리보호에 유리하다는 것이다. 또 소송비용을 지출할 수 있는 의뢰인의 경우에도 당장의 소송비 부담을 줄일 수 있고, 성공보수제로 함으로써 변호사로 하여금 더욱 분발하도록 촉구하는 효과를 누릴 수 있다.

반면 성공보수는 여러 문제점을 낳는 것으로 지적된다. 첫째는 결과적으로 과도한 보수를 지급하게 되어 불공정한 수임계약이 될 우려가 크다는 점이다. 승소가액의 30~40%에 이르는 보수가 생기고 심지어 그보다 더 많은 금액이 변호사에게 지출되기도 한다. 이러한 것은 너무 과도하다는 것이다. 둘째는 성공보수가 변호사와 의뢰인 간에 이익충돌 상황을 만들어 변호사로 하여금 충실히 의뢰인을 대리하지 못하게 한다는 것이다. 성공보수계약으로 사건을 수임한 경우, 변호사는 의뢰인의 이익에 반하더라도 사건을 화해시키려고 하지 않을 수 있고, 때로는 의뢰인의 이익에 반하여 사건을 서둘러 화해시켜버릴 수도 있다는 것이다. 셋째는 성공보수계약을 하면 변호사가 과도하게 승소에 집착하여 증거의 조작 등 부당한 행동을 불사하여 소송 질서를 해칠 수도 있고, 또 남소의 가능성도 증가한다는 것이다. 남소의 가능성이 증가하는 이유는 일거에 큰돈을 벌기 위해 조금의 승산이라도 있는 사건은 가급적 소송으로 만드는 경향이 생기기 때문이다.

이처럼 성공보수계약은 장점도 있는 반면에 단점도 있기 때문에 각 국가에 따라서 규제를 하고 있다. 물론 규제의 내용에는 다소간 차이가 있다.

(나) 성공조건부 보수계약에 대한 규제

우리나라 윤리장전 제33조의 제목은 '조건부 보수 금지'라고 되어 있지만, 실상 성공보수계약 자체를 금지하는 취지는 아니다. 다만 변호사는 성공보수를 조건부로 '미리' 받아서는 아니 된다고 규정하고 있을 뿐이다. 이는 성공보수계약의 원칙적인 허용을 인정하면서도 성공보수를 미리 받는 것만 금지한 것이다. 만약 변호사가 성공보수를 '미리' 받는다면 이는 성공조건부 보수라는 제도의 취지 자체에 정면으로 반하는 것이기 때문이다. 그럼에도 불구하고 우리나라에서 성공조건부 보수를 선수령한 것을 이유로 징계를 받는 사안은 적지 않다. 예컨대, 토지 용도변경처분 취소소송에서 의뢰인으로부터 4천만 원의 성공보수를 선수령한 경우(제2000-15, 2002-11호 변호사 징계[2002. 11. 25 결정], 징계사례집[IV], p. 95), 상해 업무방해 등의 혐의로 구속된 의뢰인에 대해서 불구속처리시 성공사례금을 받기로 하고 이를 선수령한 경우(제2002-17호 변호사 징계[2003. 3. 17 결정] 징계사례집[IV], p. 102) 등이 있다. 그리고 성공보수를 선수령했지만 소기의 성공에 이르지 못한 경우에는 이를 즉시 의뢰인에게 돌려주어야 함에도 불구하고 이를 돌려주지 않아서 문제로 된 사례도 있다(제2003-7호 변호사 징계[변호사 징계 9. 22 결정]; 제2003-17호 변호사 징계[2005. 8. 22 결정],

징계사례집[IV], p. 110, 제2004-4호, 제2004-44호 변호사 징계[2005. 3. 21 결정], 징계사례집[IV], p. 223). 이러한 사건은 의뢰인을 이중으로 부당하게 취급한 경우라고 할 만하다.

성공 여부와 관련하여 피고의 소송대리를 수임하면서 성공보수금을 약정한 경우에 그 사건이 일단 쌍방불출석으로 취하 간주됐다면 결국 제소자의 소권행사를 저지한 결과를 가져온 것이므로 그 후에 다시 제소된 여부에 구애 없이 피고 소송대리인이 승소한 경우에 준한다고 본 판례가 있다.[152]

아무튼 우리나라 윤리장전은 성공보수의 선수령에 대해서만 규제하고 있기 때문에 성공보수 자체의 남용 가능성에 대한 규제장치는 거의 없다고 할 수 있다. 윤리장전의 이러한 태도가 바람직한지는 의문이다. 이와 관련한 다른 나라의 사례를 보면서 이 문제를 살펴보자.

미국의 경우는 성공보수계약을 일단 인정하면서도 일정한 절차적 요건의 충족을 요구한다. 그리고 특정한 종류의 사안에 대해서는 성공보수계약을 금지한다. 먼저 절차와 관련해서 보자면, 성공보수계약은 의뢰인이 서명한 서면으로 해야 하며, 수임료가 결정되는 방식이 기재되어야 한다. 여기에는 화해나 소송이나 항소의 경우, 변호사에게 지급되는 비율, 회복된 재산에서 공제될 소송비용 및 기타 비용 그리고 그러한 비용이 성공보수의 계산 전에 공제되는지 그 후에 공제되는지 여부가 포함된다. 그 합의는 의뢰인의 승소 여부와 관계없이 의뢰인이 부담하게 되는 비용에 대해 의뢰인에게 명료하게 밝혀야 한다. 성공보수계약에 의한 사건이 종결된 시점에 변호사는 의뢰인에게 사안의 결과를 기술하고 회복재산이 있는 경우는 의뢰인에게 귀속되는 송금액과 그 결정방식을 기술한 서면을

152 대법원 1970. 12. 22. 선고 70다2312 판결.

의뢰인에게 제공해야 한다(표준규칙1.5(c)). 책임준칙에서 성공조건부 계약은 서면으로 할 것을 '권장'한다고 하였으나, 표준규칙에서는 이를 한 걸음 더 진전시켜 '반드시' 서면으로 할 것을 요구한 것이다. 미국에서는 성공보수계약이 서면으로 이루어지지 않았다는 이유로 그 효력을 부인한 판례도 있다.[153] 이처럼 규정을 강화한 것은 그만큼 성공보수계약이 갖는 부정적 요소를 최소화하겠다는 의지의 표현으로 보아야 할 것이다. 이렇게 성공보수계약이 서면으로 이루어지면 추후에 분쟁도 적겠지만, 설사 분쟁이 생기는 경우에도 문서를 근거로 보수계약의 실질적 적정성 여부에 대해 용이하게 판단할 수 있을 것이다.

미국은 이러한 절차적 규제와 동시에 일정한 가사사건 및 형사사건에서는 성공보수계약을 할 수 없도록 했다. 즉, 변호사는 가사 관련 사건에서의 보수가 이혼의 성립이나 부양료의 금액 등에 의존하도록 하는 것을 할 수 없으며, 형사사건에서 피고 대리를 위한 성공보수계약을 할 수 없다(표준규칙1.5(d)). 전자의 경우는 성공보수계약이 화해의 가능성을 줄인다는 이유에서 금지되는 것이며, 후자의 경우는 성공보수를 받을 물질적 근거가 없다는 것이 이유이다.

일본의 경우는 기존의 보수체계가 이미 완만한 형태의 성공보수계약을 변호사 보수계약의 기본 형태로 간주하고 있다. 즉, 대부분의 수임계약은 착수금과 보수금으로 나누어져 있는 것이다. 착수금은 결과에 관계없이 변호사가 절차를 진행하기 위하여 착수시점에 수령하는 것이고, 보수금은 결과의 성공 정도에 따라서 수령하는 성공보수이다. 따라서 완전히 패소한 경우에는 보수금은 지불되지 않는다. 이처럼 일본에서는 변호사의

153 Estate of Pinter by Pinter v. Mc Gee 293 N. J. Super. 119, 679 A. 2d 728(N. J. Super. A. D., 1996).

보수계약이 대부분 성공보수를 포함하는 형식으로 되어 있지만 그것이 미국처럼 극단적인 형태는 아니다. 성공보수에 대한 규제는 변호사가 과도하게 성공보수를 받은 경우에 이루어지고 있다. 예컨대, 일본의 성공보수와 관련한 징계사례 중에는 상대방으로부터 받은 금액의 1/3을 받기로 하는 위임계약을 받기로 했지만 그 금액의 규모가 보수규정의 4배에 달한 경우, 2,000만 엔의 손해배상사건에서 착수금 없이 1,400만 엔을 성공보수로 받기로 한 경우, 착수금을 받지 않기로 하고 대신 수령금액의 4할을 받기로 한 경우가 있다.[154] 일본의 경우 성공보수 자체를 금지하는 것은 아니고, 현저히 과도한 금액에 대해서는 개별적으로 규제하는 형상이라고 하겠다.

우리나라에서도 성공보수계약과 관련하여 어떤 규제를 도입할 것인지는 논의가 필요하다. 성공보수제가 이미 광범위하게 시행되고 있는 현재에 이를 금지하는 논의는 가능해 보이지 않는다. 다만 금지되는 성공보수 형태와 관련하여, 이창희는 형사사건의 성공보수는 변호사가 제공하는 노무의 가치와 무관하게 책정되는 경제적 지대(economic rent)가 되고 이는 사건을 담당한 판사나 검사가 가까운 사람이라는 우연적 사정을 지닌 변호사이거나 아니면 글자 그대로 우연히 그 사건을 맡게 된 변호사가 차지하게 된다는 점을 지적한다. 그리고 형사사건에서의 성공보수계약은 의뢰인의 궁박한 사정을 이용한 불공정한 계약의 전형이라고 지적하면서, 우리나라에서도 형사사건의 경우 이를 금지시키자는 입장을 보였다. 반면 가사사건을 포함한 민사사건에서는 성공보수계약을 널리 인정하자는 입장을 보였다.[155] 우리나라에서 성공보수계약의 인정범위와 관련한

154 小島武司, 『法曹倫理』(제1부 각주 33), p. 161.

155 이창희, 「변호사 보수의 적정성과 투명성」, 서울대학교 법과대학 엮음, 『법률가의 윤리와 책임』(제1부 각주 12), p. 301.

이러한 논란은 조속히 해소되어야 할 것이고, 아울러 허용된 경우에도 이를 반드시 서면에 의해서 하게 함으로써 사후적으로나마 성공보수계약의 남용을 감시할 수 있는 장치를 마련하는 것이 필요할 것이다.

8) 비변호사와의 보수배분 금지와 변호사의 독립

(가) 비변호사와 보수배분금지

변호사법 제34조는 "변호사가 아닌 자는 변호사가 아니면 할 수 없는 업무를 통하여 얻은 보수 기타 이익을 분배받아서는 안 된다"고 규정한다. 이는 비변호사가 변호사 업무를 수행하는 것을 금지하는 취지이다. 이러한 내용은 윤리장전에도 명시되어 있는데, 윤리장전 제38조는 "변호사는 변호사 아닌 자와 보수를 분배해서는 안 된다"고 규정한다. 이와 유사한 취지는 일본 · 미국 · 유럽의 윤리규정에서 모두 공통적으로 나타난다. 즉 일본 직무규정은 "변호사는 그 직무에 관한 보수를 변호사 또는 변호사법인이 아닌 자와의 사이에서 분배해서는 안 된다"고 규정하고 있으며(일본 직무규정 제12조), 미국 표준규칙5.4는 변호사나 로펌은 비변호사와 법률 보수를 공유해서는 안 된다고 한다. 유럽의 경우도 변호사는 변호사 아닌 사람과 보수를 분배할 수 없다는 원칙을 밝히고 있다(행위규범3.6.1).

이처럼 각국이 모두 비변호사와의 보수분배를 금지하는 이유는 변호사의 독립성을 유지하기 위해서이다. 즉 변호사의 전문적인 판단에서 비변호사의 영향을 최소화하려는 것이다. 변호사의 고유업무는 변호사로서의 전문성에 기초한 것이므로 오로지 변호사에 의해서만 제공되어야 한다. 물론 변호사는 자신이 받은 보수를 이용하여 비변호사를 고용하여 사무를 보조하게 할 수는 있다. 이때 비변호사가 받는 보수는 변호사만이 할 수 있는 일에 대한 보상이 아니고 변호사의 보조역할에 대한 보상일 뿐이다. 만약 변호사가 비변호사와 수익을 공유하거나 분할한다면, 비변호사는 변호사의 법률적 판단에 대해 이해관계를 가지기 때문에 그에 개입하려고 할 것이다. 그런 점에서 변호사의 보수배분금지는 변호사의 독립성을 보장하는 취지를 갖는 것이다.

이익의 배분은 변호사의 독립성을 유지하기 위한 것인 만큼 변호사의 독립성을 해치지 않는 것이 명백한 경우에는 이익의 배분이 부분적으로 허용될 수도 있을 것이다. 일본 직무규정은 다만 법령 또는 일변련 또는 소속변호사회가 정한 회칙에 별단의 정함이 있는 경우 기타 정당한 이유가 있는 경우에는 그 한에서 그러하지 않다고 하여, 일정한 예외가 있을 수 있음을 보인다(직무규정 제12조 단서). 유럽의 경우도 다만 변호사와 변호사가 아닌 사람간의 연합이 그 변호사가 속한 회원국가의 법에 의해 허용된 경우는 변호사 아닌 사람과 보수를 분배할 수 있다고 한다(행위규범 3.6.1 단서). 미국 표준규칙도 일정한 경우 그 예외를 명문으로 규정하고 있다. 이에 의하면 변호사의 사망 후 일정기간 동안 변호사 또는 로펌은 사망한 변호사의 상속재산이나 상속인에게 돈을 지불할 수 있다(표준규칙 5.4(a)(1)). 또 죽거나 장애 등으로 변호사 실무를 계속할 수 없는 사람의 사건을 다른 사람이 구매한 경우, 그 다른 사람은 그로 인한 보수로부터 일정 부분을 지불할 수 있다(표준규칙5.4(a)(2)). 유럽 행위규범에서 변호사는 사망하거나 은퇴한 변호사의 실무인수와 관련하여 사망변호사의 상속인이나 퇴직 변호사에게 보수, 수수료 기타의 대가를 지불할 수 있도록 한 것도 같은 취지이다(행위규범3.6.2). 그리고 연말이나 퇴직시에 보너스의 형식으로 비변호사에게 돈을 지급하는 것은 허용된다(표준규칙 5.4(a)(3)). 그러나 사건별로 일정 금액을 주기로 하는 것은 허용되지 않는다. 판례에 의하면 의뢰인이 300달러 이상의 금액으로 수임계약을 할 때마다 비변호사 직원에게 5달러를 지불하기로 한 것은 비윤리적 합의라고 했다.[156] 변호사가 비영리조직의 추천에 따라서 일을 했고 법원이 보수를 지급한 경우 그 보수의 일부를 비영리조직과 공유할 수 있다(표준규칙 5.4(a)(4)). 변호사나 로펌이 특정한 법률사무를 위해서 일시적으로 변호사를 고용하는 경우(law-temp)가 있을 수 있는데, 이러한 경우는 보수를 배분하는 것이 허용된다고 본다. 이 경우도 변호사의 독립성을 해치지 않는 것으로 보이기 때문이다.

(나) 비변호사와 경영권 공유의 금지

보수배분의 제한과 관련하여, 미국 표준규칙은 사건별로 보수를 배분하는 것을 금하는 것에 이어서, 비변호사와 경영권을 공유하는 것도 제한한다. 변호사는 조합의 어떤 활동이 법실무를 구성하는 경우 비변호사와 조합을 형성해서는 안 된다(표준규칙5.4(b)). 이에 의하면 비변호사는 로펌에서 파트너가 될 수 없다. 뿐만 아니라 비변호사는 로펌의 지분을 가지는 등 로펌의 경영권 등에 부분적으로라도 참여하는 것은 허용되지 않는다. 이처럼 비변호사의 경영참가를 엄격하게 금지한 것은 변호사의 독립적 판단을 보장하기 위한 것이다.

그런데 변호사가 법률업무를 수행하고 비변호사가 경영적 업무를 하는 식으로 역할이 명확히 구분된 형태의 로펌이나 조합에 대해서는 논란이 있을 수 있다. 표준규칙의 초안에서는 일정한 조건하에서 비변호사가 변호사들과 함께 조합을 형성할 수 있게 허용했다고 한다. 그 조건에는 비변호사가 변호사의 독립적인 전문적 판단이나 의뢰인-변호사 관계에 개입하지 않을 것, 의뢰인의 비밀이 유지될 것, 그리고 자문이나 보수계약이 변호사직무규칙을 위배하지 않을 것 등이었다. 그러나 이러한 제안은 기각됐다고 한다. 한편 워싱턴D.C.처럼 비변호사가 로펌의 파트너가 되

156 In re Holmes 304 B. R. 292(Bkrtcy. N. D. Miss., 2004).

는 것을 허용한 경우도 있다.[157]

우리나라 변호사법 제34조 제4항은 "변호사가 아닌 자는 변호사를 고용하여 법률사무소를 개설 · 운영하여서는 아니 된다"고 한다. 따라서 변호사를 고용할 수 있는 사람은 변호사뿐이다. 최근 변호사의 수가 늘면서 세칭 사무장이 변호사를 고용하는 경우도 상당히 있다고 하는데, 이러한 것은 모두 현행 법규상으로는 금지되는 행위이다.[158] 그러나 이러한 규정이 타당한 것인지에 대해서는 위에서 보듯이 논란이 있음에 유의해야 한다. 위의 워싱턴D.C.의 사례에서 보듯이 이미 허용한 곳도 있다. 로펌이 세무사나 회계사 등 여타 전문직의 사람들을 고용하고 있는 반면에, 세무사나 회계사 또는 전문경영인이 변호사를 고용하여 법률서비스를 제공하는 것이 반드시 금지되어야 할 이유에 대해서 의문이 제기되는 것이다. 최근 법률시장의 개방과 관련하여 '복수전문직간의 동업'(Multidisciplinary Practice, MDP)이 허용될 가능성도 적지 않다는 점을 생각해본다면,[159] 비변호사와 경영권 공유를 금지하는 것은 구시대적 제도로 남을 가능성도 적지 않다고 하겠다.

9) 보수와 관련한 분쟁

변호사의 업무와 관련한 분쟁 중에서도 보수에 관한 분쟁은 상당히 많은 편이다. 분쟁이 발생하지 않도록 각종의 장치를 미리 만드는 것이 좋겠지만, 기왕에 분쟁이 발생한 경우에는 신속하고 합리적으로 해결되도

---

157 Rotunda, *Legal Ethics*(제1부 각주 24), p. 380.

158 이규진 외 2인, 『변호사 해? 말어?』, 고려원북스, 2005, p. 25.

159 이국운, 「한국의 로펌은 어디로 가고 있는가?」, 『법과사회』 제27호, 2004, p. 51. 미국에서 이에 대한 논쟁은 「미국변호사업계MDP(종합서비스법인) 찬 · 반 논쟁」, 「법률신문」, 1999. 11. 29를 참고하라.

록 하여야 할 것이다.

이와 관련하여 미국 법원은 일정한 지침을 준다. 미국 법원에는 의심스러운 합의는 기안자에게 불리하게 해석한다는 원칙이 있다. 하물며 변호사가 자신의 이익과 관련되는 문서를 기안한 경우는 당연히 변호사에게 불리하게 해석해야 한다는 것은 당연하다. 변호사는 통상적인 계약법에서 부담하는 것보다 더 큰 의무를 의뢰인에게 부담하는 수탁자이기 때문이다.[160] 이처럼 미국에서 보수를 받기 위한 소송에서 입증의 책임은 의뢰인이 아니라 변호사에게 있다. 변호사가 합의의 존재와 조건 그리고 보수합의가 합리적이라는 것도 변호사가 입증해야 한다. 의뢰인은 증거를 제시함이 없이 변호사가 무적격이었거나 요금이 비합리적이거나 시간이 충분히 기록되지 않았다는 것을 주장할 수 있고, 이때 변호사는 적극적으로 반증을 제시해야 한다.

ABA는 1995년 '보수중재에 관한 표준규칙'(Model Rules for Fee Arbitration)을 제정했다. 이러한 제도가 도입된 이유는 변호사의 보수에 불만이 있는 개인은 거대 조직들과는 달리 소송을 통해서 자신을 주장하기 어렵기 때문이다. 만약 의뢰인이 중재를 요청하면 중재규칙에 의해 중재절차가 반드시 진행된다. 반면에 변호사가 중재를 신청을 하면, 의뢰인이 30일 내에 문서로 동의표시를 하지 않는 한 이후 절차는 진행되지 않는다. 중재절차에서 요금이 합리적인지의 입증 책임은 변호사가 진다. 이 절차는 통상 비공개로 진행되기 때문에 의뢰인의 비밀은 유지된다. 또 ABA는 변호사가 비행에 연루되지 않았거나 사소한 비행에 연루된 경우를 위해서 조정절차를 마련해두었다. 이에 대해서는 '의뢰인-변호사 분쟁의 조정을 위한 표준규칙'(Model Rules for Mediation of Client-Lawyer

160 Beatty v. NP Corp. 31 Mass. App. Ct. 606, 581 N. E. 2d 1311(Mass. App. Ct., 1991).

Dispute[1998. 8])이 규정한다. 여기에서는 보수 이외의 분쟁에 대해서도 다루지만, 보수의 불일치를 해결하는 데 도움을 준다.[161]

우리나라에서도 보수와 관련한 분쟁을 모두 법원에서 해결하기보다는 신속하게 해결할 수 있는 보수관련분쟁조정위원회 등을 구상해볼 수 있을 것이다. 다만 이때 의뢰인 측에서도 납득할 수 있는 위원으로 그것을 구성하는 것이 중요할 것이다.

10) 의뢰인 재산의 관리

변호사가 의뢰인의 법률사무를 수행하는 과정에서는 의뢰인의 재산을 관리하는 경우가 많이 생길 수 있다. 이때 변호사는 선량한 관리자의 주의로써 이를 관리하지 않으면 안 된다. 윤리장전 제24조는 "변호사는 예납금, 보증금 기타 증거서류 등의 수수를 명백히 하고 이로 인한 분쟁이 발생하지 않도록 주의해야 한다"고 규정한다. 그러나 실제 현실을 보면 변호사들이 의뢰인의 재산을 부실하게 관리하여 분쟁이 생기거나 징계를 받는 경우가 적지 않다. 최근의 징계사례를 보면, 의뢰인이 합의금으로 지급하여 달라고 의뢰한 돈 3억 원을 주식투자 등에서 전액 소비하여 이를 횡령한 사건(제2002-3호, 변호사 징계 1. 20 결정, 징계사례집[IV], p. 162), 자동차 손해배상청구소송을 위임받아 승소판결을 받고 판결금으로 4천만 원을 수령한 후 이를 의뢰인에게 지급하지 않은 사건(제2003-8호, 2005. 2. 28 결정, 징계사례집[IV], p. 163), 매매대금청구사건의 항소심에서 조정이 성립되어 그에 따른 돈을 변호사가 수령하였음에도 불구하고 일부만 지급하고, 나머지는 사무실의 실장이 임의로 사용한 것을 방치한 사건(제2004-20호, 2004. 10. 11 결정, 징계사례집[IV], p. 168), 퇴직금지급청구소송에

---

161 Rotunda, *Legal Ethics*(제1부 각주 24), p. 44.

서 조정명령이 성립되어 변호사가 퇴직금을 수령하고도 이 중 일부를 의뢰인에게 지급하지 않은 사건(제2004-32호, 2005. 2. 28 결정, 징계사례집[IV], p. 170) 등의 사건이 있었다.[162] 여기에서 보듯이 징계 대상이 된 사건들은 모두 너무나 노골적으로 횡령한 경우에 속한다. 이러한 정도의 행동이면 형법상 횡령죄로 다스려야 마땅한 것이 아닌가 한다. 그럼에도 우리나라에서는 단지 징계로 그친 경우가 많고 그나마 징계수위는 3~8개월의 정직 또는 과태료 수준에 그쳤다. 이러한 사태가 반복되는 것은 우리나라의 윤리규정과 변호사의 윤리의식에 심각한 문제가 있다는 증거라고 할 수 있으며, 따라서 이러한 비행에 대해서는 형벌과 징계를 엄격하게 적용하는 등의 조치를 실시하지 않으면 안 된다고 보인다.

우리나라 윤리장전은 의뢰인의 재산과 관련하여 금전이나 문서의 수수를 명백히 하라는 정도로만 규정하고 있으나, 다른 나라의 경우 이에 대해서 훨씬 상세한 절차 규정을 가지고 있다. 다른 나라의 관련 규정을 참고해서 의뢰인 재산의 바람직한 관리원칙을 살펴본다.

(가) 의뢰인 재산의 분리보관

의뢰인의 재산을 올바로 관리하는 제1원칙은 의뢰인의 재산을 변호사의 재산과 분리하여 보관해야 한다는 것이다. 일본 직무규정은 "변호사는 사건에 관하여 의뢰인 상대방 기타 이해관계인으로부터 금원을 맡았을 때는 자기의 금원과 구별하여 보관해야 한다"고 규정한다(직무규정 제38조). 미국의 표준규칙도 대리와 관련하여 변호사가 점유하고 있는 의뢰인

162 그 외 의뢰인 2인이 사건을 수임하여 승소한 후 승소금을 수령하여 각 의뢰인에게 같은 비율로 안분하여 수령해야 함에도 불구하고 임의대로 보수를 일괄공제하고 나머지를 불공평하게 분배하여 분쟁을 야기시킨 사건(제94-10호) 등 『징계사례집』 제1집에 2건, 제3집에 4건의 징계사례가 더 있다.

이나 제3자의 재산은 변호사 자신의 재산과 분리하여 보유해야 한다고 한다. 재산이 금전인 경우는 분리된 계좌로 보관해야 하며, 그 외의 재산인 경우에는 적절한 방식으로 안전하게 보관되어야 한다(표준규칙1.15(a)). 마찬가지의 내용이 유럽 행위규범에서도 등장한다. 즉, 변호사가 직무수행 도중 의뢰인이나 제3자를 대신하여 자금을 보관하게 될 때, 의뢰인의 자금은 공적기관의 감독 하에 있는 은행이나 유사기관의 계좌에서 보관되어야 하고, 변호사에게 지급되는 의뢰인의 모든 기금은 그러한 계좌로 지급되어야 한다.

이렇게 볼 때 변호사가 관리하거나 점유하게 된 모든 의뢰인의 재산은 별도의 계좌나 장소에서 분리된 채 보관되어야 하는 것이 정해진 원칙이 됐다고 할 수 있다. 우리나라의 변호사들도 의뢰인의 재산을 관리할 때는 반드시 자신의 통상적인 계좌와 분리된 계좌에서 따로 보관하는 것이 올바른 방법일 것이다.

(나) 의뢰인재산의 인출과 신속한 반환

변호사는 의뢰인의 재산을 부당하게 오래 보관해서는 안 되며, 반환해야 할 이유가 발생하면 즉시 의뢰인에게 반환해야 한다. 다만 성공보수금의 분배와 같이, 변호사가 보관한 금전에 대해서 변호사와 의뢰인 사이, 또는 변호사와 제3자 사이의 분쟁이 있는 경우에는 그 분쟁이 해결될 때까지는 변호사에 의해서 별도로 보관될 필요가 있을 것이다. 하지만 다툼이 없는 부분은 즉시 배분해야 한다(표준규칙1.15(e)). 의뢰인이 제3자에게 지출할 채무가 있는 경우, 변호사는 마음대로 의뢰인의 계좌에서 이를 지출해서는 안 되고, 반드시 법원의 명령이나 의뢰인의 지시를 기다려야 한다(유럽 행위규범(3.8.1.5)).

만약에 의뢰인의 계좌에 변호사의 몫이 있으면 변호사는 그 금액을 즉시 인출해야 한다. 그래야 의뢰인의 재산과 변호사의 재산이 분리될 것이기 때문이다. 예컨대 미국에서 의뢰인이 변호사 비용을 선지급한 경우, 표준규칙은 그 금액을 반드시 별도의 계좌로 보관하여야 하며, 이후 변호사가 실제로 보수로 받을 부분이 발생하면 그때 비로소 그 계좌에서 보수를 인출할 수 있게 하고 있다(표준규칙1.15(c)).

(다) 의뢰인 재산의 기록

일본의 직무규정과 미국의 표준규칙은 의뢰인의 재산을 관리할 때, 그에 관한 기록의무를 변호사에게 부과하고 있다(일본 직무규정 제38조; 미국 표준규칙1.15(a)). 유럽 행위규범도 변호사는 의뢰인의 요청이 있을 때 제시할 수 있도록 완전하고 정확한 기록을 유지해야 한다고 규정한다(행위규범 3.8.1.6). 기록을 하게 되면, 의뢰인의 재산이 정확하게 분리되어 있는지를 쉽게 확인할 수 있고, 정확한 방식으로 보관되고 인출되었는지를 쉽게 확인할 수 있을 것이다. 우리나라의 변호사들도 마땅히 의뢰인의 재산에 관한 상황을 일목요연하게 정리하여 보관하여야 할 것이다.

(라) 의뢰인재산에 대한 감시

변호사가 의뢰인의 재산을 보관하게 된 경우, 변호사는 의뢰인의 재산을 인출하거나 다른 용도로 사용하고자 하는 유혹이 생기기 쉽다. 이에 따라 변호사가 의뢰인의 재산을 제대로 관리하고 있는지에 대한 감시의 필요성이 생긴다. 미국의 경우 '변호사 징계에 관한 표준규칙'은 주내의 모든 변호사에 의해 보유된 의뢰인 신탁기금계좌 기록의 위치와 숫자에 대한 접근권을 갖는다고 하고, 이와 관련한 ABA 권고는 만약 기금이 잘못 운영되는 것으로 보이게 하는 근거가 발견되면 변호사회는 계좌의 정확성을 확인해야 한다고 한다. 나아가 ABA는 변호사의 신탁기금계좌에 대한 무작위 감시를 제안하고, '변호사 신탁계좌의 무작위 감시에 관한 표준규칙'을 승인했다. 경험적인 연구에 의하면 이러한 무작위의 감시제도는 상당히 실효적이라고 한다.[163]

(마) 소결

이상에서 다른 나라의 윤리규정을 중심으로 의뢰인 재산의 관리와 관련한 변호사윤리규범을 살펴보았다. 핵심은 의뢰인의 재산은 변호사의 재산이 아니므로, 필요한 최소한에 대해서 필요한 최소한의 기간 동안에만 보관해야 하고, 보관할 때는 선량한 관리자의 주의로써 분리해서 안전하게 보관해야 한다는 것이다. 외국의 경우에 이와 관련한 상세한 규정이 있는 것은 그와 관련한 분쟁이 적지 않다는 것을 암시한다. 미국의 경우에도 변호사가 의뢰인의 금액에서 부당하게 보수를 인출한 것으로 인해 많은 분쟁이 생긴다고 한다.

우리나라의 경우에 윤리장전은 이 문제에 대해서 지나치게 추상적인 규칙만을 가지고 있는데, 외국의 사례를 참고로 하면서 보다 구체적인 지침을 시급히 마련할 필요가 있다. 물론 변호사로서는 그러한 규정이 마련되기 전이더라도 그러한 정신과 방법에 입각하여 의뢰인의 재산을 관리하는 것이 마땅하다고 생각된다.

11) 보수규제의 필요성과 변호사의 윤리

서두에서도 말했듯이 보수문제에는 어떤 보수체계에서든 의뢰인-변호사 사이에서 이익충돌하는 측면이 있기 때문에 완전히 해결하기는 어렵다. 더구나 일반인들은 우리나라 변호사의 비용이 전반적으로 과도하

163 Rotunda, *Legal Ethics*(제1부 각주 24), pp. 259~260.

다고 생각한다. 상황이 이럴수록 변호사측에서 적극적인 공개와 해명 그리고 투명하고 객관적인 절차를 보장하지 않는다면 변호사에 대한 불신은 해소하기가 어려울 것이다.

물론 보수문제를 윤리의 문제로만 접근하는 데에는 한계가 있다. 이창희는 일인당 국민소득 등 경제사정을 고려한다면 우리나라의 변호사 보수는 영국 · 미국 · 독일 등 선진국과 비교할 때 훨씬 높은데, 이는 변호사의 공급이 매우 제한되어 있기 때문이라고 지적한다. 이러한 상황에서 보수문제의 해결은 근본적으로 변호사의 수를 늘리는 길뿐이라고 한다. 변호사의 수급문제를 그냥 둔 채 법률이나 법원의 개입을 통해 보수만을 통제하는 방식은 시장의 효율을 저해하고 제도 자체를 부패시킨다고 한다.[164] 이와 같은 주장은 여러 사람이 지적해왔고[165] 상당 정도 정당한 것이다.

그러나 변호사 보수의 문제를 변호사 수의 문제로만 환원하는 것은 적절하지 않다. 미국의 사례에서 보듯이 수가 충분히 증가되더라도 보수를 둘러싼 분쟁은 끊임없이 발생한다. 이는 시장 메커니즘만으로는 변호사의 보수를 결정하는 데 한계가 있다는 것을 반증한다. 그리고 변호사의 수가 증가된다고 하더라도 구체적인 경우에 특정한 법률소비자가 지불해야 하는 비용의 총액이 반드시 낮아진다는 보장이 없다고 한다면[166] 결국 시장 메커니즘에만 의지하기보다는 과도한 변호사 비용에 대한 적절한 규제장치를 마련하고 변호사 윤리를 고양하는 등의 보조축을 함께 생각하지 않을 수 없다.

---

164 이창희, 「변호사 보수의 적정성과 투명성」(제2부 각주 155), pp. 294~295.
165 권오승, 「변호사의 보수에 관한 검토」, 『법과사회』 제11호, 1995 상반기, p. 149.
166 김재원, 「변호사비용과 법조윤리」(제1부 각주 80), p. 127.

5. 변호사의 광고와 유인

1) 변호사의 조력을 받을 권리와 광고

변호사의 조력을 받고자 하는 의뢰인의 입장에서 적절한 변호사로부터 질 높은 서비스를 받고자 하는 것은 당연하다. 그러나 변호사에 대한 정보가 없는 일반인의 입장에서 적절한 변호사를 찾아내는 것은 쉬운 일이 아니다. 지금까지 우리나라에서는 비전문가인 친지나 지인으로부터 변호사를 소개받거나 변호사에 대한 특별한 정보 없이 직접 변호사 사무실을 찾아나서는 길 이외의 별다른 방법이 없었다. 소개를 받는다는 것은 적절한 변호사를 찾는 과정이라기보다 그나마 그렇게라도 해서 변호사와 신뢰관계를 형성하려는 시도에 가까웠다. 그러나 최근의 변화된 상황은 종전 방식의 한계를 더욱 명백하게 보여준다. 변호사의 수가 증가하면서 변호사들이 분화되고 전문화되고 있는 상황에서 비전문가인 지인의 소개만으로는 전문적인 변호사를 찾는 것을 기대하기 어렵기 때문이다.

다른 한편으로 변호사의 입장에서도 예전과는 상황이 많이 변하고 있다. 예전에 변호사는 직접 변호사 사무실에 찾아오는 의뢰인을 대상으로 법률서비스를 제공하는 것만으로도 충분한 수의 사건을 수임할 수 있었지만, 이제는 가만히 사무실에 앉아 있어서는 사무실을 유지하는 것조차 힘든 시대로 접어들고 있다. 변호사의 수가 증가되고 경쟁이 격화되면서 변호사 스스로 전문성을 제고해야 할 뿐만 아니라 적극적으로 자신의 서비스 영역과 가격 경쟁력을 홍보하고 선전하는 것이 필요하게 된 것이다.

변호사에 대한 정보를 알고자 하는 의뢰인의 요구와 변호사 자신의 정보를 알리려고 하는 변호사측의 요구가 결합하면서, 변호사 광고에 대한 종전의 태도도 많이 변하고 있다. 즉, 종래에는 변호사의 광고행위는 변호사의 품위에 걸맞지 않은 것으로 보아 이를 가급적 억제하는 입장에 있었다면, 최근 들어서는 광고의 긍정적인 효과를 인정하고 광고에 대한 규제도 점차 줄이는 경향에 있다. 한편 변호사들 사이의 경쟁의 격화는 무리한 광고행위를 낳기도 하는데 그 점에서 변호사의 광고에 대한 규제가 필요한 것도 사실이다. 변호사 광고와 관련한 윤리규범은 변호사에 대한 정보가 (잠재적) 의뢰인에게 가급적 잘 유통되도록 하면서도, 광고가 오히려 정보의 왜곡을 낳지 않도록 하는 것이 그 요체라고 하겠다. '변호사 업무광고규정'은 광고의 기본원칙으로 "변호사 및 그 업무에 대한 정보의 자료를 제공함으로써 변호사 선택에 도움을 주고, 공정한 경쟁에 의해서 고객을 유치"하는 것이라고 규정하고 있다(변호사 업무광고규정 제3조).

아래에서는 우리나라의 변호사 광고 관련 규정을 중심으로, 외국의 경우를 참고하면서, 변호사의 광고행위에 관한 바람직한 윤리규범을 살펴보도록 한다. 그리고 광고와는 조금 다른 차원이긴 하지만, 마찬가지로 의뢰인을 유치하기 위한 활동이라는 차원에서, 의뢰인 유인(solicitation)과 의뢰인 소개에 대해서도 살펴본다. 광고와 달리 이 두 가지는 모두 금지되거나 강력히 규제되고 있다.

2) 광고

(가) 변호사의 광고규제와 자유화

변호사 광고에 대한 외국의 일반적인 입법경향을 보면 광고에 대한 금지 내지 엄격한 규제에서 광고의 허용 내지 규제완화로 진행되고 있음을 알 수 있다.

먼저 일본을 보자. 1955년 3월에 제정된 일변련의 '변호사윤리' 제8조는 "변호사는 학위나 전문 외 자기의 경력, 기타 선전에 상당하는 사항을 명함이나 간판 등에 기재하거나 광고해서는 안 된다"고 하여 광고를 금지하는 입장을 보였다. 1987년 3월에 일변련은 회칙을 개정하여 "변호사는 자기의 업무를 광고해서는 안 된다. 다만 본회가 정한 바에 따른 광고는 그렇지 않다"고 하여 변호사 광고의 여지를 열기 시작했다. 이 회칙에 따른 '변호사 업무의 광고에 관한 규정'은 명함광고와 간판 외에 동창회보, 직업별 전화부 등에 대한 광고를 허용했다. 이때까지는 변호사의 광고가 원칙적으로 금지되었고 예외적 · 제한적으로만 허용되었다. 그러다가 2002년 3월에 회칙이 다시 개정되어 "변호사는 자기의 업무에 대해서 광고할 수 있다. 다만 본회의 규정에 반하는 경우는 그러하지 않다"고 하여 비로소 광고허용이 원칙이 되고 그에 대한 규제가 예외로써 정립됐다.[167] 현재 금지되는 것은 "허위 또는 오도하는 정보를 제공"하거나 "품위를 손상하는 광고 또는 선전"이다(직무규정 제9조).

미국의 경우는 좀 다른 경로를 거쳤다. 1908년의 윤리강령은 변호사의 광고를 허용했는데, 1937년 강령27이 개정된 이래 1970년대까지 변호사 광고가 심하게 제약받았다. 그러다가 1970년대 중반부터 상황이 변화하기 시작했다. 1970년대 중반의 연방대법원은 상업광고도 수정헌법 제1조[168]에 따른 보호를 받는다고 판시했으며,[169] 유명한 Bates판결에서 일상적이고 표준화된 법률서비스에 대한 보수를 신문에 광고한 변호사에 대해서 징계할 수 없다고 했다.[170] Bates판결과 관련하여 대법원은 변호사의 광고는 무조건적으로 금지되는 것은 아니며, 일상적 법률서비스에 관

167 森際康友, 『法曹の倫理』(제2부 각주 17), p. 279.

168 수정헌법 제1조는 '종교, 언론 및 출판의 자유와 집회 및 청원의 권리'에 관한 것이다. 이에 의하면 "연방 의회는 국교를 정하거나 또는 자유로운 신앙행위를 금지하는 법률을 제정할 수 없다. 또한 언론, 출판의 자유나 국민이 평화로이 집회할 수 있는 권리 및 불만 사항의 구제를 위하여 정부에게 청원할 수 있는 권리를 제한하는 법률을 제정할 수 없다."

169 Bigelow v. Virginia 421 U. S. 809, 95 S. Ct. 2222(U. S. Va. 1975); Virginia State Bd. of Pharmacy v. Virginia Citizens Consumer Council 425 U. S. 748, 96 S. Ct. 1817(U. S. Va., 1976).

170 Bates v. State Bar of Arizona 433 U. S. 350, 97 S. Ct. 2691(U. S. Ariz., 1977).

한 진실한 광고는 수정헌법 제1조에 의해서 보호되는 것이며, 다만 허위적·기만적이고 오도하는 광고는 제한될 수 있다고 했다. 이 판결 이후 광고가 점차 허용되다가 1983년 표준규칙이 제정될 즈음에는 허위이거나 오도하는 광고만이 금지되게 됐다. 현재 표준규칙은 "변호사는 공적 매체를 포함하여 서면이나 녹음이나 전기적 통신수단을 통해서 서비스를 광고할 수 있다"(표준규칙7.2(a))고 하여 광고허용의 원칙을 밝히고, 다만 "변호사나 변호사 서비스에 관하여 허위적이거나 오도하는 정보제공을 해서는 안 된다"고 하여 규제의 근거를 규정하고 있다(표준규칙7.1). 이때 정보제공이 허위이거나 오도한다는 것은 "변호사는 정보제공이 사실이나 법에 대한 실체적인 오류의 표현을 담거나, 고려된 진술이 전체적으로 보아 실질적으로 오해로 간주되지 않도록 하기 위해서 필요한 사실을 빠뜨린 경우"를 말한다(표준규칙7.1).

유럽도 마찬가지로 단순명료한 규칙을 가지고 있다. 유럽의 행위규범에 의하면 "정보가 정확하고 오도하지 않으며 비밀보호 의무와 직업상의 다른 핵심적 가치를 존중하는 한, 변호사는 자신의 업무를 대중들에게 알릴 권리가 있다"고 하고(행위규범2.6.1), 그러한 조건을 충족시킨다면 "출판, 라디오, 텔레비전, 전기적인 상업광고 등 어떤 형태의 매체에서도 변호사의 개인적 선전은 허용된다"(행위규범2.6.2).

이상에서 볼 때, 광고와 관련한 각국의 규정은 모두 원칙적으로 광고를 허용하되, 허위·과장·오도 등 정보의 왜곡을 낳는 경우에 대해서만 규제하고 있음을 알 수 있다.

우리나라의 경우도 같은 흐름에 있다고 보인다. 우리나라의 경우 1949년 변호사법의 제정 이래 광고에 관한 규정을 가지고 있지 않다가, 2000년 개정에서 광고에 대한 규정이 처음으로 변호사법에 삽입되었다. 이 변호사법 제23조에 의하면 변호사나 법무법인은 "자기 또는 그 구성원의 학력 · 경력 · 주요취급업무 · 업무실적 기타 그 업무의 홍보에 필요한 사항을 신문 · 잡지 · 방송 · 컴퓨터통신 등의 매체를 이용하여 광고할 수 있다"고 하여 변호사 광고의 허용을 명시적으로 표시했다(제23조 제1항). 그러나 대한변협은 "광고에 관하여 광고매체의 종류, 광고횟수, 광고료의 총액, 광고내용 등을 제한할 수 있다"고 하여 대한변협에 의한 규제의 근거를 남겼다. 대한변협은 이에 따라 '변호사 업무광고에 관한 규정'을 제정하여 운영했다. 이후 대한변협은 규정의 개정을 통해 광고비 총액제한 삭세, 간행물 등에 의한 광고면 크기 제한 삭제, 수가(보수)광고제한 삭제 등의 조치를 취하면서 변호사 광고의 자유화를 확대해왔다. 그러다가 2007년에는 변호사 광고 규제의 완화(변호사법 제23조 제2항, 제113조 제1호)를 포함한 변호사법 개정이 있었다. 이 개정에서는 광고에 대한 규제가 국민의 기본권을 제한하는 사항이라고 보아 금지되는 광고의 범위를 법률에 직접 규정하고, 비난 가능성이 큰 위반행위에 대하여는 벌칙을 신설했으며, 법률로 금지된 광고 이외 광고의 방법 또는 내용이 변호사의 공공성 또는 공정한 수임질서를 해치거나 소비자에게 피해를 줄 우려가 있는 경우에 대해서는 대한변협에서 정할 수 있도록 했다. 이리하여 이른바 광고에 대한 포지티브(positive) 규제에서 네거티브(negative) 규제로 이행했다. 즉, 금지되지 않는 광고는 모두 허용하는 것으로 광고 허용범위를 확대한 것이다. 그러나 뒤에서 보듯이 여전히 규제가 지나친 것이 사실이다.

(나) 변호사 광고의 허용과 관련한 이론적 논의

변호사 광고에 대한 전반적인 흐름이 광고의 허용 쪽으로 방향을 잡은 것은 광고에 대한 이론적 논의와 궤를 같이 한다. 변호사 광고를 허용하자는 입장은 광고행위에는 일반적인 긍정적인 효과가 있고 그러한 것이 변호사 광고에서도 마찬가지라고 주장한다.

종전에 변호사 광고를 규제한 논리는 다양했다. 전통적으로 광고는 공공적인 성격을 가진 변호사직과 어울리지 않는다는 것으로 간주되었다. 변호사는 영업을 주로 하는 것이 아니므로 광고가 불필요하다는 것, 허위나 과장의 광고가 행해지는 경우, 변호사직에 대한 신뢰가 무너진다는 것, 광고의 비용은 결국 의뢰인에게 전가된다는 것, 광고를 허용하면 소송의 남발을 유발할 수 있다는 것 등이 변호사의 광고를 반대하는 논거로 거론되었다. 하지만 이제 광고는 단순히 영업의 수단으로 폄하될 수 없고 변호사와 의뢰인 사이의 정보유통수단으로서 공공적 성격을 가진다고 인정되고 있다.

김웅규는 상업적 언론(즉, 광고)과 비상업적 언론을 구분하여 서로 다른 보호를 인정하는 것은 옳지 않다고 한다.[171] 그는 변호사 광고에 대해 가중적으로 제한하는 것은 헌법상으로 보장되는 표현의 자유와 자유로운 정보에 대한 접근권 그리고 소비자의 권리, 직업의 자유, 평등권에 비추어 타당하지 않으며 광고의 일반법리에 따라 법률적 제한이 이루어져야 한다고 하고,[172] 전반적인 제한보다는 과장 · 허위 광고가 아닌 한 모든 광고를 허용하는 것이 바람직하다고 주장한다.[173] 다소 짧은 글이지만 조희종도 마찬가지 입장에서 변호사 광고에 대해서 논의하고 있다. 즉, "현대의 광고는 상품이나 서비스에 관하여 소비자에게 귀중한 정보를 제공하고 소비자도 정보를 얻음으로써 이익을 얻게 된다. 변호사 업무라 하여 다를 것이 없다"[174]고 하면서, "변호사회가 광고를 금지시키고 있는 진의

---

171 김웅규, 「광고에 관한 법적 연구: 한국과 미국의 변호사 광고를 중심으로」, 『공법연구』 제31집 제5호, 2003. 6, p. 54.

172 김웅규, 「광고에 관한 법적 연구」(제2부 각주 171), p. 58.

173 김웅규, 「광고에 관한 법적 연구」(제2부 각주 171), p. 60.

174 조희종, 「변호사 업무의 광고 · 선전은 어느 정도까지 허용되어야 하는가」, 『시민과변호사』, 1999. 7, p. 116.

는 변호사 사이의 경쟁 격화를 두려워하는 데 있다고 보지 않을 수 없다"고 한다.[175] 광고에 대한 제한이 "상업 분야에 있어 무제한적인 표현의 자유를 인정하는 것이 다른 분야에 있어서 무제한적인 표현의 자유를 인정하는 것보다 더 큰 해악을 야기할 것이라는 두려움"[176] 때문이든, 경쟁을 두려워하는 변호사들의 이기적인 태도 때문이든, 지금까지 변호사의 광고에 대해서 과도하게 규제한 점을 인정하고 규제의 완화를 주장하는 점에서는 두 논자의 입장이 동일하다.

변호사 광고와 관련하여 헌법재판소에서도 논란된 바 있다. 2000년 7월에 제기된 헌법소원에서 청구인은 당시 변호사법, 변호사회칙, 변호사 광고에 관한 시행세칙 중 광고의 부착장소, 크기 등에 대한 규제가 위헌이라고 주장했다. 그 근거로는 비례원칙에 위반, 시장경제 원리에 위반, 해석상의 다의성과 불명확성, 소비자의 권익침해, '표시 · 광고의 공정화에 관한 법률' 위반,[177] 브로커를 통한 사건수임 조장으로 인해 법조비리의 초래 등을 논거로 제시했다. 이에 대해 대한변협은 변호사의 기본권 제한에 따른 구체적인 사항을 변호사들의 단체가 스스로 정하도록 법률에 위임한 것은 포괄위임금지에 위배하는 것이 아니라는 점, 복위임금지에 위반되는 것이 아니라는 점, 광고비 총액의 제한은 필요한 최소한의 범위 내에 있다는 점, 광고매체의 종류, 광고횟수, 광고내용을 제한한 것은 변호사의 품위나 권위를 유지하는 데 필요하다는 점, 헌법상의 명확성

---

175 조희종, 「변호사 업무의 광고 · 선전은 어느 정도까지 허용되어야 하는가」(제2부 각주 174), p. 117.

176 김웅규, 「광고에 관한 법적 연구」(제2부 각주 171), p. 53.

177 해당조문은 다음과 같다. 제6조(사업자단체의 표시 · 광고제한행위의 금지) ① 사업자단체는 법령에 의하지 아니하고는 당해사업자단체에 가입된 사업자에 대하여 표시 · 광고를 제한하는 행위를 하여서는 아니 된다. 다만, 공정거래위원회가 소비자의 이익을 보호하거나 공정한 거래질서를 유지하기 위하여 필요하다고 인정하는 경우에는 그러하지 아니하다.

원칙을 위반하지 않았다는 점 등을 주장했다. 이러한 논쟁은 결말을 보지 못했다. 왜냐하면 이 사건 심판이 청구된 후 심리가 진행 중이던 2001년 7월 9일 대한변협은 '변호사 업무광고에 관한 규정' 및 '변호사 업무광고에 관한 시행세칙'을 전면 개정했기 때문이다. 이에 따라 헌법재판소는 이 건 청구가 권리보호의 이익이 없는 경우에 해당된다고 보아 본안판단을 하지 않고 사건을 각하했다.[178] 그렇지만 이러한 헌법소원이 광고관련 규정의 개정을 위한 계기가 되었고 다소간의 성과를 이루었다고 할 수 있다.

(다) 현행 법규상 변호사 광고에 대한 규제의 개요

변호사법은 변호사 광고의 원칙적인 허용의 규정을 담고 있고, 대한변협 회칙은 "회원은 광고 · 선전을 하거나 사무소 표지를 설치할 때에는 이 회 또는 소속 지방변호사회가 규칙이나 규정으로 정하는 바에 따라야 한다"고 규정한다(대한변협 회칙 제44조 제5항). 2007년 변호사법의 개정과 관련하여 2007년 2월 5일에는 '변호사 업무광고규정'(이하 '광고규정'이라고 함)이 전면 개정되었다. 따라서 현재로서는 개정된 변호사법과 광고규정을 중심으로 살펴보는 것이 필요하다.

2007년 개정된 변호사법은 종전과 마찬가지로 광고의 원칙적 허용을 표명하고 있다. 여기서 광고라 함은 변호사가 의뢰인의 유치 및 유지를 목적으로 하여 자기 또는 그 구성원이나 그 업무에 관하여 정보를 제공하는 것이다(광고규정 제2조). 광고의 방법으로는 변호사 사무소의 간판을 설치하는 것을 비롯하여, 전화번호부 및 비즈니스 디렉터리, 공중파, 케이블, DMB 기타 각종 방송, 유 · 무선통신, 인터넷, 컴퓨터통신 등 각종 매체를 이용하는 것, 인사장, 연하장, 달력, 명함, 봉투, 서식, 편지지 기타

178 헌법재판소 2002. 7. 18. 2000헌마490 판결.

의 사무용지 등의 유인물 또는 복사물을 배포하는 것, 안내책자, 사외용의 사무소보, 기념품, 안내편지, 관광안내 지도, 개업연, 기타의 연회, 협찬 등을 이용하는 것, 그리고 법률상담, 설명회, 세미나 등을 이용하는 것이 포함되며, 여기에 적시되지 않은 방법으로 광고하는 것도 허용될 수 있다(광고규칙 제2조). 대한변협은 LED 전광판을 이용한 간판도 허용된다고 하고[179] 간판에 보수를 표시하는 것도 허용된다고 한다.[180]

변호사 광고와 관련하여 변호사라 함은 개인 변호사뿐만 아니라, 법무법인 · 법무법인(유한) · 법무조합 · 공증인가합동법률사무소의 광고를 포함하는 개념이다(변호사법 제23조, 광고규칙 제1조 참고). 여기서 변호사는 국내에서 변호사 자격을 가진 사람을 말하며, 외국에서 변호사 자격을 얻은 개인이나 로펌은 포함하지 않는다. 따라서 미국 로펌이 국내 영자신문에 로펌 소속 한국계 파트너에 대한 소개와 로펌의 연혁, 업무 영역, 평가 등에 관한 광고를 할 수 없다.[181] 또 변호사 아닌 자(예컨대 인터넷 쇼핑몰 업체)가 변호사를 위해서 광고를 해주는 것도 허용되지 않는다.[182] 변호사 광고는 어디까지나 변호사 책임주체가 되어서 해야 하는 것이다.

동시에 변호사법 제23조는 금지되는 변호사 광고에 대해서도 다수 열거하고 있다. 제23조가 원칙적으로 광고를 허용하기 때문에 금지되지 않는 광고 형태는 모두 허용되는 것으로 해석된다. 이 조항에 의해서 금지되는 광고는 다음과 같다.

1. 변호사의 업무에 관하여 허위의 내용을 표시하는 광고; 2. 국제변호사 그밖

179 대한변협, 「변호사법 관련 질의 · 회신」, 『인권과정의』 제372호, 2007. 8, p. 160.
180 대한변협, 「변호사법 관련 질의 · 회신」, 『인권과정의』 제359호, 2006. 7, p. 193.
181 대한변협, 「변호사법 관련 질의 · 회신」, 『인권과정의』 제372호, 2007. 8, p. 155.
182 대한변협, 「변호사법 관련 질의 · 회신」, 『인권과정의』 제372호, 2007. 8, p. 166.

에 법적 근거가 없는 자격이나 명칭을 표방하는 내용의 광고; 3. 객관적 사실을 과장하거나 사실의 일부를 누락하는 등 소비자를 오도하거나 소비자에게 오해를 불러일으킬 우려가 있는 내용의 광고; 4. 소비자로 하여금 업무수행 결과에 대하여 부당한 기대를 가지도록 하는 내용의 광고; 5. 다른 변호사 등을 비방하거나 자신의 입장에서 비교하는 내용의 광고; 6. 부정한 방법을 제시하는 등 변호사의 품위를 훼손할 우려가 있는 광고; 7. 그밖에 광고의 방법 또는 내용이 변호사의 공공성 또는 공정한 수임질서를 해치거나 소비자에게 피해를 줄 우려가 있는 것으로서 대한변협이 정하는 광고.

변호사 업무에서 광고에 대한 규제는 이 조항의 해석을 통해서 정해진다고 보이며, 아울러 광고규칙에서는 변호사 광고에 대한 규제는 내용에 대한 제한과 방법에 대한 제한으로 나누어 좀 더 구체적으로 규정하고 있다. 광고규칙을 중심으로 좀 더 상세히 보자.

(라) 광고의 내용에 대한 제한

광고규칙에 의하면 다음과 같은 내용을 직접 또는 타인을 통해서 광고할 수 없다.

1. 변호사의 업무에 관한 객관적 사실에 부합하지 아니하거나 허위의 내용을 표시한 광고.
2. 객관적 사실을 과장하거나 사실의 일부를 누락하는 등으로 고객을 오도하거나 고객으로 하여금 객관적 사실에 관하여 오해를 불러일으킬 우려가 있는 내용의 광고.
3. 승소율, 석방률 기타 고객으로 하여금 업무수행 결과에 대하여 부당한 기대를 가지도록 하는 내용의 광고.

4. 다른 변호사를 비방하거나 다른 변호사나 그 업무의 내용을 자신의 입장에서 비교하는 내용의 광고.

5. 특정사건과 관련하여 당사자나 이해관계인(당사자나 이해관계인으로 예상되는 자 포함)에 대하여 그 요청이나 동의 없이 방문, 전화, 팩스, 우편, 전자우편, 문자 메시지 송부, 기타 이에 준하는 방식으로 접촉하여 당해 사건의 의뢰를 권유하는 내용의 광고. 다만, 소속지방변호사회의 허가를 받은 경우에는 그러하지 아니하다.

6. 부정한 방법을 제시하는 능 변호사의 품위 또는 신용을 훼손할 우려가 있는 내용의 광고.

7. 국제변호사 기타 법적 근거가 없는 자격이나 명칭을 표방하는 내용의 광고.

8. 과거에 취급하였거나 관여한 사건이나 현재 수임중인 사건 또는 의뢰인(고문 포함)을 표시하는 내용의 광고. 다만, 의뢰인이 동의하거나, 당해 사건이 널리 일반에 알려져 있거나 의뢰인이 특정되지 않는 경우 등 의뢰인의 이익을 해칠 우려가 없는 경우에는 그러하지 아니하다.

9. 기타 법령 및 대한변협(이하 '협회')의 회칙이나 규정에 위반되는 내용의 광고.

얼핏 보기에도 금지되는 광고의 범위가 지나치게 포괄적이어서 과연 광고의 자유를 선언하고 있는지 의심이 들 정도이다. 외국의 경우에 비추어보더라도 금지되는 광고의 한계를 좀 더 간단명료하게 규정할 필요가 있다고 생각된다. 특히 "부정한 방법을 제시하는 등 변호사의 품위 또는 신용을 훼손할 우려가 있는 내용의 광고"라는 표현은 너무 포괄적이고 모호하다. 따라서 적어도 이 조항을 적용할 때는 가급적 광고를 허용하는 방향으로 해석하는 것이 필요하다고 생각된다.

대한변협은 위 조항과 관련하여 몇몇 공식의견을 낸 바 있다. 합동법률사무소의 구성원 중에서 20년 경력을 가진 변호사가 있다고 하더라도 합동법률사무소의 광고에서 "20년 전통에 빛나는 종합법률회사"라는 표현을 쓰거나 "20년 전통의 ○○이 도와드리겠습니다"라고 표현한다면, 이는 위 제2호의 위반이 된다고 한다.[183] 변호사가 경매부동산사건의 유치광고를 하면서 "부동산을 반값에 산다"라고 표기한 것은 과장광고에 해당한다고 보았다(제2003-28호, 2007. 7. 5 결정, 징계사례집[IV], p. 150). 개인회생 관련 광고에서 "충북 접수 1위", "확정자 1위"라고 광고하는 것은 위 제3호의 "부당한 기대"를 가지게 하는 것으로서 금지된다고 한다.[184] 위 제8호의 취지는 의뢰인의 비밀유지라는 관점에서 요청하는 것이다. 따라서 의뢰인이 동의하거나 의뢰인이 특정되지 않아서 의뢰인의 이익에 반하지 않는 경우는 허용된다.[185]

(마) 광고방법 등에 대한 제한

광고규정은 변호사 광고에서 그 방법에 대해서 상세한 규정을 두어 제한을 하고 있다. 조문이 길지만 기술적인 내용이 많으므로 모두 인용해 본다.

> 제5조[광고방법 등에 대한 제한] ① 변호사는 현재 및 과거의 의뢰인(법인 기타 단체인 경우, 담당 임 · 직원 포함), 친구, 친족 및 이에 준하는 사람 이외의 사람을 방문하거나 전화를 거는 방법으로 광고를 하여서는 안 된다. 다만, 상대방의 동의나 요청이 있는 경우에는 예외로 한다.

183 대한변협, 「변호사법 관련 질의 · 회신」, 『인권과정의』 제365호, 2007. 1, p. 226.
184 대한변협, 「변호사법 관련 질의 · 회신」, 『인권과정의』 제377호, 2008. 1, p. 265.
185 대한변협, 「변호사법 관련 질의 · 회신」, 『인권과정의』 제377호, 2008. 1, p. 271.

② 변호사는 불특정다수인에게 팩스, 우편, 전자우편 또는 문자메시지 등을 보내거나 이에 준하는 방법을 이용하여 광고를 하여서는 안 된다. 다만, 소속 지방변호사회의 허가를 받은 경우에는 그러하지 아니하다.

③ 변호사는 광고이면서도 광고가 아닌 것처럼 가장하는 방법으로 광고를 하여서는 아니 된다.

④ 변호사는 광고 대상자에게 의례적인 범위를 넘는 금품 기타의 이익을 공여하거나 공여할 것을 약속하는 방법으로 광고하여서는 아니 된다.

⑤ 변호사는 제3자가 이 규정에 위반하여 변호사 업무에 관한 정보를 전달하거나 표시행위를 함에 대하여 금품 기타 이익을 공여하거나 공여를 약속하여서는 아니 된다.

⑥ 변호사는 다음 각호의 방법으로 광고할 수 없다.

1. 자동차, 전동차, 기차, 선박, 비행기 기타 운송수단의 내·외부에 광고물을 비치, 부착, 게시하는 행위.

2. 현수막을 설치하거나, 애드벌룬, 도로상의 시설 등에 광고물을 비치, 부착, 게시하는 행위.

3. 광고 전단, 명함 기타 광고물을 신문 기타 다른 매체에 끼워 배포하거나, 공공장소에서 불특정 다수에게 나누어주거나, 차량, 비행기 등을 이용하여 살포하거나 불특정 다수인에게 제공하기 위하여 옥내나 가로상에 비치하는 행위.

4. 확성기, 샌드위치맨, 어깨띠 등을 사용하여 광고하는 행위.

5. 기타 위 각호의 1에 준하는 변호사의 품위를 손상시키는 광고방법으로서 별도의 세부기준이 정하는 광고.

변호사 광고의 방법에 대한 규제도 너무 상세하고 방대하다. 이에 의하면 버스나 지하철 내부의 광고판을 이용한 광고도 금지된다. 엘리베이터 내부에 변호사 광고판을 부착하는 것도 금지된다.[186] 특히 제6항은 그 정도가 심하다고 생각된다. 이에 의하면 어떤 무변촌이나 특정한 마을을 대상으로 개업 하고 이를 알리기 위해서 현수막을 걸거나 거리에서 광고전단을 뿌릴 수 없다. 의뢰인에게 필요한 정보를 제공하는 차원에서 보자면 좀 더 단순화하고 불필요한 규제를 줄이는 것이 마땅할 것이다.

몇 가지 논점에 관하여 대한변협의 공식의견을 살펴본다. 일간신문에 법률칼럼을 만든 후 필자인 변호사의 사진, 이름, 이메일 주소, 상담 전화번호 등을 게재하고 그 법률사무소의 소개, 전문분야 및 배경, 특이사항 등을 기사화하는 것은 "변호사 광고이면서 광고가 아닌 것처럼 가장하는 방법으로 광고"하는 것에 해당되어 금지된다고 했다.[187] 이 경우 다만 이름과 직업, 직책 등을 표시하는 정도만 허용된다고 한다. 동문회 홈페이지에 변호사 광고를 하면서 찬조금을 지급하는 경우, 그 액수에 따라서는 위 제4항의 위반이 될 수 있다고 한다.[188] 광고전단을 신문에 끼워서 살포하거나 공공장소에서 불특정 다수에게 나누어주는 것은 금지되지만, 거리에서 유포되는 생활정보지에 변호사 광고를 하는 것은 허용된다고 한다.[189]

(바) 전문분야에 대한 광고

의뢰인이 변호사를 선택할 때 변호사의 전문성은 아주 중요한 판단기준의 하나가 된다. 이에 따라 변호사는 자신의 전문분야를 광고하려고 한다. 그러나 변호사의 전문성은, 전문의(專門醫)제도와는 달리, 이를 객관적으로 검증하는 제도가 없기 때문에 어떤 변호사가 특정분야의 전문가

---

186 대한변협, 「변호사법 관련 질의 · 회신」, 『인권과정의』 제377호, 2008. 1, p. 253.
187 대한변협, 「변호사법 관련 질의 · 회신」, 『인권과정의』 제359호, 2006. 7, p. 181.
188 대한변협, 「변호사법 관련 질의 · 회신」, 『인권과정의』 제359호, 2006. 7, p. 193.
189 대한변협, 「변호사법 관련 질의 · 회신」, 『인권과정의』 제372호, 2007. 8, p. 167.

라고 광고하는 것은 의뢰인에게 오해를 낳을 수 있다.

이에 따라 변호사 업무의 광고규정 제7조는 전문가임을 자임할 수는 없는 것으로 하고, 대신 주로 취급하는 업무('주요취급업무', '주로 취급하는 분야', '주요취급분야' 등의 용어도 사용 가능하다)를 광고할 수 있다고 한다. 주로 취급하는 업무의 광고는 예컨대, "헌법재판, 민사, 부동산, 임대차, 손해배상, 가사, 형사, 상사, 회사, 해상, 보험, 행정, 조세, 공정거래, 노동, 지적재산권, 스포츠, 연예, 오락, 증권, 금융, 국제거래, 무역, 조선, 건설, 중재 등"으로 표시할 수 있다. 그리고 변호사는 자신의 업무에 관하여 "최고" "유일" "전문" 기타 이와 유사한 용어를 사용하여 광고할 수 없다. 예컨대, "개인회생, 파산전문가에게 상담받으세요"라고 하는 광고는 허용되지 않는다.[190]

일본에서도 이와 유사한 고민이 보인다. 즉, 일변련은 '변호사 및 외국특별회원의 업무광고에 관한 운영지침'에서 전문분야에 대해서 기술하고 있다.[191]

> 전문분야는 변호사 정보로서 국민이 강하게 그 정보제공을 희망하는 사항이다. 그러나 현실적으로 무엇을 기준으로 하여 전문분야로 인식하는가의 판정은 곤란하다. 변호사로서 일반적으로 전문분야라고 하기 위해서는 특정 분야를 중심적으로 취급하고 경험이 풍부하며 처리능력이 우월한 것이 필요하다고 인식된다. 그런데 전문성판단의 객관성이 어떻게든 담보되지 않은 채 그 판단을 개개 변호사에게 맡긴다면, 경험과 능력을 갖지 않은 채 전문가를 자칭하는 폐해가 나타날 수 있다. 따라서 객관성이 담보되지 않은 채 '전문가', '전문분야'의

190 대한변협, 「변호사법 관련 질의 · 회신」, 『인권과정의』 제377호, 2008. 1, p. 264.
191 森際康友, 『法曹の倫理』(제2부 각주 17), p. 280에서 재인용.

> 표시를 허용한다면 오도의 우려가 있고 국민의 이익을 해치게 되며 변호사에 대한 국민의 신뢰를 손상시킬 우려가 있기 때문에 현상에서는 그 표시를 빼는 것이 바람직하다. [……] '자신 있는 분야'(得意分野)라는 표시는 그 표현에서 판단하여 변호사의 주관적 평가에 지나지 않는 것이 명확하고, 국민도 그와 같이 받아들인다고 생각하기 때문에 허용된다. 그러나 주관적으로 자신 없는 것을 자신 있는 것으로 표시하는 것은 사실에 반하는 표현으로 인정될 수도 있다. 따라서 풍부한 경험을 갖지 않는 분야에 대해서는 '적극적으로 취급하고 있는 분야'라든지 '관심분야'라는 표현이 정확하고 성실하다.

미국 표준규칙에서도 실무 및 전문분야의 광고에 관한 규정을 가지고 있다. 원칙은 변호사가 자신을 전문가라고 광고할 수 없다는 것이다. 그것이 허용되는 것은 아주 예외적이다. 즉, "특허변호사"나 "해사변호사"라는 명칭과 같이 상응하는 실체가 있는 경우 그러한 명칭을 사용할 수 있고, 그 외의 변호사는 주나 ABA에 의해 인정된 자격을 갖는 경우에만 이를 표시할 수 있다(표준규칙7.4(b)-(d)). 말하자면 전문분야의 표시는 객관적 사실이고 객관적으로 그 존재를 확인할 수 있는 경우에만 사용이 허용된다는 것이다.

이와 달리 변호사는 자신이 특정 법영역을 취급하거나 하지 않는다는 사실을 공표할 수 있다(표준규칙7.4(a)). 예컨대 변호사로서 이혼문제를 다룬다거나 다루지 않는다는 것을 공표하는 것은 가능하다. 그러나 이러한 공표는 진실이어야 하며 오도하는 것이어서는 안 된다. 다시 말해 그러한 공표가 그 분야에서의 전문적인 능력을 암시하는 수단으로서 이용되어서는 안 된다.

결국 어느 나라에서든지 변호사는 자의적으로 전문분야를 자처할 수 없으며, 다만 자신이 주로 취급하는 분야를 밝히는 것은 허용하고 있다고 볼 수 있다.

(사) 연고광고의 금지

변호사법 제30조는 "변호사 또는 그 사무직원은 법률사건 또는 법률사무의 수임을 위하여 재판 또는 수사업무에 종사하는 공무원과의 연고 등 사적인 관계를 적시하여 영향력을 미칠 수 있는 것으로 선전하여서는 아니 된다"고 규정한다. 변호사는 자신이 수임한 사건을 위해서 판·검사나 관련 공무원과의 연고나 다른 사적인 관계를 이용하여 영향력을 행사해서는 안 된다는 점을 생각한다면, 변호사가 그러한 것을 선전하지 못하게 하는 것은 당연하다. 사법권독립은 판사·검사들이 스스로 준수해야 하지만, 변호사들도 사법을 담당하는 한 축으로서 사법권독립을 존중하고 사법권의 독립적인 행사에 부당하게 개입해서는 안 된다. 그 연장선에서 사법업무에 종사하는 사람에게 (부당하게) 영향력을 행사할 수 있다고 선전하는 것도 금지된다.

(아) 광고한 자의 명칭공개 및 광고사실 표기

광고규정 제10조는 "변호사는 광고 속에 자신의 성명 또는 명칭을 표시하고, 공동으로 광고할 때에는 대표자의 성명 또는 명칭을 명시하여야 한다"고 규정하고 있으며, 미국 표준규칙7.2(c)도 "이 규칙에 따라 이루어진 광고내용에는 그 동의에 책임이 있는 적어도 한 명의 변호사나 로펌의 이름과 사무실 주소를 포함해야 한다"고 규정한다. 이는 광고에 대한 책임주체를 명확히 하여 의뢰인을 보호하기 위해서이다. 대한변협은 법무법인이 TV나 케이블 TV를 통해서 광고하는 경우에는 대표자의 성명이 없더라도 법무법인의 명칭만 있다면 된다고 보았다.[192] 이로써 책임주체가 명확히 된다고 보기 때문이다.

미국 표준규칙7.3(c)에 의하면, "어떤 사안에서 법률적 서비스가 필요하다고 알려진 잠재적 의뢰인으로부터 전문직 고용을 유인하는 변호사의 모든 서면상, 녹음상 또는 전기적 정보제공은 봉투의 경우 봉투의 외면에 그리고 녹음이나 전기적인 제공정보의 시작과 끝에 "광고물"이라는 말을 포함해야 한다." 이는 광고를 접하는 사람이 광고를 접하는 즉시 광고라는 사실을 인식할 수 있게 하려는 취지이다.

3) 유인: 변호사에 의한 의뢰인 직접 접촉

윤리장전 제9조 "변호사는 사건의 유치를 목적으로, 예상되는 의뢰인과 접촉하거나 사무직원 또는 제3자로 하여금 선임을 권유하는 행위를 하게 하여서는 아니 된다"고 한다. 광고규정은 이를 좀 더 상세히 규정하여, "변호사는 현재 및 과거의 의뢰인(법인 기타 단체인 경우, 담당 임 · 직원 포함), 친구 · 친족 및 이에 준하는 사람 이외의 사람을 방문하거나 전화를 거는 방법으로 광고를 하여서는 안 된다"고 하고, "다만, 상대방의 동의나 요청이 있는 경우에는 예외로 한다"고 한다(광고규정 제5조 제1항). 따라서 변호사가 직접 잠재적 의뢰인을 접촉하여 유인하거나 다른 사람을 통해서 유인하게 하는 것이 금지된다. 변호사가 직접 의뢰인을 만나서 의뢰인을 유인하게 되면 과도하고 부적절하게 영향을 미칠 수 있다고 보기 때문이다. 그리고 "변호사나 그 사무직원은 법률사건이나 법률사무를 유상으로 유치할 목적으로 법원 · 수사기관 · 교정기관 및 병원에 출입하거나 다른 사람을 파견하거나 출입 또는 주재하게 하여서는 아니 된다"(변호사법 제35조). 다시 말해 잠재적인 의뢰인을 접촉하기 전이라도, 의뢰인을 확보하기 위해 법원 등에 출입하는 것만으로도 처벌된다는 것이다.

---

192 대한변협, 「변호사법 관련 질의 · 회신」, 『인권과정의』 제365호, 2007. 1, p. 226.

미국은 일반적으로 변호사의 광고에 대해서는 관대하지만, 의뢰인과의 직접 접촉을 통한 유인(solicitation)행위에 대해서는 엄격히 규제한다. 미국에서 유인은 "잠재적 의뢰인과의 개인적 또는 다른 직접적인 실시간 접촉"을 의미하는 것으로서, 광고와 다른 범주로 이해되기 때문에 광고처럼 보호받지 못하는 것으로 간주된다. 특히 구두의 유인은 의뢰인에게 과도한 압박을 가하기 쉬운 반면 문서상의 기록이 남지 않기 때문에 이에 대해서는 더 강력하게 규제한다. 미국에서 유인행위는 원칙적으로 금지된다. 허용되는 경우는 접촉한 사람이 다른 변호사이거나 변호사 자신의 가족 · 친척, 또는 현재나 종전의 의뢰인인 경우 등이다(표준규칙7.3(a)).

광고와 유인의 그 경계에 있는 것이 수신자를 특정한 메일발송(target mailing)이다. 이에 대해서는 판결에 의해서 허용되는 것으로 했다.[193] 그러나 연방대법원은 사고나 재난을 당한 사람에게 재난 후 30일 이내에 직접 메일을 보내지 못하도록 한 주의 규제는 합법적이라고 하고, 그 이유는 그러한 접촉이 고통의 시기에 잠재적 의뢰인의 사생활을 침해하기 때문이라고 판시했다.[194]

이에 비하여 우리나라의 경우, "변호사는 불특정 다수인에게 팩스, 우편, 전자우편 또는 문자메시지 등을 보내거나 이에 준하는 방법을 이용하여 광고를 하여서는 안 된다"고 하여, 수신을 특정한 메일발송을 포함하여 팩스나 우편, 전자우편, 문자메시지를 통한 광고를 전면적으로 금지하고 있다(광고규칙 제5조 제2항).

---

193 Shapero v. Kentucky Bar Ass'n 486 U. S. 466, 108 S. Ct. 1916(U. S. Ky., 1988). 이에 의하면 수정헌법 제1조에 따라서, 각 주는 구체적인 법률적인 문제를 가지고 있는 잠재적 의뢰인에게 진실하고 속임수가 없는 편지를 보냄으로써 사업을 하는 것을 무조건적으로 금지할 수는 없다.

194 Florida Bar v. Went For It, Inc. 515 U. S. 618, 115 S. Ct. 2371(U. S. Fla., 1995).

4) 변호사의 소개와 소개비

변호사의 광고가 널리 허용됐다고는 하나, 여전히 많은 의뢰인들은 변호사에게 일을 맡길 때 소개에 의존한다. 지인의 소개를 통하는 경우, 의뢰인은 생면부지의 변호사에게 사건을 맡기는 것보다는 좀 더 신뢰할 수 있다고 생각한다. 그러나 다른 한편 변호사의 소개는 여러 부작용을 낳고 있다. 특히 소개를 업으로 하는 사람이 생겨서 법률시장의 왜곡과 비리가 생기기도 하며, 법률사무를 담당하는 공무원들도 불법적인 소개에 연루되기도 한다. 이러한 부조리는 정상적인 방법으로 영업을 하는 변호사에게 피해를 줄 뿐만 아니라 변호사 비용의 인상을 낳고 이는 고스란히 소비자의 부담으로 전가된다. 그렇기 때문에 변호사법과 윤리장전은 의뢰인의 소개행위에 대해서 엄격히 규제하고 있다.

(가) 소개하는 사람에 대한 규제

변호사법은 소개하는 사람에 대해서 일반적으로 규제하고, 공무원에 대해서는 별도로 규정을 두어 규제하고 있다. 우선, 변호사법 제34조에 의하면 "누구든지 사전에 금품 · 향응 또는 그 밖의 이익을 받거나 받기로 약속하고 당사자 또는 그 밖의 관계인을 특정한 변호사나 그 사무직원에게 소개 · 알선 또는 유인하는 행위를 하거나, 당사자 또는 그 밖의 관계인을 특정한 변호사나 그 사무직원에게 소개 · 알선 또는 유인한 후 그 대가로 금품 · 향응 또는 그 밖의 이익을 받거나 요구하는 행위를 해서는 안 된다." 말하자면 어떤 경우에도 의뢰인의 소개 · 알선 · 유인의 대가를 받는 것을 포괄적으로 금지하고 있다. 따라서 소개를 했지만 이익을 받거나 요구하지 않았다면 문제되지 않는다.[195]

---

195 창원지법 1998. 7. 31. 선고 98고합218 판결.

다음으로 공무원에 대해서 보면, "재판기관이나 수사기관의 소속 공무원은 대통령령으로 정하는 자기가 근무하는 기관에서 취급 중인 법률사건이나 법률사무의 수임에 관하여 당사자 또는 그 밖의 관계인을 특정한 변호사나 그 사무직원에게 소개 · 알선 또는 유인하여서는 아니 된다"(변호사법 제36조). 그리고 "재판이나 수사 업무에 종사하는 공무원은 직무상 관련이 있는 법률사건 또는 법률사무의 수임에 관하여 당사자 또는 그 밖의 관계인을 특정한 변호사나 그 사무직원에게 소개 · 알선 또는 유인하여서는 아니 된다"(변호사법 제37조 제1항). 법원이나 검찰 등 재판기관이나 수사기관에서 근무하는 공무원이나, 판사나 검사 등 재판 또는 수사업무에 종사하는 공무원은 금품이나 향응의 수수와 상관없이 소개 · 알선 · 유인행위를 할 수 없는 것으로 한다. 만약 이들 공무원이 소개 등을 이유로 소개비를 지급받으면 뇌물죄에도 해당한다고 할 것이다.[196]

여기에서 소개 · 알선 · 유인은 모두 변호사에게 의뢰인을 연결시켜준다는 점에서 같은 것을 의미한다. 판례는 알선에 대해 상세히 설명한 바 있다. 즉, 알선이라 함은 법률사건의 당사자와 그 사건에 관하여 대리 등의 법률사무를 취급하는 상대방 사이에서 양자 간에 법률사건이나 법률사무에 관한 위임계약 등의 체결을 중개하거나 그 편의를 도모하는 행위를 말하고, 따라서 현실적으로 위임계약 등이 성립하지 않아도 무방하며, 비변호사가 법률사건의 대리를 다른 비변호사에게 알선하는 경우는 물론 변호사에게 알선하는 경우도 이에 해당하고, 그 대가로서의 보수(이익)를 알선을 의뢰하는 자뿐만 아니라 그 상대방 또는 쌍방으로부터 받거나 받을 것을 약속한 경우도 포함하며, 이러한 보수의 지급에 관한 약속은 그 방법에 아무런 제한이 없고 반드시 명시적임을 요하는

196 서울지법 의정부지원 1998. 6. 15. 선고 98고합44 판결.

것도 아니라고 한다.[197]

소개가 금지되는 사람 중에서 변호사의 사무직원이 포함되는지에 대해서는 의문이 있을 수 있으나, 판례는 이에 대해서 긍정한다. 즉, 변호사가 자신의 사무직원으로부터 법률사건 또는 법률사무의 수임에 관하여 알선 등의 대가로 금품 등을 제공하거나 이를 약속한 경우에도 변호사법 위반이 된다는 것이다.[198]

변호사가 변호사에게 의뢰인을 소개하는 경우는 어떤가? 변호사법 제34조에 의하면 '누구나' 대가를 받고 의뢰인을 소개해서는 안 되는 것으로 하고 있기 때문에 변호사에 의한 유상의 소개행위도 금지된다고 보아야 할 것이다. 변호사의 소개행위가 특별히 다른 사람에 의한 소개행위와 구분될 이유는 없기 때문이다. 일본 직무규정은 "변호사는 의뢰인을 소개한 것에 대해 사례 기타의 대가를 수취해서는 안 된다"고 규정하여, 변호사에 의한 소개행위를 명시적으로 금지하고 있다(직무규정 제13조 제2항). 유럽 행위규범도 변호사가 소개를 한 대가를 요구하거나 받아서는 안 된다고 규정한다(행위규범5.4.1). 하지만 로펌 내에서 한 변호사가 사건을 맡아오고 이를 소속 변호사들 사이에서 분배하고, 사건을 맡아온 변호사가 보수의 일정한 부분을 수취하는 것은 허용된다.

(나) 소개받는 변호사에 대한 규제

위에서 보듯이 금품을 매개로 소개하는 행위 자체가 금지되는 바, 변호사의 입장에서는 소개를 받기 위해서 금품을 제공하는 행위가 불법이 된

---

197 대법원 2002. 3. 15. 선고 2001도970 판결; 그 외에 참고 판례로, 대법원 2002. 3. 15. 선고 2001도970 판결; 대법원 2000. 6. 15. 선고 98도3697 전원합의체 판결.

198 대법원 2007. 9. 6. 선고 2005도2492 판결; 대법원 2001. 7. 24. 선고 2000도5069 판결; 헌법재판소 2005. 11. 24. 자2004헌바83 전원재판부 판결.

다. 즉 "변호사나 그 사무직원은 법률사건이나 법률사무의 수임에 관하여 소개 · 알선 또는 유인의 대가로 금품 · 향응 또는 그 밖의 이익을 제공하거나 제공하기로 약속하여서는 아니 된다"(변호사법 제34조 제2항). 법원이나 검찰 공무원의 소개행위는 금품의 제공여부와 상관없이 금지되기 때문에 이들로부터 소개받는 행위도 당연히 불법이 된다.[199] 일본 직무규정도 "변호사는 의뢰인의 소개를 받은 것에 대해서 사례 기타 대가를 지불해서는 안 된다"고 규정한다(직무규정 제13조 제1항).

윤리장진은 변호사가 사건을 소개받는 것에 대해 규제하면서, 주선을 업으로 하는 자로부터 사건을 소개받는 경우에는 좀 더 엄격한 기준을 제시하고 있다. 즉, "변호사는 주선을 업으로 하는 자로부터 사건의 소개를 받거나 이러한 자를 이용하거나 이러한 자에게 자신의 명의를 이용하게 하는 일절의 행위를 하여서는 아니 된다"(윤리장전 제10조 제1항). 의뢰인의 주선을 업으로 하는 것 자체가 불법이기 때문에 이들로부터 소개를 받는 경우는 소개비의 수수 여부와 상관없이 이를 금하는 취지이다.

(다) 합법적인 유상의 소개

각국이 소개비의 수수에 대해서 일률적인 금지규정을 가지고 있는 반면에(일본 직무규칙 제13조 제1항; 미국 표준규칙7.2(b); 유럽 행위규범5.4.2), 미국의 경우는 여러 예외 규정을 두고 있다. 표준규칙7.2에 의하면 통상적인 광고비용, 법률서비스 계획에 의한 소개, 비영리적이거나 허가받은 변호사 소개서비스, 법률서비스의 매매(표준규칙1.17 참고), 일정한 조건 하에서 변호사 사이의 합의에 의한 소개의 경우에는 소개비를 지불할 수 있는 것으로 한다. 변호사 간의 소개에서는 소개하는 변호사와 소개받는 변호사

199 대법원 2000. 6. 15. 선고 98도3697 전원합의체 판결.

가 공동으로 책임을 지며, 전체의 요금이 합리적이고, 의뢰인이 서면에 의해서 동의를 하면 소개비를 수수할 수 있는 것으로 한다.[200]

이 중 변호사 소개서비스(lawyer referral service)는 대중들에게 변호사를 소개해주는 조직으로서, 대리하고자 하는 분야에서 상당한 경험을 가지고 공정한 소개를 제공하며, 이의제기 절차나 법무과오관련 보험 등 의뢰인보호 장치를 가지고 있다. 이러한 목적을 위해서 설립된 비영리이거나 따로 허가를 받은 조직은 소개료를 받을 수 있으며, 변호사는 이들의 소개에 대해서 '소정의 비용'을 지불할 수 있다. 미국에서는 '변호사 소개서비스에 관한 ABA의 표준 대법원 규칙'(the American Bar Association's Model Supreme Court Rules Governing Lawyer Referral Service)과 '표준적 변호사 소개와 정보제공서비스의 품질확보법'(Model Lawyer Referral and Information Service Quality Assurance Act) 등에 따라 법률서비스의 소개에 대한 허가가 이루어진다(표준규칙7.2, 주석 6 참고).

이러한 서비스는 변호사에 대한 체계적이고 합리적인 소개에 대한 사회적 요청에 따른 것이다. 우리나라도 이러한 제도에 대해서 전향적으로 생각해야 하는 것이 아닌가 한다. 현재 우리나라에는 변호사를 직접 소개해주지는 않지만, 변호사에게 처음 접근하려는 사람이나 이미 변호사를 수임한 사람들에게 필요한 정보를 알려주는 상업서비스가 존재한다.[201]

---

200 Rotunda, *Legal Ethics*(제1부 각주 24), p. 59.

201 어떤 사람은 client helper라는 명칭을 개발하여 그러한 서비스를 제공한다. 이들에 의하면, client helper란 "변호사를 통하여 소송하려거나 소송 중에 있는 의뢰인들이 선임, 비용, 진행, 기간, 대인관계 등 소송의뢰의 현장에서 가질 수 있는 각종 실무에 대한 궁금증을 질문과 답변 형태로 풀어주는 소송의뢰인의 도우미"이다. http://www.clienthelper.co.kr 참고.

5) 국선변호사에 의한 의뢰인 유인

윤리장전 제19조 제4항은 "변호사는 국선변호인 또는 국선대리인으로 선임된 때에는 그 사건을 사선으로 전환하기 위하여 교섭하여서는 아니 되며, 따로 보수를 받아서는 아니 된다"고 규정한다. 국선변호인의 지위를 이용하여 의뢰인을 유인한다는 점에서 부당한 것이며, 변호사가 직접 의뢰인과 접촉하여 대리를 유인한다는 점에서 부당한 것이다.

6) 광고의 활성화 및 변호사 소개제도의 도입 가능성

세상이 다원화되면서 의뢰인의 요구도 다양해졌고, 변호사의 수가 증가하면서 변호사의 전문성과 개성도 다양해졌다. 그럴수록 의뢰인이 자신에게 적정한 변호사를 선택하는 것은 어려워졌고 이제는 단순한 지인의 소개로는 의뢰인의 요구를 충족할 수도 없는 시대가 됐다. 이러한 맥락에서 광고를 통한 변호사 정보의 유포는 필수적인 것이 되어가고 있다. 하지만 무분별한 광고나 유인행위는 오히려 혼란을 심화시킬 수도 있다는 점에서 변호사에게 이와 관련한 일정한 윤리규범이 필요하게 되는 것이다.

우선 지적되어야 할 것은 변호사의 광고행위에 대해서 좀 더 전향적으로 바라보아야 한다는 것이다. 광고를 단지 영리의 수단으로 보아 억제하기보다는 변호사 간의 건전한 경쟁을 유발하고 법률소비자를 위한 체계적이고 정확한 정보를 제공하는 제공수단으로 보아 이를 적극 허용하는 방향으로 선회하는 것이 필요하다. 그런 점에서 변호사 광고에 대한 규제는 더욱 완화되어야 한다. 그리고 변호사 자신에 의한 사적인 광고의 허용 외에 공공기관에 의한 정보제공도 필요할 것으로 생각된다. 미국의 경우 거의 모든 주에서 변호사의 이름과 사무실 주소, 전화번호, 징계받은 사실 등을 공개한다. 변호사로서는 이러한 공개에 대해서 적극 협조해야 할 것이다.

나아가 변호사의 소개에 대해서도 좀 더 전향적으로 볼 필요가 있다고 생각된다. 우리나라에서 변호사가 사건을 소개받고 소개료를 지급하는 행위로 인한 징계는 전체 징계사건의 1/3에 이른다.[202] 소개료를 통해서 법무서비스의 보수를 분할하는 것은 바람직하지 않지만, 잠재적 의뢰인들이 변호사에 대한 더 많은 정보를 체계적으로 얻을 수 있다면 의뢰인이나 변호사가 불법적 소개에 덜 의존하게 될 것이다. 이와 관련하여 우리나라도 미국에서 실시되는 변호사 소개서비스와 유사한 제도를 도입하는 것도 고려해볼 만하다. 사실 아직 광고가 활성화되어 있지 않을 뿐만 아니라 광고의 내용에만 의존하여 변호사를 선택하는 것이 쉽지 않은 상황임을 고려한다면, 우리나라에서 불법 주선업자(broker)가 생기는 것은 어쩌면 당연한 결과일 수도 있다. 따라서 변호사의 소개를 불법화하고 음성화하기보다는 그러한 기능을 수행하는 기구를 합법적으로 설치하여 합리적으로 사회적 요구에 응하도록 하는 것도 하나의 해법이 될 수 있다는 것이다. 이때 변호사 소개서비스가 시장을 왜곡하지 않도록 하기 위해서는 변호사 소개서비스는 공익적 관점에서 비영리적으로 운영되도록 하는 것이 필요할 것이다.

변호사 광고에서도 무엇보다 중요한 것은 변호사의 윤리의식이다. 변호사의 입장에서는 의뢰인을 모집하는 것이 사활적 중요성을 가지겠지만, 변호사가 광고를 할 때는 변호사로서의 공공성과 품위를 유지한다는 차원에서 정확한 정보를 올바른 방식으로 의뢰인에게 전달한다는 자세를 가져야 한다. 변호사는 광고를 혐오해도 안 되고 남용해도 안 된다. 이제

202 『징계사례집』(IV)에서는 2002년부터 2005년 사이의 징계를 기록하고 있는데, 99건의 징계 사례 중 알선료지급과 관련한 것이 34건(33%)에 이른다.

변호사는 광고를 의뢰인에 대한 서비스의 일부라고 생각하고 정직하게 임해야 할 것이다.

6. 로펌과 변호사윤리

1) 로펌 중심의 법무시장시대의 진입

국가의 경제규모가 커지고 국제적 차원의 경제교류가 비약적으로 확대되면서 법률서비스 분야에서도 많은 변화가 생기고 있다. 국제화시대에 부응하는 고도로 전문적인 법률서비스, 신속하고 통합적인 법률서비스에 대한 수요가 증가하고 있는 것이다. 특히 대기업이나 다국적 기업으로부터 요구되는 법률수요는 종래의 수공업적 법률서비스로는 도저히 충당할 수 없는 내용들이다. 이러한 수요의 변화와 증가에 맞추어 변호사들은 법률서비스 조직을 형성하여 집합적으로 법률서비스를 제공하고 있으며, 이러한 법률서비스 조직을 크게 로펌(law firm)이라고 할 수 있을 것이다.

로펌은 단순히 사무공간을 공유하는 것을 넘어서는 것으로서, 변호사들이 하나의 조직 하에서 유기적으로 결합하여 단일한 실체로서 법률서비스를 제공하는 조직이다. 우리나라에서는 법무법인(변호사법 제5장), 법무법인(유한)(변호사법 제5장의2), 법무조합(변호사법 제5장의3), 공증인가합동법률사무소(변호사법 제6장) 등의 형태로 존재한다.

로펌의 등장과 확대는 법률서비스 시장에 엄청난 변화를 유발하고 있다. 변호사 업계의 무게중심이 이미 로펌으로 이동했다고 해도 과언이 아니다. 2007년도 국내 법률시장의 규모는 1조 4천억 원대라고 한다. 이 중 6대 로펌의 매출액은 7,200억 원으로 추정된다. 변호사 수로는 11%에 불과한 이들이 전체 매출의 절반을 차지하고 있는 것이다. 다른 군소 로펌을 포함하여 계산한다면 우리나라 법률시장의 대부분을 로펌이 차지한다고 해도 과언이 아니다.[203] 이미 우리나라에서 실무를 하는 변호사의 과반수가 로펌에 고용되어 일을 하고 있다.[204] 마치 동네 슈퍼마켓을 대치하는 대형마트의 등장이나 동네 병원에 대비되는 대형병원의 등장과 같다고 할 만하다. 로펌의 등장으로 인해 일반 개업변호사의 법률서비스와는 비교가 되지 않는 전문적인 법률서비스가 제공되며 전문직의 전문화가 가속화되고 있다. 이들이 취급하는 업무는 주로 기업에 관련된 것으로서, 기업구조조정, 인수합병, 금융, 파산 및 화의, 국제거래, 해사, 항공, 특허, 조세, 보험, 상장, 공정거래 등 다양하다. 로펌은 많은 변호사를 고용하여[205] 대기업이나 국가가 연루된 대형사건을 사실상 독점적으로 취급하고 개업변호사와는 비교되지 않는 높은 수임료를 받고 고수익을 누리고 있다. 변호사 업계는 양극화되고 있으며 변호사 시장의 개방과 더불어 양극화는 더욱 심해질 것으로 전망된다.

로펌 수의 확대와 개별 로펌의 비대화는 변호사업계와 사회에 대한 로펌의 영향을 크게 확대했다. 이들은 고도의 전문성으로 무장하여 법률시장을 장악하며 입법작용 등 공적인 문제에 대해서도 강한 발언권을 가지고 있다. 로펌의 이러한 영향력을 고려한다면 로펌의 윤리를 고려하지 않고 개별 변호사의 윤리를 논하는 것이 무슨 대단한 의미가 있는지 의심스러울 지경이다. 만약 로펌이 비윤리적인 행동을 감행한다면 그 영향력은 개별 변호사의 그것에 비할 바가 아니다. 개별 변호사에 대해 변호사윤리를 요구하는 이유가 이들의 전문성 및 사회적 중요성과 그에 따라 발생하

203 「국내 1조 4000억 시장, 6대 로펌이 절반 차지」, 「조선일보」, 2007. 3. 30.

204 「경기침체… 변호사들 사무실 닫고 줄줄이 로펌行」, 「조선일보」, 2008. 11. 25.

205 로펌의 소속변호사는 2007년 기준으로 김앤장 280명, 태평양 145명, 광장 142명, 화우 139명, 세종 129명, 율촌 96명 등이다(「대한변협신문」, 2007. 4. 9).

는 의뢰인 및 사회에 대한 영향력에 근거한다고 했을 때, 로펌에 적용되어야 할 윤리규범이 얼마나 더 엄중해야 할 것인지는 충분히 짐작할 만하다. 로펌의 전문성과 영향력은 개별 변호사와는 비교될 수 없을 정도로 막강하기 때문이다.

이러한 로펌의 등장에 대해 각국의 윤리규범은 어떤 대책을 제시하고 있는가? 실제 각국의 윤리규정들을 살펴보면 로펌과 관련한 규정은 놀라울 정도로 적다. 우리나라 윤리장전은 로펌에 특유한 윤리규정을 전혀 가지고 있지 않다고 해도 과언이 아니다. 변호사로서의 일반적인 의무가 로펌에 속한 변호사에게도 적용된다는 정도의 의미로 이해된다.

일본 직무규정은 공동사무소에서의 규율(제7장)과 변호사 법인에서의 규율(제8장)로 나누어 규정하고 있다. 내용을 보면, 직무규정의 준수를 위한 조치에 관한 것(직무규칙 제55조, 제61조), 의뢰인비밀의 유지에 관한 것(직무규칙 제56조, 제62조), 이익충돌의 회피에 관한 것(직무규칙 제57조 내지 제59조, 제63조 내지 제68조) 등이 있다. 간단히 내용을 정리하면, 감독권 있는 변호사가 다른 변호사에 대해 윤리규정의 준수에 필요한 조치를 할 것, 다른 소속변호사(사원)의 비밀에 대해서도 비밀유지의무를 진다는 것, 소속변호사(사원) 간에는 이익충돌의 전가가 생긴다는 것, 소속변호사(사원)의 사건정보를 기록하라는 것 등이다. 이러한 것은 모두 로펌 자체의 고유한 윤리적 의무라기보다 일반적인 변호사윤리규정의 일정한 보완이라고 할 만한 것들이다.

미국 표준규칙은 "로펌과 조합"이라는 제목 하에 관련내용을 서술하고 있다. 여기에는 파트너 · 경영자 · 감독변호사의 감독책임에 관한 것(표준규칙5.1), 하급변호사의 책임에 관한 것(표준규칙5.2), 비변호사 직원에 대한 변호사의 책임에 관한 것(표준규칙5.3)이 규정되어 있다. 그 외 이익충돌에 관한 것은 해당 부분에서 서술하고 있다(표준규칙1.10). 미국도 로펌 자체에 고유한 윤리적 책무를 부과한다기보다 일반적인 변호사윤리가 로펌에서도 실질적으로 적용될 수 있도록 하는 정도의 규정이라고 하겠다.

유럽의 경우 로펌에 관한 규정은 없다. 그러나 변호사에 관한 규정이 로펌에 속한 변호사에게도 당연히 적용된다는 점에서 그리고 로펌이라는 조건과 관련하여 다소간의 조정이나 해석이 필요한 것이 당연하다고 본다면, 일본이나 미국과 크게 달리 볼 것은 아니다.

이상에서 보듯이 각국 윤리규정은 일반적인 변호사에 관한 윤리규범이 로펌에 속한 변호사에게도 적용될 수 있도록 조장하는 규정을 담고 있다. 그러나 앞에서 보았듯이 로펌은 개별 변호사가 제기하는 윤리적인 문제로만 환원하기 어려운 훨씬 중대한 윤리적인 문제를 제기한다. 로펌 자체가 가진 막대한 영향력에 비해 볼 때 이러한 부분에 대한 언급이 없는 것은 놀랍다. 아래에서는 이러한 문제를 포함하여 로펌에서 발생할 수 있는 각종의 윤리규범에 대해서 살펴본다.

2) 로펌 자체의 윤리적 책무

미국이나 일본의 윤리규정은 로펌을 단순히 개별 변호사의 집합으로 보고 있다. 로펌의 윤리규범에 대해서 별도의 내용을 규정하지 않은 우리나라나 유럽의 경우도 근본적으로는 동일한 입장에 있다고 볼 수 있을 것이다.

그러나 로펌을 단순히 개별 변호사의 집합으로만 보기에는 무리가 있다. 로펌은 단순히 개별변호사의 집합은 아니고 그 자체로서 자립적인 책임주체이고 단위이다. 그것은 마치 기업이 자립적인 사회적 실체로서 윤리경영을 요구받는 것과 마찬가지이다. 그리고 로펌 자체도 이미 하나의 기업으로서의 측면을 가지는 것도 사실이다. 기업에게 기업윤리규범이 요구된다면 로펌도 당연이 그러한 윤리규범을 준수해야 한다. 예컨대 로펌은 다른 기업과 마찬가지로 준법경영 · 투명경영의 책임이 있고, 기업으로서의 사회적 책무를 다해야 한다고 보아야 할 것이다. 로펌이 단순한 영리기업에 불과하다고 한다면 일반 기업체가 부담하는 정도의 윤리규범을 따르면 될 것이나, 로펌은 단순한 영리기업 이상이다. 로펌도 원칙적으로는 변호사와 마찬가지로 사회정의와 인권의 증진을 기본 사명으로 하면서 그에 따르는 책무를 진다고 보인다.[206] 그러나 아직 로펌을 자립적인 윤리주체로 간주하고 로펌 자체의 윤리에 대해서 논의한 사례는 아직 없으므로 여기에서는 쟁점이 될 만한 것들을 열거해보는 데 그친다.

(가) 로펌의 사회적 기여

로펌은 다수의 전문적인 변호사를 고용하여 집합적으로 사무를 수행함으로써 전문적 · 효율적으로 업무를 수행하여 변호사 시장을 장악하고 높은 수익을 올리고 있다. 로펌의 시장장악력은 막강하여, 앞에서 보았듯이, 6대 로펌이 우리나라 전체 매출의 절반을 차지한다. 사정이 이렇다면 로펌이 그에 상응하는 사회적 책무를 지는 것은 당연하다고 하지 않을 수 없다. 그럼에도 불구하고 오늘날 로펌과 로펌 변호사가 거의 전적으로 기업의 이익—또한 적지 않은 경우에 기업을 지배하는 총수의 이익—에만 봉사하는 경향이 있다고 지적된다.[207] 로펌의 사업화와 기업법률가의 상업화가 속속 진행되면서 법의 논리가 자본의 논리에 압도당하는 방식으로 사태가 전개되지 않도록 하는 장치가 조속히 마련되지 않으면 안 될 것이다.[208] 이러

206 대한변협은 로펌이 영리법인이 아니라고 주장한다(대한변협, 「변호사법 관련 질의 · 회신」, 『인권과정의』 359호, 2007. 7, p. 186).

207 김건식, 「기업변호사의 역할과 윤리」, 서울대학교 법과대학 엮음, 『법률가의 윤리와 책임』(제1부 각주 12), p. 285.

208 이국운, 「한국의 로펌은 어디로 가고 있는가?」(제2부 각주 159), p. 42.

한 과제를 변호사윤리의 차원에서 접근할 수 있을 것이다.

로펌이 가장 발달한 나라라고 한다면 미국이나 영국을 든다. 이들 나라에서 로펌의 성장이 극단적인 상업화로만 치닫지 않도록 완충하는 장치를 나름대로 가지고 있다고 한다. 그것은 바로 사회경제적 약자들을 지원하는 공익법률서비스(pro bono legal service)를 의무화하는 변호사의 직업윤리이다.[209] 이러한 직업윤리는 단순히 로펌에 소속한 변호사 개인의 윤리로 취급하기 보다는 로펌 자체의 윤리로 규정하는 것이 명실상부하며 효과적인 해법이 될 것이다.

우리나라의 로펌들도 사회적 책임을 다해야 한다. 로펌이 고도의 전문성을 무기로 하여 사회로부터 부(富)를 집적하는 것만이 능사는 아니다. 이제 로펌은 단순히 부자를 위한 총잡이에 머물러서는 안 될 것이며, 법조윤리의 주체로서 명분 있는 사업을 해야 하며 사업의 성과를 사회에 환원하는 풍토를 만들어야 한다.

(나) 로펌과 회전문 현상

변호사 등 민간부문에서 활동하던 사람이 공공부문으로 발탁되어 일을 하게 되거나 반대로 공공부문에서 일하던 사람이 민간부문으로 옮겨서 일하게 되는 현상을 통칭해서 회전문(revolving door) 현상이라고 한다. 변호사윤리는 이에 대해서 규제하고 있는데, 주로 이익충돌의 문제로 접근한다(윤리장전 제17호 제1항). 이에 대해서 규제하는 이유는 공직에서의 얻은 비밀정보를 부당하게 이용하거나 공적인 지위를 사적인 목적을 위하여 남용할 가능성을 봉쇄하기 위한 것이다.

이러한 회전문 현상은 우리나라에서 주로 로펌과 관련하여 문제로 제

209 이재협, 「법의 세계화와 로펌의 성장」, 『외법논집』 제27집, 2007. 8, p. 596.

기되고 있다. 우리나라에서 로펌은 고위관료들을 대거 영입하여 영업활동을 수행하고 있다. 이들은 로펌에서 고문 등의 직책을 가지고 활동을 하며 수십억 원대의 연봉을 받는 경우도 있다고 한다. 공공부문과 사적부문을 왕복하는 이들은 권력형 비리의 의심을 받는다. 변호사가 관료로 진출하는 경우도 적지 않은데, 이러한 일의 일상화는 로펌이 관료를 길들이는 수단이 되기도 한다.[210] 이른바 '민간기관파견제도'나 '민간근무휴직제도' 등 정부와 민간 간의 합법적인 인적교류제도를 통하여 고위관료들이 로펌에서 일정기간 근무하는 경우도 있는데, 이러한 경우도 비리의 발생소지가 적지 않다고 할 수 있다.

물론 이러한 회전문 현상의 반드시 부정적인 것만은 아니다. 정부로서는 민간부문의 전문성을 이용할 필요가 있고, 민간부문도 정부부문으로부터의 전문성을 보충받을 필요가 있기 때문이다. 그러나 그러한 교류가 법외적인 영향력의 통로가 되어 법치주의를 왜곡할 가능성이 크다는 데 문제가 있는 만큼 그에 대한 투명한 윤리규정의 정비와 집행이 필요하다고 하지 않을 수 없다. 예컨대 김앤장에서 공정거래위원회를 상대로 거액의 소송을 진행하던 박모 변호사는 재판이 진행 중인 상황에서 공정위 심결지원팀으로 갔다거나,[211] 공정위 상임위원으로 주심을 맡아 과징금을 부과하던 서모 상임위원은 퇴직해서 과징금부과불복소송을 진행하던 김앤장으로 들어갔다고 하는데,[212] 만약 이러한 것이 사실이라면 이는 심각한 윤리적 해이라고 하지 않을 수 없다.

이제 우리나라의 로펌들도 윤리적인 경영을 도모해야 한다. 진정한 법률적 실력으로 무장하고 시장에서 자신의 역할을 찾아야 한다. 로펌이 권

210 문형구, 「로펌은 왜 고위관료를 탐하나?」, 월간 『말』 제253호, 2007. 7, p. 67.

211 문형구, 「로펌은 왜 고위관료를 탐하나?」(제2부 각주 210), p. 67.

212 임종인 · 장화식, 『법률사무소 김앤장』, 후마니타스, 2008, p. 107.

력기구화되어 법률적 논변능력이 아니라 법외적인 정치력으로 사건을 수임하고 해결하려고 한다면 이는 로펌이 우리 사회 법치주의 실현을 위한 견인차라기보다는 훼방꾼이 되는 것을 의미한다. 로펌은 권력형 비리의 축이 되어서는 안 되며, 그런 점에서도 로펌의 윤리적 각성과 실천이 요구된다.

(다) 로펌의 탈세의혹

변호사의 본질적인 사명이 법의 지배 내지 법치주의의 강화에 있다. 그러한 것이야말로 변호사제도가 존재하는 이유이기도 하다. 특히 로펌 소속 변호사를 위시한 기업변호사들의 주요한 임무가 기업활동의 투명성을 제고하는 등 기업활동에 대한 법의 지배 원칙을 확립하는 데 있다고 할 수 있다.[213] 그러한 관점에서 로펌 스스로 불법과 탈법의 의혹을 받는 것은 대단히 불행한 일이고 심각하게 여기지 않을 수 없는 것이다. 이와 관련하여 로펌 스스로 로펌의 탈세의 의혹을 깨끗이 불식하지 않으면 안 된다. 세금의 회피가 있어서도 안 되지만 그러한 혐의를 갖게 하는 외관을 나타내어도 안 되는 것이다. 그런 점에서 로펌 회계의 투명성을 확보하는 것이 중요하다. 지금까지 일반 변호사뿐만 아니라 로펌의 경우도 정확한 수임료가 공개되지 않는 것은 심각한 문제라고 할 수 있다.[214] 이러한 문제를 해결하지 못하는 한 로펌은 결코 윤리적이라는 평가를 받지 못할 것이다.

213 정호택, 「법률시장의 개방과 법률사무소의 역할」, 『민사법연구』 제8집, 2000, pp. 246~248.

214 임종인, 『법률사무소 김앤장』(제2부 각주 212), p. 120.

(라) 로펌과 이익충돌

로펌의 규모가 커지고 사무소가 전국적으로 확산되어 있는 미국의 경우 이익충돌회피의무는 로펌의 활동을 크게 제약한다. 하지만 변호사의 업무가 의뢰인 이익의 충실한 옹호라고 했을 때 이익충돌의 문제를 회피할 수는 없다.

우리나라의 경우 좁은 시장구조이기도 하고 로펌의 수가 충분히 많지 않은 사정을 감안한다면 이익충돌의 가능성은 매우 크다. 우리나라의 경우는 아직 로펌의 수가 많지 않기 때문에 경쟁관계에 있는 여러 기업을 동시에 대리할 가능성이 크고 소수의 재벌그룹이 수많은 회사를 거느리고 있는 경제계구조를 고려한다면 이익충돌현상이 적잖이 일어나는 것이 당연하다고 할 것이다.[215] 특히 김앤장과 같이 우리나라에서 거의 독점적 지위를 가지고 있는 경우는 이익충돌의 문제와 관련하여 투명하게 일을 처리하지 않으면 안 될 것이다.[216] 변호사의 역할을 성실히 수행하려고 하는 한 이익충돌은 반드시 피해야 한다. 법률시장의 개방이 진전될수록 이익충돌을 불사한 수임은 더욱 어려워지겠지만, 로펌들도 스스로 이익충돌을 회피하려는 태도를 더욱 확고히 지녀야 할 것이다.

(마) 로펌에 대한 제재

로펌이 하나의 법인 내지 실체로서 윤리적 행동의 주체가 되어야 한다고 할 때, 로펌 자체의 비윤리적 행동에 대한 제재가 가능해야 할 것이다. 우리나라의 변호사법이나 미국의 표준규칙은 로펌 자체는 징계의 대상으로 하지 않고 있다. 그렇지만 미국에서 로펌 자체를 징계하는 주가 없지

215 김건식, 「기업변호사의 역할과 윤리」(제2부 각주 207), p. 281.
216 임종인, 『법률사무소 김앤장』(제2부 각주 212), p. 122.

않다. 예컨대 뉴욕 주와 뉴저지 주에서는 로펌 자체가 징계의 대상이 된다. 로펌이 징계되는 경우는 이익충돌의 점검을 위한 합리적인 제도를 운영하지 않는 경우, 로펌의 사무직원(paralegal)에 대한 적절한 훈련을 실시하지 않는 경우, 로펌이 소속변호사들에 대한 적절한 감독을 하지 않은 경우 등이다. 이러한 방식으로 접근하게 되면 로펌 내에서 구체적으로 누구를 징계해야 하는지를 세세하게 따질 필요가 없기 때문에 징계당국의 입장에서 제재를 가하기 쉽게 된다.[217] 이렇게 할 때 로펌도 더욱더 철저히 변호사윤리를 준수하려고 할 것이다.

3) 로펌 내에서 법조윤리의 수범자와 제재

(가) 경영자나 상급자

미국 표준규칙에 의하면 로펌의 파트너나 로펌에서 경영적 권한을 갖는 사람에게는 "로펌 내의 모든 변호사가 전문직 행동규칙을 준수하도록 합리적으로 확실히 하는 효과적 수단을 갖도록 조치할 합리적 노력을 해야 한다"(표준규칙5.1(a)). 그리고 "다른 변호사에 대해 직접 감독권을 갖는 변호사는 다른 변호사가 전문직 규칙을 준수하도록 할 합리적 노력을 해야 한다"(표준규칙5.1(b)). 전자는 로펌 내의 변호사에 대한 감독권이 문제가 되는 경우에 적용되고, 후자의 경우는 동일한 로펌에 속하지 않는 변호사를 일시적으로 고용하거나 제휴하여 일을 하는 경우에 적용될 수 있다. 일본 직무규칙 제61조는 "변호사법인의 사원인 변호사는 그 법인에 소속한 변호사 등이 직무규칙을 준수하도록 하기 위한 조치를 하려고 노력한다"고 규정한다. 이러한 규칙들은 로펌에 대해 별도의 의무를 부과하는 것이라기보다는 일반적인 변호사가 준수해야 할 윤리규범이 로펌 내

---

217 Rotunda, Ronald D., *Professional Responsibility*, West Group, 2002/2003, p. 583.

의 변호사에 의해서 잘 준수되도록 하기 위하여 상급변호사에서 추가적인 의무를 부과하는 것이다. 다만, 일본 직무규정의 '노력한다'는 표현의 취지는 그것의 위반이 즉시 징계의 사유가 되지는 않는다는 의미이다(직무규정 제82조 제2항 참고).

미국 표준규칙은 변호사가 다른 변호사의 윤리위반에 대해서 책임을 지는 경우를 규정하고 있다. 즉, "변호사가 명령하거나, 구체적인 행동을 알고서 관련행동을 승인한 경우"이거나, "변호사가 파트너이거나 다른 변호사가 실무를 하는 로펌에서 상응하는 경영적 권한을 가진 경우, 또는 다른 변호사에 대해 직접적 감독권을 가지는 경우이면서 결과를 피하거나 완화할 수 있었을 시점에 그 행동을 알았지만 합리적 시정조치를 취하지 않은 경우"에는 명령하거나 감독권을 가지는 등의 책임이 있는 변호사도 그 행동에 대해 책임을 진다(표준규칙5.1(c)). 다시 말해 구체적인 사안에서 지시한 변호사는 그 지시를 받은 변호사의 윤리위반에 대해서 책임을 지는 것이고, 감독권이 있는 변호사는 소속 변호사의 위반행위를 알고도 합리적 시정조치를 취하지 않은 경우에 책임을 지는 것으로 했다.

(나) 지시를 받는 하급변호사

미국 표준규칙5.2는 다른 사람의 지시에 따라서 업무를 수행하는 변호사의 윤리적 책임에 대해서 기술한다. 이에 의하면 "변호사는 다른 사람의 지시에 따라서 행동한 경우임에도 불구하고, 전문직 행동규칙에 구속된다"고 한다(표준규칙5.2(a)). 따라서 로펌의 소속변호사가 직무지시에 따라서 행동했다는 것은 윤리의무 위반에 대한 면책의 근거가 되지 못한다. 로펌의 소속변호사는 부당한 직무지시에 대해서는 거부해야 하며, 로펌은 부당한 직무지시에 거부한 것을 이유로 그 변호사를 해고하거나 기타 불이익을 주어서는 안 된다. 상급변호사의 지시가 변호사 직무규칙에 위반된다는 이유로 그에 불복한 결과 해고된 경우 변호사는 해고무효소송을 할 수 있는가? 해고한 측이 로펌이면 일반적인 노동법의 원리에 따라 해고무효소송의 이유가 있다고 판단한 판례가 있다.[218]

다만, "부하변호사가 전문직 의무의 논란이 있는 문제에서 감독변호사의 합리적 결정에 따라 행동한 경우, 그 변호사는 전문직 행동규칙을 위반한 것이 아니다"라고 하여 일정한 경우에 하급변호사는 윤리적 책임을 면하도록 했다(표준규칙5.2(b)). 논란이 있는 문제에 대해서 상급변호사와 상의하여 결정하는 것은 당연하고, 더구나 감독을 받는 입장에서는 감독변호사의 결정을 존중할 수밖에 없다는 점도 고려한 것이다.

(다) 로펌에 고용된 비변호사 직원에 대한 감독책임

변호사의 윤리규범은 변호사에게 적용되는 것이다. 그러나 변호사는 다른 사람을 통해서도 그러한 윤리규범의 위반행위를 할 수 없으며, 특히 자신의 지휘 하에 있는 사람의 경우는 이들이 윤리규범에 대한 위반행위를 하지 않도록 적극적으로 조치해야 한다. 미국 표준규칙5.3은 이 점을 다루고 있다. 이에 의하면 로펌의 파트너나 경영권을 갖는 변호사는 "로펌에 고용된 사람이 변호사의 직업적 의무와 합리적으로 확실히 합치하도록 효과적인 조치를 로펌이 취하도록 합리적인 노력을 해야 한다." 그리고 이들이 한 행동일지라도 "변호사가 명령하거나, 구체적인 행동을 알고 관련된 행동을 승인한 경우, 또는 변호사가 파트너이거나 그 사람이 고용된 펌에서 상응하는 경영적 권한을 가진 경우, 또는 다른 변호사에 대해 직접적 감독권을 가지는 경우, 그리고 결과를 피하거나 완화할 수 있었을 시점에 그 행동을 알았지만 합리적 시정행위를 취하지 않은 경우"

218 Balla v. Gambro, Inc. 145 Ill.2d 492, 584 N. E. 2d 104(Ill., 1991).

에는 변호사가 그 행동에 대해서 책임을 진다. 표준규칙5.3(a)는 로펌의 내부직원으로 고용된 사람의 윤리규정 위반행위에 적용될 것이고, 표준규칙5.3(b)와 (c)는 변호사의 감독을 받는 로펌 외의 비변호사의 윤리규정 위반에도 적용된다. 이들의 변호사 윤리규정 위반행위에 대해서는 변호사가 책임진다. 말하자면, 변호사 윤리규정은 원칙적으로 변호사 이외의 사람에게는 적용되지 않지만, 이들을 적절히 감독하지 않은 것에 대해서 책임을 묻는 것이다. 따라서 감독을 적절히 했지만 사무직원이 윤리규정을 위반하게 되면 변호사에게는 책임이 없다. 이러한 원칙은 내부 직원뿐만 아니라, 회계 · 복사 · 자료관리 등의 목적을 위하여 외부계약자를 고용한 경우에도 해당된다.

4) 로펌 자체의 사회적 책무와 로펌에 대한 규제

우리나라에서 로펌의 윤리규범에 관한 규정이 전혀 없는 것은 바람직하지 않다. 상급변호사의 윤리규범, 하급변호사의 윤리규범 그리고 비변호사 직원에 의한 윤리규범 위반의 경우에 대한 상급 변호사의 책임을 선명히 할 필요가 있다. 그와 동시에 로펌 자체가 지켜야 할 윤리규범도 명확히 하는 것이 필요하다. 일반적인 변호사윤리규범이 개별 변호사에게 필요한 최소한의 윤리규범을 정한다고 하면, 로펌의 윤리규범은 그러한 규범에 대한 준수를 포함하여 추가적인 내용을 담아야 할 것이다.

로펌의 윤리규범의 실체적인 내용을 무엇으로 하느냐에 대해서는 많은 토론이 필요할 것이다. 이는 우리가 어떤 로펌상을 원하는가에 따라 달라질 수 있다. 적어도 로펌이라면 직접 보수를 지급하는 의뢰인뿐만 아니라 사회에 대해서 책임을 느끼고 그것을 실천하려고 노력하는 모습이 바람직할 것이다. 이처럼 로펌 자체를 윤리적 주체로 한다면, 그에 상응하는 윤리규정의 제정과 동시에 그 위반에 대해서는 로펌 자체를 제재하는 조치가 마련되어야 할 것이다.

로펌은 탐욕과 비리, 불신의 상징이 되어서는 안 되며, 투명성, 정직, 공공적 기여, 사회적 기여를 대표해야 한다. 소속 변호사는 높은 전문성을 기반으로 사회에 기여하며 높은 긍지와 자부심을 가지고 국민의 신뢰를 받도록 해야 할 것이다. 이것이 가능하기 위해서는 로펌이나 그에 속한 변호사에게는 일반 변호사나 기업에 비해 더욱 엄격한 윤리수준을 유지하지 않으면 안 된다. 로펌 스스로 사회적으로 납득할 만한 윤리규정을 만들고 준수하며, 그 위반의 철저한 적발과 제재를 통해서 스스로 자정하는 노력을 보여줄 때에만 로펌에 대한 존경과 신뢰가 가능한 것이다.

7. 조직을 대리하는 변호사

1) 기업변호사의 대두

오늘날 많은 변호사는 기업 · 단체 · 조합 · 노동조합 · 정부기구 등 조직을 대리한다.[219] 특히 기업은 자본주의 사회의 핵심적인 생산조직이면서 법률서비스의 주요한 수요자이다. 기업을 의뢰인으로 하는 변호사는 흔히 '기업변호사'(business lawyer, corporate lawyer)라고 한다. 기업변호사는 기업을 의뢰인으로 하는 점 외에 독특한 성격의 의뢰인-변호사 관계를 형성하고 그로 인해 특별한 윤리적 딜레마에 빠지기 때문에 이에 대한 별도의 변호사윤리가 필요하다고 인식되고 있다.

기업변호사는 기업에 직접 고용되거나 고문계약 또는 사건별 위임계약

219 미국 변호사의 2/3와 신참 변호사의 95%가 조직에 속해서 일을 하면서, 개인을 대리하는 것이 아니고 조직을 대리한다고 한다(Rhode, "Ethical Perspectives on Legal Practice"(제1부 각주 72), p. 590).

을 통해서 기업관련 법규를 지속적 · 전문적으로 수행하는 변호사라고 정의할 수 있다. 이러한 기업변호사가 대두된다는 것은 의뢰인-변호사 관계가 사후적인 소송대리에서 사전적인 법률자문으로, 우연적 일회적인 관계에서 일상적 계속적인 관계로, 일면적인 관계에서 전면적인 관계로 변화하고 있는 것을 반영한다.[220] 이러한 기업변호사는 사전적으로 거래에 관여함으로써 분쟁의 소지를 미리 제거하는 기능을 수행하고, 나아가 당사자가 거래를 포기할 수도 있는 상황에서 거래가 이루어지도록 리스크를 조정하는 역할을 맡도록 하기도 한다. 이런 점에서 일반적인 소송대리가 제로섬적 성격을 갖는다면 기업변호사는 플러스섬적인 역할을 수행한다고 할 수 있다.[221]

기업변호사와 관련하여 '사내변호사'(in-house counsellor)는 더욱 특이하다. 이들은 기업에 고용된 변호사로서 일상적으로 기업 내의 법률문제에 대해서 자문하는 변호사를 말한다. 이처럼 변호사를 직업적으로 고용하여 사내변호사를 이용하는 이유로는 다음과 같은 것을 들 수 있다.[222] ① 사내변호사는 회사의 비즈니스와 인사에 대해서 사외변호사에 비하여 보다 정확하고 직접적인 지식을 가질 수 있으므로, 기업목적에 적합한 법무처리를 기대할 수 있다. ② 사내변호사를 두면 상시 상담에 응한다. ③ 사내변호사는 기업의 내부에 보다 정통하므로 예방법의 실시에는 사외변호사보다 확실히 유리하다. ④ 사내변호사를 두는 것은 사외변호사를 이용하는 것보다 확실히 경비가 절약된다.

기업변호사가 직면하는 빈번한 윤리적인 딜레마 중 하나는 이익충돌과 관련한 것이다. 예컨대, 주주가 경영자를 상대로 주주대표소송을 제기한

220 김건식, 「기업변호사의 역할과 윤리」(제2부 각주 207), pp. 276~277.

221 김건식, 「기업변호사의 역할과 윤리」(제2부 각주 207), p. 279.

222 塚原英治, 『法曹の倫理と責任』(제2부 각주 33), p. 360.

경우, 고문변호사는 경영자를 위해서 법률자문을 제공하거나 소송대리할 수 있는가? 이때 만약 고문변호사가 경영자를 위해서 대리한다면 이는 회사의 이익과 충돌할 수도 있다. 그렇다고 경영자의 일상적 업무에 대해서 제기된 소송에 대해서 고문변호사의 소송대리를 받을 수 없다면 고문변호사의 존재이유가 무엇인지 혼란스러울 것이다. 이러한 문제가 생기는 이유는 기업 자체의 이익과 경영자 또는 기업의 종업원 나아가 주주의 이해관계가 반드시 일치하는 것은 아니기 때문이다. 기업변호사는 이렇게 대립하는 이해관계 속에서 올바르게 처신하는 방법을 익혀야 한다.

기업변호사가 직면한 또 다른 중요한 쟁점은 변호사의 독립성 문제이다. 특히 사내변호사의 경우는 기업에 고용되기 때문에 조직으로부터의 지시를 받아서 업무를 수행하게 된다. 이때 변호사로서의 독립적인 법률적 판단이 영향을 받을 수 있다. 예컨대, 기업에서 해고된 전 종업원이 회사를 상대로 해고무효확인소송을 제기했는데, 이에 대해서 사내변호사가 이 일을 맡아서 처리한다고 생각해보자. 사내변호사가 검토해본 바, 부당해고가 명백하여 상부에 화해를 권유했지만, 노무담당 이사는 비용과 이유를 불문하고 소송을 진행할 것과 가급적 길고 고통스럽게 소송을 진행하여 원고가 지쳐서 포기하게 만들 것을 요구하는 경우 변호사는 어떻게 처신해야 하는가? 사내변호사가 볼 때 그것은 "단순히 보복이나 상대방을 괴롭히는 방법"(윤리장전 제17조 제1항)으로 하는 소송이기 때문에 윤리장전 위반이라고 판단하는 경우 어떻게 대처해야 하는가? 이 경우 조직의 명령에 따라야 하는가 아니면 사임해야 하는가? 이러한 문제는 조직에 몸담고 있는 사내변호사의 경우 쉽게 해결하기 어렵다.

경우에 따라서는 변호사가 스스로 위법 · 부당한 행위에 개입하지는 않았지만, 기업 내부에서 위법 · 부당한 행위를 알게 되는 수가 있다. 예컨대 다음과 같은 경우는 어떤가?

식육가공업을 경영하는 회사의 기업 내 변호사가 종업원으로부터 가공의 재료인 동물의 대부분이 실은 전염병에 감염되어 사망한 것이고, 그것을 먹으면 인체에 중대한 영향이 생길 우려가 높다는 사실을 들은 경우, 어떠한 조치를 취할 수 있는가? 회사 내부에서의 행동에 머무르지 않고 이른바 내부고발자로서 이 사정을 공공에 공개해야 하는가? 판매에 임박한 신차의 차축에 결함이 있어서 진행 중에 파괴되어 인사사고를 야기할 가능성이 있다는 것을 고문변호사가 종업원으로부터 들어서 알게 된 경우 어떠한가?

내부거래를 한 스톡옵션에 대해서 SEC(연방증권거래위원회)로부터 보고를 요구받은 기업의 고문변호사가 적절한 등록절차 등을 밟지 않고 위법하게 발행한 것이 있다는 것을 확인한 경우는 어떻게 대응해야 하는가? 또 유사 사례로서 기업 내 변호사가 위법한 내부거래에 상당하는 스톡옵션의 부여가 이루어졌다는 정보를 그 부여 전에 알고 그것을 경영진에게 전하여 재고를 구했지만, 시정의 움직임이 전혀 없는 경우 그러한 사실을 외부에 공표해야 하는가?[223]

이러한 문제가 소위 기업 내 위법행위에 대한 대처의 문제이다. 이와 같은 내용을 알게 되었을 때, 기업변호사는 기업의 준법경영을 감시할 책무가 있는지, 위법행위를 발견했을 때 어떻게 조처해야 하는지가 문제이다. 그리고 최근의 엔론 파산사태[224]나 우리나라의 김용철 사건[225]에서 보듯이 기업 내의 위법행위에서는 변호사들의 직접적인 조력에 의해서 이

---

223 森際康友, 『法曹の倫理』(제2부 각주 17), pp. 45~46.

224 엔론은 미국의 거대 에너지 기업이었다가 2001년 말에 파산했는데 그 과정에서 변호사들이 분식회계 등 부정행위에 개입한 것이 드러났다. Koniak, Susan P., "Corporate Fraud: See Lawyers", *Harvard Journal of Law and Public Policy*, Vol. 26, Winter 2003, pp. 202~204.

225 삼성그룹의 전 법무팀장인 김용철 변호사는 자신이 삼성에 재직하고 있는 동안에 검찰에 대한 뇌물공여와 에버랜드 사건의 증인 · 증언 조작에 가담했다고 밝혔다(「김용철 변호사 인터뷰」, 『시사인』 제7호, 2007. 10. 29 참고).

루어지는 경우조차 적지 않은데, 변호사들이 이러한 위법행위에 얽히는 이유는 무엇이고 그러한 위법행위에 얽히지 않기 위해서는 무엇이 필요한지 인식하는 것이 중요하다.

기업변호사가 직면하는 이러한 문제들은 정부기구 · 노동조합 · 시민단체 등의 조직을 대리하는 경우에도 마찬가지로 생긴다. 그 공통점은 조직 자체와 그 구성원 사이에 이익충돌의 문제가 상존한다는 것이고, 특히 변호사가 조직 내에 편입된 경우, 변호사의 독립성이 상실될 우려가 높아서 그러한 문제의 해결이 더욱 어려워진다는 점이다. 아래에서는 기업을 중심으로 이런 문제들을 살펴보고자 한다. 다른 종류의 조직을 대리하는 경우에는 기업의 경우에 빗대어 변호사의 행동지침을 추론할 수 있을 것이다.

우리나라 윤리장전에는 조직을 대리하는 변호사에 관한 별도의 규정이 없다. 따라서 현재로서는 의뢰인에 대한 충실의무, 비밀의 유지의무, 이익충돌회피의무, 수임의 철회, 법정에서의 정직의무 등 일반적인 변호사가 지켜야 할 윤리적 의무로부터 유추하여 조직을 대리하는 변호사의 윤리지침을 마련해볼 수밖에 없을 것이다. 아래에서는 외국에서 이러한 문제들이 어떤 식으로 취급되는지를 살펴보면서, 우리나라에서 적용될 만한지를 검토해보고자 한다.

2) 변호사의 의뢰인으로서의 '조직'

미국에서 조직을 대리하는 변호사가 직면한 문제를 해결하는 대원칙으로는 실체이론(entity theory)이 원용되고 있다.[226] 실체이론(entity theory)은

---

226 조직(또는 다수의 사람)을 대리한 변호사와 관련하여 Wendel, *Professional Responsibility*(제2부 각주 72), pp. 88~89.

집단이론(group theory)에 대비되는 개념이다. 집단이론은 조직을 다수인의 결합이라고 보고 변호사가 조직의 구성원을 대리한다는 개념이고, 실체이론은 변호사는 조직의 구성원이 아니라 조직 자체를 대리한다는 개념이다. 집단이론에 의할 경우, 조직원들 간의 이익충돌을 해결하기가 매우 힘들기 때문에 2~3명 정도의 극소수가 아니면 적용하기 어렵다. 표준규칙은 실체이론에 입각하고 있다. 즉, 조직을 대리하는 변호사는 조직이라는 실체를 의뢰인으로 하여 대리하는 것이며, 그것을 구성하는 관리자 · 간부 · 피고용인 · 구성원 · 주주 등 기타 구성원(constituents)을 대리하는 것이 아니라는 의미라고 밝히고 있다(표준규칙1.13(a)). 따라서 변호사는 조직 자체의 이익과 그것을 구성하는 구성원의 이익이 충돌될 경우 언제나 조직의 이익을 대변해야 한다.

예를 들어 공격적 M&A가 이루어지는 경우 회사의 구성원과 회사 사이에는 이익충돌이 발생할 수가 있다. 공격적 M&A가 성공하게 되면 회사의 대표이사나 이사 등 경영진은 현직에서 해임될 수 있기 때문에 이들은 무리한 출혈을 하면서도 방어에 나서기 쉬운데 그 과정에서 회사는 회복할 수 없는 상처를 입을 수 있다.[227] 이처럼 회사의 이익과 경영진의 이익이 충돌하는 경우 변호사는 자신의 의뢰인이 경영자가 아니고 회사라는 것을 명심해야 한다. 이때 만약 경영자가 회사의 이익을 희생시키고 자신의 사적인 이익을 추구하는 경우 변호사는 그에 조력해서는 안 된다. 이러한 점에서 보면 당연한 것이지만, 조직에 고용된 변호사의 경우 조직의 이익과 상관없이 구성원의 사적 이익을 대변하는 것도 금지된다. 예컨대 사내변호사가 비리에 연루된 대표이사의 대리인으로서 활동하는 것은 허용되지 않는다.[228]

---

227 오승종, 『회사변호사의 윤리』, 집문당, 2004, p. 95.

조직과 그 구성원을 구분해서 이해하는 이러한 접근법은 변호사가 기업 이외의 조직을 대리할 때도 원칙적으로 모두 적용된다. 예컨대, 정부기관 · 노동조합 · 시민단체 등을 대리하는 변호사는 그 구성원을 대리하는 것이 아니고 조직 자체를 대리하는 것이다. 어떤 것이 여기에서 의미하는 '조직'에 해당하는지 다소 애매한 경우가 있을 수 있다. 예컨대 법률적으로는 독자적인 실체라기보다 개인들의 결합으로 간주되는 조합(partnership)의 경우는 어떤가? 미국 변호사윤리는 조합이 법률적 규제와 상관없이 조직으로서의 실체를 가진 경우가 있다고 본다. 즉, 조합도 개인과 구분되는 의미의 조합대표를 가지며 조합 자체의 명의로 계약하거나 소송을 제기할 수도 있다. 이러한 경우 조합에 고용된 변호사는 조합 자체의 이익을 도모해야 하며 조합원의 이익을 우선하면 안 된다. 이처럼 조직의 경우 그것이 법적 인격성이 있는지 여부에 의해서 실체성이 정해진다기보다 조직이 실질적으로 조직으로서의 실체를 갖는지 여부에 따라서 판단하여야 할 것이다. 조직이 실질적으로 조직으로서의 실체를 가진다는 것은 "합당하게 권한을 부여받은 [조직]구성원를 통해서 작동한다는 것"(표준규칙1.13(a) 참고)을 말한다. 말하자면 조직의 합당한 기관이 존재하고 그를 통해서 작동될 때 조직이라고 할 수 있는 것이다. 따라서 조합이라고는 하나 아무도 조합을 대표하지 않고 매사에서 각 조합원 개인의 의사에 따라서 사안이 정해지는 경우, 이들에 의해서 고용된 변호사는 조직을 대표하는 것이라고 할 수 없다. 이때는 조합원 간의 이익충돌 가능성이 크기 때문에 변호사는 사전에 이익충돌의 가능성을 공지하고 각 당

---

228 예컨대, 한화그룹의 회장이 폭행혐의로 재판에 연루되었을 때, 그 그룹의 사내변호사가 공동변호인단에 포함된 일이 있었을 때 이것이 위법인지 여부에 대해서 논란이 있었다. 왜냐하면 한화그룹에 고용된 변호사는 그룹 회장 개인을 위해서 고용된 것이 아니기 때문이다(「한화 법무실 변호사 동원은 위법」, 「한국일보」, 2007. 5. 2).

사자의 동의를 얻어두는 것이 필요할 것이다.

이처럼 실체를 갖는 조직을 대리하는 변호사는 자신의 의뢰인이 누구인지를 명확히 인식해야 한다. 중요한 것은 조직을 대표하여 변호사를 실제로 고용하고 그에게 구체적인 일을 지시하며 보수를 지급하는 경영자나 대표자는 변호사의 의뢰인이 아니며 대신 조직(회사) 자체가 변호사의 의뢰인이라는 것이다. 이러한 문제는 조직의 대표 등 조직구성원이 조직의 이익에 반하는 행동을 하는 경우에 가장 첨예하게 나타난다. 아래를 보자.

3) 조직 내 위법행위에 대한 변호사의 대응

조직에 소속된 변호사는 경영상의 판단과 법률적 판단을 잘 구분하여 처신해야 한다. 경영상의 정책판단은 그것이 중대한 위험을 동반하는 것이라고 해도 변호사는 그러한 결정을 존중해야 한다. 그러나 '위법행위'에 의하여 조직에 손해가 발생하는 경우에는 사정이 다르며, 변호사는 위법행위의 발생을 미연에 방지하기 위하여 필요한 행동을 요구받을 수도 있다.[229]

예를 들어보자. 회사의 소송서류를 검토하다가 회사의 종업원이 회사의 재산을 횡령한 것을 알게 된 경우 변호사는 어떤 조치를 취해야 하는가? 이러한 경우 변호사는 그 사실을 경영자에게 보고할 의무가 있는가? 또는 횡령죄로 고발할 의무가 있는가? 이보다 더 복잡한 문제는 회사가 장마철을 이용하여 환경기준을 준수하지 않은 폐수를 무단방류한다는 사실을 우연히 알게 경우이다. 이러한 행위는 종업원이 개인적인 이익을 위

229 須綱隆夫, 「企業内(社内)辯護士と辯護士倫理」, 塚原英治, 『法曹の倫理と責任』(제2부 각주 23), 2001, p. 376.

해서 회사를 희생시킨다기보다는 회사를 위해서 불법행위를 하는 것처럼 보일 수도 있기 때문에 더 복잡해지는 것이다. 또 경우에 따라서 이러한 행위는 최고경영자의 묵인 하에 이루어지는 것일 수도 있고, 심지어 최고경영자의 지시에 따라서 이루어지는 것일 수도 있다. 이러한 경우에 이 사실을 우연히 알게 된 사내변호사는 어떤 조치를 취해야 하는가? 이러한 사실을 알고 변호사가 침묵한 경우 윤리위반이라고 할 수 있는가?

이런 문제에 대한 접근은 두 가지가 있다. 하나는 공공적인 관점에서 기업 내의 위법행위에 접근하는 방법이고, 둘째는 의뢰인(즉, 기업)의 이익이라는 관점에서 위법행위에 접근하는 방법이다. 전자의 문제는 주로 비밀정보의 공개라는 관점에서 문제가 되는 것이고, 후자는 이익충돌이라는 관점에서 문제가 된다. 소위 말하는 기업 내 위법행위의 문제는 후자의 문제를 말한다. 즉, 기업 내의 위법행위가 기업의 이익에 반하는 경우에 변호사는 어떻게 처신해야 하는지가 여기에서의 문제인 것이다. 종업원이 회사 돈을 횡령하는 행위를 한 경우, 이는 즉시 회사의 이익에 반하는 행위로서 즉시 조치되어야 한다. 그리고 위의 예에서 폐수의 무단방류의 경우도 그것이 발각될 수 있고 그러면 궁극적으로는 기업에 손해가 될 수 있다는 가설에서 접근한다. 말하자면 여기에서 문제로 되는 위법행위는 의뢰인(즉 조직)의 이익에 반하여 조직구성원이 위법행위를 하는 경우에 기업변호사가 취해야 할 윤리규범이 문제인 것이다.

미국 표준규칙1.13(b)가 이 문제를 다루고 있다. 표준규칙은 두 단계로 문제를 해결할 것을 예정하고 있다. 첫째는 기업 내부에서 문제를 해결하는 것이고 둘째는 이를 기업 외부에 공개하는 것이다.

(가) 상부로의 보고

미국 표준규칙에 의하면, 만약 변호사가 조직의 구성원이 위법행위에 개입되어 있거나 위법행위를 하려고 하는 것을 알게 되었고, 그 위법행위가 변호사의 대리와 관련된 사안이고, 조직에 그 책임이 전가될 수 있는 것이며 조직의 상당한 손실을 낳을 것으로 판단된다면 조직의 최선의 이익이라는 관점에서 합리적으로 필요한 조치를 취해야 한다고 한다(1.13(b)). 즉 변호사는 조직 내의 중대한 위법행위를 알게 된 경우, 가만히 있으면 안 되고, 조직의 최선의 이익이라는 관점에서(in the best interest of the organization) 무언가 조치를 취해야 한다.

이때 변호사가 반드시 취해야 하는 조치는 위법사실을 고위 책임자에게 보고하는 것이다. 즉 변호사는 고위 책임자에게 보고하는 것이 조직의 이익을 위해서 불필요하다고 합리적으로 믿지 않는 한, 위법사실을 고위 책임자에게 보고해야 하며 필요하다면 최고위 책임자에게까지 보고해야 한다(표준규칙1.13(b)). 최고위 책임자란 단순히 최고경영자를 의미하는 것은 아니고 종국적으로는 이사회를 의미하는 것이다. 결국 변호사는 기업 내에서 위법행위를 발견한 경우, 사소하여 보고할 필요가 없다고 판단하지 않는 한, 모든 위법행위의 증거를 반드시 상부로 보고해야 한다. 미국 표준규칙이 이러한 입장을 정한 것은 그리 오래된 일이 아니고 불과 2003년 이후이다. 당시 엔론의 파산사태를 겪으면서 기업 내 위법행위를 감시할 책임이 좀 더 강력하게 변호사에게 부과되어야 한다는 사회적 요구에 따라서 반영된 것이다. 변호사에게 위법행위의 보고의무를 부과한 것은 기업의 위법행위를 상당 정도 저지하는 효과를 낳을 수 있을 것으로 기대되고 있다. 변호사에게 고위 책임자에의 보고를 의무화한다면 책임의 소재가 선명해지는 효과가 생기기 때문이다. 결국 변호사에게 이러한 책임을 지우게 되면 고위 책임자는 위법행위를 저지하거나 그렇지 않으면 위법행위에 대한 책임을 지게 되는 것이다. 실제로 많은 경우 기업 등 조직 내에서 위법행위가 발생하더라도 최고경영자에 속하는 사람들은 자신들이 그러한 위법행위의 진행 사실을 알지 못했다고 발뺌함으로써 개인적인 책임을 면제받고자 하는 경향이 있다는 점을 고려한다면 이러한 변화는 의미가 적지 않다고 하겠다.[230] 아무튼 미국의 표준규칙은 종업원이나 경영자의 위법행위에 의해서 조직이 상당한 손실을 입을 우려가 있는 경우, 변호사는 조직을 위해서 그 사실을 상부로 보고하게 함으로써 일차적으로 회사 내부에서 문제가 해결될 수 있도록 하고 있다.

표준규칙 1.13(b)에서 말하는 '상당한 손실'(substantial injury)이란 어떤 경우를 의미하는가? 사실 종업원이나 경영자들이 위법행위를 하는 경우, 이는 조직의 (단기적) 이익을 도모하기 위해서이다. 예컨대 환경기준이나 기술적 기준을 충족시키지 않는 제품을 만듦으로써 가격경쟁력을 제고한다든지 반독점의 규정을 위반하여 독점이윤을 누리는 것이 이에 해당할 것이다. 이러한 위법행위는 일견 조직의 이익인 것처럼 보인다. 그러나 표준규칙1.13에서 말하는 "상당한 손실"이란 위법행위 자체가 회사에 손실을 주는 경우는 말할 것도 없고 불법이 발각된 경우에 회사가 부담하게 될 손실을 지칭하는 것이다. 로툰다(Rotunda)는 조직의 상당한 손실이란 단기적으로 회사의 이익이 될 수도 있지만 그것이 불법적인 것이어서 발각되는 경우 엄청난 손해배상소송에 휘말리게 되거나 엄청난 벌금을 부담하게 되는 경우를 말하는 것이 틀림없다고 한다.[231]

---

230 조직 내에서 범죄가 일어나는 경우, 아무도 책임을 지려고 하지 않는 것이 문제이다. 특히 조직의 상급자는 조직 내의 범죄 사실을 인지하지 않기 위해서 의도적으로 노력하기도 한다. 즉 조직의 상급자나 책임자는 "의도적 무지"(willful ignorance)나 "의식적 회피"(conscious avoidance)를 통해 "부인가능성"(deniability)을 견지하려고 노력한다는 것이다. 이러한 의도적인 무지는 알고 있는 것과 동일한 책임을 물어야 할 것이다(Luban, David, *Legal Ethics and Human Dignity*, Cambridge University Press, 2007, pp. 210~211).

231 Rotunda, *Legal Ethics*(제1부 각주 24), p. 235.

'상당한'(substantial)이라는 용어도 약간의 설명이 더 필요하다. 예컨대 어떤 행동이 범죄로 정의되어 있지만 그것이 발각되더라도 회사에 상당한 손실을 낳지 않는 경우가 있을 수 있다. 이러한 경우에 변호사는 이를 교정할 의무를 갖지 않는다고 본다. 예컨대 일요일에 점포를 여는 행위에 벌금이 하루에 20달러인 경우, 이는 기술적으로 범죄이긴 하지만 사회적으로 비난 가능성이 적다고 보는 것이다. 따라서 위 규정은 위반이 민사인지 형사인지를 따지지 않고 그것이 회사에 상당한 손실을 끼치는지 여부만을 보는 것이다.[232]

(나) 위법사실의 폭로

조직 내 위법사실을 인식한 변호사가 조직의 최고위 책임자에게까지 보고했음에도 불구하고 위법행위가 시정되지 않는 경우 변호사는 어떻게 해야 하는가? 표준규칙1.13(c)은 이 문제를 다루고 있다.

표준규칙에 의하면 만약 변호사가 위법행위를 보고했는데도 최고위 책임자가 적절한 조치를 취하지 않고 그 위법행위가 조직에 상당한 손실을 낳을 것이 합리적으로 확실하다고 믿는다면, 변호사는 관련 정보를 공개(reveal)해도 된다(표준규칙1.13(c)). 이때 공개는 필요한 최소한에 그쳐야 하지만, 표준규칙1.6에서 공개가 금지되는 사항에 대해서도 공개할 수 있는 것으로 했다. 말하자면 기업 내의 위법행위가 발생한 경우, 조직의 상당한 손실을 막기에 충분하다고 믿는 한도 내에서 변호사는 조직의 비밀정보를 공개해도 되는 것이다. 이처럼 미국의 표준규칙은 일정한 조건 하에서 내부자 고발(whistle-blowing)을 허용하고 있는 것이다. 하지만 여기에서 말하는 공개란 기업 내의 위법행위를 동네방네 떠벌린다는 의미는 아

232 Rotunda, *Legal Ethics*(제1부 각주 24), p. 236.

니고, 그 위법행위를 시정하는 권한을 가지고 있는 제3자에 대한 공개라고 보아야 할 것이다. 예컨대 주주총회나 지배주주에게 공개한다든지, 사정기관에 공개한다든지 하는 것을 생각해볼 수 있다. 여기서는 어디까지나 조직의 이익을 위한 공개이기 때문이다.

변호사에게 위법사실의 공개를 허용한 것은 그것을 허용하지 않았던 2003년 이전의 표준규칙에 비하면 상당한 진전이었다. 다시 말해 2003년 이전의 표준규칙에 의하면, 변호사는 조직 내의 위법행위의 사실을 알게 되더라고 이를 조직의 외부로 공개하는 것은 허용되지 않았다. 변호사는 다만 위법사실을 상부로 보고할 수 있었을 뿐이고 그나마도 의무적으로 보고해야 하는 것은 아니었다. 상부로의 보고에도 불구하고 조직의 최고위 책임자가 아무런 조치를 취하지 않는 경우, 변호사는 침묵하거나 사임하는 것이 허용되었을 뿐 조직 내의 위법사실을 외부에 공개하는 것은 허용되지 않았다. 그러던 것이 2003년 개정으로 인해 변호사에게는 상부로의 보고가 의무화되고 외부로의 공개도 허용된 것이다. 하지만 이런 입장은 외부로의 공개를 의무화하지 않는 것을 의미하기도 한다.[233] 즉, 변호사는 기업 내 위법행위를 공개를 해도 되지만 반드시 공개해야 하는 것은 아니다. 실제로 공개할지 여부는 변호사의 재량에 맡겨져 있는 것이다. 이러한 식의 조치가 실질적으로 기업 내의 위법행위를 저지하는데 충분한 조치인지에 대해서는 논란의 여지가 없지 않다. 변호사가 자신이 대리하고 있는 기업 내의 위법행위를 외부로 공개하는 것은 변호사 자신의 개인적 이해관계에 배치되는 면이 있을 뿐만 아니라 법원도 그에 대해서 반드시 호의적인 것은 아니기 때문이다.

233 미국에서 엔론 사태 이후 기업 내 위법행위를 둘러싼 변호사윤리 관련법규의 변화과정과 내용에 대해서는 이상수, 「미국 법규상 기업 내 위법행위와 기업변호사윤리 그리고 그 함의」, 『서울대학교 법학』 제49권 제4호, 2008. 12 참고.

몇몇 판례는 변호사의 폭로행위의 중요성보다는 변호사의 비밀유지의무를 더 강조하는 입장에 있는 것으로 보인다(다음의 판례는 기업 내 위법행위가 허용된 주에서 발생한 것들이다). 예컨대, 변호사가 특정 파일을 폐기하라는 경영자의 지시를 거부한 것과 관련하여 25만 달러의 손해배상과 1,000만 달러의 징벌적 손해배상을 요구했고, 회사측은 청구에 담겨진 내용이 의뢰인의 비밀정보이므로 각하하라고 요구했는데 법원은 회사측의 입장을 수용한 사건이 있다.[234] 다른 사건에서 한 사내변호사는 자신의 상급자에게, 효과가 없는 것으로 알려진 자사의 신장투석기의 판매를 적극 저지하겠다고 발언함으로써 해고된 사건에서 법원은 변호사의 입장을 지지하지 않았다.[235] 반면에 변호사의 비밀정보 공개에 대해 우호적인 판결도 있다.[236] 대체로 본다면, 아직도 변호사에게 조직 내의 비밀을 공개하는 것에 대해서는 신중한 입장이 강하게 남아 있는 것으로 보인다.

또 기업 내의 위법행위를 시정하는 과정에서 변호사가 해고될 수도 있기 때문에 변호사는 적극적으로 폭로행위에 나서기 어렵다. 이에 대해 미국 표준규칙은 조직 내부의 위법행위를 상부에 보고하거나 외부에 공개한 것으로 인하여 해고됐다고 합리적으로 믿는 변호사 또는 그와 관련하여 수임을 철회한 변호사는 조직의 최고위 당국이 변호사의 해고나 철회를 고지받을 수 있도록 조치해야 한다고 한다(표준규칙1.13(f)). 즉, 여러 수단을 통해서 부당한 해고 사실을 최고위 책임자에게 통보함으로써 부당

234 Herbster v. North American Co. for Life and Health Ins. 150 Ill. App. 3d 21, 501 N. E. 2d 343(Ill. App. 2 Dist., 1986).

235 Balla v. Gambro, Inc. 145 Ill. 2d 492, 584 N. E. 2d 104(Ill., 1991).

236 예컨대, Mourad v. Automobile Club Ins. Ass'n 186 Mich. App. 715, 465 N. W. 2d 395(Mich. App., 1991); General Dynamics Corp. v. Superior Court 7 Cal. 4th 1164, 876 P. 2d 487(Cal., 1994).

성을 알려야 한다는 것이다. 그러나 조직 자체가 위법행위를 하려는 입장에 있는 경우, 해고나 철회 사실을 최고위 책임자에게 전달하는 것이 어떤 의미가 있을지는 의문이라고 하지 않을 수 없다. 사회적 차원에서 보다 적극적으로 내부고발자를 보호하는 장치가 필요할 것이다.

이상에서 살펴본 미국 표준규칙의 입장을 정리해보면, 일단 기업과 종업원 또는 경영자 사이의 이익이 충돌될 수 있다고 보고, 기업 내의 위법행위는 모두 기업 내의 고위 책임자에게로 전달되어야 하며, 결국은 기업을 책임지는 이사회에까지 전달되어야 한다는 것이다(내부적 구제의 완료). 따라서 변호사가 알고 있는 기업 내의 위법행위가 그것을 시정할 최종적인 권한이 있는 기업의 최고위 책임자에게 전달됨이 없이 자행되는 일이 없도록 조치하는 것이다. 이사회 등 기업의 최고위 책임자에 의해서도 시정이 되지 않을 때는 변호사는 위법사실을 기업 외부에 공개해도 된다(외부적 공개의 허용). 이때 기업의 외부에 공개하는 것은 많은 경우 주주나 사정기관 등을 염두에 둔 것이다. 왜냐하면 기업 내의 위법행위를 만천하에 공개하는 것 자체가 목적이 아니고, 조직에 대한 상당한 손실을 방지하기 위해 필요한 최소한에 대해서만 공개하는 것이 허용되어 있기 때문이다.

(다) 일본의 경우

일본의 경우 회사의 위법행위에 대한 대응과 관련한 조항이 몇몇 있다. 우선 일본 직무규정 제14조에 의하면, "변호사는 사기적 거래, 폭력 기타 위법 또는 부정한 행위를 조장하거나 또는 그러한 행위를 이용해서는 안 된다"고 한다. 즉, 변호사가 직접적으로 사기적 상거래에 구체적으로 관여하는 행위는 당연히 금지된다. 예컨대, 기업의 경영활동 등 간부회의에 출석하여 기만적 상거래의 사업유지, 계속, 확대를 위한 법적 조언을 하거나 일반대중에 대한 사업설명회에 출석하여 그 선전의 일부를 맡거나 잡지 · 신문 등에 선전적 문장을 집필하는 것이 이에 속한다.[237] 이러한 활동은 당연히 금지된다. 변호사는 이러한 기업에 고문변호사로 취임해도 안 되며, 취임 후에 그 사실을 알게 된 경우에는 시정하도록 노력해야 하며, 만약 그것이 수용되지 않으면 즉시 사임해야 한다.[238] 일본의 경우 사기적 상거래를 하는 기업에 어떤 변호사가 고문변호사로 고용되는 것 자체가 직무규정 제14조의 "조장"에 해당할 수 있다고 본다.[239] 즉 구체적인 관여행위가 없더라도 경우에 따라서는 취임 자체만으로도 사기적 상거래를 방조하는 효과가 생길 수 있다는 것이다.

일본 직무규정 제14조는 변호사의 일반적인 의무의 연장에서 고문변호사의 의무를 정한 것인 반면, 직무규정 제5장은 '조직 내 변호사의 규율'이라는 제목 하에 조직에 소속된 변호사를 규율하는 별도의 두 조항을 두고 있다. 제51조는 "관공서 또는 공사의 단체에서 직원 또는 사용인으로 되거나 중역, 이사, 기타 간부로 되어 있는 변호사(이하 조직 내 변호사[240])는 변호사의 사명 및 변호사의 본질인 자유와 독립을 자각하고 양심에 따라 직무를 수행하려고 노력해야 한다"고 규정한다. 조직 내 변호사가 자유와 독립을 가진다는 취지는, 변호사는 기업 등의 조직에 고용된 경우 일반적인 피고용인과 다른 지위를 갖는다는 것, 다시 말해 변호사는 자신을 고용한 조직에 일방적으로 종속된 존재가 아니라는 의미이다. 변호사가 조직에서 독립성을 가진다는 의미는 법적 판단의 독립성, 행동의

237 小島武司, 『法曹倫理』(제1부 각주 33), p. 197.

238 小島武司, 『法曹倫理』(제1부 각주 33), p. 197.

239 小島武司, 『法曹倫理』(제1부 각주 33), p. 195.

240 조직 내 변호사는 사내변호사보다 포괄적인 개념이다. 즉 종래 사내변호사가 회사에 고용된 변호사라면, 조직 내 변호사란 개념은 반드시 회사에 한정하지 않고, 관공서 등 좀 더 넓은 의미의 조직을 포함한 개념이다.

독립성, 경제적인 독립성을 견지한다는 것을 의미한다.[241] 즉, 변호사는 조직에 고용되어 있더라도 스스로 독자적으로 법률적 판단을 하고 그 판단에 따라서 행동하며 경제적으로 과도하게 종속되어서는 안 된다는 의미이다. 변호사의 자유나 독립성이 특히 문제가 되는 것은 조직이 위법행위에 연루된 경우이다. 이 경우 변호사는 조직의 위법활동에 조력해서는 안 되고 스스로 독립성을 유지하면서 일정한 견제 역할을 해야 한다. 이렇게 함으로써 변호사가 조직 내에서 법의 지배를 관철하는 사명을 부담한다고 선언한 것이다.

직무규정 제51조는 "조직 내 변호사는 그 담당하는 사건에 관하여 그 조직에 속한 자가 업무상 법령에 위반하는 행위를 하거나 행하려고 하는 것을 알게 된 때는 그 자 스스로가 소속한 부서의 장 또는 그 조직의 장, 중역회 또는 이사회 기타 상급기관에 대한 설명, 기타 그 조직 내에서의 적절한 조치를 취해야 한다"고 규정한다. 여기에서 보듯이 일본의 직무규정은 변호사가 조직 내의 위법행위를 알게 된 경우, 적절한 조치를 취해야 할 적극적인 의무를 지는 것으로 하고 있다. 즉, 조직 내 변호사라면 조직 내의 위법행위에 협조하거나 그것을 방조해서는 안 되는 것이다. 한편 이 규정은 '적절한 조치'를 취함에 있어서 '조직 내에서' 한정하여 할 것을 요구한다. 따라서 조직에 속한 변호사는 조직의 밖에 그러한 위법행위를 폭로하거나 관련 당국에 고발하는 등의 의무를 지지 않을 뿐만 아니라 그러한 행위를 해서도 안 되는 것으로 하고 있다. 말하자면 변호사는 그 조직 내에서만 위법행위를 시정할 적절한 조치를 취해야 하는 적극적 의무를 지는 것이다. 조직 내의 위법행위를 외부로 통보하게 할 것인지의 문제는 일본 직무규정의 제정과정에서 많은 논란이 있었으며 결국은 부

241 塚原英治, 『法曹の倫理と責任』(제2부 각주 33), p. 371.

정적으로 결론이 난 것이다.[242] 그럼에도 불구하고 그것을 공개할 필요성이 있는 경우가 전혀 없다고 할 수 없을 것이기 때문에 현재의 단계에서는 '그 결과의 중대성, 범행의 규모, 죄질, 피해의 양 · 질 등을 고려하여' 신중하게 판단해야 한다는 정도의 여지를 남기는 것은 불가피할 것이다.[243]

(라) 우리나라의 경우

우리나라의 경우에 조직을 대리하는 변호사가 조직의 위법행위를 알게 된 경우, 어떻게 처신해야 하는지에 대한 별도의 규정은 없다. 미국과 일본의 사례에 비추어봐서 나름대로 제안해본다면 다음과 같다.

우선 조직 내의 위법행위를 알게 된 경우, 조직의 내부에서 최선의 해결책을 찾는 것이 조직을 대리하는 변호사의 일차적인 의무라고 할 수 있을 것이다. 이는 위법행위를 발견한 경우 그것을 시정할 지위에 있는 사람에게 시정을 권고하는 것이다. 가장 먼저는 그 위법행위를 한 사람이 될 것이고 그 다음은 그 상급자가 될 것이다. 그런 식으로 상부로의 보고가 순차적으로 이루어지는 것이 바람직하고, 그럼에도 위법행위가 시정되지 않을 때는 결국 조직의 최고위 책임자에게까지 보고가 되어야 할 것이다. 순차적으로 보고하는 것이 부적절하다고 판단한 경우에는 즉시 조직의 최고위 책임자에게 보고하는 것도 당연히 허용되어야 할 것이다. 조직 내의 위법행위가 발견되는 경우, 변호사는 기업 내부에서의 해결을 최우선적으로 실시해야 한다는 입장은 미국이나 일본에서 공통적이다.

---

242 森際康友, 『法曹の倫理』(제2부 각주 17), p. 255; 高柳一男, 「エンロン事件とアメリカ企業法務」, 『國際常事法務』 第30卷 第7号, 2002, p. 369; 塚原英治, 『法曹の倫理と責任』(2부 각주 23), p. 379 참고.

243 森際康友, 『法曹の倫理』(제2부 각주 17), p. 45.

둘째로, 만약 그러한 모든 노력에도 불구하고 위법행위가 시정되지 않을 때는 어떻게 할 것인가? 일본이나 2003년도 개정 이전의 표준규칙과 같이 외부로의 공개를 허용하지 않고 변호사로 하여금 사임 또는 침묵하게 하는 방법이 있고, 미국의 현행 표준규칙과 같이 외부로의 공개를 허용하는 방법도 있을 것이다. 생각건대 후자의 방법이 채용되어야 할 것으로 보인다. 만약 외부로의 공개를 허용하지 않는다면 기업의 위법행위를 교정할 방법이 없기 때문이다. 단순히 사임만 허용한다면 변호사 자신은 사임함으로써 사후에 제기될지도 모르는 민사 · 형사 책임으로부터 면제될 수 있을지 모르지만, 위법행위는 변호사가 보호해야 할 의뢰인의 이익에 대한 심각한 손실로 귀결될 수 있기 때문이다.

셋째, 현행 윤리규정으로 조직 내 위법행위에 대한 일정한 조건 하에서 공개가 허용된다고 하더라도 실제로 변호사들이 조직 내 위법행위를 공개할지는 다른 문제이다. 이러한 상황에서 공개가 실제로 이루어지기 위해서는 변호사들의 '윤리의식'이 중요하다. 다시 말해 변호사들이 나름대로 철저한 윤리의식으로 무장하지 않으면, 경영자의 이익을 기업의 이익으로 오해할 가능성이 많고 또 위법하다는 사실을 아는 경우에도 이를 공개하기보다는 침묵해버릴 가능성이 크기 때문이다. 변호사들은 위법행위에 대한 공개"허용"이 단순히 침묵할 자유를 주는 것으로 이해해서는 안 되고 보다 적극적으로 윤리적 재량을 활용하여 최대한의 정의를 구현하도록 하는 제도로 이해해야 할 것이다.

넷째, 보다 장기적으로 보자면, 필요한 경우, 기업 내 위법행위의 공개를 조장하고 의무화하는 방안에 대해서 구체적으로 연구하는 것이 요청된다고 생각된다. 기업 등 조직의 규모가 커지고 이들의 위법행위가 경우에 따라서는 대규모 환경재앙이나 경제적인 재앙을 낳을 수도 있다는 점을 고려해 본다면, 기업 내 위법행위의 공개여부를 전적으로 변호사의 재량에만 맡겨두기 어려운 측면도 있다. 예컨대 미국의 경우 핵의 안전에 대해 위험성을 인식한 피고용인은 그 사실을 정부당국에 보고해야 할 의무를 지는데, 그와 유사한 의무를 변호사에게 부과할 수도 있다는 것이다. 다만 이러한 문제는 기업대리와 관련한 이익충돌의 문제는 아니고, 공익에 의한 의뢰인 비밀정보의 공개 문제이다.

4) 기업 내 위법행위와 변호사의 공모

기업변호사들이 기업 내의 위법행위에 대해 적절히 대처하는 것은 고사하고 오히려 변호사들이 기업 내 위법행위를 조장하고 조력하는 경우가 적지 않다. 현대의 거대 기업은 그 사회적 파급력이 엄청나기 때문에 변호사가 기업의 위법행위에 가담하는 것은 심각한 범죄행위가 되며 그로 인해 사회에 엄청난 재난을 일으킬 수 있다. 2001년 미국의 거대기업 엔론이 회계비리를 저지르다가 파산했을 때 1년 만에 주식가격의 99%가 하락했다. 기업에서 벌어지는 이러한 대규모 비리와 그로 인한 사회적 재난은 변호사의 도움 없이 가능한 일이 아니다. 기업을 파산시키고 변호사 자신도 파멸하게 되는 기업 내 위법행위에 변호사가 연루되거나 가담하는 것은 그 이유가 무엇인가?

무엇보다 기업 내 위법행위에 연루된 변호사의 경우 위법행위에 대한 감수성이 극히 떨어져 있다는 것이 자주 발견된다. 특히 사내변호사의 경우 지시된 사항만을 반복해서 수행하다보면 자신이 하고 있는 일의 도덕적 성격에 대해서 둔감해지게 되고 결국은 하는 일의 위법성 여부에 대해서도 둔감해지기 쉽다. 미국 워터게이트 사건에 연루된 변호사들이나 엔론 사건에 개입된 변호사들도 자신이 심각한 범죄행위에 개입되었으면서도 그 심각성을 스스로 자각하지 못했던 것을 볼 수 있다. 이러한 것은 변호사가 조직에 속해 있기 때문에 생기는 현상이다. 김성희는 이를 "사기의 일상성"(banality of fraud)이라고 표현했다.[244] 말하자면 사기를 사기로 느끼지 않고 일상사처럼 아무런 심리적 부담 없이 범죄를 저지르게 된다는 것이다. 처음에는 조직의 부당한 요구에 저항감을 느끼다가도, 조직에서 살아남고 조직에 적응하는 과정에서 서서히 조금씩 변화하면서 결국은 조직에 무조건적으로 순응하고 불법마저도 대수롭지 않게 여길 정도에 이르는 것이다. 김성희에 의하면, 조직에 속한 변호사에게 이러한 일이 일어나는 이유는 조직 내 변호사의 윤리환경(ethical ecology)이 그러한 것을 조장하기 때문이다. 그가 의미하는 비윤리적 윤리환경은 다음 세 가지 국면으로 요약된다. 첫째, 조직 내 변호사는 기업에 단순히 고용되어 있고 피고용인은 상급자의 지시에 따르는 경향이 있다는 것. 둘째, 이들 피고용인은 자신을 전문직업인으로서 본인의 요구에 맞추어야 하는 대리인으로 간주한다는 것. 셋째 조직의 일원으로서 조직 내 변호사는 협동작업을 요구받고, 그것이 기업의 비행에도 불구하고 침묵을 낳는다는 것. 말하자면 조직 내 변호사는 구조적으로 비행에 연루될 가능성이 크다는 것이다.[245]

유명한 밀그램(Stanley Milgram)의 실험도 왜 조직 내의 변호사들이 '심각한' 비리에 연루되는지를 일정 정도 설명해준다.[246] 그는 실험을 통해서 보통의 사람들도 상급자 지시에 따라 아주 조금씩 강도를 높이면서 점

---

244 Kim, Sung Hui, "The Banality of Fraud: Re-situating the Inside Counsel as Gatekeeper", *Fordham Law Review*, Vol. 74, 2005, p. 983. 이 표현은 Hannah Arendt의 "악의 일상성"(banality of evil)을 패러디한 것이다. 나치시대에 이웃 유태인의 학살에 대해서 모두가 둔감해지는 현상에서 보듯이, 하나의 문화에 묻혀 있으면 그것의 반도덕성을 자각하지 못하는 현상을 말한다.

245 Kim, "The Banality of Fraud"(제2부 각주 244), p. 1001.

246 밀그램의 실험에 대한 소개는 Rhode & Luban, *Legal Ethics*(제1부 각주 17), p. 450 이하에 있다.

차 제3자에게 해악을 가하는 지시를 받게 되면, 대다수가 치명적인 수준에 이를 때까지 그 지시에 따른다는 것을 보여주었다. 이 실험은 안이하고 잘못된 복종이 얼마나 위험한 데까지 이를 수 있으며 얼마나 쉽게 그러한 지경에 빠지는지를 보여준다. 이 실험은 대학살에 가담한 독일인들의 성향을 살펴볼 의도로 기획된 것이었지만, 독일에서 실험해볼 필요도 없이 나이와 국적에 상관없이 보통사람이면 누구나 그러한 경향이 있다는 것을 확인하는 것으로 마감되었다.

기업에 속하든 정부기관에 속하든 로펌에 속하든 조직에 소속된 변호사는 자칫 윤리적 감수성이 약해질 수 있고 자기도 모르는 사이에 비리나 범죄에 깊이 개입하게 된다. 하지만 상급자의 지시에 따랐을 뿐이라거나 관행적으로 그래왔다는 것은 변호사의 불법행위에 대한 면책사유가 될 수 없다. 기업변호사를 포함하여 조직에 속하거나 조직을 대리하는 변호사는 이 점을 각별히 조심하지 않으면 안 될 것이다. 그렇지 않으면 엄청난 형벌을 받고 난 후에야 비로소 자신이 법과 상식에서 너무 멀리 떨어져왔음을 알게 될 것이다.

5) 조직의 대리와 이익충돌

(가) 조직구성원의 대리

조직을 대리하는 변호사는 그 조직구성원(constituents), 즉 조직의 관리자 · 간부 · 피고용인 · 구성원 · 주주 등을 대리하는 것이 아니고, 조직 자체를 대리한다. 따라서 조직을 대리하는 변호사는 조직의 그와 동시에 그 조직의 관리자, 간부, 피고용인인 구성원, 주주, 다른 성원 누구든 대리할 수 있다(표준규칙1.13(g)). 예컨대 ABA를 대리하는 변호사는 그 협회소속 변호사를 대리할 수 있으며 동시에 협회소속 변호사를 상대로 하는 소송도 대리할 수 있다. 협회와 그 구성원은 서로 다른 주체이기 때문이다.

그러나 현실적으로는 조직을 대리하는 것과 조직의 구성원을 대리하는 것이 이익충돌 상황에 놓일 수 있다. 예컨대 조직을 대리하는 변호사가 조직구성원을 상대로 한 소송의 수임을 한 경우, 조직을 대리한다는 사실이 조직구성원을 상대로 한 대리를 실질적으로 제한하는 경우가 있을 수 있다(표준규칙1.7(a)(2) 참고). 이러한 경우는 일반적인 이익충돌의 법리에 따라서 구성원의 대리를 수임할 수 없다고 보아야 할 것이다. 경우에 따라서는 이익충돌의 법리에 따라서 양측의 대리에 대해서 조직의 동의가 필요한 경우도 있을 수 있다. 이때에는 조직에 속한 개인이 아니라 조직의 책임 있는 간부나 주주에 의해서 동의가 이루어져야 한다(표준규칙1.3(g)).

때로는 조직의 구성원이 변호사에 대해서 부당한 기대를 하는 경우가 있을 수 있다. 특히 특정 변호사를 고용하고 활용하는 데에서 주도적인 역할을 한 사람의 입장에서는 변호사가 자신을 위해서 일하는 것으로 오해할 수 있다. 이와 관련하여 표준규칙은 변호사는 조직의 관리자, 간부, 피고용인인 구성원, 주주 기타 성원을 다룸에 있어서, 변호사는 조직의 이익이 변호사가 다루고 있는 구성원의 이익에 반한다는 것을 알았거나 마땅히 알았어야 하는 경우, 의뢰인의 정체성을 설명해야 한다고 규정한다(표준규칙1.13(f)). 즉, 변호사가 조직에 고용된 경우 자신이 조직구성원의 이익을 대변하는 것이 아님을 밝혀 불필요한 오해가 생기지 않도록 조치해야 하는 것이다.

조직구성원으로부터 상담을 받는 경우에도 마찬가지로 조심하지 않으면 안 된다. 예컨대 조직의 구성원(종업원이나 경영자 개인)이 조직에 고용된 변호사에게 접근하여 법적 조언을 구하는 경우에 변호사는 자신이 조직의 대리인이라는 점을 명심하고 함부로 조직구성원의 비밀에 접해서는 안 된다. 조직구성원과 대화할 때 변호사는 자신이 조직구성원의 비밀을 알게 되면 이를 조직에 공개해야 할 의무가 있다는 것을 밝혀야 한다. 그럼에도 불구하고 만약 변호사가 부주의하게 조직구성원에게 변호사로서의 신뢰감을 주었다면, 조직구성원과 변호사 사이에 의뢰인-변호사 관계가 형성되었다고 할 수 있기 때문에 변호사는 그로부터 얻은 비밀을 지켜주어야 한다. 이때 만약 조직구성원의 이익과 조직의 이익이 충돌한다면 변호사는 조직과 조직구성원 양자를 모두 대리할 수 없게 된다.[247]

(나) 주주대표소송

주주대표소송(derivative suit) 제도는 경영진의 결정이 회사의 이익과 어긋날 경우, 주주가 회사를 대신하여 회사에 손실을 끼친 경영진에 대해 소송을 제기하는 제도(상법 제403조 제1항)이다. 예컨대 경영자가 자신의 가족이 운영하는 회사를 위해서 그 회사로부터 시세보다 비싼 가격으로 물건을 구매하는 경우에 주주는 그 경영자의 책임을 물을 수 있도록 하고 있다. 이러한 제도를 두는 이유는 경영진이 수탁자로서의 책임을 다하지 못하고 회사에 손해를 끼친 경우, 회사 자체는 스스로 행동할 수 없는 반면 경영자는 스스로 이를 교정하지 않는 상황이 발생할 수 있기 때문이다. 주주대표소송은 이때 소수주주에게 회사를 위하여 경영자의 책임을 물을 수 있게 하는 것이다.[248] 이 경우 소수주주의 승소는 회사의 이익이 된다. 이때 회사에 고용된 변호사는 피고(즉 경영자)의 입장을 대변하여 소송을 진행할 수 있는가?

미국의 경우, 주주대표소송에서 회사에 고용된 변호사가 피고측(즉 피소된 경영자)을 대리하는 것에 대해서 허용된다고 본다. 즉, 많은 주주대표

247 Lerman, Lisa G. & Philip G. Schrag, *Ethical Problems in the Practice of Law*(2nd ed.), Wolters Kluwer, 2008, p. 402.

248 상법상 발행주식의 총수의 100분의 1 이상에 해당하는 주식을 가진 주주는 회사에 대하여 이사의 책임을 추궁할 소의 제기를 청구할 수 있다(상법 제403조).

소송은 회사에서 흔히 일어나는 일이라고 할 때, 주주대표소송은 조직업무의 통상적인 일이라고 볼 것이고 따라서 다른 소송과 마찬가지로 조직에 고용된 변호사가 이 업무를 담당하는 것은 문제가 되지 않는다고 보는 것이다. 그러나 만약 청구가 조직을 통제하는 사람의 비행에 대한 심각한 공격을 포함한다면 조직에 대한 변호사의 의무와 이사회에 대한 변호사의 관계 사이에 충돌이 생긴다(표준규칙1.13, 주석 14). 이 경우에 조직에 소속된 변호사는 이사를 위해서 소송을 대리할 수 없다. 이때 변호사가 회사의 대리를 철회한다고 하더라도 변호사는 이사를 대리할 수 없다. 사임하더라도 여전히 이익충돌 회피의무는 남기 때문이다.[249]

이에 비해 일본의 경우 회사를 대리하는 변호사는 원칙적으로 주주대표소송에서 이사를 대리할 수 없다고 한다.[250] 우선 주주대표소송의 기본적 성질과 관련하여, 주주대표소송은 이사에 대한 소송제기의 해태 가능성이라는 폐해를 방지하기 위하여 주주가 회사를 대신하여 소송을 수행하는 측면이 있기 때문에 회사와 이사 사이에는 이익충돌이 있다고 보아야 하고, 그런 점에서 회사의 (고문)변호사가 대표소송에서 이사 개인의 대리인이 되는 것은 고문변호사가 피고인 이사를 옹호하는 것으로 보여서 직무윤리상 바람직하지 않다고 한다. 따라서 회사의 고문변호사로서는 회사와 피고 이사 사이에서는 원칙적으로 이익충돌이 있다고 이해되며, 피고 이사를 위한 법률상담 내지 소송수임을 삼가는 것이 변호사윤리에 옳다고 한다. 다만 상법(제268조 제8항)의 개정으로 회사가, 감사의 동의를 얻어, 피고측에 소송 참가하는 것이 인정되었기 때문에 회사 고문변호사는 회사의 대리인으로서 피고측의 보조행위를 할 수 있는 것으로 됐

249 Rotunda, *Legal Ethics*(제1부 각주 24), p. 243.

250 小島武司, 『法曹倫理』(제1부 각주 33), pp. 199~200.

다. 아무튼 이 경우에도 고문변호사가 직접 피고의 대리인이 되는 것은 아니다.

우리나라의 경우는 어떻게 하는 것이 바람직한가? 주주대표소송에서는 이사의 이익과 회사의 이익이 충돌할 수 있기 때문에 회사를 대표하는 변호사의 입지가 문제되는데, 모든 주주대표소송에서 이사가 개인의 자력으로 변호사를 고용하여 방어하게 하는 것은 불합리하다고 생각된다. 따라서 어떤 식으로든 회사가 경영자를 위해서 비용을 지불하거나 사내변호사를 활용하도록 하는 것은 필요할 것이다. 우리나라 상법 제404조도 일본과 마찬가지로 주주대표소송에서 회사가 피고를 위하여 소송 참가를 할 수 있도록 하고 있기 때문에 기업변호사가 직접 피고를 대리하는 것은 적절하지 않고 소송 참가를 통해서 실질적으로 경영자를 위한 변호를 하게 하면 될 것이라고 보인다.

참고로 미국의 실무는 대표소송이 제기된 경우, 피고로 된 이사와 관련이 없는 사외이사 또는 사외변호사 등으로 독립위원회(Independence Committee)를 구성하여 그 위원회로 하여금 대표소송의 유지 여부를 판단하도록 하는 경우가 많다고 한다. 주에 따라 다르지만 미국의 법원은 독립위원회가 피소된 이사와 상관없는 독립적인 인물로 구성되고 적절한 절차와 수단을 선택하여 조사를 진행한 이상 가급적 그 판단을 존중하는 경향이 강하다고 한다.[251]

(다) 기업집단의 문제

모자회사 · 자매회사 관계를 갖는 기업집단은 이를 하나의 실체로 보아야 하는가, 아니면 독립한 실체로 보아야 하는가? 예컨대 갑회사와 을회

251 오종근, 『변호사징계제도』, 집문당, 2002, p. 98.

사가 모자회사 관계에 있는 경우, 갑회사를 대리하면서 동시에 이와 상관 없는 사안에서 을회사를 상대방으로 하는 사건을 수임할 수 있겠는가? 이는 갑회사와 을회사가 서로 다른 실체라고 할 수 있는지에 달려 있다. 서로 다른 실체라고 한다면 수임이 가능하지만 단일한 실체라고 한다면 수임할 수 없을 것이다.

미국의 실체이론에 의하면 두 회사는 원칙적으로 서로 다른 실체로 인정된다. 실체이론에 의하면 조직을 대리하는 변호사는 회사 자체를 대리하는 것이지 회사의 주주를 대리하는 것이 아니기 때문이다. 따라서 위 사례의 경우 변호사는 을회사를 상대로 한 대리를 수임할 수 있다. 모회사는 자회사의 주식을 가지고 있는 주주이지만 자회사의 실체는 주주가 아니라 자회사 자체이다.[252]

그러나 현실적으로 모자 관계에 있는 두 회사가 반드시 서로 다른 실체라고 보기 힘든 경우도 많이 있다. 예컨대 자회사를 위해서 모회사가 자회사의 정보를 수집한 경우라든지 한 회사가 다른 회사를 실질적으로 지휘·통제하는 경우는 두 회사를 단일한 실체로 보아야 할 것이다.[253] 따라서 모자회사가 서로 다른 실체인지 여부는 운영방식, 인적인 중복 정도, 회사간 정보의 유통, 당해 분쟁의 성격 등 여러 요소들을 함께 고려하여 판단해야 할 것이다. 만약 이러한 요소를 고려해볼 때 두 회사가 서로 다른 실체라고 판단되면 동일 사건에서 한 회사를 대리하고 다른 사건에서 그 회사의 자매회사를 상대로 하는 의뢰인을 대리할 수 있다. 이때는 이익충돌이 없는 상황이므로, 동의를 얻을 필요도 없다.

252 Rotunda, *Legal Ethics*(제1부 각주 24), p. 249.
253 Rotunda, *Legal Ethics*(제1부 각주 24), p. 246.

(라) 정부를 대리하는 변호사

정부기관이 특정한 법률문제를 해결하기 위해서 사적 로펌을 고용할 수 있다. 그리고 그 로펌은 사인을 대리하고 그 사인이 정부와 대립될 수 있다. 이 경우 이익충돌이 있다고 할 수 있는가? 정부를 매우 넓게 해석하면 이익충돌 상황이 생기기 쉬울 것이다.

실제 현실에서 변호사가 정부기관에 고용된 경우 누구를 의뢰인으로 보아야 하는가가 여기에서 쟁점사항이다. 가장 넓게 이해하자면 국민 그 자체 또는 전체로서의 정부가 의뢰인이라고 볼 수 있다. 변호사에게 지급되는 수임료는 궁극적으로 국민의 세금이라는 점을 고려하여 국민 그 자체를 의뢰인으로 생각하는 경우, 변호사는 자신을 직접 고용한 특정한 국가기관의 이익이라는 관점에서 벗어나 널리 국민의 이익이라는 관점에서 사무를 처리해야 할 것이다. 의뢰인을 이와 같이 정의하는 경우, 로펌은 정부의 일을 수임하여 일을 하면서 정부의 이익에 대립하는 사인을 대리하게 되면 이익충돌이 발생하므로 이를 동시에 대리할 수 없다고 보아야 할 것이다.

그러나 정부를 대리하는 경우 의뢰인을 그처럼 넓게 정의하는 것은 비현실적이다. 예컨대, 어떤 로펌이 건설교통부의 토지보상관련 분쟁사건을 수임하여 일을 처리하면서 동시에 다른 사인이 국세청을 상대로 제기한 재산세 부과처분 취소소송을 수임한다고 할 때 후자의 수임이 금지된다고 보기는 어려울 것이다. 건설교통부와 국세청은 모두 정부기구이지만, 이 사안에서 두 정부기구는 단일한 실체로 보기 어렵기 때문이다.

따라서 정부를 대리하는 경우는 개별적으로 보아서 판단할 수밖에 없다고 하겠다. 정부기관에 고용되는 경우 명시적으로 수임계약서를 통해서 변호사의 역할과 한계 등을 명확히 하는 것이 좋겠으나, 명시적 합의가 없는 경우에는 정부 의뢰인의 합리적 기대를 살펴보아야 한다. 즉, 정부기관이 재정을 확보하는 방식, 조직에 대한 법률규정, 변호사의 고용과 관련하여 독립한 법적 권한이 있는지 등을 고려해서 특정 변호사가 정부의 어느 차원을 대리하는지를 판단해야 한다. 정부의 한 부분이 다른 부분과 대립할 수도 있고 각 부서는 각각 변호사를 고용할 수도 있을 것이다.[254]

6) 기업변호사를 위한 별도의 규정정립의 필요성

사내변호사를 비롯해서 조직을 대리하는 변호사의 역할과 중요성이 크게 증대하고 있음에도 불구하고 우리나라는 아직 조직을 대리하는 변호사를 규율하는 별도의 윤리규정을 가지고 있지 않다. 위에서 각국의 규정을 참고하여 우리나라의 기업변호사에게 적용될 만한 윤리규범을 모색해 보았지만, 이들은 문자 그대로 윤리적 성격에 머물고 있으며 아직 강행적 성격을 지니지 못한다. 그럼에도 불구하고 이들은 모두 의뢰인에 대한 성실의무의 연장에 있는 것이기 때문에 변호사는 이와 같은 규범을 준수하지 않으면 안 될 것이다.

그리고 입법론적으로는 조직을 대리하는 변호사에 관한 적절한 윤리규정을 만드는 것이 시급하다고 보인다. 그 방향은 위에서 보았듯이, 변호사가 조직을 대리하는 경우에 조직의 이익이라는 관점에서 경영자로부터 독립적인 입장에서 사무를 처리하도록 하는 것이다. 특히 조직 내 위법행위와 관련해서는 상부로의 보고의 의무화와 외부로의 공개의 허용을 포함해야 할 것이다.

---

254 Rotunda, *Legal Ethics*(제1부 각주 24), p. 252.

제3장
변호사의 공공적 의무

변호사는 의뢰인의 이익을 옹호하는 것을 본연의 업무로 삼지만, 변호사는 단순히 의뢰인의 이익을 옹호하는 데! 그쳐서는 안 된다. 변호사는 법질서 전반의 원활한 운영에 기여해야 하며 의뢰인의 상대방이나 제3자에 대해서도 일정한 책임을 진다. 그리고 변호사로서 변호사 상호 간에 또는 변호사 조직에 대해서 지켜야 할 윤리규범도 있다. 이 장에서는 이처럼 변호사가 의뢰인의 이익을 직접 옹호하는 것 이외에 변호사가 공공적 관점에서 준수해야 할 윤리규범들을 살펴본다.

1. 상대방 및 제3자와의 소통에서의 윤리

1) 도입

변호사는 의뢰인의 대리인으로서 의뢰인의 이익을 위해서 활동한다. 그런데 그 과정에서 상대방과 소통해야 할 필요가 생길 수 있다. 의뢰인의 입장을 전달하거나 화해협상을 하거나 일정을 조정하는 등의 목적으로 소통을 하게 된다. 또 상대방이 아니더라도 의뢰인의 대리와 관련하여 제3자와 접촉해야 할 일이 생길 수 있다. 이 경우 변호사는 일반적으로 의뢰인의 이익을 옹호하는 입장에서 상대방이나 제3자와 소통하면 되지만, 이때 지켜야 할 몇 가지 윤리규범이 있다. 특히 문제가 되는 것은 변호사에 의해서 대리되는 상대방을 직접 만나는 경우 또는 변호사에 의해서 대리되지 않은 상대방을 만나는 경우가 문제된다. 그리고 제3자의 경우에는 주로 제3자에 대한 진실의무가 주로 문제된다. 이들 각각에 대해서 살펴본다.

2) 상대방 본인에 대한 접촉

(가) 변호사에 의해 대리되고 있는 상대방 본인과의 직접 접촉

윤리장전 제22조제1항에 의하면 "변호사는 수임사건의 상대방에 변호사가 선임되어 있는 경우에는 특별한 사정이 없으면 상대방 본인과 직접 접촉하여서는 아니 된다." 이러한 조항은 다른 외국에서도 공통적으로 발견된다. 일본 직무규정은 "변호사는 상대방에게 법령상의 자격을 갖는 대리인이 선임된 때는 정당한 이유 없이 그 대리인의 승낙을 얻지 않고 직접 상대방과 교섭해서는 안 된다"고 한다(직무규정 제52조). 미국 표준규칙에서는 의뢰인을 대리할 때, 변호사는 대리에 관련되는 주제에 관하여, 그 사안에서 다른 변호사에 의해서 대리되고 있는 것을 변호사가 알고 있는 사람과는 소통해서는 안 된다고 하고, 다만 그 다른 변호사의 동의를 얻었거나 법이나 법정명령에 의해서 그렇게 하도록 허용된 경우는 다르다고 규정한다(표준규칙4.2). 유럽 행위규범에서 변호사는 그 사건이나 사안에서 다른 변호사에 의해 대리되거나 조언받고 있음을 알고 있는 자와는 그 다른 변호사의 동의가 없는 한, 그 사건이나 사안에 관하여 직접 의사소통할 수 없다고 한다(행위규범5.5).

이상에서 보듯이, 다소간의 용어나 조건의 차이가 있긴 하지만, 변호사에 의해 대리되고 있는 상대방 본인과의 직접 접촉은 모두 원칙적으로 금지하고 하고 있다. 그만큼 이제 이 조항은 보편적인 윤리규범이 됐다고 할 수 있다. 다른 나라의 윤리규정들도 참고하면서 이 조항이 갖는 구체적인 의미를 정리해보자.

이러한 조항의 존재 이유는 여러 가지로 설명된다. 우선 변호사에 의해서 대리되고 있는 상대방을 보호한다는 것이 가장 중요한 토대가 될 것이다. 법적 조언을 필요로 하는 사람이 자기를 위한 변호사에 의해서 변호되고 있을 때 가장 잘 보호될 것은 예상할 수 있다. 반면에 자신을 위해서 고용되지 않은 변호사—같은 말이지만 상대방의 이익을 위해서 고용된 변호사—가 자신의 이익을 위해서 최선의 조언을 해줄 것을 기대하기는 어려울 것이다. 그럼에도 불구하고 만약 변호사가 다른 변호사에 의해서 대리받고 있는 상대방을 직접 접촉한다면 이는 상대방이 변호사를 선임한 의미를 무색하게 하는 것이고, 상대방의 비밀정보를 부당하게 얻게 되는 등 상대방을 불이익에 빠뜨릴 우려가 있고, 상대방 대리인을 의뢰인과의 관계에서 궁지에 빠뜨릴 위험성이 있다.[255] 또 당면 사건에 관해 다른 변호사의 월권을 막고, 변호사가 다른 의뢰인-변호사 관계에 간섭하지 않게 하고, 대리에 관한 정보를 보호한다는 것이 근거로 제시되기도 한다(표준규칙 4.2, 주석1).

아무튼 변호사에 의해 대리되고 있는 상대방 본인과의 직접 접촉은 금지된다. 접촉의 방식은 직접 접촉뿐만 아니라, 전화 · 우편 · 팩스 · 이메일을 포함하며, 자신이 직접 만나지 않고 사무직원 등 다른 사람을 통해서 만나는 것도 마찬가지로 금지된다고 보아야 할 것이다. 그러나 변호사

255 塚原英治, 『法曹の倫理と責任』(제2부 각주 23), p. 229.

가 의뢰인에게 직접 만나도록 조언하는 것은 금지하지 않는다. 변호사윤리규정이 애당초 변호사에게만 적용되고 의뢰인에게는 적용되지 않기 때문이기도 하지만, 변호사를 고용한 의뢰인들이 서로 직접 만나서 문제를 해결하는 것 자체는 막을 이유가 없기 때문이다.[256] 이와 관련하여 표준규칙4.2의 주석은 당사자는 직접 서로 소통할 수 있으며, 변호사는 의뢰인의 합법적인 소통에 대해서 의뢰인에게 조언할 수 있다고 명문으로 밝히고 있다(표준규칙4.2, 주석4).

민사사건에서 변호사에 의해 대리되고 있는 상대방 본인과의 직접 접촉이 금지되는 것은 이해할 수 있는데 형사사건에서도 마찬가지 원칙이 적용되는가? 말하자면 검사가 변호사에 의해서 대리되는 피고나 피의자를 직접 접촉할 수 있는가? 이에 대해서 미국에서는 상당한 논란이 있었다.[257] 피의자의 기소 여부를 결정하는 대배심절차에서는 변호사의 참석 없이 피의자에 대한 질문을 한다. 이와 유사하게 검사는 피의자에 대해서 조사해왔고 나아가 검사는 피고 변호사의 동의 없이 은밀하게 증거를 확보해왔다. 이에 대해서 변호사들의 항의가 있었고, 이에 대해 미국 검찰총장(U. S. Attorney General)은 검사에게는 직접 또는 다른 사람을 통해서 피의자와 직접 접촉하도록 "법에 의해서" 허용됐다고 주장했다(미국 표준규칙4.2는 "법에 의해서" 접촉이 허용된 경우는 상대방 변호사의 동의 없이 직접 상대방을 만날 수 있다고 규정하고 있다). 그러나 이러한 주장은 법원에서 수용되지 않았다. 예컨대, 살인혐의자가 검사에게 대화를 제안했을 때 검사가 변호사의 동의 없이 살인 혐의자와 직접 접촉한 것에 대해서 징계처분을

---

256 일본의 한 주석은 이에 대해서도 소극적인 입장을 보이고 있다. 즉, 변호사는 자신의 의뢰자에게 상대방 본인과의 직접 교섭을 원칙적으로 행하지 않도록 지시해야 한다는 것이다(森際康友, 『法曹の倫理』(제2부 각주 17), p. 127, 132 참고).

257 Rotunda, *Legal Ethics*(제1부 각주 24), pp. 356~357.

한 사례가 있다.[258] 우리나라에서 이 정도 수준의 윤리기준이 요구되기에는 다소 요원해 보이지만, 조속히 이와 같은 윤리기준이 우리나라에서도 적용되도록 법조인들이 모두 노력해야 할 것이다.

변호사에 의해 대리되고 있는 상대방 본인과의 직접 접촉이 금지되는 만큼 변호사가 이를 무시하고 상대방 본인과 접촉하여 사안에 대해서 절충하거나 타협한 경우, 그러한 절충이나 타협은 후에 무효로 선언될 수 있다. 왜냐하면 그러한 절충이나 타협은 변호사에 의해서 적절히 대리받지 못한 상황에서 이루어진 것이기 때문이다.

상대방 본인이 먼저 접촉을 제안했다고 해서 그러한 접촉이 정당화되는 것은 아니다.[259] 이러한 제안이 있을 때 변호사는 반드시 상대방 변호사에게 통보하고 동의가 있는지를 확인해야 한다. 이처럼 변호사의 대리를 받는 상대방과 직접 소통하기 위해서는 상대방 본인의 동의만으로는 부족하다. 그렇지만 상대방이 변호사에 의해서 대리받고 있다고 하더라도, 그 사안과 상관없는 사안과 관련하여 상대방 본인을 만나는 것은 허용된다. 예컨대 교통사고 관련 분쟁의 상대방이 변호사를 선임해 있더라도, 이혼 문제에 대해서는 그를 직접 만나서 협의하는 것이 허용된다.

상대방이 조직인 경우에는, 조직을 대표해서 일하는 사람, 예컨대 조직에서 변호사를 관리하고 지시하고 변호사와 정기적인 사무를 수행하는 사람과 직접 접촉하는 것이 금지된다고 보아야 할 것이다. 즉, 접촉의 금지는 법률상 권한이 있는 자에 한정한다고 보아야 할 것이다. 따라서 조직에 단순히 고용되어 있는 피고용인에 대한 접촉이 금지되는 것은 아니다. 조직을 대리하는 변호사는 그 피고용인에게 그들이 자발적으로 상대

258 Matter of Howes 123 N. M. 311, 940 P. 2d 159(N. M., 1997).

259 Pleasant Management, LLC v. Carrasco 870 A. 2d 443(R. I., 2005).

방에게 정보를 제공하지 말고 오직 증언에 의해서만 말하도록 조언할 수 있지만, 상대방 변호사가 이들과 접촉하여 대화하는 것 자체를 금할 수는 없다.[260] 조직을 떠난 전직 종업원과 접촉하는 것도 허용된다.

우리나라 윤리장전 제22조 제1항의 "특별한 사정"이란, 다른 나라 윤리규정들과 대비해서 보자면, 상대방 변호사의 동의가 있는 경우, 법에 의해서 허용된 경우, 법정의 명령에 의한 경우 등이라고 볼 수 있을 것이다. 상대방 변호사의 동의가 없으면 상대방에 대한 직접적인 접촉과 질문은 불가능하므로 증인으로 소환하는 등 다른 방법을 찾아야 한다.

(나) 변호사에 의해서 대리되고 있지 않은 상대방의 접촉

변호사가 다른 변호사에 의해서 대리되고 있지 않은 상대방과 접촉하는 것에 대해서 우리나라 윤리장전은 아무런 규정이 없다. 이러한 접촉은 원칙적으로 허용된다고 할 것이다. 만약 이를 부인하면 변호사는 상대방과 접촉할 수 있는 통로 자체가 봉쇄되기 때문이다. 다만 이때 변호사에게는 일정한 행동의 제약이 있다. 이와 관련하여 미국 표준규칙은 다음과 같이 규정한다.

> 의뢰인을 위하여 변호사에 의해서 대리되지 않은 사람과 일처리할 때, 변호사는 자신이 이해관계가 없다고 말하거나 암시해서는 안 된다. 변호사 없는 사람이 그 사안에서 변호사의 역할에 대해 오해하고 있음을 알거나 마땅히 알아야 할 때는, 변호사는 오해를 교정하기 위하여 합리적인 노력을 해야 한다. 만약 다른 사람의 이익이 고객의 이익과 충돌하거나 그럴 합리적 가능성이 있다는 것을 알거나 마땅히 알아야 할 경우, 변호사는 변호사 없는 사람에게 변호사를 구하

---

260 Rotunda, *Legal Ethics*(제1부 각주 24), p. 362.

라는 충고 이외의 법적 조언을 해서는 안 된다. (표준규칙4.3)

여기에서 요체는 첫째, 변호사는 다른 변호사에 의해서 대리되지 않은 상대방에게 자신이 공정하다는 암시를 주어서는 안 된다는 것이다. 대리되지 않은 자, 특히 그때까지 법률문제에 대한 대응경험이 없는 자는 대체로 변호사는 공평무사하다거나 의뢰인을 대리하고 있는 경우에조차 법률에 관하여는 공평한 입장인 권위자라고 생각하는 경향이 있다. 이러한 오해를 피하기 위하여 변호사는 자신의 의뢰인이 누구인지를 명확히 밝힐 필요가 있고, 필요하다면 변호사에 의해서 대리되고 있지 않은 사람에게 이익충돌의 상황을 설명해주어야 한다(표준규칙4.3, 주석1). 변호사는 자신이 재판관과 같은 공평한 입장은 아니고 어디까지나 일방 당사자의 대리인이라는 것을 상대방에게 명확히 밝혀야 한다.[261]

둘째, 표준규칙에 의하면 변호사는 이익충돌이 있을 것으로 보이는 사안이라면 상대방을 위해서 어떠한 법률적인 조언도 해서는 안 된다. 만약 이것을 허용하면 변호사는 이익충돌 때문에 의뢰인을 위한 성실한 대리를 할 수 없기 때문이다. 또 경우에 따라서는 변호사의 조언이 상대방에게도 부당하고 불리하게 작용할 수도 있다. 변호사가 객관적인 판단을 한다는 것은 기대하기 어렵고 결국은 자신의 의뢰인의 이익에 반하는 조언을 하기는 어렵기 때문이다. 변호사가 상대방을 위해서 할 수 있는 것은 결국 다른 변호사를 구하라는 법적 조언밖에 없다. 다만 이해 충돌이 없는 것이 명확한 사안에 대해서는 법적 조언을 할 수 있을 것이다. 그런데 현실에서 변호사가 자칫 상대방을 위해서 법적 조언하는 경우가 발생하기 쉽다. 예컨대, 변호사가 판단할 때, 상대방의 무지가 상대방에게 불이

261 森際康友, 『法曹の倫理』(제2부 각주 17), p. 131.

익이 될 것이 명백할 때 변호사는 후견적 배려를 하고자 하는 충동을 느낄 수도 있기 때문이다. 상대방이 적극적으로 변호사에게 간단한 질문을 할 수도 있다. 이때 만약 변호사가 상대방의 정당한 권리나 이익을 법조인인 변호사가 평등하게 배려해야 하는 것으로 생각하고, 법률적 쟁점사항에 대해서 상대방의 질문에 답하거나 심지어 상대방에게 조언하는 것은 자신의 의뢰인에 대한 신뢰를 실추시키는 것이 된다.[262] 변호사는 상대방이 무경험으로 손해를 입을 것으로 보이는 경우에도, 자신이 적극적으로 나서서 상대방에게 법률적 조언을 제공하면 안 된다는 점에 대해서는 미국이나 일본이 같은 입장이다.

우리나라의 경우에도 이상과 같은 원칙이 적용될 수 있을 것이다. 즉, 이익충돌이 있는 사안에 대해서 변호사의 조력을 받지 않는 상대방을 위한 법률적 조언은 금지된다. 다만 변호사가 그에게 다른 변호사를 고용하라고 조언하거나 공적인 법률구조 제도의 이용을 권고하는 것은 허용되며 바람직하다고 할 수 있다.

변호사에 의해서 대리되고 있지만, 사안이 긴급하여 상대방의 변호사와 연락을 취할 여유가 없거나 상대방 변호사와 연락할 수 없는 경우라면, 변호사에 의해서 대리되지 않는 상대방과의 접촉의 경우에 요청되는 윤리기준에 따라서 처신하면 될 것이다.

3) 상대방으로부터의 금품 수수의 금지

변호사법 제33조는 "변호사는 수임하고 있는 사건에 관하여 상대방으로부터 이익을 받거나 이를 요구 또는 약속해서는 아니 된다"고 하고, 윤리장전 제22조에는 "변호사는 특별한 사정이 없으면 상대방 또는 상대방

262 森際康友, 『法曹の倫理』(제2부 각주 17), p. 130.

이었던 자로부터 금품 · 향응 등을 받아서는 아니 된다"고 한다(윤리장전 제22조 제2항). 일본 직무규정에서도 "변호사는 수임하고 있는 사건에 관하여 상대방으로부터 이익의 제공 또는 향응을 받거나 그것을 요구하거나 약속해서는 안 된다"고 하고(직무규정 제53조), 이어 "변호사는 수임하고 있는 사건에 관하여 상대방에 대해 이익의 공여 또는 향응을 하거나 제안을 해서는 안 된다"고 한다(직무규정 제54조).

변호사가 상대방으로부터 금전이나 향응 등 이익을 받는 행위는 독직행위로서 형사처벌된다(변호사법 제109조 제3호). 변호사는 현재 의뢰인의 상대방으로부터 위임을 받아서 상대방을 위해서 사무를 처리할 수 없게 한 것은 이익충돌의 법리에서 당연하다. 이처럼 명시적으로 위임을 받지 않았다고 하더라도 상대방으로부터 이익을 제공받는 행위는 그 자체가 변호사에 대한 의뢰인 및 사회의 신뢰를 해치는 것이다. 따라서 설사 객관적으로 보아 변호사의 사무 처리나 내용이 의뢰인에게 조금의 손상도 낳지 않았다고 보이는 경우에도 상대방으로부터 이익을 받은 경우는 처벌되는 것이다.[263] 만약 변호사가 상대방으로부터 이익을 제공받는다면, 의뢰인은 자신의 변호사가 상대방과 통모했거나 매수됐다고 의심할 수 있다. 특히 자신의 생각대로 사건이 해결되지 않거나 자신의 희망과 달리 화해협상이 이루어진 경우, 그러한 의심은 더욱 커질 수 있다. 이처럼 실체적인 왜곡과 상관없이 상대방으로부터 이익을 제공받는 행위는 변호사에 대한 신뢰를 해치는 것이 되므로 이를 금지하는 것이다.[264]

우리나라 변호사법과 윤리장전은 모두 상대방으로부터 이득을 취하는 행위를 금지하는 면에서는 일치하지만, 구체적인 조문의 내용에서는 다

263 森際康友, 『法曹の倫理』(제2부 각주 17), p. 134.
264 森際康友, 『法曹の倫理』(제2부 각주 17), p. 137.

소 차이가 있다. 즉 변호사법은 현재 수임하고 있는 사건이면서 그 사건에 관하여—다시 말해 대가성이 있으면서—이익을 받거나 약속해서는 안 된다고 한다. 이에 비해 윤리장전은 현재의 상대방 또는 상대방이었던 자로부터의 금품이나 향응을 포괄적으로 금지하고 있다. 상대방이었던 자로부터 이익을 제공받는 경우는 현재의 상대방으로부터 이익을 제공받는 것에 비해 그 위법성이 덜하다고 하겠지만, 불필요한 오해를 낳아 변호사에 대한 신뢰를 실추시킬 수 있다는 점에서 윤리장전의 규정대로 처신하는 것이 바람직하다고 보인다.

변호사는 상대방으로부터 이익을 받아서도 안 되지만, 상대방이나 그 변호사에게 이익을 제공해도 안 된다. 이 점에 대해서는 우리나라 윤리장전은 언급하고 있지 않지만, 일본의 직무규정은 이에 대해 규정하고 있다. 즉 "변호사는 수임하고 있는 사건에 관하여 상대방에 대해 이익의 공여 또는 향응을 하거나 제안해서는 안 된다"(직무규정 제54조). 이는 법률에 의한 적정한 분쟁해결을 도모하기 위한 것이다. 상대방으로부터 금품을 받는 것이 부당하다면 상대방에게 금품을 주는 행위도 부당한 것으로 본 것이다. 이때 법률상의 양보, 화해조건의 제시, 사건에 관한 이익의 공여나 제안, 합의 등은 상대방에게 대한 이익의 제공이 아니다.[265]

4) 제3자에 대한 윤리

변호사는 의뢰인이나 그 상대방이 아닌 제3자와 접촉하거나 소통하는 경우 어떤 윤리기준을 준수해야 하는가? 이에 대해서 우리나라 윤리장전은 별도의 규정을 가지고 있지 않다. 미국 표준규칙을 중심으로 이 점을 살펴본다.

---

265 森際康友, 『法曹の倫理』(제2부 각주 17), p. 137.

(가) 상대방 및 제3자에 대한 진실의무

표준규칙은 상대방을 포함한 제3자에 대해서 허위의 진술을 하지 못하도록 하고 있다. 즉, 변호사는 제3자와 접촉하거나 교류할 때는 중대한 사실(material fact)이나 법에 대해서 허위의 진술을 해서는 안 된다(표준규칙4.1(a)). 판례는 의뢰인이 병원비를 지불할 능력이 없다고 말함으로써 의사를 오도한 경우 이는 징계사유가 된다고 보았다.[266] 부분적으로 사실이지만 전체적으로 보면 오해를 불러일으키는 진술인 경우가 있을 수 있고, 침묵에 의해서도 허위의 진술을 했다고 볼 수 있는 경우가 있다. 즉, 허위의 진술인지 여부는 진술의 전체의 취지를 보아 판단해야 한다. 침묵에 의한 허위의 진술 사례로는 평균수명이 문제되는 손해배상의 화해교섭 중에 의뢰인이 이미 죽은 사실에 대해 침묵한 경우에 이를 이유로 협상안을 폐기한 경우가 있다.[267]

또 표준규칙은 일정한 경우, 변호사에게 제3자에 진실을 공개해야 할 적극적인 의무를 부과한다. 즉, 비밀유지의무(표준규칙1.6)에 의해서 공개가 금지되지 않는 한 의뢰인의 범죄나 사기행위에 대한 조력을 피하기 위하여 공개가 필요하면 중요한 사실을 제3자에게 공개해야 한다고 한다(표준규칙4.1(b)). 의뢰인의 사기행위에 대한 조력을 피하기 위해서 중요한 사실을 공개해야 하지만, 의뢰인의 비밀유지의무와 충돌하는 관계로 이를 공개할 수 없는 상황이라면, 그 유일한 대안은 사임하는 것이다.[268]

협상의 경우는 다소 차이가 있다. 협상의 경우에는 자연스럽게 의뢰인의 입장에 대해서 다소 과장할 수 있고 상대방도 상대편의 주장이 모두

266 The Florida Bar v. McLawhorn 505 So. 2d 1338(Fla., 1987).

267 Virzi v. Grand Trunk Warehouse and Cold Storage Co. 571 F. Supp. 507(D. C. Mich., 1983).

268 Rotunda, *Legal Ethics*(제1부 각주 24), p. 351.

진실이라고 기대하지 않기 때문이다. 이에 따라 표준규칙의 주석은 화해 협상에서 수용할 만한 안에 대한 당사자의 의견은 중대한 사실이 아니라고 한다(표준규칙4.1, 주석 2). 예컨대 일정 금액 밑으로는 화해하지 않겠다고 진술했지만 이것이 의뢰인의 진정한 의도와 다를 경우에도 그러한 진술은 허용된다는 것이다. 다만 판사의 면전에서 화해협상을 하는 경우에는 그와 같은 거짓말을 할 수 없다(ABA공식의견: 93-370(Feb. 5, 1993)). 협상에서 상대방이 오해를 하고 있지만 그러한 오해가 변호사나 그 의뢰인이 초래한 것이 아닌 경우 변호사는 이를 교정할 의무는 없다고 한다. 예컨대 상대방이 계산의 착오를 한 경우에 변호사는 이를 교정할 의무가 없다고 했다.[269]

(나) 제3자의 권리에 대한 존중

변호사는 의뢰인을 대리할 때, 제3자를 괴롭히거나 지체시키거나 부담을 지우는 이외 다른 실질적인 목적이 없는 수단을 사용하거나 그러한 사람의 법적 권리를 침해하는 증거 획득 수단을 이용해서는 안 된다(표준규칙4.4(a)). 미국에서 워터게이트 사건에서 변호사들이 은밀하게 녹음한 것이 발각되었을 때 증인이나 상대방에 대한 은밀한 녹음이 비윤리적인 것인지에 대해서 논란이 됐다. 1974년의 공식의견에서는 이를 비윤리적인 것으로 하였으나(공식의견 337, 1974), 2001년에 이를 번복하여 대화를 녹음하는 것이 그 자체로 오도하는 것은 아니라고 했다(공식의견 01-422, 2001). 합법적이면서 은밀한 녹음이 가능하다는 것이다. 예컨대 외설스러운 전화통화를 녹음하는 것은 허용된다. 민사청구를 만족하기 위해서 형사고소하겠다고 위협하는 것은 제3자에게 사용할 수 없는 수단인가? 이

269 Brown v. County of Genesee 872 F. 2d 169(C. A. 6 [Mich.], 1989).

에 대해 ABA공식의견은 민사청구의 만족 대신에 형사고소를 포기하기로 하는 것은 허용된다고 한다(공식의견 92-363, 1992). 예컨대 자동차를 돌려주지 않으면 경찰에 신고하겠다고 말하는 것이 허용된다는 것이다. 그러나 서로 상관없는 사안에 대해서 형사고발로써 위협하는 것은 허용되지 않는다. 예컨대 채무를 이행하지 않으면 음주운전을 고발하겠다고 하거나 행정상의 제재나 징계를 청구하겠다고 하는 것은 금지된다. 이러한 행위는 공갈죄의 혐의를 받을 수도 있으므로 조심해야 한다.

변호사 업무를 하다보면, 다른 사람에게 발송되어야 할 문서가 자신에게 잘못 발송된 것을 발견할 수 있다. 이때 변호사는 변호사의 의뢰인의 대리에 관련되는 문서를 받고 그 문서가 부주의하게 보낸 것을 알거나 합리적으로 마땅히 알아야 할 변호사는 이러한 오발송 사실을 즉시 발신자에게 통보해야 한다(표준규칙4.4(b)). 실수로 받은 팩스를 어떻게 처리하는 것이 옳은지에 대해서도 상당한 논란이 있었다.[270] 실수임이 명백한 이상 이를 읽지 않고 돌려주어야 한다는 입장, 팩스에 담겨 있는 비밀정보를 이용하지 말아야 한다는 입장, 이를 이용해도 된다는 입장, 의뢰인을 위해서 반드시 이용해야 한다는 입장 등이 있을 수 있는데, 주에 따라 입장이 다르다. 표준규칙은 실수로 보내진 정보가 있는 경우, 이를 이용해도 되지만 발송자에게 팩스의 오발송 사실을 즉시 통보하도록 하고 있다.

270 Rhode & Luban, *Legal Ethics*(제1부 각주 17) p. 143 이하 참고.

2. 법정에서 변호사의 윤리

1) 법정에서 변호사의 이중적 지위

법정에서 변호사가 소송을 수행할 때 변호사는 이중적 지위를 갖는다. 우선 변호사와 재판의 관계에서 변호사는 의뢰인의 입장을 대변한다. 즉 변호사는 법정에서 의뢰인의 이익을 적극 옹호해야 한다. 이를 의뢰인의 옹호자(advocate)로서의 지위라고 할 수 있을 것이다. 의뢰인이 변호사에게 사건을 위임한 것은 이러한 역할을 기대하는 것이다. 그러나 다른 한편 변호사와 의뢰인 간의 관계에서는 변호사는 법원과 재판의 입장을 대변한다. 즉, 변호사는 의뢰인의 이익을 무조건적으로 옹호하는 것이 아니고, 신속하고 공정하고 적정한 재판을 수행해야 한다는 사법의 이념에 복무해야 한다. 이를 사법기관으로서의 지위라고 할 수 있다. 미국 표준규칙은 변호사가 '법정의 공직자'(officer of the court)이기도 하다고 표현하는데 이와 같은 의미라고 생각된다.

재판에서 변호사에게 윤리적인 문제가 발생하는 것은 이 두 지위에서 혼돈이 있을 때 발생한다. 특히 변호사가 의뢰인 이익을 적극적으로 옹호하는 과정에서 사법기관으로서의 지위를 망각할 수 있다. 예컨대 의뢰인의 요구에 따라 오직 상대방을 괴롭힐 의도로 패소가 확실한 소송을 제기하여 대법원의 판결까지 구하는 경우가 있을 수 있다. 이러한 행위는 변호사가 사법기관으로서의 지위를 망각하고 의뢰인을 옹호한다는 명목 하에 소송제도를 남용하는 것으로서 비윤리적 행위이다.[271] 이처럼 변호사는 의뢰인의 이익을 옹호함에 있어서 적어도 재판기능의 정상적 작동을

271 극단적인 시장모델에 의하면 이러한 행동은 비윤리적인 행동이 아니다. 그러나 공익의 입장에서 보면 이는 변호사로서의 지위를 남용하는 것으로서 비윤리적 행동이라고 할 수 있다.

무력화시키거나 방해해서는 안 된다. 반대로 공익을 이유로 의뢰인의 이익을 충실하게 대변하지 못한다면 이 또한 비윤리적인 행위로 비난받을 수 있다. 예컨대 변호사가 재판의 신속성이나 자신의 유죄심증을 이유로 의뢰인을 철저히 변호하지 않는 경우가 있을 수 있다.

여기에서는 주로 변호사가 법정에서 사법기관의 한축으로서 어떤 윤리적 책임을 지는지 살펴본다. 다시 말해 변호사가 법정에서 단순히 의뢰인의 이익옹호를 넘어 공공적 입장에서 어떤 태도와 자세를 지녀야 하는지를 살펴보고자 한다. 여기서 사법기관이라고 표현했지만 이것은 판사의 그것에 상응하는 정도는 아니다. 판사의 그것을 적극적 사법기관으로서의 지위라고 한다면, 변호사의 그것은 소극적 사법기관으로서의 지위라고 할 만한 것이다. 즉, 변호사는 사법부가 정상적으로 작동되도록 하기 위하여 적극적으로 행동해야 할 책임을 지는 것은 아니고, 소극적으로 재판기능의 정상적 작동을 무력화시키거나 방해하지 말아야 할 책무를 지닌다.

이러한 문제들과 관련하여 각국의 윤리규정은 어떤 내용을 담고 있는지를 살펴보면서 논의를 전개하기로 한다. 우리나라 윤리장전은 제4장에서 '법원 등에 대한 윤리'라는 별도의 장을 두어 변호사들이 법원에서 지녀야 할 윤리규범을 제시하고 있다. 내용은 다음과 같다.

> 제26조[사법권의 존중] 변호사는 법정의 내외를 불문하고 법원의 위신이나 재판의 신뢰성을 손상시키는 언동을 하여서는 아니 되며 사법권의 존중에 특히 유의하여야 한다.
>
> 제27조[소송촉진] 변호사는 출정 시간과 서류의 제출 기타의 기한을 준수하고 소송지연을 목적으로 하는 행위를 하여서는 아니 된다.
>
> 제28조[법정질서] ① 변호사는 법정의 질서유지 및 소송의 진행에 관하여 법

원과 협력하고 이에 위반되는 소송 관계인 또는 방청인의 언동을 지지하거나 교사하여서는 아니 된다.

② 변호사는 법정에서 사건 진행의 순서를 다투어서는 아니 되며 특별한 사정이 있을 때에는 재판장과 다른 변호사의 양해를 얻어야 한다.

③ 변호사는 법정에서 상대방을 비난하거나, 변론 또는 준비서면 등에 상대방을 모욕하는 언사를 사용하여서는 아니 된다.

④ 변호사는 법정 또는 그 주위에서 자기 측 사람이 상대방이나 상대방대리인에게 모욕적 언사를 쓰거나 폭언, 폭행하는 것을 방임하여서는 아니 된다.

⑤ 변호사는 상대방 측 증인을 매수하려 하거나 당사자가 이러한 행위를 하는 것을 묵인하여서는 아니 된다.

일본의 직무규정에서는 재판의 공정과 적정한 절차(제74조), 위증의 교사 금지(제75조), 재판절차의 지연 금지(제76조), 재판관 등 사적 관계의 부당이용금지(제76조) 등의 규정이 변호사가 법정에서 준수해야 할 윤리규범으로서 제시되고 있다.

미국의 표준규칙은 옹호자(advocate)라는 제하에 변호사가 법정에서 준수할 윤리규범을 상세히 규정하고 있다. 즉, 유익한 청구와 주장(3.1), 소송의 신속한 진행(3.2), 법정에서의 진실의무(3.3), 상대방과 상대변호사에 대한 공정(3.4), 재판정에서의 공평성과 예의(3.5), 재판내용의 공개(3.6), 증인으로서의 변호사(3.7), 재판 이외의 절차에서 소송대리인(3.9) 등이 규정되어 있다.

유럽의 행위규범은 공정한 소송행위(4.2), 법원에서의 태도(4.3), 허위이거나 오도하는 정보의 제공금지(4.4), 중재인 등에 대한 확장(4.5) 등의 규정을 가지고 있다.

조문의 제목을 살펴보면 대체로 중복되는 것들을 발견할 수 있는데, 이러한 것은 변호사가 법정에서 반드시 지켜야 할 보편적인 윤리적 책무라고 보아도 크게 그르지 않을 것이다. 우리나라 윤리장전을 염두에 두면서 법정에서 변호사가 지켜야 할 윤리적 의무를 분류해보면, 첫째, 법정에서의 진실의무를 들 수 있다. 즉, 변호사는 법정에서 거짓이 유통되도록 해서는 안 된다. 그러한 거짓은 증인의 위증의 경우도 있을 수 있고, 변호사 자신의 거짓에 의한 경우도 있다. 어느 쪽이든 변호사는 그러한 거짓이 법정에서 유통되도록 해서도 안 되고, 유통되는 것을 알게 된다면 그것을 교정해야 한다. 이러한 변호사의 진실의무를 법정에서 어떻게 구현할 것인지의 문제가 법정에서 변호사가 준수해야 할 가장 중요하고도 예민한 문제이다. 둘째는 법정절차의 신속화에 협력할 의무이다. 즉, 변호사는 법정절차를 부당하게 지연시켜서는 안 된다는 것이다. 셋째는 판사에 대한 부당한 영향력을 행사하는 것이 금지된다는 것이다. 판사의 입장에서도 그러한 개입에 대해서 저항해야 하겠지만, 변호사 측에서도 그러한 영향력 행사를 해서는 안 된다. 넷째는 상대방과 상대방 변호사에 대한 공정성을 유지하는 것이다. 다섯째는 변호사가 법원과 사법권에 대한 존중을 제고해야 한다는 것이다. 그 외에 재판 내용의 공개, 증인으로서의 변호사 등에 관한 내용으로 나눌 수 있다. 우리나라 윤리장전이 이들 내용의 모두를 다루고 있는 것은 아니다. 아래에서는 이러한 내용을 순차적으로 살펴본다.

2) 법정에서의 진실의무

법정은 논쟁이 되는 사건의 실체적 진실을 발견함으로써 정의를 구현하는 제도라고 할 수 있다. 그런데 법정이 거짓으로 물들게 된다면 법정이 존재할 이유가 없을 것이다. 법정을 구성하는 3대 축은 판사 · 검사 · 변호사라고 했을 때, 이들은 각자가 법정이 거짓으로 물들지 않도록 할 윤리적 책무를 갖는다. 만약 그렇지 않다면 이는 사법제도 자체를 파괴하는 것이고 스스로의 존립 이유를 훼손하는 것이다. 그러한 맥락에서 변호사는 법정에서 거짓을 유통시켜서도 안 되고, 거짓이 유통되는 것을 알면서 방치해서도 안 된다. 이것을 법정에서의 진실의무라고 할 수 있다.

(가) 위증교사 등의 금지

우리나라 윤리장전 제15조에는 "변호사는 위증을 교사하거나 허위의 증거를 제출하게 하거나 이러한 의심을 받을 언동도 하여서는 아니 된다"고 규정한다. 일본의 직무규정에서도 "변호사는 위증 또는 허위의 진술을 교사해서는 안 된다"고 규정한다. 윤리장전 제15조에서 명백히 하듯이, 변호사는 의뢰인이나 제3자로 하여금 위증을 하도록 교사해서는 안 되고, 허위의 증거를 제출하게 해서도 안 되며, 심지어 그러한 교사나 증거제출을 하게 하는 시도의 외관이 있어서도 안 된다. 이러한 내용은 윤리장전을 거론할 것도 없이 형법의 위반(형법 제152조)으로서 형사처벌의 대상이 된다고 하겠다. 이처럼 명백히 변호사가 위증을 교사한 경우는 형사처벌을 하면 될 것이고 또 필요하면 징계처분을 하면 될 것이기 때문에 이론적 논란이 될 것은 적다. 우리나라에서의 사례로는 사실은 피고인이 칼로 찔러 피해자에게 2주간의 상해를 입게 하였음에도 불구하고 피고인과 목격자로 하여금 "피고인이 박○○를 칼로 찌른 것이 아니라 피고인과 박○○[의뢰인]가 뒤엉켜 넘어지면서 바닥에 있는 유리조각에 찔려 상처가 난 것이다"라는 취지로 허위증언을 하게 한 것을 이유로 징계받은 사례가 있다(제2000-23호, 2003. 11. 17 결정, 징계사례집[IV], p. 192). 이 건에서 변호사는 정직 6월의 처분을 받았다. 민사사건에서도 유사한 사례가 있다. 이 건에서는 1심판결에서 승소판결을 받은 의뢰인이 그 판결금에 대한 채권가압류의 염려가 있다고 하면서 변호사의 사무원에게 그 가압류를 당하지 않도록 판결금을 허위로 사무원에게 채권양도해줄 것을 요청했는데, 요청을 받은 사무원은 변호사에게 의뢰인의 위 요청 내용을 설명하면서 "그렇게 채권양도를 받아두면 어떤 책임을 부담할 위험이 없겠느냐"라고 물어보자, 변호사는 "별 문제 없을 것 같다"고 대답해주었고 그에 따라 채권양도의 통지를 하게 한 사건이다. 이후 항소심의 소송절차에서 변호사는 그러한 허위의 사실에 기하여 변론을 수행한 것이 문제가 됐다. 징계위원회는 이에 대해 6개월의 정직처분을 내렸다(제2003-11호, 2004. 4. 26 결정, 징계사례집[IV], p. 194). 이러한 위증은 형법위반이기 때문에 형사처벌의 대상이 되며, 위의 두 사례에서도 변호사는 형사처벌을 받은 후 징계처분을 받은 것이다.

이처럼 명백하게 위증을 교사하거나 거짓을 행한 경우 외에, 다소 논란이 있는 경우도 많다. 아래에서 그러한 몇몇 문제에 대해서 살펴보자.

첫째, 변호사 자신의 책임 없이 증인이 법정에서 허위의 증언을 하거나 허위의 증거를 제출하는 경우에 변호사는 어떤 의무를 지는가? 특히 그러한 허위의 증언이나 증거가 의뢰인에게 유리한 경우에 변호사는 그것이 허위라는 것을 밝힐 윤리적 의무가 있는가?

우리나라 윤리규범은 이에 대해서 침묵하고 있다. 미국 표준규칙은 이러한 문제에 대해서 일정한 지침을 주는 바, 이를 참고로 해법을 생각해보자. 표준규칙에 의하면, 의뢰인이나 그 외의 증인으로부터 증언이 있었는데, 만약 변호사가 그 증언의 내용이 허위임을 알게 됐다면, 변호사는 이를 시정하기 위한 합리적인 조치를 취해야 한다고 한다(표준규칙 3.3(a)(3)). 즉, 변호사는 가만히 있어서는 안 되고, 허위적인 내용을 지적하고 교정해야 한다. 허위의 정보가 의뢰인에게 유리한 내용일 경우에도 마찬가지로 변호사는 그 사실을 교정해야 하며, 그것을 교정하기 위해서 의뢰인의 비밀정보를 공개하지 않으면 안 되는 경우에도 이를 교정해야 한다(표준규칙3.3(c) 참고).

둘째, 이와 관련하여 형사사건의 경우 형사피고인이 위증할 권리가 있는지에 대해서 미국대법원은 이를 만장일치로 부인하고 있다. 효과적인 변호사 조력을 받을 권리를 규정한 수정헌법 제6조[272]에도 불구하고 변호사가 재판에서 위증을 하려고 하는 피고인에 협력하지 않은 것은 수정헌법 위반이 아니라고 보았다.[273] 즉, 피고인이라고 하더라도 위증할 헌법상의 권리는 없다는 것이다. 만약 피고인이 허위의 증언을 하게 되면, 변호사는 의뢰인과의 사적인 대화를 통해서 잘못된 증언(증거)을 철회하거나 이를 시정하는 데 협력하도록 촉구해야 한다. 만약 피고인이 그러한 촉구를 수용하지 않으면 변호사는 법원에 대해서 대리의 철회를 요청해야 하고, 만약 법원이 이를 허락하지 않는 경우 변호사는 허위의 증언이나 증거에 대해서 판사에게 공개해야 한다. 요컨대, 미국의 경우는 비밀유지의무에 반하더라도 변호사는 거짓증언을 교정해야 한다는 것이다(표준규칙3.3, 주석10). 따라서 형사피고인인 의뢰인이 위증을 하게 되면 그 사실을 알고 있는 변호사는 모른 척하고 침묵해서는 안 된다. 변호사는 단순히 대리를 철회하는 정도로는 부족하고 적극적으로 교정조치를 해야 한다.

셋째, 사실관계에 관한 증언뿐만 아니라, 법률적인 내용에서도 변호사는 진실의무를 진다. 즉, 변호사는 의뢰인의 이익에 정면으로 반하는 것으로서 상대방이 공개하지 않은 법률적 사항이 있으면 이를 재판정에 공

272 미국 수정헌법 제6조는 '공정한 재판을 받을 권리'에 관한 것으로서, "모든 형사소추에서, 피고인은 범죄가 행해진 주 및 법률이 미리 정하는 지역의 공정한 배심에 의한 신속한 재판을 받을 권리, 기소의 성질과 이유에 관하여 통보받을 권리, 자기에게 불리한 증인과 대질할 권리, 자기에게 유리한 증언을 얻기 위하여 강제절차를 제공받을 권리, 자신의 변호를 위하여 변호인의 도움을 받을 권리가 있다"고 규정한다.

273 Nix v. Whiteside 475 U. S. 157, 106 S. Ct. 988(U. S. Iowa, 1986).

개해야 한다(표준규칙3.3(a)(2)). 다시 말해 변호사는 중요한 법률적 사항을 의뢰인에게 불리하다는 이유로 알면서 침묵해서는 안 된다.

넷째, 만약 의뢰인이나 증인이 아직 허위의 증언을 하지는 않았지만, 그렇게 하려고 의도하고 있는 경우 변호사는 그렇게 하지 말도록 설득해야 한다. 그 과정에서 만약 의뢰인이 법정에서 허위의 진술을 하게 되면 변호사의 입장에서 그 허위의 증언에 대해서 법정에서 이의를 제기하겠다고 말하는 것은 정당하다고 한다.[274] 의뢰인이 계속 허위증언의 의사를 표명함으로 인해 변호사가 대리를 철회하고자 하나 법원이 이를 허락하지 않는 경우, 변호사는 판사에게 그 상황을 공개할 수 있다.

다섯째, 변호사는 어떤 사람이 소송과 관련한 범죄나 사기적 행동에 개입하려고 하거나 하고 있는 것을 알게 되면 시정조치를 취해야 하며, 필요한 경우 재판정에 공개해야 한다(표준규칙3.3(b)). 예컨대 배심원이나 판사를 매수하려는 시도가 있는 경우가 이에 속할 것이다.

여섯째, 증언과 관련하여 적정한 비용을 지급하는 문제가 있다. 증인에게 과도하게 비용을 제공한다면 이는 증언의 내용을 왜곡할 우려가 있기 때문이다. 그러한 맥락에서 증인이 통상적인 사람이든 전문가이든 상관없이 합리적인 비용 이상을 증인에게 제공해서는 안 된다. 그리고 증언의 내용이나 소송의 결과에 따라 성공조건부로 증인에게 비용을 지급하는 것은 금지된다.[275]

일곱째, 변호사는 재판 전에 증인과 증언할 내용에 대해서 협의할 수 있는지에 대해서 논란이 있다. 재판 전에 변호사는 증인과 논의하면서 증인에게 기억을 회생하도록 돕고 증언의 불일치에 대해서 의견을 개진하

---

274 위와 같은 판례.

275 Person v. Association of Bar of City of New York 554 F. 2d 534(C. A. N. Y. 1977).

고 특정한 발언을 하도록 지시하는 것은 허용되지만, 증언을 왜곡하거나 새로운 내용을 주입하는 것은 금지된다.

(나) 변호사 자신의 정직의무

윤리장전 제15조는 위증의 교사나 제3자에 의해서 허위의 증거가 제출되도록 하는 것을 금지하는 내용을 담고 있을 뿐, 변호사 자신의 위증이나 허위의 증거 제출에 대해서는 언급하고 있지 않다. 그렇지만 변호사법에 "변호사는 직무를 행함에 있어서 진실을 은폐하거나 허위의 진술을 해서는 아니 된다"고 규정한다(변호사법 제24조 제1항). 일본은 허위의 증거 제출을 금하는 윤리규정을 가지고 있고(직무규정 제75조), 미국도 마찬가지로 변호사는 재판정에 대해 사실과 법에 대한 허위의 진술을 해서는 안 되는 것으로 명시하고 있다(표준규칙3.3(a)(1)). 유럽 행위규범도 "변호사는 고의로 허위이거나 오도하는 정보를 법원에 제출해서는 안 된다"고 규정한다(행위규범4.4). 소장 · 답변서 · 준비서면 등은 모두 변호사가 스스로 작성하는 것이므로 이러한 서류에는 여하한 허위의 내용도 포함되어서는 안 된다. 물론 객관적 사실이지만 의뢰인에게 불리한 것을 변호사가 공개할 의무는 없다. 이는 상대방 변호사가 해야 할 일이기 때문이다. 하지만 변호사는 어떠한 경우에도 법정에서 허위의 사실을 말해서는 안 된다.

어떤 이유에서든 만약 변호사가 허위의 진술을 한 것을 나중에 알게 된 경우, 그것이 중요한 사실과 법에 관한 것이면 변호사는 허위로 진술한 것을 교정해야 한다(표준규칙3.3(a)). 즉, 실수 등으로 변호사 자신에 의해서 허위의 '중대한'(material) 사실이 법정에 전달된 경우에 변호사는 이를 시정하지 않으면 안 된다. 중대한 '사실'뿐만 아니라 사안의 해결에 관련된 '법'이나 '판례' 등에 대해서도 그것이 중대한 것이면 변호사는 진실의무를 준수해야 한다. 의뢰인에게 유리한지 여부에 상관없이 합리적인 판사라면 고려하기를 원할 수 있는 법이나 판례가 모두 이러한 공개의 대상에 포함된다.

특히 미국의 표준규칙은 일방 당사자에 의해서 이루어지는 절차(ex parte proceeding)의 경우에, 변호사는 그 내용이 의뢰인에게 유리한지 불리한지를 따지지 않고 자신이 알고 있는 모든 중요한 사실을 재판정에 공개해야 한다(표준규칙3.3(d)). 일방 당사자에 의해 이루어지는 절차란 일방 당사자와 판사가 다른 당사자의 배석 없이 직접 만나서 사안에 대해서 협의하는 경우를 말한다. 이러한 일방적인 절차는 상대방에게 반론의 기회를 제공하지 않는 절차이기 때문에 특별히 더 엄격한 정직의무를 부과하는 것이다.

이상에서 살펴보았듯이, 변호사는 위증이나 허위의 증거를 법정에 제출해서는 안 되는 것은 당연하고, 어떤 이유에서든 사후적으로 그러한 사실을 알게 되는 경우에는 그것을 적극적으로 시정할 책임을 진다. 위증이 범죄라면 위증의 공개적 교정은 자기부죄(自己負罪)의 측면이 있긴 하지만, 변호사의 진실의무를 생각한다면 위증의 교정의무는 불가피한 요청이라고 생각된다.

3) 소송의 촉진의무

우리나라 윤리장전에는 "변호사는 출정시간과 서류의 제출, 기타의 기한을 준수하고 소송의 지연을 목적으로 하는 행위를 해서는 안 된다"고 규정한다(윤리장전 제27조). 일본의 직무규정에서는 "변호사가 태만에 의하거나 부당한 목적을 위하여 재판절차를 지연시켜서는 안 된다"고 규정하고 있다(직무규정 第76조). 종래의 미국의 책임준칙도 그와 같은 태도를 보였다. 즉, 변호사는 "오직 다른 사람을 괴롭히거나 악의적으로 해를 끼치기 위해서" 소송을 해서는 안 된다고 규정했다(DR 7-102(A)91)). 그러나 현행의 표준규칙은 그보다 더 적극적인 태도를 보이고 있다. 즉, 변호사는 의뢰인의 이익에 합치하는 한에서 소송을 촉진하기 위한 합리적인 노력을 해야 한다고 규정하여(표준규칙3.2), 단순히 소송의 지연에 대한 금지가 아니라 적극적으로 소송을 신속하게 진행하기 위한 노력의무를 부과하고 있는 것이다.

변호사는 사법절차를 진행하는 한 축으로서 소송의 지연을 막고 소송이 신속하게 진행되도록 할 의무가 있다. 이는 헌법 제27조에 규정한 바, "모든 국민은 신속한 재판을 받을 권리를 가진다"고 한 것을 실질화하는 의미도 있다. 그런 의미에서 재판의 지연은 제3자나 공공의 이익의 관점에서 변호사에게 부과된 의무라고 하겠다.

헌법상의 권리에 기하여 민사소송법 제199조는 "판결은 소가 제기된 날부터 5월 이내에 선고한다고 하고 다만 상소시 및 상고심에서는 기록을 받은 날로부터 5월 이내 선고한다"고 규정한다. 이와 같은 선고의무는 판사에게 발생하는 의무라고 할 수 있을 것이고, 변호사는 그러한 신속한 재판에 조력할 의무가 있으며, 그러한 기간 내에 재판이 이루어지게 해야 할 뿐만 아니라, 그 기간 내에 해당하는 경우에도 그것이 부당한 지연에 해당되지 않도록 협조할 의무가 있다고 보아야 할 것이다.

소송의 지연은 경우에 따라서 의뢰인에게는 이로운 것이 될 수도 있는데, 미국 표준규칙은 이러한 것을 인정하지 않는다. 즉, 소송의 부적절한 지연으로부터 경제적 또는 기타 이익을 얻으려는 것은 의뢰인의 합법적인 이익이 아니라고 본다(표준규칙3.2, 주석 1).

우리나라에서 소송지연과 관련하여 논란이 된 사건은 ○○조선의 김○○ 씨 사건이 있다.[276] ○○조선의 노동자였던 김○○ 씨는 1997년 노동조합 활동을 했다는 이유로 회사에서 징계해고되고, 이어 해고무효 확인

소송을 진행했다. 1심에 이어 2002년 2월 부산고등법원에서도 승소를 했으나, 사측은 상고했고 대법원은 상고를 접수한 지 3년 5개월이 지난 2005년 7월에 가서야 복직 판결을 내렸다.[277] 대법원에서 이 사건의 진행 과정을 보면 피고측 대리인은 상고이유서 제출 후 약 5개월이 지난 시점에서 상고이유서의 보충서를 제출하고 또 그로부터 1년 후에 다시 상고이유 보충서를 제출했다. 이후에는 피고의 대리인을 추가로 선임했는데, 그는 2개월, 10개월, 2개월, 8개월의 간격으로 준비서면을 제출하여 결국 추가로 대리인을 선임한 후 2년이 지나서야 상고기각의 판결이 내려졌다. 결국 단순한 해고무효소송을 하는데 무려 8년이 넘는 시간이 소요된 것이다. 이 과정에서 원고측은 소송의 신속한 진행을 촉구하는 각계의 탄원서를 수시로 대법원에 접수시켰다. 간단한 사건이 전례 없이 지체된 데는 재판을 진행한 법관들의 책임이 가장 크다고 생각되지만(이들에 대한 징계도 고려되어야 할 것이다), 그에 앞서 피고측 변호인이 소송을 의도적으로 지연시킬 의도가 있었다고 보지 않을 수 없을 것이다. 이와 같은 과도한 소송지연이 의뢰인의 대리인에 의해서 요구된 것이라고 하더라도 이는 허용되는 한계를 넘은 것이 아닌가 한다. 이러한 소송지연행위에 대해서 윤리적 비난이 이어지고, 징계나 손해배상 등의 방식으로 변호사에게 책임을 묻는 풍토가 만들어져야 할 것이다.[278]

소송의 촉진과 관련하여 무익한(frivolous) 주장이나 청구가 문제될 수 있다. 미국 표준규칙은 무익한 절차를 추진하거나, 무익한 주장, 무익한

---

276 재판권공대위, 「신속한 재판을 받을 권리와 피해구제」, 민주사법국민연대(2006), 전게서(제1부 각주 8), p. 335 이하 참고.

277 우리나라 상고심 사건의 평균처리 기간은 5.5개월이다.

278 김석진 씨는 법원을 상대로 소송지연의 책임을 묻는 민사소송을 제기했지만, 1심에서 패소했다.

반대주장을 하지 못하도록 규정한다(표준규칙3.1). 그 근거로는 상대방을 괴롭히기 위한 절차의 이용을 금하는 취지도 있지만, 주로 소송의 부당한 지연을 막는다는 취지가 놓여 있다고 보인다. 무익한 주장은 합리적인 근거가 없다는 것을 알면서 제기하는 주장 등을 말한다. 물론 소송의 초기 단계에서 모든 객관적인 근거가 갖추어지는 것은 아니므로, 절차가 진행되면서 사실관계가 드러날 것이 합리적으로 기대할 만하면 무익한 소송이라고 할 수 없다. 현행법이나 판결에서 수용되지 않는 주장을 하는 것은 무익한 주장이라고 할 수 있지만, 그러한 법이나 판결의 유효성을 문제 삼고 이것을 쟁점으로 삼아 공개적으로 문제를 제기하는 것은 무익한 주장이라고 할 수 없을 것이다.[279]

형사사건의 경우는 무익성이 매우 좁게 이해된다. 즉, 형사피고인을 대리하는 변호사는 자신이 유죄라고 믿는 사람을 위해서도 대리하는 것이 허용되며, 검사가 제기한 모든 사소한 증거에 대해서까지 세밀한 증명을 요구하는 것이 허용된다.[280] 형사사건에서의 유죄입증을 위한 증거와 그에 대한 반박에는 무익한 것이 없는 셈이다. 배심제 하에서 만약 피고의 유죄가 확실한 것으로 변호사가 인식함에도 불구하고 만약 피고가 배심재판을 받기 원한다면 변호사는 반드시 그 결정을 따라야 한다. 아주 기술적이고 사소한 문제에 대해서 반론을 제기하는 것은 무익한 주장이 될 수 있겠지만, 경우에 따라서는 그러한 것을 지적하는 것이 의뢰인의 이익이 될 수 있다면 그것을 주장하는 것이 허용되는 경우도 있을 수 있다.[281]

미국의 연방 민사소송규정은 좀 더 적극적으로 소송을 촉진하기 위한 조치를 취하고 있다. 그것은 변호사가 제출하는 모든 서류에 변호사의 서

279 Morgan, *Legal Ethics*(제2부 각주 13), p. 110.
280 Morgan, *Legal Ethics*(제2부 각주 13), p. 110.
281 Morgan, *Legal Ethics*(제2부 각주 13), p. 111.

명을 요구하는 것이다. 서명을 한다는 의미는 제출된 서류가 허위를 담고 있지 않으며 소송의 지연을 목적으로 하는 것이 아님을 보증하는 의미를 갖는다. 이는 만약 변호사가 소송의 지연을 목적으로 했다면 징계의 제재를 받을 뿐만 아니라 그로 인해 상대방에게 발생한 변호사 비용과 기타 비용을 배상해야 한다는 것을 의미한다.[282]

4) 판사 등에 부당한 영향력 행사의 금지

사법과정이 원활히 기능하기 위해서는 판사의 공정성 · 독립성을 확보하는 것이 매우 중요하다. 이를 위하여 판사 스스로 독립성과 공정성을 유지하기 위해서 노력해야 하겠지만, 마찬가지로 변호사가 그러한 공정성과 독립성을 해치는 행동을 해서는 안 된다. 변호사가 판사에게 영향을 미치려는 동기는 자신에게 유리한 판결을 얻기 위함일 것이다. 이러한 식으로 변호사의 부적절한 개입으로 판결이 좌우된다면 사법은 그 존재이유가 없을 것이다.

우리나라에서 변호사가 판사나 검사에게 부당한 영향력을 행사하는 경우는 적지 않을 것으로 보인다. 변호사에 의한 판사 · 검사 향응사건이 끊임없이 이어지고, 전관 변호사에 의한 이른바 '전화변론' 논란 등 심각한 문제들이 제기되기도 했다. 특히 우리나라에서 학연 · 지연 · 연수원 기수 등으로 판사 · 검사와 변호사가 서로 얽혀 있어서 재판에 대한 변호사의 부당한 개입의 위험성이 다른 어떤 나라보다도 크다. 우리나라 윤리장전 중에는 변호사에 의한 부당한 영향력 행사를 막기 위한 직접적 규정은 없지만, "변호사는 [……] 사법권의 존중에 특히 유의해야 한다"고 규정한 윤리장전 제26조가 대체로 이러한 내용을 염두에 둔 것으로 볼 수 있다.

282 Morgan, *Legal Ethics*(제2부 각주 13), p. 112.

일본의 경우 "변호사는 그 직무를 행함에서, 재판관, 검찰관 기타 재판 절차에 관여한 공직인 자와의 연고 기타 다른 사적 관계가 있는 것을 부당하게 이용해서는 안 된다"고 규정하고 있다(직무규정 第77조). 미국 표준규칙은 "법에서 금지된 수단으로 판사, 배심원, 예비 배심원 또는 다른 공무원에게 영향을 미치려고 하는 것"을 금지하고 있다(표준규칙3.5(a)). 표현의 차이가 있지만 모두 판사 등 공직자에 대한 변호사의 부당한 영향력 행사를 금지하는 취지는 같다고 하겠다. 우리나라에서 이러한 경우의 사례를 보자면, 국선변호사로 일하던 변호사가 행정직원을 통해서 국선변호료 송금용 통장을 미리 해당공무원(법무감)에게 교부한 후, 현재 수임 중인 사건 또는 향후 수임한 사건에 대하여 선처해 달라는 취지로 국선변호료 58만 원의 수령을 포기하는 방법으로 직무에 관하여 뇌물을 공여하여 징계된 사례가 있다(제2004-7호, 2004. 5. 31 결정, 징계사례집[IV], p. 177).[283]

판사 등에 대한 부당한 영향력과 관련하여, 미국과 유럽의 윤리규정은 일방 당사자를 대리하는 변호사가 상대방이나 상대방 변호사에게 통지하지 않고 판사 등 공직자와 접촉하는 것을 엄격히 금하고 있다. 즉, 미국 표준규칙은 법이나 법정명령에 의해서 그렇게 하도록 허락된 경우가 아닌 한 절차진행 중에 판사 · 배심원 등과 일방적으로 의사소통하지 말도록 규정한다(표준규칙3.5(b)). 이를 '일방적 소통'(ex parte communication)이라고 한다. 유럽 행위규범에 의하면, 변호사는 언제나 공정한 소송행위에 관하여 충분히 고려해야 한다고 하면서, 예컨대 변호사는 상대 당사자를 위해 활동하고 있는 변호사에게 먼저 알리지 않은 채 접촉하거나, 증거

283 이 사건에서 실제 징계의 근거로 사용된 것은 변호사로서의 품위위반(변호사법 제24조)이었다.

물, 메모, 기타 서류 등을 제출해서는 안 된다(행위규범4.2). 만약 변호사가 판사에게 문서를 통해서 의견을 전달하고자 할 때는 그 복사본을 상대방에게 즉시 제공해야 한다(DR7-110(b)(2)). 판사에게 재판절차의 밖에서 구두로 의사를 전달하고자 하는 경우에는 반드시 상대방 변호사에게 사전에 공지하지 않으면 안 된다. 이러한 원칙에 비추어볼 때, 변호사가 판사실을 쉽게 드나든다든지 전화로 판사와 손쉽게 접촉한다든지 하는 우리나라 관행은 심각한 문제라고 아니할 수 없다. 변호사가 상대방 변호사에게 통보함이 없이 판사를 만나는 것 자체가 비윤리적 행동임이 자각되어야 할 것이며, 이를 명시적으로 금지하는 윤리규정을 조속히 마련해야 할 것이다.[284]

한편, 미국 표준규칙은 법정에서의 내용에 대해서 언론 등에 공표하는 것에 대해서도 규제하고 있다. 즉, 어떤 사안의 조사나 소송에 관여하고 있거나 관여해왔던 변호사는, 공적 매체를 통해서 유포될 것이고 그 사안의 재판 절차를 '실질적으로 왜곡시킬 상당한 우려'가 있을 것이라고 변호사가 알고 있거나 합리적으로 알아야 할 것을 법정 밖에서 진술해서는 안 된다(표준규칙 3.6(a)). 이는 만약 변호사가 법정의 엄격한 절차와 상관없이 법정 밖에서 법정 내의 진행상황이나 그에 대한 자신의 개인적인 의견을 공개적으로 표명한다면 공정한 재판이 훼손될 수 있다는 점에 근거한다. 그렇기 때문에 "재판 절차를 실질적으로 왜곡시킬 상당한 우려"가 있는 내용에 대해서는 법정 밖의 진술을 금지하는 것이다. 이러한 내용이 국가작용에 대한 정보를 알고자 하는 국민의 알 권리를 침해하는 것이 아닌지에 대해서 미국에서도 논란이 있었으나, 오히려 재판 전에 피고인에

284 판사 측에서 변호사들의 일방적 접촉을 규제하는 규정으로는 '법관의 면담 등에 관한 지침' 이 있다(제3부 제1장 4. 3) 참고).

관한 내용을 공표하는 것은 피고인에게 적법절차의 보장을 부인하는 것으로 본 판례가 있고,[285] "재판 절차를 실질적으로 왜곡시킬 상당한 우려"라는 기준으로 재판외적 진술을 금지한 것은 합헌이라고 본 판례가 있다.[286] 즉, 미국에서는 법정에서 진행 중인 재판내용의 공표를 제한하는 것은 재판의 공정성을 보장함으로써 피고인을 보호한다는 취지를 가지고 있는 것이다. 그런 점에서 재판 내용의 부당한 공표는 판사에 대한 부당한 영향력을 행사하려는 시도라고 할 수 있다.

미국 표준규칙은 재판 내용의 공표와 관련하여 법정 밖에서 진술할 수 있는 내용에 대해서 나열하고 있다. 이에 의하면, 청구, 관련 공격과 방어, 그리고 법에서 금지한 경우를 제외하고 관련 개인의 신분, 공적 기록에 담겨진 정보, 그 사안에 대한 조사가 진행 중인 점, 소송 단계의 계획이나 결과, 필요한 증거나 정보를 얻기 위한 조력의 요청, 개인이나 공적 이익에 대한 상당한 손상의 가능성이 존재한다고 합리적으로 믿은 때 관련 개인의 행동에 관한 위험의 경고 등에 대해서는 대외적으로 공표해도 되며, 형사사건의 경우 이에 추가하여 피고의 신분·주소·직업·가족관계, 피고가 체포되지 않은 경우에 그 사람의 체포에 필요한 정보, 체포의 사실, 시간, 장소, 조사나 체포 책임자 및 담당자의 신분과 조사 기간 등도 이에 포함된다고 한다(표준규칙3.6(b)). 그러나 피고인의 종전 체포기록, 자백이나 유죄답변의 가능성, 피고의 유죄 여부에 대한 의견 등에 대한 진술은 허용되지 않는다. 이러한 금지규정에도 불구하고 변호사는 부당한 왜곡효과로부터 의뢰인을 보호하기 위해서 필요한 경우는 공개를 허용하고 있다. 다만 이러한 경우에도 진술은 부정적 영향을 완화시키기 위

285 Sheppard v. Maxwell 384 U. S. 333, 86 S. Ct. 1507(U. S. Ohio 1966).

286 Gentile v. State Bar of Nevada 501 U. S. 1030, 111 S. Ct. 2720(U. S. [Nev.], 1991).

해서 필요한 정보에 한정해야 한다(표준규칙3.6(c)).

그리고 변호사의 부당한 영향력 행사를 금지하는 이와 같은 의무는 단지 판사에 대해서 뿐만 아니라, 다른 검사 · 배심원 · 판사 이외의 재판관 · 중재인 등과의 관계에서도 확대 적용된다고 보아야 할 것이다(일본 직무규정 제77조; 미국 표준규칙3.9; 유럽 행위규범4.5 참고). 결국 판사 이외에 사법작용을 하는 다른 부류 사람에 대해서도 그 공정성과 독립성을 해치는 식의 영향력을 행사해서는 안 된다는 것이다.

5) 상대방 및 상대변호사에 대한 공정

변호사 상호간의 관계는 어떠해야 하는가? 서로 우호적이고 협력적인 관계가 있을 수 있고 상호 비판하고 견제하는 관계가 있을 것이다. 이 중 전자의 측면만 강조하는 것은 문제가 될 수 있다. 즉, 변호사가 의뢰인의 이익을 해치거나 공공의 이익을 해하는 경우에도 서로 우호적이고 협력적이라면, 이는 변호사들 간의 집단이기주의에 다름 아닐 것이다. 이런 맥락에서 일본에서는 종전의 '변호사윤리'에서 규정했던 '함부로 다른 변호사를 비방 · 중상해서는 아니 된다'라는 내용이 직무규정의 개정 과정에서 삭제됐다. 이러한 것은 변호사들간의 우호적이고 협력적인 관계 자체를 비판한 것이라기보다는 근거 없거나 부당한 동료의식에 대한 주의를 촉구하는 것이라고 할 수 있다.

그런 점에서 바람직한 변호사 관계는 상호 견제의 메커니즘이 어느 정도 작동하는 관계라고 할 수 있다. 각 변호사는 법질서에 따른 페어플레이어의 정신을 가지고 재판 내외에서 상호간에 임하여야 할 것이다. 그리고 필요한 경우에는 상대 변호사의 윤리위반에 대해서는 적극적으로 교정조치를 요구할 수 있는 관계가 되지 않으면 안 된다.

재판과 관련하여 미국 표준규칙은 '상대방과 상대 변호사에 대한 공정'이라는 제하에 몇 가지를 규정하고 있다. 여기에는 법정에서의 진실의무라고도 이해될 수 있는 것을 다수 포함하고 있다. 이에 의하면 변호사는 다른 당사자가 증거에 접근하는 것을 막아서는 안 되며 증거가치가 있는 문서나 자료를 불법적으로 변경 · 파괴 · 은폐해서는 안 된다. 증거를 조작하거나 허위의 증언을 하도록 증인을 자문하거나 돈이나 다른 수단으로 부당하게 증인을 유인해서도 안 된다. 법정의 규칙에 따른 의무의 이행을 의도적으로 회피해서도 안 되며 무익한 공개 요구를 해서도 안 되며, 정당한 공개 요구에 대해 적절한 노력을 다하지 않는 것도 윤리의무의 위반이다. 또 의뢰인 이외의 사람에게 사건관련 정보를 상대방에게 제공하지 말도록 요구하는 것도 허용되지 않는다(표준규칙3.4(a) 내지 (f) 참고).

6) 법원의 위신과 사법권의 존중

윤리장전 제26조는 "변호사는 법정의 내외를 불문하고 법원의 위신이나 재판의 신뢰성을 손상시키는 언동을 하여서는 아니 되며, 사법권의 존중에 특히 유의해야 한다"고 규정한다. 사법기능이 정상적으로 작동하기 위해서는 재판이 신뢰와 권위를 가지지 않으면 안 된다. 이러한 권위는 법원 스스로의 공정한 재판이 축적되면서 자연스럽게 쌓여갈 것이다. 이와 아울러 사법작용의 한축을 이루는 변호사도 그러한 권위의 형성에 기여하여야 하며 부당하게 그것을 훼손하는 행위를 하여서는 안 된 것이다. 그리고 변호사는 사법기관의 한 축으로서 사회의 분쟁이 가급적 법과정을 통해서 해소토록 함으로써 분쟁이 평화적이고 합리적으로 해소될 수 있도록 협력해야 한다. 이를 위해서도 변호사는 사법과정의 권위와 위신을 제고하는 데 기여하지 않으면 안 된다.

흥미로운 것은, 일본의 경우 이와 유사한 규정(구 윤리규정 제9조)이 있었으나 새로 직무규정이 만들어지면서 삭제됐다는 점이다. 이 규정이 삭제된 것은 변호사의 역할이 반드시 재판에 협조하는 데에만 있는 것은 아니라는 인식 때문이었다. 다시 말해 변호사는 준사법관으로서 재판의 원활한 진행에 조력해야 하지만, 비판을 자제하는 것이 반드시 능사는 아니라는 것이다. 때로 변호사는 의뢰인의 이익을 위해서 법정의 질서유지와 진행에 관하여 비판할 수도 있다. 일본에서는 이와 관련한 몇몇 사건이 있었다. 어떤 변호사가 재판장의 지시에 따르지 않고 착석명령 · 발언금지명령 · 퇴정명령이 내려졌음에도 여전히 '당신은 재판관 자격이 없다'고 발언한 사건이 있었다. 다른 사례로는 한 변호사가 판사의 발언금지명령 · 퇴정명령에 따르지 않고 소리를 지른 데 대해 구속을 명령하자, 다른 변호사가 구속의 이유가 무엇인가 답변하라는 식으로 다그치면서 재판장의 명령에 불복한 사건이 있었다. 이러한 일로 인해서 변호사들은 감치처분 및 과료를 부과받기도 했으며, 이로 인해 변호사회와 법원간의 관계가 악화되었고 급기야는 재판의 위신을 해하는 행위를 금지하는 구 윤리규정 제9조가 삭제됐다.[287]

일본에서는 그러한 배경으로 인해서 우리나라 윤리장전 제26조와 같은 내용이 삭제됐다고 하지만, 우리나라의 경우 반드시 이를 좇아갈 필요는 없다고 생각된다. 사법부의 권위가 유지되도록 유의하는 것이 바람직할 것이기 때문이고, 그러한 권위의 제고에 대해 변호사가 마땅히 조력해야 한다고 생각되기 때문이다. 다만 이러한 규정이 법원에 대한 건전한 비판을 억제하는 취지로 이해되어서는 안 될 것이다.

변호사가 법정에서의 질서유지에 조력하는 것은 재판의 효율적 진행을 위해서도 필요하지만, 사법부의 권위를 증진시키기 위해서도 필요하다. 그 연장선에서 "변호사는 스스로 법정의 위신과 신뢰성을 손상시키는 행

287 小島武司, 『法曹倫理』(제1부 각주 33), p. 181.

동을 해서는 안 되며, 동시에 법정의 질서유지 및 소송의 진행에 관하여 법원과 협력하고 그에 위반되는 소송관계인 또는 방청인의 언동을 지지하거나 교사해서는 안 된다"(윤리장전 제28조 제1항). 그리고 "변호사는 법정에서 상대방을 비난하거나, 변론 또는 준비서면 등에 상대방을 모욕하는 언사를 사용해서는 안 된다"(윤리장전 제28조 제3항). 또 "변호사는 법정 또는 그 주위에서 상대방이나 상대방 대리인에게 모욕적인 언사를 쓰거나 폭언 폭행하는 것을 방임해서는 안 된다"(윤리장전 제28조 제4항).

미국 표준규칙8.2는 판사나 관련 공직자 · 판사직에 입후보한 자의 자격이나 자질에 대하여 변호사가 허위라고 알고 있는 진술을 하거나 심한 경멸조로 진술을 해서는 안 된다고 한다. 이처럼 표준규칙은 변호사에게 판사나 법정이 부당하게 비판받는 것으로부터 보호하도록 권장한다(표준규칙8.2, 주석 3). 법원은 판사의 의견에 대해서 "충격적"(shocking)이라고 한 변호사를 공식적으로 비판한 사례가 있다.[288]

7) 법정의 남용과 변호사

이상에서 보았듯이, 법정에서 변호사는 재판이 원만하고 순조롭게 진행되도록 협력해야 할 의무를 진다. 비록 그것이 의뢰인의 이익에 반하더라도 공공적인 입장에서 그러한 의무를 진다. 그것을 가장 극적으로 보여주는 것이 변호사의 진실의무이다. 변호사는 법정에서 의뢰인에게 유리한지 불리한지를 묻지 않고 오직 진실이 유통되도록 해야 하며, 허위의 사실이나 법해석이 있음을 알게 된 경우에 이를 교정해야 한다. 그리고 변호사는 법정을 공정한 판결이라는 고유한 목적 이외의 부당한 목적을 위한 수단으로 이용해도 안 되고 그렇게 이용하는 것을 방치해도 안 된

288 In re Raggio 87 Nev. 369, 487 P. 2d 499(Nev. 1971).

다. 변호사는 소송의 상대방에 대해서도 적정한 공정성을 견지해야 한다. 의뢰인의 대리인인 변호사에게 이러한 공공적인 역할을 부과하는 것은 변호사가 단순히 의뢰인의 대리인에 그치는 것이 아니고, 스스로 법질서를 유지하고 사법질서를 유지해야 할 윤리적 책무를 지니기 때문이다. 그리고 그렇게 했을 때만이 변호사의 사회적 기능이 비로소 인정될 수 있을 것이다. 따라서 변호사는 적어도 법정과 관련하여 스스로의 정체성을 단순히 의뢰인의 대리인이라고 규정해서는 안 되고, 스스로 법질서의 대변인 또는 사법기관으로서의 지위를 자임하고 이를 실천하지 않으면 안 될 것이다.

3. 변호사의 공익활동 의무

1) 변호사의 공익의무

변호사는 공익에 기여하는 직업이라고 한다. 그러나 흔히 그 말이 의미하는 바는 변호사는 의뢰인의 이익을 충실히 대변함으로써 공익에 기여한다는 뜻이다. 이때 변호사는 보수를 조건으로 법률서비스를 제공하지만 그것이 공익 목적에 충실한 것으로 간주된다. 또한 직무의 성격 자체가 정의의 구현을 목적으로 하는 것이기 때문에 변호사는 거의 자동적으로 정의의 구현에 기여하는 것으로 간주된다.

그런데 변호사는 그러한 방식으로 공익이나 정의에 기여하는 것 이외에 추가적으로 공익이나 정의에 기여할 직업적 의무가 있는가? 예컨대 변호사는 법률서비스가 필요한 사람에게 무상으로라도 법률서비스를 제공할 의무가 있는가? 송무나 법률상담은 오직 변호사에 의해서만 가능한 현행법 체제에서 만약 그러한 의무를 인정하지 않는다면, 변호사를 고용할 자력이 없는 사람은 법률서비스를 받지 못하게 되는 결과가 될 것이다. 물론 달리 생각할 여지도 있다. 예컨대 가난한 사람들도 법률서비스를 제공받을 권리가 있다고 보고 그 의무를 국가가 부담하게 하는 방안도 있을 수 있다. 만약 변호사가 무상으로 법률서비스를 제공하지 않고 국가도 부담을 지지 않는다면 가난한 사람은 법률서비스를 받지 못할 것이고 이는 정의에 반한다고 할 만하다. 우리나라의 경우는 어떤 방향을 취하고 있으며 또 취해야 할 것인가?

이와 관련하여 우리나라 변호사윤리강령 제1호에 "변호사는 기본적 인권의 옹호와 사회정의의 실현을 사명으로 한다"고 규정한다. 여기에서 단순히 '정의'라고 표현하지 않고 '사회정의'라고 표현했을 때 이는 유상의 대리행위를 넘어 '사회'차원에서 정의가 구현되도록 노력한다는 취지로 이해된다. 예컨대 가난을 이유로 법률서비스를 받지 못하는 사람들에게도 법률서비스를 제공하는 것은 '사회'정의를 구현하는 것이 될 것이다.

우리나라의 경우 사회정의의 구현과 관련하여 인권변호사 전통이 있었다.[289] 1970년대 군사정권 시절 정치적 이유로 기소된 사람을 위하여 여러 변호사들이 무상의 법률서비스를 제공했다. 당시 정치범을 위한 소송대리는 돈벌이가 되지 않았을 뿐만 아니라 신변의 위험을 감수하는 용기를 필요로 했다. 어떤 면에서 보더라도 이것은 훌륭한 공익적 변호활동이었다고 하지 않을 수 없다. 그러나 이러한 역할을 변호사의 직업적 책무의 필수적 구성부분으로 삼을 수 있을지는 논란의 여지가 있다. 아래에서는 이러한 논란을 살펴본 후 변호사의 공익적 책무에 대해서 살펴본다.

289 제2부 각주 3 참고.

2) 공익활동 의무화 논란

(가) 공익활동의 의무화에 대한 찬성론

변호사가 공익활동을 해야 하는 이유는 여러 가지 측면에서 주장된다. 가장 중요하게는 국민의 재판받을 권리에서 시작하는 것이다. 우리나라 헌법 제27조는 "모든 국민은 헌법과 법률이 정한 법관에 의하여 법률에 의한 재판을 받을 권리를 가진다"고 규정한다. 그런데 일반 국민의 입장에서 재판을 받기 위해서는 변호사의 조력이 필수적이다. 그리고 재판에서 법률적인 조력을 제공할 수 있는 것은 변호사만이 할 수 있는 일이다. 이러한 구도에서라면 변호사를 고용할 수 없는 사람은 재판받을 권리가 실질적으로 봉쇄되는 결과가 되고 말 것이다. 또 반드시 재판이 아닌 경우에도 국민은 변호사의 조력 하에 여러 법률서비스를 받을 필요가 있다.

여기에서 현재의 변호사제도가 자격증제도에 입각하고 있다는 점이 고려되어야 할 것이다. 즉, 법률서비스는 국가(또는 다른 공적 기관)로부터 자격을 인정받은 사람에게만 허용된다. 이는 법률서비스의 질을 담보하기 위한 것이라고 할 수 있지만, 사실상 독점을 보장하는 부수적 효과를 갖는 것도 부인할 수 없다. 특히 우리나라와 같이 변호사가 만성적으로 부족한 나라에서 자격증 제도는 변호사의 독점력을 크게 키워주고 있다. 이는 변호사에게는 안정적인 고수입(수임료)을 보장하지만, 국민에게는 법률서비스에 대한 접근권을 제약하는 중요한 요인이 된다.

변호사에게 이러한 독점권을 주는 것이 타당한지에 대해서 논란이 있을 수 있지만 나름대로 근거가 없지도 않다. 이러한 독점권을 보장하는 이유는 변호사 이외의 사람에 의한 법률서비스에 의해서 국민이 입을지도 모르는 피해를 미연에 방지한다는 것이다. 그런데 반대로 그러한 제도 때문에 국민들이 애당초 법과 법률서비스에 대한 접근 자체가 봉쇄된다면 본말이 전도되는 결과가 될 것이다. 이러한 맥락에서 보자면, 변호사는 독점적 지위를 부여받은 만큼 그에 상응하는 사회적 책무를 부담하지 않으면 안 된다고 할 수 있다. 즉, 변호사는 국민의 사법에 대한 접근권을 보장할 윤리적 의무를 진다고 하겠다.

만약 독점적 지위로 인해서 고비용의 법률서비스만이 제공되고 그 결과 부자들만 법률서비스를 받게 되는 불합리(부정의)가 생긴다면 문제는 더욱 심각해질 것이다. 이는 법률서비스가 사회정의를 제고하기는커녕 오히려 더욱 왜곡시킨다는 것을 의미한다. 독점의 우려에도 불구하고 변호사에게 자격증을 부여하는 것은 법률서비스의 품질을 보장하고 그로써 사회정의의 증진에 기여하기 위함이라는 점을 고려한다면 변호사에게 공익적 법률서비스 제공의무를 부과하는 것은 당연하다고 하지 않을 수 없다.

법률서비스를 의무화하는 데 대한 공리주의적 논거를 제시하는 경우도 있다.[290] 이에 의하면 법률서비스의 의무화를 통해서 법률문제의 해결이 보다 적정하게 된다는 점, 보다 많은 시민이 스스로의 중요한 권리를 실현할 수 있게 된다는 점, 사법제도의 정당성을 높인다는 점, 법조에 대한 사회적 존경을 높인다는 점, 개개 변호사들에게 법이 경제적 약자들에게 어떤 기능을 하고 있는지를 알게 하는 일종의 교육적 기능을 한다는 점 등의 이득을 누릴 수 있으며, 이러한 이득이 무료서비스를 제공하는 비용보다 크다는 것이다. 공리주의적 접근은 변호사에게 부담을 주는 것은 사실이지만, 그보다 더 큰 사회적인 이득이 있기 때문에 그러한 의무를 부과하는 것이 타당하다는 것이다. 이득의 크기를 산술적으로 계산할 수는 없겠지만, 이득을 나름대로 공익적 서비스의 필요성을 정리하여 제시한 의의는 있다고 보인다.

290 小島武司, 『法曹倫理』(제1부 각주 33), p. 212 참고.

(나) 공익활동 의무화에 대한 반대론

공익활동 의무화에 대한 반대론은 통상적인 업무활동 이외에 추가되는 공익활동은 변호사의 고유하고 본질적인 사무가 아니라고 한다. 앞서 시장모델이나 역할모델론에서 보았듯이, 변호사의 업무는 비용을 받고 서비스를 제공하는 것이며 그 본질은 의뢰인의 이익을 적극 옹호하는 것이라고 한다. 이러한 입장에서 보자면 변호사에게 공익의무를 부과시키는 것은 직업의 자유를 침해하는 것이다. 이들은 공익활동의 의무화는 국가가 적정한 절차 없이 정당한 보상을 하지 않고 수행하는 일종의 강제수용에 해당한다고 본다.

만약 그럼에도 불구하고 강제로 공익의무를 부과한다고 했을 때, 과연 적정한 서비스가 제공될 것인지에 대해서도 의문을 제기한다. 마지못해서 법률서비스를 제공할 때 그 서비스의 질이 결코 좋을 수가 없다는 것이다. 뿐만 아니라 법률서비스가 고도로 전문화되고 분화되어가는 현실에서 특정변호사에게 의무적으로 자신이 전공하지도 않은 분야의 법률사무를 수행할 의무를 부과한다면, 충실한 법률서비스를 제공하는 것이 원천적으로 불가능하다는 것이다. 이러한 문제는 자칫 법무과오(malpractice)문제를 낳을 수도 있다고 한다.

그리고 소위 공익의무는 자발성을 본질로 하는 것이 옳지 않느냐는 주장도 있을 수 있다. 즉, 이는 업무 이외의 활동으로서 변호사의 사회적 책임의 연장선에서 자발적 봉사활동으로 위치지우는 것이 타당하다는 것이고 그렇게 해야만 공익활동의 의미가 비로소 사는 것이라고 본다.

공익활동의 의무화가 법률서비스에 대한 접근권을 보장하는 측면이 있는 반면에 오히려 보다 근본적으로 그것의 해결을 막는 것은 아닌가라는 의문이 제기되기도 한다.[291] 예컨대, 법률서비스에 대한 접근권을 늘리기 위해서는 소송 당사자 본인의 힘만으로도 소송이 가능하도록 법절차를 간소화하는 것, 법률부조의 확대를 위하여 공적 자금을 대폭적으로 확대하는 것, 변호사만이 법률서비스를 독점하는 제도를 개선하여 보다 많은 사람들이 법률서비스를 제공할 수 있도록 하는 것, 변호사 수를 대폭 증가시켜 서비스 제공자를 증가시키는 방법 등이 오히려 더 절실한 것은 아닌가 하는 주장이다.

아무튼 국민에게 사법서비스의 접근권을 보장하는 것이 필요한 것은 사실이지만, 이를 개별 변호사의 부담으로 해서는 곤란하다는 것이다. 공적 원조를 제공할 것인지의 여부는 국민이 선택할 사항이고 국민 스스로의 부담으로 공익변호활동을 적정한 수준으로 유지할 책임을 방기하고 변호사의 무상봉사에 의존하는 상태는 일국의 법정책의 존재양태로는 결코 건전한 것이 아니라는 주장[292]도 그러한 입장의 연장이라고 할 수 있다.

(다) 미국에서의 판례

공익의무를 부과하는 데 대한 논란을 반영한 미국의 판례를 참고로 살펴보자. 플로리다주의 한 판례에서 변호사들에게 매년 자신들이 제공한 무료공익활동의 횟수를 보고하라고 한 플로리다주 변호사협회 규칙의 합헌성이 검토됐다.[293] 그 규칙에 의하면 변호사로 하여금 무료공익활동의 횟수를 보고하게 하고 만약 변호사들이 그러한 활동을 원하지 않으면 법률구조단체에 350달러를 지불하도록 권장했다. 이에 대해 법원은 플로리다주의 계획은 플로리다의 변호사들에게 무료공익봉사의 필요성을 부각하기 위한 합리적인 방법이라고 판시하고 보고를 하지 않은 변호사는 징

---

291 小島武司, 『法曹倫理』(제1부 각주 33), p. 212.

292 小島武司, 『法曹倫理』(제1부 각주 33), p. 208.

293 Schwarz v. Kogan 132 F. 3d 1387(C. A. 11 [Fla.], 1998).

계할 수 있다고 했다. 법원은 플로리다가 무료법률봉사를 권장하는 데에서 정당한 이익을 갖는다는 것이 명백하다고 보았으며, 가난한 사람들에게 무료의 법률서비스를 제공하는 것은 법실무의 핵심적 구성요소로서 오랫동안 인정된 것이라고 보았다. 그리고 법전문직의 오랜 전통 중의 하나는 변호사가 법원의 공직자로서 법원의 명령에 따라 거의 비용을 받지 않고 가난한 사람을 대리하는 것이라고 했다.

판례는 법원이 변호사에게 가난한 사람을 대리하도록 지명한 경우 모든 변호사는 그것을 수락할 도덕적 의무(moral obligation)가 있다고 했다.[294] 그러나 이러한 입장에 대한 반대의 판결도 있다. 알래스카주 대법원은 주헌법 하에서 법원은 정당한 보상이 없다면 사적 변호사에게 가난한 형사피고인을 위해서 대리하라고 명령할 수 없다고 했다. 여기서 정당한 보상이란 공개된 시장에서 평균적인 능력을 가진 변호사가 받는 보상이라고 정의했다.[295]

(라) 소결

이상에서 보듯이 공익활동의 의무화 반대론에도 상당한 합리성이 있다. 또 최근 변호사의 수는 점차 증가하고 있으며 이에 따라 변호사들 간의 경쟁도 심화되고 있는 현실이 고려되어야 할 것이다. 퇴출위기에 있는 변호사가 있는가 하면 로펌을 통해서 개인 변호사로서는 상상할 수도 없는 엄청난 수입을 올리는 경우도 있다. 이러한 점을 고려한다면 변호사의 사회적 책무를 변호사의 개별적 조건에 관계없이 획일적으로 규정하는 것이 과연 정당한지 의문을 품지 않을 수 없다. 한편 국가도 가난한 사람

294 State v. Richardson 230 Kan. 23, 631 P.2d 221(Kan., 1981).

295 DeLisio v. Alaska Superior Court 740 P. 2d 437(Alaska, 1987).

을 위한 법률서비스 제공을 포함하여 공공적 법률서비스에 대해 일정한 책임을 진다고 할 수 있다.

그러나 이러한 사정에도 불구하고 변호사에게 공익활동의무를 전면적으로 면제하는 것은 곤란하다고 할 것이다. 변호사 직업에 대한 독점/특권에 대한 보장이 있고 실제로 변호사들이 그 수혜를 받는 한에서 그에 상응하는 사회적 역할을 하지 않으면 안 될 것이다. 그런 점에서 변호사의 공익활동의 의무화는 인정될 수 있다고 생각된다. 만약 공익활동여부를 변호사의 자발적인 의사에만 맡겨버린다면, 사실상 국민의 법접근성을 포기하는 결과가 될 수도 있을 것이다. 그런 점에서 어느 정도 강행적인 공익봉사활동을 요구하는 것도 가능하다고 본다.

다만 여러 가지 면에서 제도적인 보완은 필요할 것이다. 예컨대, 획일적으로 의무를 부과하는 것이 문제로 된다면 차등적 의무부과를 고려할 수 있다. 이는 수익이 많은 변호사나 로펌이 상대적으로 더 큰 사회적 책무를 감당해야 된다는 것을 의미한다. 또 기본적인 법률서비스의 질을 보장하기 위해서 신참변호사의 의무를 면제해 준다든지 직접 서비스를 제공하는 방법과 병행하여 돈으로 그 의무를 대신하는 길을 널리 열어주고 변호사단체 차원에서 조직적으로 공익법무를 담당하게 하는 것도 하나의 대안이 될 것이다.

3) 변호사의 공익활동에 관한 규정의 개관

우리나라는 변호사법에 명문으로 공익활동의 의무를 부과하고 있다. 즉, 변호사법 제27조 제1항은 "변호사는 연간 일정시간 이상 공익활동에 종사하여야 한다"라고 규정하고 있는 것이다. 그리고 공익활동의 활동범위와 시행방법은 대한변호사협회가 정하는 것으로 했다(제27조 제3항). 그 구체화로써 대한변협은 '공익활동 등에 관한 규정'을 제정하여 시행하고 있다. 여기에서 우리나라의 경우는 법률에 의해서 공익활동의 의무가 근거지워진 점에 그 특징이 있다고 하겠다.

윤리장전 제5조에도 공익활동과 관련한 내용을 담고 있는데, 여기에 두 가지 범주를 제시하고 있다. 즉 공익상의 직무를 위촉받은 경우와 그 외 일정시간의 공익활동이 바로 그것이다. 후자에는 가난한 사람이나 공익단체 등에 대한 법률대리나 자문 등이 포함된다. 윤리장전 제5조의 규정은 다음과 같다.

> 제5조[공익상의 직무] ① 변호사는 국선변호인, 관리인, 관재인, 관리위원, 직무대행자, 임시이사, 청산인, 유언집행자, 공소유지변호사, 민사조정법에 의한 조정위원 등 공익상의 직무를 위촉받았을 때에는 공정하고 정확하게 직무를 집행하여야 하며 이해관계인 등으로부터 별도의 보수를 받아서는 아니 된다. ② 변호사는 대한변협이 정하는 바에 따라 연간 일정 시간 이상 공익활동에 종사하여야 한다.

일본의 경우는 관공서에 위촉을 받은 경우 정당한 이유 없이 거절하지 못하도록 하는 규정이 있고(직무규정 제80조, 제81조), 위에서 말한 '일정시간의 공익활동'에 대한 규정은 없지만 제8조에서 변호사는 그 사명에 상응하는 공익활동에 참여하고 실천하려고 노력한다고 규정한다. 공익활동을 위해 노력할 윤리적 의무를 부과하지만 그것을 강제하지 않는다는 취지이다.[296] 유럽의 행위규범에는 공익에 관한 규정이 없다. 이는 유럽공동체 차원에서의 공익활동에 대한 의무부과가 없다는 것이며, 개별 구성

296 일본의 경우 개별 변호사회에 따라서는 변호사의 공익활동을 강제적 의무로서 부과하는 곳도 있다. 예컨대 동경제일변호사회가 그렇다.

국가에서의 공익활동에 대한 것은 별개의 문제이다.

미국의 경우는 공공서비스라는 제목 하에 상당히 방대한 내용을 다루고 있다. 즉 자발적 공공서비스(표준규칙6.1), 지명의 수락(6.2), 법률서비스 조직의 구성원(6.3), 의뢰인의 이익에 영향을 미치는 법개정활동(6.4), 비영리적이거나 법원에 부속된 제한적 법률서비스 프로그램(6.5) 등에 대해서 다루고 있다. 이 중에서 변호사가 변호사의 책무로서 공공적 역할을 해야 한다는 취지의 내용은 앞의 두 가지이고, 나머지는 변호사가 그러한 활동에 개입하고 있는 경우에 생기는 윤리적 문제를 규정하는 것이다. 표준규칙에서 자발적 공공서비스로 표현된 부분은 뒤에서 보듯이 위반시 징계가 부과될 수 있는 의무는 아니다.

대체로 보자면 공익활동과 관련한 우리나라의 규정은 눈에 두드러진다. 특히 변호사법에 명문으로 일정시간 동안 공익활동할 의무를 부과한 것은 특이하다.[297] 다만 미국의 경우는 공익활동 중에서 생기는 윤리적 문제를 지적하고 있는 점에서 참고할 만하다.

4) '공익활동 등에 관한 규정'에 나타난 공익활동의 구체적 내용

대한변협은 공익활동과 관련하여 '공익활동 등에 관한 규정'(이하 '공익규정'이라고 함)을 통해서 변호사의 공익활동의무를 세밀하게 규정하고 있다. 이 규정 제2조에서 공익활동을 정의하고 있는데 그에 의한 공익활동의 목록은 다음과 같다.

---

297 이런 규정이 도입된 것은 2000년 1월 28일부터이다. 당시 대한변협의 사실상 해체를 의미하는 조직개편안이 법안으로 상정됨으로써 "존폐의 기로에 서 있는 변호사단체는 최대한 방어를 할 수밖에 없었고, 이를 위해서 변호사단체의 공익적 성격을 더욱 강조하는 전략을 선택해야만 했다." 말하자면 대한변협이 궁지에 몰린 상태에서 궁여지책으로 변호사들의 의무적 공익활동조항의 법제화를 수용하게 되었다는 것이다. 자세한 내용은 황승흠, 「변호사의 공익활동의무」, 『법과사회』 제26호, 2004 참고.

1.시민의 권리나 자유 또는 공익을 위하거나 경제적인 약자를 돕기 위하여 마련된 자선단체, 종교단체, 사회단체, 시민운동단체 및 교육기관 등 공익적 성격을 가진 단체에 대하여 무료 또는 상당히 저렴한 비용으로 법률서비스를 제공하는 활동과 위 공익적 단체의 임원 또는 상근자로서의 활동 중 이 회 또는 지방변호사회가 공익활동으로 인정하는 활동.

2. 이 회 또는 지방변호사회의 임원 또는 위원회의 위원으로서의 활동.

3. 이 회 또는 지방변호사회가 지정하는 법률상담변호사로서의 활동.

4. 이 회 또는 지방변호사회가 지정하는 공익활동 프로그램에서의 활동.

5. 국선변호인 또는 국선대리인으로서의 활동.

6.법령 등에 의해 관공서로부터 위촉받은 사항에 관한 활동(다만, 상당한 보수를 받는 경우는 제외).

7.개인에 대한 무료변호 등 법률서비스 제공 행위 가운데 공익적 성격을 가진 것으로서 이 회 또는 지방변호사회가 공익활동으로 인정하는 활동.

위에서 보듯이 공익활동의 범위는 매우 광범하게 정의되어 있다. 그리고 추가적으로 공익활동의 범위에 대해서 변호사회에서 자율적으로 정할 수 있도록 하고 있다. 아주 다양하고 넓게 인정하는 편이라고 할 수 있다.

그리고 같은 규정 제3조에서 개인회원은 위의 공익활동 중 적어도 하나 이상을 선택하여 연간 합계 30시간 이상 활동하도록 규정하고, 다만 특별한 사정이 있는 지방변호사회는 위 30시간을 20시간까지 하향 조정할 수 있도록 했다(공익규정 제3조 제1항). 또 부득이한 사정으로 제1항의 공익활동 시간을 완수하지 못한 개인회원은 1시간당 금20,000원 내지 30,000원에 해당하는 금액을 소속 지방변호사회에 납부하여야 한다(공익규정 제3조 제2항).

개인 변호사는 매년 1월말까지 전년도의 공익활동의 결과를 지방변호사회에 보고해야 하고, 지방변호사회는 이를 대한변협에 보고해야 한다(공익규정 제8조). 만약 어떤 변호사가 이 규정에서 정한 공익활동을 정당한 이유 없이 수행하지 않거나 돈을 납부하지 않으면 협회장이 징계개시를 신청할 수 있도록 했다(공익규정 제9조). 그 외 중요규정으로는 법무법인 등에서의 특칙(공익규정 제4조), 공익활동심사위원회 설치(제5조) 등의 조항이 있다.[298]

전체적으로 볼 때 공익규정은 대한변협의 내부규칙이긴 하지만, 변호사법의 위임에 의해서 그 효력을 부여받기 때문에 실질적으로 법률과 같은 집행력을 갖는다. 의무적인 공익활동을 규정한 것은 다른 나라에 비추어보면 매우 특이하다고 할 수 있다. 뿐만 아니라 공익규정은 의무적 공익활동의 시간을 정하고 있으며 그것을 위반한 경우에는 징계에 회부될 수 있다고 명시한 점도 다른 나라에서는 찾기 힘든 내용이다.

다만 공익활동의 범위와 관련하여 그것이 반드시 가난한 사람에 대한 지원의 성격이 아님을 보이고 있다. 이에 대해서 미국은 공익활동과 가난한 사람에 대한 지원간의 연관성을 선명히 드러내고 있다. 즉, 미국 표준규칙은 다음과 같이 규정하고 있다(표준규칙6.1).

> 모든 변호사는 지불능력이 없는 사람들에게 법률서비스를 제공할 전문직의 책임이 있다. 변호사는 매년 적어도 (50)시간의 공공 법률서비스를 제공하려고

298 법무법인에서의 특칙으로 인해 로펌 변호사들은 대부분 실제 공익활동을 하지 않고, 다른 소속변호사의 공익활동으로 대신하는 것으로 드러나고 있다. 김앤장의 경우, 20시간을 채운 변호사는 2006년 기준 20.5%이고 한 시간도 실적이 없는 변호사가 61.3%이다. 이 자체는 특칙에 따른 것이라고 하더라도, 실상 공익적 성격이 없는 활동을 공익에 포함시키는 것은 문제이다. 예컨대 대한변협에서의 활동을 공익활동 근무시간에 포함시키는 것은 문제이고, 심지어 동호회 활동까지 공익활동으로 신고하는 이도 있다고 한다(「대형로펌 변호사 '무늬만 공익활동'」, 「한겨레」, 2008. 4. 13).

해야 한다. 이 책임을 다함에 있어서 변호사는 다음과 같은 일을 해야 한다(should).

(a) 50시간의 법률서비스 중 실질적으로 대부분을 다음의 사람이나 조직에 보수 없이 또는 보수에 대한 기대 없이 제공하는 것:

(1) 제한된 자력을 가진 사람 또는

(2) 주로 제한된 자력을 가진 사람의 필요에 응하기 위하여 고안된 자선적, 종교적, 시민적, 정부적, 교육적인 여러 사안의 조직 그리고

(b) 다음을 통하여 추가적인 서비스를 제공하는 것:

(1) 수임료 없이 또는 상당히 낮아진 수임료로, 시민적 권리, 시민적 자유나 공적 권리를 지키고 보호하기 위한 개인, 집단, 조직에게 또는 조직의 목적을 심화시킴에 있어서 통상적인 법률수임료의 지불이 조직의 경제적 자원을 심하게 위축시키거나 달리 부적절한 여러 자선적, 종교적, 시민적, 공동체적, 정부적, 교육적 조직들에게 법률서비스를 제공하는 일.

(2) 제한된 자력을 가진 사람들에게 실질적으로 인하된 보수로 법률서비스를 제공하는 것 또는

(3) 법 법체계 또는 법전문직을 개선하는 활동에 참여하는 것.

나아가 변호사가 제한된 자력을 가진 사람에게 법률서비스를 제공하는 조직에 재정적 지원에 자발적으로 기여해야 한다.

여기에서 보듯이 미국에서 자발적 공공서비스라 함은 보수에 대한 기대 없이 또는 통상보다 낮은 비용으로 '가난한 사람'을 위하여 법률서비스를 제공하는 것 또는 무보수 또는 저렴한 비용으로 이들을 위한 단체를 위해서 서비스를 제공하는 것이 공공서비스이다. 미국에서 소위 말하는 pro bono publico(이 말의 의미는 '공공의 선을 위하여'란 뜻이다)란 가난 등의 이유로 법률서비스를 받지 못하는 사람을 위한 것이라고 할 수 있다. 이

러한 의미의 무료법률서비스 제공활동은 1983년의 표준규칙에서는 매우 애매하게 규정되어 있었으나 개정을 거듭하면서 점차 구체화되었고, 지금은 그러한 활동이 모든 변호사의 의무라는 것을 선포함과 아울러 의무적 활동시간을 어느 정도 명시하는 데까지 이르렀다. 물론 공공서비스활동은 아직은 완전한 강행적인 의무로 규정되지 않았고 의무적 근무시간도 확고하게 자리 잡지는 않았다. 즉, 제공되는 공공서비스의 양은 연간 50시간이라고는 하지만, 이를 괄호로 표시한 것은 주의 사정에 따라 시간을 조정하거나 계산방식을 달리 할 수 있다는 의미이다. 게다가 공공서비스를 제공하는 것은 의무로서 변호사에게 제공되는 것이 아니고 하나의 권장사항으로 규정되어 있다. 표준규칙에서 should라고 표현한 것은 바로 그러한 의미이다.[299]

5) 변호사단체에 의한 공공서비스의 제공

일반 국민의 입장에서 법률서비스에 대한 접근의 필요성은 절실하지만, 그것을 모두 개인 변호사에게 부담시키는 것은 다소 과중할 수가 있을 뿐만 아니라 효과적인 방법이 아닐 수 있다. 예컨대 무변촌에는 어떤 식으로든 법률서비스를 제공할 수 있는 변호사 자체가 없기 때문에 단순히 개별 변호사들에게 공익활동의무를 부과한다고 해서 해소되는 것은 아니다. 이런 경우에는 변호사 과소지역에 대한 법률서비스의 제공 의무가 전체로서의 변호사 집단에 부과되어 있는 것으로 보아 변호사단체를 통해서 해소하는 것이 필요할 것이다. 이러한 관점에서 보자면 대한변협의 공익활동규정은 지나치게 변호사 개인의 의무에만 집중하고 있다고

299 미국의 표준규칙에서 해야 한다는 것은 shall로 표현된 경우와 should로 표현된 경우의 두 가지로 나누어진다. 전자는 만약 그 위반이 있는 경우, 징계가 될 수 있음을 보이는 것이고, 후자는 그렇지 않다는 취지이다.

하겠다(공익규정 제1조 참고).

일본의 경우 변호사 과소지역을 해소하기 위한 노력을 일변련 차원에서 수행하고 있다.[300] 일변련은 1992년 '공설사무소(公設事務所) 설치 검토 작업단'을 구성하여 그에 대한 구체적인 방안을 모색했다. 이들은 17,374명의 변호사 중 60%가 동경과 오사카 지역에 집중되어 있는 것 그리고 그 결과 203개의 지부 중에서 73개의 지부가 변호사가 전혀 없거나(34개소) 1명에 불과하다(39개소)는 사실을 지적하고 공설사무소의 설치를 제안했다. 제안된 형태는 변호사 상주형 공설사무소, 법률상담센터 확충형 공설사무소, 개업변호사의 지원형으로 나누어진다. 변호사 상주형 공설사무소는 일변련과 지역변호사회가 사무소를 제공하고 임기제로 상주하는 변호사를 파견하는 형태이다. 변호사는 사무소의 운영 주체가 되고 해당지역에서 변호사로 등록하여 변호사로서 법률상담, 법률부조사건, 국선변호, 당번변호, 피의자 변호 원조사건 등의 공익활동을 수임하는 의무를 지며, 그 외 보통의 변호사 업무를 수행한다. 일변련과 지역변호사회는 변호사의 수입에서 사무실 유지비 등에 필요한 비용을 공제하고 일정액에 이르지 못한 경우에 그 부족분에 대해 원조를 한다. 이러한 상주형 공설사무소의 구상은 그 다음 해 제1호가 탄생했다.

이러한 시도는 변호사단체가 주체가 되어 적극적으로 변호사의 공익의무를 수행하는 것으로서 우리에게도 시사하는 바가 적지 않다. 이러한 시도는 반드시 무변촌을 대상으로 할 필요는 없을 것이다. 예컨대 도시지역의 경우에도 이와 같은 공공적 법률서비스를 전문적으로 제공하는 공설의 사무실을 둔다면 매우 유익할 것이다. 특히 도시지역의 경우에 시민들을 위한 집단소송이나 환경소송, 의료과실소송, 제조물책임소송 등 공익

300 小島武司, 『法曹倫理』(제1부 각주 33), pp. 214~215 참고.

적으로 의미 있으며 전문적인 지식과 능력이 없다면 수행할 수 없는 사건들이 많이 있다. 이러한 소송들은 개인이 쉽게 감당하기는 어렵지만 공익적 관점에서 보자면 지극히 중요한 사건들이다. 따라서 이러한 소송은 변호사단체 차원에서 감당하는 것이 타당할 것이다. 이러한 공익적 소송활동은 단순히 피해자의 사법적 구제에 그치지 않고 법률이나 행정조직의 정비를 포함한 새로운 사회제도 창출의 계기가 될 수도 있다. 이러한 제반 활동은 인권의 옹호와 사회정의의 실현이라는 변호사로서의 사명을 수행하기 위한 하나의 방법인 것이다.[301] 이러한 활동도 변호사단체가 아니고서는 수행하기 어려운 일이라고 할 수 있고 변호사단체의 적극적인 역할이 요청되는 분야라고 할 수 있다. 다만 그 비용을 개별 변호사들이 지출하게 하면 개별 변호사가 간접적으로 자신의 공익적 의무를 수행하는 의미를 함께 갖게 될 것이다. 미국의 경우에 변호사협회는 변호사 신탁계좌(Interest on Lawyer Trust Account: IOLTA)를 이용하여 공익적 활동을 수행하는 법률조직에 대한 재정을 지원하기도 한다.

그 외에도 변호사의 공공적 역할과 관련하여 변호사단체의 역할은 지대하다. 개별변호사의 공익활동 과정을 점검하고 제재를 가하는 것도 변호사단체의 역할이다. 이러한 것이 변호사의 공익활동의무의 실효화를 위해서 중요하다는 것은 말할 것도 없다.

6) 공익적 직무에의 위촉

변호사는 국선변호인뿐만 아니라, 관리인 · 관재인 · 관리위원 · 직무대행자 · 임시이사 · 청산인 · 유언집행자 · 공소유지 변호사 · 민사조정법에 의한 조정위원 등 공익상의 직무를 위촉받을 수 있는데, 이러한 업

301 森際康友, 『法曹の倫理』(제2부 각주 17), p. 239.

무의 위촉이 있을 때 변호사는 정당한 이유 없이 수락을 거절하면 안 된다(윤리장전 제5조).

일본 직무규정 제80조는 변호사는 정당한 이유 없이 법령에 의하여 관공서에서의 위촉된 사항을 행하는 것을 거절해서는 안 된다고 하고, 제81조에서 변호사는 법령에 의하여 관공서에서 위촉된 사항에 대하여 직무의 공정을 유지할 수 없는 사유가 있는 때는 그 위촉을 받아서는 안 된다고 규정한다.

미국의 경우도 유사한 규정을 가지고 있다. 즉, 법원이 특정 사람의 대리를 위해 변호사를 지명한 경우에 그 변호사는 이를 거부해서는 안 된다. 다만 정당한 사유가 있는 경우에는 거부할 수 있는데, 그 의뢰인을 대리하는 것이 직무행위규칙이나 다른 법의 위반을 초래할 것으로 보이는 경우, 그 의뢰인을 대리하는 것이 변호사에게 부당한 재정적 부담을 낳을 것으로 보이는 경우, 의뢰인이나 소송원인이 변호사에게 너무 혐오스런 것이어서 의뢰인-변호사 관계나 의뢰인을 대리한 변호사의 능력을 손상시킬 것으로 보이는 경우 등이 이에 속한다(표준규칙6.2). 좀 더 구체적으로 보자면, 너무 바빠서 성실한 대리가 어려운 경우, 무익한 소송을 하려고 하는 경우, 다른 사람을 괴롭히기 위한 경우 등은 거부해야 한다. 그렇지만 단순히 대중적인 인기가 없다거나 피고가 유죄라고 믿기 때문이라거나 소송의 승산이 없다는 것을 이유로 공익적 직무에의 위촉을 거부할 수는 없다.

이상에서 보듯이 여러 나라에서 공히 변호사는 공익적 직무에의 위촉이 있을 때 정당한 이유 없는 거부는 금지되는 것으로 하고 있다. 따라서 정당한 이유 없이 거부한 경우는 징계사유가 된다고 보아야 할 것이다. 반대로 그 사안을 맡지 말아야 할 객관적 사유가 있음에도 불구하고 그 직책을 맡게 되면 징계사유가 된다고 보아야 할 것이다(일본 직무규정 제81

조; 미국 표준규칙6.2). 그리고 공익적 직무를 수락한 경우 "이해관계인 등으로부터 별도의 보수를 받"게 되면 이는 윤리장전 위반이 된다(윤리장전 제5조). 이는 마치 공직자가 이해관계인으로부터 금품을 받는 것에 상응하는 비윤리적 행위가 되기 때문이다.

7) 공익활동에서의 이익충돌의 문제

변호사는 공익활동으로 인해 이익충돌상황에 빠질 수 있다. 예컨대 무료법률상담의 봉사활동을 하던 중 자신의 로펌이 수임한 사건의 상대방으로부터 법률적 조언을 요청받는 경우가 발생할 수 있다. 이러한 경우에 변호사는 이익충돌의 법리에 따라 섣불리 상담에 임하지 말아야 할 것이나, 미국 표준규칙은 공익활동으로 인한 이익충돌의 경우에는 일정 정도 완화된 윤리규범을 제공한다.

우선 변호사가 자신의 로펌과 별도로 법률서비스 조직의 관리자 · 간부 또는 구성원으로 근무할 수 있는데, 이때 만약 그 조직이 그 변호사의 의뢰인과 상치되는 이익을 가진 사람에게 서비스를 제공하는 경우에 이익충돌이 생길 수 있다. 표준규칙은 이러한 경우에 조직의 간부로 활동하는 것은 문제가 없다고 본다. 관리자나 이사는 직접 의뢰인과 의뢰인-변호사 관계를 형성하지 않기 때문이라는 것이 그 이유이다. 즉, 공익활동을 위한 조직과 상담하는 의뢰인은 그 조직의 간부들과 직접 상담을 하거나 의뢰인의 비밀정보를 그 조직의 간부에게 제공하지는 않는다는 것이다. 다만, 공익조직에서 간부로서 활동하는 변호사는 이익충돌하는 사안을 결정할 때에만 관련 결정에 참여하지 않음으로써 이익충돌의 문제를 해소할 수 있도록 했다(표준규칙6.3).

법개혁활동을 하는 변호사가 의뢰인의 이익에 배치되는 법개혁활동을 하는 것도 허용된다. 예컨대, 자동차의 세금 인상을 주장하는 법개혁 활동을 하면서도 자동차 회사를 위해서 대리할 수 있는 것이다. 이와 관련하여 표준규칙은 변호사는 의뢰인의 이익에 영향을 미치는 법개정활동에 관여하는 조직의 간부가 구성원이 될 수 있다고 한다(표준규칙6.4). 이때 변호사는 의뢰인의 비밀을 지키는 한 그러한 구성원이 된다거나 그러한 활동을 하는 것만으로는 비윤리적인 행동을 한 것으로 간주되지 않는다. 그런데 반대로 공익적인 법개혁활동이 의뢰인의 이익과 일치하는 경우도 있을 수 있다. 이때는 앞의 사례와는 반대로 의뢰인의 이해관계에 의해서 법개혁활동이 왜곡될 수도 있다. 법개혁활동을 하는 조직에 가담한 변호사는 자신이 참여한 결정에 의해서 의뢰인이 실질적으로 이득을 얻을 수도 있다는 것을 알고 있을 때에는 그 사실을 공개해야 한다(표준규칙6.4). 그렇지만 이 경우에 의뢰인의 신분을 밝힐 필요는 없다. 이처럼 다소간의 이익충돌이 있을 수 있지만, 이러한 활동을 허용하는 것은 활동 자체가 공익적 성격을 띤다고 보기 때문이다.

변호사협회나 공익단체 등에서 변호사에게 단기간의 법률서비스 제공을 의뢰한 경우, 변호사는 이익충돌상황을 충분히 고려할 여유가 없을 수 있다. 그럼에도 불구하고 이익충돌의 법리를 엄격하게 적용하면 변호사의 공익활동을 심하게 위축시킬 것이다. 이러한 경우를 대비하여 미국 표준규칙은 단기간 동안 제공되는 공익법률활동에서는 의뢰인을 한 법률서비스가 이익충돌을 담고 있는 것을 변호사가 '알고 있을 경우에만' 이익충돌 회피의 의무가 발생하는 것으로 했다(표준규칙6.5(a)(1)). 마찬가지로 로펌의 경우에도 특정 변호사가 이익충돌의 법리에 의해서 자격이 부인된 것을 변호사가 알고 있는 경우에만 이익충돌의 전가문제(표준규칙1.10)가 발생하는 것으로 했다(표준규칙6.5(a)(2)). 이도 모두 공익활동을 조장하기 위해서 일정 정도 이익충돌의 법리를 완화한다는 취지이다.

이상에서 보듯이, 미국 표준규칙은 변호사가 공익적 목적으로 활동하는 경우 이익충돌의 법리를 완화하여 적용하고 있다. 우리나라의 경우에도 변호사의 공익적 활동을 조장한다는 차원에서 이러한 규정을 적용할 수 있을 것이다.

8) 공익활동의 실효화의 필요성

변호사의 공익활동의 의무에 관한 한, 우리나라 윤리장전이 공익활동을 강행적 의무사항으로 명시한 점에서 다른 어떤 나라의 윤리규정보다 진보적이라고 할 수 있다. 보수적인 우리나라에서 이러한 윤리규정이 정립된 것에 대해서 다소 의아스러운 면이 없지 않다. 이러한 규정이 도입된 배경에는 거듭되는 법조비리 사건에 따른 변호사들의 위기의식을 반영한 것이다. 이 규정이 도입될 당시 변호사들의 사회적인 위신은 최악이었으며, 정부는 차제에 변호사단체의 복수화 · 임의화하고 징계권을 회수하는 강력한 조치를 구상했다. 이러한 상황에서 변호사단체는 스스로의 공익적 성격을 최대한 부각시킬 수밖에 없었고, 그것을 위한 가장 강력한 카드가 모든 변호사에게 의무적으로 공익활동을 하도록 한 것이었다.[302] 이와 같은 제도의 도입 배경과 상관없이, 여하튼 우리나라 변호사단체는 스스로의 성격을 공익기관으로 위치지우고 그 실천 방향으로 개별 변호사의 공익활동의 의무화를 선언했는데, 이러한 방향 자체를 타당한 것으로 인정할 수 있다. 향후도 변호사의 공공적 성격을 약화시키기보다는 이를 더욱 실효적인 것으로 만들어가는 것이 필요할 것이다.

302 황승흠, 「변호사의 공익활동의무」(제2부 각주 297), p. 243.

4. 변호사 상호간 및 법조에 대한 윤리

1) 다른 변호사와의 관계

변호사는 의뢰인을 대리하는 과정에서 다른 변호사와 접촉하여 교섭하기도 하고 서로 대립·충돌하기도 한다. 이때 변호사는 어떻게 처신해야 하는가? 변호사 직업집단의 구성원으로서 변호사 간의 상호 존중적 태도를 보일 수도 있고, 의뢰인의 이익을 위하여 변호사 간의 대립을 불사할 수도 있을 것이다. 이러한 문제를 다룸에 있어서 가장 큰 원칙은 변호사는 의뢰인의 이익이 보호되는 한에서 직역의 이익을 도모해야 한다는 것이다. 과거의 경험에서 보자면, 변호사들이 의뢰인의 이익보다는 동업자적 동료의식을 가지고 직역의 이익을 추구하는 선에서 변호사 간의 관계를 규율했던 측면이 강했던 것을 부인하기 어렵다. 최근의 경향은 그러한 점에서 벗어나는 것이다. 즉, 과거의 윤리규범이 변호사끼리의 신의나 동료의식에 중심을 두었다면, 최근에는 의뢰인의 권리를 강조하는 방향으로 변하고 있다.[303] 이러한 원칙을 염두에 두면서 좀 더 구체적으로 살펴보자.

이와 관련하여 우리나라 윤리장전은 상대방 비방금지(제12조), 개입금지(제13조), 공동대리(제21조), 분쟁조정(제25조) 등에 대해서 규정하고 있다. 이들 각 조항의 의미를 다른 나라의 논의를 참고하면서 살펴본다.

(가) 변호사 상호간의 상호존중과 조정

변호사는 인권의 옹호와 정의의 실현이라는 숭고한 사명을 지니고 이를 구현하기 위해서는 변호사 직역 전체의 명예와 그에 대한 국민적 신뢰

---

303 森際康友, 『法曹の倫理』(제2부 각주 17), p. 149.

를 유지하는 것이 중요하다. 이를 위해서 변호사들 상호간에서도 서로 신뢰하고 존중하는 태도를 견지할 필요가 있다. 이런 점에서 일본 직무규정은 "변호사는 다른 변호사, 변호사법인 및 외국변호사와의 관계에서 상호간의 명예와 신용을 존중한다"고 규정하고 있다(직무규정 제70조). 그러나 자칫 그러한 행동들은 부당하게 동료를 보호하는 결과가 되어 오히려 변호사에 대한 국민의 신뢰를 해칠 수도 있다. 그런 점에서 변호사들 간의 신뢰와 존중에는 한계가 있다. 즉, 변호사는 의뢰인의 이익보다 변호사들의 이익을 앞세워서는 안 되는 것이다. 이 점을 유럽 행위규범은 "직업의 공동정신은 의뢰인의 이익을 위하고 불필요한 소송과 직업의 명예를 해치는 다른 행동을 피하기 위한 변호사 사이의 신뢰와 협동의 관계를 요구한다"고 하고 그러나 "그러나 의뢰인의 이익에 맞서 직업의 이익을 내세우는 것은 정당화될 수 없다"고 한다(행위규범5.1.1).

결국 변호사 상호간의 명예와 신용을 존중한다거나 신뢰와 협동을 요구하는 것은 변호사들의 집단적 이익추구의 수단이 되어서는 안 되며 의뢰인의 이익과 충돌되는 경우는 유지될 수 없는 가치이다. 그 한계 안에서 변호사들은 상호 존중하는 것이 필요하다.

변호사는 공동대리 또는 공동변호를 함에 있어서는 서로 협력하여 질서 있는 소송행위를 하여야 하며 서로 미루거나 분규가 일어나는 일이 없도록 하여야 한다. 공동대리인 사이에서 의견이 맞지 아니하여 사건처리에 지장이 있을 염려가 있을 때에는 지체 없이 의뢰인에게 알려야 한다(윤리장전 제21조 제1항). 공동대리인 간의 의견차이가 조정되지 않는 경우, 최종 결정은 의뢰인의 몫이라고 보아야 마땅할 것이다. 일본 직무규정 제41조는 "변호사는 동일한 사건을 수임하고 있는 변호사 또는 변호사 법인과의 사이에서 사건의 처리에 대하여 의견이 일치하지 않고, 이것에 의해 의뢰인에게 불이익을 낳을 우려가 있을 때에는 의뢰인에 대하여 그 사정을 설명해야 한다"고 한다. 모두 의뢰인의 자기결정권이라는 관점에서 변호사 사이의 윤리를 규정하고 있다.

(a) 다른 변호사에 대한 비방

윤리장전 제12조는 "변호사는 상대방 또는 상대방 변호사를 유혹하거나 비방해서는 안 된다"고 한다. 사실 소송을 통해서 분쟁을 해결하는 데까지 이른 경우 당사자 상호간에는 많은 감정적인 대립이 있었을 수 있고 이것이 변호사에게까지 전달되어 자칫 변호사 간의 격렬한 대결양상을 낳을 수도 있다. 그러나 그럴수록 변호사는 냉정을 유지해야 하며 과도하게 의뢰인의 이익을 옹호하려고 한 결과 상대방 변호사를 비방하는 등의 행동으로 나서서는 안 될 것이다. 상대방 변호사에 대한 부당한 비방은 결국 스스로의 명예와 신용을 해치는 결과가 되고 나아가 변호사 직업 전체에 대한 명예와 신뢰를 해치게 된다. 그리고 이러한 비방으로 인해 형사상 또는 민사상의 책임을 지게 될 수도 있다.

일본의 구 '변호사윤리'에는 "함부로 변호사를 비방 · 중상해서는 안 된다"는 규정이 있었으나(구 변호사윤리 제43조) 이것이 직무규정으로 전면 개정되는 과정에서 삭제됐다. 그 이유는 이 조항이 변호사 상호간에 서로 감싸는 듯한 색채를 가지고 있어서 오해의 여지가 있다는 것과 동일한 사건에서 다른 변호사에 의한 의견 개진이 종전 변호사에 의한 비난으로 비칠 수 있다는 점 때문에 제2의 의견(second opinion)을 구하는 것이 주저된다는 점 때문이다.[304] 즉 동료변호사에 대한 비난을 너무 염려하게 되면

---

304 森際康友, 『法曹の倫理』(제2부 각주 17), p. 151. 그 외에도 변호사들이 왜 통상적인 경우와 달리 비난으로부터 보호되어야 하는지가 잘 설명되지 않는다는 것이 지적됐다. 흔히 변호사 전체의 품위와 신뢰유지라고 하지만, 이는 오히려 적절한 비난(비판)이 수반되어야 유지되는 것이다.

부당한 일처리에 대한 정당한 비판조차 주저하게 하는 효과를 낳을 수 있다는 것이다.

이러한 점을 본다면, 우리나라 윤리장전을 이해할 때에도 '비방'을 너무 넓게 해석할 것은 아니고, 가급적 협소하게 이해하여 변호사 상호간에서 건전한 비판의 여지를 열어주는 것이 당연할 것이다. 변호사는 공익이나 의뢰인의 이익이라는 관점에서 필요한 경우 상대방 변호사를 포함한 다른 변호사에 대한 비판을 적극적으로 수행해야 할 것이다.

(b) 부당한 개입의 방지 등

변호사는 원칙적으로 각자의 대리행위에 대해 상호 존중하는 태도를 가져야 하며 다른 변호사의 업무에 대해 함부로 비판하거나 개입해서는 안 된다. 그런 점에서 윤리장전은 "변호사는 수임하지 않은 사건에 개입하여서는 아니 되며, 그에 대한 경솔한 비판도 삼가야 한다"고 규정한다(윤리장전 제13조). 일본 직무규정도 "변호사는 다른 변호사 등이 수임하고 있는 사건에 부당하게 개입해서는 안 된다"고 규정한다(직무규정 제72조). 여기에서 개입한다는 것은 다른 변호사의 의뢰인에게 적극적으로 영향을 미쳐서 자기 스스로 대리인이 되거나 의뢰되지 않은 사건의 중재를 자임하는 등 사건에 끼어드는 것이다. 이러한 행동은 변호사 업무의 전제가 되는 의뢰인-변호사 사이의 신뢰를 해치는 행위로서 금지된다.

한편 의뢰인의 입장에서는 자신이 의뢰한 변호사의 활동에 대해서 평가하기도 어려울 뿐더러 좀 더 나은 변호사의 조력을 받고자 할 수 있기 때문에, 이미 사건을 위임한 변호사와 별도로 다른 변호사의 평가를 받고 싶어 할 수 있다. 이처럼 이미 변호사를 고용하고 있는 의뢰인이 다른 변호사에게 자기의 사건에 대해서 제2의 의견(second opinion)을 물어오면 어떻게 해야 할 것인가? 변호사는 종전 변호사를 존중한다는 입장에서

의견의 개진을 자제해야 하는가 아니면 적극적으로 의견을 개진해야 하는가? 아무래도 후에 개입하는 변호사에게는 정보량이 한정되어 있고, 상담자의 설명에도 정확성과 객관성이 결여될 수 있고, 사건은 매우 다양하며, 사건의 처리방식에서도 차이가 크다는 점 등을 고려한다면, 섣부르게 기존 변호사의 행동에 대해서 비평하는 것은 삼가야 할 것이다. 그럼에도 불구하고 중대한 문제가 발견됐다면, 부당한 비방이나 중상이 되지 않도록 유의하면서 정확한 판단을 제공해야 해야 할 것이다.[305]

새로운 변호사의 의견을 청취한 결과 의뢰인이 종전 변호사를 해임하거나 추가적으로 변호사를 고용하려고 결정한 경우 종전 변호사는 그 결정을 존중해야 한다. 윤리장전은 "변호사는 의뢰인이 다른 변호사의 참가를 희망하는 때에는 이유 없이 반대하여서는 아니 된다"고 규정한다(윤리장전 제21조 제4항). 일본 직무규정 제40조도 "변호사는 수임하고 있는 사건에 대하여 의뢰인이 다른 변호사 또는 변호사 법인에 의뢰하려고 할 때는 정당한 이유 없이 이를 방해해서는 안 된다"고 규정하고 있다. 사건을 한 명의 변호사에게 맡기든 복수의 변호사에게 맡기든 이는 의뢰인의 결정사항이다. 그리고 사건을 위임하여 처리하고 있는 중에 추가적으로 변호사를 선임하는 것도 의뢰인의 자유이다. 이때 종전 변호사는 정당한 이유 없이 이를 반대해서는 안 된다. 정당한 이유란 참가하는 변호사와의 사이에 사건의 처리방침에 대해서 현저한 의견의 차이가 있거나, 상호간에 협조하여 사건을 처리하는 것이 곤란하다거나, 변호사 간의 협의에 시간이 소요되어 신속한 처리에 방해가 된다는 등 의뢰인에게 불이익을 미칠 우려가 있는 경우가 포함될 것이다.[306] 이러한 반대의견에도 불구하고

305 塚原英治, 『法曹の倫理と責任』(제2부 각주 33), p. 236.
306 일변련, 『주석 변호사윤리』(제2부 각주 56), p. 185.

의뢰인이 새로운 변호사의 참가를 희망한다면 변호사는 이를 반대해서는 안 된다. 다만 이 경우 변호사의 사임은 허용된다고 보아야 할 것이다.

(c) 변호사가 선임된 사건의 수임

우리나라 윤리장전에는 “변호사는 의뢰인이 이미 다른 변호사를 선임한 사건을 수임할 때에는 그 다른 변호사의 양해를 구하여야 한다”고 한다(윤리장전 제21조 제3항). 윤리장전에서 ‘양해’는 ‘동의’와 유사한 의미로 사용되는 데(윤리장전 제17조, 제18조 참고), 의뢰인이 변호사를 교체하거나 새로운 변호사를 끌어들이려고 할 때 다른 변호사의 양해를 받게 하는 것은 적절하다고 보기는 어려울 것이다. 변호사를 해임하거나 새로운 변호사를 고용하는 것은 전적으로 의뢰인의 결정사항이라고 보아야 할 것이기 때문이다.

다만 신임변호사는 종전 변호사의 업무에 부당하게 개입한 결과로서 사건을 수임해서는 안 될 것이며 의뢰인의 이익을 추구한다는 차원에서 종전 변호사의 협조를 요청하는 것이 필요할 것이다. 그러한 한에서 신임변호사는 사건을 수임하기 전에 종전 변호사와 협의하는 것은 필요할 것이다. 즉, 이 조항의 취지가 종전 변호사의 동의가 없다면 다른 변호사는 그 사건을 수임해서는 안 된다는 것은 아니다.

(d) 다른 변호사에 불이익 부과 방지

우리나라 윤리장전은 “변호사는 관행 또는 신의에 반하여 공동대리인 또는 상대방 대리인을 불이익에 빠지게 하여서는 아니 된다”고 규정한다(윤리장전 제21조 제2항). 마찬가지로 일본 직무규정도 “변호사는 신의에 반하여 다른 변호사 등을 불이익에 빠뜨려서는 안 된다”고 한다(직무규정 제72조). 매우 유사하지만 중요한 차이점도 있다. 일본의 직무규정은 종전의 변호사윤리에서 "정당한 직무관행 또는 신의에 반하여"라고 규정되어 있던 것을 개정하여, 이 중 "정당한 직무관행"이라는 부분을 삭제하여 만든 것이다. 이는 잘못된 직무관행이 많은 현실을 고려하여 이것이 정당한 직무관행으로 오해되는 일이 없도록 하기 위한 조치이다. 예컨대 다른 변호사에게 제2의 법률적 조언을 구하는 경우, 그 다른 변호사가 관행을 이유로 소극적으로 대응하는 것은 의뢰인의 이익에 반하는 것으로써 정당하지 않다고 볼 수 있다. 이러한 변화에 대해 모리기와는 이 조항이 변호사들 간의 정당한 비판을 억제하는 취지로 이해되어서는 안 되며, 오히려 그 반대로 "변호사의 기득권 보호가 관행화되어 있는 곳에서 그것을 배제하고 의뢰인의 권리와 이익의 관점에서 변호사 간의 관계를 다시 파악하는 것이 본 규정의 방침이다"고 해석했다.[307] 일본의 구 '변호사윤리' 제45조는 "변호사는 다른 변호사가 수임하고 있는 사건의 처리에 협력할 때 또는 다른 변호사로부터 사건의 수임을 요구받은 때는, 그 변호사가 그 사건 의뢰인과의 사이에서 갖는 신뢰관계를 존중하도록 노력해야 한다"고 규정하였는데, 이 조항도 직무규정에서는 삭제됐다. 그 이유도 종전 변호사와 의뢰인 간의 신뢰를 유지하려는 시도가 의뢰인의 이익에 반할 수 있기 때문이다. 즉, 의뢰인의 이익을 희생으로 해서까지 선임변호사의 신뢰를 구하는 타협을 해서는 안 된다는 것이다.[308] 여기에서도 변호사 간의 관계를 규율함에 있어서 변호사들의 집단적 이익이 아니라 의뢰인의 이익을 우선하는 원칙을 발견할 수 있다.

(나) 변호사의 비행에 대한 신고

307 森際康友, 『法曹の倫理』(제2부 각주 17), p. 153.

308 森際康友, 『法曹の倫理』(제2부 각주 17), p. 153.

다른 변호사의 위법행위나 비리를 알게 된 경우, 변호사는 어떻게 해야 하는가? 변호사를 형사처벌을 받게 하거나 징계처분을 받도록 하기 위해서 비행을 당국에 신고하는 것은 변호사의 고유 업무가 아니라고 볼 수 있다. 그러나 변호사직은 전체로서 국민의 신뢰를 받지 않으면 안 되는 것이고, 그런 점에서 개별 변호사의 비리는 변호사 직업 전체의 신뢰를 손상시킬 수 있기 때문에 다른 변호사의 비리에 대해서 침묵하는 것이 전체 변호사 직업의 신뢰 유지를 위해서 능사는 아니다.

유럽 행위규범은 타회원국의 동료가 변호사행위규범을 침해하는 것으로 보이는 경우 변호사는 그의 동료에게 그 사실을 환기시켜야 한다고 규정한다(행위규범5.9.1). 말하자면 동료로서 성의 있는 조언을 해야 한다는 것이다.

일본의 한 학자는, 변호사는 명예와 신용을 유지해야 하는 것인데, 그 의미는 "변호사에 대해서 단순히 자기 행동의 규율을 명한 규범에 그치지 않고 그와 동시에 동료의 직업윤리 위반을 감시하고 그것을 방지하도록 하는 적극적 의무를 부과한 것으로 보아야 할 것이다"라고 해석하고 있다.[309] 그러나 방지하기 위한 적극적 의무가 무엇인지에 대해서는 설명하지 않고 있다.

이에 비하여 미국 표준규칙은 '전문직의 비행'이라는 제목 하에 변호사에게 구체적인 신고의무를 부과하고 있다. 즉, 다른 변호사가 변호사의 정직성과 신뢰성 또는 다른 면에서 변호사로서의 적합성에 대하여 심각한 의문을 제기하는 비행을 저질렀다는 것을 아는 변호사는 그 사실을 적절한 전문직 당국에게 알려야 한다(표준규칙8.3(a)). 여기서 말하는 '전문

---

309 伊藤彦造, 「職業倫理からめて辯護士實務の具體的檢討」, 塚原英治, 『法曹の倫理と責任』(제2부 각주 23), 1970, p. 222.

직의 비행'은 다음과 같은 것들이다.

a) 전문직 행동규칙을 위반하거나 하려고 한 것, 다른 사람이 그렇게 하도록 의식적으로 조력하거나 유인하는 것, 또는 다른 사람의 행동을 통해서 그렇게 하는 것;

b) 변호사의 정직, 진실됨 또는 다른 측면에서 변호사로서의 적합성을 부정적으로 반영하는 범죄적 행동을 범하는 것;

c) 부정직, 사기, 속임수, 또는 거짓 표명을 포함한 행동을 하는 것;

d) 사법행정에 대해 편파적인 행동을 하는 것;

e) 정부당국이나 공직자에게 부적절하게 영향을 미치는 능력 또는 전문직 행동규칙이나 다른 법을 위반하는 수단으로 결과를 얻는 능력을 말하거나 암시하는 것; 또는

f) 적용되는 사법행동 규칙이나 다른 법의 위반인 행동에서 판사나 사법 공직자를 의식적으로 지원하는 것.

이러한 비행들에는 변호사의 고유직무와 직접 관련된 것도 있고 그렇지 않은 것도 있다. 그렇지만 적어도 간접적으로나마 변호사의 고유한 업무를 수행하는 데 심각한 지장을 주는 것으로 간주되는 비행이라는 것이 공통적이다. 말하자면 변호사로서의 정직성 · 신뢰성 등의 측면이 의심받는 비행의 경우는 신고의 대상이 된다. 표준규칙1.16에 의하면 정신적 · 육체적 조건이 의뢰인을 대리할 변호사로서의 능력을 현저히 손상하면 대리를 철회해야 한다고 규정하고 있는데, 이 조항에 위반하여 대리행위를 계속하는 경우에도 이를 아는 변호사는 신고해야 한다고 한다(공식의견 03-431, 2003).

물론 변호사는 모든 사소한 위반행위에 대해서 신고해야 하는 것은 아

니고, "심각한 의문"(substantial question)이 있을 때만 신고해야 한다. 심각하다는 것은 증거가 충분하다는 의미라기보다 사태의 심각성(seriousness)을 의미하는 것이다.[310]

미국에서 이 조항은 단순히 장식적인 것에 머무는 것이 아니다. 1988년 다른 변호사의 비행을 보고하지 않았다는 이유만으로 변호사가 징계받은 첫 사례가 있었다.[311] 이 사례에서는 변호사가 화해합의로 받은 돈을 횡령하고 이를 의뢰인에게 돌려주지 않자 의뢰인은 다른 변호사를 고용하여 이를 받아내고자 했는데, 의뢰인은 종전 변호사에 대한 기소를 원치 않았기 때문에 새로운 변호사는 그를 기소하지 않고 새로운 화해협상을 이끌어내었다. 이에 대해 일리노이 대법원은 새로운 변호사에게 1년의 정직처분을 내렸다.[312]

우리나라에서 이와 같은 정도로 변호사에게 신고의무를 부과할 수 있을지에 대해서는 논란이 있을 수 있을 것이다. 하지만 변호사 업계 전체의 순수성을 유지하고 국민에 대한 신뢰를 유지하려고 한다면, 단순히 동료변호사의 비행에 대해서 상호 은폐하고 침묵하는 것은 바람직하지 않다. 이와 관련하여 미국 표준규칙과 유사한 윤리규범을 채택하는 것을 검토해볼 만하다고 하겠다.

(다) 변호사 사이 분쟁의 조정

우리나라 윤리장전 제25조는 "변호사는 변호사 상호간 또는 변호사와 위임인 상호간에 직무상 분쟁이 생긴 때에는 우선적으로 소속 지방변호사회의 조정에 의하여 해결하도록 하여야 한다"고 규정한다. 법을 다루는

---

310 Rotunda, *Legal Ethics*(제1부 각주 24), p. 450.

311 In re Himmel 125 Ill. 2d 531, 533 N. E. 2d 790(Ill., 1988).

312 Rotunda, *Legal Ethics*(제1부 각주 24), pp. 447~448.

변호사의 입장에서 분쟁을 피할 수는 없겠지만, 가급적 소송을 통해서 해결하지 말고 이를 평온하게 문제를 해결함으로써 변호사에 대한 신뢰를 유지하려는 취지이다. 가장 바람직한 것은 당사자 간의 자주적 해결이겠지만, 윤리장전은 그렇지 않은 경우에도 변호사회의 조정에 의해서 해결하도록 권장한다.

일본 직무규정도 이와 유사하게 "변호사는 다른 변호사 등과의 사이의 분쟁에 대해서는 협의 또는 변호사회의 분쟁조정에 의하여 원만한 해결에 노력한다"고 규정한다(직무규정 제73조). 유럽 행위규범은 다른 회원국의 변호사 사이에 직업상 성격을 갖는 개인적인 분쟁이 발생할 경우에는 가능한 한 먼저 우호적인 방법을 통해 해결하려고 해야 한다고 하고(행위규범5.9.2), 이러한 분쟁이 발생한 경우 타회원국의 동료에 대하여 어떠한 소송형태의 절차도 개시해서는 안 되며 우선 두 변호사가 속해 있는 법조인단과 법률협회에 알려 이들에게 사건의 해결에 기여할 기회를 제공해야 한다고 규정한다(행위규범5.9.3).

2) 변호사회에 대한 의무

변호사는 그 자격을 갖추었더라도 변호사로서 개업하기 위해서는 지방변호사회를 거쳐 대한변협에 등록해야 한다. 등록을 신청하면 대한변협은 등록심사위원회의 심사를 거쳐 등록 여부를 결정하는데, 일정한 사유가 있는 경우에 등록을 거부할 수 있다(변호사법 제7조 및 제8조). 이러한 규정에 의해서 변호사는 개업의 전제로서 변호사회에의 가입이 강제되고 있는 것이다.

변호사는 지방변호사회 및 대한변협의 회원으로서 소속변호사회 및 대한변협의 회칙을 준수해야 한다(변호사법 제25조). 이러한 내용은 윤리장전에서도 반복되고 있다. 즉, 윤리장전 제4조에 의하면, 변호사는 법령과 대한변협 및 소속 지방변호사회의 회칙 · 규칙 · 규정 · 결의사항 등을 준수하고 그 활동에 적극 동참하여야 하고(윤리장전 제4조 제1항), 변호사는 변호사와 변호사단체의 명예와 신용을 해치는 행위를 하여서는 아니 된다(동 제2항). 그리고 변호사는 변호사단체의 임원이 민주적이고 공정한 방법에 의하여 선출되도록 힘써야 하고, 임원은 변호사단체의 직무 이외에 그 직위를 이용하여서는 아니 된다(동 제3항 및 제4항).

여기서 말하는 회칙은 '변호사협회 회칙'뿐만 아니라 그것의 구체화를 담고 있는 각종 하위 규범도 포함한다고 보아야 할 것이다. 만약 변호사가 회칙을 위반하게 되면 징계의 사유가 된다(변호사법 제91조 제2항 제2호). 또한 회칙의 많은 부분은 변호사법의 내용을 구체화한 것이기 때문에 이에 대한 위반은 법률의 위반과 동일한 효과를 낳을 수도 있다.

3) 변호사 사무실의 유지관리와 관련한 의무

변호사법 제21조는 변호사는 법률사무소를 설치할 수 있다고 한다(변호사법 제21조 제1항). 따라서 변호사 아닌 자는 '법률사무소'란 명칭을 가진 사무소를 설치할 수 없다고 보아야 할 것이다.

법률사무소의 설치 장소와 관련하여 변호사법은 변호사의 법률사무소는 소속 지방변호사회의 지역 안에 두어야 한다(변호사법 제21조 제2항). 변호사로 하여금 각 지방변호사회에 소속하게 하고 그 지역에서만 법률사무소를 개설할 수 있게 한 것은 변호사회가 각 변호사와 법률사무실에 대한 감독 기능을 원활히 하기 위한 것이다. 변호사 사무실을 다른 지역으로 이전하려는 경우는 소속 변호사회도 변경해야 한다.

법률사무소의 수와 관련하여 변호사법은 변호사는 어떤 명목으로도 2개 이상의 법률사무소를 둘 수 없다고 규정한다(변호사법 제21조 제3항). 윤리장전은 변호사는 명목 여하를 불문하고 둘 이상의 사무소를 개설하거나 연락 사무소, 연락 전화 등을 설치해서는 아니 된다고 한다(윤리장전 제7조). 그러나 법무법인은 분사무소를 둘 수 있는데(변호사법 제48조 제2항) 이때 주사무소에 전체 인원의 과반수가 주재해야 하고, 분사무소에는 1인 이상의 구성원 변호사가 주재해야 한다(시행령 제12조 제1항).

일본의 경우 변호사가 극히 부족했던 시기에는 복수의 법률사무소 개설을 허용했으나, 소화 8년(1909년) 변호사법을 개정하면서 사무소 복수주의에서 단일주의로 고쳤다. 그 이유로 네 가지가 거론됐다. 첫째, 변호사는 각지에서 과잉상태로 되어서 법률사무소 단일주의로 해도 의뢰인에게 불편을 주지 않는다. 둘째, 변호사 간의 극단적인 자유경쟁을 방지할 필요가 있다. 셋째, 복수의 사무소 설치를 허용하는 것은 소송지연의 원인이 된다. 넷째, 복수의 사무소를 허용하면 비변호사 배양의 원인이 된다(즉, 한 변호사가 여러 사무실을 두면 결국은 변호사가 아닌 사람이 법률사무를 수행하도록 조장하는 효과가 생긴다는 것이다). 이상과 같은 논점에 대해 논란이 있은 후 결국은 단일주의로 귀결됐다.[313] 그 외에도 변호사회의 지도, 연락, 감독권의 확보도 거론될 수 있다. 일본의 판례는 복수사무소를 금지하는 실질적 이유를 '변호사가 2개 이상의 법률사무소를 설치하여 법률사무를 수행한다면, 책임의 소재가 불분명하고 나아가 비변호사와 제휴하는 폐해를 초래할 우려가 있다'는 점에서 구했다.[314]

사무소 단일주의에 대한 반론도 있다. 즉, 법률사무소의 집단화 · 공동화가 진행되고 있는 것에 비추어본다면 일정한 조건 하에서 복수의 사무소를 인정해도 비변호사활동의 유발을 방지할 수 있고, 사무소 단일주의 하에서는 재판소 소재지에서 먼 지역과 과소지역 등에 법률사무소를 설

313 일변련, 『조해 변호사법』(제2부 각주 16), p. 146.

314 東京高判 昭和50年1月30日 行裁例集26券1?, p. 87.

치하는 것이 곤란하고, 법률사무소가 편재하여 변호사에의 접근이 어렵기 때문에 복수의 법률사무소 금지를 재검토하자는 것이다.[315]

(가) 사무직원에 관한 규칙

변호사법은 변호사는 법률사무소에 사무직원을 둘 수 있도록 하면서 사무직원의 자격 · 인원 · 연구, 기타 필요한 사항은 대한변호사협회가 정하도록 했다. 윤리장전은 변호사는 소속 지방변호사회의 규칙에 정한 수 이외의 사무직원을 두어서는 아니 된다고 한다(윤리장전 제8조 제1항). 그리고 대한변협은 '변호사 사무원규칙'(2006. 2. 20 개정)을 제정했고, 여기에서는 사무직원의 인원은 사무소의 규모, 업무의 범위 또는 업무량 기타 사정에 비추어 적정한 수를 넘어서는 아니 된다고 규정한다(변호사 사무원규칙 제5조). 집행유예 기간 중인 자를 변호사회에 등록하지 않고 사무직원으로 고용한 것(제2003-26호, 2004. 5. 31 결정, 징계사례집[IV], p. 37; 제2003-1호, 2003. 5. 26 결정, 징계사례집[IV], p. 182), 징역 8년이 실형의 전과를 받은 자를 변호사의 사무직원으로 채용한 것(제2003-4호, 2003. 7. 14 결정, 징계사례집[IV], p. 183) 등으로 징계받은 사례가 있다.

(나) 사무소의 장부 작성 유지 및 수임 상황의 보고

변호사는 수임에 관한 장부를 작성하고 이를 보관해야 한다. 이 장부에는 수임받은 순서에 따라 수임일 · 수임액 · 위임인 등의 인적사항, 수임한 법률사건 또는 법률사무의 내용 등을 기재해야 한다(변호사법 28조). 수임료를 받고 수임했음에도 불구하고, 수임에 관한 장부를 작성하지도 않

---

315 小島武司, 『近隣法律事務所設置提唱』, 民商法雜誌 第65卷3?, p. 3, 일변련, 『조해 변호사법』(제2부 각주 16), p. 147 재인용.

고 비치하지도 않으면 징계사유가 된다(제2003-3호, 2004. 4. 26 결정, 징계사례집[IV], p. 251). 그리고 변호사나 로펌은 매년 1월말까지 전년도에 처리한 수임사건의 건수 및 수임액을 소속 지방변호사회에 보고해야 한다(변호사법 제28조의2).

4) 명의대여

변호사의 업무를 하기 위해서는 변호사의 자격을 획득하지 않으면 안 된다. 일부 변호사는 이 점을 이용하여 변호사 아닌 사람이 변호사 업무를 할 수 있도록 자신의 명의를 대여하고 명의대여료를 수취하기도 한다. 이러한 일은 자격증 제도의 존재의의를 부인하는 것이다. 따라서 변호사는 변호사 아닌 자에게 자신의 명의를 사용하게 해서는 안 된다(변호사법 제34조 제4항; 윤리장전 제10조). 변호사에 대한 징계사례에는 명의대여를 이유로 하는 경우가 적지 않다. 변호사 아닌 자에게 변호사 명의를 이용하여 소장 등 각종 서류를 작성 · 제출하게 하고 그 명의대여의 대가로 매월 400만 원 상당의 금원을 받은 것(제1998-150호, 2002. 2. 18 결정, 징계사례집[IV], p. 85), 사무원에게 변호사의 명의로 경매대리업무를 하게 하고 경매수수료의 일부를 그 대가로 받은 것(제2004-15호, 2004. 10. 11 결정, 징계사례집[IV], p. 86), 변호사의 명의를 이용하여 법인설립등기 업무를 대행할 수 있게 하고 명의대여료를 수취한 것(제2004-24호, 2004. 12. 20 결정, 징계사례집[IV], p. 90), 변호사 명의로 부동산경매의 입찰사무를 하게 하고 명의대여료를 수취한 것(제2004-27호, 2004. 12. 20 결정, 징계사례집[IV], p. 91) 등이 있다.

5) 변호사의 품위유지 의무

변호사법 제24조는 "변호사는 그 품위를 손상하는 행위를 해서는 아니 된다"고 했고, 윤리장전 제2조도 "변호사는 직무의 내외를 불문하고 품위를 해쳐"서는 안 되는 것으로 하고 있다. 그리고 변호사로서의 품위를 손상하는 행위는 징계사유가 되는 것으로 하고 있다(변호사법 제91조 제3항 제4호). 명백하게 한정되지 않은 '품위'의 위반을 이유로 징계처분을 하는 것은 불이익을 부과하는 규정으로서 명확성의 원칙에 반하는 측면이 있다. 그럼에도 우리나라에서 대부분의 징계처분은 품위의 위반을 주요한 근거의 하나로 인용되는 이유는 다양한 징계사유에 대한 정형화가 어렵다는 데 있는 것으로 보인다. 결국 유지되어야 하는 품위의 내용은 각종 징계사례를 중심으로 파악할 수밖에 없다. 각종 징계사례를 통해 품위위반의 구체적인 내용을 살펴본다.

결혼 후 혼수로 강남지역의 아파트를 사달라고 한 자기의 요구와 달리 피해자의 부모가 다른 곳에 아파트를 사주고, 자기의 채무를 변제해주지 않고 승용차를 새것으로 바꿔주지 않는다는 등의 이유로 아내를 폭행한 것(제2002-2호, 2003. 3. 17, 징계사례집[IV], p. 235), 2001년 및 2002년 부가가치세와 근로소득세 합계 2,400여만 원의 세금을 체납한 것(제2002-7호, 2004. 4. 26 결정, 징계사례집[IV], p. 236), 개인투자금을 법률사무 및 형사소송의 수임보수의 명목으로 회수하려 한 것(제2002-9호, 2003. 5. 26 결정, 징계사례집[IV], p. 238), 광역시장 선거에서 공직선거 및 선거부정 방지법에 위반하여 선거운동을 한 것(제2002-13호, 2003. 3. 17 결정, 징계사례집[IV], p. 245), 이혼사건에서 사실조회를 하면서, 그와 상관없는 다른 사람의 원리금변제 내역에 대해서 조회하는 내용을 끼워 넣어 사실조회신청을 하고 그 내용이 언론에 보도되어 사회적 물의를 일으킨 것(제2002-14호, 2003. 3. 17 결정, 징계사례집[IV], p. 246), 상습도박 및 외국환거래법 위반으로 벌금 1,000만 원의 형의 선고를 받은 것(제2003-22호, 2004. 4. 26 결정, 징계사례집[IV], p. 254), 구치소에서 접견실 근무자의 사전허가를 받지 않은 채 수용자에게 휴대폰을 빌려주어 전화하게 한 것(제2003-29호, 2004. 5. 31 결정, 징계사례집[IV], p. 257), 식당에서 식사를 하던 중 소주병을 던져 얼굴에 맞게 하여 약 4주간의 치료를 요하는 안면부 골절 등의 상해를 가함(제2004-2호, 2004. 5. 3 결정, 징계사례집[IV], p. 259), 혈중 알코올농도 0.125%의 술에 취한 상태로 운전 중 신호 대기하는 차를 추돌함(제2004-51호, 2005. 4. 25 결정, 징계사례집[IV], p. 260), 미성년자와 성매매한 사실로 벌금 100만 원의 형을 받은 것(제2005-13호, 2005. 10. 31 결정, 징계사례집[IV], p. 260), 수용자를 면담하면서 구치소 내의 공범에게 보내는 편지를 대신 발송해준 것(제2002-15호, 2003. 1. 20 결정, 징계사례집[IV], p. 95), 자신의 변호사사무소 직원 채용에 응시한 여대생 면접시 성적으로 저속한 표현을 사용한 것(제94-01호 1994. 5. 9 결정, 징계사례집[I], p. 15), 혼인 외 여자와 동거한 것(제96-17호, 1997. 7. 4 결정, 징계사례집[I], p. 137) 등 유형화할 수 없을 만큼 다양하다.

제4장 변호사의 자치와 징계

1. 변호사의 비행에 대한 제재와 징계

엄격히 '윤리'적인 문제는 외적으로 강제할 수 없는 성격의 것이다. 그것은 내면적인 것이고 자율성을 본질적인 속성으로 하기 때문이다. 그런 점이 윤리적인 문제와 법률적인 문제를 구분하는 중요한 지점이 된다. 직업윤리로서의 법조윤리도 마찬가지 측면을 가진다고 할 수 있다. 따라서 법조윤리를 도모하는 이는 마땅히 내면적 충실함을 도모함으로써 윤리적 법조인이 되려고 노력해야 할 것이다.

그러한 노력과 동시에 기본적인 윤리규정조차 지키지 못하는 경우에는 단호하게 제제를 가하는 것이 필요하다. 윤리위반에 대한 제재로는 징계(discipline)가 대표적이다. 변호사에 대한 징계는 윤리규정을 위반한 변호사를 적발하여 처벌하고 경우에 따라서는 변호사의 자격을 박탈함으로써 변호사 업무에서 배제하는 작용이다. 변호사 징계제도의 근본적 취지는 변호사로 하여금 최소한의 윤리규범의 준수를 강제함으로써 변호사 직역의 기본적 도덕성과 변호사에 대한 국민의 신뢰를 유지하기 위한 것이다.

물론 징계제도만으로 법조윤리 수준이 제고된다고 하기는 어렵겠지만, 최소한의 윤리기준조차도 지키지 못하는 변호사에 대해서 징계하는 것은 변호사 직역 전체를 위해서 매우 중요하다. 징계받을 행동을 하는 변호사가 비록 소수라고 하더라도 이들을 방치하는 경우, 변호사 직역 전체, 나아가 사법질서 전체의 명예와 신뢰가 붕괴되기 때문에 변호사들은 이들을 옹호함으로써 이들과 한패라는 혐의를 받기보다는 이들을 엄격히 징계하고 이들과 단절함으로써 보다 높은 윤리적인 면모를 견지할 필요가 있다.

변호사에 대한 제재는 징계만 있는 것은 아니다. 변호사법은 징계와 별도로 중요한 윤리규정의 위반에 대해서는 형벌의 제재를 받을 수 있음을 밝히고 있다. 변호사가 형벌의 제재를 받는 경우는 판사·검사 등 공무원에게 제공하거나 교제한다는 명목으로 이익을 받거나 받기로 한 행위(변호사법 제110조), 허위 내용의 광고 및 법적 근거가 없는 자격이나 명칭을 표방한 광고행위(변호사법 제23조 제2항 제1호, 제2호), 공무원·조정위원 또는 중재인으로서 직무상 취급하거나 취급하게 된 사건을 수임하는 행위(변호사법 제33조 제4호) 등이 있다. 이러한 형벌은 변호사법의 위반이면서도 징계와는 다르다. 그렇기 때문에 형벌이 없이 징계만 이루어지기도 하고, 반대로 징계 없이 형벌만 부과될 수도 있다. 또 형벌과 동시에 징계가 부과될 수도 있다. 형벌과 징계를 함께 부과하더라도 이중처벌의 문제가 발생하지 않는 것으로 본다. 이렇게 되는 것은 징계제도의 존재이유는 사회를 보호한다고 하는 형벌의 존재이유와 달리 기본적으로 변호사 직역의 윤리적 수준을 유지하는 데에 있기 때문이다.

또 변호사법이나 변호사윤리를 위반하는 행위는 많은 경우에 민사상의 제재를 받을 수도 있다. 예컨대 변호사는 민법 제360조에 따른 불법행위 책임을 질 수 있다. 그리고 의뢰인에 대한 성실의무위반은 민법 제390조에 따른 변호사의 채무불이행책임을 질 수도 있다. 윤리장전도 변호사에 대해서 이 점을 경고하고 있다. 즉, "변호사는 직무수행상 고의 또는 과실로 타인에게 손해를 입혔을 때는 그 손해를 배상할 책임이 있음"을 명심하라고 규정하고 있다(윤리장전 제16조 제3항). 이처럼 민사책임을 묻는 것도 변호사의 윤리위반에 대한 중요한 제재이다.[316]

그 외 변호사법은 윤리규범을 위반한 변호사에게 업무정지명령을 내리거나 과태료의 처분을 내리기도 한다. 아래에서는 주로 변호사에 대한 징계를 주로 살펴보고자 한다.

2. 징계제도

1) 변호사의 자치와 징계권

변호사윤리가 변호사들의 자발성을 전제로 하듯이 변호사의 윤리위반에 대한 징계도 변호사들의 자발성에 상당 정도 의존한다. 즉, 변호사에 대한 징계는 변호사들의 자치조직인 변호사협회의 주도 하에서 진행되는 것이다. 이런 현상은 앞에서 보았듯이(제1부 제2장) 전문직의 고유한 현상으로 간주되기도 한다. 하지만 전문직이론 자체가 비판을 받듯이 징계권을 전적으로 변호사단체의 자율적 운영 하에 두는 것이 바람직한지에 대한 의문도 적지 않다. 다른 나라의 사례를 보면서 징계제도가 어느 정도로 변호사의 자치 영역으로 간주되는지를 보자.

일본의 경우는 변호사단체가 전적인 징계권을 갖는다. 즉, 일본에서는

316 변호사의 법무과오에 대한 민사책임에 관한 책으로는 엄동섭 외 5인, 『변호사책임론』, 소화, 1998이 있다.

국가가 변호사 징계에 대해서 거의 영향력을 행사하지 않는다. 일본에서 변호사에 대한 징계권은 변호사가 소속된 변호사회 또는 일변련과 같은 변호사단체가 행사하며, 국가기관(사법부)의 관여는 징계처분을 변호사가 불복하는 경우에만 예외적으로 인정된다.[317] 1심의 징계절차는 각 변호사회의 징계위원회가 진행하며 2심의 징계절차는 일변련 징계위원회가 진행한다.

변호사회와 일변련을 주축으로 한 징계권 독점은 국제적으로 보더라도 매우 특이하다. 일본에서도 변호사 직역은 국가 차원의 감독관청을 두지 않은 유일한 업종이다. 이러한 특이성은 일본의 과거 역사경험에 그 이유가 있다. 즉, 제2차 세계대전 이전에 변호사에 대한 국가의 통제가 극심했던 것에 대한 반발인 것이다. 당시 변호사에 대한 징계는 담당 재판관 · 검사 · 사법대신 등이 담당했는데 이들의 징계권은 상당히 남용됐다. 예컨대, 변호사가 참고인 심문을 하려고 하자 검사가 이를 제지하는 과정에서 여러 가지 설명을 하였는데, 이에 대해서 변호사가 "장황한 설교는 듣지 않아도 좋다"고 발언했다. 이에 검사가 격노하여 재판중지와 변호사의 불손한 언행에 대한 재판을 요구했다. 재판소는 이를 받아들여 공판을 중지한 후 변호사직을 해임하는 판결을 내렸다.[318] 재판소에서 법정 내 순사가 여성 피고의 몸에 손을 대어서 자세를 바르게 하려고 한 것에 대해서 법정이 경고하지 않자, 변호사가 이는 "입헌치하의 인민에 대해 심신의 자유를 해하고 소송법을 무시하는 것이라고 말하지 않을 수 없으며 실로 야만적인 법정이라고 하지 않을 수 없다"고 발언했다. 판사는 이 발언이 관리모욕죄에 해당한다고 보아 금고 및 벌금형을 선고했다. 다른 사

---

317 오종근, 『변호사징계제도』(제2부 각주 251), p. 129.
318 森際康友, 『法曹の倫理』(제2부 각주 17), p. 292.

건에서 한 변호사가 형사사건의 법정에서 "본 건을 의심하지 않으며 만약 유죄라면 해는 서쪽에서 뜰 것"이라고 변론하자 이것이 관리모욕죄에 해당한다고 보아 금고 · 벌금 · 업무정지를 과했다. 이러한 사건은 일본에서 부지기수로 많았다고 한다.[319] 일본의 경우 이러한 역사적 배경이 있었기 때문에 변호사들이 변호사자치에 대해서 과도하다 싶을 정도로 집착하는 것으로 보인다. 결과적으로 일본에서 변호사직은 감독관청이 없는 유일한 직종으로 됐으며 징계절차에서도 국가의 간섭은 거의 배제했다.

이에 비해 독일의 경우는 국가가 주요한 징계권을 갖는다. 독일에서는 변호사에 대한 징계절차가 국가 내지는 법원의 주도로 진행된다. 변호사회의 이사회도 자치적 징계권을 갖지만 극히 가벼운 징계처분만 할 수 있으며, 변호사에 대한 징계의 대부분은 변호사에 대한 재판권을 갖는 각급 법원에 의해서 행해진다. 징계절차도 형사소송법에 준하여 진행하고 검사가 비행을 조사하고 기소 여부를 결정한다. 일반 재판과의 차이점이라고 한다면 재판부의 구성이다. 즉, 1심 변호사 법원은 변호사가 명예법관으로서 판단하고, 2심과 3심에서는 변호사와 법관이 함께 재판부를 구성해서 판단한다.[320]

미국은 각 주의 (대)법원이 변호사에 대한 징계권을 갖는다. 이러한 것은 미국 변호사제도의 특이성에 기인한다. 미국은 법조일원주의를 취하고 있기 때문에 변호사에 대한 징계권이 법원에 귀속되는 것에 대해서 변호사자치와 모순되는 것으로 보지 않을 뿐만 아니라, 오히려 변호사에 대한 사법부의 규제권한을 강화함으로써 사법 및 변호사의 독립성을 유지하려고 하고 규제권한을 사법부로부터 의회나 행정부로 전환하려는 시도

---

319 森際康友, 『法曹の倫理』(제2부 각주 17), p. 292.

320 오종근, 『변호사징계제도』(제2부 각주 251), p. 281.

를 경계한다고 한다.[321]

우리나라의 경우는 일차적으로 대한변협이 징계권을 갖는다. 변호사단체가 상당한 자치권을 갖는 것을 의미한다. 우리나라도 역사적으로 보자면 변호사단체가 자치권을 갖게 된 것은 오래된 일이 아니다. 우리나라의 경우도 오랫동안 변호사에 대한 징계는 행정기관인 법무부 장관 및 검찰총장의 절대적인 관여 하에서 이루어졌다. 그러다가 1993년 및 1995년의 변호사법 개정을 통해서 대한변협이 징계권을 확보하는 방향으로 변화했다.

그러나 변호사단체가 변호사에 대한 징계권을 독점하는 것이 바람직한지에 대해서는 논란이 있다. 변호사가 징계권을 독점하면 동료의식이나 집단적 이기주의가 발동하여 이른바 솜방망이 징계에 그칠 가능성이 크기 때문이다. 이에 따라 변호사의 징계절차에 비변호사가 참가하는 제도가 도입되고 있다. 이때 법관이나 검찰 등 변호사 이외의 법조인이 참여하기도 하고 비법조인인 일반인의 참여가 이루어지기도 한다.

변호사의 자치가 극단적으로 추구되는 일본에서도 변호사 이외의 사람이 변호사 징계절차에 참여하게 하는 제도가 도입되고 있다. 특히 2003년의 변호사법 개정에서 그러한 경향이 현저하게 나타났다. 예컨대 2003년의 개정에서 강기심사회(綱紀審査會)가 도입됐다. 강기심사회는 강기위원회(강기위원회는 우리나라의 조사위원회에 상당한다)의 결정에 대해 시민의 입장에서 점검하는 제도이다. 예컨대 강기위원회가 징계가 불필요하다고 결정한 경우 강기심사회는 이를 심사하여 번복하는 결정을 내릴 수 있다. 이러한 권한을 갖는 강기심사회는 비변호사인 시민들로 구성된다. 또 강기위원회에도 비변호사의 지위를 더욱 높였다. 종래의 규정에

321 오종근, 『변호사징계제도』(제2부 각주 251), p. 198.

의하면 비변호사는 강기위원회에 참여원으로 참여할 수 있었으나, 2003년의 개정으로 변호사 위원과 완전히 동등한 권한을 갖는 비변호사 위원 제도가 마련된 것이다.[322] 이러한 변화들은 한편으로 변호사자치의 원칙을 잠식하는 측면이 없지 않지만, 다른 한편으로 변호사의 독선을 견제하고 시민에 대한 변호사회의 설명 책임을 다하게 하는 것이다. 아울러 시민이 참여하게 함으로써 투명성을 제고하고 공정성을 높이는 효과도 생긴다. 따라서 이러한 변화는 장기적으로 변호사에 대한 국민의 신뢰를 높이는 것이고 변호사의 자치를 더욱 정당화하는 긍정적 효과를 낳을 것이다.

우리나라의 경우 2000년에 개정된 변호사법에서 징계위원회의 인적 구성을 개선했다. 1993년 변호사회에 징계권이 넘어왔을 때, 징계위원은 변호사 신분을 가진 자만으로 구성했다. 1995년에는 법관 · 검사 그리고 일반인도 징계위원이 될 수 있도록 변호사법이 개정됐지만 여전히 변호사 신분의 징계위원이 8인 중 5인으로 과반수를 차지했다. 그러다가 2000년 변호사법 개정에 이르러 변호사 신분의 징계위원이 과반수에 미달하는 것으로 됐다. 이처럼 변호사의 징계에 변호사 이외의 사람, 특히 일반인들의 참여를 보장하는 것은 징계의 공정성을 제고하여 변호사 직역에 대한 국민의 신뢰를 높이려는 것으로서 바람직한 방향이라고 할 수 있다. 변호사의 징계는 더 이상 변호사들의 전유물이 아니라고 보아야 한다.

2) 징계의 종류와 대상

변호사법 제90조는 변호사에 대한 징계의 종류로서 영구제명, 제명, 3

322 森際康友, 『法曹の倫理』(제2부 각주 17), pp. 302~303.

년 이하의 정직, 3천만 원 이하의 과태료, 견책 등 5가지를 열거하고 있다. 이중 영구제명은 가장 강력한 징계처분으로써 변호사의 신분을 영구히 박탈하는 것이다.

제명은 변호사의 신분을 박탈하는 것이긴 하지만 일정한 기간(5년)이 지나면 다시 변호사로 등록하여 변호사 신분을 회복할 수 있도록 하는 것이다(변호사법 제5조 제4호 참고). 제명에 대한 집행은 징계혐의자의 변호사 등록원부에 그 징계결정의 내용을 기재하여 등록을 취소하고 변호사 등록원부를 말소하는 것이다(변호사 징계규칙 제29조 제3항).

정직은 일정 기간 변호사 업무를 금지하는 처분이다. 이 기간 동안에 변호사로서의 신분이 없어지는 것은 아니지만 업무를 수행하지 않아야 한다. 정직의 집행은 징계혐의자의 변호사 등록원부에 정직 개시일과 정직 기일을 명시하여 징계결정의 내용을 기재하는 방식으로 한다(변호사 징계규칙 제29조 제3항). 정직의 징계처분을 받은 경우에는 변호사로서의 신분은 유지되기 때문에 정직처분 기간 동안에 변호사로의 업무를 한 경우 사법상의 효력이 있는지에 대해서 논란이 있을 수 있는데, 이 경우 변호사로서의 신분이 박탈된 것은 아니기 때문에 일단 업무행위는 유효하다고 볼 것이다. 다만 그러한 행위는 징계처분에 따른 의무의 위반이므로 추가적인 징계가 가해질 수는 있다.[323] 이에 비해 제명 또는 영구제명의 경우는 변호사로서의 신분 자체가 박탈된 상태이므로 그 기간 중의 변호사 활동은 사법상의 효력도 인정되지 않는다.[324]

과태료의 처분은 변호사의 신분에는 영향을 미치지 않고 다만 재산상의 불이익을 부과하는 것이다. 과태료는 징계결정의 내용을 변호사 등록

---

323 오종근, 『변호사징계제도』(제2부 각주 251), p. 65.

324 오종근, 『변호사징계제도』(제2부 각주 251), p. 63.

원부에 기재하고 협회장이 검사에게 의뢰하여 집행한다(변호사 징계규칙 제29조 제4항). 견책은 가장 가벼운 징계로써 명예에 손상을 줄 뿐이고 다른 현실적인 불이익은 없다. 다만 추후 징계 대상이 되는 경우에 불리한 정상으로 참작될 수 있다.

변호사법상의 징계대상은 변호사이다. 따라서 대한변협으로부터 변호사 등록취소처분을 받아 변호사의 자격을 상실한 자는 징계대상이 되지 않는다.[325] 그러나 사내변호사의 경우도 당연히 변호사법 상의 징계대상이 된다.[326] 변호사 자격을 가지고 있지만 법률관련 업무를 수행하지 않는 경우에도 변호사의 품위를 해치는 행동을 한 경우에는 징계대상이 된다. 변호사는 "직무의 내외를 막론하고 변호사로서의 품위를 손상하는 행위"(변호사법 제91조 제3항 제3호)를 하면 징계될 수 있다고 하기 때문이다. 결국 변호사의 자격을 보유하고 있는 한 변호사법 상의 징계대상이 된다고 하겠다. 미국의 경우도 이와 같이 이해하고 있다. 예컨대 변호사가 변호사 업무와 상관없이 영리적 사업을 수행하다가 사기행위를 하게 되면 "부정직, 사기, 기만 또는 부당대리를 포함한 행동에 관여"한 것을 이유로 징계될 수 있다(표준규칙 전문(3) 및 8.4(c) 참고). 클린턴은 대통령 재직 당시에 허위 또는 오도하는 증언을 한 이유로 변호사로서의 5년간의 자격정지를 받은 바 있다.

변호사 사무실 등에서 변호사에게 법률사무에 조력하는 사무원(para-legal)의 경우는 변호사가 아니기 때문에 변호사법상의 징계사유가 되지

---

325 대한변협, 『징계사례집』(IV), p. 161.

326 변호사 업무를 하지 않고 사실상 다른 사람의 피고용인에 불과한 경우에는 변호사법상의 징계사유가 되지 않는다는 논의가 있었지만, 타당하지 않다고 생각된다(민경한, 「변호사의 의뢰인 비밀유지의무의 한계」, 「대한변협신문」, 2007. 12. 3; 백현기, 「변호사의 윤리와 역할」, 「법률신문」, 2007. 12. 6 참고).

는 않는다.[327] 그러나 사무원이 비밀정보를 누설하는 등 변호사윤리 위반을 저지르지 않도록 감독할 책임은 변호사에게 있기 때문에 이들에 의한 변호사윤리의 위반으로 인해 변호사가 징계를 받을 수는 있다.

3) 징계의 사유

변호사법 제91조는 징계사유와 관련하여 둘로 나누어 규정하고 있다. 즉 영구제명에 해당하는 징계사유와 그렇지 않은 징계사유로 나누어서 규정하고 있다.

영구제명에 해당하는 징계사유는 변호사의 직무와 관련하여 2회 이상 금고 이상의 형을 선고받아 그 형이 확정된 경우 또는 변호사법에 의하여 정직 이상의 징계처분을 2회 이상 받은 후 다시 징계사유가 있는 자로서 변호사의 직무를 수행함이 현저히 부적당하다고 인정되는 경우이다.

영구제명 이외의 징계사유로는 변호사법에 위반한 경우, 소속 지방변호사회 또는 대한변호사회 회칙에 위반한 경우, 또는 직무의 내외를 막론하고 변호사로서의 품위를 손상하는 행위를 한 경우이다. 변호사법에 위반한 경우란 대체로 변호사법 제4장에서 규정된 바, 제21조 내지 제38조를 위반한 경우를 말한다고 볼 수 있다.

대한변협 회칙의 위반이 징계사유가 되는 것은 명백한데, 여기에서 회칙 이외 회칙을 구체화한 각종 규정의 위반이 징계사유가 되는지에 대해서 논란이 있을 수 있다. 이에 대해 변호사회 회칙 제9조 제1항은 모든 회원은 대한변호사회 회칙 · 규칙 · 규정 및 결의를 준수하여야 한다는 것을 명시하고 있는 점을 근거로, 회칙뿐만 아니라 규칙 · 규정 등에 의해 변호

327 사무직원이 변호사법을 위반한 이유로 형사처벌을 받는 문제는 이와 다른 차원의 문제이다. 예컨대 사무직원이 "판사 · 검사 티가 재판 · 수사기관의 공무원에게 교제한다는 명목으로 금품 기타 이익을 받기로 한 행위"를 하면 형사처벌이 된다(변호사법 제11조).

사가 준수하여야 할 의무를 규정한 경우 이에 위반한 행위도 징계사유가 될 수 있다는 견해가 있다.[328] 이러한 해석에 의한다면 윤리장전의 위반이 징계사유가 당연히 될 수 있다. 오승종은 다소 다른 해석을 내놓고 있다. 즉, 변호사윤리 규정에 위반하는 행위가 있었다고 하여 바로 변호사법 제91조에 규정된 징계사유가 있다고 단정할 수는 없다고 한다. 그러나 윤리규정의 위반의 내용과 정도에 따라서는 징계사유가 될 수 있다고 한다.[329] 이러한 입장은 징계사유는 변호사법 제91조의 규정 자체에 의해서 판단하여야 하고, 변호사윤리 규정의 조항을 해석하는 방법에 따라 결정해야 하는 것은 아니라는 입장[330]의 연장에 있는 것이다.

비슷한 논란이 일본에서도 있다. 쟁점은 일본의 직무규정이 변호사에게 하나의 행위규범에 그치는 것인지 아니면 재결규범인지에 대한 것이다. 일변련은 기본적으로는 행위규범에 그친다는 입장이다.[331] 즉, 직무규정은 직무를 수행할 때 자주적으로 의거하고 스스로에게 부과하며 자율적으로 준수하여야 할 기본적 · 윤리적 도리를 나타내는 것이라고 한다. 그 위반이 있다고 해서 즉시 징계의 사유가 되는 것은 아니고 일본 변호사법 제56조 제1항의 "품위를 실추시킨 비행"에 해당되는지를 판단하는 하나의 요소에 지나지 않는다. 행위규범 또는 의무규정에 해당하는 규정을 위반한 경우에도 그로써 즉시 징계처분이 행해지는 것은 아니고 실질적으로 판단하여 "품위를 실추시킨 비행"인지를 판단한 후 징계여부를 결정한다. 실질적으로 판단한다는 것은 위반행위의 양태, 위반의 정도, 의뢰인의 권리의 침해 정도, 의뢰인의 손해 발생의 유무와 정도, 국민의

328 오종근, 『변호사징계제도』(제2부 각주 251), p. 397.
329 오종근, 『변호사징계제도』(제2부 각주 251), p. 23.
330 사법연수원, 『법조윤리론』(제1부 각주 27), p. 198.
331 小島武司, 『法曹倫理』(제1부 각주 33), p. 265.

신뢰 상실의 유무와 정도, 사회적 영향의 유무와 정도 등을 종합적으로 고려하여 판단한다는 것으로 본다.[332] 우리나라의 경우도 이와 같이 해석하는 것이 타당하다고 생각된다. 즉, 윤리장전이 그 자체로 징계사유가 된다기보다는 징계의 근거는 어디까지나 변호사법이고 징계규칙은 변호사법을 구체화하고 보충하는 의미로 활용된다는 것이다. 징계가 형벌은 아니지만 변호사에게 심각한 불이익을 주는 것이라는 점에서 징계의 근거는 가급적 제한적으로 해석하는 것이 필요하기 때문이다. 변호사가 윤리장전을 위반한 경우, 위반의 정황이나 영향, 피해자에 대한 영향, 위반 횟수 등을 종합적으로 고려하여 변호사법상 징계가 필요한지의 여부가 결정된다고 보아야 할 것이다.

4) 징계의 절차

(가) 징계개시의 신청과 청구

변호사에 대한 징계는 징계위원회의 결정으로 이루어지지만, 징계위원회는 스스로 징계절차를 개시할 수 없고, 대한변협 회장(협회장)이 징계의 개시를 청구할 때 비로소 징계절차를 시작할 수 있다(변호사법 제97조). 그리고 이러한 징계개시의 청구권은 대한변협 회장 이외의 사람은 할 수 없다. 이렇게 징계개시 청구권을 1인에게 독점시키는 것은 변호사단체의 자율권을 강화하겠다는 취지라고 보이지만, 이것이 공정한 것인지에 대해서는 의문이 있었다. 이에 따라 2007년 법이 개정되어 징계개시의 신청인은 협회장이 징계개시의 신청을 기각하거나 3개월이 지나도 징계개시의 청구여부를 결정하지 아니한 때는 대한변협 징계위원회에 이의신청을 할 수 있도록 하고, 대한변협 징계위원회는 이의신청이 이유 있

332 小島武司, 『法曹倫理』(제1부 각주 33), p. 266.

다고 인정하는 때는 징계절차를 개시하여야 한다는 것으로 됐다(동법 제97조의5).

징계개시의 신청인은 지방검찰청 검사장이나 지방변호사협회의 장이 된다(동법 제97조의2). 신청인이 특정 변호사에게 징계사유가 있는 것을 발견한 때에는 협회장에게 징계개시를 신청하여야 한다. 이처럼 비위를 발견한 경우 징계개시를 신청할 의무를 부과하고 있기 때문에, 중대한 윤리장전 위반이 있음을 알았음에도 불구하고 징계를 신청하지 않은 것은 직무위반에 해당한다. 다만, 신청인은 직접 징계를 청구할 수는 없고 협회장에게 징계의 개시를 신청할 수 있는 데 그친다.

법조윤리협의회(법조윤리협의회에 대해서는 이 장 6. 참고)는 전관예우와 법조 브로커를 퇴치하기 위하여 공직퇴임변호사나 특정변호사(수임료가 이례적으로 많은 변호사)에 관한 수임자료를 제출받아 검토하는데, 만약 법조윤리협의회 위원장이 이들에게 징계사유나 위법의 혐의가 있는 것을 발견하면 협회장 또는 지방검찰청 검사장에게 해당 변호사에 대한 징계개시를 신청하거나 수사를 의뢰할 수 있다(동법 제89조의4 제4항, 제89조의5 제3항). 이처럼 법조윤리협의회 위원장도 신청인이 될 수 있다.

그 외 의뢰인 등에도 일정한 지위를 인정하고 있다. 즉, 의뢰인 또는 의뢰인의 법정대리인 · 배우자 · 직계존속 또는 형제자매는 수임변호사 또는 법무법인의 담당변호사에게 징계사유가 있는 경우에는 소속 지방변호사회의 장에게 해당 변호사에 대한 징계개시의 신청을 청원할 수 있다(동법 제97조의3 제1항). 만약 청원이 기각되거나 3개월이 지나도 징계개시 신청여부를 결정하지 않으면 협회장에게 재청원할 수 있다(동법 제97조의3 제3항). 이들의 청원은 징계기관이 징계권을 발동하게 하는 계기가 되는 것일 뿐, 이들 기관에게 징계절차를 진행할 법적 의무를 부과하는 것은 아니라고 보이지만[333] 협회장은 단순히 이를 무시해서는 안 되고 반드시 조사위원회로 하여금 조사를 하게 해야 한다(징계규칙 제10조 5항 참고).

한편 협회장은 단독의 결정으로써 징계개시 청구를 할 수 있지만, 징계개시의 청구를 하기 전에 조사위원회로 하여금 조사를 할 수 있도록 하고 있다(동법 제97조의4 제2항). 조사위원회는 징계혐의사실의 존재유무에 대한 조사를 위해서 대한변협에 설치된 위원회로서, 10~30인의 위원으로 구성된다(변호사 징계규칙 제31조 제32조 참고). 한편 '변호사 징계규칙'(이하 '징계규칙')에 의하면 협회장은 변호사에게 징계사유에 해당하는 혐의가 있다고 인정되거나 국가기관의 징계혐의사실 통보 또는 진정인의 진정이 있을 때에는 즉시 조사위원회 또는 특별조사위원회로 하여금 징계혐의사실에 대한 조사를 하게 '하여야 한다.' 그리고 조사위원회의 조사결과, 징계를 청구함이 타당하다는 보고가 있으면 협회장은 징계청구를 하여야 한다(징계규칙 제10조 5항, 6항). 징계규칙에서 이렇게 반드시 조사위원회의 조사를 거치게 한 것은 징계절차를 신중하게 하면서도 공정하게 진행되도록 하기 위한 것이다. 그런데 여기에서 보듯이 변호사법과 징계규칙 간에는 다소간 불일치하는 점이 있다. 생각건대, 법률이 우선할 뿐만 아니라 그것이 징계규칙보다 후에 개정된 점을 고려한다면, 조사위원회의 조사를 거치지 않았다고 하더라도 협회장의 징계청구가 무효가 된다고 볼 수는 없을 것이다. 다만 협회장은 변호사협회의 규정을 준수해야 할 책무를 지니므로 징계청구를 할 때는 반드시 조사위원회를 거치는 것이 합당하다고 하겠다.

일본의 경우는 '누구든지' 변호사에게 징계사유가 있다고 생각하면 그 사유를 첨부하여 그 변호사가 소속한 변호사회에 징계할 것을 요구할 수

---

333 오종근, 「변호사징계」, 서울대학교 법과대학 엮음, 『법률가의 윤리와 책임』(제1부 각주 12), p. 377 참고.

있다(일본 변호사법 제58조 제1항). 그러면 변호사회는 강기위원회(綱紀委員會, 이는 우리나라의 조사위원회에 상당하는 것으로서 변호사, 재판관 검찰관 및 학식 · 경험이 있는 자중에서 각각 변호사회의 회장이 위촉한다)에 조사를 시킨다. 또 변호사회가 스스로 소속 변호사에게 징계사유가 있는 것을 알게 되면 강기위원회에 조사를 시킬 수 있다. 징계 신청인과 청구인을 구분하고 협회장에게만 징계개시를 청구할 수 있게 한 우리나라의 경우와 큰 대비를 이룬다.

(나) 대한변호사협회 징계위원회

변호사에 대한 징계 여부를 판단하는 것은 변호사 징계위원회이다. 우리나라에서 변호사 징계위원회는 이원화되어 있다. 즉, 징계위원회는 대한변협과 법무부에 각각 설치한다(이하 전자를 '변협징계위원회', 후자를 '법무부징계위원회'라고 한다). 변협징계위원회는 변호사 징계에서 1심의 역할을 하고, 법무부징계위원회는 변협징계위원회의 징계결정에 대한 이의신청 사건을 심의한다(변호사법 제96조).

변협징계위원회는 법원행정처장이 추천하는 판사 2인, 법무부장관이 추천하는 검사 2인, 대한변협 총회에서 추천하는 변호사 3인, 대한변호사협회의 장(협회장)이 추천하는 변호사가 아닌 법과대학 교수 및 경험 · 덕망이 있는 자 각 1인의 위원으로 구성한다.

징계위원회는 협회장의 징계개시청구에 의해서 징계절차를 개시하며 스스로는 단독으로 징계절차를 개시할 수 없다. 다만 징계개시 신청인은 협회장이 징계개시신청을 기각하거나 징계개시신청의 접수를 한 지 3개월이 지나도 징계개시 청구여부를 결정하지 아니하는 때는 변협징계위원회에 이의신청을 할 수 있다. 이때 변협징계위원회가 이의신청에 이유가 있다고 판단하면 징계절차를 개시해야 하며 이유 없다고 판단되면 이의 신청을 기각해야 한다(동법 제97조의5).

징계절차는 직권탐지주의를 원칙으로 하고 있다. 즉, 소추인과 징계혐의자가 서로 대립구도를 형성하여 절차를 진행하는 것이 아니고, 징계위원회가 스스로 심의를 개시하고 징계혐의자에 대해서 징계청구에 대한 사실과 그 밖의 필요한 사항을 심문할 수 있다(동법 제92조의1 제2항). 하지만 동시에 징계혐의자에게 자기방어의 기회를 제공하고 있다. 즉, 징계혐의자는 기일에 출석하여 구술 또는 서면으로 자기에게 유리한 사실을 진술하거나 필요한 증거를 제출할 수 있다. 만약 변협징계위원회의 징계심의 기일에 증거서류는 강박에 의하여 날조된 임의성 없는 허위 내용의 것이라는 등의 사유를 주장하지 아니 했다면, 그와 같은 사유를 들어 동 징계결정에 대한 재항고 이유로 삼을 수 없다.[334] 징계혐의자는 변호사 또는 학식과 경험이 있는 자를 특별변호인으로 선임하여 사건에 대한 보충진술과 증거 제출을 하게 할 수 있다. 변협징계위원회의 위원장은 출석한 징계혐의자나 선임된 특별변호인에게 최종 의견을 진술할 기회를 주어야 한다. 마찬가지로 징계개시 신청인은 징계사건에 관하여 의견을 제시할 수 있는 기회를 보장받는다(동법 제98조의2).

변협징계위원회는 사건 심의를 마치면 위원 과반수의 찬성으로써 의결하고, 그 징계혐의자와 징계청구자 또는 징계개시 신청인에게 각각 통지하여야 한다. 징계결정에 대해서는 이의신청을 할 수 있는데, 만약 이의신청을 하지 아니하면 이의신청 기간이 만료한 날 징계의 효력이 발생한다(동법 제98조의4).

징계의 집행은 협회장이 집행한다. 과태료의 결정은 민사집행법에 따른 집행력 있는 집행권원과 같은 효력이 있으며 검사의 지휘로 집행한다.

---

334 대법원 1981. 7. 20. 선고 81두4 결정.

협회장은 징계처분을 한 때에는 이를 지체 없이 공개해야 한다(동법 제98조의5). 협회장은 변협징계위원회에서 징계에 관한 결정을 하면 지체 없이 그 사실을 법무부장관에게 보고해야 한다(동법 제99조).

(다) 불복절차

법무부징계위원회는 변협징계위원회의 징계 결정에 대한 이의신청 사건을 심의한다(변호사법 제96조). 법무부징계위원회는 위원장 1명과 위원 8명으로 구성하며 예비위원 8명을 둔다. 위원장은 법무부장관이 되고, 위원과 예비위원은 법원행정처장이 추천하는 판사 중에서 각 2명, 검사 중에서 각 2명, 대한변협의 장이 추천하는 변호사 중에서 각 1명과 변호사가 아닌 자로서 법학 교수 또는 경험과 덕망이 있는 자 각 3명을 법무부장관이 임명 또는 위촉한다. 다만, 위원의 경우에 검사 2명 중 1명은 법무부차관으로 할 수 있다(변호사법 제93조).

변협징계위원회의 결정에 불복하는 징계혐의자 및 징계개시 신청인은 그 통지를 받은 날부터 30일 이내에 법무부징계위원회에 이의신청을 할 수 있다. 법무부징계위원회는 이의신청이 이유 있다고 인정하면 변협징계위원회의 징계결정을 취소하고 스스로 징계결정을 하여야 하며, 이의신청이 이유 없다고 인정하면 기각하여야 한다. 이때 그 결정은 위원 과반수의 찬성으로 의결한다(동법 제100조). 법무부징계위원회의 결정에 불복하는 징계혐의자는 '행정소송법'으로 정하는 바에 따라 그 통지를 받은 날부터 90일 이내에 행정법원에 소를 제기할 수 있다(동법 제100조 제4항).[335]

---

335 2000년 이전 변호사법에서는 법무부 징계위원회 결정에 이의가 있는 경우, 변호사는 행정법원이나 고등법원에 제소할 수 없고 곧바로 대법원에 즉시 항고하여 다투도록 했으나, 이러한 규정이 법관에 의한 재판받을 권리, 평등권 등 기본권을 침해한 것이라는 이유로 위헌 판정을 받아서, 현재와 같이 개정됐다(헌법재판소 2000. 6. 29. 99헌가9 참고).

3. 법조윤리협의회

법조윤리협의회는 2004년 '사법개혁위원회'가 사법개혁의 일환으로서 법조윤리의 확립을 위한 상설기구를 둘 것을 제안함으로써 처음으로 제기되었다. 이 제안을 반영하여 2007년 1월에 변호사법이 개정되었고 같은 해 7월에 법조윤리협의회가 출범했다.

법조윤리협의회의 기능은 "1. 법조윤리의 확립을 위한 법령 · 제도 및 정책에 관한 협의, 2. 법조윤리 실태의 분석 및 법조윤리 위반행위에 대한 대책의 수립, 3. 법조윤리와 관련된 법령을 위반한 자에 대한 징계개시의 신청 또는 수사의뢰, 4. 그밖에 법조윤리 확립을 위하여 필요한 사항에 대한 협의" 등이다(변호사법 제88조 제1항). 여기에서 보듯이 법조윤리협의회는 우리나라에서 법조윤리를 확립하기 위한 포괄적인 과제를 부여받고 있으며 이를 위한 상설적인 조직이다.

법조윤리협의회는 특히 전관예우에 대한 의혹을 불식시키고 법조브로커를 근절함으로써 법조에 대한 신뢰를 회복하는데 중점을 두고 있다. 이를 위해서 공직퇴임변호사와 특정변호사에 대한 자료를 제출받아 검토하고, 징계사유나 위법행위가 발견 되면 해당 변호사에 대한 징계개시를 신청하거나 수사를 의뢰하는 등의 역할을 한다. 공직퇴임변호사는 법관, 검사, 장기복무 군법무관 그 밖의 공무원 직에 있다가 퇴직하여 변호사 개업을 한 자를 말하는 것으로서(동법 제89의4) 소위 전관예우의 의혹을 받는 사람들이다. 특정변호사란 각 지방변호사회로부터 정기적으로 일정 수 이상의 사건을 수임한 변호사를 말한다(동법 제89의5). 예컨대 정해진 기간(6개월) 동안에 형사사건의 수임건수가 30건 이상이고 소속 지방변호사회 회원의 형사사건 평균 수임건수의 2.5배 이상이면 특정변호사로 선정된다(변호사법 시행령 제20조의12).

법조윤리협의회의 구성을 보면, 법원행정처장 · 법무부장관 · 대한변협회장이 각 3인씩 위촉하는 9인의 위원으로 구성되도록 하였으며, 이 중 적어도 3인은 판사 · 검사 · 변호사가 아닌 자로 하도록 했다(동법 제89조의 2).[336]

법조윤리협의회는 제출된 자료를 기초로 조사한 결과, 2008년 8월 4명의 변호사에 대해서는 알선료를 지급하거나 미등록 사무원을 이용한 혐의로 관할 검찰청에 수사를 의뢰하고, 3명의 변호사에 대해서는 브로커를 이용한 수임과 미등록 사무원을 이용한 협의로 대한변협에 징계를 요청했다.[337] 대체로 법조브로커에 관한 사항에 집중되어 있다. 1년의 성과로서는 다소 미진해 보이지만, 첫 1년이라는 점에서 이해할 만하다. 법조윤리협의회가 상설기구로서 향후 우리나라 법조윤리의 확립에 중심적 역할을 할지는 좀 더 두고 보아야 할 것이다. 이를 위해 법조윤리협의회는 법조윤리를 제고하기 위한 정책들을 좀 더 적극적으로 개발하고 실행하는 노력을 해야만 할 것으로 보인다.

4. 기타 제재

1) 업무정지명령

법무부장관은 변호사가 공소제기되거나 징계절차가 개시되어 그 재판

336 이러한 규정에도 불구하고, 법조윤리협의회는 모두 전직 · 현직 법조인으로 구성되었다. 대법원은 판사 출신 교수를 1명 추천하고, 검찰총장은 검사 출신 교수를, 대한변협은 변호사 출신 교수를 각각 추천했기 때문이다. 참여연대는 이러한 인선은 법의 취지에 반한다고 비판하고, 법조윤리위원회의 재구성을 요청한 바 있다. 참여연대 보도자료, 「전 · 현직 법조인으로만 채워진 법조윤리협의회 재구성해야」, 2007. 8. 2.

337 「법조윤리협의회, 변호사 7명 수사 및 징계 신청」, 「로이슈」, 2008. 8. 22.

이나 징계결정의 결과 등록취소, 영구제명 또는 제명에 이르게 될 가능성이 매우 크고, 그대로 두면 장차 의뢰인이나 공공의 이익을 해칠 구체적인 위험성이 있는 경우에는 법무부징계위원회에 그 변호사의 업무정지에 관한 결정을 청구할 수 있다. 법무부장관은 법무부징계위원회의 결정에 따라 해당 변호사에 대하여 업무정지를 명할 수 있다(변호사법 제102조).

법무부징계위원회는 업무정지에 관한 결정의 청구를 받은 날부터 1개월 이내에 업무정지에 관한 결정을 하여야 한다(변호사법 제103조). 업무정지 기간은 6개월로 한다. 다만 법무부장관은 해당 변호사에 대한 공판절차 또는 징계절차가 끝나지 아니하고 업무정지 사유가 없어지지 아니한 경우에는 법무부징계위원회의 의결에 따라 업무정지 기간을 갱신할 수 있다. 이때 갱신할 수 있는 기간은 3개월로 하고 업무정지 기간은 갱신기간을 합하여 2년을 넘을 수 없다(변호사법 제104조).

업무정지명령에 대해서 불복이 있는 경우에는 행정소송법에 정하는 바에 의하여 그 통지를 받은 날로부터 90일 이내에 행정법원에 소를 제기할 수 있다(변호사법 제100조 제4항).

법무부장관은 업무정지 기간 중인 변호사에 대한 공판절차나 징계절차의 진행상황에 비추어 등록취소 · 영구제명 또는 제명에 이르게 될 가능성이 크지 아니하고 의뢰인이나 공공의 이익을 침해할 구체적인 위험이 없어졌다고 인정할 만한 상당한 이유가 있으면 직권으로 그 명령을 해제할 수 있다. 그리고 대한변협의 장, 검찰총장 또는 업무정지명령을 받은 변호사는 법무부장관에게 업무정지명령의 해제를 신청할 수 있다. 이때 법무부장관은 직권으로 업무정지명령을 해제하거나 법무부징계위원회에 이를 심의하도록 요청하여야 하며, 법무부징계위원회에서 해제를 결정하면 지체 없이 해제하여야 한다(변호사법 제105조). 또 업무정지명령은 그 업무정지명령을 받은 변호사에 대한 해당 형사판결이나 징계결정이 확정되면 그 효력을 잃는다(변호사법 제106조).

2) 과태료 처분

변호사는 징계의 결과로 과태료 처분을 받을 수 있지만, 그와 별도로 지방검찰청 검사장으로부터 과태료 처분을 받을 수 있다. 즉, 변호사가 무자격 사무직원의 채용(변호사법 제22조 제1항), 수임장부의 작성 · 보관의무 위반(변호사법 제28조), 변호사 선임서 미제출 변호(변호사법 제29조의2), 사건유치 목적으로 법원 · 수사기관 등의 출입(변호사법 제35조), 재판 · 수사기관의 공무원으로부터 사건 소개(변호사법 제36조) 등을 범한 경우, 지방검찰청 검사장이 변호사에게 과태료를 부과한다. 과태료 처분은 행정기관의 단속법규이지만 동일한 행동이 변호사의 직무윤리위반에 따른 징계처분을 낳을 수 있다는 점에서 이중처벌의 논란이 있을 수 있다.

제3부
공직 법조인의 윤리

제1장
법관의 윤리

1. 법관윤리 문제의 제기 배경

우리나라 헌법 101조 제1항은 "사법권은 법관으로 구성된 법원에 속한다"고 규정한다. 여기서 사법권을 엄정히 정의하자면, "공정성을 가진 제3자로서의 법관이 헌법 및 법률의 해석·적용에 관한 다툼이 있을 때, 당사자의 제소를 기다려, 특별한 절차에서 행하는 최종적 구속력을 갖는 법적 판단"[1]이라고 할 수 있다. 어떤 사회이든 그것이 유지되기 위해서는 이러한 의미의 사법권이 반드시 요청된다는 것은 두말할 것도 없다. 특히 다원주의 사회에서 민주주의와 인권을 지향하고 이를 위해서 법치주의와 법의 지배를 도모하고자 한다면 객관적이고 합리적인 사법제도의 중요성을 아무리 강조해도 지나침이 없다. 따라서 현대사회의 모든 국가들에서 사법권을 입법권이나 행정권에서 분리하여 그 독립성과 독자성을 제도적으로 보장하고 있다. 헌법 제101조는 바로 이 점을 선포한 것이다.

1 이헌환, 「정치과정에 있어서 사법권에 관한 연구」(제1부 각주 3), p. 51.

그러나 법원을 중심으로 한 독립적 사법제도를 마련하는 것만으로는 사법기능의 정상적 작동을 보장하지 못한다. 독립적 사법제도는 결국 법관이 올바른 판단을 내릴 수 있도록 하는 제도적 보장일 뿐이며, 판결 자체는 결국 법관 개인의 판단에 맡겨져 있다. 그런 점에서 헌법 103조의 "법관은 헌법과 법률에 의하여 그 양심에 따라 독립하여 재판한다"는 규정은 중요한 의미를 지닌다. 이 조항이 함의하는 바는 중층적이다. 한편으로 법관이 헌법과 법률에 기속되어야 한다는 점을 밝히고 있지만, 다른 한편으로 보자면 재판작용이 법관의 "양심"이라고 표현되는 어떤 것에 의존할 수밖에 없음을 지적하고 있다. 즉, 사법과정에서 법관은 단순히 법을 말하는 입에 불과한 것이 아니고,[2] "자신의 판단"에 입각하여 구체적인 분쟁에서 사실관계를 확정하고 적용해야 할 법규를 선정하고 그 법규를 해석하는 데 결정적인 영향력을 행사함으로써 사실상 법을 확정하고 선포하는 역할을 수행한다는 점을 지적하고 있다. 동일한 분쟁에서 하급심과 상급심의 판결이 다른 경우가 적지 않고, 판사들 사이에서 다수의견과 소수의견이 갈라지는 경우가 얼마나 많은지를 생각해보면, 개별 재판에서 판사의 영향이 얼마나 큰지를 쉽게 이해할 수 있다. 이러한 차이는 재판을 받는 사람의 인생을 바꾸고 우리 사회의 변화 방향에도 중대한 영향을 미친다. 법관윤리의 중요성은 바로 이 점에서 제기된다. 즉, 법관윤리는 사법작용의 정상적 작동을 위해서는 그 사법작용을 완성시키려는 법관 개인의 가치관 · 태도 · 자세 등이 결정적이라는 인식에서 출발한다. 요컨대, 법치주의와 사법작용은 궁극적으로 윤리적 법관의 존재를 전제

---

2 몽테스큐는 법관은 단순히 법을 말하는 입에 불과하다고 한 바 있다. 그러나 현실은 법관에게 그러한 단순한 기술적인 역할을 요구하는 것에 그치지 않는다는 것을 보여준다. 오히려 법관은 하나의 권력적 실체를 가지는 것이며, 스스로의 양심에 입각한 판단의 주체임이 명백하다고 하겠다(이헌환, 「정치과정에 있어서 사법권에 관한 연구」[제1부 각주 3], p. 30).

로 하는 것이다.

사법의 역할이 엄중하고 이를 위해 법관 개인의 윤리가 또한 엄격히 유지되지 않으면 안 됨에도 불구하고 그동안 우리나라에서는 이에 대한 논의가 많지 않았다. 이는 법관의 경우, 공무원으로서의 일반윤리에 따르는 것으로도 어느 정도 그 필요에 부응할 수 있었던 사정도 있고, 또 법관의 경우에 상대적으로 높은 도덕적 기준이 유지되어오고 있어서 별도의 윤리규범을 제정하거나 그에 대해서 공개적으로 논의됨이 없이, 법관집단 내의 비공식적인 전승 · 교육 · 지도 · 조언 · 비판 등의 작동만으로도 상당수준의 법관윤리가 유지될 수 있었던 것으로 볼 수 있다.[3] 또 그동안 법관의 비윤리적 스캔들 사건이 드물었다는 것도 법관윤리에 대한 논의가 적은 이유 중의 하나라고 할 수도 있다. 그러나 그동안 법관윤리에 대해서 논의가 적었던 것이 반드시 그러한 이유 탓이었는지는 의문이 없지 않다. 사법부가 국민의 신뢰를 받지 못한다는 것은 상식이 되어 있으며, 대법원장이 과거의 사법의 불공정성을 국민 앞에서 사죄하지 않을 수 없는 상황이고,[4] 최근 판사의 스캔들도 심심찮게 발생하기 때문이다.

법관윤리의 문제가 최근의 문제인지 고질적인 문제인지 여부에 상관없이 이제 우리 사회는 본격적으로 법관의 윤리문제를 다루지 않을 수 없는

3 사법연수원, 『법조윤리론』(제1부 각주 27), p. 8.

4 이용훈 대법관은 2008년 9월 26일 '대한민국 사법 60주년 기념식'에서 기념사를 통해 "지난 60년의 자취를 돌아보면 자랑할 만한 일만 있었던 것은 아니다"라며 "권위주의 체제가 장기화되면서 법관이 올곧은 자세를 지키지 못해 국민의 기본권과 법치질서의 수호라는 본연의 역할을 충실히 수행하지 못한 경우가 있었다"고 밝혔다. 이 대법원장은 "그 결과 헌법의 기본적 가치나 절차적 정의에 맞지 않는 판결이 선고되기도 했다"고 지적했다. 이용훈 대법원장은 "이러한 불행한 과거가 사법부의 권위와 사법부에 대한 국민의 신뢰에 적지 않은 손상을 주었음을 잘 알고 있다"면서 "대법원장으로서 과거 사법부가 헌법상 책무를 충실히 수행하지 못함으로써 국민에게 실망과 고통을 드린 데 대해 죄송하다는 말씀을 드리고자 한다"고 밝혔다(대법원, 「대법원장님 말씀」, 2008. 9. 26).

단계에 들어온 것으로 보인다. 법관윤리가 가지는 원론적 중요성에 더하여, 법관 수의 증가나 그 출신의 다양성으로 인하여 법관들 간의 동질성이 약화되고 있다는 점, 국제교류의 증가로 인해 법관들 사이에서도 국제적 수준의 윤리규범을 발견하고자 하는 점, 법관윤리의 제고를 통해서 판결의 질을 더욱 높이려는 사회적인 요구 등이 법관윤리의 중요성을 더욱 부각시켜주고 있다. 그리고 보기에 따라서는 법관윤리가 부각된다는 것은 우리 사회가 권위주의 사회에서 법치주의 사회로 이행하고 있음을 보여주는 반가운 반증이라고도 할 수 있다.

법관윤리는 법관의 태도나 가치를 다루는 부분과 법관의 행동준칙을 다루는 부분으로 나누어진다. 법관으로서는 어느 것도 소홀히 할 수 없다. 법관으로서는 법규에서 규정된 구체적인 행동준칙을 익히고 준수하는 것을 기본으로 하면서도, 법관이 추구해야 할 가치를 적극적으로 모색하고 구현하려고 노력해야 한다. 아래에서는 법관이 추구하고 견지하여야 할 가치가 무엇인지 그리고 법관이 반드시 준수하지 않으면 안 되는 윤리규범이 무엇인지를 살펴본다.

2. 법관윤리 규정에 대해서

법관의 윤리를 제고하려는 노력은 단순히 법관에 대한 윤리교육의 강화에 그치는 것이 아니고, 보다 적극적으로 윤리규정을 제정하여 선포함으로써 법관이 준수해야 할 윤리규범을 구체적으로 적시하여 이를 따르게 하고, 나아가 필요한 경우 징계제도를 통해서 이의 준수를 강제하려는 방향으로 진행하고 있다.

우리나라의 경우에 1995년 6월 23일 대법원규칙 1374호로 '법관윤리강령'을 제정했다. 그러나 이 강령은 제정 이래 너무 추상적이라는 비판을 받아오던 중, 사법부에 엄청난 충격을 준 의정부 지원사건[5]을 직접적인 계기로 삼아 1998년 전문 개정되어 현재의 '법관윤리강령'(이하 '법관윤리강령'이라고 함)이 됐다. 법관윤리강령은 전문 외에 7개의 본문 조항으로 되어 있는데, 조문의 제목으로 전체 내용을 간단히 살펴보면, 사법권 독립의 수호(제1조), 품위유지(제2조), 공정성 및 청렴성(제3조), 직무의 성실한 수행(제4조), 법관의 직무 외 활동(제5조), 경제적 행위의 제한(제6조), 정치적 중립(제7조) 등을 담고 있다. 그 외 법관윤리에 영향을 미치는 주요 법규를 보면 법원조직법, 국가공무원법, 공직자윤리법, 법관징계법, 부패방지 및 국민권익위원회의 설치와 운영에 관한 법 등과 각 시행령 및 시행규칙이 있고, 법관 및 법원공무원 행동강령, 법관이 관여할 수 없는 직무 등에 관한 규칙, 법관의 면담에 관한 지침 등이 있다.

한편 ABA는 변호사를 위한 윤리규정을 만드는 것 외에 법관에 관한 윤리규정도 제정했다. 변호사협회가 법관의 윤리규정을 만든다는 것이 일견 이상한 감이 없지 않지만, 미국의 맥락에서는 어느 정도 납득되는 측면도 있다. 즉, 미국의 경우에 법조 일원화의 원칙에 따라 법관의 공급지가 주로 변호사들이어서 법관과 변호사 간에는 그 간극이 매우 좁기 때문이다. 그리고 변호사협회가 법관윤리규정을 만들었다고는 하지만 여전히 법관들의 참여 하에 만든 것이고, 그 윤리규정이 실제로 효과를 갖는 것은 법원측에서 그것을 수용했을 때이기 때문에 반드시 변호사협회의 독자적인 힘으로 그것을 제정했다고 보기는 어렵다.[6] 최초의 법관윤리규정

5 관련 판례는 제2부 각주 110 참고.

6 미국 변호사 협회가 만든 책임준칙이나 표준규칙은 변호사에 의한 자율규범이지만, 각 주의 법원(이나 입법기관)에 의해서 채택되었을 때 비로소 효력을 갖는 것이라든지 변호사의 징계권이 궁극적으로 법원에 귀속되는 것도 변호사와 법원이 법조일원주의 정신에 의해서 설명 가능하다.

은 1924년에 제정한 '법관윤리강령'(Canons of Judicial Ethics)이다. 이것이 1972년에 개정되어 '법관행위규범'(Code of Judicial Conduct)(이하 '법관행위규범'이라고 함)이 되었고 1990년에 다시 개정되었다. 흥미로운 것은 미국 법관의 윤리규정들도 법관들의 스캔들과 연관하여 제정되고 개정됐다는 점이다. 제정에 영향을 끼친 사건은 랜디스 법관 사건이고 1970년의 개정에 영향을 미친 사건은 포터스 법관 사건이다.[7]

미국 법관윤리강령(1924)은 7개의 강령과 각각에 대한 본문과 주석으로 구성되어 있으며, 7개의 강령은 다음과 같다.

강령 1: 법관은 사법부의 염결과 독립을 지켜야 한다.

강령 2: 법관은 모든 활동에 있어서 온당치 못한 행동을 해서는 안 되며 그러한 외관을 가져서도 안 된다.

강령 3: 법관은 그 직무를 공정하고 근면하게 수행해야 한다.

강령 4: 법관은 법과 법제도와 사법운영의 개선을 위한 활동에 종사할 수 있다.

강령 5: 법관은 그 사법적 직무와 상충될 위험을 최소화할 수 있도록 사법 외 활동을 조절하여야 한다.

강령 6: 법관은 준사법적 활동 및 사법 외적 활동으로 받게 된 보수에 관하여

7 랜디스 사건은 1919년 연방법원의 법관으로 재직 중이던 랜디스(Kenesaw Mountain Landis) 법관을 연봉 42,500달러의 조건으로 야구협회 임원으로 초빙한 사건이다. 당시 그의 연봉은 7,500달러였다. 이러한 행동은 미국변호사 협회에서 "법관의 직에 합당하지 않는 행위로서 법원의 권위를 실추케 하고 사법부의 독립에 대한 공중의 신뢰를 훼손한 것"이라고 평가받았다. 포터즈 사건은 포터즈(Abe Fortas)가 대법관에 임명되기 전에 한 대학에서 세미나 강좌를 맡으면서 그 대가로 15,000달러를 받기로 한 것이 문제가 되어 대법원장의 인준을 받지 못한 일(1968)과, 그가 현직 대법관의 직위에 있으면서 월프슨이라는 1966년에 사업가로부터 20,000달러의 사례(fee)를 받았다가 돌려준 일이 1969년에 언론을 통해서 공개된 사건을 말한다(정인진, 「미국의 법관윤리전범에 관한 연구」[제1부 각주 82], pp. 23~24).

정기적으로 보고서를 작성해야 한다.

강령 7: 법관은 그의 직위에 합당하지 않은 정치적 활동을 삼가야 한다.

1990년 개정으로 강령은 다음과 같이 5개로 줄었다.

강령 1: 법관은 사법의 염결성과 독립성을 견지해야 한다.

강령 2: 법관은 법관의 모든 활동에서 불온당(impropriety)과 그러한 외관을 피해야 한다.

강령 3: 법관은 사법직무상의 의무를 공평하고 근면하게 수행해야 한다.

강령 4: 법관은 사법 외의 활동을 함에 있어서 사법상의 의무와 충돌할 위험성을 최소화하도록 처신해야 한다.

강령 5: 법관이나 법관직에의 지원자는 부적절한 정치활동을 자제해야 한다.

이들 각각의 강령은 세부 강령을 가지고 각 세부 강령별로 주석이 붙어 있다.[8] 각각의 강령에 대해서 그것을 세분화한 규칙(rules)을 규정하고 각 규칙별로 주석을 달았다. 이런 변화에서 내용상 큰 변화가 있다고 보이지는 않는다. 큰 경향에서 보자면, 행동기준이 점차 구체화되고, 결국은 미

---

8 2007년 2월 ABA는 1990년의 법관행위표준규칙을 전면 개정하는 안을 채택했다. 새로 개정된 2007년판의 법관행위표준규칙은 강령을 다음과 같이 4개로 줄었다.
강령 1: 법관은 사법의 독립, 염결성 그리고 공평성을 유지하고 제고해야 하며, 불온당과 그러한 외관을 피해야 한다.
강령 2: 법관은 법관직의 의무를 공평하고, 유능하고, 근면하게 수행해야 한다.
강령 3: 법관은 사법 외의 활동을 함에 있어서 사법상의 의무와 충돌할 위험성을 최소화하도록 처신해야 한다.
강령 4: 법관이나 법관직에의 지원자는 사법의 독립성, 염결성 그리고 공평성과 양립할 수 없는 정치활동이나 운동활동에 개입해서는 안 된다(http://www.abanet.org/judicialethics/ABA_MCJC_approved.pdf).
(이 책에서는 이러한 변화의 내용에 대해서는 반영하지 못했다.)

국의 직무행위표준규칙과 같이 '규칙'(rules)의 차원에서 법관의 윤리기준을 정했다는 점이다. 이러한 흐름은 변호사윤리규정이 강령(canon)에서 규범(code)으로, 그리고 규칙(rule)으로 발전한 것과 같은 흐름이라고 할 만하다. 즉 윤리규범이 점차 구체화하고 징계 가능한 규칙으로 발전해가는 것이다.

한편 유엔은 1985년에 '사법권 독립의 기본원칙'(Basic Principles on the Independence of the Judiciary)을 채택한 바 있다.[9] 그리고 법관윤리규정과 관련하여 의미 있는 문서로 2002년 방갈로르에서 채택된 '방갈로르 법관행위원칙'(The Bangalore Principles of Judicial Conduct)이 있다.[10] 이 문서는 '방갈로르 법관행위규범 초안'(2001)을 2002년 11월 헤이그에서 열린 '대법관들의 원탁회의'에서 수정된 것이다. 이 문서는 법관이 추구해야 할 가치 6개를 밝히고, 각각 가치에 상응하는 원리와 적용에 대해서 기술하고 있다. 여기서 제시된 가치는 독립(independence), 공정성(impartiality), 염결성(integrity), 온당함(propriety), 평등성(equality), 적격성과 근면성(competence and diligence) 등이다.

일본의 경우는 아직 법관윤리에 관한 규정이 없다. 이는 일본의 법관은 공무원의 일종이었기 때문에 계층조직의 상부에서 하부로의 규제가 이루어졌던 탓도 있고, 법관의 특유한 윤리규범은 법관집단 내부의 전승 · 교육 · 지도 · 조언 등의 형식으로 존재해왔기 때문이다. 이러한 것만으로도 일본 법관의 높은 윤리기준이 준수될 수 있었고 눈에 띄는 비리사건이 발생하지 않았기 때문에 별도로 규정을 만들어야 할 사회적 여론이나 내부의 요청이 강하지 않았다.[11] 하지만 1970년을 전후하여 법관윤리에 대한

---

9 http://www.unhchr.ch/html/menu3/b/h_comp50.htm

10 http://www.unodc.org/pdf/crime/corruption/judicial_group/Bangalore_principles.pdf

11 日本法律家協會 法曹倫理研究會, 「法曹倫理に關する報告書」, 小島武司, 『法曹倫理』(제1

많은 논의가 있었다. 그 당시 논의는 재판관(일본에서는 '법관'이라는 용어 대신에 '재판관'이라는 용어가 사용된다)의 의무를 5가지로 요약한 보고서로 정리됐다. 그 내용은 다음과 같다.[12]

① 재판활동에서의 법충실성, 독립성, 공평중립성 및 공정의 유지의무 그리고 이러한 자각 · 자제의 유지와 지속의무.

② 재판 및 재판관에 대한 일반적 신뢰를 훼손시키는 행동과 태도를 피해야 할 의무.

③ 일정의 품위를 유지할 의무.

④ 끊임없이 변화하고 진보하는 사회, 정치, 경제, 문화에 관한 지식과 경험을 흡수하고 그것을 재판에 반영하려고 노력할 의무.

⑤ 자신의 에너지를 무엇보다도 재판활동에 쏟는 것과 함께, 재판의 신속화와 능률화를 위하여 노력하고 그에 대한 창의적 연구를 게을리 하지 않을 의무.

이상에서 여러 각국의 윤리규정의 목록과 대충의 내용을 살펴보았거니와, 이들 각각의 법관윤리규정들은 다소간에 차이가 없지 않지만 큰 흐름에 있어서는 일치하는 바가 매우 크다. 이는 각 국가별로 제도나 문화가 각기 다르지만, 근대적 재판제도가 가지는 보편적 특성을 공유하고 있기 때문에, 그에 따라 법관의 윤리에서도 공통적인 속성을 갖기 때문이라고 할 수 있다. 특히 법관의 독립성은 어느 문헌에 의하든 가장 먼저 언급되고 있어서, 가장 중요한 것으로 간주되고 있음을 알 수 있다. 그리고 공정성 · 염결성 · 온당함 · 적격성 등이 중요하게 취급된다. 따라서 이러한 품

부 각주 33), p. 322.

12 塚原英治, 『法曹の倫理と責任』(제2부 각주 33), p. 474.

성은 법관을 위한 필수적 속성으로 간주할 만하다. 이에 더하여 법관은 사법에 대한 국민의 신뢰를 제고하고 유지하도록 요청받는다. 법관들에게 사법의 신뢰를 제고 · 유지시킬 의무를 부담시키는 것은 사법작용이 원활하게 작용하기 위해서는 사법과 법관에 대한 국민의 신뢰가 필수적이기 때문이다. 이에 따라 법관들은 국민의 신뢰를 훼손하는 행위를 해서는 안 될 뿐만 아니라, 그러한 신뢰를 훼손할 우려가 있는 행동도 자제해야 한다. 그리고 이를 위해서 법관은 직무에서뿐만 아니라 직무 외의 제반활동과 일상적인 생활에서도 일반인에 비해 더 높은 윤리기준을 준수해야 한다.

이러한 법관윤리규정들의 법적 성격에 대해서는 반드시 일치하는 것은 아니다. 다시 말해 그것이 징계를 위한 규정인지 아니면 법관 개인의 자율규제규범으로서 제시된 것인지는 반드시 명료하지 않다. 대체로는 양자가 혼재하고 있다고 생각된다. 즉, 징계규정으로서의 성격을 가지는 것이 명백한 사실인 반면, 규정을 위반했다고 해서 반드시 징계처분이 내려지는 것은 아니라는 것이다. 징계여부는 구체적인 사안의 심각성 등을 보아 개별적으로 판단할 수밖에 없을 것이다. 그리고 법관윤리규정 중에는 애당초 징계를 염두에 두었다기보다는 법관이 추구하여야 할 가치를 선언한 것도 적지 않다. 법관으로서는 징계규정에 한정하지 않고 가치를 선언한 규정에 대해서도 충분히 주의를 기울여야 마땅할 것이다.

3. 사법권 독립과 법관윤리

1) 사법권 독립의 내용

사법권 독립은 사법권을 행사하는 법관이 구체적 사건을 처리함에 있어 누구의 지시나 명령에도 구속당하지 아니하고 독자적으로 심판한다는 원리를 말한다. 사법권 독립은 궁극적으로 재판독립의 원칙 내지 판결의 자유를 목표로 하는 것이며, 재판(심판)독립의 원칙 내지 판결의 자유는 입법부나 집행부로부터의 법원의 독립, 법원의 자율성, 구체적 재판에 있어서 내외적 간섭을 받지 아니하는 법관의 재판상 독립과 신분상 독립에 의해서 실현된다.[13] 우리나라에서 이와 같은 의미의 사법권 독립은 헌법상의 원리로서 선언되어 있다. 즉 헌법 제101조는 사법권은 법관으로 구성된 법원에 속한다고 하고, 헌법 103조에 의하면 법관은 헌법과 법률에 의하여 그 양심에 따라 독립하여 심판한다고 규정한다. 특히 헌법은 법관의 신분 보장과 관련하여, 법관은 탄핵 또는 금고 이상의 형의 선고에 의하지 아니하고는 파면되지 아니하며, 징계처분에 의하지 아니하고는 정직 · 감봉, 기타 불리한 처분을 받지 아니한다고 규정한다(헌법 106조 제1항; 법원조직법 제46조 1항). 이처럼 제도적으로 사법권 독립을 보장하는 것은 매우 중요하다. 유엔의 '사법권 독립의 기본원칙'은 사법의 독립을 가장 주요한 원칙으로 천명함과 동시에, 사법의 독립을 존중하고 준수하는 것이 모든 정부와 기관의 의무라고 선언하고 있는데(제1조), 우리나라의 헌법과 법률은 바로 이와 같은 정신을 구현하고 있다고 할 수 있다.

사법권 독립을 보장하는 것은 사법부를 제외한 여타 국가기관이나 공무원 등의 의무에 그치는 것이 아니다. 법관윤리강령은 "법관은 모든 외부의 영향으로부터 사법권의 독립을 지켜나간다"고 규정한다(제1조). 이는 사법권 독립이 단순히 국가적 의무이거나 제도적 보장의 차원에 그치는 것이 아니고 법관 스스로 그것을 지켜야 하는 윤리적 책무임을 지적하는 것이다. 이는 사법권 독립이 법관 자신의 윤리적 실천이 없이는 구현

13 권영성, 『헌법학원론』, 법문사, 2008, p. 1060.

할 수 없는 것임을 밝히고 법관에게 그 준수를 요구하는 것이라고 할 수 있다.

그런데 법관의 입장에서 사법권 독립을 견지한다는 것은 단지 정치권력으로부터의 독립에 그치는 것은 아니다. 그것은 양당사자로부터의 독립, 단체 간의 관계나 혹은 한 법관의 다른 법관에 대한 관계에서의 독립을 포함하며, 다른 정부부처로부터의 독립, 이익단체나 여론으로부터의 독립을 포함한다.[14]

다소 오래된 통계이긴 하지만, 우리나라 판사들에게 사법권 독립을 해치는 요인에 대해서 조사한 결과가 참고가 될 수 있다고 생각된다. 1970년 유상호 의원이 재경법원 163명을 대상으로 사법권 독립의 보장 정도가 어느 정도인지 그리고 그 장애요소에 대해서 질문했는데, 그 결과는 다음과 같다.[15]

현재 우리나라 여건으로 보아 법관이 법과 양심에 따라 재판할 수 있도록 실질적인 사법권의 독립이 보장되고 있다고 생각하십니까?

항목	응답 비율(%)
아주 만족할 만한 정도로 보장되고 있다.	0.7
대체로 잘 보장되고 있다.	47.2
우려할 점이 적지 않다.	47.9
아주 실망할 정도이다.	3.5
무응답	0.7

14 임지봉, 『사법적극주의와 사법권 독립』, 철학과현실사, 2004, pp. 173~180.

15 정덕장, 『사법권의 독립』, 바울서신사, 1984, pp. 389~400에서 유상호 의원이 실시한 설문조사 결과가 소개되어 있고 아울러 서울 제1지방 변호사회가 1980년 1월 28일에 실시한 여론조사를 소개하고 있다.

법관이 오로지 법과 양심에 따라 재판하는 데 가장 많은 장애가 될 수 있는 것은 어느 것이라고 생각하십니까?

항목	응답 비율(%)
상관의 압력	5.6
외부의 압력	7.6
동료의 부탁	12.5
지기의 청탁	23.6
다른 기관의 청탁	1.4
기타	18.8

이러한 조사와 10년의 간극을 두고 서울지방변호사회에서 유사한 설문조사를 실시한 바가 있다. 그 결과를 보자.

지금까지 사법권 독립이

항목	응답 비율(%)
완전하게 보장됐다고 본다	0.6
상당 정도 보장되어왔다고 본다	26.3
불완전했다고 본다	67.3
모르겠다	1.8
기타	4.1

지금까지 재판과 법관의 공정 · 독립에 침해 내지 영향을 준 사례를 든다면

항목	응답 비율(%)
정보사정기관의 직접 간접 영향력	73.7
검찰의 청탁 압력	28.6

항목	응답 비율(%)
사건에 대한 여론, 언론의 지향적 의견	15.2
보직 내지 재임명 불이익 우려	47.4
사건처리 건수의 정기적 집계, 회람	20.4
무죄 건수와 석방 건수의 집계	14.0
판결에 대한 검찰의 불평, 항의	26.3
정부가 표방하는 정책	19.3
법원감독관의 의견 내지 영향력	19.9
동료법관의 청탁	20.4
친지의 청탁	18.2
기타	1.8

* 참고: 1인당 평균 3곳씩 기표했다.

유신체제 직전과 직후에 이루어진 독립된 두 설문조사의 결과를 보면, 우리나라 사법권 독립의 수준에 대해서 판사들 과반수가 부정적인 판단을 하고 있으며, 유신 이후에 그 정도가 심한 것으로 보였다. 특히 유신 직전에서는 외부로부터의 압력이 상대적으로 적은 것으로 보이는 반면 유신 직후의 조사에 의하면 정보사정기관의 직접 · 간접 영향력에 대해서 많은 비율이 몰려 있어서, 유신 기간 동안에 정보사정기관의 직접 · 간접 영향력이 많았음을 보여준다. 그리고 이 두 설문조사는 무엇보다 사법권 독립을 침해하는 요소를 거의 망라적으로 보여주고 있다. 위의 표에서 보듯이 사법권 독립을 저해하는 요소는 다양하며, 특히 권력적 외압 외에도 지인 · 동료 등으로부터의 간섭도 많은 비중을 차지하고 있음을 알 수 있다. 법관이라면 이러한 다양한 영향들의 존재를 인식하고 이러한 부당한 개입으로부터 독립된 판결을 내리지 않으면 안 된다.

2) 사법권 독립을 위한 법관들의 노력

위에서 사법권 독립에 영향을 미치는 다양한 요소들을 보았지만, 역시 가장 많이 문제가 되는 것은 정치권력, 특히 행정권력으로부터의 영향이다. 역사적으로 보면 사법권 독립이 보장되는 과정은 판결에 영향을 미치려는 정치권력에 대한 국민적 저항의 과정이었다고 할 수 있을 정도이다. 하지만 동시에 법관 스스로도 그러한 정치권력에 맞서 사법권 독립을 수호하려는 노력을 하지 않으면 안 된다. 법관의 그러한 노력이 있을 때에야 비로소 사법권 독립을 확보하고 실질화할 수 있다. 그런 점에서 사법권 독립의 추구는 법관이 추구해야 할 윤리적 책무이다.

실제로 외국 선진국에서 사법권 독립이 확립되는 과정을 보면, 법관들의 자주적이고 적극적인 노력이 사법권 독립에 중요한 역할을 했음을 알 수 있다. 일찍이 법의 지배원칙을 정립한 영국의 경우를 보면, 법관들이 국왕의 의사로부터 독립하여 재판의 독립성을 확립하는 데 오랜 시간이 걸렸다. 국왕의 재판 개입에 대해 법관들이 끊임없이 저항했으며, 찰스 1세에 의하여 1640년에 소집된 장기회의(The Long Parliament)는 법관이 그 "행동이 선량한 한"(during good behavior) 직위를 유지해야 한다고 청원하기에 이르렀고, 법관의 임기보장은 스튜어트 왕조가 물러간 후 1701년 왕위계승법이 제정되면서 비로소 제도 속에 자리 잡았다.[16]

일본의 경우에도 사법권 독립을 추구한 상징적인 사건이 있었다. 이른바 오오츠(大津)사건이다.[17] 1891년 5월 11일 시가(滋賀)현 오오츠에서 일본을 방문한 러시아 황태자 니콜라스 알렉산드로비치가 경비 중인 순사 츠다 산조우에게 찔려 두부에 경상을 입은 사건이 발행했다. 당시 내각은

---

16 정인진, 「미국의 법관윤리전범에 관한 연구」(제1부 각주 82), p. 61.

17 森際康友, 『法曹の倫理』(제2부 각주 17), 316쪽.

범인인 츠다에게 형법 제116조(당시)의 '황실에 대한 죄'를 확장 해석하여 사형 판결을 내려야 한다고 대심원에게 강하게 요구했지만 대심원은 내각의 압력에 굴하지 않고 통상의 모살미수죄를 적용하여 츠다에게 무기도형(徒形) 판결을 내렸다. 이 사건은 일본의 재판소가 내각으로부터의 압력을 견뎌낸 사건으로 기록되었고, 당시 대심원장 고지마 이켄(兒島惟謙)은 후세에 '호법(護法)의 신'으로 칭송됐다. 이러한 사건이 우리에게 시사하는 바는 사법권 독립은 상당 정도 법관들 자신에 의한 노력의 산물이라는 점이다. 이처럼 사법권 독립은 법관 스스로 견지해야 하는 하나의 윤리적 책무가 된다. 우리나라도 이와 같은 선구적인 법관이 나타나야 할 것이다.

돌이켜보면 우리나라에서 법관들에 의해서 사법권 독립을 견지하려는 노력이 없지 않았다. 초대 대법원장이었던 김병로가 사법권 독립을 위해서 부단히 노력했다는 것은 널리 알려져 있다.[18] 그러나 김병로가 죽고 정치적 반동이 이어지면서 사법권 독립의 노력은 더 진전하지 못하고, 정치권력의 영향력 안으로 쪼그라들었다. 이후 사법권 독립을 향한 노력으로는 이른바 '사법파동'이라고 불리는 일련의 사건들이다. 1971년의 사법파동이 그 하나이다.[19]

1971년 사법파동의 직접적 계기가 된 것은 1971년 7월 28일 오전 0시 40분경 서울 지방검찰청의 검사가 형사지방법원의 판사 3인에 대한 구속영장을 신청한 일이다. 그 이유는 이들 판사가 제주도로 출장을 나가 변

---

18 김학준, 『가인 김병로 평전: 민족주의적 법률가 · 정치가의 생애』, 민음사, 1988; 김진배, 『가인 김병로』, 가인 기념회, 1983 참고.

19 1971년 사법파동에 대해서는 많은 곳에서 다루고 있다. 이헌환, 「한국 사법사에 비추어본 1971년의 사법파동」, 『법과사회』 제15호, 1997; 이돈명, 「사법파동」, 『신동아』 1988. 1; 김철수, 『헌법학』(하), 1972.

호인으로부터 항공료 · 숙박비 · 술값 등 97,000원 상당의 뇌물을 받았다는 것이었다. 이 일은 겉으로는 판사의 비리에 대한 수사였지만, 전체적인 맥락을 고려한다면, 권위주의 정권이 사법부를 길들이기 위해서 일으킨 사건이었다.[20] 그런 점에서 판사에 대한 영장청구는 법관들의 강한 반발을 불러 일으켰다. 판사들은 이러한 사태를 사법권 독립에 대한 중대한 침해라고 선포하고, 집단적으로 사표를 제출하는 등으로 대응했으며, 검찰에 의한 사법권 독립 침해사례를 폭로하기도 했다. 사법권 독립을 주장하는 판사들의 동조가 전국적으로 확대되면서 검찰이 입장을 철회하고 판사들도 사표를 철회하면서 사건이 마무리되었다. 판사에 대한 검찰의 공격은, 그 본질이 점차 독재화되어가는 정치권력이 그 정치구조를 강화하기 위한 방법으로 순종하는 사법부를 만들려는 전초전이었다[21]고 본다면, 법관들의 대응은 스스로 사법권 독립을 수호하려는 노력이었다고 평가할 수 있다.

1988년에도 사법파동이라고 할 만한 사건이 벌어졌다. 이는 1987년의 민주화 바람이 한바탕 거세게 분 이후의 분위기에서였다. 당시 대통령 노태우는 김용철 전 대법원장을 유임시키려고 했다. 이에 대해 젊은 법관들이 대법원장의 유임에 반기를 들고 대법원장의 경질과 대법원의 면모일신을 요구하는 성명서를 발표했다.[22] 이 와중에 김용철 전 대법원장은 불명예 퇴진했고, 정부는 국회에 대해 정기승 대법원장의 임명동의를 요청했는데 대한변협과 사법연수생들의 반대성명이 제기되는 속에 임명동의안이 부결됐다. 결국 국회에서 여야의 압도적인 지지를 받은 이일규 변호

---

20 이헌환, 「정치과정에 있어서의 사법권에 관한 연구」(제1부 각주 3), p. 134 참고.

21 이돈명, 「사법파동」(제3부 각주 19), p. 184.

22 성명서의 원문은 한인섭 엮음, 『정의의 법, 양심의 법, 인권의 법』, 박영사, 2004, p. 455 이하에 있다.

사가 10대 대법원장에 취임하고 그의 구상에 따른 인사개편이 이었다. 이러한 일련의 사태에 대해서 허영 교수는 다음과 같이 평가했다.[23]

> 아무튼 '88사법파동'은 우리 사법사에 중요한 사건으로 기록될 것이 분명하고, 그것은 정치의 영향권과 집권자의 사슬에서 벗어나려는 젊은 법관들의 용기 있고 자구적인 노력의 결과이며 양심해방운동의 큰 본보기라고 할 수 있다. '판결로만 말해야 되는 법관'이라는 신분의 굴레도 인간의 양심을 질식시키는 독재자의 구조적인 폭력 앞에서는 결코 침묵할 수 없다는 것을 행동으로 보여준 인간양심의 위대한 승리임에 틀림없다. 법관이기 때문에 언제나 소극적이어야 하고, 법복을 입었기 때문에 법정 밖에서는 늘 침묵으로 일관해야 한다는 논리는, 시시비비를 가려 정의를 실현시켜야 되는 사법의 본질적인 기능과는 거리가 멀다. 절대권력자의 그릇된 권력욕 때문에 빼앗긴 사법권의 독립을 되찾는 운동이 젊은 법관들에 의해서 점화됐다는 사실은 우리 사법부의 앞날을 밝게 해주는 희망적인 현상이 아닐 수 없다. 동서고금을 막론하고 사법권의 독립이 저절로 주어진 예는 드물고, 불법권력과 싸워서 찾아야 했었다는 사실을 상기할 때, 우리의 사법부도 이제는 '88사법파동'을 계기로 제자리를 되찾아 권력의 시녀가 아닌 국민의 편에 서서 인권보호를 위한 제구실을 해야 한다고 거듭 다짐해야 한다.

판사가 집단행동을 통해서 집단적인 의사를 표명하는 것이 올바른 방법인지에 대해서 논란의 여지가 있을 수 있다. 하지만 정치권력으로부터 사법권 독립을 수호한다는 차원의 움직임은 사법부 자신과 국민의 '힘'에 의한 보장을 요구한다는 점에서 정당화의 여지가 있다고 생각된다.

사법권 독립을 향한 법관들의 움직임은 권력에 대한 저항적 의미를 지

---

23 허영, 「사법부의 어제와 오늘 그리고 내일」, 『사법행정』 332호, 1988. 8, p. 32.

니기 때문에, 법관 개인의 신분의 위험을 감수하는 일이기도 하다. 예컨대 1971년 군인 또는 군속의 손해배상청구권을 제한한 국가배상법이 위헌이라는 판결(1971. 6. 22. 선고 70다1010)의 다수 의견에 가담한 대법관 9인은 10월 유신 이후 1973년의 법관재임명에서 전원 탈락했으며, 김재규 등이 박정희 대통령을 살해한 사건의 판결(1980. 5. 20. 선고 80도306)에서 내란죄의 원심을 파기해야 한다는 소수설에 가담한 대법원 판사 6명 전원이 1980년 8월 의원면직의 형식으로 법관직을 박탈당했다.[24] 그렇기 때문에 완전한 의미의 사법권 독립에 대한 요구는 법관 개인에게 강제하기 힘든 측면이 있긴 하지만, 오늘날 그나마 사법권 독립이 어느 정도 보장되는 것은 그러한 위험을 감수한 선각자들이 있었기 때문이라는 점을 생각해본다면, 사법권 독립을 향한 법관의 윤리적 책무는 신분상의 위험에도 불구하고 늘 존재하는 것임이 명백하다.

3) 다른 재판에 대한 개입의 금지

한편 법관은 다른 외부로부터의 간섭을 배제해야 하는 것과 아울러, 법관의 입장에서 스스로 다른 법관의 독립적 재판에 영향을 미치려고 해서는 안 되며 그러한 의혹을 낳을 수 있는 행동도 자제하지 않으면 안 된다. 그러나 다른 법관의 재판에 영향을 미치지 말아야 한다는 이러한 원칙은 실제 현장에서 다소 모호하게 느껴질 수 있다. 예컨대, 선배 법관이 후배 법관의 명백한 오류를 알게 된 경우 판결 전에 일정한 조언을 하는 것이 필요하다고 느낄 수도 있다. 그리고 후배 법관의 입장에서 판결에서 나타난 선배 법관의 견해를 어느 정도 존중해야 하는지도 판단하기 쉽지 않다.

일본에서 이른바 '나가누마(長沼) 미사일 기지 소송'에서 재판소장에

---

24 윤진수, 「법관의 윤리」(제1부 각주 12), p. 138.

의한 재판 개입이 문제되기도 했다(소화 45년).[25] 당시 방위청이 북해도에 미사일기지 건설을 계획하고, 농림대신이 이 계획의 착수를 위하여 해당 지역의 국유보안림을 해제하는 고시를 낸 데 대해서 지역 농민이 농림대신을 상대로 국유보안림의 지정해제처분 취소청구소송을 신청한 사건이 있었는데, 이때 지역 관할의 삿포로(札幌) 지방재판소 소장이 담당 재판장에게 자신의 의견을 기재한 서면을 교부하여 문제가 됐다. 이에 대해 삿포로 지방재판소 재판관 회의는 엄중주의 처분을 결정했고, 후에 최고재판소는 같은 사건에서 전보발령 및 엄중주의 처분을 내렸다. 최고재판소는 이 사건에서 서간의 교부가 선배로서의 친절한 마음에서 나왔다고 볼 수는 있지만 이는 절도를 넘은 것이고, 재판의 독립과 공정에 대한 국민의 의혹을 불러일으키는 것으로서 심히 유감이라고 했다.

무릇 재판관은 스스로의 책임 하에 판단을 내리는 존재이므로 그에게 부당한 영향을 미쳐서는 안 된다. 물론 재판을 수행하는 법관의 입장에서 법원장을 포함한 다른 여러 선배 · 동료 법관과 협의하거나 판례 · 연구문헌 등을 참고하는 것은 당연하며 권장되어야 하지만, 담당 법관의 요청이 없음에도 불구하고 그에게 영향을 미치기 위해서 일방적으로 의견을 개진하는 것은 금지되는 것이 당연하다. 하물며 담당법관에 대한 부당한 영향력 행사를 위해서 자신의 의견을 말하는 경우는 비윤리적 행동으로서 금지되며 징계 사유가 될 수 있다.

앞의 인용된 표에서 보듯이 우리나라에서 동료 법관의 부탁이나 청탁이 사법권을 침해하는 중요한 요인이다. 현직에 있는 법조인이 다른 법조인이 담당하고 있는 사건에 관하여 청탁하는 것은 흔히 '관선변호'라고 하는데, 이런 용어가 사용될 정도로 드물지 않다고 보인다. 실제로도 현

25 이하는 塚原英治, 『法曹の倫理と責任』(제2부 각주 23), p. 478 참고.

직 판사가 다른 판사에게 청탁해달라는 부탁을 받고 금품을 받는 행위로 인해서 유죄판결을 받거나 징계받은 사례가 있다.[26] 하지만 판사가 금품을 받지 않더라도 다른 판사의 판결에 영향을 미치기 위해서 접촉하는 행위만으로도 징계 대상이 된다고 할 것이다. 이는 법원장이나 상급법원의 법관이 다른 하급법관의 판결에 영향을 미치려고 하는 경우에도 마찬가지이다. 이처럼 법관은 부당한 외압에 대해 저항해야 하지만, 다른 법관에게 부당하게 개입하려는 행위도 엄격히 자제하지 않으면 안 된다. 법관이 다른 재판부에서 진행 중이던 대표이사 등 직무정지가처분 신청사건에 관하여 담당재판관에게 원고의 의견을 전달하는 행위로 징계받은 사례가 있다.[27]

4) 법원행정과 사법권 독립

법원은 재판사무와 병행하여 사법행정사무를 수행하고 그러한 사무는 법관의 주도 하에 이루어진다. 법원행정사무를 일반 행정공무원이 아니고 법관들이 주도하게 하는 것은 사법권 독립을 위한 조치라고 볼 수 있다. 법원은 사법행정의 목적을 달성하기 위하여 행정사항에 관하여 소속 법관들에게 일정한 감독권을 행사하는데, 여기에는 직무전념의무 · 비밀유지의무 · 품위유지의무 · 정치운동금지의무 등 재판관의 직무상 의무뿐만 아니라, 심판 등의 부당한 지연, 부당한 소송지휘, 심리태도, 명백한 오판 등 재판관이 행하는 재판실무를 포함하기 때문에 그 범위가 매우 넓

---

26 인천지방법원 부천지원 소속의 손 모 부장판사는 다른 재판부에 청탁을 했다는 이유로 2007년 6월 7일 정직 10월의 징계처분을 받았다. 하 모 변호사는 부장판사로 재직 당시 브로커로부터 다른 법원 재판에 영향력을 행사해달라며 금품을 받은 혐의로 실형을 선고받았다(오재성, 「법관의 직무 외 영역에서의 행동과 한계」, 우리법연구회, 『우리 시대의 법관을 말한다』, 2008, p. 33 참고).

27 대법원 공보, 제2007-28호, 2007. 6. 15.

다고 할 수 있다. 그러나 이러한 사법행정권은 일정한 한계가 있다. 즉, 법원의 감독권으로 개별 재판관의 재판권에 영향을 미치거나 또는 그것을 제한해서는 안 된다는 것이다. 감독권의 행사에 의하여 계속 중인 구체적인 사건에 대하여 심리방법을 지도하거나 사실인정과 법령해석에 대하여 의견을 진술하거나 하여 재판에 영향을 미치는 것, 또 재판권 행사 후의 구체적인 사건에 대해서도 재판 내용의 당부를 논의하는 것은 허용되지 않는다는 것이 일본의 통설적인 입장이다.[28]

우리나라의 경우에도 마찬가지의 원리가 적용된다고 보아야 할 것이다. 특히 우리나라는 법원행정처의 영향력이 지나치게 비대하여 법원행정처가 개별 법관에 영향을 미칠 위험성이 적지 않다고 할 수 있다. "이 법원행정처는 법관의 재판을 보조하는 업무의 수준을 넘어 스스로가 법관에 대한 감시 · 감독의 기관으로 기능하면서 전국의 법관과 그 결과로써 전국의 재판을 평균화 · 획일화하는 거대법관이 되어버렸다. 이 법원행정처를 통하여 전국의 법관은 하나의 법관으로 변질하며 바로 이 점에서 법원행정처는 하나의 레비아탄이 되는 셈인 것이다."[29] 법원행정처장은 대법관으로 보임하며(법원조직법 제68조), 차장 · 실장 · 국장 · 심의관 등 법원행정처의 많은 직책을 판사가 담당한다(법원조직법 제71조 참고). 이런 점에서 법원행정처에 의해서 개별 법관에 대한 부당한 개입이 이루어진다면, 이는 법관에 의해서 저질러지는 사법권 독립의 침해라고 하지 않을 수 없다. 결국 현재의 법원행정처의 구조에서라면 사법행정에 의한 사법권 독립의 침해는 법관윤리의 문제이기도 하다고 하겠다. 법원행정을 담당하는 판사는 마땅히 개별법관의 재판에 부당한 영향을 미치는 사법

28 小島武司, 『法曹倫理』(제1부 각주 33), p. 297.
29 한상희, 「법원행정처의 개혁방안」, 『민주법학』 제29호, 2005, p. 58.

행정이 이루어지지 않도록 유의하지 않으면 안 될 것이다.

5) 법관의 비행과 사법권 독립

그리고 사법권 독립은 법원과 법관에 대한 외부의 간섭을 배제한다는 의미를 갖기 때문에 자칫 사법권 독립에 대한 요구가 법관의 비행을 은폐하는 장치로 작동할 수가 있다. 그러나 사법권 독립은 공정한 재판을 위한 장치일 뿐 비리를 은폐하는 기능을 해서는 안 된다. 판사들은 재판상의 독립성을 유지하기는 하지만 판사에 대한 징계를 저지하거나 약화시키는 것은 아니다. 물론 징계가 자칫 판사의 독립적 판단을 침해하는 장치가 될 수도 있지만, 이는 징계제도를 오용한 결과일 뿐이다. 징계제도는 판사의 독립적 판단을 평가하는 것이 되어서는 안 되고, 오직 판사의 비행에 대해서만 취급해야 한다. 그렇게 할 때 징계제도는 사법권의 독립을 해치기보다는 오히려 제고하게 된다. 왜냐하면 독립적인 판단을 저해할 수 있는 행동—예컨대 계속 중인 사건의 원고나 피고로부터 선물을 받는 행동—을 하는 판사에 대해서 징계를 가함으로써 보다 독립적인 판단을 하도록 할 수 있기 때문이다.

반드시 비행이 아니더라도 판사는 자신의 행동과 판결에 대해서 어떻게 든 책임(accountability)을 지지 않으면 안 된다. 예컨대 오판의 경우가 문제가 될 수 있고,[30] 판사의 개인적 소신에 따른 판결이지만 사회적으로 용납될 수 없는 판결인 경우에도 판사는 어떤 식으로든 책임을 지지 않으면 안 된다. 현재의 제도에서 이러한 문제를 해결할 수 있는 합리적인 제도는 없어 보인다. 판사가 자신의 행동에 책임을 지는 방식은 다양하며,

---

30 판사의 오판에 대한 책임에 대해서는 김재형, 「법관의 오판과 책임」, 서울대학교 법과대학 엮음, 『법률가의 윤리와 책임』(제1부 각주 12), 2003 참고.

통상의 사적 개인이나 공무원 또는 정치인이 자신의 행동에 대해서 책임을 지는 것과는 방식의 측면에서 차이가 있다. 판사가 자신의 행동에 대해 책임지는 방식은 탄핵, 징계, 민사 · 형사상 책임 등이 있을 수 있다. 최근(2008. 11)에는 서울변호사협회가 법관평가제를 도입하겠다고 하여 논란이 되고 있다. 이러한 제도들은 결국 판사들의 행동에 영향을 미치기 위한 것들이지만 이를 두고 사법권 독립의 침해라고 하기는 어려울 것이다. 물론 운영하기에 따라서 사법권에 대한 부당한 개입이 될 가능성이 전혀 없지는 않기 때문에 이에 유의해야 한다는 것은 당연하다.

4. 법관의 공정성

법관이 공정해야 한다는 것은 당사자의 어느 한쪽에도 치우치지 않고 편파적이지 않아야 한다는 의미이다. 법관의 공정은 부당한 차별적 취급을 거부하는 것을 포함한다. 즉, 법관은 혈연 · 지연 · 학연 · 성별 · 종교 · 경제적 능력 또는 사회적 지위 등을 이유로 편견을 가지거나 차별을 해서는 안 된다(법관윤리강령 제3조 제2항). 법관은 그러한 이유로 인해서 사회 내에 다양한 차이가 발생해야 한다는 것을 인식해야 하지만, 위에 열거한 것들은 결코 그들을 차별적으로 취급할 근거가 되지 못한다.

사법권 독립이 법원 외부로부터의 영향력에 대한 저항이거나 개별 법관의 직무에 대해서 외부로부터의 영향에 대한 저항이라고 한다면, 법관의 공정성(impartiality)은 법관의 내면에 존재하는 각종의 요인에 의해서 재판이 영향받지 않도록 하는 문제에 가깝다. 사법권 독립도 궁극적으로는 공정한 재판에 대한 요구라는 점을 고려한다면, 법관의 공정성이 사법권 독립보다 더 중요한 가치라고 할 수 있다. 다만 역사적으로 보자면 법관의 공정성이 훼손된 이유가 법관 개개인의 성향이나 품성에 기인한다기보다는 법관과 법원 외부로부터의 부당한 개입과 간섭에 의한 것이었기 때문에 사법권 독립이 훨씬 더 현실적이고 중요한 문제로 제기되었던 것이다. 그러나 사법권 독립이 확고한 원칙으로서 어느 정도 정착한 선진국이나 우리나라의 상황을 고려한다면, 공정성의 문제가 어느 때보다 중요하다고 하겠다.

재판의 공정성을 의심하게 하는 사례로 다음을 보자. 우리나라 재벌 총수의 상당수는 이러저러한 혐의로 유죄로 판결을 받은 바 있는데, 많은 경우에 징역 3년에 집행유예 5년을 받았다. 집행유예를 선고할 수 있는 최고형이 징역 3년이라는 점을 고려한다면, 이들에게는 웬만해서는 징역형을 선고하지 않는다는 의지를 보여준다. 이에 비해 한 결혼식장에서 신부측 하객으로 가장해 축의금을 냈으니 답례금을 달라고 요구해 혼주에게 현금 10,000원이 담긴 답례금 봉투를 받아 챙긴 61세의 피고는 징역 8월의 실형이 선고됐다.[31]

[표 6] 대기업 총수의 사법처리 현황[32]

혐의자	혐의	액수	형량
이건희 (전 삼성그룹 회장)	조세포탈	465억 원	1심, 징역 3년 집행유예 5년
정몽구 (현대기아차 회장)	비자금 조성 등	2,100억 원	3심, 징역 3년 집행유예 5년, 사회공헌기금, 강연 및 신문기고, 사회봉사 300시간
김우중 (전 대우그룹 회장)	분식회계, 사기대출	21조 원	2심, 징역 8년 6월, 추징금 17조 9,256억 원, 강연 및 신문기고, 특별사면
김승연 (한화그룹 회장)	보복폭행		2심, 징역 1년 6개월, 집행유예 3년, 사회봉사 200시간

31 「결혼식 답례금으로 만원 챙긴 60대 남성에 징역 8월」, 「노컷뉴스」, 2006. 8. 2.

32 「징역 3년 · 집유 5년 재벌편향 정찰제판결」, 「경향신문」, 2008. 7. 17.

협의자	혐의	액수	형량
박용성 (전 두산그룹 회장)	비자금 조성	166억 원	2심, 징역 3년 집행유예 5년
손길승 (전 SK 회장)	비자금 조성	2,000억 원	2심, 징역 3년 집행유예 5년
최태연 (SK 회장)	부당내부거래 등		2심, 징역 3년 집행유예 5년
조양호 (전 대한항공 회장)	비자금 조성	1,161억 원	2심, 징역 3년 집행유예 5년

실로 법관이 존재하는 이유는 "공정한" 판결을 위한 것이라고 해도 과언이 아니다. 이와 관련하여 법관윤리강령은 제3조 제1항에서 "법관은 공평무사하고 청렴하여야 하며, 공정성과 청렴성을 의심받을 행동을 하지 아니 한다"고 규정한다. 청렴성은 공정성과는 다소 다른 개념이지만, 결국은 공정성을 위한 하나의 조건이라는 점에서 공정성의 원칙에 포섭된다고 하겠다. 법관은 공정해야 할 뿐만 아니라 공정성을 의심받는 행동을 해서도 안 된다. 공정성을 의심받는 행동은 사법에 대한 국민의 신뢰를 해치는 것이기 때문에 판사는 실질적으로 공정하게 재판한다고 스스로 자임하는 것만으로 부족하고 불공정한 외관을 갖지 않도록 유의해야 한다. 즉, 정의는 행해져야 할 뿐만 아니라 행해진 것처럼 보여야 한다(방갈로르 법관행위원리3.2). 실체적으로 정의가 집행되는 것 못지않게 외관상 정의가 집행되는 것처럼 보이는 것이 또한 매우 중요하다는 것이다. 미국 법관행위표준규칙은 법관은 모든 활동에 있어서 온당치 못한 행동을 해서는 안 되며 그러한 외관을 가져서도 안 된다고 한다(미국 법관행위표준규칙 강령2). 법관윤리는 바로 그러한 차원에서 문제되는 행동도 신중히 하지 않으면 안 된다. 아래에서는 법관의 공정성 제고와 관련한 주요 쟁점들을 살펴본다.

1) 부당이득의 수수금지

공정성과 관련하여 가장 나쁜 사례는 법관이 뇌물을 받는 경우가 될 것이다. 이러한 행동은 범죄적 현상으로서 형법상의 수뢰죄를 구성할 수도 있다(형법 제129조 이하). 뇌물이 금지된다는 것은 당연하여 더 이상 설명을 요하지 않는다.

구체적인 사건과 관련성이 없어 보이는 경우에도 판사는 금품을 수수하는 행동에서 신중하지 않으면 안 된다. 이는 공정성을 해치는 외관을 갖기 때문이다. 이와 관련하여 '법관 및 법원공무원 행동강령'에는 "직무관련자"라는 개념을 쓰고 있다(제2조 제1호). 직무관련자란, 법관 및 법원공무원의 소관업무와 관련하여 일정한 행위나 조치를 요구하거나 요구하려는 것이 명백한 개인이나 단체, 법관 및 법원공무원의 소관업무와 관련된 권한행사 또는 불행사로 인하여 이익 또는 불이익을 받는 개인이나 단체, 법관 및 법원공무원의 소관업무 수행에 영향을 주는 이해관계가 있는 개인이나 단체, 법원과 계약을 체결하거나 체결하려는 것이 명백한 개인 또는 단체를 말한다. 법관은 이들로부터 부당이득을 수수하는 것이 금지되고(동 제9조 이하) 금전을 차용하거나 부동산을 무상으로 대여 받아서는 안 된다(동 제15조).

우리나라에서 법관이 변호사나 기타 주변사람으로부터 경제적 이득이나 향응을 받는 경우는 적지 않은 것으로 생각된다. 2006년 전주지법 군산지원에서 소장법관 3명은 지역의 유지인 금융기관 이사장 박모 형제와 가까이 지내면서 접대골프를 제공받았다는 사실이 적발됐다. 사직 법관 중의 한 명은 2005년 7월 구속된 박씨의 구속적부심을 맡아 석방결정을 내렸으며, 2006년에는 재판에서 집행유예 판결을 내리기도 했다. 그 외 이들 법관은 박씨로부터 아파트와 차량을 무상으로 제공받고 향응 · 여행경비 등의 특혜를 얻었다는 의혹도 제기되었지만 대법원은 이들이 스스로 사직했다는 점을 들어 수사의뢰를 하지 않아 '제 식구 감싸기' 논란을 일으키기도 했다.[33] 이처럼 피고나 지역유지로부터 향응을 받는 것은 그 자체 비리이지만, 실제 재판의 공정성에 영향을 미치지 않은 경우에도 지역유지나 사업가로부터 경제적 이득이나 향응을 받는 것은 공정성에 의심을 낳는 행동이고 품위를 손상케 하는 행동이므로 금지된다고 보아야 할 것이다. 이 사건과 같은 정도라면 당연히 징계사유가 된다고 보아야 할 것이다.

1997년과 1998년에 걸쳐 발생한 세칭 '의정부 법조비리 사건'도 공정성에 의심이 가게 하는 행동의 사례를 보여준다고 하겠다. 이 사건은 변호사가 브로커를 고용한 것이 주로 문제가 되었지만, 그와 별도로 의정부지원 법관 15명이 변호사 14명으로부터 명절 떡값, 휴가비 등의 명목으로 수백만 원씩 받은 것으로 밝혀진 일이다. 이에 대해 대법원은 법관들을 대거 정직 또는 견책처분하는 등 중징계했다.[34]

이후에 관련 법관 8명이 사표를 냈고 의정부 지원장도 법원을 떠났다. 이 사건에서 법관들은 구체적인 사건과의 관련성이 없다는 이유로 뇌물죄로 처벌되지 않았지만, 법관윤리의 관점에서 보자면 그러한 행위는 형법상 처벌 여부와 상관없이 심각한 비윤리적 행동으로서 당연히 징계사유가 된다고 하지 않을 수 없다.

법관도 개인으로서는 경제적 생활을 해야 하는 생활인이기 때문에 금전대차 등이 필요할 수가 있다. 그러나 경우에 따라서는 금전대차도 공정성의 의심을 낳을 수도 있다. 예컨대, 자신의 법정에서 재판받고 있거나 받을 가능성이 많은 사람으로부터 금전대차를 받는다면 이는 공정성을

33 「골프접대 2차례… 대법, 군산지원 판사 조사결과 발표」, 「동아일보」, 2006. 7. 14.
34 대법원 관보 13892호, 1998. 4. 28.

해칠 우려가 있다고 보아야 할 것이다. 더구나 증여를 받는다면 더욱 큰 의심을 초래할 것이다. 그래서 법관윤리규범은 법관은 재판상의 공정성에 의심을 초래하거나 직무수행에 지장을 줄 염려가 있는 경우에는 금전대차 등 경제적 거래행위를 하지 아니하며 증여, 기타 경제적 이익을 받지 아니한다고 규정한다(법관윤리규범 제7조). 미국의 법관윤리표준규칙은 대부기관으로부터 통상적인 절차에 따라 판사 이외의 사람에게도 이용되는 조건으로 대부를 받을 수 있다고 규정한다(법관윤리표준규칙4D(5)(f)).

그런데 선물의 경우는 어떤가? 선물과 뇌물의 경계는 애매할 수 있다. 따라서 법관은 선물을 받을 때 신중하지 않으면 안 된다. 우리나라 법관윤리강령에서는 선물에 대해서 직접 규정한 내용은 없지만, '법관 및 법원공무원 행동강령'에서 다루고 있다. 이에 의하면, 법관은 직무와 관련한 사람으로부터 선물을 받아서는 안 된다. 선물은 뇌물이 아니라고 하더라도 공정성을 의심받게 하는 행위로서 징계의 대상이 될 수도 있다고 보아야 할 것이다.

미국의 경우는 판사가 받을 수 있는 선물에 대해 상세히 규정하고 있다. 판사는 원칙적으로 누구로부터도 선물 · 유증 · 특혜 · 대부를 받지 못하도록 선언하고, 예외적으로 받을 수 있는 경우를 나열하고 있다(법관행위표준규칙4D(5)). 허용되는 경우는 포상으로 받는 경우, 통상적인 사회적 호의, 결혼식 등의 행사에서 친구나 친척으로부터의 선물, 개인적 관계로 인해 자신이 재판할 수 없는 사람으로부터의 선물, 금융기관으로부터의 대부, 장학금 등을 들고 있다. 이러한 예외 각각에 대해서도 상세하게 규정을 두어 공정성을 의심할 만한 과도한 선물을 받지 못하도록 했다. 그리고 특이한 것은 어떠한 선물 · 유증 · 특혜 또는 대부의 경우에 그 가치가 150달러를 초과하게 되면 수취한 날짜, 장소, 지급금의 성격, 지급한 사람의 이름 등을 보고하도록 했다. 그나마도 1990년의 규정에서는 100

달러였던 것을 그간의 인플레이션을 고려하여 150달러로 인상한 것이다.

우리나라의 경우에도 이와 같은 구체적인 윤리규정을 법원측에서 자발적으로 정립하고 실행한다면, 판사의 비리가 현저하게 줄어들 것이며 재판의 공정성이 제고되면서 재판에 대한 국민의 신뢰가 제고될 것이다. 미국의 경우에서 보듯이 이러한 것은 청탁이나 대가성 여부와 상관없이 규제하는 것이다. 요컨대, 법관은 선물 · 접대 · 향응 · 촌지 · 떡값 · 전별금 등 명칭을 불문하고 누구에게든 정당하지 않은 경제적 이득을 얻어서는 안 된다고 생각해야 한다.[35] 이는 공정성을 의심하게 하는 외관을 갖기 때문이다. 그런 점에서 판사의 청렴성은 중요한 윤리적 가치가 된다고 하겠다.

2) 전관예우

전관 변호사에 대해서도 법관은 각별히 공정성을 유지하려고 노력해야 한다. 사실 막 개업한 전관 변호사가 퇴직 직전에 근무하던 관할지역에서 변호사 사무실을 개업한다는 것은 그의 개인적 면식을 이용하겠다는 의도가 없다고 할 수 없을 것이다. 그런 점에서 전관 변호사가 직전 근무지에서 개업하는 것은 부당하게 법관에게 압력을 가함으로써 이득을 얻는 비윤리적 행위라고 하지 않을 수 없다. 그러나 다른 한편 전관 변호사를 상대로 재판을 하는 법관의 입장에서는 전관 변호사가 개입된 재판의 경

35 '법관 및 법원공무원 행동강령'에는 "직무관련자"라는 개념을 쓰고 있다(제2조 제1호). 직무관련자란, 법관 및 법원공무원의 소관업무와 관련하여 일정한 행위나 조치를 요구하거나 요구하려는 것이 명백한 개인이나 단체, 법관 및 법원공무원의 소관업무와 관련된 권한행사 또는 불행사로 인하여 이익 또는 불이익을 받는 개인이나 단체, 법관 및 법원공무원의 소관업무 수행에 영향을 주는 이해관계가 있는 개인이나 단체, 법원과 계약을 체결하거나 체결하려는 것이 명백한 개인 또는 단체를 말한다. 법관은 이들로부터 부당이득을 수수하거나, 금전을 차용하는 것을 규제하고 있다.

우 각별히 공정성을 유지하려고 노력하지 않으면 안 된다. 그리고 공정한 판단이 곤란하다고 판단되는 경우는 법관 스스로 회피를 신청하여야 할 것이다.

사실 전관 변호사가 직전 근무지 근처에서 개업하는 일이 빈번했고 이는 국민들이 사법을 불신하게 되는 주요한 근거가 됐다. 그래서 제도적으로 이 문제를 해결하려는 시도가 수차례 있었다. 한때 변호사법(1982. 12. 31 법률 제3594호) 제10조 제2항은 "법관, 검사, 군법무관 또는 변호사의 자격이 있는 경찰 공무원으로서 법관, 검사, 군법무관 또는 경찰공무원의 재직기간이 통산하여 15년에 달하지 아니한 자는 변호사의 개업 신고 전 2년 이내의 근무지가 속하는 지방법원의 관할 구역 안에서는 퇴직한 날로부터 3년간 개업할 수 없다"는 규정을 두고 있었으나, 이 규정은 헌법재판소에서 직업의 자유를 침해한다는 이유로 위헌판정을 받았다.[36] 또 1998년에는 대한변협에 의해 전관 변호사에 대하여는 개업신고 전 1년 이내의 근무지에서 퇴직한 날로부터 2년간 형사사건을 수임하거나 변론할 수 없도록 하는 변호사법 개정안이 제안되었으나 법무부의 반대로 인하여 이루어지지 못했다.[37] 2003년부터 진행된 사법개혁 움직임에서도 전관예우 문제를 해소하기 위한 노력이 있었는데 이때 약간의 제도개선이 있었다. 즉, 2007년 변호사법이 개정되어 소위 공직퇴임 변호사는 퇴직일로부터 2년 동안 수임한 사건에 관한 수임자료 및 처리 결과를 매년 2회 소속 지방변호사회에 제출토록 했다(변호사법 89조의4 제1항; 동 시행령 제20조의11).[38] 이러한 제도개혁이 사법에 대한 국민의 신뢰를 회복시키는

36 헌법재판소 1989. 11. 20 선고 89헌가102 결정.

37 윤진수, 「법관의 윤리」(제1부 각주 12), p. 147.

38 이러한 규정에도 불구하고, 전관변호사는 법망을 다 피해간다는 보도가 있었다. 대부분 로펌에 취업하거나 고용변호사를 쓰기 때문에 몇 건을 수임했는지 파악이 되지 않기 때문이다

데 어느 정도 효과가 있을지는 별건으로 하고, 일단 법관 스스로 면식이 있는 전관 변호사를 법정에서 마주할 때는 법관이 각별히 공정하게 사건을 처리하지 않으면 안 될 것이다.[39]

3) 절차적 공정성의 확보

결과의 공정성을 확보하는 것 못지않게 재판의 진행과정을 공정하게 진행하는 것도 중요하다. 공정한 절차가 중요한 이유는 공정한 절차를 거친 경우 정당한 결과에 이를 가능성이 크기 때문이다.[40] 따라서 법관은 변호사에게 충분한 진술의 기회를 주어야 할 뿐만 아니라 공정한 진술의 기회를 제공해야 한다. 부당하게 발언을 제약해서는 안 되며 언제나 공정성을 유지해야 한다. 따라서 공정한 진술의 기회를 주지 않고 판결에 이른 경우 윤리위반이 되는 것이다.

절차와 관련하여 법관은 재판업무상 필요한 경우를 제외하고는 당사자와 대리인 등 소송 관계인을 법정 이외의 장소에서 면담하거나 접촉해서는 안 된다(법관윤리강령 제4조 제4항). 만약 법관이 당사자 일방과 소통한다면 이는 당사자주의 소송구조의 가치를 훼손하는 것이다. 사실 판사에게 부당하게 영향력을 행사하고자 하는 사람은 모두 상대방이 없는 상황에

(「손도 못 댄 '전관' 고질병, 법조윤리협 있으나마나」, 「경향신문」, 2008. 3. 13). 개업을 제한하는 등 제대로 전관변호사를 규제하는 법을 제정하지 않으면 안 될 것으로 보인다.

39 영국의 경우에 법관은 25년 이상의 변호사 경력을 가진 사람 중에서 법관이 되기 때문에 법관 경력이 출발점에서 평균연령이 50대 초라고 하고, 은퇴 후 변호사 개업은 금지된다고 한다(김동건, 「법관의 직무 외 행동기준: 영국의 예를 중심으로」, 『재판자료』 제24집, 외국사법연수논집(6), 1984, p. 35, p. 56). 영국처럼 변호사 중에서 법관을 뽑는 미국에서도 전관예우의 문제는 발생하지 않고, 우리나라처럼 경력법관제를 취하고 있는 일본에서도 전관예우의 문제는 발생하지 않는다.

40 長谷部安雄, 「司法權の概念と裁判のあり方」, 『ジュリスト』 第1222号, 2002. 5. 1~15, p. 143.

서 판사와 접촉하여 소통을 하고자 할 것이다. 그래서 판사와 일방당사자 간의 소통보다 재판의 불공정성에 더 위험하고 파괴적인 것은 없다는 말이 있을 정도이다.[41] 그렇기 때문에 미국에서는 판사가 소송 당사자 · 변호사 · 검사 · 증인 · 피해자 등 재판 관련자들과 일방적으로 소통하는 것(ex parte communication)을 엄격하게 규제하고 있다(법관행위책임준칙3B(7) 참고). 우리나라에서도 재판의 당사자 일방과 만나거나 전화통화를 한 것으로 징계받은 사례가 있다.[42]

우리나라의 경우에 대법원에서 제정한 '법관의 면담 등에 관한 지침'(행정예규 제681호 2006. 10. 19 개정)은 이 문제를 다루고 있다. 이에 의하면, 법관은 법정 이외의 장소에서 변호사 또는 검사와 면담하거나 접촉할 수 없다는 원칙을 밝히고 있다(동 지침 제2조). 예외로서 인정되는 경우는 ① 법관이 화해 · 조정 · 심문 등 재판 절차의 진행을 위한 장소로 집무실을 지정한 경우, ② 재판 절차에 관련된 문제로 법관이 변호사나 검사에게 집무실에서의 면담을 요청한 경우, ③ 법원장(지원장 및 기관장을 포함한다. 이하 같다.)이 사법행정상 필요로 하는 경우, ④ 검사나 변호사가 법원장의 허가를 얻어 부임인사 또는 개업인사 등을 위하여 방문하는 경우, ⑤ 학술회의나 관혼상제 · 동창회 등 의례적인 모임의 경우를 들고 있다. 이러한 규정이 있는 만큼 이 규정의 위반에 대해서는 엄격히 규제해야 할 것이고, 판사 스스로도 타방 당사자 없이 일방 당사자와 접촉하거나 면담하는 것을 적극 자제해야 할 것이다. 직접 방문뿐만 아니라 골프, 식사자리 등에서의 접촉이 당연히 금지되며 전화 접촉도 금지된다. 이러한 규정의 위반행위에 대해서도 제재가 가해져야 할 것이다. 만약 판사의 의도와 상

41 Rose v. State 601 So. 2d 1181(Fla., 1992).

42 대법원 공보 제2007-28호, 2007. 6. 15.

관없이 일방 당사자에 의한 부당한 접촉이 있었으면 이 사실을 타방 당사자에게도 그 사실을 알려서 일방적으로 불이익을 당하지 않도록 배려해 주어야 한다.

최근 언론에서 문제된 사건은 헌법재판소가 종합부동산세의 위헌 여부를 판단하기에 앞서 기획재정부의 재산소비세 정책관이 헌법연구관을 만나고 세제실장이 수석헌법연구관을 만난 사실이 장관에 의해서 시인되었다. 당시 장관은 헌재에 영향력을 행사할 의도를 가지고 있지 않았다고 설명했지만[43] 그와 별도로 헌재측에서 이들을 만난 것은 법관윤리의 문제를 낳는다. 사법권을 담당한 법관으로 구성된 법원이 일방 당사자인 정부측의 인사를 비공개로 직접 만나는 것은 공정성을 의심스럽게 하는 행동으로 볼 수 있다.

4) 법관의 회피

법관은 만약 스스로 공정한 재판을 수행할 수 없는 이유가 있다고 판단할 때는 그 사건을 담당해서는 안 된다. 이러한 요청에 따라 회피(回避)제도가 마련되어 있다. 이는 공정성에 대해서 의심이 생길 우려가 있는 경우에 재판에의 관여를 배제하는 제도적 보장이다. 특히 법관 자신이 재판에 이해관계를 가지는 경우는 '누구도 자신의 사건에서 심판관이 될 수 없다'는 법리에 따라 회피하지 않으면 안 된다.

우리나라의 경우에 회피제도는 민사소송법과 형사소송법에서 규정하고 있다. 이는 구체적인 사건과 특별한 관계가 있는 법관 등을 그 사건에 관한 직무의 집행에서 배제하여 공정한 재판을 보장하고 그로써 국민의 사법에 대한 신뢰를 확보하기 위한 제도이다.

---

43 「재경부 한 달 4차례 헌재 접촉」, 「경향신문」, 2008. 11. 12.

현행 민사소송법에서는 법관이나 법원사무관 등이 제척 또는 기피의 사유가 있는 때에는 감독권이 있는 법원의 허가를 받아 회피할 수 있도록 규정하고 있다(민사소송법 제49조, 제50조). 제척사유에는 법관 등이 사건의 당사자이거나, 사건 당사자와 친족관계에 있거나, 불복사건의 이전 심급의 재판에 관여한 사실 등이 해당된다(동 제41조). 형사소송법에서도 법관이 피해자이거나 피고인 또는 피해자와 친족 · 호주 · 가족관계인 경우 등의 제척 또는 기피에 해당하는 사유가 있다고 생각될 때에는 소속 법원에 서면으로 신청하여 회피하여야 한다고 규정하고 있다(형사소송법 제24조). 법관의 윤리적 의무는 그러한 경우에 해당하는지에 대한 민감성을 견지하는 것과 회피의 사유가 있으면 즉시 스스로 회피하는 것이다. 그리고 법관은 설사 법률상 규정된 회피의 사유에 해당되지 않더라도, 아래의 미국의 경우와 마찬가지로, 스스로 판단해보아서 공정성을 해칠 만한 개인적 사유가 있다고 판단되면 그 사건을 회피하여야 할 것이다. 회피의 사유가 있음에도 불구하고 재판을 진행하는 것은 징계의 사유가 된다.[44]

미국은 법관의 회피에 대해서 법관행위규범에서 상세한 규정을 가지고 있다(미국 법관행위표준규칙3(E) 참고). 법관은 그의 공평성을 의심하게 할 중대한 이유가 있을 때에는 사건에서 회피해야 할 뿐만 아니라, 본인으로서나 수탁자의 지위에서 가지는 재정적 이해관계를 파악하고 그의 배우자나 그와 동거하는 미성년자가 가지고 있는 사적인 재정적 이해관계를 파악하기 위하여 상당한 노력을 기울여야 한다(법관행위표준규칙3(E)(2)). 이렇게 볼 때 우리나라의 경우에도 법형식적으로 회피의 요건에 해당하는지만 따질 것은 아니고, 법관이 구체적인 사정을 고려하여 재판의 공정성에 영향을 미치거나 미칠 것으로 의심을 받을 정황이 있다고 스스로 판단한

44 대법원 공보, 제2007-28호, 2007. 6. 17.

다면 이를 회피하는 것이 옳을 것이다.

5) 석명권의 문제

석명권은 법원이 사건의 진상을 명확히 하기 위하여 당사자에게 사실상 및 법률상의 사항에 관하여 질문을 하고 입증을 촉구하는 권한이다. 법원은 당사자의 신청이나 공격·방어 방법 등에 불명확한 점이나 모순이 있는 경우에 이것을 명료하게 하기 위하여 당사자에게 변명시키거나 또는 소송절차에 관하여 무지나 오해 때문에 요증사실(要證事實)에 필요한 증거의 진술을 하지 않는 때에 그 점을 주의시키는 권한을 가지고 있다(민사소송법 136조 1항). 석명권이 인정되는 이유는 소송절차가 단순히 소송의 승패를 가리는 데에 그치지 않고 진실 발견이라는 이념에도 기여해야 하기 때문이다. 현행 우리나라 민사소송법 제136조 제4항은 "법원은 당사자가 간과하였음이 분명하다고 인정되는 법률상 사항에 관하여 당사자에게 의견을 진술할 기회를 주어야 한다"고 규정하여, 석명권이 법원에게는 하나의 의무가 됐다.

그런데 재판의 공정성과 관련하여 석명권의 행사가 문제가 되기도 한다. 당사자주의를 원칙으로 하는 소송구조에서 석명권의 행사는 자칫 일방 당사자에게 유리하고 타방 당사자에게 불리하게 작동함으로써 재판의 공정성을 해칠 수 있기 때문이다. 그러나 재판은 반드시 당사자주의에서 정의를 가장 잘 드러낸다고 볼 수 없기 때문에 법관은 석명권을 행사하여 사건의 객관적 진실을 도모하는 것을 완전히 부인할 수는 없다고 보인다. 이와 관련하여 판례는 법원의 석명권 행사는 당사자의 주장에 모순된 점이 있거나 불완전·불명료한 점이 있을 때에 이를 지적하여 정정·보충할 수 있는 기회를 주고, 계쟁 사실에 대한 증거의 제출을 촉구하는 것을 그 내용으로 하는 것으로, 당사자가 주장하지도 아니한 법률효과에 관한 요건사실이나 독립된 공격방어방법을 시사하여 그 제출을 권유함과 같은 행위를 하는 것은 변론주의의 원칙에 위배되는 것으로 석명권 행사의 한계를 일탈하는 것이라고 하여,[45] 이른바 소극적 석명은 허용되지만 적극적 석명은 허용되지 않는 것으로 했다. 따라서 법관은 이러한 점들을 염두에 두면서 공정성을 해치지 않는 범위에서 석명권을 행사하도록 유의해야 한다.

6) 법관의 청렴성

법관의 청렴성은 재물에 대한 탐욕이 없는 것으로서 부당한 재물의 수수나 축적을 금하는 의미를 갖는다. 법관의 직무는 다른 사람의 삶에서 결정적인 영향을 미치기 때문에, 사람들은 재물 등을 통해서라도 그에게 영향을 미치려고 하며, 법관은 또한 그러한 재물에 대해서 유혹을 받기 쉽다. 더구나 법관의 판결은 어떤 식으로든 통제받기가 매우 곤란하고 신분은 고도로 보호받기 때문에 그러한 유혹에 대해 취약할 수 있다. 법관의 탐욕을 문제 삼는 것은 그것이 재판의 공정성에 부당하게 영향을 미치기 때문이다. 여기서 탐욕은 반드시 재물에 한정하지 않는다. 지나친 권력욕이나 명예욕과 같은 세속적인 욕망도 문제가 될 수 있다. 법관은 정의를 지키고 약자를 보호하는 일에서 보람과 만족을 느끼는 것이 필요한 직업이다. 전후 일본에서는 굶어죽은 현직 법관이 있었다고 하는데, 그 정도의 극단적인 청렴은 고려할 필요가 없다고 하더라도 적어도 과도한 탐욕은 무리를 낳고 이는 재판의 공정성을 훼손하는 계기가 된다는 것을 명심해야 한다.

---

45 대법원 2001. 10. 9. 선고 2001다15576 판결.

7) 법과 양심에 따른 재판

법관이 공정하게 재판한다는 것은 어느 일방에게 유리하게 또는 불리하게 하지 않는 것이며, 이는 곧 법관이 법과 양심에 따라서 독립적으로 재판한다는 것을 의미한다. 이때 법관이 따라야 하는 양심은 법관 개개인의 주관적 양심이라기보다는 재판관의 직업윤리로서의 객관적 양심이라고 표현한다.[46] 그러나 아무리 직업윤리로서의 객관적 양심이라고 하더라도 결국은 개인의 주관적 양심의 존재와 작동을 부인할 수는 없고, 현실의 법해석에서도 법관의 주관적 양심은 중요한 기능을 한다. 이러한 문제는 법과 양심간의 긴장과 충돌이 있는 경우에 현재화된다.

이회창 전 대법관은 "주어진 법이 법관이 생각하는 대다수나 자신의 정의관념과 일치하지 않은 경우, 소극적으로 그 적용을 제한하고 그 적용범위를 축소하려고 하는 것은 소극적 자세라 하여 배격할 것이 아니며, 그것이 편협되고 주관적인 것이 아닌 한 오히려 정의실현을 위하여 적극적 자세로 높이 평가해야 할 것이다"라고 한다.[47] 판례에서도 이러한 입장이 개진된 바 있다. 즉, "모든 법은 법규정의 본질을 바꾸는 정도의 것이 아닌 한도에서 이를 합리적으로 해석함으로써 뒤쳐진 법률을 앞서가는 사회현상에 적응시키는 일방 입법기관에 대하여 법률의 개정 등을 촉구하는 것은 오히려 법원의 임무에 속하는 일이고 법률개정이라는 입법기관의 조치가 있을 때까지는 그 뒤쳐진 법규정의 재래적 해석적용이 부당한 결과를 초래한다는 것을 뻔히 알면서 이를 그대로 따를 수밖에 없다고 체념해버리는 것은 온당치 않은 태도라고 생각한다."[48] 물론 이러한 입장에

46 성낙인, 『헌법학』, 법문사, p. 1138.

47 이회창, 「사법의 적극주의: 특히 기본권 보장기능과 관련하여」, 한인섭 엮음, 『정의의 법, 양심의 법, 인권의 법』(제3부 각주 22), pp. 378~379.

48 대법원 1978. 4. 25. 선고 78도246 전원합의체 판결.

대한 반론도 있다. 같은 판결에서 소수설은 "법률에 명문규정이 있어 그 의미 내용이 명확할 경우에는 비록 그 법규가 그보다 앞질러 진전하는 경제 기타 사회적 실정에 아니 맞는다 하더라도 법관은 모름지기 국회의 입법작용에 의한 개정을 기다려야 할 것이지 사회적 실정에 맞게 하기 위한다 하여 또는 피고인에게 유리하게 해준다 하여 명문규정을 억지로 고쳐서 적용하여서는 아니 된다"고 한다. 이 판례는 명문의 규정에도 불구하고 그것이 양심에 비추어 명백한 불합리가 있는 경우에 법원이 명문과 달리 해석할 수 있는지에 관한 것이다. 이처럼 논란이 있는 만큼 쉽게 답할 수는 없겠지만, 적어도 규정을 이유로 불공정을 용납하는 것은 곤란하다는 점을 생각한다면 전자의 입장이 타당하지 않은가 한다.

일본의 한 학자는 재판관의 개인적 양심과 실정법 간에 화해할 수 없는 심각한 충돌이 있을 때 법관은 어떻게 처신해야 하는가라고 질문하고, 이에 대해 재판관직의 사임을 염두에 두어야 하고 전인격적인 윤리적 결단을 추구할 가능성을 남겨야 한다고 한다.[49] 그만큼 법관에게는 법관 자신의 개인적 양심이야말로 법관의 직을 수행하게 하는 본질적인 가치이고, 양심을 따르는 길은 용기를 필요로 하는 일이 되기도 한다. 생각건대, 법관은 그러한 법규정을 빌미로 양심에 반하는 불공정한 법을 집행하기보다는 법이 가지는 공정성이라는 가치를 적극적으로 인정하고 추구하는 입장에서 법을 해석하고 집행하는 것이 공정성의 이념에 적절하다고 생각된다.

8) 판결이유의 설시

공정성을 확보하는 또 하나의 수단은 판결문을 통해서 판결이유를 명

49 小島武司, 『法曹倫理』(제1부 각주 33), p. 291.

확히 밝히는 것이다. 판결의 이유를 기재하는 것은 법률상 법관의 의무로 되어 있지는 않지만, 각 법관은 판결이유를 가급적 상세히 밝히는 것을 윤리적 책무로 삼아야 할 것이다. 법관은 판결이유를 문서로 밝힐 때, 스스로에게 설득력을 제고할 뿐만 아니라 사건 당사자의 입장에서도 객관적인 문서를 통해서 자신이 주장한 각각의 쟁점이 법관에 의해서 어떻게 합리적으로 평가되었는지를 확인할 수 있다. 이렇게 함으로써 재판의 공정성이 되고 사법과 법관에 대한 국민의 신뢰를 제고할 수 있을 것이다.

그리고 판결문을 쓸 때는 자신이 참고한 문헌의 출처를 밝히는 것도 필요하다. 이것은 판결문의 설득력을 보여주는 하나의 지표일 뿐만 아니라 전문가로서의 최소한의 지적 정직성을 보이는 것이다.

9) 기타

법관은 재판에 영향을 미치거나 공정성을 의심받을 염려가 있는 경우에는 법률적 조언을 하거나 변호사 등 법조인에 대한 정보를 제공하지 아니한다(법관윤리강령 제5조 3항). 이러한 행동들은 설사 재판의 공정성에 지장이 없다고 법관 스스로 판단하는 경우에도 재판의 공정성을 의심받게 하는 것이기 때문에 반드시 주의하지 않으면 안 된다.

법관은 교육이나 학술 또는 정확한 보도를 위한 경우를 제외하고는 구체적 사건에 관하여 공개적으로 논평하거나 의견을 표명해서는 안 된다(법관윤리강령 제4조 5항). 법관에게 계속 중인 구체적인 사건에 대한 언급을 금하는 주요한 이유는 그러한 발언은 불필요한 오해를 불러일으킬 수 있고 또 재판에서의 공정성을 해칠 우려가 있기 때문이다.

5. 법관의 품위

법관윤리강령 제2조는 법관은 명예를 존중하고 품위를 유지한다고 규정한다. 즉 법관은 한 사회에서 가장 높은 수준의 도덕성과 엄정성을 견지하는 직업인으로서 그에 걸맞은 처신을 하지 않으면 안 된다. 법관은 직무상이든 사적인 업무에서든 이유를 불문하고 법관에 대한 신뢰를 손상시키거나 사법 전체를 불명예스럽게 하는 행동을 해서는 안 된다. 법관은 일반시민으로부터 지탄을 받을 행동을 해서는 안 된다. 재판에 대한 신뢰는 법관의 인격에 대한 신뢰와 경의의 뜻과 깊이 연결되어 있기 때문에 법관은 그러한 의미에서 품위를 유지하지 않으면 안 된다.

법관에게 요구되는 품위의 수준은 일반인에 비해서 훨씬 높은 것이다. 즉, 일반인이라면 다소 부담스러운 제약들이거나 일반인이라면 자유롭게 할 수 있는 일도 법관은 하지 말아야 하는 경우가 있을 수 있다. 예컨대 지나친 과음을 하는 것, 경솔한 인간관계를 맺는 것, 사행성 오락에 탐닉하는 것 등은 법관에게는 문제가 될 수 있다. 영국에서 문제로 논의된 것들을 보면, 매춘 · 정부를 두는 것 등이 있다. 심지어 카페에서 스포츠 신문을 읽는 것, 순회재판에서 부인을 동반하는 것, 대중교통을 이용한 출퇴근 등이 논란되기도 했는데, 이러한 것은 과도하게 법관을 신비화하는 것이 아닌가 싶다.[50] 아무튼 법관은 단지 법관이라는 이유로 주위 사람의 관심을 받기에 충분하기 때문에 사적인 생활을 할 때에도 법관으로서의 위신과 권위에 합당하게 행동해야 한다.

우리나라에서 품위와 관련한 징계사례를 보면, 법관이 경찰서에서 경찰관을 폭행하고 이로 인하여 공무집행방해 등의 죄로 벌금 300만 원의

---

50 김동건, 「법관의 직무 외 행동기준」(제3부 각주 39), pp. 52~54.

약식명령을 받은 사건에서 법관으로서의 품위를 손상하고 법원의 위신을 실추시킨 혐의로 견책의 처분을 받은 바가 있다(대법원 관보 15875호, 2004. 12. 18자). 그리고 법관이 혈중 알코올 농도 0.199%의 만취상태에서 택시를 타고 청주에서 서울로 가던 중 휴게소에서 택시 운전기사가 잠시 하차하여 휴대전화를 받고 있는 사이에 택시를 몰고 고속도로를 10km 정도 운전한 것에 대해서 법관으로서의 품위를 손상하고 법원의 위신을 실추시킨 혐의로 견책의 처분을 내렸다. 법관이 4일간 무단결근하고 이 사실이 언론에 공개되어 물의를 일으킨 것은 법관의 품위를 손상하고 법원의 위신을 실추시킨 것이라고 보았다(대법원 관보 16314호, 2006. 8. 10). 대체로 징계가 지나치게 가벼운 것은 아닌가 하는 생각이 드는데, 아무튼 이와 같이 법관은 자신의 직무 외에서도 법관으로서의 품위를 유지하지 않으면 안 된다. 최근 언론에는 현직 판사가 술에 취해 아파트 경비원을 폭행한 일이 보도되었다.[51] 이런 일은 징계 없이 넘어가면 안 될 것이다.

법관의 품위는 그 자체가 사법에 대한 국민의 신뢰와 관련되는 것이기 때문에 법관 스스로 품위를 유지하기 위해서 노력해야 하겠지만, 국가의 입장에서도 법관이 품위를 유지할 수 있도록 충분한 보상을 해주는 것이 필요할 것이다.

6. 직무의 성실한 수행

법관은 자신의 제일차적 직무인 재판사무에 충실하지 않으면 안 되며 이를 위해 법관은 직무수행 능력을 제고해야 하며 직무에 전념해야 한다.

---

51 「현직판사, 술 취해 아파트 경비원 폭행」, 「한겨레」, 2008. 10. 30.

1) 법관의 능력

법관윤리강령 제4조 제1항은 직무수행 능력을 향상시키기 위하여 꾸준히 노력해야 한다고 규정한다. 올바른 재판을 수행하기 위해서 법관은 사건을 신속 · 정확히 파악하는 능력을 갖추지 않으면 안 된다. 그런 점에서 무능한 법관은 그 자체로서 심각한 윤리적 문제가 될 수 있다. 유엔 문서인 「사법부 독립에 관한 기본원칙」은 "법관은 무능력(incapacity) 또는 그 직무수행에 부적당한 행동을 이유로 해서만 정직 또는 해임된다"라고 규정하고 있다(제18조). 그만큼 법관의 능력은 법관의 자질 중 본질적인 것이다. 나아가 세상이 끊임없이 변화하기 때문에 법관은 그러한 문제를 원만히 해결하는 실력을 끊임없이 연마하지 않으면 안 된다. 법관은 법의 정신을 정확히 이해하고 새로운 판례를 숙지하며 복잡한 사회 움직임에 대한 깊은 이해가 모두 필요하다. 정기적인 훈련이나 재교육 과정을 이수하는 것도 한 방법이 될 것이다.

2) 재판절차의 성실한 진행

법관은 신속하고 능률적으로 재판을 진행하며 신중하고 충실하게 심리하여 재판의 적정성이 보장되도록 해야 한다(법관윤리강령 제4조 제2항). 재판을 신속하고 공정하게 처리하기 위해서는 법관 개인의 능력에 덧붙여서 법관이 자신의 에너지를 온통 직무에 투입하지 않으면 안 된다. 이를 법관의 직무전념의무라고 할 수 있을 것이다. 법관은 다른 모든 활동보다 우선하여 자신의 직무를 수행하지 않으면 안 된다(방갈로르 법관행위원칙6.1).

특히 재판절차를 신속히 하는 것은 그 실체를 정확히 파악하여 판결하는 것만큼이나 중요하다. 재판의 부당한 지연은 형사피고의 경우 직접적인 피해가 가며, 민사사건의 경우에도 많은 비용을 초래하는 등의 문제를 낳는다. 우리 헌법 제27조 제3항은 신속한 재판을 받을 권리를 피고인의 기본권의 일종으로서 보호하고 있다. '소송촉진에 관한 특례법' 제21조는 형사소송에 관한 특례를 규정하고 있는데, 이에 의하면 형사소송의 판결의 선고는 제1심에서는 공소가 제기된 날로부터 6월 이내에, 항소심 및 상고심에서는 기록의 송부를 받은 날로부터 각 4월 이내에 하여야 한다고 규정한다. 민사소송법 제199조는 "판결은 소가 제기된 날로부터 5개월 이내에 선고한다. 다만 항소심 및 상고심에서는 기록을 받은 날로부터 5월 이내에 선고한다"고 규정하고 있다. 우리나라에서는 민사소송법 제199조의 명확한 규정에도 불구하고 기간 내에 선고해야 할 법률상의 의무가 없다고 해석한다. 선고기간은 일종의 훈시규정에 불과하다는 것이다.[52] [표 7]에서 보듯이 실제 현실에서도 법정처리기간을 초과한 민사소송은 전체 민사소송의 20%에 이른다.

[표 7] 법정처리기간을 초과한 민사소송[53]

지방법원	건수	초과율(%)
서울중앙	19,718	18.0
서울동부	1,751	11.3
서울남부	2,757	19.1
서울북부	2,447	19.4
서울서부	2,134	15.5
의정부	4,117	20.5
인천	7,208	23.6
수원	10,549	23.0
춘천	2,195	26.5

*초과율은 전체 소송 가운데 기간초과 소송비율임, 2008년 1~8월 사이의 통계임.

52 헌재 1999. 9. 16 98헌마75; 헌재 1993. 11. 25, 92헌마169; 대법원 1984. 1. 31. 선고 83누451 판결 참고.

53 「한국일보」가 대법원 자료를 이용하여 만든 표를 재인용함(「지연된 재판은 정의가 아닌데」, 「한국일보」, 2008. 10. 22).

그러나 이러한 해석이 재판의 지연을 정당화하는 취지는 아니다. 법관은 이러한 해석과 상관없이 신속한 재판이 사법의 이념임을 명심하고 신속재판의 이념을 성실히 구현하지 않으면 안 될 것이다. 재판이 신속하게 진행되기 위해서는 법관의 수를 늘린다든지 제도적 보완이 필요하겠지만, 법관의 열의나 무성의에 기인하는 경우가 적지 않고 그러한 한에서 재판을 신속하게 진행하는 것은 법관의 윤리적 책임에 속한다. 법관의 개인적인 사유나 불성실로 인하여 재판이 지연되는 일이 없어야 할 것이며, 일방 변호사의 부당한 지연전술이 있다고 판단되면 법관은 이를 저지하고 재판의 신속을 도모해야 할 것이다.

그리고 법관은 당사자와 대리인 등 소송관계인을 친절하고 정중하게 대해야 한다(법관윤리강령 제4조 제3항). 법관은 소송당사자나 관련자들에게 반말을 쓰거나 비하하는 표현을 쓰면 안 된다. 법률소비자연맹의 모니터링에 의하면, "재판정 모니터링 결과 원고나 피고가 진술하려고 할 때 막으면서 말을 못하게 한다든가, 경청하지 않는 판사들이 적지 않고 심지어 화를 내거나, 이랬잖아, 저랬잖아 식의 반말을 하는 판사들도 종종 있는 것으로 나타나고 있다"고 한다.[54] 피고의 지위나 나이와 상관없이 판사들이 함부로 범하는 무례한 소송 진행이나 반말은 징계사유가 된다고 보아야 할 것이다. 예컨대, 욕하거나 볼펜을 던지는 등의 행위도 당연히 징계되어야 할 것이다. 최근에는 어떤 부장판사가 변호사에게 "말귀를 못 알아듣는다", "변호사 생활 몇 년 했느냐?"는 등의 모욕적인 발언을 한 것 등이 문제가 되어 서울변호사협회가 법원장에게 진정을 한 사건도 있었다.[55] 이러한 법관들의 무례한 행동에 대해서는 엄중히 조사하고 사실이

54 「반말 · 지각 · 잡담 · 졸아도 재판관 교체는 하늘의 별따기」, 「노컷뉴스」, 2006. 4. 25.
55 「법관평가제 부른 어느 판사의 재판」, 「조선일보」, 2008. 11. 18.

확인되는 경우 적절한 징계를 가해야 할 것이다.

7. 법관의 직무 외 활동

법관은 재판업무를 하거나 법원 내에서의 각종 행정업무를 하는 외에 여가시간을 이용하여 여러 가지 직무 외의 활동을 할 수 있다. 이는 법관의 개인적 자유의 영역일 뿐만 아니라 법관의 경험 폭을 확대하고 사회에 대한 이해를 증진시키고 나아가 재판 외의 영역에서 법관이 사회에 기여하는 기회로 삼을 수 있다는 점에서 이를 허용할 뿐만 아니라 권장되어야 한다. 다만 그러한 활동이 직무활동에 부정적인 영향을 미칠 수 있기 때문에 일정하게 한계를 설정한다. 예컨대 직무 외 활동으로 인하여 판사의 회피를 자주 발생시킨다면 그러한 직무활동은 자제되어야 할 것이다.

1) 허용 또는 권장되는 직무 외 활동

법관은 품위 유지와 직무 수행에 지장이 없는 경우에 한하여 학술 활동에 참여하거나 종교 · 문화단체에 가입하는 등 직무 외 활동을 할 수 있다(법관윤리강령 제5조). 학술활동이나 건전한 문화활동에 대해서는 오히려 권장하고, 그러한 활동을 할 도덕적 의무를 부과하는 것도 바람직할 것이다. 법관은 고립적 개인으로 남아서는 안 되고 사회와 소통하는 것이 필요하기 때문이다. 미국의 경우 법관은 그 직위에 품위를 손상하거나 사법적 직무의 수행에 지장을 주지 않는 한도 내에서 법 이외의 주제에 관하여 저술 · 강의 · 교수 · 연설 등의 활동을 할 수 있다고 한다(법관행위표준규칙4(A), (B)).

특히 법과 법제도와 사법운영의 개선을 위한 활동은 권장되어야 할 것이다. 법관은 독립하여 신속하고 공정하게 재판해야 하는 입장에 있기 때문에 그러한 입장을 견지하는 한, 재판의 신속 공정한 운영을 방해하는 제도적 요인이 무엇인지를 가장 잘 알 수 있는 처지에 있다. 예컨대, 업무의 부담이 문제인지, 정년보장이 없는 것이 문제인지, 법관의 인사체계가 문제인지, 상부로부터의 간섭이 문제인지를 잘 포착할 수 있는 입장에 있다. 따라서 법관은 그러한 제도적 장애를 극복하는 일에 적합하기도 하고 또 스스로 수행하는 역할의 원활화를 위해서 노력하는 것은 당연하다. 법관은 이러한 과업을 스스로의 주요한 윤리적 책무로 수용하고 실천하는 것이 마땅하다.

미국 법관행위표준규칙도 제도개혁과 관련한 직무 외 활동을 널리 허용하고 있다. 법관은 법과 법제도와 사법운영과 관련하여 연설 · 저술 · 강의 · 교수 등의 활동을 할 수 있고, 공청회에 출석할 수 있으며, 그러한 것을 목적으로 하는 단체나 정부산하기관의 회원 · 임원 · 이사가 될 수 있다고 한다(법관행위표준규칙4(C)). 법관은 사법부의 공무원으로서 또한 법률전문가로서 실체법 및 절차법의 개정과 형사사법 및 소년사법의 개선을 포함하여 법과 법제도와 사법운영의 개선에 공헌할 수 있는 독특한 지위에 놓여 있다고 보기 때문에, 이러한 활동에 적극 참여할 수 있게 한 것이다. 따라서 법관의 그의 시간이 허용하는 범위 내에서 독자적으로 또는 법조단체, 법관협의체, 기타 법의 개선을 목적으로 하는 단체를 통하여 행하는 위의 활동은 장려되어야 한다고 한다(법관행위표준규칙4(C)의 주석).

법관의 자선활동에 관하여는 좀 더 넓게 인정할 필요가 있을 것이다. 미국 법관행위규범은 법관은 그의 공평성을 손상하거나 사법적 직무의 수행에 지장을 주지 않을 만한 공민활동 및 자선활동에 참여할 수 있다고 한다(법관행위표준규칙4(C)(3)). 다만 법관이 직접 모금활동을 하는 데 대해서는 다소 신중한 입장이다.

2) 법관의 영리활동

법원조직법 제49조 제4호에 의하면 대법원장의 허가 없이 보수 있는 직무에 종사하는 일을 할 수 없고, 제5호에 의하면 법관은 금전상의 이익을 목적으로 하는 업무에 종사해서는 안 된다. 여기서 보듯이 법원조직법은 법관의 직무 외 영리활동을 전면적으로 금지하고 있다. 법관은 스스로 회사를 경영하는 것은 물론 영리회사 등의 간부가 되는 일을 맡아서는 안 되고 가족명의의 영업이나 그 경영에 참여하는 것도 안 된다. 그리고 법관은 개업변호사의 직무를 수행할 수 없다.

미국의 경우에 법관의 영리활동 내지 수익적 활동에 대해서 규정하고 있지만, 판사의 이러한 활동을 엄격히 금지하고 있다기보다는 남용되지 않도록 규제하고 있다(법관행위표준규칙4(D) 참고). 법관은 그의 공평성을 손상하거나 사법적 직무의 적정한 수행에 지장이 되거나 그 직위를 나쁘게 이용하게 되거나, 변호사 또는 그가 재직하는 법원에 사건 관계인으로 나타날 가능성이 있는 사람과의 빈번한 거래를 가져오게 할 만한 재정적 또는 상업적 거래를 삼가야 한다(법관행위표준규칙4(D)(1)). 또 위의 조건 하에서 법관은 부동산, 기타의 투자를 보유 관리하거나 보수가 따르는 활동을 할 수 있다고 하고, 다만 사업체의 임원 · 이사 · 관리인 · 고문 또는 고용인은 될 수 없도록 하고 있다(법관행위표준규칙4(D)(2), (3)). 여기에서 보듯이 미국에서 법관의 영리활동이 완전히 금지되는 것은 아니고 일정한 제한 하에서 허용하고 있다.

미국 법관행위책임준칙에 의하면, 법관은 준사법적 활동 및 사법외적 활동으로 받게 된 보수에 관하여 정기적으로 보고서를 제출하여야 한다(법관행위표준규칙4(H)). 법관은 준사법적 활동 및 사법외적 활동에 대하여 보수를 지급받거나 경비를 상환받을 수 있다. 그러나 이와 같은 지급행위의 출처가 법관의 사법적 직무에 영향력을 미치는 듯한 외관을 주거나 기타 온당치 못한 외관을 주어서는 안 된다. 보수는 상당한 액수를 초과하여서는 아니 되고 법관이 아닌 사람이 같은 활동에 대하여 받을 수 있는 액수를 초과하여서도 아니 된다고 규정한다(법관행위표준규칙4(H)).

우리나라 법원조직법 제49조 제6호에는 대법원장의 허가 없이 법관이 보수의 유무를 불문하고 국가기관 외의 법인 · 단체 등의 고문 · 임원 · 직원 등의 직위에 취임하는 일을 하지 못하도록 했다. 법관이 경솔하게 사설 단체에 가입하는 것은 바람직하다고 볼 수 없지만 지나치게 규제적으로 운영하는 것도 바람직한 것은 아니다.

3) 법관의 정치활동

법관의 정치활동에 대해서는 각국의 법관윤리규정이 모두 금지하거나 매우 신중한 입장이다. 법관이 특정한 정치적 입장을 띤다면, 그러한 성향은 재판의 전과정에 영향을 미치고 판결에도 영향을 미칠 수 있기 때문이다. 법관은 특정 정당이나 정파를 대변하면 안 되고 국민 전체의 입장에서 판단을 내려야 한다. 그런 점에서 법관은 언제나 정치적 중립을 견지해야 한다. 나아가 법관은 정치적 중립의 외관을 지니지 않으면 안 된다는 차원에서 특정 정파나 조직, 정당에 소속하는 것도 일반적으로 금지된다. 법관이 특정 정파에 속한다면 그 조직의 강령을 따르고 그 지휘를 받는 등 어떤 형태로든 그 정파의 영향을 받을 것이고 특정 정치적 입장에서 재판한다는 의혹을 면치 못할 것이다.

법원조직법 제49조는 법관이 국회 또는 지방의회 의원이 되는 일(제1호)과 행정부처의 공무원이 되는 일(제2호)을 금지하고, 정치운동에 관여하는 일(제3호)도 마찬가지로 금지한다고 규정하고 있다. 법관이 입법부나 행정부의 요원이 되지 못하도록 한 것은 삼권분립의 취지를 살리기 위한 것이다. 즉, 법원은 입법부 및 행정부로부터 독립성을 유지함으로써 재판의 독립성 및 공정성을 확보하려는 것이다. 그리고 법관윤리강령 제7조는 법관은 직무를 수행함에 있어 정치적 중립을 지킨다고 하고(제1항), 법관은 정치활동을 목적으로 하는 단체의 임원이나 구성원이 되지 아니하며, 선거운동 등 정치적 중립성을 해치는 활동을 하지 아니한다고 규정한다.

미국 법관행위표준규칙에서 금지하는 정치활동에는 어느 정치단체의 지도자가 되거나 그 임원의 직을 보유하는 행위, 어느 정치단체나 그 후보자를 위하여 연설하거나 공직에의 선거후보자를 공개적으로 지지하는 행위, 정치단체나 그 후보자를 위하여 모금하거나 회비를 내거나 기부하는 행위, 정치집회에 참석하는 행위, 정당이 주최하는 만찬, 기타 행상의 입장권을 구입하는 행위(법관행위표준규칙5(A)(1)) 등이 포함된다.

일본에서 법관의 정치활동과 관련한 판례가 있다. 일본의 경우에 재판소법 제52조 제1호는 법관이 적극적으로 정치운동을 하는 것을 금지하고 있다. 그런데 센다이 지방재판소 법관보였던 사람이 통신감청법안에 반대하는 집회에 토론자로 출석할 예정이었지만, 집회장에서 재판소장으로부터 경고를 받았다는 이유를 공개하고 토론자로서의 발언을 사퇴한다고 발언한 사건이 있었다. 이에 대해 재판소는 이 행위가 적극적 정치운동에 해당한다고 보아 징계를 신청했고, 이에 대해 센다이 고등재판소는 '동 법관보의 행동은 직접적으로 말하지 않았지만 동 법안에 반대하는 의지를 분명히 하고 집회 주최 단체의 주장을 지지하는 목적으로 재판관이라는 직명이 갖는 영향력을 이용하여 다수의 사람들이 모이는 집회에서 단체의 주장을 지지하는 취지의 발언을 한 것'으로 보아 '적극적으로 정치운동을 하는 것'에 해당한다고 판단하고 징계처분을 한 바 있다.[56]

56 森際康友, 『法曹の倫理』(제2부 각주 17), p. 324.

우리나라에서는 국회의원에 출마한 남편을 위하여 선거운동을 한 것이 금지되는 정치활동으로 보아 징계한 사례가 있다(공보, 13106호, 1995. 9. 5). 이후에 법이 개정되어 현행 '공직선거법'에 의하면, 공직자는 선거운동을 할 수 없지만 후보자가 배우자인 경우에는 선거운동을 할 수 있는 것으로 했다(공직선거법 제60조 제1항). 그러나 여전히 법원조직법에서 정치운동에 참여하는 것을 금하고 있는데 법관은 법원조직법을 우선적으로 적용받는다고 보아 이를 금하는 것이 타당할 것으로 보인다. 그리고 법관의 경우에 공정한 제3자로서의 입장을 견지하는 것이 다른 공무원에 비해 더욱 엄정히 요청된다고 보는 것이 합당할 것이다.

4) 법관의 법정 밖에서의 의견표명

법관도 시민으로서 기본적으로는 표현의 자유를 가진다. 그러나 법관이라는 신분에 의해서 일정한 제약을 받는다. 특히 재판이 계속 중인 사건에 대해서 법정 밖에서 의견을 표명하는 것은 법관의 선입견을 표명하는 것으로서 보이기 때문에 주의하지 않으면 안 된다.

담당할 가능성이 있는 사건에 대한 의견표명에 대해서는 여러 논란이 있을 수 있다. 원칙적으로 허용하자는 입장이 있을 수 있고 원칙적으로 금지하자는 입장이 있을 수 있다. 전자의 입장은 사회에서 가치관의 다양화가 진행되는 만큼 법관들 사이에서도 의견의 차이가 생길 수밖에 없다고 한다면 법관들의 신중한 의견표명을 환영하고 다양한 의견을 통해서 법관들 자신의 향상을 도모할 수 있다는 것이다. 이에 비해 후자는 제3자로서의 법관의 지위를 유지하는 것이 중요하다는 입장이다. 즉, 판사는 제3자로서 사고의 개방성을 견지하려고 노력해야 함과 동시에 외부로부터도 그러한 개방성이 결여된 듯한 의심을 받지 않도록 처신하는 것이 바람직하다는 것이다. 생각건대, 자신이 담당할 가능성이 있는 사건에 대해서는 의견을 표명하지 말아야 할 것이며 이미 의견을 표명한 법관에게는 사건을 배정하지 말아야 한다고 본다.

최근 우리나라에서도 이와 관련하여 언론에서 문제된 사례가 있다. 서울중앙지법의 민모 부장판사는 2006년 11월 5일 기자들을 상대로 삼성에버랜드 사건에 대해서 검찰의 논리를 비판한 바가 있었다. 그 후 2008년 4월 삼성특검이 삼성에버랜드 전환사채 헐값 발행사건 등과 관련해 이건희 전 회장을 '특정경제범죄가중처벌법'의 배임과 조세포탈 등의 혐의로 기소하자 서울중앙지법은 민 부장판사를 재판장으로 하는 형사합의23부에 배당했다.[57] 결과는 당연히 이건희 전 회장의 무죄판결이었다. 이처럼 판사가 사전에 의견을 표명하고 그러한 소신과 확신에 입각하여 재판하는 경우 재판 자체가 무의미한 결과가 된다. 민 판사의 행동도 부적절했으며 그러한 소신이 있는 것을 알고 있는 법원이 그에게 그 사건을 맡기는 것은 더욱 부적절하다. 책임의 소재를 따져 물을 만한 사건이라고 하겠다.

사건을 담당할 가능성이 없는 사안에 대해서는 원칙적으로 자유로운 발언이 가능하다고 보아야 할 것이다. 학술적인 토론 등을 통한 발언도 권장된다. 법률문제 이외의 정치적 사상과 이데올로기적 성질을 갖는 것에 대한 의견표명은 법관의 중립성에 의심을 낳을 수 있기 때문에 일반적으로 금지하는 것이 바람직할 것이다.

이에 비해 재판과 직접 관련하지 않은 사안에 대해서는 좀 더 널리 표현의 자유를 허용하는 것이 좋을 것이다. 우리나라에서는 서태영 판사의 '인사유감'과 관련한 필화사건이 있다. 그는 1985년 가을 법관인사 때 유태흥 대법원장이 윤석명 고법부장판사를 장흥지원장으로 좌천시키고, 데

57 「민병훈 판사, 재판 전부터 이건희 무죄 확신」, 『한겨레21』, 2008. 7. 21.

모에 가담한 대학생에게 무죄를 선고했던 박시환(현 대법관) 판사를 인천 지법에서 영월지원으로 전보한 것은 잘못이라는 점을 지적하는 글을 「법률신문」(1985. 9. 1)에 기고했다. 서 판사는 그 다음날로 서울민사지법(현 서울중앙지법) 판사에서 울산지원으로 좌천됐다. 이 사건은 판사의 신분이 얼마나 불안정한가를 보여주었으며 동시에 판사의 언로가 얼마나 봉쇄되어 있는지를 보여주었다. 또 "법관조직의 과도한 관료화, 계급화는 만악(萬惡)의 근본"이라는 글을 『주간조선』에 기고한 신평 판사가 재임용에서 탈락되는 일도 있었다. 생각건대, 법원이 법원행정이나 법원에 비판적인 글에 대해서 너무 민감한 것은 아닌가 한다. 사법제도의 개혁을 위한 판사의 윤리적 책무를 생각한다면 판사가 사법부 내의 문제점을 지적하는 종류의 의사표명에 대해서는 더욱 두텁게 보호해야 할 것이다.

5) 가족을 위한 법률적 조언을 제공하는 활동

법관은 원칙적으로 변호사의 업무를 할 수 없다. 그런데 친족이나 가족이 범죄의 혐의를 받는다든지 민사사건에 휘말리게 되는 경우 법관인 자는 어느 정도까지 법률적 조언을 제공할 수 있는가? 이와 관련하여 일본에서의 어떤 사건을 보자.[58] 후쿠오카(福岡)고등재판소에 근무하던 한 법관이 자신의 배우자가 수사받고 있는 사실을 알고 배우자에게 물어본 바 배우자는 협의사실을 부인했다. 이에 법관은 피의사건에 관한 서면을 작성하고 자신의 배우자와 그 변호사에게 교부했다. 그 내용에는 피의사건에 대하여 수사당국이 기술한 사건의 개요에 대한 의문점, 수사당국이 피의자를 범인으로 판정한 근거에 대한 반론, 범인일 가능성이 있는 자의 이름과 동기 등에 대한 추론이 포함되어 있었다. 후에 이 법관의 행동에

58 塚原英治, 『法曹の倫理と責任』(제2부 각주 23), p. 494.

대해서 징계가 논의되었는데, 다수설은 이러한 행위는 재판관의 책무에 합치하지 않고 신중을 결한 행동으로 보아 관련 판사에게 경고(戒告)하는 것으로 했다. 다수설은 단순한 조언은 가능하지만 구체적인 조언이나 원조는 허용되지 않는다고 보았다.

6) 법관의 사교활동

예컨대 법관도 변호사와 함께 골프를 치거나 변호사인 친구를 만날 수는 있다. 그러나 만약 변호사가 그 비용을 지불한다면 공정성이 의심받을 것이다. 더구나 그 변호사가 개업한 곳이 그 법관의 관할지역이라면 더욱 그러할 것이다. 따라서 관할 내에서 변호사 활동을 하는 변호사를 만나거나 향응을 받는 행동은 그것이 구체적인 사건에 대한 청탁을 포함하지 않는다고 하더라도 법관의 공정성에 의심을 생기게 하는 것으로서 자제하지 않으면 안 된다. 하물며 현재 계속 중인 사건의 담당 변호사와 함께 골프를 치는 것은 즉시 징계사유가 된다고 보아야 할 것이다. 계속 중인 사건의 경우, 판사는 담당 변호사를 개인적으로 만나거나 전화통화를 해도 안 된다. 이는 법관윤리에서 금하는 일방적 소통행위이기 때문이다(법관윤리강령 제4조 제4항).

대법원 공직자윤리위원회는 2006년 11월 15일 「법관이 외부인사와의 개인적인 관계에서 유의하여야 할 사항」이라는 제하에 권고의견 제1호를 발표했다. 다소 길지만 대법원의 공식입장이라는 점에서 직접 인용해 본다.

> 첫째, 법관은 현재 담당하고 있는 사건의 당사자 내지 이해관계자 및 그 사건의 대리인 및 변호인(이하 '소송관계인'이라고 함)과 개인적, 비공식적으로 만나거나 접촉하여서는 안 된다. 또한 법관은 공식모임 내지 단체모임, 예를 들어 학술

모임과 동문모임, 토론회, 경조사 등에서 소송관계인을 만나게 되는 경우에도 공정성을 의심받을 행동을 하여서는 안 된다.

둘째, 법관은 현재 담당하고 있는 사건의 소송관계인은 아니더라도, 조만간 담당한 사건의 소송관계인이 될 가능성이 큰 사람과의 만남이나 접촉도 삼가야 한다. 또한 이미 종결된 사건의 경우에도, 그 사건의 성격상 법관의 공정성과 청렴성에 대한 의심을 불러일으킬 우려가 있다면, 그 소송관계인을 사건의 종결 직후에 만나거나 접촉하는 것은 피하여야 한다.

셋째, 법관은 현재 담당하고 있는 사건과 관계없는 변호사라도 특정한 변호사와 빈번하게 접촉하거나 지나칠 정도로 가까이 교제하는 것은 피하여야 한다.

넷째, 법관은 타인으로부터 분쟁의 해결에 관하여 직접 또는 간접으로 노력하여 줄 것을 부탁받더라도, 이에 관여하여서는 안 된다. 법관은 직무수행을 제외하고 타인의 분쟁에 관하여 직접 중재 내지 조정하는 행위를 회피하여야 한다. 또한 법관은 타인의 부탁을 받고 검찰과 경찰 또는 다른 법관에게 자신의 신분 내지 직위를 이용한 청탁을 하거나 영향력을 행사하는 행위를 하여서는 안 되며, 그러한 행위로 의심받을 만한 행위도 피하여야 한다.

다섯째, 법관이 타인으로부터 법률적 조언 또는 법조인에 대한 정보를 요청받은 경우, 무색하게 법률적 조언을 해주거나 법조인에 대한 일반적인 정보를 제공하는 정도를 넘어, 스스로 나서서 분쟁의 해결을 도모해서는 안 된다. 다만 그것이 실질적으로 자신의 문제인 경우 등에는 예외가 될 수 있으나, 그 경우에도 신중히 행동할 필요가 있다.

여섯째, 법관은 현재 담당하고 있거나 과거에 담당하였던 사건의 소송관계인 또는 조만간 담당하게 될 가능성이 큰 사건의 소송관계인과 금전을 대차하거나 부동산을 매매하는 행위, 그들로부터 금전 또는 부동산을 증여받는 행위를 하여서는 안 된다.

요컨대, 법관의 개인적인 사교 자체를 금지하는 것은 아니지만 공정성과 청렴성에 관한 의심을 불러일으킬 수 있는 외관이나 상황을 만들어서는 안 된다는 것이다.

8. 법관의 징계

공정한 재판을 위해서는 사법권 독립이 필수적으로 요청되는 만큼 법관의 신분은 엄격하게 보호되어야 한다. 그러나 이러한 것이 법관의 명백하고 심각한 비행을 그대로 방치하자는 취지는 아니다. 다만 법관에 대한 징계가 공정한 재판을 침해하는 것이 되어서는 안 되기 때문에 법관에 대한 징계는 각별히 신중하게 이루어져야 할 것이다. 그런 맥락에서 법관의 징계는 법률에 따라 진행된다.

1) 법관징계법의 제정과 개정

법관의 징계를 취급한 '법관징계법'은 1956년에 처음 제정된 이래 지속적인 개정을 거치면서 오늘에 이르고 있다. 이러한 개정에서 가장 논란이 된 부분은 법관에 대한 징계의 종류와 관련한 것이다. 1956년의 제정법은 법관의 징계종류를 견책, 감봉과 정직의 3종류를 두었다. 그러다가 1961년 군사쿠데타로 정권을 잡은 박정희의 정권은 법관의 기강 확립을 도모한다는 이유로 징계의 종류에 면직을 포함시키는 방향으로 법관징계법을 개정했다(법률 제1118호). 그러나 제5차 헌법(1962. 12. 26)은 법관을 징계처분으로 파면할 수 없도록 규정했기 때문에 다시 법관징계법을 개정하여 징계의 종류에서 면직을 삭제했다(1963. 12. 13 개정, 법률 제1504호). 유신헌법(1972. 12. 27)은 이를 다시 번복하여, 탄핵이나 형벌에 의해서만 파면되도록 하던 것을 징계처분에 의해서도 파면할 수 있도록 했고, 이에 따라 법관징계법에 징계의 종류에 파면이 포함됐다(1973. 1. 25 개정, 법률 제2451호). 제8차 개헌(1980. 10. 27)에서는 다시 법관에 대한 징계처분 종류에서 파면을 삭제했고, 이것이 법관징계법의 개정을 낳았다(1981. 1. 29 개정, 법률 제3364호). 이후 지금까지 법관의 파면은 탄핵 또는 형의 선고에 의해서만 가능하도록 하고 있다(헌법 제106조). 사법기능의 원활한 작동을 위해서는 법관의 신분보장을 포함하는 사법권의 독립이 중요한 만큼, 법관의 파면을 손쉽게 가능하게 하는 것은 올바르다고 할 수 없을 것이다. 물론 징계에 의한 파면이 반드시 부당하다고 할 수는 없을 것이다.[59] 그럼에도 불구하고 징계의 종류에서 파면을 제외하고 더구나 이를 헌법에 규정한 취지는 법관에 대한 보호를 두텁게 하기 위한 것이다. 특히 우리나라 역사에서 행정권력의 간섭에서 법관의 신분이 제대로 보호받지 못한 경험을 고려한다면 이를 이해할 만하다. 아무튼 현재로서는 법관은 징계에 의해서는 파면되지 않도록 신분을 보장받고 있다.[60] 현행 법관징계법은 징계의 사유, 징계의 종류, 징계위원회의 구성, 징계절차 등을 규정한다. 주요한 사항에 대해서 살펴본다.

2) 징계의 사유

법관징계법은 징계의 사유로서 법관이 직무상 의무를 위반하거나 직무를 게을리 한 경우와 법관이 그 품위를 손상하거나 법원의 위신을 실추시

59 독일의 경우에 법관 징계의 종류에는 견책, 과태료, 감봉 전직 이외에 면직을 포함하고 있다(유승룡, 「법관윤리에 대하여」, 『우리법연구회 논문집』[II], 2005, p. 256).

60 법관에 대한 신분 보장이 징계에 의해서도 파면되지 못할 정도로 보호되고 있는 것에 비해, 재임용이나 기타의 방식으로 사실상 파면에 상당한 사직 압력을 법관에게 가하는 것은 법관의 신분 보장이라는 차원에서 바람직하지 않다고 하겠다(문흥수, 『사법권의 독립』, 박영사, 2004 참고).

킨 경우라고 규정하고(제2조), 더 이상 상세히 규정하지 않고 있다. 법규의 위반이 징계사유가 된다는 것에 대해 이론이 없겠지만, 법관윤리강령의 위반이 징계사유가 될 수 있는지에 대해서는 논란이 있을 수 있다. 법관윤리강령은 규범력을 갖지 못한 권고적 규정에 불과하다는 견해도 없지 않으나,[61] 이를 단순히 권고적 규정이라고 보기는 어렵지 않을까 한다. 오히려 법관윤리규범은 법관징계법의 사유를 구체화한 것으로 보아야 할 것이고 이를 위반한 경우에 징계사유가 된다고 보아야 할 것이다. 다만 법관윤리강령의 내용이 추상적이기 때문에 법관에게 직접 불이익을 주는 징계규정으로 삼기에 다소간의 무리가 없지 않은 것은 사실이다. 법관윤리강령이 추상적인 것은 '윤리'강령이 갖는 한계이기도 하다. 앞으로 징계의 사례가 되는 행동들은 구체적인 징계의 사례가 누적되면 좀 더 구체적인 윤곽을 드러낼 것이다. 그런데 만약 법관윤리장전이 추상적이라는 이유로 그 위반이 징계의 사유가 되지 못한다고 한다면 이는 그보다 더욱 추상적인 내용—즉, 법관징계법 제2조—에만 근거하여 징계해야 하는 결과가 되어 더욱 부당하게 될 것이다. 앞으로 징계사례가 쌓이고 좀 더 구체화된 법관윤리장전이 마련되면 이러한 논란은 저절로 사라질 것이다.

우리나라에서 법관징계사례를 통해서 구체적인 징계사유를 보면, 앞에서 보았듯이, 변호사로부터의 향응과 금품수수, 경찰관 폭행, 내부 통신망을 통한 경솔한 발언, 정치활동 등을 사유로 하고 있다.

그리고 법원 내부 게시판에 글을 올린 것과 관련하여 징계받은 사례가 있다. 징계대상자는 "2007년 2월 20일부터 6개월간 20여 차례에 걸쳐, 사법부 내부 통신망에 게시하거나 집단 전자우편으로 보낸 글 및 외부 언론기관에 기고한 글과 인터뷰를 통해, 근거 없이 고등법원 부장법관 보임

---

61 유승룡, 「법관윤리에 대하여」(제3부 각주 58), p. 267.

인사가 위법하다고 주장하면서, 이를 이유로 대법원장에 대한 징계 또는 탄핵소추를 반복적으로 요구하거나, 동료법관들이 구체적 사건의 처리결과에 따라 인사상 이익 또는 불이익을 받았다고 오인토록" 했다고 하고, 그로 인하여 "재판의 독립 및 공정성에 대한 국민의 신뢰를 심각하게 손상함과 동시에 동료 법관들의 명예를 훼손"했다고 한다. 그로 인해 징계 대상자는 정직 2개월의 처분을 받았다(관보 16612호, 2007. 10. 23). 그런데 이러한 사건은 매우 신중하게 처리할 필요가 있다. 왜냐하면 이러한 사건은 보기에 따라서는 법제도와 사법운영의 개선을 위한 활동이며, 단순히 여러 언로를 통해서 의견을 개진한 것에 불과하므로 언론의 자유와 관련하여 보호되어야 하고 나아가 내부자의 입장에서 자신이 속한 기관의 문제점을 외부를 향해서 표현했다는 점에서 내부고발자 보호의 원리에 따라서 통상적인 의견표명보다 더욱 두텁게 보호할 필요가 있기 때문이다.

3) 징계위원회의 구성

법관에 대한 징계사건을 심의 결정하기 위해서 대법원에 징계위원회를 둔다(법관징계법 제4조 제1항). 위원회는 위원장 1인과 위원 6인으로 구성하고 예비위원 3인을 둔다(동 제2항). 위원장은 대법관 중에서, 위원은 법관 3인과 변호사 · 법학교수 그밖에 학식과 경험이 풍부한 자 각 1인 중에서 대법원장이 임명한다(동 제5조 제1항). 법관징계법이 제정된 이래 법관에 대한 징계는 법관들로만 구성된 징계위원회에서 진행하던 것을 2007년 법개정 때 법관이 아닌 자 중에서도 징계위원을 선임하도록 개정했다. 이는 법관은 법률상의 쟁송에 관하여 이를 심리 · 재판하는 사법권을 행사하는 국가기관으로서 높은 윤리의식과 공정성이 요구되는 점을 고려하여, 징계의 공정성과 엄정성을 제고하기 위한 것이다.

4) 징계의 절차

징계는 징계청구권자가 징계를 청구함으로써 시작된다. 즉, 위원회의 징계심의는 대법원장 · 대법관 · 해당법관에 대하여 법원조직법에 따라 사법행정사무에 관한 감독권을 가지는 법원행정처장 · 사법연수원장 · 각급 법원장 · 법원도서관장의 징계청구에 의하여 개시한다(법관징계법 제3조 제1항). 법관의 징계를 신중하게 한다는 차원에서 법관의 징계청구권자를 한정한 것은 이해할 수 없는 바는 아니지만 너무 협소하게 이를 규정한 것은 징계의 실효성을 제약하는 요인이 될 수 있을 것이다. 참고로 미국의 경우는 법관이 신속하고 효율적인 사법행정을 저해하는 행동에 관여하고 있다고 생각하거나, 법관이 정신적 · 신체적 무능으로 업무수행을 할 수 없다고 생각하는 사람은 '누구든지' 해당 연방항소법원 서기에게 법관에 대한 징계청구서를 낼 수 있다고 한다.[62] 물론 우리나라의 경우에 누구나 징계청구권자에게 청원 등의 방식으로 특정법관에 대한 징계를 요구할 수 있다고 해석할 수도 있지만, 징계제도를 실효화한다는 차원에서 징계를 청구할 수 있는 자의 범위를 넓게 규정하고, 일단 징계가 청구되면 책임 있는 조사가 있어야 하고, 그 결과에 대한 통보가 있어야 할 것이다.

뿐만 아니라 미국의 경우에 법관들에게 보다 적극적으로 다른 법관의 비행에 대해 조치할 의무를 부과하고 있다. 법관행위표준규칙에 의하면, 다른 법관이 법관행위표준규칙을 위반한 점에 관한 정보를 알고 있는 법관은 적절한 조치를 취해야 한다고 하고, 특히 판사직에 대해 상당한 의문을 제기할 만한 규칙위반을 범한 사실을 아는 경우에는 이를 적절한 당

---

62 미국의 연방법관징계법에 대해서는 문재완, 「사법부의 독립성과 책임성」, 『미국헌법연구』 제16권 제2호, 2005. 9, p. 212 이하 참고.

국에 신고해야 한다고 한다(법관행위표준규칙3D(1)). 법관이 다른 법관의 비행을 신고토록 하는 것에서 법관의 비행에 적극적으로 대처하려는 의지를 엿볼 수 있다.

법관징계법은 그 외에도, 징계청구권자에 의한 조사 및 청구(제7조), 징계의 시효(제8조), 징계의 송달(제9조), 제척 · 기피 · 회피(제10조) 등을 위시한 징계절차에 대해서 규정하고 있다. 징계위원회에서 징계가 결정되면 대법원장은 결정에 따라 징계처분을 하고 이를 관보에 기재함과 아울러 집행한다(제26조). 만약 피청구인이 징계처분에 대하여 불복하고자 하는 경우에는 징계처분이 있음을 안 날부터 14일 이내에 전심절차를 경유하지 아니하고 대법원에 징계처분의 취소를 청구하여야 한다. 대법원은 제1항의 취소청구사건을 단심으로 재판한다(제27조). 징계불복에 심사를 단심으로 한 것은 징계대상자의 법관으로서의 신분 문제를 신속하게 확정하기 위함이다.

5) 징계 후 변호사 개업

군산법조비리 의혹사건에 연루돼 사직한 판사가 서울의 한 법무법인에서 활동하고 있는 것으로 확인됐다. 대한변협은 변호사 등록신청을 거부하고 싶어도 변호사법상 징계를 받거나 위법행위를 저질러 퇴직한 경우를 제외하고는 이를 거부할 권한이 없다. 이 사건에서 대법원은 조사를 했지만 징계처분을 하지 않고 사표를 수리하는 데 그쳤다.[63]

이처럼 특정 법관이 문제가 된 경우에 징계절차 없이 사직함으로써 별

---

63 http://www.hani.co.kr (2007. 1. 11). 반면 특정 종교단체인 'JMS'의 법률자문을 위해 검찰 내부의 수사기록을 열람하는 등 검찰 직권을 남용한 사실이 적발되어 면직된 한 검사는 대한변협의 등록을 거부함으로써 변호사 개업이 무산됐다. 전직 판사 · 검사가 재직시 위법행위 때문에 등록이 거부된 것은 이 건이 처음이다(http://chosun.com [2008. 7. 15]).

도의 아무런 제재 없이 변호사 업무를 수행하는 데 대해서는 여러 비판이 있었다. 이에 대법원은 "재직 중 비위를 저지른 법관이 형사처벌이나 징계처분을 회피하기 위하여 의원면직을 하는 사례를 방지함으로써 법관의 비위를 예방하고 사법에 대한 공공의 신뢰를 보호"하기 위하여 '법관의 의원면직 제한에 관한 예규'(제정 2006. 10. 2. 행정예규 제678호)를 제정하여 운영하고 있다. 이에 의하면, 법관이 ① 징계위원회에 징계청구된 때, ② 검찰 · 경찰 및 그 밖의 수사기관(이하 '수사기관'이라고 함)에서 비위와 관련하여 수사 중임을 통보받은 때, ③ 법원 내부 감사 담당부서에서 비위와 관련하여 조사 중인 때에는 의원면직을 신청했더라도 이를 허용하지 않을 수 있도록 했다. 이에 따라서 법관에 대한 징계를 실효적으로 하고 나아가 비리법관의 변호사 등록이 거부될 수 있게 했다.

9. 법관징계의 실효화와 법관의 향상

한 사회의 분쟁을 최종적 · 권위적으로 판정하는 것은 사법부이지만 사법부란 결국 법관으로 구성된다. 법관은 사법을 관장하는 법원조직에 소속하긴 하지만 독임제 헌법기관으로서 상부로부터의 결제를 받음이 없이 독자적으로 재판을 진행하고 판결을 내린다. 법관은 그 개인이 이미 헌법과 법률의 대변자이며 법질서가 추구하는 객관적 양심의 대변자인 것이다. 법관직은 그 업무가 중대한 만큼 한 사회에서 가장 탁월하고 도덕적 권위를 가진 사람이 그 직무를 맡게 된다. 우리나라의 경우도 법관은 우리 사회의 최고 엘리트들이 지망하는 직업으로 간주되고 있다. 법관의 신분은 안정적이며 사법권 독립의 이념에 의해서 보호된다.

법관윤리는 이 숭고한 직업을 가진 사람에게도 오류는 있으며 심지어 비리도 없지 않다는 현실에 입각해 있다. 법관윤리는 법관의 크고 작은 비행을 문제 삼고 심지어 법관의 가치관을 문제 삼는다. 사회에서 가장 지적이고 도덕적이라고 간주되며 사회의 가장 어렵고도 복잡미묘한 분쟁에 대한 최종적인 판정권을 가진 법관을 누가 감히 심판한다는 말인가? 하지만 만약 어떤 법관이 법관윤리적 접근을 무례하다고 생각한다면 그는 구시대적이라는 비판을 면치 못할 것이다. 사법시험 합격 후 즉시 법관으로 임용되고 이후에도 법관의 자질을 검증하는 제도적 장치가 거의 없는 우리나라 현실에서 충분히 법관답지 못한 법관이 현직을 담당하고 있을 가능성은 적지 않다고 하겠다. 그리고 법관이 법관에 걸맞은 지적 능력을 갖지 못하고 품위와 격식을 갖추지 못한 경우가 적지 않은 현실을 냉혹히 고려한다면 법관윤리가 불필요하다고 말하지 못할 것이다. 오늘날 법관의 윤리와 처신은 검증되어야 하는 것이며 점검되어야 하는 것이고 법관의 품격에 이르지 못한 법관은 징계되고 걸러지는 것이 당연하다.

법관윤리에서 가장 중심이 되는 과제 중의 하나는 비윤리적 법관의 적발과 징계이다. 이와 같은 절차는 법관의 신분에 직접적인 불이익을 가하는 것이기 때문에 신중하지 않으면 안 되고 엄격한 명문의 규정과 절차에 입각하여 이루어져야 한다. 본 장에서 법관이 준수해야 할 여러 윤리규정들을 살펴보았거니와, 우리나라의 법관징계법이나 법관윤리강령이 법관의 비윤리적 행동을 적발하고 징계하기에는 지나치게 느슨하거나 추상적이라는 지적이 없지 않다.[64] 법관윤리와 관련하여 보다 정교하고 구체적인 행동기준을 마련하는 것은 중요한 과제로 남아 있다. 법관윤리를 좀 더 구체적인 규정으로 만드는 것과 더불어 징계절차를 좀 더 적극적으로 운영하는 것도 필요하다. 법관에 대한 징계가 빈번한 것은 좋은 일이 아

---

64 오재성, 「법관의 직무 외 영역에서의 행동과 한계」(제3부 각주 26), p. 59.

니겠지만 징계해야 할 사유가 있음에도 불구하고 징계하지 않는다면 이 또한 바람직한 것이 아니다.

마지막으로 지적할 것은 법관윤리는 징계의 문제에 그치는 것은 아니라는 것이다. 아무리 징계규정을 상세히 만들고 징계절차를 엄중히 시행한다고 하더라도 법관 스스로의 윤리의식이 제고되지 않는다면 징계규정은 한갓 법관의 비윤리를 포장하는 장막에 그칠 것이다. 그리고 실제 징계가 문제가 되는 판사는 극소수인 반면 법조윤리는 그 극소수만을 위한 노력이 아니다. 법관윤리는 법관에게 징계관련 규정을 숙지하게 함으로써 징계를 면하게 하는 데 그 목적이 있다기보다는 일반적으로 법관이 추구하여야 할 보다 높은 가치를 제시하고 지향하게 함으로써 사회 내에서 법관으로서의 자기 역할을 다할 수 있게 하려는 데 그 근본적인 목적이 있는 것이다. 법관들로 하여금 그 직업의 엄중함을 인식하게 하고, 그것을 수행하는 데 필요한 것이 무엇인지를 인식하게 하는 것이 중요하다. 그리고 단순히 인식하는 것을 넘어서 그것을 체화하고 실천하도록 하는 것이 중요하다. 그런 점에서 법관윤리는 한마디로 훌륭한 법관을 양성하기 위한 모색이라고 하겠다.

훌륭한 법관의 상에 대해서는 다양한 견해가 가능할 것이고 다양한 표현이 가능할 것이나 한두 가지를 제시하는 것으로서 결론에 갈음하고자 한다.

원래 사법사무라는 것은 어떤 관공직에 있는 이 모두가 자기의 인격수양과 또는 기술적 훈련에 힘을 안 써서는 안 될 것은 물론이지만 이 사법기관이라는 것은 직접적으로 온 국민의 생명과 신체, 재산과 명예와 온 국민이 허용한 헌법에 규정된 권리 · 의무를 최종적으로 결정하는 중대한 일을 가지기 때문에 더욱이 제일로는 자가(自家)의 수양을 더욱 긴급히 아니하면 안 될 것입니다. 자가의 수양이라는 것은 물론 한도가 있고 말로써는 쉬워도 실천에 옮겨서 일반국민에게 정성스럽게 임하기는 과연 용이한 일이 아닙니다. 그 다음에 기술적 단련을 받지 않으면 안 될 것입니다. **기술적 단련을 갖지 않으면 안 될 것은** 여러분이 국민의 총의에 의지해서 제정해주신 법을 적당하게 해석하고 공정하게 제정하고 온 국민으로 하여금 부족한 감을 주지 않도록 반드시 거기에 심심한 연구와 단련이 있지 않으면 안 될 것입니다.[65] [고딕체 강조는 필자에 의함]

법관은 심리나 법의 적용에 있어서 사려 깊고 또 경험이 풍부하지 않으면 안 된다. 그는 또한 법의 기본원칙이나 선례, 실정법의 전 체제에 관하여 넓은 지식을 가지고, 생활경험과 세태인정에 대한 이해를 아울러 가질 것이 필요하다. 그리고 여기에 덧붙여 균형 잡힌 정신, 천성적인 정의감, 준민한 이해력, 탁월한 기억력, 건전한 육체적 조건, 한없는 인내심, 피로할 줄 모르는 근면, 불굴의 용기, 두드러진 의무감, 매력 있는 매너, 그리고 유머를 이해하는 센스를 갖추기에 이르면 거의 완전한 재판관이 된다.[66]

---

65 이 글은 김병로가 초대 대법원장으로 임명된 뒤 제헌국회에 출석하여 한 취임 인사말이다. 김병로, 「사법권의 독립과 법관의 자세」, 한인섭 엮음, 『정의의 법, 양심의 법, 인권의 법』(제3부 각주 22), pp. 21~22.

66 이 글을 MacCleary의 발언으로서 사법연수원, 『법조윤리론』(제1부 각주 27), p. 43에서 재인용함.

제2장
검사의 윤리

1. 검사의 본질과 역할

현행 제도에서 검사는 법무부에 속하는 단독제의 행정관청으로서 자기 이름으로 검찰사무를 행할 권한을 가진다. 검찰사무 중에서 가장 중요한 것은 형사소송에서 기소 여부를 판단하여 공소를 유지하며 적정한 형벌을 구형하는 것이다. 이와 같은 직무는 국가형벌권의 작용으로서 사법작용이라고 할 만하다. 그런 점에서 검찰사무에서는 공정성이 중요한 가치가 되며 사법권 독립의 정신이 요청된다. 그래서 검사를 준사법기관이라고 한다. 현행법은 준사법기관으로서의 검사의 지위를 보장하기 위해 검사의 임명 자격은 법관과 거의 동일하게 했고(검찰청법 제29조), 신분보장에서도 탄핵 또는 금고 이상의 형을 받거나 징계처분에 의하지 아니하고는 파면 · 정직 또는 감봉의 처분을 받지 않으며(검찰청법 제37조), 검사가 중대한 심신상의 장애로 직무를 수행할 수 없을 때는 법무부장관의 제청에 의하여 대통령이 퇴직을 명할 수 있게 했다(검찰청법 제39조).

그러나 검사가 형사소송에서 단순히 원고의 역할에 충실한 것으로서 그 소임을 다하는 것은 아니다. 검사는 형사소송의 원고로서 소송에 임하는 경우에조차도 "공익의 대표자"이며 "국민전체에 대한 봉사자"이다(검찰청법 제4조). 따라서 검사는 원고로서의 임무를 수행할 때 단순히 유죄판결을 받아내는 데 치중하기보다는 정의를 실현한다는 관점을 견지해야 한다. 검사에게 피고인은 유죄판결을 받아야 할 사람이지만 동시에 검사가 그 인권을 보호해야 할 국민인 것이다. 미국에서도 검사나 정부변호사의 의뢰인은 국가이며 검사의 책임은 피고인을 유죄로 만드는 것이 아니고 정의를 구하는 것이라고 정의한다. 검사는 법정에서 공익을 대변해야 하며 따라서 검사의 결정은 단지 계속 중인 소송에서 승소하기 위해서 계산된 행동이 되면 안 되고 모두에게 공정해야 한다고 한다(EC7-13).

그리고 검사의 역할은 기소하고 공소를 유지하는 것에 한정되지 않는다. 검사는 스스로 범죄를 수사할 수 있을 뿐만 아니라, 범죄수사에서 사법경찰관리를 지휘 · 감독하는 권한, 법원에 대하여 법령의 정당한 적용을 청구하는 권한, 재판집행의 지휘 · 감독권 등을 가지며, 나아가 국가를 당사자나 참가인으로 하는 소송과 행정소송의 수행 또는 그 수행에 관한 지휘 · 감독을 한다. 예컨대 금치산 · 한정치산 선고의 신청권, 부재자의 재산관리 관여권, 회사의 해산명령 청구권, 외국회사 지점의 폐쇄명령 청구권 등이 있다(검찰청법 제4조 참고). 여기서 보듯이 검사는 단지 재판상의 형사사법에만 관여하는 것이 아니고 재판 외에서도 널리 국가의 대리인으로서의 역할을 수행한다. 그런 점에서 검사를 단순히 기소관(起訴官)으로만 정의하는 것은 지나치게 협소한 개념 규정이라는 지적[67]은 타당하다. 이와 관련하여 독일에서는 Staatsanwalt라는 용어가 사용되고 미국에서는 U. S. Attorney라는 용어가 사용된다. 이는 모두 검사가 국가를 대

67 황희철, 「검사 및 정부변호사의 윤리」, 사법연수원, 『법조윤리론』(제1부 각주 27), p. 167.

리하는 측면을 반영한다.

검사의 역할은 많고 막중할 뿐만 아니라 강력하다. 특히 우리나라는 기소독점주의와 기소편의주의를 취하고 있어서 검사의 권한은 더욱 강력하다. 검찰은 어떤 의미에서 판사보다도 더 포괄적이고 넓은 권한을 갖는다고 할 수 있다.[68] 보기에 따라서는 검사가 형사사법의 절차를 주도하고 판사는 그에 부수하는 것으로 볼 수 있다. 검사의 권한은 그 자체가 국민의 일상생활에 치명적인 영향을 미칠 수 있는 하나의 권력이다.

검사의 넓은 재량권과 강력한 힘은 권한 남용의 위험을 일상화한다. 국가형벌권은 최후의 수단으로서 신중하게 행사되어야 하는 바, 국가형벌권이 남용되면 인권이 설자리는 없어지며 인권보호 장치로서의 형사사법절차가 역으로 인권침해의 도구로 변신하게 된다. 바로 여기에서 검사윤리의 중요성이 놓여 있다. 검사는 건전하고 확고한 윤리의식을 가지고 자신에게 주어진 재량과 권한의 존재이유, 그 권한의 원천과 한계에 대한 명확한 인식을 가지고 권한을 신중하게 행사하지 않으면 안 된다.

검사의 윤리와 관련하여 검사동일체원칙이 종종 문제로 된다. 검사는 각자가 국가를 대표하여 검찰권을 행사하는 독립행정관청이지만 그와 동시에 검사는 검찰총장을 정점으로 하는 피라미드 조직에 편제되어 상명하복의 관계 속에서 활동한다. 후자의 측면을 검사동일체원칙이라고 한다. 검사동일체원칙은 상급검사가 하급검사의 직무를 다른 하급검사로 하여금 처리하도록 명하는 '직무이전의 권한'과 하급검사가 취급하던 사건을

68 일본에서 제2차 세계대전 전에 검찰의 지위는 재판관보다 우위를 점하는 데까지 나아갔다. 범죄 사실을 해명하는 것이 주임무였던 제2차 세계대전 전의 일본의 검찰은 소추와 범죄수사가 주요 직무였으며 구 형사소송법 하에서는 '검찰파쇼'라고 평가될 정도로 강대한 수사권한을 행사했다. 또한 천황제 국가기관의 중추를 책임지는 관료로서 전시체제에도 편입됐다(森際康友, 『法曹の倫理』[제2부 각주 17], p. 193).

상급검사 자신이 직접 담당하여 처리하는 '직무승계의 권한'으로 구체화된다. 검사동일체원칙을 인정하는 이유는 검찰권이 불공정하게 행사되는 것을 막고 전국 단위에서 통일적으로 행사되도록 하기 위한 것이다.

이러한 검사동일체원칙은 양날의 칼이다. 다시 말해 검사동일체원칙은 한편으로 검찰권의 통일적 행사를 낳고 검사의 권한남용에 대한 통제장치로 작동할 수 있지만, 다른 한편으로 상급검사로부터의 부당한 간섭을 낳아 검사의 본질적인 기능을 좌절시킬 수도 있다. 특히 상급검사가 부당한 의도(예컨대 정치적 의도)를 가지고 하급검사에게 영향력을 행사하는 경우에 심각한 문제가 발생한다. 이 경우에 검사동일체원칙을 고수하게 되면 준사법기관으로서의 검사의 존재이유를 훼손하게 된다.

요컨대 검사의 윤리는 한편으로 검사가 준사법기관으로서 공정하고 철저한 법집행을 도모하도록 하면서, 다른 한편으로 그러한 역할의 수행과정에서 국민의 인권을 침해하지 않도록 하는 것이 문제이다.

2. 검사윤리규정

검사의 윤리규범을 성문화하려는 움직임은 그리 오래된 것은 아니다. 미국에서는 검사를 정부를 위한 '변호사'로 보아 변호사윤리와 함께 규정하고 있다. 즉, 미국 표준규칙3.8은 수사 및 공소유지단계에서 적법절차준수 및 인권보장에 관한 내용을 담고 있다. 표준규칙의 전신인 책임전범에서도 위법 · 부당한 형사소추를 금지하고(DR7-103), 묵비의무에 관하여 규정하고 있으며(DR7-107), 검사의 권한남용 금지를 규정했다(DR8-101). 그리고 이와 별도로 '형사사법운영기준'(Standards Relating to the Adminstration of Criminal Justice)이 시행되고 있다.

유엔은 1979년 12월 17일 '법집행관 행위규범'(Code of Conduct for Law Enforcement Officials)을 채택한 바 있고, 1990년 12월 14일에 '검사의 역할에 대한 지침'(Guideline on the Role of Prosecutors)을 채택했다. 전자는 주로 경찰관을 염두에 둔 것으로, 법집행관의 인권옹호의무(제2조), 실력행사에 대한 비례원칙(제3조), 비밀유지의무(제4조), 고문 등의 금지(제5조), 피구금자의 건강보호의무(제6조), 부정행위의 금지(제7조), 법준수의무(제8조) 등을 규정하고 있다. 후자는 검사의 시민적 자유의 보장(제8조), 피의자에게 유리한지 불리한지를 불문하고 객관적으로 행동할 의무(제13조(b)), 피해자를 배려할 의무(제13조(d)), 부정한 수단으로 입수한 증거의 이용금지(제16조) 등을 정하고 있다.

우리나라의 경우에 세칭 '대전 법조비리사건'[69]을 계기로 1999년에 '검사윤리강령'이 제정됐다. 하지만 보다 근본적인 배경은 검사의 인원이 많아지고 검찰 내부의 유기적인 관계가 희박해짐에 따라 검찰윤리에 관한 총의를 형성하기 힘들게 된 상황과 검찰윤리에 어긋난 행동들이 돌출되면서 윤리규정이 필요하다는 여론이 대두된 것이었다.[70] 검사윤리강령은 모두 15개 조항으로 구성되어 있고 1999년 1월 1일부터 시행됐다. 이 검사윤리강령은 2007년에 개정되었다. 법무부는 국민들의 검사에 대

---

69 1999년 초 대전의 법원 · 검찰 직원들이 변호사에게 사건수임을 알선하고 소개비를 받아왔다는 사실이 언론에 보도되면서 법조계 비리가 드러난 사건이다. 1999년 1월 7일 언론에 대전 이종기 변호사의 전 사무장 김현으로부터 입수한 사건수임 장부 632매가 공개되면서 대전법조비리 사건이 드러나기 시작했다. 장부에는 현직 판사 · 검사를 비롯해 검찰과 법원 직원, 경찰관 등 200여 명이 변호사에게 사건수임을 알선하고, 소개비로 건당 20~300만 원씩 받아온 사실이 기록되어 있었다. 이 사건을 계기로 '정치검찰'과 '검사동일체의 원칙'에 대한 비판이 제기됐다. 이밖에도 검찰은 판사 5명이 이종기 변호사로부터 50~200만 원을 받은 사실을 확인하고 대법원에 그 사실을 통보했다(『두산백과사전』 [http://www.encyber.com] 참고).

70 황희철, 「검사 및 정부변호사의 윤리」(제3부 각주 67), p. 172.

한 윤리적 요구수준이 한층 높아짐에 따라 국민의 신뢰를 받기 위한 새로운 행동준칙을 마련했고 변화된 시대상을 반영했다고 밝혔다.[71] 주요 개정내용은 ① 사건 회피 범위의 확대 및 구체화, ② 사건 관계인 또는 변호인과의 사적 접촉금지 규정 신설 및 구체화, ③ 법조브로커나 사건 관계인이었던 자와의 교류금지 규정 신설, ④ 직무의 부당이용이나 부당한 알선·청탁 및 법적 분쟁 관여금지 규정의 구체화 및 신설, ⑤ 금품수수금지 규정 신설, ⑥ 외부 기고·발표 시 절차 규정 신설, ⑦ 도덕성 및 청렴성에 반하는 행위유형 규정 등이다. 검사윤리강령의 해석기준을 명확히 하고 검사윤리강령의 원활한 운영을 위하여 '검사윤리강령운영지침'(법무부 예규 제768호)을 제정했다. 그리고 검사들이 수사과정에서의 지켜야 할 행동준칙으로 '인권보호수사준칙'(법무부 훈령 556호)이 있다. 인권수사준칙은 수사 중 가혹행위나 폭언금지, 자백강요 금지 등 수사과정에서 준수하여야 할 사항을 73개 조문에 담고 있는 것으로서, 2003년 1월 1일부터 시행된 것을 2006년 7월 1일자로 전면 개정한 것이다.

일본의 경우는 조문의 형태를 취한 검사윤리규정이 없다. 이는 변호사와는 달리 검사에게는 상명하복의 행정관적 성격이 유지되고 있으며 검사동일체원칙 하에서의 조직적인 지휘감독에 의해 검찰권 행사의 질이 유지되고 있어서 명문의 규정이 필요하지 않다는 인식 탓으로 보인다.[72]

이처럼 일본의 경우는 아직 검사윤리규정이 없지만, 미국을 위시한 국제사회나 우리나라의 경우는 검사윤리를 규정의 형식으로 구체화하고 있다. 아래에서는 이러한 검사윤리규정들을 고려하면서 우리 사회에 요청되는 검사의 윤리규범에 대해서 살펴보도록 한다.

71 법무부 보도자료, 「검사윤리강령 전면개정」, 2007. 3. 2.

72 森際康友, 『法曹の倫理』(제2부 각주 17), p. 208.

3. 공정성의 유지

검사는 준사법기관이기 때문에 공정성을 견지하는 것이 매우 중요하다. 공정성이라 함은 피의자나 피해자, 기타 사건 관계인에 대하여 정당한 이유 없이 차별 대우를 하지 아니하며 어떠한 압력이나 유혹, 정실에도 영향을 받지 아니하고 오로지 법과 양심에 따라 엄정하고 공평하게 직무를 수행하는 것을 의미한다(검사윤리강령 제3조 제2항). 검사는 학연이나 신분, 지연 등을 이유로 차별해서는 안 되며, 종교, 성, 사회적 신분, 인종, 국적 등을 이유로 차별해서도 안 된다. 검사는 다른 검사나 다른 기관에서 취급하는 사건 또는 사무에 관하여 공정한 직무를 저해할 수 있는 알선 · 청탁이나 부당한 영향력을 미치는 행동을 해서는 안 된다(검사윤리강령 제18조). 이러한 모든 행위는 다른 검사의 공정성을 해치는 행위이며 사법전반에 대한 신뢰를 붕괴시킨다.

심지어 검사는 공정성을 의심받을 만한 행동도 자제하지 않으면 안 된다. 검사는 직무 수행의 공정성을 의심받을 우려가 있는 자와 교류하지 아니하며 그 처신에 유의해야 한다(검사윤리강령 제14조). 또 검사는 자신이 취급하는 사건의 피의자, 피해자 등 사건 관계인 기타 직무와 이해관계가 있는 자(이하 '사건 관계인')와 정당한 이유 없이 사적으로 접촉해서는 안 된다(검사윤리강령 제15조). 검사는 제14조에서 규정한 직무 수행의 공정성을 의심받을 우려가 있는 자나 사건 관계인 등으로부터 정당한 이유 없이 금품, 금전상 이익, 향응이나 기타 경제적 편의를 제공받지 아니한다(검사윤리강령 제19조).

검사윤리강령 제14조나 제19조에서 말하는 "공정성을 의심받을 우려가 있는 자"라 함은, 사건 관계인 중 검사가 사건을 처리한 후 2년이 경과되지 아니한 자, 수사 · 재판 및 형 집행기관으로부터 지명수배를 받고 추적 중에 있는 자, 다른 검사가 취급 중인 사건의 관계인들 중 언론보도 등을 통하여 사회의 이목이 집중되고 있어 검사가 교류할 경우에 공정성을 훼손할 우려가 있다고 의심할 만한 이유가 있는 자, 수사·재판 및 형 집행기관이 취급 중인 다른 사람의 사건·사무에 관하여 청탁하는 등 검사가 교류할 경우에 공정성을 훼손할 우려가 있다고 의심할 만한 이유가 있는 자 등을 말한다(운영지침 제9조).

검사가 사건관계자들과 사적으로 접촉하지 말아야 한다고 할 때 사적 접촉에는 사건 관계인 또는 그들이 포함된 일행들과 함께 골프를 하는 것, 식사나 사행성 오락을 하는 것, 여행을 하는 것, 회합이나 행사를 하는 것, 그들이 경영하는 업소에 출입하는 것 등을 말한다(운영지침 제12조). 부득이 하게 사적 접촉을 해야 하는 경우에는 사전에 소속 기관의 장에게 보고해야 한다. 여기에서 "부득이한 사정"이라 함은 정책의 수립이나 의견 교환 등 공적인 목적이나 직무수행을 위하여 필요하다고 판단되는 경우, 공공기관 상호간 또는 공공기관이나 민간단체 사이에 업무협의를 위하여 필요한 경우, 동창회나 친목 모임 등에 사건 관계인 등이 있어 부득이 접촉을 하게 된 경우, 사건 관계인 등이 참석하는 사실을 사전에 알지 못한 상태에서 그가 참석하는 회합 등에 참석하였을 경우 등이 이에 해당한다(운영지침 제12조).

검사가 사건당자사와 사적으로 만나서 부적절한 행동을 하여 징계된 사례가 있다. 이 사례에서 검사는 자신이 직접 구속 지휘한 바 있는 자를 직접 만나 교류했으며, 그가 얽혀 있는 분쟁의 양쪽 당사자를 차례로 만나 사건화하지 말라고 말함으로써 견책의 징계를 받았다.[73] 반대로 검찰이 사건화를 종용하여 논란이 된 사례도 있다. 즉 2007년 「조선일보」, 「동

73 법무부 관보 2008-21호, 2008. 3. 12.

아일보」, 「중앙일보」에 '광고 싣지 말기 운동'에 대한 수사과정에서 검찰이 업체를 직접 찾아가거나 전화를 통해 고소를 종용했다는 주장이 제기된 것이다.[74] 1999년에는 검사가 조폐공사의 파업을 유도했다고 발언하여 문제가 된 사례가 있다. 이어진 형사재판에서 판사는 "위법적 간여를 한 사실이 인정된다"고 하여 징역 1년에 집행유예 2년을 선고했다.[75] 그러나 파업유도 혐의에 해당하는 직권남용죄와 업무방해죄에 대해선 모두 무죄를 선고했다. 파업의 유도이든 노동조합의 활동에 대한 "위법적 관여"이든 이러한 행동은 검사윤리의 심각한 위반이라고 하지 않을 수 없다.

4. 검사의 정치적 중립

우리나라에서 검사에 대한 국민의 신뢰는 결코 높다고 할 수 없는데, 그 주요한 원인은 검찰의 정치적 중립성의 훼손에 있다. 그간 한국의 검찰이 정치권력의 도구로 쓰였다는 것에 대한 불신, 검찰권 행사가 편파적이고 불공정하다는 의심, 검찰권행사에 성역이 존재한다는 의심, 검찰의 재량권이 남용됐다는 의심은 끊임없이 이어져왔다.[76] 즉, 검찰은 정치의 주구, 권력의 칼이라는 비판을 받았으며, 표적수사, 기획사정을 수행하며, 실제로 문제되는 현재진행형의 권력에 대해서는 수사하지 않거나 축소를 일삼는 것으로 비추어져왔다. 이러한 경험들이 검찰에 대한 불신을 낳은 핵심 요인이라고 할 수 있고, 그런 점에서 검찰의 정치적 중립에 대

74 모 대기업 회장은 기자간담회에서 검찰이 네티즌의 고소를 권유했지만 거절했다고 밝혔다(「검찰의 고소권유, 윤리강령 10조 위반」, 「한겨레」, 2008. 7. 15).

75 「조폐공사파업혐의 무죄」, 「한겨레」, 2001. 7. 21.

76 한인섭, 「한국 검찰의 정치적 중립성」, 『서울대학교 법학』 제40권 제3호, 1999, pp. 192~193.

한 총체적 불신이야말로 한국 검찰이 당면한 가장 큰 문제라고 해도 과언이 아니다.[77]

최근의 한 여론조사 결과는 검찰의 정치적 중립성과 관련하여 우리나라 검찰의 현주소를 보여준다.[78] 1,000명을 상대로 우리나라 검찰이 정치검찰이라는 비판에 어느 정도 공감하는 지를 물었는데 그 결과는 [표 8]과 같다.

[표 8] 검찰이 정치검찰이라는 비판에 대한 국민의 공감 정도

항목	응답 비율(%)
매우 공감	22.1
대체로 공감	38.4
별로 공감 않는 편	26.2
전혀 공감 안 함	7.0
무응답	6.3

[표 8]에서 보듯이 응답자의 60.5%가 정치검찰이라는 비판에 매우 공감하거나 대체로 공감한다고 답함으로써 검찰에 대한 국민의 불신이 매우 높은 것을 보여준다. 그리고 다른 질문에서 이명박 정부에 들어 검찰의 정치적 독립성 · 중립성이 약화됐다는 응답이 50.0%에 이른 반면, 강화됐다는 의견은 28.6%에 지나지 않았다. 정치적 중립성의 약화 원인으로는 대통령과 여당의 개입과 간섭(55.1%)과 법무부와 검찰 수뇌부의 의지 부족(29.4%)이 지적되었다.

77 한인섭, 「한국 검찰의 정치적 중립성」(제3부 각주 76), p. 195.

78 여론조사 전문기관 리서치 플러스에 의뢰하여 전국 19살 이상 남녀 1,000명을 대상으로 전화면접 방식으로 이루어졌다. 오차 한계는 95% 신뢰 수준에서 ±3.1%포인트이다(「한겨레」, 2008. 7. 21).

한인섭은 검찰의 정치적 중립성에 대한 불신은 검사 개개인의 정치적 편향성이나 무소신으로만 치부될 수 없는 역사적 · 구조적 · 제도적 문제점에서 생겨나는 것이라고 진단한다.[79] 그리고 그 대안으로서 검찰의 정치적 독립, 검찰의 민주적 · 자율적 운영, 검찰 조직의 개편, 검찰 작용에서 경쟁적 요소의 도입, 검찰에 대한 법원의 견제기능의 강화, 검찰에 대한 시민의 참여와 감시 등을 대안으로 제시했다.[80] 그리고 검찰총장을 잘 선임하는 것도 중요한 대안이 될 수 있다. 현재의 제도에서 볼 때 검찰총장이야말로 정치권의 간섭으로부터 검찰의 중립성을 지켜낼 수 있는 방파제가 될 수 있기 때문이다.[81] 이러한 제도적인 접근과 달리 검사의 윤리를 문제 삼는 것은 한편으로는 검찰의 정치적 중립을 검사의 개인 윤리차원에서 실천하도록 명분과 제도적 기반을 제공하고 그럼으로써 제도 중심의 접근법을 보완하고 완성하려는 것이다. 결국 제도의 완성은 그 제도를 운영하는 사람들의 태도와 문화에서의 변화를 포함하지 않으면 안 되기 때문이다. 이러한 점에서 정치적 독립을 추구하려는 검사는 제도의 탓을 하기 전에 정치권력의 부당한 간섭에 대한 올바른 대처방안을 모색하고 나아가 이를 보장하는 제도개혁에도 적극 나서는 것이 필요할 것이다.

검사는 준사법기관으로서 정치적으로 중립적이어야 하기 때문에 검사의 정치활동은 금지된다. 검찰청법에는 "검사는 그 직무를 수행함에 있어서 국민전체에 대한 봉사자로서 정치적 중립을 지켜야 하며 부여된 권한을 남용해서는 아니 된다"(검찰청법 제4조 제2항)라고 규정하고, 감사윤리강령에는 "검사는 정치 운동에 관여하지 아니하며, 직무 수행을 할 때 정치

79 한인섭, 「한국 검찰의 정치적 중립성」(제3부 각주 76), p. 218.

80 한인섭, 「한국 검찰의 정치적 중립성」(제3부 각주 76), pp. 219~220.

81 신동운, 「검사의 윤리와 책임」, 서울대학교 법과대학 엮음, 『법률가의 윤리와 책임』(제1부 각주 12), p. 211.

적 중립을 지킨다”(검사윤리강령 제3조 제1항)고 규정하고 있다. 여기에서 정치운동에 관여한다는 것은 검사가 정당에 가입하거나 정당의 행사에 참석하는 행위, 검사가 정치인에게 후원금을 포함한 정치자금을 제공하는 행위, 그밖에 국가공무원법 제65조, 국가공무원복무규정 제27조의 규정에 의해 금지된 정치운동(정치단체의 결성에 관여하거나 개입하는 것, 선거에서의 특정정당이나 특정인의 지지나 반대를 위한 행위 등)을 하는 행위를 말한다(운영지침 제2호).

그러나 앞에서 보았듯이, 우리나라에서 정치검찰이 문제가 되는 것은 검사의 정치활동 자체라기보다 검찰 외부의 정치적 압력이 검사의 직무활동에 부당한 영향력을 행사하는 것이다. 검사는 오히려 일정한 정치적 활동의 권리를 가진다고 보아야 할 측면도 있다. 유엔 문서인 ‘검사의 역할에 관한 지침’ 제8조에 의하면 검사는 표현 · 신조 · 결사 및 집회의 자유를 가진다고 한다. 검사는 통상의 토론에 참여할 권리, 지역적 · 국내적 · 국제적 조직에 참여할 권리, 그러한 조직을 결성할 권리를 갖는다고 한다. 우리나라의 검찰들도 이러한 권리를 가진다고 보아야 할 것이다. 이러한 활동은 검찰의 정치적 독립과 반드시 상치되는 것은 아니고 오히려 검사조직의 건강성을 유지 · 강화하는 계기가 될 수 있다.

5. 검찰권의 적정한 행사

검찰권의 적정한 행사와 관련하여 검사윤리강령 제7조는 “검사는 적법한 절차에 의하여 증거를 수집하고 법령의 정당한 적용을 통하여 공소권이 남용되지 않도록 한다”고 규정한다. 검찰권은 주로 수사와 기소로 나누어진다고 볼 때, 전자와 관련하여 가장 주요한 것은 수사권 남용의 방지 문제이고, 후자와 관련해서 보자면 공소권 남용의 방지 문제이다. 수사나 기소과정에서 검사는 스스로 공익과 인권의 대변자임을 자임해야 한다. 다시 말해 검사는 수사 및 기소과정에서 오직 피의자·피고인을 공격하고 유죄판결을 받게 하는 데에만 치중해서는 안 되며, 공익과 인권의 대변자로서 수사 및 공판과정에서 피의자·피고인의 이해도 충분히 고려해야 하며, 그러한 한에서 객관적 진실이 드러나도록 해야 한다는 점이다. 이 점에 유의하면서 아래에서는 수사단계에서의 적정한 검찰권행사와 공소권 남용의 문제를 나누어 살펴본다.

1) 검사의 수사권 남용

(가) 검-경 수사권 조정을 둘러싼 논란

형사소송법에 의하면, 검사는 범죄의 혐의가 있다고 사료되는 때는 범인, 범죄사실과 증거를 수사하여야 한다(형사소송법 제195조)라고 하고, 수사관·경찰관·총경·경감·경위는 사법경찰관으로서 검사의 지휘를 받아 수사해야 한다(형사소송법 제196조)라고 하고 있어서, 수사권은 검찰에 속하는 것으로 하고, 경찰에게는 독자적인 수사권을 부여하고 있지 않다. 이처럼 검찰이 수사단계를 주도하는 것이 적절한지에 대한 논쟁은 뿌리 깊다.[82]

검찰의 수사권 보유에 대해 반대하는 사람들은 검사는 사실관계를 조사하는 수사관이라기보다는 법리적 문제에 관심을 가져야 하며, 수사를

82 관련 논문으로는 오태곤, 「경찰수사권독립 논의의 공법적 검토」, 『한국콘텐츠학회논문지』 제5권 제4호, 2005. 8; 조만형, 「경찰수사권 독립과 통제방안」, 『토지공법연구』 제30집, 2006. 3; 표창원, 「경찰수사권 독립이 인권보장의 첩경」, 『형사정책』 제15권 제1호, 2003. 6; 서보학, 「수사권의 중립을 위한 수사권의 합리적 배분」, 『헌법학연구』 제8권 제4호, 2002. 12 등 다수.

직접 수행하기보다는 사법경찰관의 수사에 대해서 인권보호의 관점에서 이를 견제하고 법리적 관점에서 기소여부를 판단하는 데 그 역할을 한정하는 것이 타당하다고 한다. 이에 대해서 검사의 독자적인 수사권을 옹호하는 사람들은 고도의 법률, 회계지식이 필요한 경제범죄의 수사의 경우에 다른 수사기관이 감당하기 어려운 점, 사안에 따라서는 정치적인 영향을 받을 가능성이 큰 경찰관에 의해서는 수사가 어려운 점 등을 들고, 법조인인 검찰관이 수사의 적법성을 점검하는 역할을 담당해야 하며 이를 위해서는 경찰에 대한 지휘는 물론이고 스스로 수사권한을 행사할 수 있어야 한다고 한다.[83] 그러나 검사도 정치적 영향에서 결코 자유롭지 않으며 사법경찰관의 부실한 수사는 보충적 수사권한 행사나 사법경찰관에 대한 지휘나 지시에 의해서 보충할 수 있다는 점 등을 고려한다면 충분히 설득력 있는 것은 아니다.

이러한 논란에 따라서 최근 사법제도개혁추진위원회는 검찰의 수사권에 대한 제한을 시도하였지만 별다른 성과를 내지 못했다. 이러한 논쟁은 결국 경찰과 검찰 중 어느 편에서 수사권을 행사하는 것이 국민의 인권증진에 도움이 되는가라는 관점에서 판단되어야 할 것이다. 검찰이 수사권을 계속해서 갖는다면 수사의 과정에서 검찰이 경찰보다 인권보호 기능을 더 잘한다는 것을 국민에게 납득시켜야 한다. 아무튼 수사권이 어디에 속하는지에 상관없이 수사권을 갖는 자는 누구든지 수사권의 남용이 일어나지 않도록 하는 것이 중요하다.

(나) 수사권 남용과 인권보호수사준칙

검사윤리강령 제1조는 "검사는 공익의 대표자로서 국법질서를 확립하

---

83 森際康友, 『法曹の倫理』(제2부 각주 17), p. 195.

고 국민의 인권을 보호하고 정의를 실현함을 검사의 사명으로 한다"고 규정한다. 그리고 "검사는 피의자 · 피고인, 피해자 기타 사건 관계인의 인권을 보장하고 헌법과 법령에 규정된 절차를 준수해야 한다"(검사윤리강령 제6조)고 규정한다. 이처럼 검사의 역할에서 인권의 보호는 본질적인 부분이다. 그럼에도 검사에 의해서 수사권이 남용되고 인권이 침해되는 사례는 적지 않다. 예를 들어 보자면, 검사는 개인적인 동기에서 수사를 시작해서는 안 된다. 특정인만을 수사 대상에서 제외한다든가, 특정인만을 일부러 골라서 수사한다든가 하는 소위 편파수사 · 표적수사 · 함정수사는 허용될 수 없다. 보복수사도 수사권의 남용이다. 노골적인 고문은 많이 없어졌다고 하지만 최근까지도 검찰의 강압수사가 문제가 되어 언론에서 거론된 바 있다.[84] 2002년 10월에는 심지어 검사와 수사관이 피의자를 폭행하여 사망케 하는 사건도 있었다.[85] 피의자의 구속을 유지하기 위해서 원래 수사하고 있는 것과 상관없이 다른 사건을 문제 삼는 것, 이른바 '별건수사'의 관행도 수사권의 남용이라고 할 수 있다.[86] 조사 내용에서도 필요한 최소한을 조사해야 하며 검사는 개인적인 관심사를 질문해서는 안 된다. 수사과정을 신속하게 진행하는 것도 인권보호 차원에서 중요하다.

---

84 다단계 판매회사인 제이유(JU) 그룹의 정관계 로비의혹 사건에서 피의자들이 거짓 진술을 강요받았으며, 인간적 모멸감이나 욕설을 받았다는 것을 폭로하면서 언론에서 문제가 됐다. 이 사건은 검사윤리규정을 전면적으로 개정하는 계기가 되기도 했다(「제이유 로비 수사 '거짓 진술 강요' 폭로」, 「문화일보」, 2007. 2. 9).

85 이른바 '서울지검피의자 폭행치사' 사건으로 인해 법무부장관과 검찰총장의 사퇴로 이어지기도 했다. 국가인권위원회는 이 사건을 직권조사하고 이들에 대한 기소를 요구했다(국가인권위원회 보도자료, 「서울지검 피의자 사망사건, 항고키로」, 2003. 7. 14).

86 최근에 별건수사로 문제가 된 것은 2007년 론스타의 외환은행 헐값 매각의혹 사건을 둘러싸고 제기됐다. 그때 많은 관련자들이 사건 자체가 아니라 개인비리혐의로 영장이 청구되었기 때문이다.

법무부는 수사과정에서 발생하는 제반 인권침해로부터 사건 관계인의 인권을 보호하고 적법절차를 확립하기 위해 '인권보호수사준칙'(2006. 6. 26 전면개정, 법무부훈령 556호, 이하 "수사준칙"이라 함)을 제정하여 운영하고 있다. 그리고 검사윤리강령은 검사는 인권보호수사준칙을 준수해야 한다고 명시하고 있다(검사윤리강령 제10조). 현행 수사준칙은 2002년에 제정한 법무부 훈령 474호를 대폭 보완 · 개정한 것으로서, 63개조에 이르는 많은 내용으로 구성되어 있다. 이번 개정으로 인하여 검사가 수사과정에서 준수해야 할 행동의 훨씬 구체화된 성과가 있다고 보인다. 특히 법무부는 인권수사관행 확립을 위한 7대 중점사항을 함께 발표하여 인권수사의 의지를 밝혔다. 7대 중점 추진사항 다음과 같다.

> ① 수사과정에서 가혹행위는 물론, 폭언이나 강압적 모욕적인 말투를 철저히 추방한다. ② 사건 관계인을 불필요하게 반복 소환하지 않는다. ③ 구속수사 기준에 따라 엄정하고 신중하게 구속 여부를 결정함으로써 불구속수사 원칙을 철저히 확립한다. ④ 자백을 강요하기 위한 수단으로 체포를 남용하지 않는다. ⑤ 체포 구속 즉시 전화통지를 함으로써 가족들의 불안감을 덜어주고, 변호인의 조력을 받을 권리를 보장한다. ⑥ 피의자를 촬영 중계방송하게 하거나 인터뷰에 응하게 함으로써 명예와 사생활을 침해하는 일이 없도록 한다. ⑦ 조사시 변호인의 참여, 가족 참관, 신뢰관계인의 동석 범위를 확대함으로써 수사의 투명성을 더욱 높인다.

이와 아울러 법무부는 2006년 2월 21일 '구속수사기준에 관한 지침'도 발표한 바 있다. 이 지침은 수사지침과 마찬가지로 검사의 수사권 남용을 막아 수사과정에서 인권의 침해를 막기 위한 것이다. 이러한 규정을 위반한 검사의 수사행위는 징계의 제재를 받는다고 보아야 할 것이다. 따라서 수사를 담당하는 검사는 이를 충분히 읽어 숙지하지 않으면 안 된다. 최근 인권호보수사준칙을 위반한 행위를 하여 검사가 징계받은 사례가 있다.[87]

검사가 위법한 방법으로 증거를 수집하는 것은 형사소송법의 위반이 된다. 즉, 형사소송법 제308조의2는 "적법한 절차에 의하지 아니하고 수집된 증거는 증거로 할 수 없다"고 규정한다. 판례도 당연히 이를 수용하고 있다.[88] 따라서 검사는 위법한 방법으로 증거를 수집하지 말아야 할 것이며, 만약 그러한 행동을 하게 되면 징계받을 수 있다고 보아야 할 것이다. 위법으로 수집한 증거의 증거능력을 논하기 전에 위법적인 증거수집행위 자체를 징계하는 것은 위법적인 증거수집을 줄이는 효과적인 방법이 될 것이다.

(다) 검사의 객관의무

검사가 증거를 조사할 때 피의자에게 유리한 정보를 어떻게 취급해야 하는지가 문제가 될 수 있다. 이와 관련하여 의미 있는 2002년 판례가 있다.[89] 이 사건에서 검사가 소송진행 중에 피고인의 무죄를 입증할 수 있는 결정적인 물증(유전자 감정서)을 입수하고도 이를 법원에 제출하지 아니하고 이미 제기된 공소를 유지한 행위가 적법한지에 대해서 다루고 있다. 판례는 다음과 같은 이유를 들어 위법하다고 판단했다.

---

87 이 사건에서 검사가 수사 중 부적절한 언행을 한 것은 품위 손상, 인권보호 수사준칙에 위반되는 행위를 한 것으로서 직무상 의무 위반이라고 보았다(법무부 관보 2007-57호, 2007. 6. 4).

88 대법원 2007. 11. 15 선고 2007도3061 전원합의체 판결.

89 대법원 2002. 2. 22. 선고 2001다23447.

검찰청법 제4조 제1항은 검사는 공익의 대표자로서 범죄수사 · 공소제기와 그 유지에 관한 사항 및 법원에 대한 법령의 정당한 적용의 청구 등의 직무와 권한을 가진다고 규정하고, 같은 조 제2항은 검사는 그 직무를 수행함에 있어 그 부여된 권한을 남용하여서는 아니 된다고 규정하고 있을 뿐 아니라, 형사소송법 제424조는 검사는 피고인을 위하여 재심을 청구할 수 있다고 규정하고 있고, 검사는 피고인의 이익을 위하여 항소할 수 있다고 해석되므로 검사는 공익의 대표자로서 실체적 진실에 입각한 국가 형벌권의 실현을 위하여 공소제기와 유지를 할 의무뿐만 아니라 그 과정에서 피고인의 정당한 이익을 옹호하여야 할 의무를 진다고 할 것이고, 따라서 검사가 수사 및 공판과정에서 피고인에게 유리한 증거를 발견하게 되었다면 피고인의 이익을 위하여 이를 법원에 제출하여야 한다.

즉 검찰은 피고에게 유리한 증거가 있는 경우 이를 법정에서 공개해야 한다는 것이다. 이를 흔히 '객관의무'라고 한다. 따라서 만약 검사가 피고에게 유리한 증거를 공개하지 않고 은폐한다면 이는 국가형벌권의 남용이 된다. 객관의무의 근거가 어디에 있는지에 대해서는 논란이 있겠지만[90] 검사는 피고에게 유리한 증거를 공개하지 않으면 안 되고 공개하지 않는 경우에 윤리의무위반으로서 징계될 수 있다고 볼 것이다.

미국 표준규칙도 유사한 내용을 담고 있다. 우선 검찰권은 수사 개시단계에서부터 수사의 진행, 기소 여부의 결정과 공판과정 전반에 걸쳐서 적정하게 행사되지 않으면 안 된다. 그 연장에서 무죄입증의 자료가 되거나 범죄의 수준을 낮추거나 처벌을 완화시키는 증거가 있다고 보이면 이를 피의자에게 공개해야 할 헌법상의 그리고 전문직업상의 의무를 진다(표준규칙3.8(d)). 검사는 자신에게는 불리하고 피고인에게는 유리하다는 이유

90 논란에 대해서는 심희기, 「검사의 공익적 지위와 객관의무」, 『고시연구』, 2003. 5, p. 244.

만으로 증거확보를 의도적으로 멈추어서는 안 된다고 한다(EC7-13). 수사과정에서 피고인의 이익을 생각하는 이러한 태도는 증거에만 한정되지 않는다. 검사는 피의자로 하여금 스스로 권리를 포기하도록 조장해서는 안 되며(표준규칙3.8(c)) 피의자에게 변호사를 얻는 방법과 그렇게 할 기회가 제공되어 있다는 것을 확실히 알려주어야 한다(표준규칙3.8(b)). 검사는 피고인측 변호사가 정부측 증인과 면담하는 것을 허용해야 하며 그러한 증인에게 피고인과 대화하지 말도록 조언해서는 안 된다.[91] 검사의 이러한 의무는 민사소송에서의 변호사 역할과는 판이하게 다르다. 원고로서의 검사에게 상대방(피고인)의 이익을 고려하게 하는 등 통상적인 원고보다 더 높은 윤리적 의무를 부과하는 것은 검사가 단순히 소송의 일방 당사자에 그치는 것이 아니고 공익과 인권의 대리인이라고 보기 때문이다. 우리나라의 검사도 마땅히 이와 같이 처신하여야 할 것이다.

2) 검사의 공소권 남용의 문제

기소단계에서 가장 문제가 되는 것은 검사에 의한 공소권 남용 문제이다. 기소독점주의 및 기소편의주의를 취하고 있는 우리나라의 경우, 공익의 대표자인 검사가 국가적 입장에서 공평하고 획일적인 소추를 할 수 있게 한다는 장점이 있는 반면 검사의 자의와 독선에 의한 기소가 이루어질 수 있고 또 검사가 정치권력에 영향을 받게 될 경우에 이를 견제할 뚜렷한 장치가 없다는 단점이 있다. 공소권의 남용이란 공소권의 행사가 형식적으로는 적법하지만 실질적으로는 부당한 경우를 말한다.[92]

이러한 공소권 남용에 대한 견제이론으로 공소권 남용 이론이 있다. 이

---

91 Gregory v. U. S. 369 F. 2d 185(C. A. D. C. 1966).

92 조수진, 「검찰의 기소권독점주의 극복방안」, 민주사법국민연대, 『사법개혁의 길』(제1부 각주 8), p. 240.

는 공소권 남용이 있는 경우에 법원은 유무죄의 판단이 아닌 공소기각 또는 면소판결을 하여 소송을 종결시켜야 한다는 것이다. 그러나 우리나라의 법원은 아직 공소권 남용을 수용하여 판결한 경우가 없다. 우리나라 법원은 "우선 형사소송법 제246조와 제247조가 검사에게 자의적이고 무제한적인 소추권을 부여한 것은 아니라"는 점을 인정하고 아울러 "특정사건에 대한 공소의 제기가 공소권 남용으로서 무효라고 하기 위하여는 적어도 그 공소의 제기가 검사의 직무상 범죄를 구성할 정도의 극한적인 경우에 한한다고 판시한 것은 적절한 것이라고 할 수는 없을 것"이라고 한다.[93] 그러나 구체적으로 어떤 경우에 공소권을 남용한 것인지에 대해서는 명료하지 않다. 사례로는 추가기소가 문제된 판례가 있다. 검사가 처음부터 기소할 사건이 2개인 것을 알면서 하나만 기소하고 2심이 끝난 후에 추가기소하게 되면 피고인은 2개의 형을 받기 때문에 매우 불리하다. 그런 점에서 추가기소에는 악의적인 면이 있으며 공소권 남용의 여지가 있다. 판례는 "검사가 관련사건을 수사할 당시 이 사건 범죄사실이 확인된 경우, 이를 입건하여 관련사건과 함께 기소하는 것이 상당하"다고 하면서도, "검사가 자의적으로 공소권을 행사하여 소추재량권을 현저히 일탈한 위법이 있다고 보여지지 아니"하고 "검사가 위 항소심판결 선고 이후에 이 사건 공소를 제기한 것이 검사의 태만 내지 위법한 부작위에 의한 것으로 인정되지 아니"하면 추가기소가 있더라도 공소권 남용에 해당되지 않는다고 했다.[94] 또 다른 판례는 "검사가 자의적으로 공소권을 행사하여 피고인에게 실질적인 불이익을 줌으로써 소추재량권을 현저히 일탈했다고 보여지는 경우에 이를 공소권의 남용으로 보아 공소제기의 효력을 부인할 수 있

93 대법원 1990. 9. 25. 선고 90도1613 판결.
94 대법원 1996. 2. 13 선고 94도2658 판결.

는 것"이라고 하고, "여기서 자의적인 공소권의 행사라 함은 단순히 직무상의 과실에 의한 것만으로는 부족하고 적어도 미필적이나마 어떤 의도가 있어야 한다"고 판시했다.[95] 대법원의 입장이 이와 같이 공소권 남용이 있을 수 있다고 하면서도, 검사의 주관적 의도를 강조함으로써 실제 개별사건에서 공소권 남용을 인정하는 데는 매우 인색하다.

일본의 경우도 비슷하다. 일본에서도 공소권 남용이론의 논리체계 자체는 최고재판소에 의해서 인정됐다.[96] 그러나 최고재판소는 공소권 남용을 이유로 공소제기 자체를 무효로 해야 하는 경우를 '공소제기 자체가 직무범죄를 구성하는 극한적인 경우'에 한정함으로써 소추재량에 대한 실질적인 검토를 포기한 상태이다.[97] 예를 들면 사형재심 무죄사건의 하나인 마츠야마 사건의 경우, 재심청구단계에서 개시된 증거 가운데 무죄증거가 포함되어 있었던 점을 승인하면서도 검찰관에게는 개시의무가 없으며 법정에 모든 증거를 현출할 의무가 없다는 이유로 자백에 의거하여 기소한 것도, 증거를 결과적으로 은닉한 것도 위법이 아니라는 판결이 내려졌다.[98] 다만 시효완성 직전이었기 때문에 증거상호의 모순을 간과하여 충분한 수사를 하지 않고 기소했다거나,[99] 혹은 알리바이 증거가 검찰관의 수중에 있는데 자백에 의존해 공소를 제기 · 수행하는[100] 등 명백히 검찰관의 기소, 수행에 문제점이 인정될 경우에 배상책임을 인정한 사례는 있다. 이처럼 한국이나 일본에서는 검사의 기소권을 넓게 인정하고 있으며 공소권 남용의 이론에 대해서는 이론적으로는 그것을 인정하면서

95 대법원 1999. 12. 10 선고 99도577 판결.

96 最決昭和 55 · 12 · 17.

97 森際康友, 『法曹の倫理』(제2부 각주 17), p. 201.

98 仙台地判 平成 3, 7, 31.

99 東京高判 昭和 37, 3, 8.

100 松山사건, 東京高判 昭和 45, 8, 1.

도 실질적으로는 그것을 인용한 판례는 아직 없다고 할 수 있다.

일본에서도 학설은 좀 더 적극적이다. 즉, 적어도 검찰관에게는 피의자 · 피고인에게 유리한 증거도 불리한 증거도 객관적으로 평가하여(상기 '검사의 역할에 관한 지침' 제13조(b)참조) 유죄판결을 받을 수 있는 개연성이 있다고 평가할 수 있을 때만 기소 판단을 내려야 하며, 공소수행 중에 피고인에게 유리한 증거가 발견되어 유죄판결을 받을 것이라는 예상이 빗나간 경우에는 사안에 따라 공소취소(형사소송법 257조)에 의해 피고인의 사후 절차 부담을 해소하도록 노력해야 한다고 한다.[101]

우리나라의 판결이 검사의 기소재량을 널리 인정해준다고 해서 검사에게 적정한 기소를 해야 할 윤리적 책무가 없어지는 것은 아니다. 검사는 기소 여부를 결정함에 있어서 공익 내지 인권의 대변인임을 자각하고 그것이 남용되지 않도록 주의해야 한다. 하물며 검사가 스스로 피의자의 무죄 근거를 가지고 있음에도 불구하고 이를 숨기고 기소하는 것은 결코 용납될 수 없을 것이다. 권위주의 시절에 검사가 고문에 연루되어 적극적으로 증거의 조작에 가담한 역사를 생각해본다면, 피의자에게 유리한 증거를 적극적으로 공개하지 않는 것이 당연한 것으로 생각될 수 있겠으나, 검사가 공익의 대변자라는 태도를 가진다면 이는 용납되기 어렵다는 것을 쉽게 간취할 수 있다.

마찬가지로 검사가 기소해야 할 사건을 기소하지 않는 것도 허용되지 않으며 이 또한 공소권의 남용이다. 우리나라에서는 5 · 18 광주민주화운동에 대한 유혈진압의 책임을 묻는 사건에서 검찰이 불기소처분을 내림으로써 많은 논란을 낳았다.[102] 불기소처분을 통한 공소권 남용을 막기

---

101 森際康友, 『法曹の倫理』(제2부 각주 17), pp. 213~214.

102 이에 대해서는 박은정, 한인섭 엮음, 『5 · 18, 법적 책임과 역사적 책임』, 이화여자대학교 출판부, 1995 참고.

위한 여러 가지 제도적 접근이 없지 않다. 이와 관련하여 최근 우리나라에서는 재정신청제도의 적용 범위를 확대했다. 종래의 불기소결정에 대해서는 검찰청의 항고와 검찰총장에 대한 재항고제도가 있었으나 이는 결국 검찰에 의한 판단이었기 때문에 객관성을 담보하기 어려웠다. 재정신청제도가 없지 않았지만 형법 제123조 내지 125조의 범죄(직권남용, 불법체포, 불법감금, 폭행, 가혹행위)에 한정하여 이를 허용했다. 최근 이를 확대하여 재정신청 대상이 되는 범죄를 모든 범죄로 확대했다(형사소송법 제260조). 외국에서는 기소법정주의(독일), 검찰심사회(일본), 시민기소제(미국) 등이 제도로서 마련되어 있어서 나름대로 검찰의 자의적인 불기소처분에 대한 견제장치를 두고 있다. 이런 여러 제도들의 유용성이나 실효성을 여기에서 논할 수는 없다. 다만, 검사의 입장에서 공소권의 부당한 불행사도 윤리위반임을 명심하는 것이 중요하다.

6. 사건에 관한 정보의 보호

검사는 일반적으로 직무상 얻게 된 정보에 대해서 비밀을 유지해야 한다. 즉, 검사는 수사사항, 사건 관계인의 개인 정보 기타 직무상 파악한 사실에 대하여 비밀을 유지하여야 하며, 전화 · 팩스 또는 전자우편 그리고 기타 통신수단을 이용할 때에는 직무상 비밀이 누설되지 않도록 유의한다(검사윤리강령 제22조). 실제 사건으로는 검사가 준강제추행의 혐의로 고소된 특정 종교단체의 모 목사 사건에 관한 수사기록을 열람하고, 이 종교에 반대운동을 하는 사람의 출입국 기록을 조회하여 동향을 파악하는 등의 행위를 한 일이 있었다. 이 검사는 "2005. 9. 검사로 재직하면서 ○○○의 출입국 내역을 조회하는 등 형사사법정보를 사적으로 사용하여 직무규정을 위반하고 2006. 4.경부터 10.경까지 언론에 징계혐의자가 ○○○에게 수사기밀이나 반○○○단체 회원의 출입국 관련 자료를 넘겼다는 고발이 들어왔다는 취지로 보도됨으로써 검찰의 명예를 실추시키고 검사로서의 위신을 손상한 것"으로서 면직의 징계를 받았다.[103]

검사로 하여금 직무상 비밀을 보호하게 하는 데에는 여러 가지의 취지가 있다. 첫째는 검사는 직무상 많은 사람들의 사생활정보에 접하게 되는데 그러한 정보는 적극적으로 보호되어야 한다는 것이다. 특히 피고인이나 피의자의 사생활정보는 그 개인에게 치명적인 내용을 많이 담고 있다. 둘째는 재판의 공정성을 보장하기 위한 것이다. 계속 중인 사건에 관한 불확실한 정보가 유통되고 일반인들의 여론에 영향을 미친다면 이는 재판의 공정성에도 영향을 미칠 수가 있기 때문이다. 셋째는 수사밀행의 원칙에 따라 수사보안의 대상이 되는 내용에 대한 공개는 허용되지 않는다. 이는 수사의 원활한 진행을 위한 것이다. 일반인들에게 수사에 대한 협조를 구할 필요가 있는 경우에는 공개수사를 하는 것이 허용되며 이러한 것은 수사밀행의 원칙에 반하지 않는다.[104]

그리고 검사는 수사 등 직무와 관련된 사항에 관하여 검사의 직함을 사용하여 대외적으로 그 내용이나 의견을 기고·발표하는 등 공표할 때에는 소속 기관장의 승인을 받도록 하고 있다(검사윤리강령 제21조). 운영지침 제13조는 대외적으로 기고·발표를 할 때에는 공공의 이익에 필요한 최

103 법무부 관보 2007-81호, 2007. 7. 6. 후에 이 검사는 변호사 개업을 하고자 했지만, 변협에 의해서 변호사 등록이 거부되었다. 그리하여 전직 판사·검사가 공무원 재직시 위법행위로 인해 등록이 거부되는 첫 사례가 된 불명예를 입었다(「JMS비호 전직검사, 변호사 개업무산」, 「조선일보」, 2008. 7. 15). 등록이 거부되면 2년간 변호사 활동을 할 수 없다(변호사법 제8조 제1항 제4호 및 제5호).

104 검사의 의견 표명에 대해서는 황희철, 「검사 및 정부변호사의 윤리」(제3부 각주 67), p. 176 이하; 小島武司, 『法曹倫理』(제1부 각주 33), p. 394 이하 참고.

소한의 사항만을 정확하게 알려야 하고 관련자의 명예 또는 권리가 부당하게 침해되지 아니하도록 주의하여야 한다고 한다. 우리나라에서 문제된 사례로는 언론에 '현직검사가 말하는 수사 제대로 받는 법'이라는 기획 기사에 투고한 이유로 경고조치를 받은 사례가 있다.[105] 결국 연재는 중지되었고 검사는 사직했다. 이 사건이 검사의 윤리의무의 위반으로 기록될지 검찰의 부당한 간섭으로 기록될지는 아직은 단언하기 어렵다.

검사는 직무상 관련이 있는 사건이나 자신이 근무하는 기관에서 취급중인 사건에 관하여 피의자 · 피고인 기타 사건 관계인에게 특정 변호사의 선임을 알선하거나 권유해서는 안 된다(검사윤리강령 제20조). 이는 직무상 알게 된 정보를 자신의 이익을 위해서 이용하는 경우에 해당된다. 설사 검사가 그로 인해 경제적인 이득을 포함한 다른 이득을 얻는 것이 없다고 하더라도 검사의 알선이나 권유는 그 자체로서 금지되는 행위이다. 검사는 그 사무실의 검찰공무원 · 사법연수생, 기타 자신의 직무에 관여된 공무원들이 직무에 관하여 위법 또는 부당한 행위를 하거나 업무상 지득한 비밀을 누설하거나 부당하게 이용하지 못하도록 지도 · 감독해야 한다(검사윤리강령 제23조).

그러나 검사는 언론기관과의 관계에서 언론의 취재를 방해해서는 안 된다. 그리고 국민의 알 권리나 피의자의 이익을 보호하기 위한 경우에는 이익을 형량하여 개별적으로 판단해야 할 것이다.

105 「피의자가 됐을 때 차라리 아무것도 하지 말라」, 「한겨레」, 2006. 9. 10.

7. 이익충돌 회피의무

검사는 준사법기관으로서 공정성을 중요한 가치로 한다. 그러한 공정성에 영향을 미치는 것으로서 검사의 사적인 이해관계가 사건과 연관되어 있을 경우가 있다. 이때 검사는 그 사건을 회피해야 한다. 검사의 사적 이익과 공익간의 충돌이 생기기 때문이다. 검사의 사적 이해에는 자신의 재정적 · 사업적 · 재산적 · 개인적 이해관계뿐만 아니라 자신의 가족 · 친지와 관련된 업무도 포함한다. 검사윤리강령에서도 이 점을 명시하고 있다. 즉, 검사는 취급 중인 사건의 피의자 · 피해자, 기타 사건 관계인(당사자가 법인인 경우, 대표이사 또는 지배주주)과 친족관계에 있거나 그들의 변호인으로 활동한 전력이 있을 때 또는 당해 사건과 자신의 이해가 관련되었을 때에는 그 사건을 회피해야 하고(검사윤리강령 제9조), 그 외에도 친분관계, 기타 특별한 관계가 있는 경우에도 수사의 공정성을 의심받을 우려가 있다고 판단했을 때에는 그 사건을 회피할 수 있도록 하고 있다(검사윤리강령 제9조 제2항).

여기에서 취급 중인 사건이라 함은 검사가 내사 · 수사하고 있는 사건, 검사가 공판이나 송무에 관여하는 사건, 검사가 형이나 구속의 집행 또는 집행정지를 지휘하는 사건, 검사가 수사 · 공소심의위원회의 위원으로 참여하여 그 결정에 관여하는 사건 등을 말한다.

검사나 정부변호사의 의뢰인은 정부—나아가 국민—인 바, 만약 퇴직 후 정부나 국민의 이해와 상충되는 직위에 취임한다면 변호사법 제24조 수임제한에서 상정하는 이해충돌이 빚어질 수 있다. 그래서 검사의 퇴임 후에는 재직 중에 취급한 업무를 수행하지 못하게 제한한다. 퇴관 후 일정한 직무에의 취임을 허용하면 첫째, 정부정보의 비밀이 유지되지 않는다는 것이고, 둘째, 사적인 의뢰인에 대하여 부당한 이익을 부여하는 것이 되며, 셋째, 퇴임 전 근무하던 조직이나 동료들로부터 전관예우를 받을 우려가 있고, 정부 서비스의 중요한 인재가 팔려나가 버린다거나 장래의 사적인 고용을 염두에 두고 정부권력을 남용할 소지가 있다는 점 등이 거론되고 있다.[106]

8. 검사동일체원칙과 검사의 소신

검사는 한편으로 준사법기관으로서 직무상 독립성을 본질적인 특성으로 가지고, 다른 한편으로는 행정관으로서 상사의 직무지휘에 복종한다. 이 중 후자의 측면을 검사동일체원칙이라고 한다는 것을 앞에서 밝혔다. 검사의 독립성과 검사동일체원칙이 서로 모순을 일으키는 경우에 검사는 어떻게 처신해야 하는가?

이에 대해 검사윤리강령 제12조는 검사는 상급자에게 예의를 갖추어 정중하게 대하며, 직무에 관한 상급자의 지휘 · 감독에 따라야 한다고 한다. 다만, 구체적 사건과 관련된 상급자의 지휘 · 감독의 적법성이나 정당성에 이견이 있을 때에는 절차에 따라서 이의를 제기할 수 있다고 규정한다. 하지만 구체적인 절차나 방법에 대해서는 규정하고 있지 않다. 따라서 적절한 해석론과 합리성의 원리에 따라서 바람직한 해법을 모색해보는 수밖에 없다.

우선 검사가 무조건적으로 상사의 지휘 · 감독에 복종하는 것은 용납되지 않을 것이다. 검사는 몰개성적인 보조기관으로 간주될 수는 없고, 상사의 지도명령에 복종하는 것이 윤리의 전부라고도 할 수 없기 때문이

106 황희철, 「검사 및 정부변호사의 윤리」(제3부 각주 67), p. 182.

다.[107] 위법 부당한 업무처리가 진행된 경우에는 검사는 먼저 상급자에게 그 업무처리의 재고를 요청하여야 할 것이다. 만약 이러한 재고의 요청이 받아들여지지 않을 경우에는 더 높은 상급자나 상급기관에 시정을 요청해야 한다.[108] 그래도 시정되지 않는 경우가 문제로 된다. 상급검사가 위법한 업무지시를 하는 경우는 검사는 불복종의 의무가 있다. 상급검사의 명령이라고 하더라도 하급검사의 위법부당성의 위법성이 조작되는 것은 아니다.

문제는 위법하다고 하기는 어렵지만 부당한 지시에 대해서 어떻게 대처해야 하는가이다. 이 경우에도 검사는 무조건적으로 상사의 지휘 · 감독에 복종하는 것은 용납되지 않는다. 검사는 한 사람 한 사람이 독립된 독임제 관청으로서 자신의 이름으로 사무를 처리하기 때문이다. 검사는 자신이 납득하는 한에서 자신의 명의로 사무를 처리해야 할 것이다. 따라서 검사가 자신의 양심에 반하여 자신의 명의로 사무를 처리하거나 다른 검사로 하여금 처리하게 하는 것은 용납되지 않는다.

이런 경우에 먼저 해야 할 일은 대화를 통해 검사 상호간의 의견을 조율하는 것이다. 대화에도 불구하고 의견의 조율이 이루어지지 않는 경우, 하급검사는 그 사무를 처리할 수 없고 상급검사에게 직무 이전의 권한 또는 직무승계의 권한을 행사할 것을 요구해야 한다. 만약 상급자가 그러한 권한을 행사하지 않는다면 하급검사가 선택할 수 있는 방안은 무엇인가? 이에 대해서 일본에서의 논의를 살펴보자. 한 견해에 의하면, 상사의 명령에 대해서 적극적인 불복종(기소명령에 대해서 불기소 처분을 하거나, 불기소명령에 대해서 기소처분을 하는 것)은 허용되지 않지만 소극적 불복종(기소명령

---

107 小島武司, 『法曹倫理』(제1부 각주 33), p. 374.
108 황희철, 「검사 및 정부변호사의 윤리」(제3부 각주 67), p. 183.

에 대해서 기소처분을 거부하거나 불기소처분에 대해서 불기소처분을 거부하는 것) 은 허용된다고 한다. 그 이유는 업무처리이전권이 존재하는 이상 소극적 불복종은 검찰의 통제를 어지럽히는 것이 아니고 소극적 불복종도 허용하지 않는다고 하면 검찰관의 직무의 독립은 부정하는 것이 되기 때문이라고 한다.[109] 그러나 상사의 지휘권이 있는 이상 담당검찰관은 그 지휘에 따라 사무를 처리할 의무가 있고, 만약 그에 따르지 않는 경우에는 소극적 불복종이든 적극적 불복종이든 의무를 다하지 못하는 것이고, 검찰의 통제를 어지럽힌 점에서는 차이가 없고, 모두 징계의 사유로 되는 것이고, 담당검찰관으로서는 자기의 양심을 지키기 위해서는 그 직을 사퇴해야 한다는 입장도 있다.[110] 생각건대, 궁극적으로 자신의 명의로 일할 수밖에 없는 검사의 입장에서 자신의 의사에 반하는 내용을 자신의 명의로 수행하게 강요할 수는 없을 것이다. 또한 신분보장을 통해서 독립성을 보장해주는 제도의 취지를 고려할 때, 검사가 양심에 따랐다는 것을 이유로 징계하거나 검사의 직을 사직하게 하는 것은 온당하지 않아 보인다. 결국 소극적 불복종을 인정하는 입장이 더 타당하다고 생각된다. 이렇게 이해해야 검사들이 준사법관으로서 좀 더 소신 있게 처신할 수 있을 것이다. 만약 그렇지 않고 법률가로서의 양심과 신념에 반하는 상사의 명령에 무조건 복종해야 하고 그렇지 않은 경우에 징계나 사직 등 신분상의 불이익을 받는다고 하면 검사의 독립성은 완전히 부인되는 결과가 될 것이다.

우리나라에서 인민혁명당 사건을 다룬 검사들의 태도에서 상명하복과 관련한 검사의 윤리적 딜레마 사례를 볼 수 있다.[111] 1964년 당시 담당 검

---

109 伊東勝, 『檢察廳法講義』, 令文社, 1955, 小島武司, 『法曹倫理』(제1부 각주 33), p. 383 재인용.

110 伊藤榮樹, 『新版檢察廳法逐條解說』, 良書普及會, 1986; 小島武司, 『法曹倫理』(제1부 각주 33), p. 383 재인용.

111 이용훈, 『사필귀정의 신념으로: 법과 정치와 나의 인생』, 삼연, 1994, p. 95 이하에서 참고

사 4명은 중앙정보부에 의해서 대대적으로 발표된 사건, 즉, “북괴의 지령을 받아 발족된 대규모의 지하조직으로서, 국가를 변란하려고 기회를 노려왔던 인민혁명당 사건”에 대한 수사를 맡게 되는데, 이들은 수사 결과 인민혁명당은 존재하지 않을뿐더러 이들의 혐의를 입증한 객관적 증거가 없다고 결론내리고 기소를 포기했다. 이에 대해 검사장으로부터 이유를 따지지 말고 기소하라는 “명령”이 내려왔고 검찰총장과 법무부차장까지 기소를 촉구했다. 그러나 무고한 사람을 기소할 수 없었던 이들 검사들은 기소명령을 거부했고 기소장이라도 작성하라는 상부지시도 거부했다. 이들은 결국 사표를 쓰고 검찰을 떠났다. 이 사건은 검찰동일체원칙이 권위주의 정치시대에 어떤 식으로 악용되는지를 잘 보여주며 그에 저항하는 검사의 노력이 얼마나 험난한지를 보여준다. 검사의 기개가 이 정도는 되어야 검사가 스스로 준사법기관을 자처할 수 있을 것이며 검찰의 정치적 독립이 이루어질 수 있을 것이다.

9. 도덕성과 청렴성

검사는 공 · 사생활에서 높은 도덕성과 청렴성을 유지하고, 명예롭고 품위 있게 행동해야 한다(검사윤리강령 제4조). 이에 해당되는 행동의 예로는 무허가 유흥주점 등 상시 불법행위를 하는 것이 명백한 업소에 출입하는 행위, 자신의 변제 능력을 초과하여 제3자를 위하여 채무보증을 서는 행위, 지휘감독관계에 있는 사법경찰관리나 검사실 직원 등으로부터 사

함. 동일한 내용이 한인섭 엮음, 『정의의 법, 양심의 법, 인권의 법』(제3부 각주 22), p. 142에 있음.

회 통념상 적절하다고 인정하는 정도를 초과하여 접대를 받는 행위 등이 있다(운영지침 제3조).

10. 검사의 징계

검사의 징계에 대해서는 검사징계법의 절차에 따라서 진행된다. 검사징계법 상의 징계사유는 "1. 검찰청법 제43조의 규정[112]에 위반하였을 때, 2. 직무상의 의무에 위반하거나 직무를 태만하였을 때, 3. 직무의 내외를 막론하고 검사로서의 체면이나 위신을 손상하는 행위를 하였을 때" 등이다(검사징계법 제2조). 이처럼 징계사유는 매우 포괄적으로 규정되어 있다. 위 제2호의 규정을 고려할 때, 법관윤리강령, 검사윤리강령 운영지침, 인권보호수사준칙, 구속수사기준에 관한 지침 등 검사의 의무를 규정한 각종 지침 등의 위반도 징계의 사유가 된다. 그 외 직무와 직접 관련이 없는 사안에서도 검사의 품위를 해치는 행동을 한 경우, 징계의 사유가 된다. 품위를 해친 것을 이유로 징계된 사례는 검사가 피해자를 폭행하여 약 3주간의 치료를 요하는 턱관절 염좌상을 가하는 행위,[113] 검사가 고리 사채업자에게 1억 원의 투자금을 맡기고 매월 250만 원씩 합계금 8,000만 원을 이익배당금으로 교부받은 행위[114] 등이 있다.

징계의 심의는 징계위원회가 하며 위원회는 위원장 1인을 포함한 7인

112 경찰청법 제43조는 정치운동 등의 금지에 관한 것으로서 재직 중 할 수 없는 일을 나열하고 있다. 여기에는 국회 또는 지방의회의 의원이 되는 일, 정치운동에 관여하는 일, 금전상의 이익을 목적으로 하는 업무에 종사하는 일, 법무부장관의 허가 없이 보수 있는 직무에 종사하는 일이 포함된다.

113 법무부 관보, 2007-57호, 2007. 6. 4.

114 법무부 관보, 2007-149호, 2007. 12. 14.

의 위원으로 한다(동법 제4조). 위원장은 법무부장관이며, 위원은 법무부차관, 법무부장관이 지명하는 검사 2인, 법무부장관이 변호사, 법학교수 및 학식과 경험이 풍부한 자 중에서 위촉하는 각 1인으로 한다(동법 제5조). 징계심의는 검찰총장의 청구에 의해서 개시하며 검찰총장에 대한 징계는 법무부장관이 청구한다(동법 제7조). 징계절차의 진행과정에서 징계혐의자는 진술 및 증거제출권이 있고(동법 제11조), 특별변호인을 선임할 수 있다(동법 제12조). 징계의결은 위원 과반수의 찬성으로 의결한다(동법 제18조). 징계를 집행할 때는 견책의 경우는 검사가 소속하는 검찰청의 검찰총장 · 고등검찰청 검사장 또는 지방검찰청 검사장이 행하고, 해임 · 면직 · 정직 · 감봉에 있어서는 법무부장관의 제청으로 대통령이 행한다(동법 제23조 제1항). 검사의 징계는 관보에 게재한다(동법 제23조 제2항).

11. 검사선언

검찰은 무엇보다 정의의 사도이다. 사회의 온갖 부조리와 불법에 맞서 투쟁함으로써 사회의 평화를 유지하고 국민의 생명과 자유와 재산을 보호하는 기능을 원활히 수행해야 한다. 이러한 역할을 위해서 막강한 권한이 부여되어 있거니와, 그 권한이 정의를 증진시키는 이외의 목적에 활용되는 것에 대해 적극적으로 저항해야 할 뿐만 아니라 보다 적극적으로 불의를 뿌리 뽑는 일에 적극적으로 활용되어야 할 것이다.

다른 한편 검찰의 권력이 자칫 인권침해를 낳을 수 있다는 점은 언제나 염두에 두어야 한다. 무고한 사람이 검찰권력의 희생이 되어서는 안 될 것이며 피의자나 피고인 등 사회적으로 지탄을 받는 사람의 인권도 검찰권력으로 인해 침해되지 않도록 배려해야 한다.

이를 위해 검사는 '옳고 그름에 대한 분명한 가치판단, 양심에 따라 결단한 바를 실천에 옮기려는 용기, 우리 사회가 검찰에 대하여 기대하고 있는 바가 무엇인지를 읽어낼 수 있는 마음의 눈, 그리고 외압으로부터 독립하여 검찰중립화를 달성하려는 의지'[115]를 가지지 않으면 안 될 것이다.

최근 검찰은 바람직한 검사상을 담은 '검사선언'을 제정하여, 2008년 8월 1일 새로 임명되는 신임검사로 하여금 처음으로 이를 낭독하도록 했다. 그 내용은 다음과 같다.

> 나는 이 순간 국가와 국민의 부름을 받고 영광스러운 대한민국 검사의 직에 나섭니다. 공익의 대표자로서 정의와 인권을 바로 세우고 범죄로부터 내 이웃과 공동체를 지키는 막중한 사명을 부여받은 것입니다. 나는 불의의 어두움을 걷어내는 용기 있는 검사, 힘없고 소외된 사람들을 돌보는 따듯한 검사, 오로지 진실만을 따라가는 공평한 검사, 이해와 신뢰를 얻어내는 믿음직한 검사, 스스로에게 더 엄격한 바른 검사로서, 처음부터 끝까지 혼신의 힘을 기울여 국민을 섬기고 국가에 봉사할 것을 나의 명예를 걸고 굳게 다짐합니다.

검사들은 이러한 검사선언을 단순히 하나의 절차로 생각하지 않고 자신의 소명으로 깊이 자각하고 실천하는 지침으로 삼아야 할 것이다.

---

115 신동운, 「검사의 윤리와 책임」(제3부 각주 81), p. 219.

제4부

결론에 갈음하여

제1장
법조윤리의 교육/학습

우리나라에서 로스쿨 제도의 도입과 병행하여 '법조윤리'가 필수과목이 됐다. 그만큼 법조윤리에 대한 사회적 요청이 강하다는 것을 알 수 있다. 그러나 아직 법조윤리와 관련하여 무엇을 어떻게 가르쳐야 하는지에 대한 사회적 합의나 지침이 정립되어 있지 않다. 법조윤리 교육의 내용과 방법은 지금부터 형성해나가야 할 우리의 과제로서 부과되어 있다. 법조윤리 교육과 관련하여 가장 큰 쟁점사항은 법조윤리 교육이 가치의 문제를 다룰 것인지 말 것인지, 다룬다면 어떻게 다룰 것인지에 관한 것이다. 이 문제는 법조윤리를 무엇으로 정의하는지에 대한 입장의 차이를 반영하는 것이기도 하다. 먼저 법조윤리 교육의 내용부터 살펴본 후 그 방법에 대해서 살펴본다.

1. 법조윤리 교육의 내용

법조윤리 교육이 법조윤리 규정에 대한 교육을 포함한다는 것은 논란의 여지가 없다. 법조윤리 규정은 변호사법이나 형법 등 법률로 존재할 수도 있고 '변호사윤리장전'과 같이 변호사협회의 규정으로 존재할 수도 있다. 이러한 법조윤리 규정은 법조인의 올바른 행동규범이 무엇인가에 대한 오랜 사색과 경험의 성과를 담고 있는 것이다. 그렇기 때문에 법조윤리 규정을 준수하는 것은 일응 윤리적 행동이라고 볼 수 있다. 법조윤리 교육은 많은 경우 바로 그러한 규정에 담겨져 있는 기성의 정신과 구체화된 윤리규정을 전달하는 것을 의미하기도 한다. 이때 법조윤리 교육은 법조인이 범하지 말아야 행동이 무엇인지를 명확히 인식시키는 것이 무엇보다 중요하다. 법조인으로서 법규를 위반하여 형벌을 받거나 징계를 받는 것은 개인의 명예와 법조경력에 치명적인 손상을 줄 뿐만 아니라 사법에 대한 국민의 신뢰를 크게 해치는 것이므로, 법조윤리 규정을 제대로 교육하는 것의 중요성을 누구도 부인할 수 없다.

그러나 동시에 법조윤리 교육은 그러한 규정에 대한 교육을 넘어 윤리적 가치를 가르쳐야 한다. 법률가는 합법성(법내재적 정의)에 그쳐서는 안되고 법초월적 정의를 표방해야 한다[1]는 말에서 보듯이, 법조윤리는 실정법규의 틀에 머물지 말라는 요청을 포함하고 있다. 이는 실정법규를 부인한다기보다 실정법규를 비평할 수 있는 가치관 내지 시야를 확보해야 한다는 의미이다. 그것은 "가치의 형성 즉 옳고 그름에 대한 판단을 하는 교육"[2]이다. 로마의 법률가들이 그랬듯이, "자신들의 활동이 '선과 정의'를 지향하고 사회를 교화하여 올바른 진리를 수립하는 것을 목표로 삼고 그러한 고원(高遠)한 목표를 단지 형이상학적인 이상으로서만이 아니라, 이 지상생활에서 가능한 실현태로서 구현하는 것이라는 자긍심과 자존의식

---

1 심헌섭, 「법조윤리의 좌표」(제1부 각주 15), p. 39.

2 송상현, 「법과대학과 법률가윤리 및 책임」, 서울대학교 법과대학 엮음, 『법률가의 윤리와 책임』(제1부 각주 12), p. 524.

을 바탕으로, 처음부터 법정 변론가와는 차별화를 꾀"[3]하는 자세가 요청되는 것이다. 우리가 법조윤리를 말하는 것은 그러한 법정 변론가에 머물지 않고자 하는 것이고, 법교육이 그저 고도로 숙련된 법기능공(legal mechanic)을 만들어내는데 그쳐서는 안 되기 때문이다.[4]

법학도가 추구해야 할 가치 중에서, 특히 공공적 가치에 대한 헌신은 특별히 지적할 만하다. 미국 변호사 캠벨(E. S. Cambel)은 "법률가는 공공의 이익에 봉사하기 위해 존재하며 정의의 사원에서 일하는 성직자이다. [……] 우리는 법을 지키기 위하여 가장 훌륭한 인간을 공공의 이익에 봉사하려는 높은 뜻을 가지고 법을 추구하는 인간을 양성하지 않으면 안 된다"고 했다.[5] 홈즈(Oliver W. Holmes, 1841~1935) 판사는 "법과대학의 교육목표는 법을 가르치거나 법률가를 만드는 것이라고만 설명하는 것으로 충분하지 않다. 그것은 법을 거대한 방법으로 가르치고 위대한 법률가를 만드는 것"이라고 보았는데,[6] 법조윤리는 바로 그러한 것을 도모해야 한다. 송상현은 법과대학이 법조인의 훈련장소일 뿐만 아니라 이 나라와 사회의 지도자 역할을 담당한 학생을 교육한다는 의식을 가져야 하며, 그러한 차원에서 법조윤리가 논의되어야 한다는 점을 지적한다.[7] 이러한 모든 점들을 고려할 때 법조윤리는 종합적 · 전인적 교육으로서의 성격을 지닌다고 하겠다.

우리 사회가 법조윤리에 대해서 거는 기대는 이와 같은 것이다. 경쟁의

---

3 최병조, 「로마법상 법률가윤리」, 서울대학교 법과대학 엮음, 『법률가의 윤리와 책임』(제1부 각주 12), pp. 83~84.

4 가재환, 「법조윤리교육의 필요성과 현황: 사법연수원의 법조윤리교육(1981~2000)」, 『법철학연구』 제4권 제2호, 2001, p. 342.

5 최종고, 「법조윤리의 정신과 이론」, 서울대학교 법과대학 엮음, 『법률가의 윤리와 책임』(제1부 각주 12), p. 49.

6 최종고, 「법조윤리의 정신과 이론」(제4부 각주 5), p. 58.

7 송상현, 「법과대학과 법률가윤리 및 책임」(제4부 각주 2), p. 520.

압박 속에 지나치게 분화되고 냉혹해진 법조현실이지만 사적인 이익의 추구와 법조문의 형식적 틀을 벗어나, 고원한 가치를 추구하게 하고 법조인에게 부여된 사회적 책임과 역할을 인식하게 하고 나아가 나라와 사회의 지도자로서의 비전과 소명의식을 자각하게 하려는 모든 요청이 법조윤리라는 표현 속에 함축되어 있다. 이러한 의미의 법조윤리는 단지 법조윤리 과목의 담당 교수만의 과제는 아니고 법학교육을 담당하는 전체 교수들의 과제이기도 하다. 그런 점에서 법조윤리에 대한 전방위적 접근법(pervasive approach)은 그 근거가 있는 것이다.

요컨대, 법조윤리와 관련하여 교육되어야 할 것은 (예비) 법조인으로 하여금 현행의 법조윤리 규정을 잘 인식시키는 것과 법조인으로서의 올바른 가치관을 정립하고 건전한 윤리의식을 "함양"하는 것이다.[8]

법조윤리 교육의 내용을 이렇게 정의하는 경우 법조윤리 교육은 매우 곤란하고도 어려운 문제를 낳는다. 과연 로스쿨의 몇 시간 수업으로 오랜 과정을 통해서 형성된 가치관에 영향을 미칠 수 있겠는가? 영향을 미치는 것이 가능한지는 고사하고 그것이 타당한가? 교수가 자신의 가치관을 학생에게 주입하는 것은 정당한가? 또는 가치를 단순히 나열하는 것이라면 수업은 어떤 의미가 있는가? 윤리적인 문제에 과연 정답이 존재하는가? 등등의 문제를 고려한다면 로스쿨에서의 법조윤리 교육이 과연 적절한지 의문이 생기는 것이 당연하다. 이러한 의혹은 법조윤리를 무시하거나 경시하는 경향을 낳기도 한다. 법조윤리 교육에 대한 회의론과 그 반박에 대해서 살펴보면서 이러한 문제들에 답해본다.

8 "함양"이라는 표현은 심헌섭 교수가 법조윤리의 특수성을 설명하기 위해서 사용한 용어이다(심헌섭, 「법조윤리의 좌표」[제1부 각주 15], p. 39).

2. 법조윤리 교육의 어려움

미국의 경우를 보면, 법조인 또는 예비법조인에 대한 윤리교육의 필요성이 화려하게 주장되는 데 비해서 실제 교육현실에서 법조윤리 과목이 번성하거나 학생들 사이에서 환영받는 것은 아니다. 심지어 법조윤리 과목은 로스쿨의 교과과정에서 푸대접을 받는다고 해도 과언이 아니다. 법조윤리는 로스쿨 공인에 필요한 정도 선에서 최소한으로 교육되고 있다는 지적도 많다. 로스쿨에서 법학도에게 윤리를 교육하는 것과 관련하여 사람을 가르쳐서 선하게 하려고 시도하는 것보다 더 헛된 일도 거의 없다고 비아냥대는 사람도 있다.[9] 피어스(Richard Pearce)는 로스쿨에서의 법조윤리 교육에 대한 이러한 부정적 태도를 세 가지로 정리하고 각각에 대해서 반론을 펼쳤다.[10]

첫째, 여러 법률가들은 법률전문직의 구조와 교육이 변호사들의 윤리적 행동을 보장하기 때문에 따로 법조윤리를 교육할 필요가 없다고 한다. 변호사는 본질적으로 윤리적이며 그렇게 행동할 수밖에 없다는 것이다. 변호사 업무를 함에 있어서 명성이라는 보이지 않는 손이 작동하여 성공 여부를 판정하기 때문에 변호사는 윤리적으로 행동할 수밖에 없다고 한다. 비윤리적인 사람은 애당초 변호사가 되기 힘들며, 설사 변호사가 됐다고 하더라도 전문직의 자기검열적 징계제도에 의해서 배제되기 때문에 별도의 윤리교육은 불필요하다는 것이다. 또 법학교육은 그 본성상 자동적으로 윤리적 성격의 법조인을 배출한다고 한다. 예컨대 홈즈 판사는 법

9 Posner, Richard A., "The Deprofessionalization of Legal Teaching and Scholarship", *Michigan Law Review*, Vol. 91, 1993, p. 1924.

10 Pearce, "Teaching Ethics Seriously"(각주 25), p. 276 이하를 참고하여 세 가지를 살펴보고, 그에게서 인용하지 않은 부분은 각주로 표시했다.

교육이 도덕적 기준을 제공하며 깊은 사고에 대한 열망을 낳게 하고 야비한 이상과 손쉬운 자기만족에 대한 혐오감을 생기게 한다고 주장하는데, 이러한 주장은 법교육이 자동적으로 윤리의식을 제고한다는 사고를 반영하는 것이다. 즉, 법교육을 충실히 받으면 자동적으로 윤리적 감수성과 도덕적 판단능력이 제고된다는 것이다.

그러나 법률 전문직 제도나 법학교육 자체가 자동적으로 법조인의 윤리의식과 윤리적 실천을 제고한다는 것은 현실과 부합한다고 보기 어렵다. 그리고 현실의 징계절차가 비윤리적 변호사의 적발이나 퇴출을 위해 효과적으로 작동하고 있는지에 대해서도 의문이 없지 않다.

둘째는 윤리와 법학은 서로 차원이 다르다는 입장이다. 이는 위 첫째의 입장과는 다소 모순되는 입장이다. 즉 첫째의 입장은 법학의 연구나 실무가 인간을 윤리적으로 만든다는 입장인 반면, 둘째의 입장은 윤리와 법학은 서로 성격이 다르기 때문에 윤리가 법학이나 법실무에 그다지 중요하지 않는다는 것이다. 그러한 점에서 법조윤리 교육의 불필요성을 말하고 이를 경시한다.

사례중심의 교육법을 개발한 랑델(Christopher Columbus Langdell, 1826~1906)은 법학을 하나의 과학이라고 보았다. 즉 과학이 객관적 사실에서 법칙성을 발견해내듯이, 법학도 판례라는 원재료(사실)에서 법(원리)을 발견하는 것이라고 했다. 과학성을 강조하는 그의 입장에서 볼 때 법학에서 가치는 가급적 개입시키지 말아야 하며 사실(판례)을 중시해야 한다. 과학에서 윤리가 개재될 여지는 없고 가치판단은 경멸의 대상일 뿐이다. 이러한 입장에서 보자면 법학자, 즉 법과학자는 법조윤리에 대해서 알 필요가 없는 것이다.

오늘날 법학자 중 스스로 법과학자를 자임하는 사람은 그다지 많지 않지만, 여전히 법과 가치를 구분하려는 경향은 강하게 남아 있다. 법실증주의자들뿐만 아니라, 경제학 · 사회학 등 자연과학의 도움을 받아서 법적 판단을 하려는 사람도 사실과 가치를 구분한다. 이들은 법학적 질문과 윤리적 질문은 서로 불상용의 관계에 있기 때문에 가급적 윤리적 질문을 하지 않는 것을 오히려 미덕으로 삼는 것이다. 이들에게 법조윤리는 재미도 없고 가치도 없는 것이다. 법조윤리 교육이 가치의 부당한 주입 시도라고 보고 이는 학생들을 괴롭히는 것에 다름 아니라고 한다.

그러나 법학이 가치와 단절된 과학이라는 입장은 견지되기 어렵다. 심지어 자연과학의 세계에서도 과학과 가치를 절대적으로 분리하려는 입장은 비판을 받고 있다. 따라서 법이 과학으로 남기 위해서는 윤리에 대한 경멸이 필요하다는 입장은 견지되기 어렵다.

셋째, 법조윤리 교육은 법학도를 더 윤리적인 인간으로 만들 수 없다는 견해가 있다. 즉 윤리적 가치관은 로스쿨에 입학하기 전에 이미 완전히 형성되는 것이어서 로스쿨의 교육으로는 그것을 변경시킬 수 없다는 것이다. 따라서 이들은 로스쿨의 입학이 올바른 윤리적 가치관을 가진 사람에게만 허용되어야 한다고 한다.

그러나 이러한 관점은 수용되기 힘들다. 우선 학생의 도덕적 가치관이 로스쿨 입학 전에 확립된다고 하더라도 이를 법조직역과 관련하여 적용하는 과제는 여전히 남기 때문이고, 더 중요하게는 어른의 경우에도 윤리적 가치관이 변화한다는 증거는 많기 때문이다. 심리학자는 어른들이 되어서도 인격적 성장이 계속된다는 것을 보이고 있다. 잘 설계된 커리큘럼은 도덕적 추론 능력을 현저히 제고하고, 20대와 30대의 어른들이 젊은 이들보다 더 많은 성과를 낸다는 주장도 있다.[11] ABA도 이러한 입장을 수용하여 "로스쿨 이전에 윤리관이 확립된다는 것은 진실이 아님이 판명

11 Rhode & Luban, *Legal Ethics*(제1부 각주 17), p. 1030.

됐다"고 공언했다.[12] 또 역으로, 부정적인 의미에서, 로스쿨의 경험과 학생에 대한 영향이 그들로 하여금 이기적이게 하고 공공사업에 덜 참여하게 한다는 연구도 있다. 변호사에게 보이는 무례한 행동과 공격적인 태도 등 기타 여러 가지 성격적 특징들이 나타나는 것에 대한 책임은 로스쿨에서 재학 중 겪은 경험에 있다고 하는 연구보고도 있다. 즉, 로스쿨이 일부러 학생들에게 '자기중심적이고 수지타산을 문제 삼고 성급하고 성패만 따지는 사고방식'을 주입한 것은 아니지만, 결과적으로 그런 정신상태를 만들어내고 있는 것만은 확실하다고 하는 것이다.[13] 만약 그렇다면 로스쿨이 학생들에게 부정적인 방향으로 영향을 미치고 있는 것이다. 이처럼 로스쿨 진학 이후에 학생들의 윤리적 태도가 여러 가지로 영향받고 변화한다는 증거는 많다. 이러한 점들을 고려해본다면 로스쿨에 진학한 학생을 상대로 윤리교육을 한다고 해도 학생들의 윤리적 태도에 변화가 없다는 주장은 더 이상 유지될 수 없다.

이상의 논의들은 모두 로스쿨에서의 가치교육을 포함한 법조윤리 교육이 불필요하거나 불가능하다는 취지의 주장들과 그에 대한 약간의 반론들이다. 그러나 이러한 반론이 완전히 성공적이라고 보기는 어렵다. 오히려 법조윤리 교육을 실시하는 것은 어느 정도 그러한 불확실성과 어려움을 전제하는 것이다. 로스쿨에서의 법조윤리 교육의 유용성이나 실용성은 사후적으로 검증될 것이다. 하지만 법조윤리 의식의 제고가 필요한 것은 명백하고 법조윤리 교육을 실시하지 않는 데도 자동적으로 법조윤리 의식이 제고되지는 않는다는 것이 명백한 이상, 현재로서는 법조윤리 교육을 실시하지 않을 수 없는 일이다. 지금으로서는 법조윤리 교육이 필요

12 Pearce, "Teaching Ethics Seriously"(제1부 각주 25), p. 734.

13 가재환, 「법조윤리교육의 필요성과 현황: 사법연수원의 법조윤리교육(1981~2000)」, 『법철학연구』 제4권 제2호, 2001, p. 345.

하다고 전제하고 최선의 법조윤리 교육 내용과 방법을 탐색하고 노력하는 것 이외의 방안은 없어 보인다.

3. 법조윤리 교육의 방법

학생들에게 법조윤리 규정을 교육하는 것은 다른 실정법을 교육하는 것과 상당히 유사할 것으로 보이지만,[14] 학생들의 가치관을 정립하고 윤리의식을 제고하는 방법은 그와는 명백히 다를 것이다. 여기에서는 후자에 집중하여 법조윤리 교육방법론을 모색해본다. 법조윤리 교육경험이 일천한 우리로서는 권위 있는 대답을 제시하기는 쉽지 않다. 그래서 미국에서의 경험에서 검증된 방법론을 참고하여 법조인으로서 윤리의식을 제고하기 위한 방법론을 제시하고자 한다.[15]

학생들의 가치관을 정립하고 윤리의식을 제고한다고 할 때 그것은 도무지 어떤 의미인가? 그것은 교수의 윤리의식이나 사회의 지배적 윤리의식을 학생에게 주입하는 것인가? 아니면 학생들로 하여금 윤리적으로 살겠다는 고백을 얻어내고 각서를 쓰고 선서하게 하는 것인가? 아마도 그러한 것은 아닐 것이다. 이와 관련하여 콜버그(Lawrence Kohlberg)의 이론은 일정한 답변을 제시해준다.[16] 그에 의하면 인간은 살아가면서 낮은 단

14 만약 민법 · 형법 등 다른 실정법에 관한 교육이 법실증주의적 접근을 의미한다면, 법조윤리 규정에 대한 교육방법이 그러한 실정법의 교육방법과 반드시 유사하다거나 유사해야 한다고 할 수는 없다. 법조윤리 교육은 법실증주의적 법학방법의 한계를 극복하거나 적어도 보완하려는 의미를 가지고 있기 때문이다.

15 여기에 거론된 것에 대한 좀 더 자세한 논의는 이상수, 「법조윤리 교육의 내용과 방법」, 『서강법학』 제10권 제2호(2008. 12)를 참고할 수 있다.

16 Kohlberg의 이론에 대한 소개는 Hartwell, Steven, "Promoting Moral Development

계에서 높은 단계로 6단계의 윤리적 성장을 한다. 사람들은 그 단계에 따라 순차적 성장을 하며, 그것은 보편적으로 관찰된다고 한다. 그 단계는 [표 9]와 같다.

[표 9] 콜버그의 도덕적 추론의 발달단계

단계		윤리적 판단의 준거	비고
관행 전 단계 (pre-convention stage)	제1단계	징계에 대한 두려움에 의하여 판단함.	· 통상의 어린아이들의 경우, 이에 속한다.
	제2단계	보상에 대한 관심에 입각하여 판단함.	· 이 단계에서는 자기에게 또는 다른 구체적인 개인에게 이로운 것을 선택한다.
관행단계 (convention stage)	제3단계	사회적 승인, 충성과 신뢰의 관계를 유지한다는 관점에서 판단함.	· 통상 초등학생 수준. · 동료나 상사와의 관계를 중시하여 불법에 가담하는 경우가 이에 속함.
	제4단계	객관적 규정의 준수를 중시함. · 통상의 대학생 수준.	· 사람은 배신해도 규정은 준수해야 한다고 생각함.
관행 후 단계 (post-convention stage)	제5단계	공리적 가치를 중시함.	· 이 단계에서는 규정을 의식적으로 위반하는 시민불복종을 감행하기도 한다.
	제6단계	생명, 자유, 평등, 인간의 존엄 등 보편적 원리를 추구함.	· 자기책임에 입각하여 보편가치를 추구함.

[표 9]는 우리에게 많은 것을 시사해준다. 무엇보다 도덕적 성장의 실체가 무엇인지를 보여준다. 즉 점차 높은 단계의 도덕적 추론을 하게 되는 것이야말로 도덕적 성장이라는 점을 보여준다. 사람들은 살아가면서 수많은 윤리적 딜레마에 직면하게 되는데 그것을 해결하는 준거가 변해가는 것이다. 법을 지키는 이유가 징계에 대한 두려움에 있다면, 징계의 가능성이 없는 곳에서는(예컨대 금지규정은 있지만 처벌규정이 없는 경우) 법을

Through Experiential Teaching", *Clinical Law Review*, Vol. 1, Spring 1995; Dhanaraj, Subha, "Making Lawyers Good People: Possibility or Pipedream?", *Fordham University Law Journal*, Vol. 28, August 2001 참고.

어길 것이다. 법을 지키는 이유가 이득에 있다면 더 큰 이익을 위하여(예컨대 법을 어기면 50만 원을 벌고, 법을 지키면 20만 원 버는 경우) 법을 위반할 것이다. 법을 지키는 이유가 다른 사람도 그것을 지키기 때문이라고 한다면, 다른 사람이 불법을 저지를 때(예컨대 다른 동료 · 선배 변호사가 뇌물을 주는 경우) 자신도 법을 어길 것이다. 법을 지키는 이유가 법은 언제나 준수되어야 한다고 믿기 때문이라면, 법의 정당성을 묻지 않고(예컨대 자신이 보기에 명백히 부당하다고 하더라도) 법을 따를 것이다. 규정 자체를 공적인 입장에서 평가하고 개선하려는 노력은 5단계 이후의 발전단계에서 비로소 가능하다. 그렇다면 우리들 각자는 어떤 단계에 있는가? 그리고 어느 방향으로 발전해야 하는가? 이에 대한 대답은 명백하다.

이렇게 볼 때 윤리의식을 제고한다는 것은 윤리적 딜레마를 해결할 수 있는 윤리적 추론능력을 제고하는 것이다. 윤리적 추론능력을 제고한다는 것은 종전보다 더 고차원적인 윤리적 기준에 따라서 윤리적 딜레마를 해결해간다는 것이다. 그리고 그러한 고차원적인 가치기준을 자신의 윤리적 추론의 기준으로 수용해간다는 것을 의미한다.

그렇다면 사람은 어떤 과정을 통해서 고차적인 단계로 발전해가는가? 심리학이론에 의하면, 윤리적 성장은 현실을 살아가면서 종래의 가치관으로서는 해결할 수 없는 새로운 윤리적 딜레마에 빠지게 되었을 때 사람은 도덕적 추론을 하게 되며 이때 종전의 가치관을 부인하고 극복하게 되면 도덕적 진전이 이루어지는 것이다. 예컨대 산악등반 중 눈 속에 고립되었고 동료가 부상당한 경우, 우리는 어떤 선택을 해야 하는가? 성한 몸 혼자서도 생존을 보장받을 수 없는데 혼자 떠날 것인가 아니면 생존 가능성이 더 낮아지겠지만 어쨌든 동료와 함께 살 길을 모색할 것인가? 이러한 윤리적 딜레마에서라면 누구나 도덕적 고민에 빠질 것이다. 좀 덜 극단적인 경우의 예를 들어도 마찬가지이다. 자기 의뢰인이 하천에 오염물

질을 방류한 것을 알게 된 경우, 변호사인 당신은 당국에 고발할 수 있는가? 고발하면 공익에는 봉사하겠지만 당신은 직장을 잃을 것이고 당신의 가족들은 심각한 경제적 곤란을 겪는다고 생각해보자. 이러한 문제는 심각한 윤리적 고민거리를 제공하는 것이며 당사자가 어떤 결정을 내리더라도 우리는 그 사람을 비난하기 어렵다. 하지만 스스로 도덕적 추론을 통해서 이러한 윤리적 딜레마를 극복해가는 과정에서 인간은 윤리적으로 성장하는 것이다.[17] 이토록 심각한 윤리적 딜레마는 외부에서 정답을 가르쳐줄 수 있는 것이 아닐 뿐더러 강요할 수 있는 것은 더구나 아니다.

법조윤리에서 가치교육의 방법론이 갖는 원리도 이와 같은 것이다. 즉 학생 스스로 윤리적 반성(reflection)을 통해 윤리적 성장을 하도록 조력하는 것이다. 가재환도 "법조윤리 과목들의 강의 내용도 여러 윤리문제들을 제기하여 연수생으로 하여금 스스로 그 해결책들을 찾도록 하는 데 중점을 두고 있다"고 하여, 이러한 방법의 불가피성을 지적했다.[18] 법조윤리 교육에서 교수가 해야 할 가장 중요한 역할은 학생들로 하여금 스스로 윤리적 반성을 하게 하는 환경을 제공하는 것이다. 여기에는 두 가지 방식이 유력한 방안으로 제시되고 있다.

첫째는 실제 현실의 윤리적 딜레마 상황에 학생들을 빠뜨리는 것이다. 예컨대, 임상실습 과정을 통해서 학생들이 현실의 문제를 다루게 하고 그 과정에서 제기되는 윤리적인 문제를 직접 해결하도록 하는 것이다. 임상

17 그러한 이론을 처음 설명한 사람은 도덕적 성장의 메커니즘을 설명한 심리학자 Jean Piaget이다. 그의 이론에 기반하여 Lawrence Kohlberg 등이 성인(成人)들의 윤리적 성장에서도 마찬가지로 적용된다는 것을 검증했다. Hartwell은 Kolhberg의 이론이 로스쿨 교육에서 유용성이 있다는 것을 입증했다(Hartwell[1995], 전게서[제3부 각주 16]). 미국 로스쿨에서의 법조윤리 교육은 이러한 이론적 기반에 상당히 의존하고 있다(Dhanaraj, "Making Lawyers Good People"[제3부 각주 16], pp. 2041~2044).

18 가재환, 「법조윤리교육의 필요성과 현황」(제3부 각주 13), p. 354.

을 통한 윤리의식의 제고는 생생한 현장감을 바탕으로 구체적이고 긴박감 있게 윤리적 반성을 하게 함으로써 학생들에게 강력한 영향을 미치는 것으로 알려져 있다.[19] 이 점에서 미국로스쿨협의회(AALS)는 적어도 연 1회 모든 학생에게 법 관련 봉사활동의 기회를 제공하라고 권장했다.[20] 공익활동을 모든 학생들에게 요구하거나 대부분이 자발적으로 참여하도록 유인하는 방법을 찾으라는 것이다. 그러나 임상실습을 통한 윤리교육에도 문제점은 있다. 임상실습은 사건에 대한 예측 가능성과 균질성이 떨어지고 학생들의 학기와 맞지 않기 때문에 정규과정으로 편제하기 어려운 측면이 있기 때문이다. 그리고 임상활동 자체가 윤리의식을 제고하는 것은 아니라는 점을 명심하는 것도 중요하다. 다시 말해 임상실습이 윤리의식의 제고를 낳기 위해서는 임상실습을 윤리적 추론의 계기로 삼고자 하는 의식적 노력이 있어야 한다는 것이다. 따라서 임상실습은 윤리의식을 제고한다는 목적 하에 그리고 적절한 지도 하에 이루어져야 한다.

둘째로 권장할 만한 방법은 교수가 제공한 가상적인 윤리적 딜레마를 소그룹별 토론을 통해 학생들이 스스로 해결하도록 하는 방법이다.[21] 교수는 판례 · 징계사례 · 영화 · 언론 등 여러 매체에서 문제된 사건 중에서 학생들을 윤리적 딜레마에 빠뜨릴 만한 소재를 잘 선정하는 것이 중요하다. 경우에 따라서는 교수가 가상적인 상황을 만들 수도 있을 것이다. 학생들은 각각의 윤리적 딜레마를 해결하는 과정에서 그것을 정당화할 논리를 찾게 되고 결국은 자신이 채택할 만한 보편적인 윤리기준을 발견해

19 Brown, Lonnie T. Jr., "'Lawyers' not 'Liars': A Modified Traditionalist Approach to Teaching *Legal Ethics*", *Saint Louis University Law Journal*, Vol. 51, Summer 2007, p. 1132.

20 Rhode & Luban, *Legal Ethics*(제1부 각주 17), p. 1033.

21 Hartwell은 바로 그런 점에 착안하여 법조윤리 강의를 구상한 것이다(Hartwell, "Promoting Moral Development Through Experiential Teaching"[제3부 각주 16], p. 530).

나가는 것이다. 소그룹 토론은 다른 방법[22]에 비하여 유리한 점이 많은데, 이때 학생들은 심리적인 부담을 느끼지 않으면서 자신의 윤리적 입장을 노출하여 객관화하며 다른 사람의 윤리적 판단을 관찰하면서 성장하게 된다.

그 외에 교수가 윤리적 행동의 모범을 보이는 것도 한 방법이 될 것이다. 그런 차원에서 미국로스쿨협의회(AALS)는 교수들에게도 공익봉사활동을 권장한다.[23] 법교육의 주요한 목표가 미래 실무가로 하여금 공공서비스에 가담하도록 하는 것이라고 할 때 교수가 그러한 역할모델을 하는 것은 수긍할 만하다. 역할모델이 있으면 학생은 좀 더 쉽게 더 높은 도덕적 추론의 단계로 이행하게 된다. 사람은 훈계보다 본보기에 의해서 더 잘 교육된다는 것을 생각한다면 또한 그러한 접근을 납득할 수 있다. 그리고 교수의 실천은 교수로 하여금 학생이 직면한 윤리적 딜레마를 더욱 깊이 이해하게 하고 교수-학생간의 신뢰를 더 두텁게 할 것이다. 이러한 신뢰는 법조윤리 교육에서 필수적이다.

이렇게 볼 때, 법조윤리를 교육하는 것은 정말 어려운 일인 것처럼 보인다. 가재환은 법조윤리를 강의하는 데 있어서 적절한 자격을 갖춘 교수로, 첫째는 적절한 도덕철학의 지식을 가질 것, 둘째로 그는 법조 전반에 관한 적절한 지식을 가질 것, 셋째로 그는 법조에서 신뢰감을 인정받은 사람일 것, 마지막으로 교수법에 관한 적절한 기능이 있을 것을 든다.[24] 나는 여기에 교수가 도덕적일 것이라는 요건을 추가했으면 한다. 이렇게 볼 때 우리에게 그러한 법조윤리 교수가 얼마나 있는지 의문이다. 그런

---

22 예컨대 교수와 학생이 1대 1로 토론하는 것이라든지, 강의실에서의 일방적 강의를 통한 방식을 말한다.

23 Rhode & Luban, *Legal Ethics*(제1부 각주 17), p. 1033.

24 가재환, 「법조윤리교육의 필요성과 현황」(제3부 각주 13), p. 353.

의미에서 법조윤리 교육의 성공을 위해서는 법조윤리 교수야말로 가장 많은 성장과 자기 개혁을 이루지 않으면 안 될 것으로 보인다.

제2장
21세의 수준 높은 법률문화를 위하여

법조윤리는 사법작용의 정상화를 지향한다. 사법의 정상적인 작동을 위해서는 그것을 운영하는 주체, 특히 법조3륜이라고 불리는 판사 · 검사 · 변호사의 높은 윤리가 필수적으로 요청되며, 법조윤리론은 바로 이들 3주체의 윤리의식의 제고와 윤리적 행동을 담보하려는 노력이다. 이를 위해서 법조윤리론이 동원하는 방식은 두 가지이다. 한 가지는 법조인의 내면세계의 가치관에 대해서 직접적으로 개입하는 방식이고 다른 한 가지는 법조윤리 규정을 통해서 법조인의 외면적 행동을 외적 제재를 통해서 확보하는 방법이다. 지금까지 이 책에서 살펴본 것도 모두 이러한 두 가지에 관한 것이었다. 여기에서는 이에 덧붙여, 법조윤리를 제고하는 데 긴요한 한 두 지점을 추가하고자 한다. 특히 개인과 '제도'(institution) 그리고 개인과 '문화'(culture) 간의 관련성에 주목하여 살펴본다.

1. 제도와 윤리의 상생적 발전

지금까지 살펴본 법조윤리는 그것이 개인의 내면을 향하든 아니면 그 외면적 행동을 규제하든, 모두 법조인 '개인'을 문제 삼는 접근법이다. 그러나 법조윤리적 접근이 '제도'의 중요성을 경시하는 것이 되어서는 안 될 것이다. 미국의 신학자 니이버(Reinhold Niebuhr)는 개인의 도덕과 집단의 도덕 사이에는 명확한 구별이 있어야 한다고 하고, 전자에서는 어느 정도 도덕적일 수 있지만 후자에서는 그것이 지극히 어렵다는 것을 지적한다.[25] 따라서 집단의 문제는 집단의 논리—즉, 정치—에 따라서 해결해야 하지 이를 개인적인 도덕의 문제로 접근해서는 안 된다는 것이다. 이러한 문제의식은 흔히 '사회윤리'(social ethics)의 문제로서 취급된다. 사회윤리는 사회문제의 원인과 처방을 개인의 심정 · 양심 · 의식에서 찾는 것이 아니라, 사회구조 · 제도 · 정책의 관점에서 접근함으로써 사회구조나 체계의 도덕성을 문제 삼는다.[26]

그러나 이러한 사회윤리론은 사회결정론을 의미하는 것은 아니다. 오히려 사회구조의 구속성을 인정한 위에서 사회구조를 인간의 목적에 맞게 재구축하자는 문제의식을 담고 있다. 즉 사회윤리론의 정책적 함의는 제도 자체를 윤리적으로 구성하는 것이 중요하다는 것이다.

법조윤리와 관련해서 보자면, 적어도 제도는 높은 수준의 법조윤리를 가능하게 해야 한다. 만약 어떤 제도가 윤리적 실천을 방해하거나 곤란하게 한다면 그 제도를 개선하지 않으면 안 된다. 예컨대, 판사는 사법권 독립을 유지할 윤리적인 책무를 진다. 그러나 사법권 독립을 판사의 윤리의

25 니이버, 라인홀트(Reinhold Niebuhr), 이병섭 옮김, 『도덕적 인간과 비도덕적 사회』, 현대사상사, 1997, pp. 7~8.

26 『두산백과사전』(http://www.encyber.com)의 '사회윤리' 항목 참고.

식만으로는 확보하기 어렵다. 사법권 독립을 위해서는 판사가 독립적으로 판결을 내릴 수 있도록 하는 제도적 보장, 예컨대 판사의 신분을 보장해주거나 판사의 보수를 적정 수준으로 유지해주는 것 등이 필요하다. 물론 그러한 제도적인 보장이 없는 속에서도 판사가 희생적이고도 헌신적으로 사법권 독립을 위해서 노력하는 것이 윤리적이며 필요한 것이 사실이다. 또 그렇게 처신하도록 하기 위해서 법조윤리 교육을 실시하는 것도 사실이다. 하지만 이러한 문제를 법조인 개인의 윤리의식의 문제로만 치부하게 되면, 개인에게 너무 많은 부담을 안기는 것이 되어서 법조윤리는 실효성이 없게 될뿐더러 지속성도 없게 된다.

검사의 경우 준사법기관으로서 업무의 독립성을 유지하려고 해야 하지만, 현실적으로 검사는 사직을 각오하지 않는 한 부당한 지휘를 거부하기 어려울 것이다. 이러한 경우를 생각한다면 검사의 독립성을 보장하는 제도를 마련해주는 것이 필요하다. 변호사의 경우도 마찬가지이다. 예컨대 사내변호사의 경우는 자기가 속한 기업의 준법경영을 제고할 것이 요구된다. 그러나 불법의 폭로는 설사 사회적으로 매우 유의미하다고 하더라도, 변호사 개인에게는 사활을 건 큰 부담이 될 수 있다. 따라서 사내변호사의 윤리적 행동을 기대하기 위해서는 사회가 이들을 보호하는 제도적 장치를 마련하는 것이 필요하다.

나아가 제도는 높은 수준의 법조윤리를 고양하고 조장하는 식으로 설계되는 것이 바람직할 것이다. 그런 점에서 법조윤리 규정을 잘 만드는 것이 중요하다. 징계가 필요한 행동이 있다면 명료하게 규정해야 할 것이고, 징계의 실효성이 있도록 징계위원회나 징계절차에 관한 규정이 정비되어야 할 것이다. 전관예우를 비난하면서도 전관예우를 구조적으로 보장하는 제도를 둔다면 이는 잘못된 것이다. 전관 변호사나 판사에게 전관예우의 관행을 폐기하라고 요구하기보다는 제도적으로 이를 봉쇄하는 것이 훨씬 효과적이고 바람직할 것이다.

이들 사례에서 보듯이 법조윤리의 접근은 근본적으로 법조인 개인의 양식과 처신을 문제 삼는 것이지만 제도의 중요성을 간과해서는 안 된다. 법조윤리가 잘 작동하기 위해서는 그것을 가능하게 하고 원활하게 하는 제도적 개혁이 병행되어야 하는 것이다. 그리고 법조인 스스로도 그러한 제도 개혁에 대한 헌신을 스스로의 윤리적 책무로서 수용해야 한다. 제도의 윤리적 개선을 도모하지 못하는 법조윤리라면 그것은 반만의 성공에 불과하다. 사법제도가 법조윤리를 가능하게 하고 법조윤리가 사법제도를 개선해가는 선순환 구조를 만드는 것이 법조윤리의 획기적 제고와 완성을 위해서는 반드시 필요하다고 하겠다.

2. 문화로서의 법조윤리

법조윤리는 고원한 이상에도 불구하고 그 내용을 논증하기 어렵다. 바로 이 점이 법조윤리를 '규정'의 문제로 위축시키게 하는 주요한 원인 중의 하나이다. 사실 "[법조윤리의] 근저에 있는 규범적 가치는 본질적으로 다원주의적이고 많은 경우 비교 불가능하다. [……] 변호사는 복수의 가치 있는 목표를 추구한다. 개인의 자유를 유지하기도 하며, 권력에 대해서 진실을 말하고, 자비심을 보이며, 압제에 저항할 뿐만 아니라, 그릇되게 인식된 민주주의적 열정에 맞서 질서와 안정을 도모하기도 하며, 개인의 행동을 공공의 선에 일치시키기도 하고, 법정과 같은 제도를 이용하여 분쟁을 해결하기도 한다."[27] 법조윤리든 일반 윤리든 근본적으로는 다원

27 Wendel, W. Bradley, "Value Pluralism in Legal Ethics", *Washington University Law Quarterly*, Vol. 78, 2000, p. 78 이하.

주의적 가치관을 전제하지 않을 수 없다. 하지만 앞에서 보았듯이(제1부 제1장 3. 1)), 규범적 가치의 다양성이나 비교의 곤란성이 윤리적 선택이나 윤리규정의 정립 가능성을 부인하는 것은 아니다. 여기에서는 더 나아가 윤리규범의 의미 있는 통일화 가능성조차도 존재한다는 점을 제시하고자 한다. 이러한 문제를 해결하는 것은 결국 법조윤리에 대한 문화적 접근이 아닌가 한다.

최대권은 윤리적인 문제는 궁극적으로 입증할 수 없는 것임에도 불구하고, 윤리가 사회에서 의미 있는 규범으로 작동한다고 하고, 그에 대해서 다음과 같이 그 의미를 끌어낸다.

> 그러한 만큼 절대적 善에서 시작하든 기능적으로 이해한 선에서 출발하든 또 상위의 선에서 접근하든 그보다 하위의 선에서 접근하든 사회과학적으로 의미 있는 선은 이를 지지하거나 옹호하는 집단이나 세력을 전제로 하여 파악하여야 한다고 생각한다. [……] 그러므로 '우리'에게 선이 되는 것은 '우리'가 의문의 여지없이 받아들이는 혹은 '우리'에게 관련성이 있는 선일 수밖에 없다. [……] 구체적 프로그램은 그러한 가르침을 지지하고 옹호하는 세력의 확산을 내용으로 하는 것과 그러한 가르침을 가정 및 학교교육을 통해서 실제로 가르치고 모범을 통하여 보여주는 것으로 이루어질 수밖에 없을 것이라 생각한다.[28]

선이나 윤리는 '논증'의 문제도 아니고 '개인'의 인격도야에 머물 사안도 아니라는 것이다. 오히려 윤리는 '우리'라는 주관(주체)의 문제이고 우리의 '선택'의 문제이고, '특정윤리를 지지하고 옹호하는 집단이나 세력'의 문제라는 것이다. 법조윤리도 마찬가지로 우리가 어떤 윤리규범을 선

28 최대권, 「새시대의 법조윤리」(제1부 각주 19), pp. 117~118.

택하느냐의 문제이고, 그러한 선택을 하는 우리가 우리 사회에서 어떤 식으로 세력을 형성하느냐의 문제와 연결되어 있다. 그런 점에서 우리는 법조윤리를 개인의 가치를 넘어 여러 사람들 사이에서 공유되는 가치, 즉 법문화(legal culture)로 고양시켜야 한다. 그렇지만 그것은 다수결의 논리로 제압할 성질의 문제는 아니고, 수많은 토론을 통해서 한편으로 대결하고 다른 한편으로 합의해나가야 할 문제이다. 그리하여 실정법규로는 도달하기 힘든 고상한 수준의 법조윤리를 우리 사회의 지배적 법문화로 정착시켜 그것이 우리 사회에서 실제로 작동하는 "살아 있는 선이나 윤리규범"[29]이 되게 하는 것, 그것이 법조윤리가 궁극적으로 도달하려고 하는 지향점이리라. 이것이 가능하게 되었을 때 우리는 비로소 선진국이 됐다고 말할 수 있을 것이다.

29 최대권, 「새시대의 법조윤리」(제1부 각주 19), p. 119.

부록

1. 일본변호사연합회, 변호사직무기본규정

평성 16년(2004) 11월 10일

변호사는 기본적 인권의 옹호와 사회정의의 실현을 사명으로 한다.

그 사명의 달성을 위하여 변호사에게는 직무의 자유와 독립이 요청되고, 고도의 자치가 보장되고 있다.

변호사는 그 사명을 자각하고, 스스로의 행동을 규율하는 사회적 책임을 진다.

따라서 여기에서 변호사의 직무에 관한 윤리와 행위규범을 명확히 하기 위해 변호사직무기본규정을 제정한다.

제1장 기본윤리

제1조(사명의 자각) 변호사는 그 사명이 기본적 인권의 옹호와 사회정의의 실현에 있다는 것을 자각하고 그 사명의 달성에 노력한다.

제2조(자유와 독립) 변호사는 직무의 자율과 독립을 중시한다.

제3조(변호사자치) 변호사는 변호사자치의 의의를 자각하고, 그 유지 발전에 노력한다.

제4조(사법독립의 옹호) 변호사는 사법의 독립을 옹호하고 사법제도의 건전한 발전에 기여하도록 노력한다.

제5조(신의와 성실) 변호사는 진실을 존중하고 신의에 따라 성실하고 공정하게 직무를

행한다.

제6조(명예와 신용) 변호사는 명예를 중시하고 신용을 유지함과 함께, 염결을 유지하고 늘 품위를 높이려고 노력한다.

제7조(연찬) 변호사는 교양을 깊게 하고, 법령 및 법률사무에 정통하기 위해 연찬에 노력한다.

제8조(공익활동의 실천) 변호사는 그 사명에 상응하는 공익활동에 참여하고 실천하려고 노력한다.

제2장 일반규율

제9조(광고 및 선전) ① 변호사는 광고 또는 선전을 할 때에는 허위 또는 오도하는 정보를 제공해서는 안 된다. ② 변호사는 품위를 손상하는 광고 또는 선전을 해서는 안 된다.

제10조(의뢰의 권유 등) 변호사는 부당한 목적을 위하여 또는 품위를 손상하는 방법에 의하여 사건의 의뢰를 권유하거나 사건을 유발해서는 안 된다.

제11조(비변호사와의 제휴) 변호사는 변호사법 제72조에서 제74조까지의 규정에 위반하는 자 또는 이들 규정에 위반하는 것으로 의심되는 충분하고 상당한 이유 있는 자로부터 의뢰인의 소개를 받고 이들을 이용하거나, 이들에게 자기의 명의를 이용하게 해서는 안 된다.

제12조(보수배분의 제한) 변호사는 그 직무에 관한 보수를 변호사 또는 변호사법인이 아닌 자와의 사이에서 분배해서는 안 된다. 다만 법령 또는 본회 또는 소속변호사회가 정한 회칙에 별단의 정함이 있는 경우, 기타 정당한 이유가 있는 경우에는 그 한에서 그러하지 않다.

제13조(의뢰인 소개의 대가) ① 변호사는 의뢰인의 소개를 받은 것에 대한 사례, 기타 대가를 지불해서는 안 된다. ② 변호사는 의뢰인의 소개한 것에 대한 사례, 기타의 대가를 수취해서는 안 된다.

제14조(위법행위의 조장) 변호사는 사기적 거래, 폭력, 기타 위법 또는 부정한 행위를 조장하거나 또는 그러한 행위를 이용해서는 안 된다.

제15조(품위를 손상하는 사업에의 참여) 변호사는 공서양속에 반하는 사업, 기타 품위를

손상하는 사업을 경영하거나 혹은 그에 가담하거나 또는 그러한 사업에 자기의 명의를 이용하게 해서는 안 된다.

제16조(영리업무종사에서 품위유지) 변호사는 스스로 영리를 목적으로 하는 사업을 운영할 때 또는 영리를 목적으로 하는 업무를 경영하는 자의 이사, 관리자, 기타 업무를 지배하는 임원 또는 사용인으로 될 때에는 영리를 구하는 것에 얽매여서 품위를 손상하는 행위를 해서는 안 된다.

제17조(계쟁목적물의 양수) 변호사는 계쟁목적물을 양수해서는 안 된다.

제18조(사건기록의 보관 등) 변호사는 사건기록을 보관 또는 폐기할 때에는 비밀 및 프라이버시에 관한 정보가 누설되지 않도록 주의해야 한다.

제19조(사무직원 등의 지도감독) 변호사는 사무직원, 사법연수생, 기타 스스로의 직무에 관여시킨 자가 그 자의 업무에 관하여 위법 또는 부당한 행위에 이르거나 또는 그 법률사무소의 업무에 관하여 알게 된 비밀을 누설하거나 또는 이용하는 일이 없도록 지도 및 감독을 해야 한다.

제3장 의뢰인과의 관계에서의 규율

제1절 통칙

제20조(의뢰인과의 관계에서 자유와 독립) 변호사는 사건의 수임 및 처리에서 자유와 독립의 입장을 견지하려고 노력해야 한다.

제21조(정당한 이익의 실현) 변호사는 양심에 따라 의뢰인의 권리 및 정당한 이익을 실현하려고 노력해야 한다.

제22조(의뢰인의 의사의 존중) ① 변호사는 위임의 취지에 관한 의뢰인의 의사를 존중하여 직무를 행하는 것으로 한다. ② 변호사는 의뢰인이 질병, 기타의 사정 때문에 그 의사를 충분히 표명할 수 없는 때에는 적절한 방법을 강구하여 의뢰인의 의사를 확인하려고 노력한다.

제23조(비밀의 유지) 변호사는 정당한 이유 없이 의뢰인에 대해 직무상 알게 된 비밀을 타인에게 누설하거나 이용해서는 안 된다.

제24조(변호사의 보수) 변호사는 경제적 이익, 사업의 난이, 시간 및 노력, 기타의 사정

에 비추어 적정하고 타당한 변호사 보수를 제시해야 한다.

제25조(의뢰인의 금전대차 등) 변호사는 특별한 사정이 없는 한, 의뢰인과 금전을 대차하거나 자기의 채무에 관하여 의뢰인에게 보증을 의뢰하거나 의뢰인의 채무에 관하여 보증을 해서는 안 된다

제26조(의뢰인과의 분쟁) 변호사는 의뢰인과의 신뢰관례를 유지하여 분쟁이 생기지 않도록 노력하여 분쟁이 생긴 때에는 소속변호사회의 분쟁조정으로 해결하려고 노력한다.

제2절 직무를 할 수 없는 사건의 규율

제27조(직무를 할 수 없는 사건) 변호사는 다음 각 호의 어느 것에 해당하는 사건에 대해서는 그 직무를 할 수 없다. 다만 제3호에 기재된 사항에 대해서는 수임하고 있는 사건의 의뢰인이 동의한 경우에는 그 한에서 그러하지 않다.

1. 상대방의 협의를 받아 찬조하거나 그 의뢰를 승낙한 사건.
2. 상대방의 협의를 받은 사건에서 그 협의의 정도 및 방법이 신뢰관계에 기초한다고 인정되는 것.
3. 수임하고 있는 사건의 상대방으로부터의 의뢰에 의한 다른 사건.
4. 공무원으로서 직무상 취급한 사건.
5. 중재, 조정, 화해알선 기타 재판 외 분쟁해결절차기관의 절차 실시자로서 취급한 사건.

제28조(동전) 변호사는 전조에서 규정하는 것 외에 다음 각 호의 어느 것에 해당하는 사건에 대해서는 그 직무를 행할 수 없다. 제1호 및 제4호에 게재된 사건에 관하여 그 의뢰인의 동의가 있는 경우, 제2호에 게재된 사건에 대해서 그 의뢰인 및 상대방의 동의가 있는 경우, 그리고 제3호에 게재된 사건에 대해서 그 의뢰인 및 다른 의뢰인 중 누군가가 동의한 경우에는 그 한에서 그러하지 않다.

1. 상대방이 배우자, 직계혈족, 형제자매 또는 동거하는 친족인 사건
2. 수임하고 있는 다른 사건의 의뢰인 또는 계속적인 법률사무의 제공을 약속하고 있는 자를 상대방으로 하는 사건
3. 의뢰인의 이익과 다른 의뢰인의 이익이 상반하는 사건

4. 의뢰인의 이익과 자기의 경제적 이익이 상반하는 사건

제3절 사건수임시의 규율

제29조(수임 때의 설명 등) ① 변호사는 사건을 수임함에 있어서, 의뢰인으로부터 얻은 정보에 기하여 사건의 전망, 처리방법 및 변호사 보수와 비용에 관하여 적절한 설명을 하여야 한다. ② 변호사는 사건에 관하여 의뢰인에게 유리한 결과가 되는 것을 책임진다고 하거나 보증해서는 안 된다. ③ 변호사는 의뢰인이 기대하는 결과를 얻을 전망이 없음에도 불구하고 그 전망이 있는 것처럼 가장하여 사건을 수임해서는 안 된다.

제30조(위임계약서의 작성) ① 변호사는 사건을 수임할 때, 변호사의 보수에 관한 사항을 포함한 위임계약서를 작성해야 한다. 다만 위임계약서의 작성에 곤란한 사정이 있는 때는 그 사유가 없어진 후에 그것을 작성한다. ② 전항의 규정에도 불구하고 수임한 사건이 법률상담, 간이한 서면의 작성 또는 고문계약, 기타 계속적 계약에 기초한 것일 때 기타 합리적 이유가 있을 때는 위임계약서의 작성을 요하지 않는다.

제31조(부당한 사건의 수임) 변호사는 의뢰의 목적 또는 사건처리의 방법이 확실하게 부당한 사건을 수임해서는 안 된다.

제32조(불이익 사항의 설명) 변호사는 동일한 사건에 관하여 복수의 의뢰인이 있어서 그 상호간에 이익의 대립이 생길 우려가 있을 때에는 사건의 수임에 임하여 의뢰인 각각에 대하여 사임의 가능성, 기타 불이익을 초래할 우려가 있다는 것을 설명해야 한다.

제33조(법률부조제도 등의 설명) 변호사는 의뢰인에 대하여 사안에 따라 법률부조제도, 소송구조제도, 기타 자력이 없는 자의 권리보호를 위한 제도를 설명하여 재판받을 권리가 보장되도록 노력한다.

제34조(수임낙부의 통지) 변호사는 사건의 의뢰가 있는 때는 조속히 그 낙부를 의뢰인에게 통지하여야 한다.

제4절 사건의 처리에 대한 규율

제35조(사건의 처리) 변호사는 사건을 수임한 때는 속히 착수하고 지체 없이 처리해야 한다.

제36조(사건처리의 보고 및 협의) 변호사는 필요에 따라 의뢰인에 대하여 사건의 경과 및 사건의 귀추에 영향을 미치는 사항을 보고하고, 의뢰인과 협의하면서 사건의 처리를 진행해야 한다.

제37조(법령 등의 조사) ① 변호사는 사건의 처리에 임하여 필요한 법령의 조사를 태만히 해서는 안 된다. ② 변호사는 사건의 처리에 임하여 필요하고 가능한 사실관계의 조사를 하려고 노력한다.

제38조(예치된 돈의 보관) 변호사는 사건에 관하여 의뢰인, 상대방, 기타 이해관계인으로부터 금원을 맡았을 때는 자기의 금원과 구별하고 예금이라는 것을 명확히 하는 방법으로 보관하며 그 상황을 기록해야 한다.

제39조(예치된 물건의 보관) 변호사는 사건에 관하여 의뢰인, 상대방, 기타 이해관계인으로부터 서류 기타 물품을 맡았을 때는 선량한 관리자의 주의로써 보관하여야 한다.

제40조(다른 변호사의 참가) 변호사는 수임하고 있는 사건에 관하여 의뢰인이 다른 변호사 또는 변호사법인에 의뢰하려고 할 때는 정당한 이유 없이 이를 방해해서는 안 된다.

제41조(수임변호사 간의 의견불일치) 변호사는 동일한 사건을 수임하고 있는 변호사 또는 변호사법인과의 사이에서 사건의 처리에 관하여 의견이 일치하지 않고 이것에 의해 의뢰인에게 불이익을 낳을 우려가 있을 때는 의뢰인에 대하여 그 사정을 설명해야 한다.

제42조(수임 후 이해대립) 변호사는 복수의 의뢰인이 있고 그 상호간에 이해의 대립이 생길 우려가 있는 사건을 수임한 후 의뢰인 상호 간에 현실로 이해의 대립이 생긴 때는 의뢰인 각각에 대하여 속히 그 사정을 알리고 사임이나 기타 사안에 따른 적절한 조치를 취해야 한다.

제43조(신뢰관계의 상실) 변호사는 수임한 사건에 관하여 의뢰인 간에 신뢰관계가 사라지고 또 그 회복이 곤란한 때는 그 취지를 설명하고 사임, 기타 사안에 따른 적절

한 조치를 취해야 한다.

제5절 사건의 종료시의 규율

제44조(처리결과의 설명) 변호사는 위임의 종료에 임하여 사건처리 상황 또는 그 결과에 관하여 필요에 맞게 법적 조언과 함께 의뢰인에게 설명해야 한다.

제45조(맡은 금전 등의 반환) 변호사는 위임의 종료에 임하여 위임계약에 따라 금전을 청산한 후, 맡은 돈 및 물건을 지체 없이 반환해야 한다.

제4장 형사변호에서의 규율

제46조(형사변호의 마음자세) 변호사는 피의자 및 피고인의 방어권이 보장되고 있는 것에 비추어 보아 그 권리 및 이익을 옹호하기 위하여 최선의 변호활동에 노력한다.

제47조(접견의 확보와 신체구속에서의 해방) 변호사는 신체의 구속을 받고 있는 피의자 및 피고인에 관하여 필요한 접견 기회의 확보 및 신체구속에서의 해방에 노력한다.

제48조(방어권의 설명 등) 변호사는 피의자 및 피고인에 관하여 묵비권, 기타 방어권에 관하여 적절한 설명 및 조언을 하고, 방어권 및 변호권에 대한 위법 또는 부당한 제한에 대하여 필요한 대항조치를 하려고 노력한다.

제49조(국선변호에 대한 대가수령 등) ①변호사는 국선변호인으로 선임된 사건에 관하여 명목 여하를 묻지 않고 피고인, 기타의 관계자에게서 보수, 기타의 대가를 수령해서는 안 된다. ② 변호사는 전항의 사건에 관하여 피고인, 기타의 관계자에 대하여 그 사건을 사선변호인에게 선임하도록 부추겨서는 안 된다. 다만 본회 또는 소속 변호사회가 정한 회칙에 별단의 정함이 있는 경우에는 그 한에서 그러하지 않다.

제5장 조직 내 변호사의 규율

제50조(자유와 독립) 관공서 또는 공사(公私)의 단체(변호사법인을 제외한다. 이하 이것을 합쳐 '조직'이라고 한다)에서 직원 또는 사용인으로 되거나 중역, 이사, 기타 간부

로 되어 있는 변호사(이하 '조직 내 변호사'라고 한다)는 변호사의 사명 및 변호사의 본질인 자유와 독립을 자각하고 양심에 따라 직무를 하려고 노력한다.

第51조(위법한 행위에 대한 조치) 조직 내 변호사는 그 담당하는 사건에 관하여 그 조직에 속한 자가 업무상 법령에 위반하는 행위를 하거나 행하려고 하는 것을 알게 된 때는 그 자가 소속한 부서의 장 또는 그 조직의 장, 중역회 또는 이사회, 기타 상급기관에 대한 설명 또는 권고, 기타 그 조직 내에서의 적절한 조치를 취해야 한다.

第6장 사건의 상대방과의 관계에서의 규율

第52조(상대방 본인과의 직접 교섭) 변호사는 상대방에게 법령상의 자격을 갖는 대리인이 선임된 때는 정당한 이유 없이 그 대리인의 승낙을 얻지 않고 직접 상대방과 교섭해서는 안 된다.

第53조(상대방으로부터의 이익의 제공) 변호사는 수임하고 있는 사건에 관하여 상대방으로부터 이익의 제공 또는 향응을 받거나 그것을 요구하거나 약속해서는 안 된다.

第54조(상대방에 대한 이익의 공여) 변호사는 수임하고 있는 사건에 관하여 상대방에 대해 이익의 공여 또는 향응을 하거나 제안을 해서는 안 된다.

第7장 공동사무소에서의 규율

第55조(준수를 위한 조치) 복수의 변호사가 법률사무소(변호사법인의 법률사무소인 경우는 제외한다)를 함께 하는 경우(이하 이 법률사무소를 '공동사무소'라고 한다)에, 그 공동사무소에 소속한 변호사(이하 '소속변호사'라고 한다)를 감독하는 권한이 있는 변호사는 소속변호사가 이 규정을 준수하도록 하기 위해서 필요한 조치를 하려고 노력한다.

第56조(비밀의 유지) 소속변호사는 다른 소속변호사의 의뢰인에 관하여 직무상 알게 된 비밀을 정당한 이유 없이 다른 사람에게 누설하거나 이용해서는 안 된다. 이 공동사무소의 소속변호사가 아니게 된 후에도 동일하다.

第57조(직무를 행할 수 없는 사건) 소속변호사는 다른 소속변호사(소속변호사이었던 경우도 포함)가 제27조 또는 제28조의 규정에 의하여 직무를 행할 수 없는 사건에 대해서는 직무를 행해서는 안 된다. 다만 직무의 공정을 유지할 수 있는 이유가 있는 때는 그러한 한에서 그러하지 않다.

제58조(동전—수임 후) 소속변호사는 사건을 수임한 후에 전조에 해당하는 사유가 있는 것을 안 때는 속히 의뢰인에게 그 사정을 알리고 사임, 기타 사안에 따른 적절한 조치를 해야 한다.

제59조(사건정보의 기록 등) 소속변호사는 직무를 행할 수 없는 사건의 수임을 방지하기 위하여, 다른 소속변호사와 함께, 취급한 사건의 의뢰인, 상대방 및 사건명의 기록, 기타 조치를 하려고 노력한다.

제60조(준용) 이 장의 규정은 변호사가 외국법사무변호사와 사무소를 함께 사용하는 경우에 준용한다. 이 경우에 제55조 중 '복수의 변호사가'라고 된 것은 '변호사 및 외국법사무변호사가'로, '공동사무소에 속한 변호사(이하 '소속변호사'로 한다)'라고 된 것은 '공동사무소에 소속한 외국법사무변호사(이하 '소속외국법사무변호사'로 한다)'로 '소속변호사가'라고 된 것은 '소속 외국법사무변호사가'로, 제56조에서 제59조까지의 규정 중 '다른 소속변호사'는 '소속 외국법사무변호사'로, 제57조 중 '제27조 또는 제28조'는 '외국특별회원기본규정 제30조의2에서 준용하는 제27조 또는 제28조'로 교체하는 것으로 한다.

제8장 변호사법인에서의 규율

제61조(준수를 위한 조치) 변호사법인의 사원인 변호사는 그 변호사법인의 사원 또는 사용인인 변호사(이하 '사원 등'이라고 한다) 및 사용인인 외국법무변호사가 이 규정을 준수하기 위해서 필요한 조치를 하려고 노력한다.

제62조(비밀의 유지) 사원 등은 그 변호사법인, 다른 사원 또는 사용인인 외국법사무변호사의 의뢰인에 관하여 직무상 알게 된 비밀을 정당한 이유 없이 다른 사람에게 누설하거나 이용해서는 안 된다. 사원 등이 아니게 된 후에도 마찬가지이다.

제63조(직무를 행할 수 없는 사건) 사원 등(제1호 및 제2호의 경우에는 사원 등이었던 자를 포함한다)은 다음에 게재된 사건에 대해서는 직무를 행할 수 없다. 다만 제4호에 게재된 사건에 대해서는 그 변호사법인이 수임하고 있는 사건의 의뢰인의 동의가 있는 경우는 그러한 한에서 그러하지 않다.

1. 사원 등이었던 기간 내에 그 변호사법인이 상대방의 협의를 받아 찬조하거나 그 의뢰를 승낙한 사건이고, 스스로 그것에 관여한 것
2. 사원 등이었던 기간 내에 그 변호사법인이 상대방의 협의를 받은 사건이고 그 협의의 정도 및 방법이 신뢰관계에 기초한 것으로 인정되는 것이고, 스스로 그 것에 관여한 것
3. 그 변호사법인이 상대방으로부터 수임한 사건
4. 그 변호사법인이 수임하고 있는 사건(당해 사원 등이 스스로 관여하고 있는 것에 한한다)의 상대방으로부터의 의뢰에 의한 다른 사건

第64조(다른 사원 등과의 관계에서 직무를 행할 수 없는 사건) ① 사원 등은 다른 사원 등이 제27조, 제28조 또는 제63조 제1호 또는 제2호의 어느 규정에 의해 직무를 행할 수 없는 사건에 대해서는 직무를 행해서는 안 된다. 다만 직무의 공정을 유지할 수 있는 사유가 있을 때에는 그 한에서 그러하지 않다. ② 사원 등은 사용인인 외국법무변호사가 외국특별회원기본규정 제30조의2에서 준용하는 제27조 또는 제63조 제1호 또는 제2호의 어느 규정에 의해 직무를 행할 수 없는 사건에 대해서는 직무를 행해서는 안 된다. 다만 직무의 공정을 유지할 수 있는 사유가 있을 때는 그러한 한에서 그러하지 않다.

第65조(직무를 행할 수 없는 사건) 변호사법인은 다음 각 호의 어느 것에 해당하는 사건에 대해서는 그 업무를 행할 수 없다. 다만 제3호에서 규정한 사건에 대해서는 수임하고 있는 사건의 의뢰인의 동의가 있는 경우 및 제5호에서 규정한 사건에 대해서는 그 직무를 행할 수 없는 사원이 그 변호사법인의 사원 총수의 반수 미만이고 또 그 변호사법인에 업무의 공정을 유지할 수 있는 사유가 있는 경우에는 그러한 한에서 그러하지 않다.

1. 상대방의 협의를 받아 찬조하거나, 그 의뢰를 승낙한 사건
2. 상대방의 협의를 받은 사건이고, 그 협의의 정도 및 방법이 신뢰관계에 기초한다고 인정되는 것
3. 수임한 사건의 상대방으로부터의 의뢰에 의한 다른 사건
4. 사원 등 또는 사용인인 외국법사무변호사가 상대방으로부터 수임하고 있는 사건
5. 사원이 제27조, 제28조 또는 제63조 제1호 또는 제2호의 어느 규정에 의하여

직무를 행할 수 없는 사건

제66조(동전) 변호사법인은 전조에서 규정한 것 외, 다음 각 호의 어느 것에 해당하는 사건에 대해서는 그 업무를 행해서는 안 된다. 다만 제1호에 게재된 사건에 대해서 그 의뢰인 및 상대방이 동의한 경우, 제2호에 게재된 사건에 관하여 그 의뢰인 및 다른 의뢰인의 어느 쪽이 동의한 경우 및 제3호에게 게재된 사건에 관하여 그 의뢰인이 동의한 경우는 그 한에서 그러하지 않다.

1. 수임하고 있는 다른 사건의 의뢰인 또는 계속적 법률사무의 제공을 약속하고 있는 자를 상대방으로 한 사건
2. 의뢰인의 이익과 다른 의뢰인의 이익이 상반되는 사건
3. 의뢰인의 이익과 그 변호사법인의 경제적 이익이 상반하는 사건

제67조(동전—수임 후) ① 사원 등은 사건을 수임한 후에 제63조 제3호의 규정에 해당하는 사유가 있는 것을 안 때는 속히 의뢰인에게 그 사정을 알리고 사임, 기타 사안에 따라 적절한 조치를 취해야 한다. ② 변호사법인은 사건을 수임한 후에 제65조 제4호 또는 제5호의 규정에 해당하는 사유가 있는 것을 알게 된 때는 속히 의뢰인에게 그 사정을 알리고 사임, 기타 사안에 따른 적절한 조치를 취해야 한다.

제68조(사건정보의 기록 등) 변호사법인은 그 업무가 제한되고 있는 사건을 수임하는 것 및 그 사원 등 또는 사용인인 외국법무변호사가 직무를 행할 수 없는 사건을 수임하는 것을 방지하기 위해 그 변호사법인, 사원 등 및 사용인인 외국법사무변호사의 취급사건 의뢰인, 상대방 및 사건명의 기록, 기타 조치를 하려고 노력한다.

제9장 다른 변호사와의 관계에서 규율

제70조(명예의 존중) 변호사는 다른 변호사, 변호사법인 및 외국법무변호사(이하 '변호사 등'이라고 한다)와의 관계에서 서로 명예와 신용을 중시한다.

제71조(변호사에 대한 불이익행위) 변호사는 신의에 반하여 다른 변호사 등을 불이익에 빠뜨려서는 안 된다.

제72조(다른 사건의 부당개입) 변호사는 다른 변호사 등이 수임하고 있는 사건에 부당하게 개입해서는 안 된다.

제73조(변호사간의 분쟁) 변호사는 다른 변호사 등과의 사이에서의 분쟁에 대해서는 협

의 또는 변호사회의 분쟁조정에 의한 원만한 해결에 노력한다.

제10장 재판의 관계에서 규율

제74조(재판의 공정과 적정한 절차) 변호사는 재판의 공정 및 적정한 절차의 실현에 노력한다.

제75조(위증의 교사) 변호사는 위증 또는 허위의 진술을 교사하거나 허위라고 알면서 그 증언을 제출해서는 안 된다.

제76조(재판절차의 지연) 변호사는 태만에 의하거나 부당한 목적을 위하여 재판절차를 지연시켜서는 안 된다.

제77조(재판관 등 사적 관계의 부당이용) 변호사는 그 직무를 행함에서 재판관, 검찰관 기타 재판절차에 관여한 공직에 있는 자와의 연고, 기타 사적 관계가 있는 것을 부당하게 이용해서는 안 된다.

제11장 변호사회의 관계에서 규율

제78조(변호사법 등의 준수) 변호사는 변호사법 및 본회 및 소속 변호사회의 회칙을 준수해야 한다.

제79조(위촉사항의 부당거절) 변호사는 정당한 이유 없이 회칙에서 정한 바에 의해 본회 소속 변호사회 및 소속 변호사회가 변호사법 제44조의 규정에 의하여 설치한 변호사연합회에서 위촉한 사항을 행하는 것을 거절해서는 안 된다.

제12장 관공서와의 관계에서 규율

제80조(위촉사항의 부당거절) 변호사는 정당한 이유 없이 법령에 의하여 관공서에서 위촉된 사항을 행하는 것을 거절해서는 안 된다.

제81조(수탁의 제한) 변호사는 법령에 의하여 관공서에서 위촉된 사항에 관하여 직무의 공정을 유지할 수 없는 사유가 있는 때는 그 위촉을 받아서는 안 된다.

제13장 해석적용지침

제82조(해석적용지침) ① 이 규정은 변호사의 직무의 다양성과 개별성에 비추어, 그 자유와 독립을 부당히 침해하지 않도록, 실질적으로 해석하고 적용해야 한다. 제5조의 해석적용할 때, 형사변호에서는 피의자 및 피고인의 방어권 및 변호인의 변호권을 침해하지 않도록 유의해야 한다. ② 제1장 그리고 제20조부터 제22조, 제26조, 제33조, 제37조 제2항, 제46조부터 제48조, 제50조, 제55조, 제61조, 제70조, 제73조 제74조의 규정은 변호사의 직무의 행동지침 또는 노력목표를 정한 것으로서 해석하고 적용되어야 한다.

부칙

이 규정은 평성 17년(2005년) 4월 1일부터 시행한다.

2. 미국변호사협회, 직무행위표준규칙*

전문과 범위

전문: 변호사의 책임

(1) 변호사는 법률전문직의 구성원으로서 의뢰인의 대리인이고 법제도의 공직자이며 정의 구현에 대해 특별한 책임을 지고 있는 공적 시민이다.

(2) 의뢰인의 대리인으로서 변호사는 다양한 기능을 수행한다. 조언자로서 변호사는 의뢰인에게 그의 권리와 의무에 대해 설명하여 이해하게 하고, 그것의 현실적 의미를 설명한다. 소송대리인으로서 변호사는 당사자주의 소송구조의 규칙에 따라 의뢰인의 입장을 열성적으로 주장한다. 협상자로서 변호사는 고객에게 유리한 결과이지만 다른 사람도 정직하게 취급해야 한다는 요청에 부합하는 결과를 추구한다. 평가자로서 변호사는 고객의 법률문제를 검토하고 그에 대해 고객과 다른 사람에게 보고하는 활동을 한다.

(3) 이러한 대리기능에 부가하여, 변호사는 분쟁이나 다른 문제를 해결하려는 당사자들을 돕는 제3자적이고 중립적인 비-대리의 역할을 한다. 이 규칙의 일부는 제3의 중립자로서 역할을 하는 변호사에게 직접 적용된다. 예컨대 규칙1.12와 2.4를 보라. 그리고 법실무를 하지 않는 변호사 또는 비-변호사 자격으로 활동

* 표준규칙의 앞부분에 있는 서문, 직무행위기준 평가위원회/위원장의 개요소개, 직무행위규칙의 평가위원회(윤리2000위원회)/위원장의 개요 소개는 번역을 생략했음.

하는 변호사에게 적용되는 규정도 있다. 예컨대 사업활동에서 사기를 범한 변호사는 부정직, 사기, 기만 또는 부당대리를 포함한 행동에 관여한 이유로 징계의 대상이 된다. 규칙8.4를 보라.

(4) 모든 직무상 기능에 있어서 변호사는 유능하고 신속 · 근면해야 한다. 변호사는 대리행위에 관하여 의뢰인과 계속 소통을 해야 한다. 직무행위규칙이나 다른 법에 의해 공개가 요구되거나 허용되지 아니하는 한, 변호사는 의뢰인의 대리와 관련된 정보의 비밀을 유지해야 한다.

(5) 변호사의 행위는 의뢰인에 대한 직무와 변호사의 사업적 · 개인적 일처리의 양면에 있어서 모두 법의 요건에 적합하여야 한다. 변호사는 법절차를 오직 정당한 목적을 위해 사용해야지 타인을 괴롭히거나 위협하기 위해 사용해서는 아니된다. 변호사는 사법제도와 판사, 다른 변호사, 공무원 등 그 제도에 봉사하는 이들에게 경의를 표해야 한다. 필요한 경우, 공공기관의 행위의 타당성에 대해 이의를 제기하는 것이 변호사의 의무이지만, 사법(司法)절차를 옹호하는 것 또한 변호사의 의무이다.

(6) 공적 시민으로서 변호사는 법, 법체계에 대한 접근성, 사법행정, 그리고 법전문직이 제공하는 서비스의 품질 등의 개선을 도모해야 한다. 학식 직업인의 일원으로서 변호사는 의뢰인을 위해 사용되는 지식에 머물지 않는 법지식을 배양해야 하고, 그 지식을 법개혁에 적용해야 하며 법교육의 강화를 위하여 일해야 한다. 나아가, 헌법상의 민주주의에서 법제도가 그 권위를 유지하기 위해서는 대중의 참여와 지원이 필요하기 때문에 변호사는 법의 지배와 사법체계에 대한 대중의 이해와 확신을 심화시켜야 한다. 변호사는 사법행정의 결함을 염두에 두어야 하며, 가난한 자와 때로는 가난하지 않은 자들조차 적절한 법적 지원을 받지 못한다는 사실을 염두에 두어야 한다. 따라서 모든 변호사는 경제적 · 사회적 장벽으로 인하여 적절한 법적 조언을 얻거나 확보할 수 없는 사람이 사법체계에 대해 평등한 접근권을 확보할 수 있도록 직무시간과 자원을 쏟고 시민적 영향력을 행사해야 한다. 변호사는 이러한 목표들을 추구하는 데 있어서 법조계를 도와야 하며 변호사단체가 공적 이익을 위해 스스로를 규제하도록 도와야 한다.

(7) 변호사의 직무책임 중 많은 것들은 실체법 및 절차법뿐만 아니라 직무행위규칙

에 규정되어 있다. 그러나 변호사는 개인적인 양심과 동료 변호사의 승인에 의하여서도 인도된다. 변호사는 최고의 수준의 기술을 습득하고 법과 법조직업을 향상시키며 법전문직의 이상적인 공공서비스의 모범을 보이기 위해 노력해야 한다.

(8) 의뢰인의 대리인 및 법제도의 공직자 그리고 공적 시민으로서의 변호사의 책임은 보통 조화를 이룬다. 따라서 상대방이 변호사에 의해 잘 대리되고 있을 때 변호사는 의뢰인을 위한 열성적 소송대리인이 될 수 있고 동시에 정의가 집행되고 있는 것으로 간주할 수 있다. 따라서 변호사는 또한, 사람들은 자신의 정보가 보호된다는 것을 알 때 법적인 조언을 구하기 쉽고 그럼으로써 그들의 법적 의무에도 유의하기 때문에 의뢰인의 비밀을 지키는 것이 통상 공공의 이익에 부합한다고 확신할 수 있다.

(9) 그러나 법률실무의 성격상, 상충되는 책임들이 충돌한다. 결국 모든 어려운 윤리적인 문제들은, 만족스러운 생계를 유지하면서 윤리적인 인간으로 남는 데 있어서 의뢰인, 법률제도 그리고 변호사 자신의 이익에 대한 변호사의 책무들 사이의 충돌에서 발생한다. 직무행위규칙은 종종 그러한 갈등을 해결하기 위한 조항들을 규정한다. 그러나 이 규칙의 틀 안에서 직무재량을 둘러싼 많은 어려운 쟁점들이 발생할 수 있다. 그러한 쟁점들은 이 규칙에 깔려 있는 기본원리들에 의해 인도되는 민감하고 전문적 · 도덕적인 판단력을 행사함으로써 해결되어야 한다. 이러한 원리에는 법체계에 관련된 모든 사람에 대해 전문직업적이고 예절 바르며 공손한 태도를 유지하면서, 법의 한계 내에서, 고객의 정당한 이익을 열성적으로 보호하고 추구하는 변호사의 의무를 포함한다.

(10) 법전문직은 대체로 자치한다. 다른 전문직업들도 자치권을 부여받았지만, 법전문직은 법전문직과 정부 및 법 집행과정 사이의 긴밀한 관계 때문에 이 점에 있어서는 특별하다. 이러한 연계성은 법전문직에 대한 궁극적인 권한은 주로 법원에 주어져 있다는 사실에서 명백하다.

(11) 변호사들이 그들의 직업상의 의무를 준수하는 한, 정부규제는 면제된다. 그리고 자기규제는 정부의 지배로부터 법전문직의 독립성 유지에 기여한다. 구성원들이 실무권한을 정부에 의존하지 않는 전문직이 [정부의] 법적 권한의 남용에 대해 더 쉽게 이의를 제기할 수 있기 때문에, 독립적인 법전문직은 정부가 법을

지키도록 하는 중요한 힘이다.

(12) 법전문직의 상대적 자율성은 자기 규율이라는 특별한 책임을 부담한다. 변호사들에 대한 규제는 변호사들의 편협하거나 이기적인 이해관계를 조장하기 위해서가 아니고 공공이익에 근거하여 이루어지도록 할 책임이 전문직에 놓여 있다. 모든 변호사는 직무행위규칙을 준수할 책임을 진다. 변호사는 다른 변호사들에 의한 준수의 확보에도 조력해야 한다. 이러한 책임을 태만히 하는 것은 법전문직의 독립성과 그것이 기여하는 공공이익을 침해하는 것이다.

(13) 변호사들은 사회를 유지시키는 데에서 지극히 중요한 역할을 한다. 이 역할의 충족을 위해서 변호사는 법체계에 대한 자신의 관계를 이해해야 한다. 직무행위규칙은, 적절히 적용될 때 그 관계를 정의하는 것에 이바지한다.

범위

(14) 직무행위규칙은 합리적 규칙들이다. 그것은 법적 대리와 법 자체의 목적에 비추어 해석되어야 한다. 일부 규칙은 강행규정이며, "해야 한다"(shall)거나 "하지 말아야 한다"(shall not)라는 용어로 표시되어 있다. 이것들은 직무상의 징계에 해당하는 행동을 정의한다. 일반적으로 "해도 된다"(may)로 표시된 다른 것들은 허용규정이며 규칙 하에서 변호사가 직무상 판단의 재량권을 갖는 범위를 정의한다. 변호사가 그러한 재량의 한계 내에서 행동하거나 하지 않기로 결정한 경우, 징계조치는 취해지지 않는다. 다른 규칙들은 변호사와 다른 사람들 사이의 관계를 정의한다. 따라서 그 규칙들은 변호사의 직무상 역할을 정의한다는 점에서 부분적으로 의무적 · 징계적이고 부분적으로 구성적 · 서술적이다. 많은 주석은 "해야 한다"(should)라는 용어를 사용한다. 주석은 규칙에 의무를 추가하는 것은 아니지만, 규칙을 준수하면서 실무하는 데 필요한 지침을 제공한다.

(15) 규칙은 변호사의 역할을 규정하는 보다 큰 법적 맥락을 전제한다. 그 맥락은 면허부여 문제와 관련한 법원규칙과 법규들, 변호사의 구체적 의무를 정의하는 법률들 그리고 실체법 및 절차법 일반을 포함한다. 주석은 때때로 변호사들에게 그러한 법에서의 책무에 관해 주의를 환기하기 위해서 사용된다.

(16) 열린 사회의 모든 법과 마찬가지로 이 규칙의 준수는 우선 이해와 자발적인 준

수에 의존하며, 둘째, 동료와 대중적 여론에 의한 집행에 의존하고, 셋째, 필요한 경우에 징계절차에 의한 집행에 의존한다. 그러나 규칙은 변호사가 알아야 할 도덕적이고 윤리적인 고려사항을 망라한 것은 아니다. 왜냐하면 가치 있는 인간의 활동은 법규에 의해서 완전히 정의될 수 없기 때문이다. 규칙은 단지 윤리적인 법실무를 위한 틀을 제공할 뿐이다.

(17) 나아가 변호사의 권한과 책임을 결정하기 위하여, 이 규칙의 밖에 있는 실체법의 원리가 의뢰인－변호사 관계의 존재여부를 결정한다. 의뢰인－변호사 관계에서 생겨나는 대부분의 의무는 의뢰인이 변호사에게 법률서비스를 제공할 것을 요청하고 변호사가 그것을 수락했을 때 생긴다. 그러나 규칙1.6의 비밀유지 의무처럼 의뢰인－변호사 관계를 형성할지를 고려하기로 합의할 때 생기는 의무도 몇몇 있다. 규칙1.18을 보라. 특정 목적을 위한 의뢰인－변호사 관계가 존재하는지의 여부는 상황에 의존할 수 있고 사실의 문제일 수 있다.

(18) 헌법, 법률 그리고 보통법을 포함한 다양한 법규 하에서 정부 변호사의 책무는 법적 사안과 관련하여 통상 사적 의뢰인－변호사 관계에서 의뢰인에게 속하는 권한을 포함할 수 있다. 예컨대, 정부기관의 변호사는 정부를 위하여 화해를 결정하거나 반대의 판단에 따라 항소 여부를 결정할 권한을 가질 수 있다. 다양한 국면에서 그러한 권한은 대개 검찰총장과 주정부 소속 변호사 그리고 그에 상응하는 연방 변호사에게 부여되며, 여타 정부의 법 관련 공직자에게 부여될 수도 있다. 또한 이러한 공직자의 감독을 받는 변호사는 사적 변호사라면 복수의 사적 의뢰인을 대리하지 못할 상황에서도 정부간 법률적 논란에서 여러 정부기구를 대리하도록 허용될 수 있다. 이 규칙은 그러한 권한을 부인하지 않는다.

(19) 규칙에 의해 부과된 의무와 금지사항의 위반은 징계절차를 개시할 근거가 된다. 규칙은, 변호사의 행위에 대한 징계 여부에 대한 평가가 문제된 행위의 시점에 존재했던 사실과 상황에 의거하여 이루어지며 변호사가 때로는 상황의 불확실하고 불완전한 증거에 따라 행동해야 한다는 점을 인정한 위에서 이루어진다고 전제한다. 더구나 규칙은 위반에 대한 징계 부과의 여부와 제재의 강도가 위반의 고의성과 심각성, 경감요인 그리고 위반의 전력과 같은 모든 상황에 의존하는 것을 전제한다.

(20) 규칙의 위반은 그 자체로 변호사에 대한 소송의 원인이 되는 것은 아니며, 그러

한 경우에 법적 의무를 위반했다는 추정을 낳는 것도 아니다. 나아가 규칙의 위반이 반드시 계속 중인 소송에서 변호사의 자격부인과 같이 다른 징계 외적인 치유조치를 정당화하는 것도 아니다. 규칙은 변호사에게 지침을 제공하고 징계기관을 통한 행위규제를 위한 체계를 제공하도록 고안된 것이다. 그것은 민사 손해배상을 위하여 고안된 것이 아니다. 나아가 규칙이 상대 당사자에 의해서 절차적 무기로 인용된다면 규칙의 목적이 왜곡될 수 있다. 규칙이 단지 변호사의 자기 평가를 위한 기초이며 징계당국의 집행에 따라 변호사를 제재하기 위한 기초가 된다는 사실은 쌍방적 절차나 거래에서의 한쪽 당사자가 규칙의 집행을 요구할 지위를 갖는다는 것을 의미하지 않는다. 그럼에도 불구하고 규칙은 변호사의 행위기준을 형성하는 것이 사실이기 때문에 변호사의 규칙위반은 적용 가능한 행위기준 위반의 증거일 수 있다.

(21) 각 규칙에 수반하는 주석은 규칙의 의미와 목적을 설명하고 예시한다. 전문과 범위에 관한 서술은 일반적 개요를 제공한다. 주석은 해석의 지침으로서 의도된 것이지만, 각 규칙의 본문은 권위를 가진다.

규칙1.0 용어의 정의

(a) "믿는다"(believes)는 것은 관련된 사람이 문제된 사실이 진실이라고 실제로 생각한다는 것이다. 어떤 사람이 믿는지 여부는 상황으로부터 추론될 수도 있다.

(b) 어떤 사람의 설명 있는 동의와 관련하여 "서면으로 확인한다"(confirmed in writing)는 것은 그 사람에 의해서 서면으로 주어진 설명 있는 동의이거나, 변호사가 구두의 설명 있는 동의를 확인하기 위해 그 사람에게 즉시 전달하는 서면을 의미한다. 설명 있는 동의(informed consent)의 정의에 대해서는 (e)항을 참고하라. 만약 그 사람이 설명 있는 동의를 한 때 서면을 받거나 전달할 수 없다면 변호사는 그 후 합리적 기간 내에 그것을 받거나 전달해야 한다.

(c) "로펌"(law firm)이란 법률조합, 전문직 법인, 개인사업자, 기타 법실무를 허가받은 협회의 변호사 또는 변호사들을 의미한다. 또는 법률서비스조직 또는 법인이나 다른 조직의 법무부서에 고용된 변호사들을 의미한다.

(d) "사기"(fraud)나 "사기적"이라 함은 관할 내의 실체법과 절차법 하에서 사기적이고 사기의 목적을 가진 행동을 의미한다.

(e) “설명 있는 동의”(informed consent)란 변호사가 제안된 행동방침의 실질적 위험에 관해서 적절한 정보와 설명을 제공하고 합리적으로 이용 가능한 대안을 제시한 후에 어떤 사람이 제안된 행동에 대해서 하는 동의를 의미한다.

(f) “알고서”, “알려진” 또는 “안다”(knows)는 것은 문제된 사실의 실제 인식을 의미한다. 어떤 사람의 인식은 상황으로부터도 추론될 수도 있다.

(g) “동료변호사”(partner)란 조합원, 전문직 법인으로 조직된 로펌의 동료변호사, 또는 법실무를 하도록 허가된 협회의 구성원을 의미한다.

(h) 변호사의 행동과 관련하여 사용될 때 “합리적”(reasonable) 또는 “합리적으로”란 합리적으로 분별 있고 유능한 변호사의 행동을 의미한다.

(i) 변호사와 관련하여 “합리적인 믿음”(reasonable belief) 또는 “합리적으로 믿는다”는 것은 변호사가 문제된 사안을 믿는다는 것과 조건상 믿는 것이 합리적이라는 의미이다.

(j) 변호사와 관련하여 사용될 때 “합리적으로 알아야 한다”(reasonably should know)는 것은 합리적으로 분별 있고 유능한 변호사라면 문제된 사안을 알 수 있다는 것을 의미한다.

(k) “차단된다는 것”(screened)은 어떤 변호사가 이 규칙과 다른 법에 의해서 보호해야 하는 정보를 보호하기 위하여, 어떤 상황에서 적절한 로펌 내 절차를 적시에 부과함으로써, 그 변호사가 어떤 사안에 참여하지 못하게 고립시킨다는 것을 의미한다.

(l) 정도나 범위와 관련하여 사용될 때 “상당한”(substantial)이란 명백하고 비중 있는 중요성이 있는 중요한 사안을 의미한다.

(m) “재판정”(tribunal)이란 법정, 구속력 있는 중재절차나 입법기구에서의 중재, 행정기구 또는 판결적 권능을 갖는 다른 기구를 의미한다. 입법부, 행정기구나 다른 기구는, 당사자에 의해서 증거나 법적 주장이 제기된 후에 중립적 공직자가 특정한 사안에서 당사자의 이익에 영향을 미치는 구속력 있는 결정을 할 때, 판결적 권능을 가지고 행위하는 것이다.

(n) “서면의”(writing) 또는 “쓰여진”은 의사소통이나 대리에 관한 유형의 또는 전자적인 기록을 의미하고, 육필 · 타이핑 · 인쇄 · 복사 · 사진 · 녹음 · 녹화 · 이메일을 포함한다. “서명된”(signed) 서면은 서면에 부착되어 있거나 논리적으로

결합되어 있으며 어떤 사람에 의해서 서면에 서명할 의도로 이루어지거나 채택된 전자적 음성, 상징 또는 절차를 포함한다.

의뢰인과 변호사 관계

규칙1.1 적격성(competence)

변호사는 의뢰인에게 적격의 대리를 해야 한다. 적격의 대리를 위하여 법률지식, 숙련, 치밀함 및 그 대리를 위해 합리적으로 필요한 준비가 요구된다.

규칙1.2 대리의 범위

(a) 변호사는, (c)와 (d)에 따르면서, 대리의 목적에 관해 의뢰인의 결정을 따르고, 규칙1.4에서 요구하는 바와 같이 그 목적들을 추구하는 데 쓰이는 수단들에 대하여 의뢰인과 상의해야 한다. 변호사는 대리를 수행하기 위하여 묵시적으로 인정된 바에 따라 의뢰인을 대신하여 조치할 수 있다. 변호사는 상대방의 화해 제의를 받아들일 것인가에 대해 의뢰인의 결정에 따라야 한다. 형사사건의 경우, 변호사는 어떤 답변을 할지 배심재판을 포기할 것인지 의뢰인이 증언을 할지에 관하여 변호사와의 상의 후에 내린 의뢰인의 결정에 따라야 한다.

(b) 지명에 의한 대리를 포함하여, 변호사의 대리는 의뢰인의 정치적 · 경제적 · 사회적 또는 윤리적 관점이나 행위를 지지하는 것으로 해석되지 않는다.

(c) 변호사는 제한이 그 상황에서 합리적이고 의뢰인이 설명 있는 동의를 한 경우, 대리의 범위를 제한할 수 있다.

(d) 변호사는 자신이 범죄나 사기라고 알고 있는 행위를 하도록 의뢰인에게 자문하거나 그러한 행위에 조력해서는 안 된다. 그러나 변호사는 어떠한 행위라도 제안되는 것이면 의뢰인과 그 법적 결과에 대해 논의할 수 있고 의뢰인이 법의 유효성, 범위, 의미나 적용을 정하는 데 선의의 노력을 할 수 있도록 의뢰인에게 자문 또는 조력할 수 있다.

규칙1.3 근면성

변호사는 의뢰인을 대리함에 있어서 합리적인 수준에서 근면하고 신속하게 행동해야 한다.

규칙1.4 의사소통

(a) 변호사는 다음과 같이 해야 한다.

(1) 변호사는 이 규칙에 의하여 규칙1.0(e)에서 정의된 바와 같은 의뢰인의 설명 있는 동의가 요구되는 결정이나 상황에 대해서는 의뢰인에게 즉시 통보해야 한다.

(2) 변호사는 의뢰인의 목적에 도달하기 위한 수단에 관하여 의뢰인과 합리적으로 협의해야 한다.

(3) 변호사는 사안의 현황에 대하여 의뢰인이 합리적 수준에서 지속적으로 통보받고 있도록 해야 한다.

(4) 변호사는 정보에 대한 합리적인 요구에 대해서 신속히 응해야 한다.

(5) 의뢰인이 전문직 직무규칙이나 다른 법에서 허용되지 않는 조력을 기대하는 것을 변호사가 알게 된 때, 변호사는 변호사 행동의 합당한 한계에 관하여 의뢰인과 의논해야 한다.

(b) 변호사는 그 대리에 대하여 의뢰인이 설명 있는 결정을 내릴 수 있도록 하기 위해서 합리적으로 필요한 만큼 사안에 대해 설명해야 한다.

규칙1.5 보수

(a) 변호사는 불합리한 정도의 보수나 불합리한 지출액을 합의하거나 청구하거나 수취해서는 안 된다. 보수의 적정성을 결정하는 데 고려할 요소들은 다음을 포함한다.

(1) 필요한 시간량과 노동량, 관련문제의 생소함과 난이도, 그리고 그 직무를 적절히 수행하는 데 필요한 기술;

(2) 그 일을 맡게 되었을 때 변호사가 다른 일을 못하게 될 가능성;

(3) 비슷한 직무에 대해 그 지역에서 통상 요구하는 보수;

(4) 관계된 사건의 크기와 얻어낸 결과;

(5) 의뢰인이나 상황이 부과하는 시간제약;

(6) 의뢰인과 맺은 직업적 관계의 성격과 기간;

(7) 서비스를 제공하는 변호사의 경험, 명성과 능력; 그리고

(8) 보수가 고정급인가 성공조건부인가의 여부.

(b) 대리의 범위, 의뢰인이 책임져야 하는 보수와 비용의 근거와 액수는 대리가 시작되기 전이나 대리 개시 후 합리적 시간 내에, 가급적 서면으로, 의뢰인에게

통보되어야 한다. 다만, 변호사가 동일한 근거와 액수로 규칙적으로 대리하는 의뢰인에게 청구할 때는 그렇지 않다. 보수나 비용의 근거나 액수에서 변화가 있으면 이 또한 의뢰인에게 통보되어야 한다.

(c) 성공보수가 (d)항이나 다른 법률로 금지되어 있는 사안 외에는 변호사가 수행한 직무의 결과에 따라 그 보수가 달라질 수 있다. 성공조건부 보수지급 계약은 의뢰인이 서명한 서면으로 해야 하며, 보수가 결정되는 방식이 기재되어야 한다. 여기에는 화해나 소송이나 항소의 경우, 변호사에게 지급되는 비율, 회복된 재산에서 공제될 소송비용 및 기타 비용, 그리고 그러한 비용이 성공보수의 계산 전에 공제되는지 그 후에 공제되는지 여부가 포함된다. 그 합의는 의뢰인의 승소 여부와 관계없이 의뢰인이 부담하게 되는 비용에 대해 의뢰인에게 명료하게 밝혀야 한다. 성공보수 사건이 종결된 시점에 변호사는 의뢰인에게 사안의 결과를 기술하고 회복재산이 있는 경우는 의뢰인에게 돌아가는 송금액과 그 결정 방식을 기술한 서면을 의뢰인에게 제공해야 한다.

(d) 변호사는 다음의 것들을 위해 주선하거나 청구하거나 수취해서는 안 된다.

(1) 가사 관련 사건에서의 보수로서, 그 지급이나 금액이 이혼의 성립 또는 부양료나 지원금 또는 그에 대신하는 재산상의 화해에 의존하게 하는 것; 또는

(2) 형사사건에서 피고인 대리를 위한 성공보수.

(e) 같은 로펌에 속하지 않는 변호사 간에 보수의 분할은 다음의 경우에만 허용된다.

(1) 분할이 각 변호사가 제공한 서비스의 양에 비례하거나 각 변호사가 대리에 대해서 공동책임을 질 것;

(2) 각 변호사가 수취하는 몫을 포함하여 그 내용에 대해 의뢰인이 동의하고 동의가 서면으로 확인될 것; 그리고

(3) 전체 보수가 합리적일 것.

규칙1.6 정보에 대한 비밀유지

(a) 변호사는 의뢰인의 대리와 관련한 정보를 누설해서는 안 된다. 단, 의뢰인이 설명 있는 동의를 했거나, 공개가 대리를 위하여 묵시적으로 허용되었거나, 또는 공개가 (b)절에 의해서 허용된 경우는 다르다.

(b) 변호사는 다음을 위해서 필요하다고 합리적으로 믿은 범위 내에서 의뢰인의 대

리와 관련된 정보를 누설할 수 있다.

(1) 합리적으로 확실한 죽음이나 상당한 신체적 손상을 막기 위해서;

(2) 다른 사람의 재정적 이익이나 재산에 상당한 손실이 초래될 것이 합리적으로 확실한 범죄나 사기이면서 그것의 추진에 변호사의 서비스가 이용되었거나, 되고 있는 범죄나 사기를 의뢰인이 범하지 않도록 하기 위하여;

(3) 의뢰인이 변호사의 서비스를 이용하여 추진한 범죄나 사기행위로 인하여 유발이 합리적으로 확실하거나 이미 유발된 다른 사람의 재정적 이익이나 재산의 상당한 손실을 막거나 완화하거나 바로잡기 위해서;

(4) 변호사가 이 규칙을 따르는 것에 관하여 법률적 조언을 얻기 위하여;

(5) 의뢰인과 변호사 사이의 분쟁에서 변호사를 위하여 청구하거나 방어하기 위하여, 의뢰인이 관여된 행동에 근거하여 변호사에게 제기된 형사기소나 민사청구에 대해 방어하기 위하여, 또는 변호사의 의뢰인 대리에 관한 소송절차에서 주장에 대답하기 위해서; 또는

(6) 다른 법이나 법정의 명령에 따르기 위하여.

규칙1.7 이익충돌: 현재의 의뢰인

(a) (b)절의 경우를 제외하고, 대리가 동시적 이익충돌을 포함하는 경우, 변호사는 그 의뢰인을 대리할 수 없다. 다음의 경우에 동시적 이익충돌이 있다.

(1) 한 의뢰인의 대리가 직접 다른 의뢰인의 이익에 거스르는 경우; 또는

(2) 변호사가 다른 의뢰인, 종전 의뢰인, 제3자에 대한 책임이나 변호사의 개인적 이익에 의해서 한 명 또는 그 이상의 의뢰인의 대리가 중대하게 제한받을 상당한 위험이 있는 경우.

(b) (a)절 하에서 동시적인 이익의 대립이 존재함에도 불구하고, 변호사는 다음의 경우, 의뢰인을 대리할 수 있다.

(1) 변호사가 스스로 양 관련 의뢰인에게 적격의 근면한 대리를 할 수 있다고 합리적으로 믿을 것;

(2) 대리가 법률에 의해서 금지되지 않을 것;

(3) 대리가 동일한 소송 또는 재판정 절차에서 한 의뢰인의 청구의 주장이 그 변호사에 의해 대리되는 다른 의뢰인에 대해 제기되는 것을 포함하지 않을 것; 그리고

(4) 각 의뢰인이 설명 있는 동의를 하고 서면으로 확인할 것.

규칙1.8 이익충돌: 현재의 의뢰인: 구체적 규칙들

(a) 변호사는 의뢰인과 사업상 거래를 하거나 소유권, 점유, 증권, 기타 의뢰인의 이익에 반하는 금전적 이익을 알고서 취득해서는 안 된다. 단, 다음의 경우는 다르다.

(1) 변호사가 이익을 얻는 거래와 조건이 의뢰인에게 공정하고 합리적이며, 서면으로 완전히 공개되고 의뢰인이 합리적으로 이해할 수 있는 방식의 서면으로 전달될 것;

(2) 그 거래에 대해서 독립한 법자문자의 조언을 얻는 것의 바람직함이 문서로 조언되고, 그러한 조언을 구할 합리적인 기회가 주어질 것; 그리고

(3) 의뢰인이 거래의 핵심 내용 그리고 그 거래에서 변호사가 의뢰인을 대리하는지 여부를 포함하여 그 거래에서의 변호사가 맡은 역할에 대해 의뢰인의 서명이 있는 문서로써 설명 있는 동의를 할 것.

(b) 의뢰인이 설명 있는 동의를 하지 않는 한, 변호사는 의뢰인의 대리에 관련된 정보를 의뢰인에 불리하게 이용하면 안 된다. 다만 이 규칙에 의해서 허용되거나 요구된 경우는 다르다.

(c) 변호사는 유언상의 선물을 포함하여 의뢰인으로부터 상당한 선물을 요구하면 안 되며, 선물을 받는 변호사나 다른 수취인이 의뢰인과의 관계자가 아닌 한, 변호사는 의뢰인을 대신하여 변호사나 변호사와 관련된 사람에게 상당한 선물을 주는 문서를 작성해서는 안 된다. 이 조항에서 관계자란 배우자 · 자식 · 손자 · 부모 · 조부모 또는 다른 친척 또는 변호사나 의뢰인이 가까운 가족적 관계를 갖는 개인을 포함한다.

(d) 대리의 종결에 앞서, 변호사는 대리와 관련한 정보의 중요 부분에 기초한 초상이나 설명에 대한 저작권이나 방송권을 변호사에게 주는 합의를 하거나 협상을 해서는 안 된다.

(e) 변호사는 계류 중이거나 고려 중인 소송과 관련하여 의뢰인에서 경제적 지원을 해서는 안 된다. 다만 다음의 경우는 예외이다.

(1) 금전의 회수가 사안의 결과에 성공조건부로 달려 있는 경우, 변호사는 법정비용과 소송비용을 낼 수 있다; 그리고

(2) 가난한 의뢰인을 대리하는 변호사가 의뢰인을 대신하여 법정비용과 소송비용을 부담할 수 있다.

(f) 변호사는 의뢰인 이외의 자에게 의뢰인의 대리에 따르는 보상을 받지 못한다. 다만 다음의 경우는 다르다.

(1) 의뢰인이 설명 있는 동의를 할 것;

(2) 전문직업적 판단상 변호사의 독립성이나 의뢰인－변호사 관계에 대한 간섭이 없을 것; 그리고

(3) 의뢰인의 대리에 관련한 정보가 규칙1.6에서 요구된 대로 보호될 것.

(g) 각 의뢰인이 서명이 있는 문서로써 설명 있는 동의를 하지 않는 한, 둘 또는 그 이상의 의뢰인을 대리하는 변호사는 의뢰인의 주장이나 그에 맞선 주장의 집합적 해결에 가담하거나, 형사사건에서 유죄 또는 불항쟁 답변에 관한 집합적 합의에 가담해서는 안 된다. 변호사가 공개하는 것에는 관련된 모든 청구와 답변 그리고 해결책에서 각 사람의 참여의 존재와 성격이 포함되어야 한다.

(h) 변호사는 다음을 해서는 안 된다.

(1) 합의 과정에서 의뢰인이 (다른) 독립된 변호사의 대리를 받고 있지 않는 경우, 변호사가 장차 법무과오로 인해 의뢰인에게 지는 책임을 제한하는 합의를 하는 것; 또는

(2) 독립된 다른 변호사를 구하는 것의 바람직함을 서면으로 조언받고 그와 관련하여 독립한 법률 상담자의 조언을 받을 합리적인 기회가 주어진지 않는 한, 달리 대리되고 있지 않은 의뢰인이나 종전 의뢰인과 그러한 [법무과오] 책임에 대한 청구나 잠재적 청구를 화해로 해결할 수 없다.

(i) 변호사는 소송의 원인이나 의뢰인을 위해 관리하고 있는 소송 대상물에 대해 재산상 이익을 얻으면 안 된다. 다음의 경우는 예외이다.

(1) 변호사는 변호사의 보수나 비용을 확보하기 위해서 법에 의해서 인정된 물적 담보를 얻어도 된다; 그리고

(2) 민사사건에서 합리적 성공조건의 보수를 위한 계약을 해도 된다.

(j) 변호사는 의뢰인－변호사 관계가 시작되었 때 그들 사이에 합의에 의한 성관계가 있지 않은 한, 의뢰인과 성관계를 해서는 안 된다.

(k) 여러 변호사가 로펌에 속해 있는 동안에, 그 중 한 명에게 해당되는 (a)에서 (i)까

지의 금지는 다른 모든 사람에게도 적용된다.

규칙1.9 이익충돌: 종전 의뢰인에 대한 의무

(a) 종전 의뢰인이 문서로써 설명 있는 동의를 하지 않는 한, 어떤 사안에서 종전에 의뢰인을 대리한 변호사는 이후에 다른 사람의 이익이 종전 의뢰인의 이익에 실질적으로 거스르는 사안이나 상당히 관련 있는 사안에서 그 다른 사람을 대리할 수 없다.

(b) 변호사가 종전에 소속되어 있던 로펌이 이전에 의뢰인을 대리한 사안과 동일한 사안이나 상당히 관련된 사안에서 변호사는 어떤 사람을 대리할 수 없다. 이때 종전 의뢰인은 다음에 해당되어야 한다.

(1) 종전 의뢰인의 이익이 그[대리하려는] 사람의 이익에 실질적으로 대립될 것; 그리고

(2) 종전 의뢰인에 대해서 변호사가 규칙1.6과 1.9(c)에 의해서 보호되는 정보를 가지고 있으며 그것이 그 사안에서 중요할 것.

다만 종전 의뢰인이 문서로써 설명 있는 동의를 한 때는 다르다.

(c) 변호사가 어떤 사안에서 이전에 의뢰인을 대리했거나, 변호사가 속한 로펌이나 속했던 로펌이 어떤 사안에서 의뢰인을 대리한 경우, 변호사는 이후에 다음을 할 수 없다.

(1) 이 규칙이 의뢰인과 관련하여 허용하거나 요구하는 경우, 또는 그 정보가 일반적으로 알려진 경우를 제외하고, 대리와 관련된 정보를 종전 의뢰인에 불리하게 이용하는 것; 또는

(2) 그 의뢰인과 관련하여 이 규칙이 허용하거나 요구하는 경우를 제외하고, 대리와 관련한 정보를 누설하는 것.

규칙1.10 이익충돌의 전가: 일반규칙

(a) 변호사들이 로펌에 소속되어 있는 동안에, 혼자서 실무를 하는 그들 중 한 사람이 규칙1.7 또는 1.9에 의하여 어떤 사람의 대리가 금지된 때는, 그들 중 누구도 그것을 알면서 그 사람을 대리할 수 없다. 다만, 금지가 그 변호사의 개인적 이해에 기초하고 있고 로펌의 다른 변호사에 의한 의뢰인의 대리가 실질적으로 제한될 현저한 위험이 없으면 그렇지 않다.

(b) 어떤 변호사가 로펌과의 관계를 끊었을 때, 그 이후 로펌은 종전에 소속돼 있던

그 변호사에 의해서 대리되었고 지금은 로펌에 의해서 대리되고 있지 않는 [종전] 의뢰인의 이익에 실질적으로 거스르는 이익을 지닌 [새로운] 의뢰인의 대리는 금지되지 않는다. 다만 다음의 경우는 다르다.

(1) 사안이 종전의 소속 변호사가 의뢰인을 대리할 때의 것과 동일하거나 상당히 관계 있는 경우; 그리고

(2) 로펌에 남아 있는 어떤 변호사가 규칙1.6과 1.9(c)에 의해서 보호받는 것이면서 그 사안에서 중요한 정보를 가지고 있는 경우.

(c) 이 규칙에 의해서 조치된 자격부인은 규칙1.7에서 규정된 조건에 따라 관계 의뢰인에 의해서 포기될 수 있다.

(d) 종전 또는 현직의 정부변호사를 가지고 있는 로펌에 소속된 변호사의 자격부인에 대해서는 규칙 1.11에서 다룬다.

규칙1.11 전직과 현직 관료 및 피고용인의 특별한 이익충돌

(a) 달리 명시적으로 허용된 경우가 아니라면, 공무원이나 정부 피고용인으로서 종전에 근무한 변호사는,

(1) 규칙1.9에 따른다; 그리고

(2) 적절한 정부당국이 대리에 대해서 문서로써 설명있는 동의를 하지 않는 한, 변호사가 공무원으로서 개인적으로, 실질적으로 참여한 사안과 관련하여 의뢰인을 대리하지 못한다.

(b) 한 변호사가 a)에 의해서 대리가 부인된 경우, 그 변호사가 소속된 로펌의 어떤 변호사도 알고서 그 사안에 대해서 대리를 맡거나 계속할 수 없다. 다만, 다음의 경우는 다르다.

(1) 자격부인된 변호사가 그 사안에서 참여하지 못하도록 적절히 차단되고 있으며, 그로부터 보수를 배분받지 않을 것; 그리고

(2) 서면의 통지가 즉시 해당 정부당국에 전달되어서 이 규칙의 준수를 확인할 수 있게 할 것.

(c) 달리 명시적으로 허용된 경우가 아니라면, 변호사가 공직기간에 얻은 어떤 사람에 관한 비밀의 정부정보를 가지고 있다면, 그는 그 정보가 그 사람에게 실질적으로 불리하게 사용될 수 있는 사안에서, 그 사람의 이익에 거스르는 이익을 가진 사적 의뢰인을 대리할 수 없다. 이 규칙에서 사용된 바 "비밀의 정부정보"란

정부의 권위 하에 얻은 것으로서, 이 규칙이 적용될 시점에 정부가 법에 의해 대중에게 공개할 수 없도록 금지되었거나 공개하지 않을 법적 특권을 가지고 있으며, 달리 대중에게 제공되지 않는 정보이다. 그 변호사가 소속된 로펌은, 자격부인된 변호사가 그 사안에 참여하는 것이 적절한 시점에서 차단되고 보수를 배분받지 않을 때에만, 그 사안에서 대리를 맡거나 계속할 수 있다.

(d) 법이 달리 명시적으로 허용하지 않는 한, 공무원으로 현재 근무하는 변호사는

(1) 규칙1.7과 1,9에 따른다; 그리고

(2) 다음을 해서는 안 된다.

(i) 적절한 정부당국이 서면으로써 설명 있는 동의를 하지 않는 한, 사적 실무나 비정부 고용 동안에 개인적이고 실질적으로 참여한 사안에 참여하는 것; 또는

(ii) 변호사가 개인적이고 실질적으로 참여하고 있는 사안에서 당사자 또는 당사자를 위한 변호사로 개입하고 있는 사람과 사적 고용에 대해서 협상하는 것. 다만 판사나 다른 재판관 · 중재인의 법률사무원으로 근무하는 변호사는 1.12(b)에서 허용대로 그리고 1.12(b)에 규정된 조건에 따라 사적 고용을 위한 협상을 할 수 있다.

(e) 이 규칙에서 사용된 바, "사안"(matter)은 다음을 포함한다.

(1) 사법적 · 비사법적 절차, 신청, 판결이나 다른 결정의 요청, 계약, 청구, 논쟁, 조사, 기소, 고소, 체포, 기타 구체적인 당사자와 관련한 다른 구체적인 사안, 그리고

(2) 적절한 정부기구의 이익충돌규칙에 의해 포괄되는 다른 사안.

규칙1.12 전직판사, 중재인, 조정인, 기타 중립적 제3자

(a) (d)에 기술된 것을 제외하고, 절차에서의 모든 당사자들이 설명 있는 동의를 하고 서면으로 확인하지 않는 한, 변호사는 자신이 판사나 다른 판관으로서 또는 그런 사람의 법률사무관으로서 또는 중재인 · 조정인, 다른 제3자적 중립자로서, 개인적으로 실질적으로 참여한 사안과 관련하여 누구도 대리할 수 없다.

(b) 변호사는 판사나 다른 판관으로서 또는 중재인 · 조정인, 다른 제3자적 중립자로서, 개인적으로 실질적으로 참여한 사안에서의 당사자 또는 당사자의 변호사로서 관여한 사람과 고용에 대해서 협상할 수 없다. 판사나 다른 판관의 법률사

무관으로 근무한 변호사는 판사나 다른 판관에게 통보한 후에만 그 사무관이 개인적으로 또는 실질적으로 참여한 그 사안에 관련된 당사자나 변호사와 고용을 위한 협상을 할 수 있다.

(c) 변호사가 (a)에 의해서 자격이 부인되면, 그 변호사가 소속된 로펌의 어떤 변호사도, 그것을 알면서 그 사안에서 대리를 수락하거나 계속할 수 없다. 다만, 다음의 경우는 다르다.

(1) 자격부인된 변호사가 그 사안에 참여하지 못하도록 적시에 차단되고 있으며, 보수를 배분받지 않을 것; 그리고

(2) 서면의 통지가 즉시 당사자와 해당 재판정에 전달되어서 이 규칙의 준수를 확인할 수 있게 할 것.

(d) 다수로 구성된 중재단에서 한 당사자 측으로서 선발된 중재인은 이어서 그 당사자를 대리하는 것이 금지되지 않는다.

규칙1.13 의뢰인으로서의 조직

(a) 조직에 고용되었거나 수임된 변호사는 합당하게 권한을 부여받은 [조직]구성원(constituents)을 통하여 움직이는 조직을 대리한다.

(b) 만약 조직의 변호사가 대리와 관련한 사안에서 회사에 속한 간부 · 피고용인 또는 다른 사람이 조직에 대한 법적 의무위반이거나 합리적으로 조직에 전가될 수 있는 법률위반인 행동이면서 조직에 상당한 손실을 낳을 것으로 보이는 행동에 가담하고 있거나 하려고 하거나 행동하는 것을 거부하는 것을 안다면, 그 변호사는 조직의 최대 이익의 입장에서 합리적으로 필요한 조치를 취해야 한다. 변호사는 그렇게 하는 것이 조직을 위해서 필요하지 않다고 합리적으로 믿지 않는 한, 변호사는 그 사안을 조직의 고위 책임자에 보고해야 한다. 만약 상황이 허락한다면, 조직을 위해서 현행법에서 결정된 대로 행동할 수 있는 최고위 책임자에 보고해야 한다.

(c) (d)에서 규정된 것을 제외하고, 만약

(1) (b)에 따른 변호사의 노력에도 불구하고 조직을 위해 행동하는 최고위 책임자가 명백히 법의 위반인 행동을 고집하거나 적시에 적절한 방법으로 처리하지 못하거나 행동하기를 거부한다면, 그리고

(2) 변호사가 그 위반이 조직에 상당한 손실을 낳는 것이 확실하다고 합리적으

로 믿는다면, 그때 변호사는, 규칙1.6이 공개를 허용하든지 상관없이, 대리와 관련된 정보를 공개해도 된다. 그러나 변호사가 조직에 상당한 손실을 막기에 필요하고 합리적으로 믿는 경우, 그리고 그 한도 내에서 그렇다.

(d) (c)는 주장된 법위반을 조사하거나 주장된 법위반으로부터 생긴 청구에 맞서 간부 · 피고용인 또는 조직에 속한 다른 소속원을 방어하기 위하여 조직을 대리하는 변호사의 대리와 관련한 정보에 대해서는 적용되지 않는다.

(e) (b)또는 (c)에 입각한 변호사의 행동으로 인해 해고되었다고 합리적으로 믿는 변호사 또는 이러한 조항에 따라 변호사에게 행동을 요구하거나 허용하는 상황에서 사임한 변호사는 조직의 최고위 책임자가 변호사의 해고나 사임을 고지받을 수 있도록 하기 위해서 스스로 필요하다고 합리적으로 믿는 대로 조치해야 한다.

(f) 변호사는 조직의 관리자 · 간부 · 피고용인 구성원, 주주 기타 구성원을 다룸에 있어서, 변호사가 조직의 이익이 변호사가 다루고 있는 구성원들의 이익에 반한다는 것을 알거나 마땅히 알았어야 할 때는, 의뢰인의 정체성[즉, 조직 자체가 의뢰인이라는 것]을 설명해야 한다.

(g) 조직을 대리하는 변호사는 또한 규칙1.7의 규정에 따르면서, 관리자 · 간부 · 피고용인 · 구성원 · 주주, 기타 다른 구성원 중 누구라도 대변할 수 있다. 만약 규칙1.7에 의해서 이들의 대리에 관해 조직의 동의가 요구된다면, 동의는 대리되는 개인이 아니라 조직의 적절한 간부에 의해서 또는 주주에 의해서 주어져야 한다.

규칙1.14 제한된 능력을 가진 의뢰인

(a) 소수자이거나 정신적 손상 또는 다른 이유 때문에 대리와 관련하여 적절히 신중한 결정을 할 능력이 부족한 의뢰인의 경우에도, 변호사는 합리적으로 가능한 한 의뢰인과 통상적인 의뢰인−변호사 관계를 유지해야 한다.

(b) 의뢰인이 제한된 능력을 가지고 있고, 조치가 취해지지 않으면 상당한 육체적 · 재정적 또는 다른 손상을 입을 위험이 있고, 의뢰인이 자신의 이익을 위해서 적절히 처신할 수 없다고 변호사가 합리적으로 믿은 때는, 변호사는, 의뢰인을 보호하기 위해 조치할 권한이 있는 사람이나 기관과의 협의, 그리고 사안에 따라서는 당해 소송에 관한 보호자 · 재산관리인 또는 후견인의 지명을 구하는 것을

포함하여, 합리적으로 필요한 보호조치를 취해도 된다.

(c) 제한된 능력을 가진 의뢰인의 대리에 관련된 정보는 규칙1.6의 보호를 받는다. (b)에 따른 보호조치를 취할 때, 변호사는 규칙1.6에 따라 의뢰인에 관한 정보를 공개하도록 묵시적으로 허용받았다. 그러나 의뢰인의 이익을 보호하기 위해서 합리적으로 필요한 범위 내에서만 그렇다.

규칙1.15 자산의 안전한 보관

(a) 대리와 관련하여 변호사의 소유로 되어 있는 의뢰인이나 제3자의 재산은 변호사 자신의 재산과 분리하여 보관해야 한다. 기금은 변호사 사무소가 소재한 주에서 운영되는 분리된 계좌로, 또는 의뢰인이나 제3자의 동의하에 다른 곳에서, 보관되어야 한다. [기금 외에] 다른 재산은 그 재산으로서 구분되도록 해야 하고 적절한 방식으로 안전하게 보관되어야 한다. 그러한 계좌기금과 다른 재산의 완전한 기록은 변호사에 의해서 보관되어야 하며 대리의 종료 후 5년간 보존되어야 한다.

(b) 변호사는 은행의 서비스비용을 지불하려는 목적으로만 의뢰인의 신탁계좌에 변호사 자신의 기금을 예치해도 되고, 그 목적에 필요한 만큼만 해야 한다.

(c) 변호사는 선지급된 보수나 비용을 의뢰인의 신탁계좌에 예치해야 하며 보수가 생기거나 비용이 발생한 범위 내에서 변호사에 의해서 인출된다.

(d) 의뢰인이나 제3자에게 이익이 되는 기금이나 다른 재산을 받으면, 변호사는 즉시 의뢰인이나 제3자에게 통보해야 한다. 이 규칙에서 규정되거나 법이나 의뢰인의 동의에 의하여 달리 허용된 경우를 제외하고, 변호사는 의뢰인이나 제3자가 수취할 권리가 있는 기금이나 다른 재산을 의뢰인과 제3자에게 즉시 넘겨주어야 하고, 의뢰인이나 제3자의 요구가 있을 때에는 즉시 그러한 재산에 대해 충분히 설명해야 한다.

(e) 대리의 과정에서 변호사가 둘 또는 그 이상의 사람(그 중의 한 사람은 변호사일 수도 있다)이 이익을 다투는 재산을 보유하게 되면, 그 재산은 분쟁이 해결될 때까지 변호사에 의해서 별도로 보관되어야 한다. 변호사는 이익의 다툼이 없는 모든 부분을 즉시 배분해야 한다.

규칙1.16 대리의 거절 또는 종결

(a) (c)에 규정된 것을 제외하고, 변호사는 다음의 경우에 의뢰인을 대리해서는 안

되며, 대리가 개시된 경우는 그 대리를 철회해야 한다.

(1) 대리가 직무행위규칙이나 다른 법의 위반을 낳게 되는 경우;

(2) 변호사의 육체적 또는 정신적 조건이 의뢰인을 대리할 변호사의 역량을 중대하게 손상하는 경우; 또는

(3) 변호사가 해임된 경우.

(b) (c)에서 규정된 경우를 제외하고, 다음의 경우에 변호사는 의뢰인의 대리를 철회해도 된다.

(1) 철회가 의뢰인의 이익에 중대하게 반하는 효과 없이 이루어질 수 있는 경우;

(2) 변호사가 범죄적 또는 사기적이라고 합리적으로 믿는 행동이면서 변호사 서비스를 포함하는 행동을 의뢰인이 고집하는 경우;

(3) 의뢰인이 변호사의 서비스를 범죄나 사기를 범하는 데 이용해 온 경우;

(4) 변호사가 혐오스럽다고 생각하는 행동이나 변호사가 근본적으로 동의하지 않는 행동을 취할 것을 의뢰인이 고집하는 경우;

(5) 변호사의 서비스와 관련하여 의뢰인이 변호사에 대한 의무를 상당 정도 충족시키지 않고, 그 의무가 충족되지 않으면 변호사는 철회할 것이라는 합리적인 경고를 받은 경우;

(6) 대리가 변호사에게 부당한 재정적 부담을 낳거나, 의뢰인에 의해서 대리가 비합리적으로 곤란하게 된 경우; 또는

(7) 철회를 위한 다른 정당한 이유가 존재하는 경우.

(c) 변호사는 대리를 끝낼 때 재판정에의 통보나 허락을 요구하는 법을 준수해야 한다. 재판정에 의해서 명령받은 경우, 대리를 중지할 정당한 이유가 있다고 하더라도 변호사는 대리를 계속해야 한다.

(d) 대리의 종결시, 변호사는 의뢰인의 이익을 보호하기 위해서 의뢰인에게 합리적인 통보를 하는 것, 다른 변호사를 고용할 시간을 주는 것, 의뢰인이 권한을 갖는 서류나 재산을 반환하는 것, 일하지 않은 부분의 선지급 보수나 발생하지 않은 비용을 반환하는 것 등을 포함하여 합리적으로 실행 가능한 범위에서의 조치를 취해야 한다. 변호사는 다른 법에 의해 허용된 범위 내에서 의뢰인과 관련된 서류를 보유해도 된다.

규칙1.17 법실무의 매매

변호사나 로펌은 다음의 조건이 충족되면 법실무나, 영업권(good will)을 포함한 법실무의 어떤 분야를 팔거나 구입할 수 있다.

(a) 매도자는 사적인 법실무를 중단하거나, '지리적 영역에서' 또는 '관할의 면에서' 실무가 행해져온 매각된 실무 분야에 종사하기를 중단한다.

(b) 실무 전체 또는 실무의 전 분야가 하나나 다수의 변호사나 로펌에 매각된다.

(c) 매도자는 매도인의 의뢰인 각자에게 다음에 대해서 문서로써 통지한다.

(1) 제안된 매각;

(2) 의뢰인의 다른 변호사를 구할 권리 또는 서류를 소유할 권리; 그리고

(3) 의뢰인이 아무런 조치를 취하지 않거나 통보를 받은 날로부터 90일 내에 달리 이의를 제기하지 않으면, 의뢰인 서류의 전달에 대한 의뢰인의 동의가 가정된다는 사실.

만약 의뢰인이 통보를 받을 수 없다면, 의뢰인의 대리는 관할법원의 허가명령에 따라서만 구매자에게 이전될 수 있다. 매도자는 서류전달의 허가명령을 얻는 데 필요한 한에서 대리와 관련된 정보를 비공개로 법정에 공개해도 된다.

(d) 의뢰인에게 청구된 보수는 매각을 이유로 인상되어서는 안 된다.

규칙1.18 잠재적 의뢰인에 대한 의무

(a) 어떤 사안과 관련하여 의뢰인-변호사 관계를 형성할 가능성에 대해서 변호사와 의논하는 사람이 잠재적 의뢰인이다.

(b) 의뢰인-변호사 관계가 형성되지 않은 경우에도, 잠재적 의뢰인과 의논한 변호사는 협의에서 알게 된 정보를 이용하거나 공개해서는 안 된다. 다만, 규칙1.9가 잠재적 의뢰인에 대해서 허용한 경우는 예외이다.

(c) (d)에 규정된 것을 제외하고, (b)절에 따르는 변호사는 어떤 사안에서 잠재적 의뢰인에게 현저히 해로울 수도 있는 정보를 잠재적 의뢰인으로부터 얻었다면, 동일한 사건이나 상당히 관련된 사건에서 잠재적 의뢰인의 이익에 중대하게 반하는 이익을 갖는 의뢰인을 대리할 수 없다. (d)에 규정된 것을 제외하고, 만약 변호사가 이 조항에 의해 대리자격이 부인되면, 그 변호사가 속한 로펌의 누구도 이것을 알면서 그 사안에서 대리를 수임하거나 계속해서는 안 된다.

(d) 변호사가 (c)에 정의된 바에 따라 자격부인의 정보를 얻었을 때, 대리는 다음의 경우에 허용된다.

(1) 영향을 받는 의뢰인과 잠재적 의뢰인이 모두 설명 있는 동의를 하고 서면으로 확인한 경우; 또는

(2) 정보를 얻은 변호사가 잠재적 의뢰인을 대리할지 여부를 결정하는 데 합리적으로 필요한 것보다 더 많이 자격부인의 정보에 노출되지 않도록 하는 합리적 조치를 취할 것; 그리고

(i) 자격부인된 변호사가 그 사안에서 참여하지 못하도록 적시에 차단되고 있으며, 그로부터 보수를 배분받지 않을 것; 그리고

(ii) 서면의 통지가 즉시 잠재적 의뢰인에게 주어질 것.

자문인(Counselor)

규칙2.1 조언자(Advisor)

의뢰인을 대리할 때 변호사는 독립적인 전문적 판단을 해야 하며 솔직한 조언을 해야 한다. 조언을 함에 있어서, 변호사는 법에 대해서뿐만 아니라, 의뢰인의 상황에 관련되는 도덕적 · 경제적 · 사회적 · 정치적 요소 같은 다른 고려사항에 대해서도 언급할 수 있다.

규칙2.2 (삭제)

규칙2.3 제3자에 의한 이용을 위한 평가

(a) 만약 변호사가 평가를 수행하는 것이 의뢰인에 대한 변호사 관계의 다른 측면과 양립 가능하다고 합리적으로 믿는다면, 변호사는 의뢰인 이외 다른 사람의 이용을 위하여 의뢰인에게 영향을 미치는 사안의 평가를 제공할 수 있다.

(b) 평가가 의뢰인의 이익에 실질적으로 부정적으로 영향을 미칠 수 있다는 것을 알거나 합리적으로 마땅히 알아야 할 때에는, 의뢰인이 설명 있는 동의를 하지 않는 한, 변호사는 평가를 제공해서는 안 된다.

(c) 평가보고서와 관련하여 공개가 허락된 경우를 제외하고, 평가와 관련된 정보는 규칙1.6에 의해서 보호된다.

규칙2.4 제3의 중립자로서 일하는 변호사

(a) 변호사의 의뢰인이 아닌 둘 또는 그 이상의 사람 사이에서 발생하는 분쟁이나 다른 사안의 해결을 위해서 변호사가 이들을 도울 때 그 변호사는 제3의 중립자

로서 일하는 것이다. 제3의 중립자로서 일하는 것은 중재자로서, 조정자로서 또는 사안을 해결하기 위해 변호사로 하여금 당사자를 돕도록 하는 다른 권한에 입각하여 일하는 것을 포함한다.

(b) 제3의 중립자로서 일하는 변호사는 대리받지 않은 당사자에게 변호사 자신은 그들을 대리하지 않는다는 것을 알려야 한다. 어떤 당사자가 그 사안에서 [제3의 중립자로 일하는] 변호사의 역할을 이해하지 못한 것을 알거나 합리적으로 마땅히 알아야 할 경우, 그 변호사는 제3의 중립자로서의 변호사 역할과 의뢰인을 대리하는 변호사 역할 사이의 차이를 설명해주어야 한다.

소송대리인(advocate)

규칙3.1 유익한 청구와 주장

변호사는 그렇게 하는 것이 법적으로나 사실적으로 무익하지(frivolous) 않다는 근거가 없다면[예컨대, 무익하다는 근거가 있다면], 절차를 추진 · 방어하거나, 어떤 쟁점을 주장하거나 반대주장해서는 안 된다. 여기[무익하지 않은 것]에는 현행법의 확장, 수정 또는 파기를 위한 선의의 주장(good faith argument)이 포함된다. 그러나 형사소송에서 피고인의 변호사나 투옥을 낳을 수 있는 절차에서 피의자의 변호사는 절차를 고수하면서 사건의 모든 요소에 대해서 검토를 요구할 수 있다.

규칙3.2 재판의 신속화

변호사는 의뢰인의 이익과 양립하는 재판의 신속한 진행을 위한 합리적인 노력을 해야 한다.

규칙3.3 법정 등에서의 정직

(a) 변호사는 알면서 다음을 하면 안 된다.

(1) 재판정에 대해 사실과 법에 대한 허위의 진술을 하거나 변호사가 이전에 실체적 사실이나 법에 대해서 재판정에서 허위로 진술한 것을 교정하지 않는 것;

(2) 의뢰인의 입장에 정면으로 반한다고 변호사는 알고 있지만 상대방 변호사에게는 공개되지 않은, 그 관할에서의 법적 권한을 재판정에 공개하지 않는 것; 또는

(3) 변호사가 허위라고 알고 있는 증거를 제시하는 것. 만약 변호사, 변호사의 의뢰인, 변호사가 부른 증인이 중요한 증거를 제시했고 변호사가 그것의 허위성을 알게 된 경우, 변호사는 필요하면 재판정에 공개하는 것을 포함하여, 합리적인 시정조치를 취해야 한다. 형사사건에서 피고인의 증언이 아니라면, 변호사는 변호사가 허위라고 합리적으로 믿는 증거의 제출을 거부할 수 있다.

(b) 재판절차에서 의뢰인을 대리하는 변호사가 어떤 사람이 절차와 관련한 범죄나 사기에 개입하려고 하거나 개입하고 있거나 개입해온 것을 알면 필요한 경우, 재판정에 대한 공개를 포함하여, 합리적인 시정조치를 해야 한다.

(c) (a)와 (b)에 진술된 의무는 절차의 마지막까지 계속되며, 그 준수를 위해서 규칙 1.6에 의해서 보호되는 정보의 공개가 필요한 경우에도 적용된다.

(d) 일방적(ex parte) 절차에서, 변호사는, 어떤 사실이 이롭든 해롭든, 재판정이 설명 있는 결정을 하도록 하는 데 필요한 것으로서 변호사가 알고 있는 모든 중요한 사실을 재판정에 알려야 한다.

규칙3.4 상대방과 상대방 변호사에 대한 공정

변호사는 다음을 하면 안 된다.

(a) 다른 당사자가 증거에 접근하는 것을 불법적으로 막는 것 또는 잠재적으로 증거의 가치가 있는 문서나 다른 자료를 불법적으로 변경하거나 파괴하거나 은폐하는 것. 변호사는 다른 사람이 그러한 행동을 하도록 자문하거나 조력해서는 안 된다;

(b) 증거를 조작하는 것, 허위의 증언을 하도록 증인을 자문하거나 돕는 것 또는 법으로 금지된 유인책을 증인에게 제안하는 것;

(c) 유효한 의무가 존재하지 않는다는 주장에 기초하여 공개적으로 의무의 이행을 거절하는 경우를 제외하고, 재판정의 규칙에 따른 의무의 이행을 의도적으로 회피하는 것;

(d) 재판 전 절차에서 무익한 공개요구를 하거나, 상대방의 법적으로 정당한 공개요구에 응하기 위한 합리적으로 근면한 노력을 하지 않는 것;

(e) 재판에서, 변호사가 관련이 없다고 합리적으로 믿거나 허용된 증거에 의해서 지지되지 못하는 사안을 암시하는 것, 증인으로서 증언하는 경우 이외에 쟁점 사

실에 대한 개인적 지식을 주장하는 것, 또는 소송원인의 정당성, 증언의 신뢰성, 민사소송 당사자의 죄질 또는 피고의 유무죄에 대해서 개인적 의견을 말하는 것; 또는

(f) 의뢰인 이외의 사람에게 관련 정보를 다른 당사자에게 자발적으로 제공하지 말 것을 요구하는 것. 다만 다음의 경우는 다르다.

(1) 그 사람이 의뢰인의 친척, 피고용인 또는 다른 대리인인 경우; 그리고

(2) 그 사람의 이익이 그러한 정보를 제공하지 않음으로 인해서 손상되지 않는다고 합리적으로 믿을 것.

규칙3.5 재판정에서의 공평성과 예의

변호사는 다음을 하면 안 된다.

(a) 법에서 금지된 수단으로 판사 · 배심원 · 예비배심원 또는 다른 공무원에게 영향을 미치려고 하는 것;

(b) 법이나 법정명령에 의해서 그렇게 하도록 허락된 경우가 아닌 한, 절차진행 중에 그러한 사람과 일방적으로 소통하는 것;

(c) 다음의 경우에도 불구하고, 배심원 직무의 종결 후에 배심원이나 예비배심원과 소통하는 것;

(1) 소통이 법과 법정명령에 의해서 금지된 경우;

(2) 배심원이 변호사에게 소통을 원치 않는다는 것을 알린 경우; 또는

(3) 소통이 잘못된 대리 · 강제 · 강박 · 괴롭힘을 포함한 경우; 또는

(d) 재판정을 혼란시키려는 행동에 개입하는 것.

규칙3.6 재판에 관한 대외적 진술

(a) 어떤 사안의 조사나 소송에 관여하고 있거나 관여해왔던 변호사는, 공적 매체를 통해서 유포될 것이고 그 사안의 재판절차를 중대하게 왜곡시킬 상당한 우려가 있다고 변호사 스스로 알고 있거나 합리적으로 알아야 할 것을 법정 밖에서 진술해서는 안 된다.

(b) (a)에도 불구하고 변호사는 다음을 진술할 수 있다.

(1) 청구, 관련 공격과 방어 그리고 법에서 금지한 경우를 제외하고 관련 개인의 신분;

(2) 공적 기록에 담겨진 정보;

(3) 그 사안에 대한 조사가 진행 중인 점;

(4) 재판단계에 관한 일정이나 결과;

(5) 필요한 증거나 정보를 얻는 과정에서 조력의 요청;

(6) 개인이나 공적 이익에 대한 상당한 손상의 가능성이 존재한다고 합리적으로 믿은 때, 관련 개인의 행동에 관한 위험의 경고; 그리고

(7) (1)에서 (6)에 추가하여, 형사사건의 경우:

(i) 피고의 신분 · 주소 · 직업 · 가족관계;

(ii) 피고가 체포되지 않은 경우, 그 사람의 체포에 필요한 정보;

(iii) 체포의 사실 · 시간 · 장소; 그리고

(iv) 조사나 체포 책임자 및 담당자의 신분과 조사 기간.

(c) (a)에도 불구하고, 변호사는 변호사나 그의 의뢰인에 의해서 주도되지 않은 최근 공개의 상당하고 부당한 왜곡효과로부터 의뢰인을 보호하기 위해서 요구된다고 합리적인 변호사라면 믿을 만한 진술을 할 수 있다. 이 절에 따른 진술은 최근의 불리한 공개를 완화시키는 데에 필요한 정보에 한정해야 한다.

(d) (a)를 준수해야 하는 변호사를 가진 로펌이나 정부기관에 소속한 변호사는 (a)에 의해서 금지된 진술을 해서는 안 된다.

규칙3.7 증인으로서의 변호사

(a) 변호사가 틀림없이 증인으로 될 가능성이 있는 재판에서 그 변호사는 소송대리인으로 활동해서는 안 된다. 단, 다음의 경우는 다르다.

(1) 증언이 논란이 없는 쟁점에 관한 것일 것;

(2) 증언이 그 사건에서 제공된 법률서비스의 성격과 가치에 관련될 것; 또는

(3) 변호사의 자격부인이 의뢰인에게 상당한 장애로 작용할 것.

(b) 규칙1.7과 1.9에 의해서 배제되지 않는 한, 변호사는 소속 로펌의 다른 변호사가 증언으로 소환될 가능성이 있는 재판에서 소송대리인으로 활동할 수 있다.

규칙3.8 검사의 특별한 책임

형사사건에서 검사는 다음을 해야 한다.

(a) 개연성 있는 소송원인에 의해서 지지되지 않는다고 검사가 알고 있는 기소는 제기하지 말 것;

(b) 피고인이 변호사를 구할 권리와 절차에 대해서 조언을 듣고 변호사를 구할 합리

적 기회를 갖는 것이 보장되도록 합리적으로 노력할 것;

(c) 변호사가 없는 피고로부터 예비심문권과 같은 중요한 재판 전 권리의 포기를 얻으려 하지 말 것;

(d) 피고인의 유죄를 부인하거나 범죄를 완화하는, 검사에게 알려진 모든 증거나 정보를 피고인에게 적시에 공개할 것. 양형과 관련하여 검사에게 알려진 모든 공개 가능한 감형정보를 피고인과 재판정에 공개할 것. 다만 검사가 재판정의 보호명령에 의하여 이 책임을 면한 때는 예외로 한다;

(e) 과거나 현재의 의뢰인에 관한 증거를 제시하는 대배심이나 다른 형사절차에 변호사를 소환하지 말 것. 다만 검사가 다음을 합리적으로 믿는다면 그렇지 않다:

(1) 구하는 정보가 현행의 특권에 의해서 공개로부터 보호되지 않을 것;

(2) 구하는 증거가 진행 중인 조사나 기소의 성공적 완수에 필수적일 것; 그리고

(3) 그 정보를 얻는 실행 가능한 다른 대안이 없을 것.

(f) 대중들에게 검사의 활동의 성격과 범위에 대해서 알리는 데 필요하며 정당한 법집행 목적에 기여하는 진술을 제외하고, 피고인에 대한 대중적 비난을 증가시킬 상당한 가능성이 있는 재판 외적인 언급을 하지 말 것. 그리고 조사관 · 법집행관 · 검사를 조력하거나 검사와 결합한 피고용인이나 다른 사람이, 규칙3.6이나 이 규칙에 의하여 검사에게 금지된 재판 외적 진술을 하지 못하도록 합리적인 주의를 할 것.

규칙3.9 비(非)재판절차에서 소송대리인

(a) 비재판절차에서 입법부나 행정당국에서 의뢰인을 대리하는 변호사는 그 출석이 대리의 자격에 입각함을 밝히고 규칙3.3(a) 내지 (c), 규칙3.4(a) 내지 (c), 그리고 규칙 3.5의 규정에 따라야 한다.

의뢰인 이외 사람과의 거래

규칙4.1 다른 사람에게 말할 때의 진실성(truthfulness)

의뢰인을 대리할 때, 알면서 다음의 것을 하면 안 된다.

(a) 제3자에게 중요한 사실이나 법에 대해서 허위의 진술을 하는 것; 또는

(b) 규칙1.6에 의해서 공개가 금지되지 않는 한, 의뢰인의 범죄나 사기 행위에 대한

조력을 피하기 위하여 공개가 필요한 때, 중요한 사실을 제3자에게 공개하지 않는 것.

규칙4.2 변호인에 의해서 대리되는 사람과의 소통

의뢰인을 대리하는 동안, 변호사는 대리에 관련되는 주제에 관하여, 그 사안에서 다른 변호사에 의해서 대리되고 있다고 변호사가 알고 있는 사람과 소통해서는 안 된다. 다만 그 다른 변호사의 동의를 얻었거나 법이나 법정명령에 의해서 그렇게 하도록 허용된 경우는 다르다.

규칙4.3 대리되지 않은 사람과의 일처리

의뢰인을 위하여 변호사에 의해서 대리되지 않은 사람과 일처리할 때, 변호사는 자신이 이해관계가 없다고 말하거나 암시해서는 안 된다. 대리되지 않은 사람이 그 사안에서 변호사의 역할에 대해 오해하고 있음을 알거나 마땅히 알아야 할 때는, 변호사는 오해를 교정하기 위하여 합리적인 노력을 해야 한다. 만약 다른 사람의 이익이 의뢰인의 이익과 충돌하거나 그럴 합리적 가능성이 있다는 것을 알거나 마땅히 알아야 할 경우, 변호사는 대리되지 않은 사람에게 변호사를 구하라는 충고 이외의 법적 조언을 해서는 안 된다.

규칙4.4 제3자의 권리에 대한 존중

(a) 의뢰인을 대리할 때, 제3자를 괴롭히거나 지체시키거나 부담을 지우는 이외 다른 실체적인 목적이 없는 수단을 사용하거나, 그러한 사람의 법적 권리를 침해하는 증거획득 방법을 이용해서는 안 된다.

(b) 변호사의 의뢰인의 대리에 관련되는 문서를 받고 그 문서가 부주의하게 보낸 것임을 알거나 합리적으로 마땅히 알아야 할 때 변호사는 즉시 발신자에게 통보해야 한다.

로펌과 협회

규칙5.1 동료변호사(partner), 경영자, 감독변호사의 책임

(a) 로펌의 동료변호사와 로펌에서 단독으로 또는 다른 사람과 함께 상응하는 경영적 권한을 갖는 변호사는 로펌 내의 모든 변호사가 직무행위규칙을 준수하도록 합리적으로 보장하는 효과적 수단을 로펌이 갖도록 하기 위해 합리적인 노력을

해야 한다.

(b) 다른 변호사에 대한 직접적인 감독권을 갖는 변호사는 다른 변호사가 직무행위규칙을 준수하도록 합리적 노력을 해야 한다.

(c) 다음의 경우, 한 변호사는 다른 변호사의 직무행위규칙 위반에 책임을 진다.

(1) 변호사가 명령하거나, 구체적인 행동을 알고서 관련행동을 승인한 경우; 또는

(2) 변호사가 동료변호사이거나 다른 변호사가 근무하는 로펌에서 상응하는 경영적 권한을 가진 경우, 또는 다른 변호사에 대한 직접적인 감독권을 가지는 경우이면서, 행동의 결과를 피하거나 완화할 수 있었을 시점에 그 행동에 대해 알았지만 합리적인 시정조치를 취하지 않은 경우.

규칙5.2 하급변호사의 책임

(a) 변호사는 다른 사람을 지시에 따라서 행동했다고 하더라도, 직무행위규칙에 구속된다.

(b) 하급변호사가 전문직 의무에 관해 논란이 있는 문제에서 감독변호사의 합리적 결정에 따라 행동한 경우, 그 변호사는 직무행위규칙에 위반한 것이 아니다.

규칙5.3 변호사 아닌 조수에 대한 책임

변호사에 의해서 고용되거나 위임계약을 맺은 또는 변호사와 결합한 비변호사와 관련하여:

(a) 동료변호사와 로펌에서 단독으로 또는 다른 사람과 함께 상응하는 경영적 권위를 갖는 변호사는 그 사람의 행동이 변호사의 직업적 의무와 양립할 수 있도록 합리적으로 보장하는 효과적인 조치를 로펌이 취하도록 합리적인 노력을 해야 한다.

(b) 비변호사에 대해서 직접적인 감독권을 갖는 변호사는 그 사람의 행동이 변호사의 직무상 의무와 양립하도록 보장하기 위해 합리적인 노력을 해야 한다.

(c) 다음의 경우, 변호사는 변호사가 실행했다면 직무행위규칙의 위반이 되는 행동을 그런 사람[조수]이 하게 되면 그 행동에 대해 책임을 진다.

(1) 변호사가 명령하거나, 구체적인 행동을 알고 관련된 행동을 승인한 경우; 또는

(2) 변호사가 동료변호사이거나 그 사람이 고용된 로펌에서 상응하는 경영적

권한을 가진 경우이거나 그 사람에 대해 직접적 감독권을 가지는 경우이면서, 행동의 결과를 피하거나 완화할 수 있었을 시점에 그 행동에 대해 알았지만 합리적인 시정조치를 취하지 않은 경우.

규칙5.4 변호사의 전문직업적 독립성

(a) 변호사나 로펌은 비변호사와 법률보수를 공유해서는 안 된다. 단 다음은 예외이다:

(1) 변호사와 변호사의 로펌, 동료변호사, 소속변호사 간의 합의로써, 변호사의 사망 후 합리적인 기간 동안, 변호사의 유산이나 한 명 또는 여러 명의 특정된 사람에게 돈을 지불하기로 규정할 수 있다.

(2) 죽거나 장애를 입거나 실종된 변호사의 실무를 구입한 변호사가 규칙1.7의 규정에 따라서, 그 변호사의 유산이나 변호사의 다른 대표자에게 합의된 구매가격을 지불할 수 있다.

(3) 변호사와 로펌은 보상이나 퇴직계획에 변호사 아닌 피고용인을 포함할 수 있다. 설사 그 계획이 전체적 또는 부분적으로 이익공유의 협정에 기초하더라도 그렇다.

(4) 변호사는 법원이 제공한 법률보수를 그 사안에서 변호사를 고용하거나 대리시키거나 고용을 추천한 비영리 조직과 공유할 수 있다.

(b) 변호사는 어떤 조합활동이 법실무를 포함하는 경우, 비변호사와 그러한 조합을 결성해서는 안 된다.

(c) 변호사는 다른 사람에게 법률서비스를 제공하게 하기 위해서 그 변호사를 추천하거나 고용하거나 돈을 지불하는 사람이 그 법률서비스를 수행할 때 변호사의 전문적 판단을 지시하거나 규제하도록 용납해서는 안 된다.

(d) 다음의 경우, 변호사는 영리목적으로 법실무를 하도록 허용된 전문직 법인이나 협회와 함께 또는 그러한 형태로 실무를 할 수 없다.

(1) 변호사 유산의 수탁 대표자가 관리 도중 합리적 기간 동안 그 변호사의 지분이나 이익을 보유한 경우를 제외하고, 비변호사가 거기에 이해관계를 갖는 경우;

(2) 비변호사가 법인 이사 또는 간부이거나, 법인 이외의 협회 형태에서 그와 유사한 책임을 지는 지위에 있는 경우; 또는

(3) 비변호사가 변호사의 전문직업적 판단을 지시하거나 통제하는 권한을 가진 경우.

규칙5.5 무허가의 법실무; 다중 관할의 법실무

(a) 변호사는 해당 관할의 법률직무규정을 위반하면서 그 관할 내에서 실무를 하거나 다른 사람이 그렇게 하도록 조력해서는 안 된다.

(b) 그 관할에서 실무를 하도록 허용되지 않은 변호사는 다음을 할 수 없다.

(1) 이 규칙이나 다른 법에서 허용된 경우를 제외하고, 법실무를 위하여 그 관할에서 사무실을 열거나 체계적이고 지속적으로 머무는 것; 또는

(2) 대중에게 접근하거나, 그 변호사가 그 관할에서 법실무를 허용받았다고 달리 표명하는 것.

(c) 미국의 다른 관할에서 자격이 있고, 다른 주에서 자격이 박탈되거나 정지되지 않은 변호사는 해당 관할에서 일시적으로 다음과 같은 법률서비스를 제공할 수 있다.

(1), (2), (3), (4) (*주[state]의 관할에 관한 사항이므로 번역을 생략함.)

(d) (*주[state]의 관할에 관한 사항이므로 번역을 생략함.)

규칙5.6 실무할 권리의 제한

변호사는 다음을 제안하거나 실행하는 데 참여해서는 안 된다.

(a) 퇴직시의 수익에 관한 합의를 제외하고, 관계의 종료 이후 변호사의 실무수행 권리를 제약하는 동업(조합) · 주식보유 · 운영 · 고용 또는 다른 형태의 합의; 또는

(b) 변호사의 실무수행 권리에 대한 제한이 의뢰인 분쟁의 화해협상의 일부인 합의.

규칙5.7 법관련 서비스에 대한 책임

(a) (b)절에서 정의된 바와 같은 법관련 서비스가 다음과 같이 제공된 경우, 변호사는 법관련 서비스의 제공과 관련하여 직무행위규칙에 따라야 한다.

(1) 변호사의 법률서비스의 제공과 구분되지 않는 상황에서 변호사에 의해서 제공된 경우; 또는

(2) 이와 다른 상황에서, 법관련 서비스를 제공받는 사람이 그 서비스가 법률서비스가 아니고 또 의뢰인-변호사 관계의 보호가 존재하지 않음을 확실히 인식하도록 변호사가 합리적 조치를 취하지 않았으면서, 변호사 개인에 의

해서 또는 다른 사람과 변호사에 의해서 통제되는 어떤 기관에 의해서 제공된 경우.

(b) "법관련 서비스"란 법률서비스의 제공과 연동하여 합리적으로 수행될 수 있고 실체적으로 법률서비스와 관련되는 서비스로서 비변호사에 의해서 제공되었을 때 무허가의 법률서비스로서 금지되지 않는 서비스를 말한다.

공공서비스

규칙6.1 자발적 공공서비스

모든 변호사는 지불 능력이 없는 사람들에게 법률서비스를 제공할 직무책임이 있다. 변호사는 매년 적어도 (50)시간의 공공 법률서비스를 제공하려고 해야 한다. 이 책임을 다함에 있어서 변호사는 다음을 해야 한다(should).

(a) (50)시간의 법률서비스 중 실제적으로 대부분을 다음의 사람이나 조직에 보수 없이 또는 보수에 대한 기대 없이 제공하는 것:

(1) 제한된 자력을 가진 사람; 또는

(2) 주로 제한된 자력을 가진 사람의 필요에 대처하기 위하여 고안된 자선적 · 종교적 · 시민적 · 정부적 · 교육적인 조직; 그리고

(b) 다음을 통하여 추가적인 서비스를 제공하는 것:

(1) 보수 없이 또는 상당히 낮은 보수로, 시민적 권리, 시민적 자유나 공적 권리를 지키고 보호하기 위한 개인 · 집단 · 조직에게 또는 조직의 목적을 심화시킴에 있어서 통상적인 법률보수의 지불이 조직의 경제적 자원을 심하게 위축시키거나 달리 부적절한 여러 자선적 · 종교적 · 시민적 · 공동체적 · 정부적 · 교육적 조직들에게 법률서비스를 제공하는 일;

(2) 제한된 자력을 가진 사람들에게 실질적으로 인하된 보수로 법률서비스를 제공하는 것; 또는

(3) 법이나 법체계 또는 법전문직을 개선하는 활동에 참여하는 것;

나아가 변호사는 제한된 자력을 가진 사람에게 법률서비스를 제공하는 조직에 대한 재정적 지원에 자발적으로 기여해야 한다(should).

규칙6.2 지명의 수락

변호사는 다음과 같은 정당한 원인 있는 경우를 제외하고, 어떤 사람을 대리하라는 재판정의 지명을 피하려고 해서는 안 된다.

(a) 그 의뢰인을 대리하는 것이 직무행위규칙이나 다른 법의 위반을 초래할 것으로 보이는 경우;

(b) 그 의뢰인을 대리하는 것이 변호사에게 부당한 재정적 부담을 낳을 것으로 보이는 경우; 또는

(c) 의뢰인이나 소송원인이 변호사에게 너무 혐오스런 것이어서 의뢰인-변호사 관계나 의뢰인을 대리할 변호사의 능력을 손상시킬 것으로 보이는 경우.

규칙6.3 법률서비스 조직의 회원

변호사는, 그 변호사가 실무하는 로펌과 별도로, 법률서비스 조직의 관리자, 간부 또는 구성원으로 근무할 수 있다. 설사 그 조직이 그 변호사의 의뢰인과 대립되는 이익을 가진 사람에게 서비스를 제공하는 경우라도 그렇다. 다음의 경우, 변호사는 알면서 그 조직의 결정이나 행동에 참여해서는 안 된다.

(a) 그 결정이나 행동에 참여하는 것이 규칙1.7에 따른 의뢰인에 대한 변호사의 의무와 양립하지 않는 경우; 또는

(b) 그 결정이나 행동이, 변호사의 의뢰인과 대립되는 이익을 가진 조직의 의뢰인 대리에 중대하게 부정적 영향을 미칠 수 있는 경우.

규칙6.4 의뢰인의 이익에 영향을 미치는 법개혁 활동

변호사는, 법개혁이 그의 의뢰인의 이익에 영향을 줄 수 있다고 하더라도, 법과 그 운영의 개혁에 관여하는 조직의 관리자나 간부 또는 구성원이 될 수 있다. 변호사가 참여한 결정에 의해서 의뢰인이 중대한 이득을 얻을 수도 있다는 것을 변호사가 알게 된 때에는, 변호사는 그 사실을 공개해야 하지만 의뢰인의 신분을 밝힐 필요는 없다.

규칙6.5 비영리적이거나 법원과 결합한 제한적 법률서비스 프로그램

(a) 비영리조직이나 법원에 의해서 지원받는 프로그램의 후원으로, 변호사가 해당 사안에서 계속적인 서비스를 제공할 것이라는 변호사나 의뢰인의 기대 없이 의뢰인에게 단기간의 제한적 법률서비스를 제공하는 변호사는 다음의 규칙에 따른다.

(1) 의뢰인의 대리가 이익충돌을 담고 있는 것을 변호사가 알고 있을 경우에만

규칙1.7과 1.9(a)에 따른다.

(2) 변호사와 같은 로펌에 소속된 다른 변호사가 그 문제에 관련하여 규칙1.7 또는 1.9(a)에 의해서 자격이 부인된 것을 변호사가 알고 있는 경우에만 규칙1.10을 따른다.

(b) (a)(2)에서 규정된 것을 제외하고, 규칙1.10은 이 규칙에 의해서 규제되는 대리에 적용될 수 없다.

법률서비스에 대한 정보

규칙7.1 변호사의 서비스에 관한 정보제공

변호사는 변호사나 변호사 서비스에 관하여 허위이거나 오도하는 정보제공을 해서는 안 된다. 정보제공이 사실이나 법에 대한 중대한 오류를 담거나, 고려된 진술이 전체적으로 보아 중대한 오해로 간주되지 않도록 하기 위해서 필요한 사실을 빠뜨린 경우, 그 정보제공은 허위이거나 오도하는 것이다.

규칙7.2 광고

(a) 규칙7.1과 7.3을 따르면서, 변호사는 공적 매체를 포함하여 서면이나 녹음이나 전기적 통신수단을 통해서 서비스를 광고할 수 있다.

(b) 변호사는 다음의 경우를 제외하고, 변호사의 서비스를 추천한 사람에게 어떠한 가치 있는 것도 주어서는 안 된다.

(1) 이 규칙에 의해서 허용된 광고나 정보제공의 합리적 비용을 지불하는 것;

(2) 법률서비스 계획 또는 비영리적이거나 허가받은 변호사 소개(referral)서비스의 통상적인 비용을 지불하는 것;

(3) 규칙1.17에 따라서 법률 실무의 값을 치르는 것; 그리고

(4) 다른 사람이 의뢰인이나 소비자를 변호사에게 소개하는 것에 관해 규정한 규칙에 의하여 달리 금지되지 아니한 합의에 따라 의뢰인을 변호사나 다른 비변호사 전문가에게 소개하는 것. 다만,

(i) 상호적인 소개의 합의가 배타적이지 않고,

(ii) 의뢰인이 합의의 존재와 성격을 통보받아야 한다.

(c) 이 규칙에 따라 이루어진 정보제공은 그 내용에 책임이 있는 적어도 한 명의 변

호사나 로펌의 이름과 사무실 주소를 포함해야 한다.

규칙7.3 잠재적 의뢰인과의 직접 접촉

(a) 변호사는, 그 주요한 동기가 변호사의 금전적 이득에 있을 경우에, 개인적 접촉, 직접 전화접촉, 실시간 전자적 접촉을 통해서, 잠재적 의뢰인으로부터 전문직의 고용을 유인해서는 안 된다. 다만 접촉한 사람이 다음에 속하면 다르다.

(1) 변호사; 또는

(2) 그 변호사와 가족적, 가까운 개인적 또는 이전의 직업적 관계가 있는 자.

(b) 다음의 경우에, 그렇지 않았다면 (a)에 의해서 금지되지 않았을 경우에 조차도, 변호사는 서면상, 녹음상 또는 전기적 정보제공 또는 개인적으로나 전화나 실시간 전자접촉을 통해서 잠재적 의뢰인으로부터 전문직의 고용을 유인해서는 안 된다.

(1) 잠재적인 의뢰인이 변호사에 의해서 유인되고 싶지 않다는 뜻을 변호사에게 알린 경우; 또는

(2) 유인이 강제, 강박 또는 괴롭힘을 담고 있는 경우.

(c) 정보제공의 수취인이 (a)(1) 또는 (a)(2)에서 특정된 사람이 아닌 한, 어떤 사안에서 법률적 서비스가 필요하다고 알려진 잠재적 의뢰인에게 전문직의 고용을 유인하는 변호사의 모든 서면상 · 녹음상 또는 전기적 정보제공은 봉투가 있으면 봉투의 외면에 그리고 녹음이나 전기적인 제공정보의 시작과 끝에 "광고물"이라는 말을 포함해야 한다.

(d) (a)에서의 금지에도 불구하고, 변호사는 법률서비스 계획에 의해서 포괄되는 특정 사안에서 법률서비스가 필요한 것으로 알려지지 않은 사람에게 그 계획을 위한 회원권이나 가입을 유인하기 위하여 개인적 또는 전화접촉을 하는, 변호사에 의해서 소유되거나 관리되지 않은, 조직에 의해서 운영되는 선불제의 또는 집단적 법률서비스에 참여할 수 있다.

규칙7.4 실무분야와 전문분야에 대한 정보제공

(a) 변호사는 변호사가 특정 법 영역을 취급하거나 하지 않는다는 사실에 관한 정보를 제공할 수 있다.

(b) 「미국 특허 및 상표국」으로부터 특허실무를 허용받은 변호사는 "특허변호사"라는 명칭이나 실체적으로 유사한 명칭을 사용할 수 있다.

(c) 해사실무에 종사하는 변호사는 "해사", "해사변호사" 또는 실체적으로 유사한 명칭을 사용할 수 있다.

(d) 변호사는 특정한 법 분야에서 어떤 변호사가 전문가로서의 자격을 부여받았다는 것을 진술하거나 암시해서는 안 된다. 다만 다음의 경우는 다르다.

(1) 변호사가, 주(state)의 해당당국에 의해서 승인된 조직이나 미국변호사협회에 의해 인정된 조직으로부터 전문가로서의 자격을 부여받은 경우; 그리고

(2) 자격을 부여한 조직의 이름이 정보제공 과정에서 명료하게 인식되는 경우.

규칙7.5 로펌의 이름과 편지지의 머리말

(a) 변호사는 규칙7.1을 위반하는 로펌의 명칭, 편지지의 머리말 또는 다른 전문직 표시를 사용할 수 없다. 상호가 정부기관 또는 공적이나 자선적 법률서비스 조직과의 관련성을 함의하지 않고 달리 규칙7.1을 위반하지 않는다면, 변호사는 사적 실무에서 상호를 이용할 수 있다.

(b) 둘 이상의 관할에서 사무실을 갖는 로펌은 각각의 관할에서 동일한 이름이나 다른 전문직업적 명칭을 사용할 수 있다. 그러나 로펌의 한 사무실의 변호사의 신분정보는 사무실 소재의 관할에서 실무할 자격이 없는 사람에 대한 관할상의 제한을 나타내어야 한다.

(c) 공직을 맡고 있는 변호사의 이름은, 그 변호사가 로펌의 실무에 적극적 · 규칙적으로 가담하지 않는 상당한 기간 동안, 로펌의 이름에 그리고 그[로펌]를 위한 정보제공에 이용될 수 없다.

(d) 변호사는 오직 사실인 경우에만 조합이나 다른 조직에서 실무한다는 것을 진술하거나 암시할 수 있다.

규칙7.6 법률적 개입이나 판사에 의한 지명을 받기 위한 정치적 기부

변호사나 로펌은, 만약 변호사나 로펌이 법률업무나 지명을 얻을 목적으로 정치적 기부를 하거나 정치적 기부를 유인한 경우, 정부의 법률업무나 판사에 의한 지명을 수락해서는 안 된다.

전문직의 염결성 유지

규칙8.1 변호사 입회승인과 징계

변호사회에 대한 입회승인 신청자 또는 변호사회의 입회신청과 관련하거나 징계문제에 관련한 변호사는 다음을 해서는 안 된다.

(a) 알면서 실체적 사실에 대한 허위의 진술을 하는 것; 또는

(b) 사안에서 본인으로 인해 발생한 오해를 교정하기 위해 필요한 사실을 공개하지 않는 것, 또는 입회승인 당국이나 징계당국에 의한 합법적인 정보요구에 대해 의도적으로 반응하지 않는 것. 다만, 이 규칙이 규칙1.6에서 보호되는 정보의 공개를 요구하지 않은 경우는 제외한다.

규칙8.2 사법 및 법무 공직자

(a) 변호사는 판사, 재판업무의 공직자, 공공법무 공직자 또는 사법이나 법률사무직의 선출이나 지명을 위한 후보자의 자격이나 자질과 관련하여 그 진실성이나 허위성에 대해 변호사가 허위라고 알고 있는 진술을 하거나 심한 경멸조로 진술을 해서는 안 된다.

(b) 사법 공직에 지원한 변호사는 「사법행위준칙」의 적용 가능한 조항을 준수해야 한다.

규칙8.3 직무비행의 보고

(a) 다른 변호사가 변호사의 정직성과 신뢰성 또는 다른 면에서 변호사로서의 적합성에 대하여 심각한 의문을 제기하는 직무행위규칙의 위반을 범했다는 것을 아는 변호사는 해당 직무[규제]당국에게 알려야 한다.

(b) 어떤 판사가 판사의 직무적합성에 심각한 의문을 야기하는 사법행위규칙의 위반을 범했다는 것을 아는 변호사는 해당 [규제]당국에 알려야 한다.

(c) 이 규칙은 규칙1.6에서 보호되는 정보나 공인된 변호사 지원프로그램에 참여하는 동안 변호사나 판사에 의해서 얻어진 정보의 공개를 요구하지 않는다.

규칙8.4 비행

다음과 같은 것이 변호사의 직무비행이다:

(a) 직무행위규칙을 위반하거나 하려고 시도하는 것, 알면서 다른 사람이 그렇게 하도록 조력하거나 유인하는 것 또는 다른 사람의 행동을 통해서 그렇게 하는 것;

(b) 변호사의 정직, 진실성 또는 다른 측면에서 변호사로서의 적합성을 부정적으로 반영하는 범죄적 행동을 범하는 것;

(c) 부정직 · 사기 · 속임수, 또는 거짓 표명을 포함한 행동을 하는 것;

(d) 사법행정에 대해 편파적인 행동을 하는 것;

(e) 정부당국이나 공직자에게 부적절하게 영향을 미치는 능력 또는 직무행위규칙이나 다른 법을 위반하는 수단으로 결과를 얻는 능력을 말하거나 암시하는 것; 또는

(f) 현행의 사법행위규칙이나 다른 법의 위반인 행동에서 판사나 사법 공직자를 의식적으로 지원하는 것.

규칙8.5 징계당국: 법의 선택

(a) 징계당국. 이 관할에서 실무를 하도록 허용된 변호사는, 변호사의 행동이 발생한 장소와 상관없이, 이 관할의 징계당국에 따른다. 만약 변호사가 이 관할에서 법률서비스를 제공하거나 제공을 제의했다면 이 관할에서 실무를 허가받지 못한 변호사도 이 관할의 징계당국에 따른다. 변호사는 동일한 행동에 대해서 이 관할과 다른 관할 모두의 징계당국에 따르게 될 수도 있다.

(b) 법의 선택. 이 관할의 징계권을 행사함에 있어서 적용되는 직무행위규칙은 다음과 같다.

(1) 재판정에서 계속 중인 사안과 관련한 행위에 대해서는, 재판정의 규칙이 달리 규정하지 않는 한, 재판정이 소재하는 관할의 규칙.

(2) 그 외 행위에 대해서는, 변호사의 행위가 일어난 관할의 규칙, 또는 그 행위의 압도적인 영향이 다른 관할에 있는 경우, 그 관할의 규칙이 그 행위에 적용되어야 한다. 만약 변호사의 행위가 변호사의 행위의 압도적인 영향이 일어날 것으로 변호사가 알고 있는 관할의 규칙에 합치한다면 변호사는 징계를 받지 않는다.

3. CCBE 유럽공동체의 변호사행위규범

1. 전문

1.1. 사회에서 변호사의 역할

법치주의의 존중에 기반한 사회에서 변호사는 특별한 역할을 담당한다. 이들의 임무는 법률이 허용하는 범위에서 그들이 의뢰받은 바를 충실하게 이행한다는 것만으로 시작되거나 끝나는 것이 아니다. 변호사는 자신의 권리와 자유를 주장하고 보호해주어야 하는 사람의 이익뿐만 아니라 정의의 이익에 봉사해야 하며, 소송에서 의뢰인을 변론하는 것뿐 아니라 그의 조언자(adviser)가 되는 것이 그의 의무이다.

따라서 변호사의 기능은 아래 사람들에 대한 다양한 형태의 법적, 도덕적 의무를 부과한다(때때로 이러한 의무들이 서로 충돌하는 것으로 보인다).

- 의뢰인;
- 변호사가 의뢰인을 변호하거나 그를 위해 활동을 펼치는 법정, 또는 기타 기관;
- 일반적으로는 법전문직 또는 특히 그 구성원인 개개의 동료들;
- 대중들. 이들에게는 전문직 자신에 의해서 마련된 규칙에 따라 조직된, 자유롭고 독립적인 전문직의 존재가 국가권력 및 사회의 여타 이해관계에 맞서 인권을 옹호하는 중요한 수단이 된다.

1.2. 직무행위규칙의 성격

1.2.1. 직무에 관한 규칙은 규칙의 적용을 받는 사람의 적극적인 수용을 통해서 만들어졌으며, 모든 문명사회에서 필수적이라고 인정된 기능이 변호사에 의해서 적절히 수행될 수 있도록 보장하기 위해서 만들어졌다. 이 규범을 준수하지 않는 변호사는 최종적으로 징계의 제재를 받아야 한다.

1.2.2. 변호사나 법률가협회의 구체적인 규칙들은 각자의 전통으로부터 생겨난다. 그것들은 해당 회원국 내의 조직이나 전문직의 활동영역에, 사법 및 행정절차에 그리고 국가적 입법에 채택된다. 그 규칙들을 각각의 맥락에서 분리하여 이해하거나, 본질적으로 일반적 적용이 불가능한 규칙을 일반적으로 적용하려고 시도하는 것은 가능하지도 않고 바람직하지도 않다.

그럼에도 불구하고 각 변호사나 법률가협회의 구체적인 규칙들은 동일한 가치에 기초하며 대부분의 경우, 공통의 기반을 갖는다는 것을 보여준다.

1.3. 규범의 목적

1.3.1. 유럽연합(EU)과 유럽경제지역(EEA)의 지속적 통합과 유럽경제지역 내에서 변호사의 국경초월적 활동빈도가 더욱 증가함으로 인하여 그들이 어떠한 변호사나 법률가협회에 속해 있든지 상관없이 국경초월적 업무수행에 관하여 유럽경제지역 출신의 모든 변호사에게 적용되는 공통된 규칙의 선포가 공익의 관점에서 필요하게 되었다. 그러한 규칙선포의 각별한 목적은 1977년 3월 22일의 E. C. 지령 77/249호 제4조에 명시된 바와 같은 "이중적 윤리규정"(double deontology)의 적용에서 비롯된 어려움을 완화시키려는 것이다.

1.3.2. CCBE에서 법률가를 대표하는 조직들은 아래의 조문에서 성문화된 규칙들이 다음과 같이 되어야 한다고 제안한다.

- 이 규칙이 유럽연합과 유럽경제지역의 모든 변호사와 법률가협회의 동의의 표현으로서 즉시 승인되어야 한다.
- 이 규칙이 유럽연합과 유럽경제지역에서 변호사의 국경초월적 활동과 관련하여 각 국가 또는 유럽경제지역 절차에 따라 가능한 한 신속하게 강행규칙으로서 채택되어야 한다.
- 이 규칙이 진보적인 조화를 위하여 각국 윤리규정 및 전문직 직무규정의 모든 개정에서 고려되어야 한다.

이 조직들은 국가의 윤리규칙과 전문직 직무규칙이 가능한 경우라면, 언제나 이 규범의 규칙과 일치하는 방식으로 해석되고 적용되어야 한다는 바람을 피력했다.

이 규범의 규칙들이 국경초월적 활동과 관련하여 강행규칙으로 채택된 이후에도 변호사들은 자신이 소속한 변호사나 법률가협회의 규칙을, 이 규범의 규칙과 일치하는 범위 내에서, 계속 준수해야 한다.

1.4. 인적 적용범위

아래의 규칙들은 1977년 3월 22일 지령 77/249호에서 정의된 바의 유럽공동체와 유럽경제지역의 변호사들에게 적용된다.

1.5. 물적 적용범위

회원국 내부에서 국내적으로만 적용되는 윤리규칙이나 전문직 직무규칙의 진보적인 조화의 추구에 대한 손상 없이, 아래의 규칙들은 유럽공동체와 유럽경제지역 내 변호사의 국경초월적 활동에 적용된다. 국경초월적 활동은 다음을 뜻한다.

(a) 자국 외의 다른 회원국 변호사와의 모든 전문직업적 접촉;

(b) 변호사가 물리적으로 그 회원국 내에 있느냐에 상관없이, 자국 외의 다른 회원국에서 이루어지는 변호사의 전문직업적 활동.

1.6. 정의

이 규칙에서:

"자국"(Home Member State)이란 변호사가 속한 변호사 또는 법률가협회의 회원국가을 의미한다.

"주재국"(Host Member State)이란 변호사가 국경초월적 활동을 수행하는 다른 어떤 회원국가을 의미한다.

"관할당국"(Competent authority)이란 전문직 직무규칙의 제정과 변호사 징계행정을 책임지는 해당 회원국의 전문직 조직이나 당국을 의미한다.

2. 일반원칙들

2.1. 독립성

2.1.1. 변호사가 따라야 하는 많은 의무는 다른 모든 영향으로부터, 특히 개인적인 이해관계나 외부압력에서 기인하는 영향으로부터, 자유로운 절대적 독립성을 요구

한다. 그러한 독립성은 판결의 불편부당만큼이나 사법과정에서의 신뢰에 필수불가결하다. 따라서 변호사는 독립성의 어떠한 손상도 피하여야 하며, 의뢰인이나 법원 또는 제3자를 만족시키기 위하여 자기의 직업상 기준들을 양보하는 일이 없도록 유의하여야 한다.

2.1.2. 이 독립성은 재판에서뿐만 아니라 비계쟁사안에 있어서도 필요하다. 변호사가 의뢰인에게 주는 조언이 오직 자기만족을 위해서 이루어지거나 개인적 이익을 위해서 또는 외부의 압력에 따라 이루어지면 아무런 가치가 없다.

2.2. 신뢰와 개인적 염결성

신뢰관계는 오직 변호사의 개인적인 명예, 정직 그리고 염결성에 의심의 여지가 없을 경우에만 가능하다. 변호사들에게 이러한 전통적인 덕성들은 직업적인 의무이다.

2.3. 비밀유지

2.3.1. 의뢰인이 다른 사람들에게는 말하지 않은 것을 들어야 하며 신뢰의 기초 위에서 정보의 수취인이 되어야 한다는 것은 변호사의 본질적인 기능이다. 비밀보장의 확신 없이는 신뢰도 있을 수 없다. 따라서 비밀보장은 우선적이고도 근본적인 변호사의 권리이자 의무이다.

비밀보장에 대한 변호사의 의무는 의뢰인의 이익일 뿐만 아니라 사법행정의 이익에 기여한다. 따라서 그것은 국가의 특별한 보호를 받을 자격이 있다.

2.3.2. 변호사는 그의 직업적 활동과정에서 알게 된 모든 정보의 비밀성을 존중해야 한다.

2.3.3. 비밀보장의 의무에는 시간적 한계가 없다.

2.3.4. 변호사는 그의 동료, 직원 그밖에 전문직 서비스의 제공에 관련 있는 모든 사람에게도 똑같은 비밀유지의무를 준수하도록 요구하여야 한다.

2.4. 다른 변호사와 법률가협회 규칙의 존중

유럽공동체와 유럽경제지역 법에 따라 다른 회원국 출신의 변호사는 주재국의 변호사나 법률가협회 규칙을 준수할 의무가 있다. 변호사는 특정 활동의 수행에 있어 자신에게 영향을 미치게 될 규칙을 숙지할 의무가 있다.

CCB의 회원 조직들은 자신들의 직무규범을 CCBE 사무국에 전달하여 어떤 변호사도 사무국으로부터 현재 규범의 복사본을 확보할 수 있도록 해야 한다.

2.5. 양립불가한 직업

2.5.1. 합당한 독립성을 가지고 또 사법행정에 참여할 의무와 양립하도록 그 기능을 수행하기 위하여 변호사는 몇몇 직업으로부터 배제된다.

2.5.2. 주재국의 사법절차나 공공기관에서 의뢰인을 대리하거나 방어하는 변호사는 주재국의 변호사에게 적용되는 바대로 양립불가한 직업에 대한 규칙을 준수해야 한다.

2.5.3. 주재국에서 법실무와 관계없는 상업적 또는 다른 활동에 직접 참여하기를 원하면서 그곳에서 정착한 변호사는 그 회원국 변호사들에게 적용되는 바대로 금지되거나 양립불가한 직업에 관한 규칙을 존중해야 한다.

2.6. 개인적 선전(personal publicity)

2.6.1. 변호사는 자신의 업무를 대중들에게 알릴 권리가 있다. 다만 정보가 정확하고 오도하지 않으며 비밀보호 의무와 직업상의 다른 핵심적 가치를 존중해야 한다.

2.6.2. 2.6.1.의 요구를 충족하는 범위 내에서 출판, 라디오, 텔레비전, 전기적인 상업광고 등 어떤 형태의 매체에서도 변호사의 개인적 선전은 허용된다.

2.7. 의뢰인의 이익

변호사는 모든 법규정과 직무행위규칙을 준수하면서, 언제나 의뢰인의 최대 이익의 관점에서 행동해야 하며, 이 이익을 자기 자신의 이익이나 법조동료의 이익에 우선해야 한다.

2.8. 의뢰인에 대한 변호사의 민사책임의 한계

자국과 주재국 법에서 허용된 한계 내에서, 변호사는 그가 따라야 하는 직무규범의 규정에 따라 의뢰인에 대한 자신의 민사책임을 제한할 수 있다.

3. 의뢰인과의 관계

3.1. 의뢰의 승락과 철회

3.1.1. 변호사는 당사자의 지시 없이 그를 위해 사건을 다루어서는 안 된다. 다만, 당사자를 위해서 스스로 활동하는 다른 변호사로부터 지시받았거나 소관기관으로부터 지시를 받은 사건은 수행할 수 있다.

의뢰인의 신분 · 자격 · 권한이 불분명한 어떤 상황이 있는 때에는 변호사는 그 사람이나 기관의 신분 · 자격 · 권한을 확인하려는 합리적인 노력을 해야 한다.

3.1.2. 변호사는 그의 의뢰인에 대하여 신속하고 양심적이며 성실하게 조언하고 대리해야 한다. 그는 자신에게 의뢰된 사건수행에 대하여 개인적 책임을 감수하여야 한다. 그는 자신에게 위임된 사건의 진행에 따라 의뢰인에게 통지를 계속하여야 한다.

3.1.3. 변호사는 자신이 적격이 아님을 알거나 마땅히 알아야 할 사건은 그것을 담당할 능력이 있는 다른 변호사의 도움을 받지 않는 한 다루어서는 안 된다.

변호사는 다른 일의 압박으로 인하여 사건의 신속한 수행이 불가능할 경우, 사건의뢰를 받아들여서는 안 된다.

3.1.4. 의뢰인이 자신이 당하고 있는 불이익을 방지하기 위하여 다른 법적 조력을 적시에 받을 수 없는 상황이거나 그러한 결과를 낳는 경우라면 변호사는 사건수임의 철회권을 행사할 수 없다.

3.2. 이익충돌

3.2.1. 둘 또는 그 이상의 의뢰인들 간의 이익이 서로 충돌되거나 충돌할 상당한 위험이 있는 경우, 변호사는 동일사건에서 그 의뢰인을 위하여 조언이나 대리 또는 활동을 할 수 없다.

3.2.2. 변호사는 의뢰인 사이의 이익에 충돌이 발생하거나 신뢰의 상실 또는 독립성이 손상될 위기에 처할 경우, 양 의뢰인을 위한 활동을 중단하여야 한다.

3.2.3. 변호사는 종전 의뢰인으로부터의 신뢰가 상실될 위기에 있거나 종전 의뢰인 사건에 대하여 보유한 정보가 새로운 의뢰인에 대하여 부당한 이익을 줄 수 있는 경우, 새로운 의뢰인을 위한 활동을 삼가야 한다.

3.2.4. 여러 변호사가 결합하여 실무를 제공하는 경우, 그 조직과 구성원 모두에게 위 3.2.1.~3.2.3. 조항이 적용된다.

3.3. Pactum de Quota Litis(성공보수계약)

3.3.1. 변호사는 Pactum de Quota Litis를 체결할 권한이 없다.

3.3.2. "Pactum de Quota Litis"란 의뢰인이 당사자인 사건의 마지막 종결에 들어가기 전에 변호사와 의뢰인 간에 맺는 약정을 뜻하는 말로서, 이에 의해서 의뢰인은 사건의 종결시점에서 나타난 결과의 일부를 변호사에게 지불할 의무를 지게 되며 그 형태는 금액이거나 사건의 종결시점에 의뢰인이 얻게 되는 다른 어떤 형태의 이득일 수 있다.

3.3.3. 변호사가 담당한 사건의 가치에 비례하여 보수가 부과된다는 약정은 그것이 공인 보수기준에 의하거나 또는 그 변호사에 대해 관할권을 갖는 소관 기관의 통제 하에 있는 것이라면 Pactum de Quota Litis에 포함되지 않는다.

3.4. 보수에 대한 규제

3.4.1. 변호사가 청구하는 보수는 의뢰인에게 완전히 공개되어야 하며 공정하고 합리적이어야 한다.

3.4.2. 변호사와 의뢰인 간의 대립점에 관하여 적절한 합의에 따라야 하며, 변호사에 의해 청구된 보수는 그 변호사가 소속된 변호사나 법률가협회의 회원에게 적용되는 규칙에 따라야 한다. 만약 변호사가 소속된 변호사나 법률가협회가 여러 개일 경우에는 변호사와 의뢰인 간의 계약에 가장 밀접한 규칙을 적용한다.

3.5. 보수 등의 지급

만약 변호사가 그의 보수나 지출금의 지급을 요구할 경우, 그 금액은 관련된 지출금이나 보수에 대한 합리적인 추정액을 초과하지 못한다.

그러한 지급이 이루어지지 않을 경우, 변호사는 그 소송사건을 철회하거나 그 사건의 담당을 거절할 수 있다. 그러나 언제나 위 3.1.4의 적용을 받는다.

3.6. 비변호사와의 보수 분배

3.6.1. 변호사는 변호사 아닌 사람과 보수를 분배할 수 없다. 다만 그 변호사와 다른 사람간의 연합이 변호사가 속한 회원국의 법에 의해 허용된 경우는 그렇지 않다.

3.6.2. 위 3.6.1.에도 불구하고 변호사는 사망하거나 은퇴한 변호사의 실무인수와 관련하여 사망 변호사의 상속인이나 퇴직 변호사에게 보수 · 수수료 기타의 대가를 지급할 수 있다.

3.7. 비용절감적인 해법과 법률구조의 이용 가능성

3.7.1. 변호사는 의뢰인의 분쟁에 대해 가장 비용절감적인 해법에 이르려고 항시 노력해야 하며, 적절한 단계에서 화해나 대안적 분쟁해결 시도의 타당성에 대해서 의뢰인에게 조언해야 한다.

3.7.2. 변호사는 법률구조제도를 이용할 수 있는 경우는 의뢰인에게 그 이용 가능성을 알려주어야 한다.

3.8. 의뢰인의 자금

3.8.1. 변호사가 직무수행 도중 의뢰인이나 제3자를 위한 자금(이하 이를 '의뢰인의

자금'이라 한다)을 보관하게 될 때는 반드시 다음과 같이 처리해야 한다.

3.8.1.1. 의뢰인의 자금은, 그 자금이 달리 취급되어야 한다고 의뢰인이 명시적 또는 묵시적으로 동의하지 않은 한, 공적 기관의 감독 하에 있는 은행이나 유사 기관의 계좌에서 항시 보관되어야 하며, 변호사가 수취하는 모든 의뢰인의 자금은 그러한 계좌로 지급되어야 한다.

3.8.1.2. 변호사 명의로 되어 있는 의뢰인의 자금 계좌는 그 제목이나 명칭에서 그 기금이 변호사의 의뢰인을 위한 보유라는 것이 표시되어야 한다.

3.8.1.3. 변호사 명의로 되어 있는 의뢰인의 자금 계좌에는 항시 그 변호사가 보유하는 의뢰인 자금의 총액 이상이 보유되어야 한다.

3.8.1.4. 의뢰인의 자금은 의뢰인에게 즉시 또는 의뢰인이 설정한 조건이 발생했을 때 의뢰인에게 지급되어야 한다.

3.8.1.5. 의뢰인을 대신하여 의뢰인의 자금을 다음의 지급을 포함하여 다른 어떤 사람에게도 지급하는 것이 금지된다.

(a) 한 의뢰인을 위한 자금을 다른 의뢰인에게 또는 다른 의뢰인을 위하여 지급;

(b) 변호사 보수로 지급.

다만, 법에 의해서 허용되거나 법원에 의해서 명령되거나 지불하는 의뢰인의 명시적 묵시적 지시가 있는 범위 내에서는 그러하지 않다.

3.8.1.6. 변호사는 완전하고 정확한 기록을 유지해야 하며, 요청이 있을 때 각 의뢰인에게 이를 제시할 수 있어야 하고, 기록은 의뢰인의 자금에 대한 변호사의 관리 상황을 전부 보여주어야 하고 의뢰인의 자금과 변호사의 다른 자금을 구분해야 한다.

3.8.1.7. 모든 회원국 내의 관할당국은 그들이 제정한 규칙들이 준수되는지의 여부를 확인하고 규칙을 준수하지 못한 변호사에 대해서는 제재조치를 취하기 위하여, 비밀보장 하에 의뢰인의 자금에 대한 변호사의 재정기록을 검토 · 조사할 수 있는 권한을 가져야 한다.

3.8.2. 회원국에서 직무수행 중 의뢰인의 자금을 보유한 변호사는, 위 3.8.1.을 침해함이 없이, 자국의 관할당국에 의해 적용되는 의뢰인 자금의 보유 및 회계에 관한 규칙을 준수해야 한다.

3.8.3. 주재국에서 직무수행 중이거나 법률서비스를 제공하고 있는 변호사는 자국과 관련 주재국의 관할당국과의 협의 하에 자국의 요구를 배제하고 주재국의 요구사항을 따를 수 있다. 이 경우, 변호사는 주재국에서 실시 중인 요구사항에 따른다는 점을 의뢰인에게 통보하는 합리적인 조치를 취해야 한다.

3.9. 전문직의 손해배상보험

3.9.1. 변호사는 업무에서 초래 가능한 위험의 성질과 범위를 고려하여 직무상 과실에 근거한 청구에 대비하여 합리적 범위에서 늘 보험에 들어 있어야 한다.

3.9.2. 변호사가 주재국에서 실무를 제공하거나 수행하는 경우, 다음의 규칙이 적용된다.

3.9.2.1. 변호사는, 변호사로서 전문직 손해배상에 맞서 보험에 드는 의무와 관련하여, 자국에서 유효한 모든 규칙에 따라야 한다.

3.9.2.2. 자국 내에서 보험가입의무를 지고 주재국에서 법률서비스를 제공하거나 수행하는 변호사는 자국에서의 요구에 근거하여 보험보장의 범위가 그가 주재국에서 수행하는 실무나 그가 제공하는 법률서비스로 확장되도록 최선의 노력을 다해야 한다.

3.9.2.3. 위 3.9.2.2.에서 언급된 보험보장 범위의 확장에 실패하거나, 자국에서 보험가입의무가 없는 자로서 주재국에서 법률서비스를 제공하거나 업무를 수행하는 변호사는 주재국에서 의뢰인들을 위하여 활동하는 동안 변호사로서의 전문직 책임에 대비하여 적어도 주재국의 변호사에게 요구되는 기준과 동일한 수준으로 보험보장 범위를 가능한 한 넓게 확보하여야 한다.

3.9.2.4. 변호사가 위의 규칙에서 요구된 보험보장 범위를 확보할 수 없다면, 변호사는 영향을 받을 수도 있는 의뢰인에게 그것을 통보해야 한다.

3.9.2.5. 주재국 내에서 업무를 수행하거나 법률서비스를 제공하는 변호사는 자국과 주재국의 관할기관 간의 합의에 따라 자국의 보험 요구사항을 배제하고 주재국에서 시행되는 보험 요구사항에 따를 수 있다. 이 경우, 변호사는 주재국에서 시행되는 요구사항에 따라 보험에 가입되었음을 그의 의뢰인에게 통지하는 합리적인 조치를 취해야 한다.

4. 법원과의 관계

4.1. 법원에서 적용되는 직무규칙

회원국 내의 법원 또는 재판정에 출두하거나 사건에 참가하는 변호사는 그 법원 또는 재판정에 적용되는 직무규칙에 따라야 한다.

4.2. 공정한 소송행위

변호사는 언제나 공정한 소송행위에 관하여 충분히 고려하여야 한다. 예컨대, 변호사는 상대방 당사자를 위해 활동하고 있는 변호사에게 먼저 알리지 않은 채 판사를 접촉하거나, 관련 절차법 하에서 허용되지 않는 한 즉시 상대방 변호사에게 통보하지 않은 채 증거물 · 메모 · 기록서류 등을 제출해서는 안 된다. 법에 반하지 않는 한, 변호사는 상대방 변호사의 명시적 동의가 없다면 상대방이나 그의 변호사가 한 사건화해의 제안을 법원에 누설하거나 제출해서는 안 된다.

4.3. 법원에서의 태도

변호사는 법원에 대한 적절한 존경과 예절을 유지하면서, 자신의 이익이나 자신 또는 다른 사람에 대한 영향을 고려함이 없이, 의뢰인의 이익을 명예롭고 과감하게(honorably and fearlessly) 방어해야 한다.

4.4. 허위이거나 오도하는 정보

변호사는 고의로 허위이거나 오도하는 정보를 법원에 제출해서는 안 된다.

4.5. 중재인 등에 대한 확장

법원에 대한 변호사의 관계를 규정하는 규칙은 중재인 그리고 임시적으로라도 사법적 또는 준-사법적 기능을 수행하는 다른 이들과의 관계에도 적용된다.

5. 변호사들 간의 관계

5.1. 전문직의 단체정신

5.1.1. 전문직의 단체정신은 의뢰인의 이익을 위하고 불필요한 소송과 직업의 명예를 해치는 다른 행동을 피하기 위한 변호사 간의 신뢰와 협동의 관계를 요구한다. 그러나 의뢰인의 이익에 맞서 직업의 이익을 내세우는 것은 정당화될 수 없다.

5.1.2. 변호사는 회원국 내의 모든 다른 변호사들을 직업적 동료로 인정하고 그들에

대하여 공정하고 예의 바르게 처신해야 한다.

5.2. 서로 다른 회원국 변호사들 사이의 협력

5.2.1. 담당 적격이 아닌 경우에 의뢰를 받아들이지 않는 것이 다른 회원국의 동료로부터 교섭을 받은 변호사의 의무이다. 그런 경우 그는 요청된 법률서비스를 제공할 만한 변호사에게 의뢰하는 데 필요한 정보를 수집할 수 있도록 그의 동료를 도와주어야 한다.

5.2.2. 한 회원국의 변호사와 다른 회원국의 변호사 간에 협조가 이루어질 경우, 두 변호사는 관련 회원국 내에서 각각의 법제도, 변호사의 직업조직, 적격성 그리고 의무 간의 차이점을 고려해야 하는 일반적인 의무를 지닌다.

5.3. 변호사간의 교신

5.3.1. 만일 변호사가 다른 회원국 내 변호사에게 비밀을 유지하거나 손상 없이 서신을 보내고자 한다면, 그는 문서를 전달할 때 이러한 의도를 명백히 해야 한다.

5.3.2. 서신의 수령인은 그 기밀성이나 무(無)손상을 보장하지 못할 경우, 그 내용을 타인에게 누설함이 없이 발송인에게 반송하여야 한다.

5.4. 소개비용

5.4.1. 변호사는 다른 변호사나 그 어느 누구에게도 의뢰인의 소개나 추천에 대한 보수나 수수료 기타 어떠한 대가를 요구하거나 받아서는 안 된다.

5.4.2. 변호사는 자신에 대한 의뢰인의 소개에 대하여 누구에게라도 보수나 수수료 기타 어떠한 대가를 지불해서는 안 된다.

5.5. 상대 당사자와의 의사소통

변호사는 그 사건이나 사안에서 다른 변호사에 의해 대리되거나 조언받고 있음을 알고 있는 자와는 그 다른 변호사의 동의가 없는 한, 그 사건이나 사안에 관하여 직접 의사소통할 수 없다(그리고 상대방 변호사에게 그러한 의사소통을 알려야 한다).

5.6. 변호사의 교체(2002년 12월 6일 더블린에서의 CCBE 정기회의의 결정으로 삭제됨)

5.7. 보수에 대한 책임

여러 회원국 내 변호사회 구성원 사이의 전문직업적인 관계에 있어서, 한 변호사가 의뢰인에게 다른 변호사를 추천하거나 소개하는 데서 그친 것이 아니라 스스로 서신을 보내거나 그의 조언을 구할 경우에는 그 의뢰인이 지불능력이 없다고 하더라도 타국의 교신자에 대하여 마땅히 지불하여야 할 보수 · 비용 및 경비를 지불할 개인적인 책임이 있다. 그러나 관련 변호사는 변호사 간의 관계를 시작할 때에 이 문제에 관하여 특별한 협의를 할 수 있다. 또한 자문하는 변호사는 미래의 책임 부인에 대해 외국 변호사에게 통지하기 전에 언제라도 자신의 책임을 보수, 비용, 발생한 지출금액의 양으로 제한할 수 있다.

5.8. 젊은 변호사에 대한 훈련

의뢰인의 이익을 위해 여러 회원국의 변호사들 간에 신뢰와 협동을 증진시키기 위해서는 서로 다른 회원들 간에 법률이나 절차에 대한 지식 습득을 고무할 필요가 있다. 따라서 직업단체가 젊은 변호사들에게 대한 양질의 훈련을 제공할 필요성을 고려할 때, 변호사는 타 회원국 출신의 젊은 변호사들에게 훈련을 제공할 필요성을 고려해야 한다.

5.9. 서로 다른 회원국 소속 변호사 간의 분쟁

5.9.1. 타 회원국의 동료가 전문직 행위규칙을 침해하면서 활동한다고 여겨지는 경우, 변호사는 그의 동료에게 그 사실을 환기시켜야 한다.

5.9.2. 다른 회원국의 변호사 간에 전문직업적 성격을 갖는 개인적인 분쟁이 발생할 경우에는 가능한 한 먼저 우호적인 방법을 통해 해결하려고 해야 한다.

5.9.3. 변호사는 5.9.1.과 5.9.2.에 관련한 문제에 대하여 타 회원국의 동료에 대하여 어떠한 소송형태의 절차도 개시해서는 안 되며 우선 두 변호사가 속해 있는 변호사와 법률가협회에 알려 이들에게 사건의 해결을 도울 기회를 제공해야 한다.

가재환, 「법조윤리교육의 필요성과 현황: 사법연수원의 법조윤리교육(1981~2000)」, 『법철학연구』 제4권 제2호, 2001.

강경근, 「사법권의 독립과 법관윤리규정」, 『한국 헌법학의 현황과 과제: 김철수 교수 정년기념논문집』, 박영사, 1998.

강민구, 「미국 법관의 업무량, 보수, 인원수 등에 관한 소고」, 『저스티스』 제65호, 2002. 2.

강성구, 「법원 · 검찰 법조비리 근절대책 발표 1년, 그 성과와 한계」, 투명사회협약실천협의회, 한국투명성기구 공동주최, 『법조비리근절대책 평가토론회 자료집』, 2007. 8. 16.

강희원, 「변호사의 직업윤리와 그 의무의 충돌: 변호사광고 및 비밀유지의무와 진실의무를 중심으로」, 『법과사회』 제29호, 2005.

———, 「변호사의 직업윤리와 그 의무의 충돌」, 『법과사회』 제29호, 2005. 11.

구혜란, 「전문직 자율성의 사회경제적 토대」, 『한국사회학』 제37집 2호, 2003.

———, 「전문직서비스의 분화과정: 법률전문직을 중심으로」, 2000년도 후기 사회학 대회 발표문, 2000. 12.

김동건, 「법관의 직무 외 행동기준: 영국의 예를 중심으로」, 『재판자료』 제24집, 외국사법연수논집(6), 1984.

김민기, 「법관의 직무상 권한 및 그 한계」, 우리법연구회 학술대회, 『우리시대의 법관을 말한다』, 2008. 9.

김선정, 「미국에 있어서 공개법인 파산사태와 이에 대한 대응」, 『상사판례연구』 제14권, 2003.

김웅규, 「광고에 관한 법적 연구: 한국과 미국의 변호사광고를 중심으로」, 『공법연구』 제31집 제5호, 2003. 6.

김일수, 「법학교육 · 법철학 그리고 법조윤리」, 『법철학연구』 제4권 제2호, 2001.
김재문, 「로펌의 기업형태에 관한 법적 고찰」, 『상사법연구』 제22권 제1호, 2003.
김재원, 「변호사 직업윤리와 일반윤리」, 『법과사회』 제29호, 2005.
———, 「변호사비용과 법조윤리: 미국의 수임료 규제를 중심으로」, 『법과사회』 제11호, 1995.
———, 「부실변론의 규제와 예방」, 『법과사회』 제14호, 1997.
———, 『미국의 법학교육과 변호사윤리』, 정법, 2007.
김중배, 「법관의 양심을 따진다」, 『신동아』 제178호, 1979. 6.
김진배, 『가인 김병로』, 가인 기념회, 1983.
김학준, 『가인 김병로 평전: 민족주의적 법률가 · 정치가의 생애』, 민음사, 1988.
김희균, 「형사변호사의 직업윤리: 앨빈 무어에게」, 『법과사회』 제29호, 2005.
니이버, 라인홀트(Reinhold Niebuhr), 이병섭 옮김, 『도덕적 인간과 비도덕적 사회』, 현대사상사, 1997.
대한변호사협회, 『변호사실무제요』, 2006.
———, 『변호사관련법규 질의회신집』, 2000.
———, 『징계사례집』 제1집, 1998. 2.
———, 『징계사례집』 제2집, 2000. 6.
———, 『징계사례집』 제3집, 2002. 10.
———, 『징계사례집』 제4집, 2006. 10.
문시영, 「전문직 자율규제의 윤리적 조건과 과제」, 『한국기독교신학논총』 제32집, 2004.
문재완, 「법의 세계화와 영미 로펌의 세계 지배: 독일 사례를 중심으로」, 『서울대학교 법학』 제43권 제4호, 2002.
———, 「사법부의 독립성과 책임성」, 『미국헌법연구』 제16권 제2호, 2005. 9.
문종욱, 「사법권과 국민통제」, 『헌법학연구』 제9권 제4호, 2003.
문형구, 「로펌은 왜 고위관료를 탐하나?」, 월간 『말』 제253호, 2007. 7.
문홍수, 『사법권의 독립』, 박영사, 2004.
민주적 사법개혁을 위한 국민연대, 『민주적 사법개혁의 길』, 필맥, 2006.
박병호, 『한국법제사고』, 법문사, 1987.

박원순, 『역사가 이들을 무죄로 하리라: 한국 인권변론사』, 두레, 2003.
박은정 외 엮음, 『법과 사회정의』, 이화여자대학교 출판부, 1996.
박은정 · 한인섭 엮음, 『5 · 18, 법적 책임과 역사적 책임』, 이화여자대학교 출판부, 1995.
배기석, 「기업법무 변호사의 윤리」, 『부산대학교 법학연구』 제48권 제2호, 통권58호, 2008. 2.
———, 「일본 '변호사직무기본규정' 관련 논의가 우리에게 주는 시사」, 『부산대학교 법학연구』 제47권 제1호, 통권55호, 2006. 8.
———, 「한국의 법조윤리 교육의 회고와 향후 로스쿨에서의 법조윤리 교육방법」, 『부산대학교 법학연구』 제48권 제1호, 통권57호, 2007. 8.
배성호, 「변호사 보수의 현대적 과제」, 『한국부패학회보』 제11권 제1호, 2006.
———, 「변호사윤리로서 비밀유지의무」, 『한국부패학회보』 제12권 제1호, 2007. 3.
백정응, 「사베인스: 옥슬리법의 비판적 고찰」, 『상사판례연구』 제15권, 2003.
사법개혁위원회, 「사법개혁을 위한 건의문」, 2004. 12. 31.
사법연수원, 『법조윤리론』, 사법연수원, 2007.
———, 『변호사실무(일반)』, 사법연수원, 1999.
———, 『한국법조론』, 사법연수원, 2008.
서보학, 「수사권의 중립을 위한 수사권의 합리적 배분」, 『헌법학연구』 제8권 제4호, 2002. 12.
서울대학교 법과대학 엮음, 『법률가의 윤리와 책임』(제2판), 박영사, 2003.
소재선, 「일본에 있어서 전문가로서 변호사의 민사책임」, 『비교사법』 제2권 제1호, 1995. 6.
신평, 「박정희 시대의 사법부, 그에 대한 헌법적 성찰」, 『공법연구』 제31집, 제2호, 2002. 12.
———, 「한국 헌법상 법관의 직무상 독립에 관하여」, 『세계헌법연구』 제7호, 2003. 5.
심헌섭, 『법철학』, 법문사, 1996.
———, 『법철학』, 한국방송통신대학, 1992.
심희기, 「검사의 공익적 지위와 객관의무」, 『고시연구』, 2003. 5.
아리스토텔레스, 최명관 옮김, 『니코마코스 윤리학』, 서광사, 1984.

안경봉, 「법무시장개방과 조세」, 『조세학술논문집』 제23집 제2호, 2007.
엄동섭 외 4인, 『변호사책임론』, 소화, 1998.
오승종, 『회사변호사의 윤리』, 집문당, 2004.
오재성, 「법관의 직무 외 영역에서의 행동과 한계」, 우리법연구회 학술대회, 『우리시대의 법관을 말한다』, 2008. 9.
오종근, 「변호사 보수에 관한 연구」, 『법과사회』 제27호, 2004.
———, 『변호사징계제도』, 집문당, 2002.
오태곤, 「경찰수사권독립 논의의 공법적 검토」, 『한국콘텐츠학회논문지』 제5권 제4호, 2005. 8.
유승룡, 「법관윤리에 대하여」, 『우리법연구회 논문집(II)』, 2005.
윤혜진, 「법조윤리의 기초」, 『동서철학연구』 제45호, 2007. 9.
이경원 · 김정화, 「한국법조인의 행태적 특성 분석」, 『한국사회와 행정 연구』 제13권 제1호, 2002. 5.
이국운, 「한국의 로펌은 어디로 가고 있는가?」, 『법과사회』 제27호, 2004.
이규진 외 2인, 『변호사 해? 말어?』, 고려원북스, 2005.
이돈명, 「사법파동」, 『신동아』, 1988. 1.
이상돈, 「변호사와 의뢰인과의 관계에 관한 연구」, 『중앙법학』 제9집 제2호, 2007. 8.
이상수, 「미국 법규상 기업 내 위법행위와 기업변호사윤리 그리고 그 함의」, 『서울대학교 법학』 제49권 제4호, 2008. 12.
———, 「법조윤리 교육의 내용과 방법」, 『서강법학』 제10권 제2호, 2008. 12.
———, 「차단막을 이용한 이익충돌회피」, 『법과사회』 제36호, 2009. 6.
이상윤, 『영미법』, 박영사, 1997.
이상철, 「한국 전문직 직업윤리의 위기와 극복」, 『국민윤리연구』 제45호, 2000. 12.
이샤이, 미셸린(Micheline Ishay), 조효제 옮김, 『세계인권사상사』, 도서출판 길, 2004.
이용훈, 『사필귀정의 신념으로: 법과 정치와 나의 인생』, 삼연, 1994.
이웅혁, 「사회적 자본의 부정적 측면에서 본 한국의 법조비리」, 『형사정책』 제18권 제2호, 2006.
이일세, 「법관의 불법행위와 국가배상책임」, 『저스티스』 제32권 제1호, 1999. 3.
이재협, 「법의 세계화와 로펌의 성장」, 『외법논집』 제27집, 2007. 8.

이종근, 「세계화시대의 한국의 법학교육」, 『교육행정학연구』 제24권 제4호, 2006.
이헌환, 「미국의 법관윤리장전(모델) 연구(I): 기구와 적용범위를 중심으로」, 『미국헌법연구』 제16권 제2호, 2005. 2.
———, 「사법권과 정치권력」, 『법과사회』 제8호, 1993. 8.
———, 「정치과정에 있어서의 사법권에 관한 연구」, 서울대학교 법학박사학위논문, 1996. 2.
———, 「한국 사법사에 비추어본 1971년의 사법파동」, 『법과사회』 제15호, 1997.
이현구, 「사법권 독립의 인지에 관한 실증적 연구」, 중앙대학교 행정대학원 사법행정학과 법원행정전공 석사학위논문, 1994. 6.
임종인 · 장화식, 『법률사무소 김앤장』, 후마니타스, 2008.
임지봉, 『사법적극주의와 사법권 독립』, 철학과현실사, 2004.
임희섭, 「전문직의 직업윤리가 절실하다」, 『한국논단』, 1974. 7.
———, 「한국인의 법의식에 관한 사회학적 연구」, 『서울대학교 법학』 제15권 제1호, 1974. 6.
장재옥, 「독일법상의 변호사책임」, 『비교사법』 제2권 제1호, 1995. 6.
정긍식, 『한국근대법사고』, 박영사, 2002.
정인진, 「미국의 법관윤리전범에 관한 연구」, 『외국사법연수논집(9)』 재판자료 58집, 1992.
정종섭, 「우리나라 입법과정의 문제상황과 그 대책」, 『법과사회』 제6호, 1992.
정종주, 「끝나지 않은 제3 사법파동」, 월간 『말』, 1993. 8.
정호택, 「법률시장의 개방과 법률사무소의 역할」, 『민사법연구』 제8집, 2000.
조만형, 「경찰수사권 독립과 통제방안」, 『토지공법연구』 제30집, 2006. 3.
조무제, 「변호사 직업윤리의 정립과 교육」, 『법과사회』 제29호, 2005.
조효제, 『인권의 문법』, 후마니타스, 2004.
조희종, 「변호사 업무의 광고?선전은 어느 정도까지 허용되어야 하는가」, 『시민과 변호사』, 제66호, 1999. 7.
차병직, 「사법과정에서 윤리구현 방안」, 『법철학연구』 제4권 제2호, 2001.
참여연대, 「법원장 출신 변호사의 퇴직 전 최종근무법원 사건수임사례 조사」, 참여연대 이슈리포트, 2008. 10. 19.

———, 「재심 무죄 판결문을 통해 본 검찰의 잘못들」, 참여연대 이슈리포트, 2008. 10. 17.

채한수, 「법조비리의 인간관계적 고찰」, 『한국인간관계학보』 제7권 제1호, 2003.

천진호, 「형사사법시스템에 있어 법조윤리 확립 방안」, 『형사법연구』 제26호 특집호, 2006년 겨울.

최건호, 「주주대표소송에 대한 회사의 피고측 보조참가: 일본의 학설, 판례를 중심으로」, 『법조』, 제581호, 2005.

최대권, 「사법권의 독립」, 『서울대학교 법학』 제32권 제1, 2호, 1991.

최병조, 『로마법연구(I)』, 서울대학교 출판부, 1995.

최종고, 『법과윤리』, 박영사, 1992.

표창원, 「경찰수사권 독립이 인권보장의 첩경」, 『형사정책』 제15권 제1호, 2003. 6.

프리먼, 마이클(Michael Freeman), 김철효 옮김, 『인권 이론과 실천』, 아르케, 2005.

피퍼, 안네마리(Annemarie Pieper), 진교훈 · 류지한 옮김, 『현대윤리학 입문』, 철학과 현실사, 1999.

한국법제연구원, 『94국민법의식조사』, 1994.

한상희, 「법률전문직의 의의와 성격: 법사회학적 분석을 위한 서설」, 『경성법학』 제5호, 1996. 9.

한인섭 엮음, 『정의의 법, 양심의 법, 인권의 법』, 박영사, 2004.

한인섭, 「"회한과 오욕"의 과거를 바로 잡으려면」, 『서울대학교 법학』 제46권 제4호, 2005. 12.

———, 「법조비리: 문제와 대안」, 『서울대학교 법학』 제39권 제1호, 1998.

———, 「법조비리와 법률가 윤리」, 『법과사회』 제29호, 2005.

———, 「한국 검찰의 정치적 중립성」, 『서울대학교 법학』 제40권 제3호, 1999.

허영, 「사법부의 어제와 오늘 그리고 내일」, 『사법행정』 통권 제332호, 1988. 8.

황승흠, 「변호사의 공익활동의무」, 『법과사회』 제26호, 2004.

加藤新太郎, 「實務基礎科目としての法曹倫理」, 『ヅュリスト』 第1245号, 2003. 6. 1.

———, 『弁護士役割論』, 弘文堂, 2000.

———, 『コモンベーシック弁護士倫理』, 有斐閣, 2006.

———,『ゼミナー裁判官論』, 第一法規, 2004.

戒道雄一,「ゲートキーパー規制に弁護士會どのように立ち向かうべきか」,『自由と正義』第56巻 第8号, 2003. 7.

高橋一朗,「公益活動義務化の現況と課題」,『自由と正義』第52巻 第11号, 2001. 11.

高柳一男,「エンロン事件とアメリカ企業法務」,『國際常事法務』第30巻 第7号, 2002.

高中正彦,「懲戒制度の改正」,『自由と正義』第54巻 第7?, 2003. 7.

———,『法曹倫理講義』, 民事法研究會, 2005.

龜井時子,「公益的役割をめぐる實踐と展望」,『21世紀への弁護士像』, 日本弁護士連合會編集委員會 編, 有斐閣, 2000.

國生一彦,「弁護士の守秘義務はどうなるか」,『商事法務』第721号, 2001.

那須弘平,「プロフェッツョン論の弁護士像」,『あたらしい世紀への弁護士像』, 日本弁護士連合會編集委員會 編, 有斐閣, 1997.

南利勝,「特集: 人權論の原理と新展開—企業と人權」,『ヅュリスト』第1244号, 2003. 5. 1~15.

藤野亮司,「弁護士の公益活動」,『自由と正義』第52巻 第11号, 2001. 11.

藤井篤,「弁護士制度改革: 綱紀懲戒制度について」,『自由と正義』第52巻 第6号, 2001. 6.

馬場健一,「裁判官制度改革と裁判官の獨立」,『自由と正義』第57巻 第10号, 2006. 10.

尾崎行信,「共同事務所をめぐる弁護士倫理」,『自由と正義』第39巻 第7号, 1988.

飯島澄雄・飯島純子,『弁護士倫理: 642の懲戒事例から學ぶ10カ條』, レクシスネクシスジャパン, 2005.

飯村佳不他,『弁護士倫理』, 慈學社出版, 2006.

飯塚孝,「弁護士倫理改正の目的と審議狀況」,『自由と正義』第54巻 第1号, 2003. 1.

棚瀬孝雄 外,「弁護士倫理の新たな展開」,『判例タイムス』第1080号, 2002.

棚瀬孝雄,「弁護活動の理念と弁護士自治」,『21世紀への弁護士像』, 日本弁護士連合會編集委員會 編, 有斐閣, 2000.

棚瀬孝雄,「脫プロフェッツョン化と弁護士像の變容」,『あたらしい世紀への弁護士像』, 日本弁護士連合會編集委員會 編, 有斐閣, 1997.

山口健一,「刑事弁護とマスコミ」,『自由と正義』第59巻 第5号, 2008. 5.
山本正樹,「被告人の利益相反同と同一弁護人による弁護」,『ヅュリスト』臨時增刊號 第1135号, 1998.
山岸一彦,「ゲートキーパー, 諸外國の狀況について」,『自由と正義』, 第58巻 第8号, 2005. 7.
森際康友,『法曹の倫理』, 名古屋大學出版會, 2005. 6.
上田誠吉,『民衆の弁護士論』, 花伝社, 1992.
石畔重次,「各國の弁護士倫理現況」,『自由と正義』第54巻 第1号, 2003. 1.
石井吉一,「弁護人の責務」,『ヅュリスト』增刊號, 2002.
石川寬俊,「廣告の解禁と弁護士の課題」,『自由と正義』第54巻 第10号, 2003.
石川弘利,「廣告解禁と弁護士の課題」,『自由と正義』, 第54巻 第10号, 2003.
小堀樹・吉野正・寺井一弘,「法の支配と弁護士の役割」,『21世紀への弁護士像』, 日本弁護士連合會編集委員會 編, 有斐閣, 2000.
小島武司・田中成明,伊藤眞・加藤新太郎 編,『法曹倫理』第2版, 有斐閣, 2006.
小川義龍,「IT時代の弁護士廣告」,『自由と正義』第45巻 第10号, 2003. 10.
須綱隆夫,「企業內(社內)弁護士弁護士倫理」,『現代刑事法』第23巻 第3号, 2001.
矢澤昌司,「弁護士の營業・公務兼任の自由化」,『自由と正義』第54巻 第7号, 2003.
神垣英郎,「裁判官の責務」,『ヅュリスト』增刊號, 2002.
野坂泰司,「司法權の本質'論について」,『法律時報』第61巻 第12号, 1989. 10.
宇佐見誠,「裁判官倫理としての司法權の中立」,『法律時報』第75巻 第8号, 2003.
日本法社會學會 編,『弁護士論の現在』, 有斐閣, 2004.
日本弁護士連合會 調査室 編著,『條解 弁護士法』, 弘文堂, 2007.
日本弁護士連合會 調査室,「同一事務所の他弁護士の顧問先を相對方とする事件の受任」,『自由と正義』第48巻 第9号, 1997.
日本弁護士連合會 編,『21世紀 弁護士論』, 有斐閣, 2000.
日本弁護士連合會,『市民のための弁護士報酬の目安』, 2006.
———,『弁護士改革論: これからの弁護士と事務所運營』, ぎょうせい, 2008.
———,『市民のための弁護士報酬ガイド』, 2006. 2.
———,『注釋 弁護士倫理』, 有斐閣, 1995.

日本弁護士連合會編集委員會 編,『あたらしい世紀への弁護士像』, 有斐閣, 1997.
林屋礼二 外,『法曹のあり方法曹倫理』, 信山社, 2003.
長谷部安雄,「司法權の概念と裁判のあり方」,『ヅュリスト』第1222号, 2002. 5. 1~15.
前田春樹,「弁護士倫理: 弁護士職務規程を中心に」, 日本弁護士連合會 編,『現代法律實務諸問題』, 第一法律出版, 2005.
田中紘三,「訴訟の引延は弁護士懲戒處分の對象になるか」,『商事法務』第538号, 1995.
―――,『弁護士の役割と倫理』, 商事法務研究會, 2004.
早野貴文,「弁護士倫理の座標」,『弁護士倫理の現在』, 日本法社會學會編, 有斐閣, 2004.
宗像紀夫,「檢察官の責務」,『ヅュリスト』增刊號, 2002.
座談會-棚瀨孝雄・廣田尙久・山浦善樹・山本和彦・加藤新太郎,「弁護士倫理の新たな展開」,『判例タイムズ』第1080号, 2003. 3. 15.
佐藤博史,「弁護人の眞實義務」,『ヅュリスト』增刊號, 1991.
住吉 博,「弁護士倫理再考」,『民商法雜誌』, 有斐閣, 2001.
―――,「潛在する利害對立がある複數依賴者の‘信認代理’」,『民商法雜誌』, 有斐閣, 2000.
川端和治,「ゲートキーパー規制と弁護士職の理念」,『自由と正義』第56卷 第7号, 2005. 7.
川上明彦,「弁護士報酬問題の展開」,『自由と正義』第54卷 第7号, 2003. 7.
村岡啓一,「刑事弁護人の誠實義務と眞實義務」, 日本弁護士連合會 編,『現代法律實務の諸問題』, 1997.
塚原英治・宮川光治・宮澤節生,『法曹の倫理と責任』, 現代人文社, 2007.
八代英輝,「米國企業改革新法に基づく弁護士の情報開示義務」,『國際常事法務』第31卷 第4?, 2003.
海渡雄一,「ゲートキーパー規制に弁護士會はどのように立ち向かうべきか」,『自由と正義』第58卷 第8号, 2003. 7.
後藤昭,「公的刑事弁護士制度」,『ヅュリスト』增刊號, 2002.
―――,「弁護人依賴權と自己決定」,『刑法雜誌』第41卷 第3号, 2002.

Abramson, Leslie W., "The Judicial Ethics of Ex Parte and Other Communications", *Houston Law Review*, Vol. 37, Winter 2000.

American Bar Association Commission on Professionalism, "……In the Spirit of Public Service" *A Blueprint for the Rethinking of Lawyer Professionalism*, 1986.

American Bar Association, *Guidelines for the Evaluation of Judicial Performance With Commentary*, 2005. 2.

Atkinson, Rob, "Beyond the New Role Morality for Lawyers", *Maryland Law Review*, Vol. 51, 1992.

Becker, Charlotte B., *Encyclopedia of Ethics*, Garland, 1992.

Barton, Benjamin, "The ABA, The Rules and Professionalism: The Mechanics of Self-Defeat and a Call for a Return to the Ethical, Moral and Practical Approach of Canons", *North Carolina Law Review*, Vol. 83, 2005.

Brown, Lonnie T. Jr., "'Lawyers' not 'Liars': A Modified Traditionalist Approach to Teaching Legal Ethics", *Saint Louis University Law Journal*, Vol. 51, Summer 2007.

Buckner, Carole L., "Corporate Transactional Lawyers as 'Gatekeepers'", *Orange County Lawyer*, Vol. 49, March 2007.

Burbank, Stephen B., "The Architecture of Judicial Independence", *Southern California Law Review*, Vol. 72, January-March 1999.

Cannon, Therese, *Ethics and Professional Responsibility for Paralegals*(4th ed.), Aspen Publishers, 2004.

Carle, Susan D. (ed.), *Lawyers' Ethics and the Pursuit of Social Justice*, New York University Press, 2005.

Chadwick, Ruth F., *Encyclopedia of Applied Ethics*, Academic Press, 1998.

Cramton, Roger C. & George M. Cohen & Susan P. Koniak, "Legal and Ethical Duties of Lawyers after Sarbanes-Oxley", *Villanova Law Review*, Vol. 49, 2004.

Crystal, Nathan M., "Using the Concept of 'a Philosophy of Lawyering' in Teaching Professional Responsibility", *Saint Louis University Law Journal*, Vol. 51, Summer 2007.

Daly, Mary C., "Teaching Integrity in the Professional Responsibility a Modest Proposal for Change", *Fordham Law Review*, Vol. 72, November 2003.

Daly, Mary C., "The Ethical Implications of the Globalization of the Legal Profession Responsibility, in the Twenty-first Century", *Fordham International Law Journal*, Vol. 21, April 1998.

Dauer, Edward A. & Arther Allen Leff, "Correspondence: 'The Lawyer as Friend' ", *Yale Law Journal*, Vol. 86, 1977.

Davis, Joshua P., "Teaching Values: The Center for Applied Legal Ethics", *University of San Francisco Law Review*, Vol. 36, Spring 2002.

Dhanaraj, Subha, "Making Lawyers Good People: Possibility or Pipedream?", *Fordham University Law Journal*, Vol. 28, August 2001.

Dzienkowiski, John S., *Professional Responsibility Standards, Rules & Statutes*, Thomsom/West, 2004~2005.

Eisgruber, Christopher L., "Can Law Schools Teach Values?", *University of San Francisco Law Review*, Vol. 36, Spring 2002.

———, "Can Law Schools Teach Values?", *University of San Francisco Law Review*, Vol. 36, Spring 2002.

Eveleth, Janet Stidman, "Preserving our Judicial Independence", *Maryland Bar Journal*, Vol. 37, July-August 2004.

Ferejohn, John, "Independent Judge, Dependent Judiciary: Explaining Judicial Independence", *Southern California Law Review*, Vol. 72, January-March 1999.

Flowers, Roberta K., "An Unholy Alliance: The Ex Parte Relationship between the Judge and the Prosecutor", *Nebraska Law Review*, Vol. 79, 2000.

Freedman, Monroe, *Lawyers' Ethics in an Adversary System*, Bobbs-Merrill, 1975.

Fried, Charles, "The Lawyer as Friend: The Moral Foundations of the Lawyer-

Client Relation", *Yale Law Journal*, Vol. 85, July 1976.

Gillers, Stephen, *Regulation of Lawyers: Problems of Law and Ethics*(7th ed.), 2005.

Gordon, Robert W., "The Independence of Lawyers", *Boston University Law Review*, Vol. 68, January 1988.

Gray, Cynthia, "The Line between Legal Error and Judicial Misconduct: Balancing Judicial Independence and Accountability", *Hofstra Law Review*, Vol. 32, Summer 2004.

Gray, Cynthia, "Judicial Discipline: Independence with Accountability", *Widener Law Symposium Journal*, Vol. 5, Winter 2000.

Green, Bruce A., "Teaching Lawyers Ethics", *Saint Louis University Law Journal*, Vol. 51, Summer 2007.

Hamermesh, Lawrence A., "The ABA Task Force on Corporate Responsibility and the 2003 Chance to the Model Rules of Professional Conduct", *Georgetown Journal of Ethics*, Vol. 17, Fall 2003.

Hartwell, Steven, "Promoting Moral Development Through Experiential Teaching", *Clinical Law Review*, Vol. 1, Spring 1995.

Hazard, Geoffrey C, *Ethics in the Practice of Law*, Yale University Press, 1978.

Johnson, Vincent R., "The Ethical Foundations of American Judicial Independence", *Fordham Urban Law Journal*, Vol. 29, February 2002.

Karlan, Pamela S., "Two Concepts of Judicial Independence", *Southern California Law Review*, Vol. 72, January-March 1999.

Kearney, Keith L., "Lawyers as Gatekeepers in the Underwriting Process", *Practising Law Institute Corporate Law and Practice Course Handbook Series*, Vol. 1664, April 2008.

Kennedy, Anthony M., "Judicial Ethics and the Rule of Law", *Saint Louis University Law Journal*, Vol. 40, Summer 1996.

Kim, Sung Hui, "The Banality of Fraud: Re-situating the inside Counsel as Gatekeeper", *Fordham Law Review*, Vol. 74, 2005.

Kirkland, Kimberly, "Ethics in Large Law Firms: The Principle of Pragmatism", *The University of Memphis Law Review*, Vol. 35, Summer 2005.

Koniak, Susan P., "Corporate Fraud: See Lawyers", *Harvard Journal of Law and Public Policy*, Vol. 26, Winter 2003.

Kritzer, Herbert M., "The Professions are Dead, Long Live the Professions: Legal Practice in a Post-professional World", *Law and Society Review*, Vol. 33, 1999.

Kronman, Anthony T., "Living in the Law", *University of Chicago Review*, Vol. 54, Summer 1987.

———, *The Lost Lawyer: Failing Ideals of the Legal Prefession*, The Belknap Press of Harvard University Press, 1993.

Laurel, S. Terry, "An Introduction to the European Community's Legal Ethics Code Part I: An Analysis of the CCBE Code of Conduct", *Georgetown Journal of Legal Ethics*, Vol. 7, Summer 1993.

Lerman, Lisa G. & Philip G. Schrag, *Ethical Problems in the Practice of Law*(2nd ed.), Wolters Kluwer, 2008.

Lerman, Lisa G., "Teaching Moral Perception and Moral Judgement in Legal Ethics Courses: A Dialogue about Goals", *William and Mary Law Review*, Vol. 39, January, 1998.

Leubsdorf, John, *Man in His Original Dignity: Legal Ethics in France*, Ashgate, 2001.

Lowenfels, Lewis D. & Alan R. Bromberg & Michael J. Sullivan, "Attorneys as Gatekeepers: SEC Actions Against Lawyers in the Age of Sarbanes-Oxley", *University of Toledo Law Review*, Vol. 37, Summer 2006.

Luban, David & Michael Millemann, "Good Judgement: Ethics Teaching in Georgetown", *Journal of Legal Ethics*, Vol. 9, Fall 1995.

Luban, David, *Lawyers and Justice: An Ethical Study*, Princeton University Press, 1998.

———, *The Ethics of Lawyers*, Dartmouth Publishing, 1994.

——, *Legal Ethics and Human Dignity*, Cambridge University Press, 2007.

Mahat, Raxak, "A Carrot for the Lawyer: Providing Economic in Incentive for Im-house Lawyers in a Sarbanes-Oxley Regime", *Georgetown Journal of Ethics*, Vol. 21, Summer 2008.

Marlow, George D., "From Black Robes to White Lab Coats: The Ethical Implications of Judge's Sua Sponte, Ex Parte Acquisition of Social and Other Scientific Evidence during the Decision-making Process", *Saint John's Law Review*, Vol. 72, Spring 1998.

McGowan, David, "Why Not Try the Carrot? A Modest Proposal to Grant Immunity to Lawyers Who Disclose Client Financial Misconduct", *California Law Review*, Vol. 92, December 2004.

Miller, Geoffrey P., "Bad Judge", *Texas Law Review*, Vol. 83, December 2004.

Monica, R. Richey, "Modern Trends of Restrictions on Lawyer Solicitation Laws", *Journal of the Legal Profession*, Vol. 29, 2004~2005.

Morgan, Thomas, *Legal Ethics*, Thomsom/Bar Bri, 2005.

Morgan, Thomas D., Ronald D. Rotunda, *Professional Responsibility: Problems and Materials*, Foundation Press, 2006.

Morrison, Laura, *Legal Ethics for Paralegals and the Law Office*, Delmar Cengage Learning, November 1994.

Nader, Ralph, "Corporate Law Firm and Corporate Ethics", *Journal of the Institute for the Study of Legal Ethics*, Vol. 2, 1999.

Orlik, Deborah K., *Ethics for the Legal Professional*(6th ed.), Pearson/Prince Hall, 2006.

Parker, Stephen & Charles Sampford, *Legal Ethics and Legal Practice*, Clarendon Press, 1995.

Pearce, Russell G., "Teaching Ethics Seriously: Legal Ethics as the Most Important Subject in Law School", *Loyola University Chicago Law Journal*, Vol. 29, Summer 1992.

——, "The Professionalism Paradigm Shift: Why Discarding Professional

Ideology will Improve the Conduct and Reputation of the Bar", *New York University Law Review*, Vol. 70, December 1995.

Peter C. Kostant, "From Lapdog to Watchdog: Sarbanes-Oxley Section 307 and a New Role for Corporate Lawyers", *New York Law School Law Review*, Vol. 52, 2007~2008.

Porter, Amy, "Representing the Reprehensible and Identity Conflicts in Legal Representation", *Temple Political and Civil Rights Law Review*, Vol. 14, Fall 2004.

Posner, Richard A., "The Deprofessionalization of Legal Teaching and Scholarship", *Michigan Law Review*, Vol. 91, 1993.

Rhode, Deborah L. & David Luban, *Legal Ethics*, Foundation Press, 2004.

Rhode, Deborah L., "Ethical Perspectives on Legal Practice", *Stanford Law Review*, Vol. 37, January 1985.

———, "Teaching Professional Responsibility and Legal Ethics", *Saint Louis University Law Journal*, Vol. 51, Summer 2007.

———, *Ethics in Practice: Lawyers Roles, Responsibilities and Regulation*, Oxford University Press, 2000.

Rotunda, Morgan, *Professional Responsibility Problems and Materials*, Foundation Press, 2003.

Rotunda, Ronald D., "Teaching Professional Responsibility and Ethics", *Saint Louis University Law Journal*, Vol. 51, Summer 2007.

———, *Legal Ethics in a Nutshell*(2nd ed.), Thomsom/West, 2006.

———, *Professional Responsibility*, West Group, 2002.

Sankar, Sambhav N., "Disciplining the Professional Judge", *California Law Review*, Vol. 88, July 2000.

Schwartz, Wydick, Perschbacher, Basset, *Problems in Legal Ethics*, West, 2003.

Schneeman, Angela, *Paralegal Ethics*, Delmar Cengage Learning, April 2000.

Scriggins, Larry P., "Legal Ethics, Confidentiality, and the Organization Client", *Business Lawyer*, Vol. 58, November 2002.

Shaffer, Thomas L., "The Legal Ethics of Radical Individualism", *Texas Law Review*, Vol. 65, April 1987.

Shaman, Jeffrey M. & Steven Lubet, James J. Alfini, *Judicial Conduct and Ethics*(3rd ed.), Lexis Law Publishing, 2000.

Simon, William H., "Ethical Discretion in Lawyering", *Harvard Law Review*, Vol. 101, April 1988.

———, *The Practice of Justice: Theory of Lawyers' Ethics*, Harvard University Press, 1998.

Steven Hartwell, "Promoting Moral Development through Experiential Teaching", *Clinical Law Review*, Vol. 1, Spring 1995.

Susan P. Koniak, "When the Hurlyburly's Done: The Bar's Struggle with the SEC", *Columbia Law Review*, Vol. 103, June 2003.

Terry, Laurel S., "An Instruction to the European Community's Legal Ethics Code Part I: An Analysis of the CCBE Code of Conduct", *Georgetown Journal of Legal Ethics*, Vol. 7, No. 1, Summer 1993.

Therese A., *Ethics and Professional Responsibility for Paralegals*(5th ed.), Aspen Publishers, June 2008.

Tuchler, Dennis J., "Teaching Legal Profession: Ethics under the Model Rules", *Saint Louis University Law Journal*, Vol. 51, Summer 2007.

Wasserstrom, "Lawyers as Professionals: Some Moral Issues", *Human Rights*, Vol. 5, Autumn 1975.

Weiss, Jack M., "It Depends on the Meaning of 'ex parte'", *Litigation*, Vol. 29, Winter 2003.

Wendel, W. Bradley, "Value Pluralism in Legal Ethics", *Washington University Law Quarterly*, Vol. 78, 2000.

———, *Professional Responsibility*(2nd ed.), Wolters Kluwer, 2007.

Wernz, William J., "The Ethics of Large Law Firms-Responses and Reflections", *Georgetown Journal of Legal Ethics*, Vol. 16, Fall 2002.

Wheeler, Jennifer, "Securities Law: Section 307 of the Sarbanes-Oxley Act:

Irreconcilable Conflict with the ABA's Model Rules and the Oklahoma Rules of Professional Conduct?", *Oklahoma Law Review*, Vol. 56, Summer 2003.

White, Penny J., "Judging Judges: Securing Judicial Independence by Use of Judicial Performance Evaluations", *Fordham Urban Law Journal*, Vol. 29, February 2002.

Zacharias, Fred C., "Coercing Clients: Can Lawyer Gatekeeper Rules Work?", *Boston College Law Review*, Vol. 47, May 2006.

———, "Lawyers as Gatekeepers", *San Diego Law Review*, Vol. 41, August-September 2004.

Zemans, Frances Kahn, "The Accountable Judge: Guardian of Judicial Independence", *Southern California Law Review*, Vol. 72, January/March 1999.

찾아보기